歷史新視界

秦漢史
論稿

邢義田——著

三民書局

二版說明

　　邢義田教授為享譽盛名的歷史學者，於秦漢史領域貢獻尤為斐然，本書為邢教授之心血結晶，教授以深厚的學理基礎、嚴謹的史學考證，為讀者建構出秦漢時期政治及社會文化的圖像。本書所收錄之論稿，論及天下觀、皇帝制度、律令等影響中國千年以上的制度，在秦漢史的研究中有其重要地位，本書可謂為不可不讀的經典著作。

　　此次再版，為符合現代出版潮流，除了調整內文間距及字體編排外，也重新設計版式與封面，使讀者能夠輕鬆、舒適的閱讀本書。此外，更期望讀者能透過本書深刻思考，重新串接起歷史發展的脈絡，並據以理解、應用於今日之世界。

編輯部謹識

自　序

　　論稿所收皆近五、六年學史習作。論文計十一篇，書評與資料介紹共六篇，都四十五萬言。論文所涉從天下觀到山東、山西之分野，從鄉里聚落到壁畫發展，雖似漫無涯際，實則皆以探究秦漢政治與社會生活之關係為重心。拙稿言天下觀、皇帝制度，意在說明中國中心之天下觀如何形成，皇帝又如何而為「萬物之樞機」（董仲舒語）。談孝廉身分背景、律令學、行政中之「故事」與「便宜從事」，則在顯示社會菁英化為官僚與行政運作之特色。尋繹山東、山西之分野變化，以見政治發展如何影響地域區劃。談聚族里居，論徙民與遷徙刑，旨在顯現政府措施不容違背社會之基本結構與特性。東漢壁畫流行，從中央到地方官府、學校多取道德典型為題材，即使墓中壁畫亦不例外。此一現象深切反映儒教傳統如何在政府與士子儒生努力之下，深入人心。總之，各篇所論雖有不同，用意則一。

　　社會應為整體，歷史發展亦因諸力並進。唯推進之力可有主從。孰主？孰從？見解多有不同。時說或以人民群眾主導歷史，或以政治為歷史表象而不屑一顧。是耶？非耶？在未作局部較細密之分析以前，實難一語論斷。以主從而言，主導之力可因時而異，不必千年一貫。單以秦漢而論，人民群眾角色如何？在研究上，頗受材料不足之限制。有人據陳勝、吳廣、張角等事蹟，推演立說，要之難以推翻廣大農民受制於人，為政治、社會、文化上被動多數之事實。此時，足以抗衡皇權之工商或宗教集團未曾出現。最能代表社會勢力之世家大族，其俊秀子弟多入仕途而與皇權相結。天子以此菁英組織古代世界僅見之龐大官僚機構，通過郡縣、鄉里，控制帝國每一角落。這

一勢力在漢代社會雖屬少數，然最具組織，亦最能持續。他們服膺儒教傳統，不但為天下之君，亦為天下之師。漢代政治、社會、經濟、思想、文化幾無不受其左右，主導歷史者遂不可不謂在此「創造之少數」。史遷寫史，先帝王將相後游俠、貨殖，主從分明，豈是無見？今人言史，以顛倒為是，豈必更見高明？此少數創造集團之形成有賴秦漢政治與社會、文化傳統之深相結合。政治非可與社會、經濟或文化基礎分離，其不宜僅以歷史表象視之，實屬至明。

結集出書，因由甚多。民國 69 年回國，承三民書局盛意，邀約撰寫秦漢史。不意時過六載，一字未成。內心既急且愧，遂商之書局，先以習稿若干湊合成冊，聊贖遷延之罪。此其一也。拙稿病在倉促，闕漏謬誤多見於發表之後。既已見笑方家，不敢更誤讀者，乃亟亟於刪修訂誤。各篇訂補或數十、百字，或竟萬言，其多者致標題亦須改作。梁任公云不惜以今日之我與昨日之我宣戰，雖不能至，而心嚮往之。此其二也。自入臺大歷史系，倏忽二十載，迄無所立，而年近不惑。每思及此，汗流浹背。拙稿不過覆瓿之類，靦顏付梓，意在自慰亦自嘲耳。

二十年來，得益師友，不計其數。秦漢門徑初啓於先師　傅秀實先生。如無　先師細心批閱，碩士論文無以成篇。稿中論天下觀，辨山東、山西，言孝廉身分，皆淵源於此論文。　先師已杳，言謝無由，能不泫然？又大學時從許師倬雲習上古史，得知古史之趣味與艱難，又因而知不通先秦，則無以明秦漢。近年來隨許師開社會經濟史研討會，申論孝廉問題，許師多所指點，獲益匪淺，衷心至感。在夏威夷數年，從陶師天翼問學，深得師之關愛與照顧，論文亦在師之指導下完卷。師恩無量，誠然也。入史語所後，極得請益前輩之利。偶有所作，必請槃庵先生、歸田先生、貞一先生或東貴先生賜教。諸先生每不憚煩，細加批示。拙文所論，如有可取，前輩之力也。近三年間，有緣聆聽貞一與歸田先生授課，得見宗廟之美，百官之富，亦益知學海無涯，為學不易。〈東漢察舉孝廉的年齡限制〉一文曾因引用版本不當，造成錯誤。幸承金發根先生指出，終得改正，特申謝忱。

治學不可無友。數年來，深得友朋切磋之樂。草稿成，必示諸友求教。

杜正勝兄、蕭璠兄、洪金富兄、黃進興兄皆惠我良多。杜兄摘其大端，蕭兄細心正誤，洪兄潤色字句，黃兄斟酌章節，令我無限感激。何大安兄、廖伯源兄、石守謙兄、劉增貴兄、張榮芳兄、劉淑芬小姐以及清華同學陳錦慧、祝平一或助我訂誤，或苴補不足。謹向以上諸君敬致最誠摯之謝意。此外，特別感謝中央研究院歷史語言研究所良好之工作環境與曾賜教之所中同仁。如能早十年進所，相信當不致有中年無成之嘆。

謝謝三民書局劉總經理，編輯部梁先生、盧先生以及助我編製〈簡牘與帛書研究文獻目錄〉索引的諸先生小姐。

最後，感謝養我育我的父母。謹以此書，獻給雙親。

拙稿雖經刪修，錯謬仍多，尚祈大雅君子不吝賜教。

作者誌於民國 75 年 8 月 7 日

75 年 10 月到哈佛大學進修，遂有機緣向楊蓮生先生、張光直先生、余英時先生請益。部分文稿曾因三位先生指教而獲益。有些錯誤已及時更改，其不及者只有俟諸後日。謹向三位先生敬致謝意。

75 年 12 月補誌

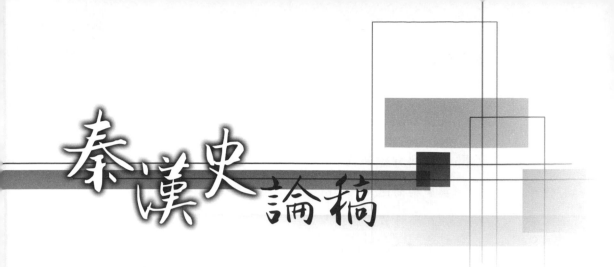

秦漢史論稿

目 次

乙部　資料介紹與書評

甲 部

論　著

天下一家
——傳統中國天下觀的形成

四海之內若一家，故近者不隱其能，遠者不疾其勞，無幽閒隱僻之國，莫不趨使而安樂之。

——《荀子》〈王制篇〉

　　大約半個世紀以前，中國的疑古派史學家曾勇氣十足，一刀將商代以前的國史劃出歷史的範圍。影響所及，國人論史多以三千年前的殷商為「信史」時代的開始，而將商以前的歷史視為神話或傳說。這些年來，由於考古證據的增加，歷史學家信心大振，一口氣又將國史的源頭推到八千年前❶。那麼，中國人的天下觀應從何說起呢？天下觀簡單地說，是指人們對這個世界政治秩序的概念。這樣的概念十分抽象，單憑一些斷骨殘石恐怕不易論斷，只有文字才能反映得清楚。因此，有甲骨卜辭可稽的商代就成為我們最可靠的起點❷。爬梳卜辭，參證文獻，商人的天下觀可依稀得之。

　　不過商朝並不是中國歷史上的第一個王朝，許多有關天下秩序的看法可能在殷商以前已有。太史公著史，斷自五帝。五帝之後有夏。從現在的考古證據看來，太史公的說法可能比近代的疑古論調更接近事實。自河南偃師二

---

❶　杜正勝，〈篳路藍縷——從村落到國家〉，《中國文化新論——根源篇・永恆的巨流》（臺北，聯經出版，民國70年），頁22。

❷　中國文字的起源雖已可追溯到半坡等文化遺存中的陶文刻記，但我們今天能夠真正解索的仍不超過殷墟卜辭。參：李孝定，〈中國文字的原始和演變〉（上篇），《中央研究院歷史語言研究所集刊》，四十五本（民國63（續）年），頁343～370；〈再論史前陶文和漢字起源問題〉，同上，五十本三分（民國68年），頁431～483。

里頭遺址發現以後，傳說中的夏朝已非子虛，不少人甚至認為這個遺址就是夏朝的文化遺存❸。如果夏代信而有徵，則稍早的五帝大概亦非烏有。可惜有關從黃帝到夏代的天下秩序，尤其是當時人概念中的秩序如何，我們除了有些後人的記述，完全沒有直接的證據。

後人的記述以《史記》的〈五帝本紀〉和〈夏本紀〉最有系統。然而我們無法確定太史公所說有多少是實況的反映，又有多少是利用後來的概念去描述。例如，在他筆下，五帝俱曾為「天下」諸侯推尊的「天子」。天下可以是「日月所照，風雨所至」的普天之下，也可以是巡狩或聲教所及的四至或四海之內❹。〈五帝本紀〉提到舜分天下為十二州，〈夏本紀〉則有九州、五服之說。此外，在「中國」的四周，已整整齊齊分布著戎夷蠻狄❺。如此，後來中國人常用來描述天下的一些字彙和概念，如：天下、中國、四方、四海、九州、四夷似乎在夏代以前就都有了。事實是否如此，我們無法證明。我們只能說夏朝必然曾是一個文化極高，勢力甚大的統治力量，許多概念可能在夏代已經形成，而由商人繼承。

商人原是東方渤海沿岸的部族❻。他們的領袖湯在西元前 1600 年左右消

---

❸　二里頭類型文化到底是夏文化還是早商文化，學者之間尚無定論。有關討論可參看嚴耕望，〈夏代都居與二里頭文化〉，《大陸雜誌》，六十一卷五期（民國 69 年），頁1～17。

❹　《史記》（臺北，藝文，武英殿刊本）卷一〈五帝本紀〉說帝顓頊的天下「北至于幽陵、南至于交阯、西至于流沙、東至于蟠木」；「帝嚳溉（既）執中而徧天下，日月所照，風雨所至，莫不從服」；帝堯五年一巡狩，二月東行，五月南下，八月西向，十一月北上；黃帝往來無常處，東至于海，西至于空桐，南至于江，北逐葷粥。夏禹之時，「東漸于海，西被于流沙，朔、南暨聲教，訖于四海」（卷二〈夏本紀〉）

❺　同上。

❻　自傅斯年提出夷夏東西說，商人源自東方久為學者所公認。現在考古學家發現早商文化和河南龍山文化有密切的傳承關係。有人認為河南偃師二里頭遺址即湯都西亳。此外在晉南稷山、侯馬、河津、新絳等縣的汾河下游也發現了與河南偃師二里頭文化類似的遺址。這些遺址暗示殷商文明有可能源起於豫西晉南一帶。不過二里頭遺

滅夏桀，代為天下的共主。湯原以亳（今安徽亳縣北）為根據地。敗桀以後，西遷至今河南鄭州商城。不知什麼緣故，商人總是遷移不定❼。湯以前有八次遷都的紀錄，湯以後又有五次。直到西元前 1300 年，盤庚才在殷（河南安陽小屯村）建立了永久的都城。都城一固，商人留下的文化遺跡益發豐富。我們所看到的卜辭都是盤庚定都以後，從武丁（西元前 1238?～1180? 年）到帝辛（西元前 1060?～1027? 年）七世九王的紀錄。這些紀錄很清楚地透露出商人已從方位的觀念來認知他們的世界。

址為湯都西亳之說證據並不充分，不少人認為那更可能是夏文化的遺留。張光直曾將殷商文化遺存的特徵和在山東、蘇北的青蓮崗晚期諸文化比較，發現「殷商文化有不少非常重要的特徵，在河南龍山文化裡不見或很罕見的，很清楚可以在花廳文化裡找到祖型或原型。」這些特徵絕大部分是與統治階級的宗教儀式生活和藝術有關。因此，張氏提出一個調和性的解釋，認為「殷商的統治者，亦即子姓的王朝，是來自東方的一個政治集團」，「殷商的先公先王時代至少有一部分是和東海岸史前文化相重疊」，「後日的殷商文明則是東西文化混合的結果」。參見張光直，〈殷商文明起源研究上的一個關鍵問題〉，《沈剛伯先生八秩榮慶論文集》（臺北，聯經出版，民國 65 年），頁 151～169；〈從夏商周三代考古論三代關係與中國古代國家的形成〉，《屈萬里先生七秩榮慶論文集》（臺北，聯經出版，民國 67 年），頁 287～360；*Shang Civilization* (Yale Univ. Press, 1980), pp. 335～355, esp. 345～347. 最近又有學者以為以遼寧朝陽地區為中心的紅山文化與商人早期文化有關，而繼續傅斯年先生的說法，認為商部族應起源於燕山南北，長城內外的幽燕之區。參于志耿、李殿福、陳連開，〈商先起源于幽燕說〉，《歷史研究》，第五期 (1985)，頁 21～33。

❼ 商人遷徙不定，歷來學者解釋不一。參見王國維，〈說自契至於成湯八遷〉，《觀堂集林》（臺北，藝文，民國 45 年），卷十二，頁 135；丁山，〈由三代都邑論其民族文化〉，《中國上古史論文選輯》（臺北，國風出版社，民國 55 年），第一冊，頁 118～127；陳夢家，《殷墟卜辭綜述》(1956)，頁 635；屈萬里，《尚書釋義》（臺北，中華文化出版事業委員會，民國 57 年）〈商書·盤庚〉篇注第五十八，頁 48；杜正勝，〈中國上古史研究的一些關鍵問題〉，《中國上古史論文選集》（臺北，華世，民國 68 年），頁 47。

一、四方與中國

商王的都邑在盤庚以前雖然屢遷不定，商人想像中的土地方域卻有一個不變的中心，這就是他們先公先王宗廟所在的舊都——「商」（今河南商丘）❽。商人對先祖極為崇敬，凡事皆祈庇佑❾。在他們看來，他們能夠連連征服，開疆拓土，全賴宗廟之靈。帝辛征人方即曾到宗廟所在的商行祭祀，祈求護佑。因此，他們將祖先宗廟所在之處當作疆土的中心就十分自然了。「商」故而又稱「中商」。甲骨學者胡厚宣相信，商而稱中商者，當即後世「中國」稱謂的起源❿。

商人祖先的能力很大，能呼風喚雨，左右年成，賜福降禍，實際上商人將祖先稱之為帝，與他們敬畏的天帝⓫一般看待。或即因此，「商」又稱為

---

❽　關於這個中心有二說。一說認為是以王的都邑為中心，即今之安陽。參見陳夢家，《殷墟卜辭綜述》，頁 639；胡厚宣，〈論五方觀念及中國稱謂的起源〉，《甲骨學商史論叢》，初集第二冊，頁 3。另一說則認為應是商。商說最早由董作賓檢查帝辛征人方日譜而提出，參氏著〈卜辭中的亳與商〉，《大陸雜誌》，六卷一期，收入《大陸雜誌史學叢書》，一輯三冊，頁 27～31。張光直重新檢查董氏證據，也同意他以商為一不變的中心。見 Chang Kwang-chih, *Shang Civilization*, "it is significant that in the Shang conception their ancestral capital at Shang was the fixed point of their political and ritual universe, around which their cities, including their royal capitals, orbited." (p. 214)

❾　金祥恆，〈卜辭中所見殷商宗廟祭考〉，《大陸雜誌》，二十卷八期，收入《大陸雜誌史學叢書》，一輯三冊，頁 42～59。

❿　胡厚宣，〈論五方觀念及中國稱謂的起源〉，頁 3 下。但也有學者認為「商」與「中商」非在同一地者，如白川靜。參白川靜著，《甲骨文的世界》，溫天河、蔡哲茂譯（臺北，聯經出版，民國 66 年），頁 163。

⓫　胡厚宣，〈殷卜辭中的上帝和王帝〉上、下，《歷史研究》，第九、十期 (1959)，頁 23～50、89～110。

「天邑商」。商在卜辭中還有一名叫「大邑商」。這個「大」字與「天」字通，可能是用來形容祖宗的神威或商邑的規模。很可惜商丘處在黃河屢次氾濫和改道的地段上，考古學家迄今不能在此發現任何商代的遺跡❷。近來在鄭州商城發現的早商夯土城牆，周長七公里餘，面積比漢唐以後的鄭州舊縣城還大三分之一以上。據估計，修這樣一個城，用一萬個勞動力，每年工作三百三十日，須要四五年甚至更多的時間才能完成。有人猜測這是湯都西亳，也有說這是一支叫「鄭」的氏族的城邑❸。不論如何，商丘「大邑商」的規模當不在此之下。除了這樣一個固定的中心，殷商卜辭中有依東、南、西、北方位結構而成的「四土」和「四方」。帝乙、帝辛卜問年成的卜辭即將四土與商並貞：

> 己巳王卜貞◻歲商受◻，王卜（占）曰吉
> 東土受年
> 南土受年
> 西土受年
> 北土受年❹

「土」的意思就是「方」，東、南、西、北四土即四方。這件卜辭是商王想要知道四方土地年成的好壞。在卜辭裡，方有時是總稱，總言「四方」，有時或言東、西、南、北四方中之一方。這四方加上在中央的商，實際上構成了五方，這五方就是商人觀念中的天下❺。

在一個農業社會裡，風雨是否調順關係著年成的好壞。在雨水過多的時候，商王要祈求天上的帝不要再下雨（「寧雨于土」、「其寧雨于方」）；雨水太

---

❷ Chang Kwang-chih, *Shang Civilization*, p. 213.

❸ 白川靜，〈殷代雄族考〉，《甲骨金文學論集》（京都，朋友書店，1973）。

❹ 轉引自胡厚宣，《甲骨學商史論叢》，初集第二冊，頁 2～3。

❺ 胡厚宣，〈論五方觀念及中國稱謂的起源〉。

少，又要求賜降足夠的雨水（「帝命雨，足年」，「貞：帝命雨，弗其足年」）。帝就將這任務交給了「帝使」——四方的風神。風神各主一方，且各有別名：「東方曰析，風曰魯；南方曰夾，風曰凯；西方曰夷，風曰彞；北方曰（宛），風曰段。」⑯卜辭說：「庚戌卜，寧于四方，其五犬？」據說這裡的四方是指四方的風神，意思是說：「四方的風神啊，奉上五隻犬為祭牲，你們可以停止不吹了嗎？」這種「天上」四方神的構造實即商人「天下」四方的反映。而四「土」或四「方」以及卜辭中常見方向對稱的地名，如：「南洮」、「北洮」、「東對」、「西對」、「西洹」、「東洹」⑰，都清楚顯示商人一套方位的觀念。

在天下四方之內有許許多多氏族的聚落，卜辭中也稱之為「方」。據統計，卜辭中的「方」名有七十餘⑱，著名的如舌方、土方、人方、羌方、井方、鬼方等。這些不過是當時眾多方國極小的一部分。商人有時含糊籠統地稱他們為「多方」。多方散處在商人勢力的四周。從方國的位置我們可以約略估計商王勢力所及的範圍。土方位於商之北，在今山西北部；舌方在商之西北，今陝西北部；羌方、周方、盂方和召方在商西，今陝西中部附近；人方在商東，今淮水流域、江蘇和山東之海濱；御方在商之東北，今河北中部⑲。這些方國包圍的豫北、冀南、魯西、皖北和江蘇的西北，也就是商王聲威所

⑯ 嚴一萍認為四方風名得自地名，參考氏著〈卜辭四方風新義〉，《大陸雜誌》，十五卷一期，收入《大陸雜誌史學叢書》，一輯二冊，頁 110～116。

⑰ 董作賓，〈卜辭中的亳與商〉；陳夢家，〈卜辭地名的形式分類〉《殷墟卜辭綜述》，頁 253～255。

⑱ 島邦男著，《殷墟卜辭研究》，溫天河、李壽林譯（臺北，鼎文書局，民國 64 年），頁 381～382；Chang Kwang-chih, *Shang Civilization*, p. 248. 又鍾柏生兄見告，據其統計有七十四個方名左右。謹此致謝。

⑲ Chang Kwang-chih, *Shang Civilization*, pp. 252～253. 張秉權，〈卜辭中所見殷商政治統一的力量及其達到的範圍〉，《中央研究院歷史語言研究所集刊》，五十本一分（民國 68 年），頁 215～220；李學勤，《殷代地理簡論》（臺北，木鐸出版社，民國 71 年）。

及的「天下」了。這個「天下」的大小當然是會隨著商王力量的大小而變化。至於如何變化，文獻不足徵。

　　總之，商人以方位結構了他們的世界，這個方位以東、西、南、北四方為特色。商王在祖宗的護佑之下就是這四方的統治者。商人的金文中有一些亞形的圖記。這些圖記的意義尚無定論，有的以為象徵宮室或宗廟牆垣四周之形，有的以為係明堂四向之制，還有人認為可能是王族的標示。不論何者為是，似乎都隱含著中央對四方權威的意義❷⓪（圖一）。

　　象徵對四方權威的亞形也反映在殷王室墓葬的結構上。殷商墓葬發現的已以千數，但是只有殷王室的墓室才呈亞形。安陽西北岡發現的十一座王室墓就是最好的代表。這些墓有兩大特點：一是墓穴皆南北向；二是各墓皆有東、南、西、北四方向之墓道通向墓中心的底部。四方墓道使整座墓呈亞字形，而墓坑中心的木室也以亞字形者為多（圖二）。參加西北岡殷墓發掘工作的高去尋先生相信，這些王室墓亞形的構造絕非偶然的設計，應有它象徵性的意義❷①。明堂古為君王祭祀

圖一　殷商亞形銘文圖記
（採自 Chang Kwang-chih, *Shang Civilization*, p. 207）

---

❷⓪　高去尋，〈殷代大墓的墓室及其涵義之推測〉，《中央研究院歷史語言研究所集刊》，三十九本下（民國56年），頁181～182；Chang Kwang-chih, *Shang Civilization*, p. 207；周法高編，《金文詁林》（臺北，中文出版社，民國64年），頁2050～2054。

❷①　高去尋，〈安陽殷代皇室墓地〉，《臺大考古人類學刊》，十二、三期合刊（民國48年），頁1～9；〈殷代大墓的墓室及其涵義之推測〉。

先祖、天帝和頒布政令之所。其建築形制說法不一，要之不脫東、南、西、北四方有室之基本結構，象徵君王居中，上通天帝，下撫四方的權威 （圖三）。民國45、6 年，在漢代長安城故址南方曾掘出一漢代禮制建築的遺址。有人認為是漢之明堂，也有說是辟雍。不論如何，這座建築也是南北向，在遺址的中心為一大夯土臺，臺的四周有東、南、西、北四向對稱的堂室建築，很清楚顯示出亞形的特色（圖四）。高氏認為「殷墓中亞形墓室已代表古代明堂宗廟大體的輪廓」[22]。還有人因此猜測殷代地上宗廟的建築也應該是亞形。可惜我們還沒有發現殷宗廟的遺址，無法證實這一點。不過，在武丁、康丁和祖庚的卜辭裡曾提到東室、中室和南室舉行「爰」、「洶」、「尞」或「酌」不同的祭祀。此外，還有大室、小室。陳夢家相信這些是 「宗廟裡的宗室」 [23]。高去尋進一步認為大室為亞形建築物中央之大室，亦即卜辭裡的中

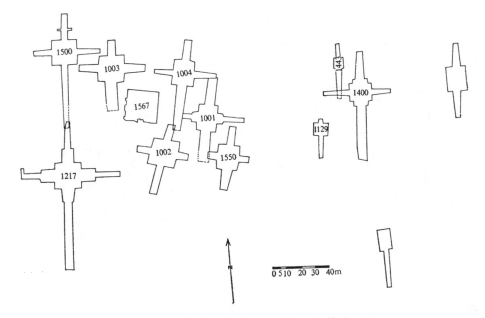

圖二　河南安陽侯家莊西北岡殷王室墓平面圖
（採自 Chang Kwang-chih, *Shang Civilization*, p. 112）

---

[22] 高去尋，〈殷代大墓的墓室及其涵義之推測〉，頁 186。

[23] 陳夢家，《殷墟卜辭綜述》，頁 475～481。

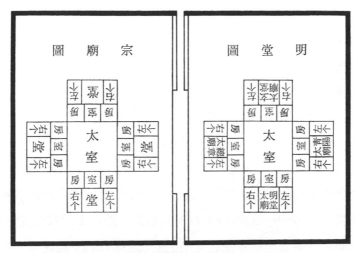

圖三　王國維擬定之明堂宗廟平面圖
（採自高去尋，〈殷代大墓的墓室及其涵義之推測〉）

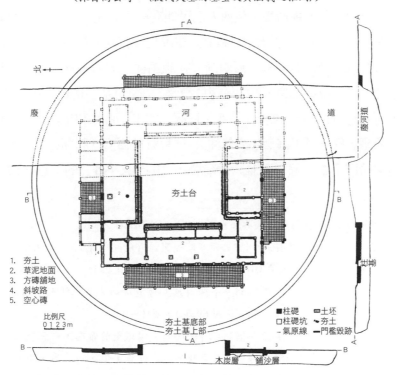

圖四　漢代長安禮制建築遺址平剖面實測圖
（採自唐金裕，〈西安西郊漢代建築遺址發掘報告〉，《考古學報》2（1959 年），頁 45～55）

室。南室、東室即由大室向南、向東凸出之室❷。如此，殷代宗廟之基本形制似乎也是由東南西北四方之室組合而成。

　　總之，這類禮制建築無非是「天下」的縮影，象徵帝王對天下的統治威權。想像中的天下既由東、南、西、北四方組合而成，具體表現出來的則為四土、四方的劃分以及明堂、宗廟、墓室等之亞形結構。商人中央與四方之方位觀形成了以後中國人天下觀的一個基本要素。

　　卜辭中雖然出現了「四方」與「中商」，也有「中」、「國」、「天」和「下」這些字眼❷，但是在卜辭和殷商金文裡從來沒有將這幾個字放在一處，形成「中國」或「天下」這些後來習用的名詞。殷商卜辭和金文已知的數量到底有限，更何況觀念可以產生在文字之前，因此我們不能說商人就沒有「中國」或「天下」的觀念，只是還需要文字證實而已。

　　另外一個卜辭不能證實，但商人已可能有的觀念是「內服」與「外服」。內外服首見於《尚書》〈酒誥〉。〈酒誥〉據說是康叔封於衛時，周公告誡他不可像商紂沉湎於酒而喪邦的一篇訓詞。在訓詞裡，周公追述商人的先祖從成湯到帝乙，如何兢兢業業，不敢縱情於酒食。在「外服」的侯、甸、男、衛、邦伯，「內服」的百僚、庶尹、惟亞、惟服、宗工、百姓和里居（君）也都不敢沉湎於酒，只有紂王好酒，酒氣沖天（「荒腆於酒」，「腥聞在上」），老天才將他的國給滅了❷。據《爾雅》〈釋詁〉，「服」是「事」的意思。侯、甸、

---

❷　高去尋，〈殷代大墓的墓室及其涵義之推測〉，頁187。

❷　李孝定，《甲骨文字集釋》，《中央研究院歷史語言研究所集刊》之五十（民國54年），「中」見第一冊，頁0163；「國」見第六冊，頁2111；「天」見第一冊，頁0013；「下」見第一冊，頁0035。卜辭「國」字意義研究見陳仲玉，〈論「邦」與「國」〉，《食貨》，九卷十二期（民國69年），頁1～9。

❷　屈萬里，《尚書釋義》〈周書・酒誥〉：「……自成湯咸至於帝乙，成王畏相。惟御事厥棐有恭，不敢自暇自逸，矧曰其敢崇飲？越在外服，侯、甸、男、衛、邦伯；越在內服、百僚、庶尹、惟亞、惟服、宗工、越百姓里居，罔敢湎於酒……我聞亦惟曰，在今後嗣王（紂王）酣身……惟荒腆於酒，不惟自息，乃逸……誕惟民怨，庶

男、衛、邦伯是商王任命在邦畿之內或邊地上，以「治田」（侯、甸、男之職）或「防衛」（衛、邦伯之職）為職事的諸侯；百僚、庶尹等是在商王左右的官僚❷。可見內外服原來只是以商王為中心，一種內外臣僚職事的劃分。到了周朝，卻發展擴大成了更精細的「五服」。服制所包含內外層次的觀念配合「中央」、「四方」的方位觀形成了此後中國人觀念中「天下」最基本的結構。

二、中國、天下與五服

中國人的天下觀在夏商之時育孕出樸素的原型，到兩周時期進一步發展成長。所謂「殷因於夏禮，周因於殷禮」，周革殷命之後，因襲了很多夏商以來的觀念和字彙，例如：四方、多方、東土、西土都是周代文獻中習用的字彙❷。更重要的是夏商以來的層次與方位觀念到周代有了更複雜的發展，新的字彙也隨之大增。

在周初，「中國」和「天下」這兩個重要的名詞正式出現了。「天下」首見於〈周書・召誥〉：「用于天下，越王顯」，意思是說用此道於天下，王乃光顯也。據司馬遷說〈召誥〉是成王（西元前 1024～1005 年）年長以後，周公認為洛居天下之中，四方入貢的距離都很平均，宜為王都，使召公營洛邑，並告誡成王的一番話❷。此處天下即向天子納貢之四方。成王死後，在康王

群自酒，腥聞在上；故天降喪於殷⋯⋯。」

❷ 島邦男，《殷墟卜辭研究》（中譯本），頁 421～422，455～469；陳夢家，《殷墟卜辭綜述》，頁 325～328，503～522。

❷ 四方一詞習見於周代文獻及金文中。例如《詩》〈小雅・節南山〉、〈大雅・棫樸〉、〈皇矣〉、〈下武〉、〈民勞〉、〈周頌・執競〉；〈周書・牧誓〉、〈金縢〉、〈召誥〉、〈洛誥〉等；又見於周盂鼎、毛公庮鼎、班簋、矢令彝、師訇段、晉邦盞等（于省吾，《雙劍誃吉金文選》，上冊）。多方一詞見〈周書・多方〉；「西土」見〈周書・牧誓〉、〈大誥〉、〈康誥〉、〈酒誥〉；「東土」見〈周書・康誥〉、〈洛誥〉等篇。

（西元前 1004～967 年）即位的冊文裡有「燮和天下，用答揚文武之光訓」一句，意勉康王協和天下，以尊顯文王和武王偉大的教訓。康王登位後，在〈文告〉裡也說「用昭明于天下」。這裡的「天下」指的都是同一文告中所說「付畀四方」的四方。以天下為四方的用法還見於康王死後二、三十年，穆王（西元前 947～928 年）時的〈呂刑〉❸⓪，以及《孟子》〈梁惠王〉篇引《書經》的一段話：「天降下民，作之君，作之師，惟曰其助上帝，寵之四方，有罪無罪惟我在，天下曷敢有越厥志？」四方即天下在這一段話裡十分清楚。不過到了西周末，譏刺幽王（西元前 781～771 年）的〈北山〉詩中更有了「溥天之下，莫非王土」的話。從此，「天下」一詞似乎可有廣狹二義，一為日月所照，人跡所至的普天之下，一指四方之內的「中國」。

「中國」二字連用首見於〈周書‧梓材〉：「皇天既付中國民越厥疆土于先王」，意思是說皇天將中原的人民和疆土付與先王。〈梓材〉篇的這一段據說是周公和召公勸戒成王的話❸❶。果如此，「中國」一詞在西周初就出現了，不過在周代其他的文獻裡，「中國」多指「京師」或「國中」。《詩經》〈大雅‧民勞〉裡的「惠此中國」，據鄭康成說「中國」是指京師，而〈蕩之什〉、〈桑柔〉篇裡的「中國」又是「國境之中」的意思❸❷，可見「中國」二字連用初無共喻之定義，以「中國」通指華夏民族活動的中原應是較晚的發展。

大體而言，「天下」或「中國」在周初的文獻裡並不常見，「中國」在〈周書〉裡只出現一次，在《詩經》中七見，但集中在〈大雅‧生民之什〉、〈蕩之什〉和〈桑柔〉三篇❸❸。「天下」一詞除〈北山〉「溥天之下」一句外，不

---

❷❾　《史記》卷四〈周本紀〉：「此天下之中，四方入貢道里均。」

❸⓪　屈萬里，《尚書釋義》，頁 143。〈洪範〉篇雖有「天子作民父母，以為天下王」的話，但此篇成書甚晚，疑在戰國初，故不取。參見屈萬里，《尚書釋義》，頁 59～60。

❸❶　屈萬里，《尚書釋義》，頁 88。

❸❷　王爾敏，〈中國名稱溯源及其近代詮釋〉，收入氏著《中國近代思想史論》（臺北，華世，民國 67 年），頁 441～480。又可參看田倩君，〈中國與華夏稱謂之尋原〉，《大陸雜誌》，三十一卷一期，收入《大陸雜誌史學叢書》，三輯一冊，頁 45～52。

見於《詩經》，在《尚書》中亦僅五見❸，而這兩個詞稱在周代金文中似從未出現過。周人最常用來表示天下或中國的名詞仍然是「四方」或從四方之國而來的「四國」❸，由此可見商周兩代在用詞和觀念上強烈的延續性。

此處必須附帶一提的是「四海」一詞的出現。在商遺民所作的〈商頌〉以及可能成篇於東周的〈禹貢〉中有「四海」一詞❸。〈商頌·玄鳥〉說：「邦畿千里，維民所止，肇域彼四海。」西周末詩〈北山〉有「率土之濱」一句。「濱」意味土有邊緣，邊緣外為何？似乎就是海。中國人可能很早即想像中國為海所環繞，但如何可能產生此一想像？卻是一個謎。〈禹貢〉說：「東漸于海，西被于流沙，朔、南暨聲教，訖于四海。」既說西被于流沙，則明知西方非海。其以四海稱之者，也許不是出自地理實態的描述，而是從方位觀念推演的結果。商人原濱海而居，習見東方海陸相連，南方亦為海，如此一推，四方都成了海。「四海」一詞首見於商人的詩，也許不是偶然。《左傳》僖公四年：「楚子使與師言曰：『君處北海，寡人處南海……』」南人習見江海，遂以為北方亦海，後來四海竟成為中國人十分偏愛的一個名詞。孔子的大弟子子夏曾說：「四海之內，皆兄弟也」❸，他的話後來成為中國人「天下一家」理想一個重要的思想泉源，我們將在下文詳說。

周人繼承殷商另外一個重要的觀念就是由服制而來的內外層次觀念。祭

---

❸ 王爾敏，〈中國名稱溯源及其近代詮釋〉，頁 461～462。

❸ 見於《尚書》之〈召誥〉、〈立政〉、〈呂刑〉、〈顧命〉、〈洪範〉。〈洪範〉疑成於戰國初，故不論。〈畢命〉篇有「惟文王武王敷大德于天下」一句，唯該篇疑偽，亦不取。

❸ 四方一詞參見❷；「四國」《詩》〈曹風·下泉〉、〈鳲鳩〉；〈豳風·破斧〉；〈節南山之什·十月之交〉、〈雨無正〉；〈甫田之什·青蠅〉；〈文王之什·皇矣〉等；〈周書·多士〉、〈多方〉。周金「四國」一詞見毛公鼎、宗周鐘等，參陳仲玉，〈論「邦」與「國」〉，頁 5。

❸ 〈禹貢〉成篇年代，參見屈萬里，《尚書釋義》，頁 27；侯仁之編，《中國古代地理名著選讀》第一輯（北京，中華書局，1963），顧頡剛注釋，〈禹貢〉，頁 3～4。

❸ 《論語》（臺北，新興書局，《古注十三經》）〈顏淵〉篇。

公謀父在勸周穆王不要征犬戎時說：

> 夫先王之制：邦內甸服，邦外侯服，侯、衛賓服，蠻夷要服，戎狄荒
> 服。甸服者祭，侯服者祀，賓服者享，要服者貢，荒服者王。日祭、
> 月祀、時享、歲貢、終王，先王之訓也 ❸。

這甸、侯、賓、要、荒服也就是習稱的五服。我們曾說過殷商的服制基本上
只有兩層：外服的諸侯和內服的臣僚，他們對商王提供經濟、軍事或行政上
不同的貢納和服務。周人的五服基本上也是內外兩層，所謂邦內和邦外。不
過，周人在擴張的過程裡，由於和被征服者關係不同，需索隨之而異。因此
出現侯服者按月而祀，賓服一季一享，要服每年一貢，荒服但須朝覲，負擔
因服不同的情形 ❸。周人五服制原始的形態也許就是如此，這和殷商內外服
的意義應該近似。可是〈禹貢〉的作者很顯然將五服轉變成一個以與周王畿
距離決定職貢性質和大小的層狀結構：

> 五百里甸服：百里賦納總，二百里納銍，三百里納秸服，四百里粟，
> 五百里米。五百里侯服：百里采，二百里男邦，三百里諸侯。五百里
> 綏服：三百里揆文教，二百里奮武衛。五百里要服：三百里夷，二百
> 里蔡。五百里荒服：三百里蠻，二百里流。

周代服制可能確實存在過。例如《左傳》桓公二年：「今晉，甸侯也。」
杜預注：「諸侯而在甸服者。」不過每服整整齊齊五百里當然不是寫實。〈禹
貢〉作者的旨意恐怕也不在寫實，而是利用若干實際的線索勾勒一個天下理
想的結構。這個結構是由天子居中，諸侯環繞於外。天子的貢賦主要來自王

---

❸　《國語》（臺北，里仁書局，民國 69 年）〈周語〉上。

❸　杜正勝，〈西周封建的特質——兼論夏政商政與戎索周索〉，收入《中國上古史論文
選集》，（臺北，華世，民國 68 年），下冊，頁 687～695。

畿（甸服）：總（穀物連藁秸者）、銍（禾穗）、秸服（禾去其藁及穎芒者）、粟（穀實未去殼者）、米（去殼者）者是。侯服與綏服乃諸侯之地，其作用主要是「奮武衛」，以屏障天子。再外圍的要服和荒服是「夷」、「蠻」之地，供流放罪犯之用，所謂「投諸四裔，以禦魑魅」❹，其義亦在軍事。這樣一個層層防衛的構想也許並非新創。春秋時，楚國的沈尹戌在追述過去周天子守天下的辦法時，曾說：「古者天子，守在四夷；天子卑，守在諸侯，諸侯守在四鄰；諸侯卑，守在四竟。」❹古者天子是指周天子，「守在四夷」據竹添光鴻《會箋》乃「言其和柔四夷，以為諸夏之衛也」❹。如果此說不錯，則可以發現在周的封建體制下，是有一個理論上以天子為中心，諸侯為外圍，四夷為更外圍的層狀防衛結構。這種理論上的結構和周人封建中「親親」和「內外」的基本觀念完全一致。親親之義在於差等，由親而疏，由內而外，所謂「內其國而外諸夏，內諸夏而外夷狄」❹。諸夏以王室為中心，對夷狄而言是內，對王室而言，又是外。這種相對的內外關係可以無限制的擴大，也可以分出無數的層次。這種內外層層的同心圓不論事實上是否可行，從〈禹貢〉作者以降的中國人大概沒有例外，都是從層次的觀念去理解淵源已久的服制，並加以發揮。〈禹貢〉的五服是五層的同心圓，《周禮》更製造出九層的九服和九畿，每服或每畿都是規規則則的方五百里❹！

---

❹　《左傳》（臺北，新興書局，《古注十三經》）文公十八年。

❹　《左傳》昭公二十二年。

❹　竹添光鴻，《左傳會箋》（臺北，廣文書局，民國 52 年），昭公二十二年。

❹　《春秋公羊傳》（臺北，新興書局，《古注十三經》）成公十五年。

❹　《周禮》（臺北，新興書局，《古注十三經》）卷二十九、三十三。九服又見《逸周書》〈職方解〉（臺北，新興書局，《漢魏叢書》本）卷八。

三、文化的夷夏觀

　　周人對中國天下觀的貢獻並不在延續這些殷商以來頗為機械的方位和層次的觀念，而在育孕出一種文化的天下觀。首先要說的是周人以「禹迹」和「九州」稱中國或天下。禹平洪水，劃天下為九州，象徵著先民與大自然搏鬥，形成國家和締造文化的一幕。周人根據這樣一個文化的事件來為世界命名，顯示周人理解中的天下不僅僅是一個方位和層次的骨架，而是一有血有肉的人文世界。

　　夏禹的傳說淵源極早，不過卜辭中不見禹字，也無九州一詞。商亡以後，商遺民在紀念祖先的詩中才提到「洪水芒芒，禹敷下土」的故事❹。又說諸侯因天命而在「禹績」上建立他們的都邑（〈殷武〉：「天命多辟，設都于禹之績」）。他們的詩還提到「九有」和「九圍」，可能就是周人所說的九州❹。周武王時，虞人（掌田獵之官）的官箴即以「芒芒禹迹，畫為九州」八字起首❹。《詩》〈大雅〉說：「維禹之績，四方攸同」（〈文王有聲〉）；《尚書》〈立政〉說：「以陟禹之迹，方行天下」；東周初齊器叔夷鐘（作於西元前 566 年）有「咸有九州，處堣（禹）之堵（土）」之句❹；約作於同時的秦器秦公殷銘云：「鼏宅禹蹟（蹟）」❹。可見以禹迹和九州代表天下是兩周自天子以至諸侯通行的看法。九州有多大呢？東周時有人詳詳細細寫了一篇〈禹貢〉，告訴

---

❹　《詩經》〈商頌‧長發〉。

❹　《詩經》〈玄鳥〉：「方命厥后，奄有九有」；〈長發〉：「上帝是祗，帝命式于九圍……九有有截」及鄭康成箋。

❹　《左傳》襄公四年。禹績一詞見《左傳》哀公元年：「伍員諫曰：……復禹之績，祀夏配天，不失舊物」。

❹　郭沫若，《兩周金文辭大系考釋》，頁 203～208。

❹　同上，頁 247～249。

我們九州的地理位置，各州的山川，特產，土壤和貢賦的品類。所謂「咸則三壤，成賦中邦」，知道了各地土壤的等則，有了財賦，中國（中邦）就可以在這片土地上分土殖民，討叛扶順，化成人文了（「錫土姓，祇台德先，不距朕行」）。

　　周人文化天下觀的另一個表徵是周人以夏、諸夏自稱，而將夷、戎、蠻、狄轉變成帶有文化上低賤意味的名稱。夏本來是在今山西省西南，即汾水流域，河南中西部以及陝西渭水下游活動，一個文化甚高的氏族聯盟。周人的祖先后稷原係聯盟之一員。夏后氏衰，殷商代興，周人竄於戎狄之間。此其時也，戎、夷、蠻、狄似乎並不是一些在文化上與夏商有別的種族。有人甚至認為戎狄原是夏后氏的苗裔❺⓪，倒是夏周與商人在文化上本不屬同一系統。商人與東方沿海文化淵源甚深。不過當周人興起代商，夏商文化久已混合。周繼夏商以夏自命而不以商，自然是因為文化和政治上的原因。周人相信他們是代殷商之天命，卻繼有夏之舊疆，故每以禹迹名天下，〈康誥〉裡更直說文王為我有夏締造了疆域（「用肇造我區夏（夏域）」）。周公也稱頌文王協治有夏的功勞（〈君奭〉：「惟文王尚克修和我有夏」），並說：「帝欽罰之，乃伻我有夏，式商受命，奄甸萬姓。」（《尚書》〈立政〉）意謂天帝降罰於殷，命我有夏，得用商之天命，撫治萬民。周人不但以夏自稱，在封建的過程裡，更大封夏及其他古國的後裔，所謂「武王追思先聖王，乃褒封神農之後於焦，黃帝之後於祝，帝堯之後於薊，帝舜之後於陳，大禹之後於杞」❺①，並因地制宜，在夏後裔聚居的舊地，仍然以夏人舊時治理的辦法治之，這是所謂「啓以夏政」❺②。周人以夏自居，封夏之後和用夏政的做法當然有濃厚的政治目的。當時夏的後裔也許已經十分微弱，但夏曾為天下的共主，又代表著古中國一個極高的文化。國小民寡的「小邦周」一旦代有天下，在力有未逮的情

---

❺⓪　杜正勝，〈封建與宗法〉，《中央研究院歷史語言研究所集刊》，五十二本三分（民國68 年），頁 529～530。

❺①　《史記》卷四〈周本紀〉。

❺②　杜正勝，〈西周封建的特質──兼論夏政商政與戎索周索〉，頁 675～679。

況下，如此號召不失為拉攏東方各國支持的辦法。而更重要的是周人與夏確
有文化上的淵源。周人雖曾一度竄於戎狄，不過當他們以夏為號召時，並沒
有人認為他們冒名標榜。姬姓的子孫和同盟分封在各地的，都名正言順成了
「諸夏」❸。尤有甚者，尚文的周人為了形容自己又高又華美的文化，又造
了「華夏」一名❹。此名一立，直到今天，我們還喜歡自稱是華夏的子孫。

　　周人對自己的文化相當自豪。孔子雖然說他們「後進於禮樂」（《論語》
〈先進〉），他們制作禮樂的成就無疑遠邁前代。周公制禮作樂的故事和周人
尚文的傳說，在在反映中國文化在周代發展得更燦爛輝煌，連孔子也不得不
說：「郁郁乎文哉，吾從周。」（《論語》〈八佾〉）擁有燦爛文化的周人難免逐
漸看低那些文化遲滯不進的邦國，斥之為蠻夷戎狄。在周人的觀念裡，天下
就是由文化較高的華夏諸邦和落後的蠻夷所組成。西周末，周的太史史伯曾
很清楚地說：

> 當成周者，南有荊、蠻、申、呂、應、鄧、陳、蔡、隨、唐；北有衛、
> 燕、狄、鮮虞、潞、洛、泉、徐、蒲；西有虞、虢、晉、隗、霍、楊、
> 魏、芮；東有齊、魯、曹、宋、滕、薛、鄒、莒；是非王之支子母弟
> 甥舅也，則皆蠻、荊、戎、狄之人也。非親則頑，不可入也❺。

所謂「非親則頑」，很明白地將天下的邦國分為兩類。蠻荊戎狄被斥為「頑」，
不知從何時開始。我們知道殷商自以為在天下之中，自稱為「中方」。他們是

---

❸　《左傳》襄公十三年：「奄征南海，以屬諸夏」；閔公元年：「諸夏親暱，不可棄也」；
　　《國語》〈晉語〉：「諸夏從戎，非敗而何？」；〈吳語〉：「蹻諸夏而圖東國」。

❹　《左傳》襄公二十六年：「楚失華夏，則析公之為也。」在《國語》和《左傳》中我
　　們還看見「諸華」一詞；《左傳》襄公四年：「諸華必叛……獲戎失華，無乃不可
　　乎？」昭公三十年：「此于諸華，光又甚文」；《國語》〈晉語〉七：「勞師於戎，而失
　　諸華」，「子教寡人和諸戎而正諸華」。

❺　《國語》〈鄭語〉。

否因此看輕其他的方國，我們沒有證據可依。卜辭中已有夷、戎和狄三字，但無蠻字。其中戎字是指兵器，狄是一位貞人的名字，只有一個夷字是指方國❺❻。夷字從「人」，無低賤之意。甚至西周史伯說到文化低劣的「頑」國，舉出蠻、荊、戎、狄而不及夷。從此看來，戎、夷、蠻、狄成為文化低落部族的代名詞必是周以後的發展。

　　周人的祖先曾竄於戎狄達數百年之久，周人興起之初當還不至於就看輕了戎狄。周初，夷夏雜居❺❼，在大致相似的自然環境裡，經濟方式並沒有截然的差異。其時，農具還很落後，生產力十分有限❺❽。除了農業，家畜飼養和漁獵都是經濟生活的一部分。從記載上看，戎狄和華夏諸邦一樣，有些從事農耕，甚至也有城邑❺❾。他們對農牧或漁獵依賴的程度和諸夏容有不同，但最多只是程度的差別。我們不能以後來的眼光，從農業和游牧來強分夷夏。因此，周人開始貶謫夷狄，大概並不是因為他們經濟生活不同於諸夏。不過華夏與戎狄生活方式的差距的確逐漸加大。尤其在春秋中晚期以後，中原地區的農業由於牛耕、鐵製農具、施肥和大規模灌溉等新技術的出現，導致生產力突破性的增加❻❿。技術的進步不但使單位面積的生產量提高，也使得過去不適於農耕的土地化為良田。結果採取進步農耕方式的邦國，經濟力大增，不斷擴張，奪取土地；那些固守舊俗，不知跟進者，邦土不免逐漸為強鄰所

---

❺❻　李孝定，《甲骨文字集釋》，「戎」，頁3759；「狄」，頁3109；「夷」，頁3207。

❺❼　趙鐵寒，〈春秋時期的戎狄地理分布及其源流〉，《大陸雜誌》，十一卷二、三期（民國44年），頁6～13，21～25。

❺❽　許師倬雲，〈兩周農作技術〉，《中央研究院歷史語言研究所集刊》，四十二本四分（民國60年），頁803～842。

❺❾　《左傳》襄公十四年：「謂我諸戎是四嶽之裔胄也……賜我南鄙之田……」，昭公十五年：「晉荀吳帥師伐鮮虞，圍鼓，鼓人或請以城叛」；《國語》〈晉語〉九：「趙襄子使新稚穆子伐狄，勝左人、中人」，韋昭注：「左人、中人，狄二邑」。

❻❿　許師倬雲，〈兩周農作技術〉；何炳棣，《黃土與中國農業之起源》（香港，香港中文大學，1969），頁178，182～183；何烈，〈中國牛耕技術的起源〉，《大陸雜誌》，五十五卷四期（民國66年）。

侵。驪姬對晉獻公說：「狄之廣莫，於晉為都，晉之啓土，不亦宜乎？」 ⑥ 正是華夏邦國覬覦戎狄田土的寫照。戎狄之邦如能採取進步的農耕，衣冠禮樂一番，則可與諸夏並列，如戰國還存在的中山國 ⑥ 。如不能，則終被消滅或逐往邊遠的山區或草原，經營游牧或其他形式的生活。所謂「飲食衣服，不與華同」 ⑥ ，正是經濟生活分化的結果。

當中原諸國生存競爭日烈的時候，弱小的國家不論華夷都在被消滅之列，而那些起而與諸夏競爭的夷狄，在諸夏的記載裡就被形容成為「猾夏」、貪得無厭的豺狼禽獸 ⑥ 。華夏視戎狄為禽獸，確實的時間不易斷定，也許在周戎關係惡化以後。周穆王伐犬戎，祭公謀父以「先王耀德不觀兵」力諫，穆王不聽，從此「荒服者不至」 ⑥ 。西周中期以後，周戎戰爭益烈；末年，犬戎陷鎬京，幽王死。東周初，襄王（西元前 651～619 年）欲納狄女為后，大夫富辰就大罵狄是「封豕豺狼」 ⑥ 。可見貶斥戎夷，一方面是出於華夏文化的優越意識，一方面由於華夷生活方式差距的增加，此外在生存競爭中，對敵手總是惡言相向，尤其失敗者，其不為禽獸而何？

經過春秋幾百年的攘夷，原來雜居中原的夷狄不是被消滅或同化，就是被逐往邊遠之區。到了戰國，戎狄退處邊陲，中原幾乎完全成為諸夏的世界。

⑥　《左傳》莊公二十八年。諸夏攻佔戎狄土地的例子還見《左傳》襄公十四年：「昔秦人負恃其眾，貪于土地，逐我諸戎」；宣公十五年：「晉侯治兵于稷，以略狄土」。

⑥　《戰國策》中有〈中山國策〉。近有中山國遺物發現，對了解中山國史極有幫助。參見于豪亮，〈中山三器銘文考釋〉；李學勤、李零，〈平山三器與中山國史的若干問題〉，《考古學報》，第二期 (1979)。

⑥　《左傳》襄公十四年。也有華夏之邦而夷狄化者，如《左傳》僖公二十七年，杞桓公來朝用夷禮。杞，禹後。孔子說夏禮，杞不足徵，是孔子時杞之風俗已變。

⑥　《左傳》成公四年：「戎，禽獸也」；閔公元年：「戎狄豺狼，不可厭也」；襄公四年：「戎狄無親而貪」；《國語》〈周語〉中：「夫戎、狄，冒沒輕儳，貪而不讓其血氣不治，若禽獸焉」。

⑥　《國語》〈周語〉上。

⑥　《國語》〈周語〉中。

在此以前，雖然有東南西北四方的觀念和蠻夷戎狄的稱號，但是四夷與四方並沒有搭配成固定的北狄、南蠻、東夷、西戎❻。這種固定的搭配應該是戰國時人根據戰國以降的實態，將天下秩序概念化和規則化以後的結果。《墨子》〈節葬〉下篇曾稱北方者為狄，西方者為戎，東方者曰夷。當《禮記》〈王制篇〉寫成的時候，中國天下秩序已被安排的非常整齊：

> 中國戎夷五方之民，皆有性也，不可推移；
> 東方曰夷，被髮文身，有不火食者矣；
> 南方曰蠻，雕題交阯，有不火食者矣；
> 西方曰戎，被髮衣皮，有不粒食者矣；
> 北方曰狄，衣羽毛穴居，有不粒食者矣❻。

中國與四夷區別的關鍵很顯然是在文化，所謂「不火食」、「不粒食」、「被髮左衽」，乃「飲食衣服，不與華同」的夷狄。中國是「以詩書禮樂法度為政」，而「戎夷無此」❻。趙武靈王（西元前 325～298 年）時，趙國的公子成對所謂的中國曾有一段極具體的描述：

> 中國者，聰明叡知之所居也，萬物財用之所聚也，賢聖之所教也，仁義之所施也，詩書禮樂之所用也，異敏技藝之所試也，遠方之所觀赴也，蠻夷之所義行也❼。

---

❻ 童疑，〈夷蠻戎狄與東西南北〉，《禹貢》，七卷十期（民國 26 年），頁 11～17。

❻ 《禮記》〈王制〉篇寫成時代甚晚，《史記》〈封禪書〉說：「文帝使博士諸生刺六經中作王制。」其詳參見張心澂，《偽書通考》（臺北，明倫出版社，民國 60 年），頁 327，340。

❻ 《史記》卷五〈秦本紀〉。

❼ 《戰國策》（臺北，河洛圖書出版社，民國 66 年）〈趙策〉三。

在他看來，中國是一個人才薈萃，物阜民豐，禮樂流行，具有高度文化的地方。凡詩書禮樂不及，或風俗有殊於中原諸夏者，即不得在中國之列。吳、越、秦、楚本華夏冑裔，可是秦受「戎翟之教，父子無別，同室而居」❼，到孝公（西元前 361～337 年）變法以前，還不得參加中國諸侯的盟會，中國以「夷翟遇之」❼。而吳、越，據《尸子》說：「以臣妾為殉，中國聞而非之。」❼人殉本殷商故俗，吳、越率由舊章，現在竟遭中國非議。孟子說：「吾聞用夏變夷者，未聞變於夷者也。陳良，楚產也，悅周公仲尼之道，北學於中國。」❼是孟子不以周公仲尼之道不行的楚為中國。從春秋以來，諸夏眼中的楚一直是「蠢爾蠻荊」❼！

可見中國人很早就將中國看成一文化體，而不是一定的政治疆域。夷夏文化有別，不過不是截然分判，互不交融。孟子說：「未聞變於夷者」，不合歷史事實，這是他的文化偏見。陳良固可北學於中國，武靈王亦可胡服騎射。中國文化之所以日益豐富燦爛，就在於不斷融合吸收。到春秋戰國之際，豐富的中國文化使中國人有了一份很深的文化優越感，此公子成所以說中華衣冠，乃遠方之所觀赴，孟子所以說唯有用夏變夷者。從此優越感出發，中國人又開始有一種強烈的文化使命感，認為中國有責任將自己優越的文化向外推展，使四夷一體濡染德教，謂之「王者無外」❼。天下雖有內外層次之別，理想的君王應該由內而外，「一乎天下」，「一」的方法就是孟子說的用夏變夷。據說孔子曾一度想要離開紛擾的中國，到九夷中去居住。有人問他九夷風俗固陋，如何了得。他說：「君子居之，何陋之有？」❼去夏就夷原是孔子

❼　《史記》卷六十八〈商君列傳〉。

❼　《史記》卷五〈秦本紀〉。

❼　《尸子》（四部備要）卷上，頁 12 上。

❼　《孟子》（臺北，新興書局，《古注十三經》）〈滕文公〉。

❼　《詩經》〈小雅·采芑〉。

❼　《春秋公羊傳》，隱公元年、僖公二十四年。

❼　《論語》〈子罕〉。

一時氣憤之言，但是後來中國的「君子」真的想著要化四夷之陋俗，播聲教於普天之下。

四、一個方位、層次和文化交織的框框

　　從春秋到戰國，中國人的天下觀逐步成熟，許多過去零星的概念或名詞，在先秦諸子的腦海中，或者結合成一套系統，或者激發出更多的想像。中國人想像的天地擴大，當然也可能是因為列國之間交通頻繁以及中國與域外接觸增加，新鮮的事物帶來了刺激。《楚辭》〈天問〉的作者曾經好奇地問九州是如何置於天地之間，到底有多大 ❼❽ ？莊子相信中國非常渺小，像太倉裡的一粒米，大澤中的小螞蟻堆，被浩瀚的四海包圍著 ❼❾。我們曾說過中國人很早就幻想中國為海所圍繞，不過四海不一定是海。《荀子》〈王制篇〉裡的北海、南海、東海和西海就不是萬川所歸的海 ❽⓿。可是在戰國時代，以為中國或九州為大海所環繞卻是一個很流行的看法。「閎大不經」的騶衍就有大九州之說。他說中國名叫赤縣神州，乃天下八十一分之一。中國之內分成九州，也就是禹所劃的九州。像中國這樣的九州共有九個，乃大九州，其外皆有裨海環之。裨海是州外小海，小海之外更有大瀛海，大瀛海乃在天地之際 ❽❶（圖五）。這種純然推想出來的世界與現實世界相去極遠。但談天雕龍之客，樂此不疲。《淮南子》〈墜形訓〉更在九州之外推出八殥、八紘和八極，方各千里。

---

❼❽　《楚辭》〈天問〉：「九州安錯？川谷何洿？……東西南北，其修孰多？南北順橢，其衍幾何？」

❼❾　《莊子》（臺北，中華書局）〈秋水〉：「計四海之在天地之間也，不似礨空之在大澤乎？計中國之在海內，不似稊米之在太倉乎？」

❽⓿　梁叔任，《荀子約注》（臺北，世界書局，民國47年），引楊樹達曰：「海，謂荒晦絕遠之地，不必至海水也。」（頁107）

❽❶　《史記》卷七十四〈孟子荀卿列傳〉。

其中八殥非澤即海，八紘為野，八極為山⑧（圖六）。不論騶衍和〈墜形訓〉
的作者如何幻想他們的世界，基本上都不脫方位和層次的推演變化。而一向
被目為荒誕不經的《山海經》，在描寫這個世界的時候，也不外以東、南、
西、北、中以及內外來區劃天下的方國和山海。由此可見，中國人想像中的
天下已有了一定的結構，異想天開者也翻不出這個框框。

這個框框很清楚是由本不相干的方位觀、層次觀和文化的夷夏觀交織而
成。天下由諸夏及蠻夷戎狄組成，中國即諸夏，為詩書禮樂之邦，在層次上
居內服，在方位上是中心；蠻夷戎狄行同鳥獸，在層次上屬外服，在方位上
是四裔。方位和層次可以以中國為中心，無限地延伸；詩書禮樂的華夏文化
也可以無限地擴張。最後的理想是王者無外，合天下為一家，進世界於大同。

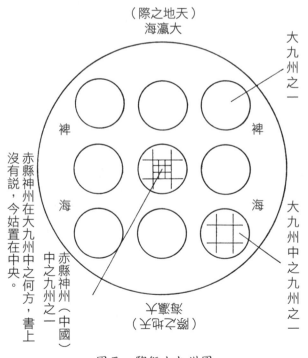

圖五　騶衍大九州圖
（採自顧頡剛，〈秦漢統一的由來和戰國人對於世界的想像〉，《古史辨》，第二冊，頁7）

⑧　《淮南子》（臺北，世界書局）卷四〈墜形訓〉。

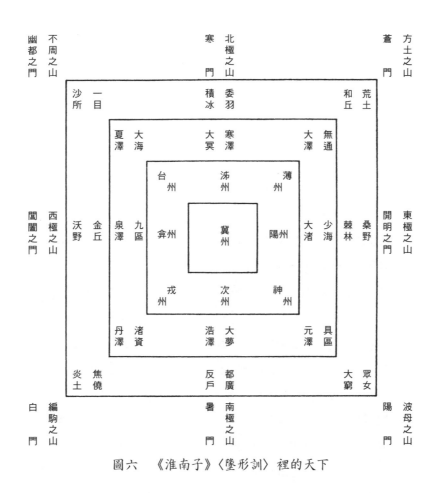

圖六　《淮南子》〈墜形訓〉裡的天下

五、框框裡的現實與理想──夷夏之防與天下一家

　　秦始皇並六王，一四海，將中國的歷史帶入了一個嶄新的局面。這個新局面不僅意謂著中國內部由分裂而統一，更象徵著中國與周遭世界的關係進入一個新的紀元。秦始皇統一中國以後，據說因為「亡秦者胡」的讖語，派兵三十萬北伐匈奴，並將過去秦、趙和燕國修築的長城連貫起來，西起臨洮，東到遼東，使北方的草原游牧社會和南方農業的中國分割為兩個世界。從此

游牧與農業社會的融合與對立構成國史上極重要的現象❽。

這種新局面有沒有影響到中國人對天下秩序的看法呢？大體而言，中國人的天下觀並沒有基本上的改變。儘管兩千年來和中國接觸的外族代有不同，但是變化不大。所謂「以古驗今，戎敵之情，宜不相遠」❽。中國人對他們總是以蠻夷視之。近代西洋人東來，中國人仍作如是觀。中國人心目中的世界也始終是由中國和四夷所組成。自《史記》、《漢書》以降，稍微完備的正史無不在敘述中國之餘加上四夷或外國列傳，清初修《明史》亦不例外。更重要的是中國人一直自信華夏衣冠是四方蠻夷羨慕學習的對象。有德之君有責任使四夷浸潤德澤，「分享」中國高水準的文化。因此，對一位欲為「天下王」的皇帝而言，如何化外服為內服，合天下為一家，是一項永恆的挑戰。

秦始皇面臨這個挑戰，也面臨理想與事實差距造成的困惑。自從周人提出「溥天之下，莫非王土；率土之濱，莫非王臣」的說法，「王天下」一直是中國政治發展中一股強大的動力。戰國之世，列國爭衡，所求不外乎此。戰國遊說縱橫之士所說的天下大概皆以七雄割據的中國為範圍，能併此七雄，即為天下主。所以秦始皇在定天下後，議帝號的詔書裡說：「寡人以眇眇之身，興兵誅暴亂，賴宗廟之靈，六王咸伏其辜，天下大定。」❽他很清楚以六國所在的中原為天下，平六國即帝天下。不過「德兼三皇，功過五帝」的始皇帝不能不受到周人說法的挑動，而面臨一個困惑的問題：一位真正的天下之君，所轄到底是以中國為限，還是必須包括普天之下？議帝號時，丞相王綰和廷尉馮劫即摸透始皇欲為真正普天下之主的心理，說他「平定天下」，連五帝所不能制的「侯服」和「夷服」都來朝見，此「上古以來未嘗有，五帝所不及」。王、馮之言固為阿諛，但反映當時人意識中的天下之主，應是威服六合之內，八荒之外，而不僅僅以中國為範圍。這種理想與實際的矛盾在

---

❽　邢義田，〈漢代的以夷制夷論〉，《史原》，第五期（民國63年），頁17～21。

❽　《宋名臣奏議》（商務印書館，《四庫全書珍本二集》）卷一百四十，上官均，〈上哲宗論弁地非便〉。

❽　《史記》卷六〈秦始皇本紀〉。

秦始皇的琅邪石刻中顯現的更清楚。始皇二十八年，東行郡縣，過琅邪，「立石刻，頌秦德，明得意」，曰：

> 維二十八年，皇帝作始。……普天之下，摶心揖志。器械一量，同書文字。日月所照，舟輿所載，皆終其命，莫不得意。……皇帝之明，臨察四方……皇帝之德，存定四極……六合之內，皇帝之土。西涉流沙，南盡北戶。東有東海，北過大夏。人迹所至，無不臣者。功蓋五帝，澤及牛馬，莫不受德，各安其宇。……列侯……丞相……五大夫……與議於海上曰：「……今皇帝並一海內，以為郡縣，天下和平。……群臣相與誦皇帝功德，刻于金石，以為表經。」**❽❻**

《史記》所錄，自「與議於海上曰」以下據研究是司馬遷所加，非原石所有**❽❼**。不論如何，這闕石刻上「天下」一詞的意義可謂混亂至極。天下忽而指「日月所照，舟輿所載」的「普天之下」，忽而又是四方、四極或六合。四方、四極和六合在意義上還可以說沒有確定的範圍，但「西涉流沙，南盡北戶。東有東海，北過大夏」一段又明指皇帝之土是有涯有際的！最妙的是石刻緊接著又說「人迹所至，無不臣者」，似乎是流沙、北戶、東海和大夏以外即無人迹。這明明不合當時的地理常識。倒是在海上誦皇帝功德的群臣將皇帝的天下定得十分明確——不過海內的郡縣而已。

當秦始皇以第一人稱在石碑上刻下「人迹所至，無不臣者」的句子時，周詩「率土之濱，莫非王臣」的話很清楚在他腦中浮動。這是帝王的理想。奈何他又不能不承認帝國之四至有其極限。為了拒胡，他更不能不面對現實，修築長城，將長城以北劃在「皇帝之土」以外。對夢想王天下的中國天子而言，綿延萬里的長城實是一道羞辱的表記。漢初，高祖為匈奴所敗，孝文帝

---

❽❻ 同上。

❽❼ 容庚，〈秦始皇刻石考〉，《燕京學報》，十七期（民國 24 年），頁 139～143。

在給單于的信中承認「先帝制：長城以北，引弓之國，受命單于；長城以內，冠帶之室，朕亦制之」❽❽。白紙黑字地親筆承認自己僅有長城以內，並非「天下」之主，其羞辱莫甚於此。天子不能威服內外，乃因「德」薄。文帝曾自覺慚愧地在詔書裡說：「夫四荒之外不安其生，封畿之內勤勞不處，二者之咎，皆自於朕之德薄而不能遠達也。」❽❾可見文帝自覺身為中國的天子，其責任範圍，不僅止於封畿之內，更在四荒之外。

這一類「皇帝之德，存定四極」、「王者無外」和「普天之下，莫非王土」的觀念大大鼓舞了中國歷史上帝王向外擴張的野心。漢武帝就是最好的例子。他通西南夷，蜀郡長老不能了解大漢天子的心意，拒絕合作。武帝因遣司馬相如前去曉喻，「令百姓皆知天子意」。司馬相如因而留下一篇對研究中國人天下觀極有價值的文獻，其中有幾句如下：

　　……且詩不云乎？「普天之下，莫非王土；率土之濱，莫非王臣。」是以六合之內，八方之外，浸淫衍溢，懷生之物有不浸潤於澤者，賢君恥之。今封疆之內……咸獲嘉祉……而夷狄殊俗之國……政教未加……內之則犯義侵禮於邊境，外之則邪行橫作……故北出師以討強胡，南馳使以誚勁越，四面風德，二方之君鱗集仰流，願得受號者以億計。故乃……創道德之塗，垂仁義之統，將博恩廣施，遠撫長駕。使疏逖不閟……遐邇一體，中外禔福，不亦康乎❾⓪？

接著司馬相如責備那些下里巴人不懂得體恤今上廣施恩德，拯救生民，欲澤及化外的苦心。為此，小老百姓捐輸些錢糧，雖然勞苦，但「天子之急務」豈是阻擋得了的❾①？司馬相如這一趟出差曾因大收紅包丟官。但是他說出了

---

❽❽　《史記》卷一百一十〈匈奴列傳〉。

❽❾　《史記》卷十〈文帝本紀〉。

❾⓪　《漢書》卷五十七下〈司馬相如列傳〉。

❾①　同上：「夫拯民於沈溺，奉至尊之休德，反衰世之陵夷，繼周氏之絕業，天子之急務

武帝心底的話，龍心大悅。武帝很快又將他召回，留在身邊為郎。司馬相如如此善體君意，我們不妨將他的話當成中國帝王天下觀最真實和具體的表白。所謂「六合之內，八方之外，浸淫衍溢，懷生之物有不浸潤於澤者，賢君恥之」，正是「王者無外」的註腳，也是文帝深感慚愧的；「四面風德」是長久以來華夏聖君一廂情願的自我陶醉；而「遐邇一體，中外禔福，不亦康乎？」不就是荀子所說：「四海之內若一家，故近者不隱其能，遠者不疾其勞，無幽閒隱僻之國，莫不趨使而安樂之」？

　　「王者無外」和「天下一家」固然是帝王的夢想，也是秦漢以降儒者的理想。「王者無外」一詞即首見於《春秋公羊傳》。《公羊傳》說：「王者欲一乎天下，曷為以外內之辭言之？言自近者始也。」❷由近而遠，終致遐邇一體，天下一家。「以天下為一家」見《禮記》〈王制篇〉。〈王制篇〉據《史記》說是文帝命博士官所作。

　　所謂「以天下為一家」意味著從「家」的關係來認識和建立天下的秩序。這並不是漢儒的發明。周代封建諸國不是兄弟伯叔就是叔侄甥舅。而孔子的大弟子子夏說：「四海之內，皆兄弟也。」將家的關係擴大的更廣。漢初即從「家」的理念來建立和匈奴的關係。高祖和單于約為兄弟。婁敬主張與匈奴和親，是希望藉子婿、外孫與大父的關係來約束單于，他說：「冒頓在，固為子婿；死，則外孫為單于。豈嘗聞外孫敢與大父抗禮哉？」❸文帝寫信給單于曾表示「萬民熙熙，朕與單于為之父母……謀臣計失，皆不足以離兄弟之驩……朕與單于皆捐往細故……以圖長久，使兩國之民若一家子。」❹元帝初，車騎都尉韓昌，光祿大夫張猛與降漢之呼韓邪單于盟誓。他們依照匈奴的禮俗，以老上單于所破月氏王頭顱為飲器，共飲血盟，盟誓曰：「自今以來，漢與匈奴合為一家，世世毋得相詐相攻……。」❺與蠻夷之邦合為一家，

　　　也，百姓雖勞，又惡可以已哉？」

❷　《春秋公羊傳》成公十五年。

❸　《史記》卷九十九〈劉敬列傳〉。

❹　《史記》卷一百一十〈匈奴列傳〉。

與他們的君長稱兄道弟，事實上並不是中國真正所希望的。韓昌和張猛出使回國，被斥為「擅以漢國世世子孫與夷狄詛盟……奉使無狀，罪至不道。」❾❺按照中國的理想，「率土之濱，莫非王臣。」這些四夷的君長在中國的天下秩序中最多是「臣」，是不夠資格和天子稱兄道弟的。

漢初，高祖與單于約為兄弟乃情勢所迫，其餘受漢約束的四夷都不過是漢的「外臣」。漢代對天下構造的看法仍承襲傳統層次的觀念，在帝國之內固有內、外郡之別，但與域外的邦國相對時，帝國的郡縣和諸侯王國又皆為「內臣」，域外的藩屬則為「外臣」。最早和漢建立外臣關係的有朝鮮和南越，其後又有匈奴、西南夷、烏桓、鮮卑等部族❾❼。這些外臣接受漢所封，冠有「歸義」、「率眾」、「歸德」等名稱，王、侯、君、長不同等級的封號以及漢天子賜予的印綬。據《漢書》〈西域傳〉，西漢之世，西域君長接受漢印綬的達三百七十六人❾❽。這些接受封號或印綬的外臣有朝貢、朝覲、遣子入侍（人質）、出兵助戰或為漢偵備守邊的義務；同時享有互市，受漢賞賜和保護的好處❾❾。他們不像「內臣」受漢朝法律的約束，不過卻在漢天子德威的籠罩之下。漢平帝時，西域車師後王句姑、去胡來王唐兜因不滿漢之都護，率眾亡入匈奴，單于受之。中國迫使單于將二王交出，並大會西域各國國王，斬以示眾。中國的理由是西域既內屬漢朝，不當復臣匈奴，並且和匈奴立約，以確立中國的主張：

---

❾❺　《漢書》卷九十四下〈匈奴列傳〉。

❾❻　同上。

❾❼　對漢代內外臣問題研究最詳細的要數栗原朋信。參見氏著〈漢帝國と周邊諸民族〉，《岩波講座世界歷史・第四卷》（東京，岩波書店，1973），頁 445～486。

❾❽　《漢書》卷九十六下〈西域傳〉。有關這些外族君長印璽的研究參見栗原朋信，《秦漢史の研究》（東京，吉川弘文館，1960），第四章〈外臣の璽印〉，頁 174～228。

❾❾　邢義田，〈漢代的以夷制夷論〉；〈東漢的胡兵〉，《國立政治大學學報》，二十八期（民國 62 年），頁 143～166。

中國人亡入匈奴者，烏孫亡降匈奴者，西域諸國佩中國印綬降匈奴者，烏桓降匈奴者，皆不得受❿。

這個條約由漢、匈雙方簽訂，內容卻牽涉到所有受漢約束的國家。這些國家與匈奴的關係由漢朝代為決定，並且顯然也接受漢為他們代訂的條約。例如，不久，匈奴強徵烏桓皮布稅，烏桓即以此約為由，拒繳。匈奴乃掠其人口。王莽篡位後，即以此約令匈奴歸還，匈奴佯允而叛，王莽乃大舉伐匈奴❿。

孔子說：「遠人不服，則修文德以來之。」漢朝的儒生士大夫多半抱著這樣的理想，希望憑藉中國優越的文化，誘使四方歸心向化。歸順的外族因此常常被加上「歸義」、「歸德」等名號。事實上漢代天下秩序的維持，文德僅為紋飾，武力才是關鍵。隨著漢代與四鄰力量均衡關係的變化，四鄰的邦國可以為漢之「客臣」、「外臣」或僅為「臣妾」。如漢威有所不及，其「不臣」，漢亦無可奈何。宣帝甘露元年，呼韓邪單于為另一單于所敗，左伊秩訾王勸呼韓邪向漢稱臣以為奧援。左伊秩訾王對這種權力均衡的關係觀察的極為清楚，他說：

> 彊弱有時，今漢方盛，烏孫城郭諸國皆為臣妾。自且鞮侯單于以來，匈奴日削，不能取復，雖屈彊於此，未嘗一日安也。今事漢則安存，不事則危亡，計何以過此❿！

結果呼韓邪同意他的看法，遣侍子向漢稱臣入朝。倒是漢的君臣不知應以什麼樣的禮節對待他。蕭望之主張「待以不臣之禮，位在諸侯王上」，宣帝同意了一半，以「客禮」待單于，令位在諸侯王之上，不過還是必須稱臣，這是所謂「客臣」❿。武帝元狩年間，伊稚斜單于自恃漢無力攻擊他，要求和親，

---

❿　《漢書》卷九十四下〈匈奴傳〉。

❿　同上。

❿　同上。

漢只允其為「外臣」。單于聞之大怒，扣留漢使，漢亦無計可施⑩。可見國際間實唯力是視。武帝深感於此，不惜竭中國以事四夷，南征北討五十年，為漢打下百年昇平的基業⑩。

在「王者無外」的理念下，武帝建立的天下秩序代價極為高昂。他不但耗盡了漢初六十餘年累積的財富，還不得不用其他的手段，搜括民財，以供戰費。董仲舒曾痛切指出，武帝時百姓兵役和力役的負擔為古代的三十倍，田租口賦為古代的二十倍，以致民不聊生，天下虛耗。武帝一死，鹽鐵之議立起，痛斥他竭中國之力以事四夷。博士夏侯勝以武帝竭民財力，無德澤於民，甚至公然主張不給他立廟樂⑩。

這些反對基本上是基於中國天下觀另一端的看法：應嚴夷夏之防，摒除夷狄於華夏之外，中國的君主不應為夷狄之事傷害中國的百姓。這一派的淵源可追溯到春秋時代的尊王攘夷。孔子一直被認為是這一派的護法。他曾經說過：「夷狄之有君，不如諸夏之亡也。」 ⑩又曾稱讚齊桓、管仲攘夷的功勞。後來的學者有些走的更極端，認為夷夏不僅文化有別，甚至本性上就有不可改變的差異，所謂「中國戎夷五方之民，皆有性也，不可推移」。⑩從另一方面看，這種夷夏之別的論調並不是全無根據。從戰國以後，游牧與農業社會二元分化的情形愈來愈明顯，夷夏的差別愈來愈大。中國人甚至為留著鬍子和擅於騎射的游牧民取了一個新名字──胡，以區別過去亦農亦牧，徒

---

⑩　《漢書》卷七十八〈蕭望之傳〉。

⑩　《漢書》卷九十四上〈匈奴傳〉。

⑩　《資治通鑑》中有一段不見於《史記》、《漢書》的記載：「（戾）太子每諫征伐四夷，上（武帝）笑曰：『吾當其勞，以逸遺汝，不亦可乎？』」（《通鑑》，征和二年，「閏四月」條）。武帝從建元三年（西元前 138 年）派張騫通西域開始，到征和四年（西元前 89 年）下輪臺之詔，以示不務邊功為止，前後整整五十年。

⑩　參見邢義田，〈漢代的以夷制夷論〉，頁 27～28。

⑩　《論語》〈八佾〉。

⑩　《禮記》〈王制〉。

步作戰的戎狄❿。這些新興的胡人儘管有樓煩、林胡、東胡和匈奴之別，在秦漢人眼中，他們和中國人不但生活方式有異，天性亦不同。例如，司馬遷說匈奴「因射獵禽獸為生業，急則人習戰攻以侵伐，其天性也」，又說他們「苟利所在，不知禮義」❿，主父偃說：「夫匈奴行盜侵敺，所以為業，天性固然」❿，董仲舒也認為「如匈奴者，非可以仁義說也」❿，這大概反映漢代對胡人一般的想法。既非仁義可以說服，也就不是孔子所說的「文德」可以招來。如果征之伐之，若武帝之所為，中國的百姓又不勝負擔。更重要的是就農業社會的觀點來看，征服胡人，其地全是不可耕作的草原，得之一無益處。如此，不如在華夏與夷狄之間劃下清楚的界線，上帝的歸上帝，凱撒的歸凱撒，兩不相涉，各安其生。班固分析西漢一代各式各樣的御戎之術，最後得到的結論就是在間隔華夷，他說：

> 春秋內諸夏而外夷狄，夷狄之人貪而好利，被髮左衽，人面獸心，其與中國殊章服，異習俗，飲食不同，言語不通，辟居北垂寒露之野，逐草隨畜，射獵為生，隔以山谷，雍以沙幕，天地所以絕外內也。是故聖王禽獸畜之，不與約誓，不就攻伐；約之則費賂而見欺，攻之則勞師而招寇。其地不可耕而食也，其民不可臣而畜也，是以外而不內，疏而不戚，政教不及其人，正朔不加其國；來則懲而御之，去則備而守之，其慕義而貢獻，則接之以禮讓，羈縻不絕，使曲在彼，蓋聖王制御蠻夷之常道也❿。

班氏所論幾乎概括了夷夏之防一派全部的論點，他甚至認為華夷之間自然地

---

❿　《左傳》隱公九年、昭公元年。

❿　《史記》卷一百一十〈匈奴列傳〉。

❿　《漢書》卷六十四上〈主父偃列傳〉。

❿　《漢書》卷九十四下〈匈奴列傳〉。

❿　同上。

形的阻隔，乃天地所以絕內外。如此與前述「王者無外」，「以天下為一家」
的觀念可謂南轅北轍，而此二者亦正是中國人對天下秩序看法的兩端。

這兩端一偏於理想，一重在現實。自班氏以降千餘年，中國人的天下觀
總隨世變而推移，徘徊於兩端之間。其實這兩種看法在每個時代皆或隱或現
地同時存在著，二者也不一定完全互相排斥。例如言夷夏之防者多重在以夷
變夏，如為以夏變夷，則與倡天下一家者同調。概略言之，當中國國力豐厚，
充滿自信的時代，如漢、唐、明、清之盛世，以天下為一家的理想往往抬頭，
使中國文化或政治力量有向外擴張的傾向；當中國國力不振或遭受外來的威
脅，如唐安史之亂以後，兩宋以及明、清易代之時，閉關自守，間隔華夷的
論調又會轉盛。表現天下一家思想最明白的有前述的漢武帝和司馬相如。唐
太宗也是很好的代表，他說：「自古皆貴中華，賤夷狄，朕獨愛之如一，故其
種落皆依朕如父母。」 ⑭唐太宗說這個話當然還有其他的背景，不過在漢唐
之盛世，不但中國之文化與國威遠播，中國人似乎也信心十足，讓外來的文
化自由傳播於中國，而無懼於以夷變夏。徙戎、排佛之論雖時有所聞，大體
言之，此時，一方面降胡如金日磾者可為漢武帝之顧命大臣，唐之安祿山可
為三鎮節度，而唐太宗更不忌傳統為諸胡之天可汗，中國政治社會之開放無
以過此；另一方面，由於社會的開放，外來文化的流入，中國文化變得空前
的活潑與豐富。即以音樂言之，武帝時樂工李延年因胡曲更造新聲二十八解；
唐代更有西涼、龜茲、疏勒、安國、康國之樂。元積詩云：「胡音胡騎與胡
妝，五十年來競紛泊。」從音樂占世變，漢唐中國在天下一家的理想下真正
顯現出一種泱泱大國的氣魄。不過唐代自安史之亂，飽受胡人摧殘以後，夷
夏之防轉趨嚴厲。兩宋三百年無一日不在外患中討生活，而《春秋》「內諸夏
而外夷狄」之論亦高唱入雲。及乎元末，群雄多假宗教之名，夷夏之論以言
革命，朱元璋即為其一。清世滿洲以異族入主中國，遭逢西力東漸之變局，
中國人表現的夷夏觀念為之面目多端。以文化言，滿洲入中國則中國之，漢

---

⑭　《資治通鑑》（臺北，世界書局，新校注本）卷一九八，「貞觀二十一年」條。

滿合一為夏，西洋人為夷；以種族言，滿洲非漢，國父孫中山倡驅逐韃虜，恢復中華，清室又為之傾覆。約而言之，夷夏之防雖少兼容並包的氣魄，卻有助於激勵民族同仇敵愾之心，對抗外侮。

時至近代，萬國會通，中國中心的傳統天下秩序隨之瓦解。但傳統「天下一家」與「夷夏之防」的兩端又在國父的三民主義中以世界主義與民族主義之新形式出現。

國父說世界主義就是二千多年前中國所講的「天下主義」，也就是「不分夷狄華夏」**⑮**，他說因為中國人講世界主義，不講民族主義，無論什麼人來做中國皇帝，皆所歡迎，以致滿清入關，無人抵抗，中國隨之淪亡。因而他用民族主義這一件「人類圖生存的寶貝」，推翻了滿清，又主張以它來對抗列強的帝國主義。

有趣的是：國父並不反對世界主義，只是世界主義須以民族主義為基礎。他曾說了一個彩票與竹槓的比喻。彩票是世界主義，竹槓是民族主義，如果我們為世界主義所誘，丟棄民族主義，就好像中了頭彩的苦力，將謀生的竹槓丟掉，結果連藏在竹槓中的彩票也一起丟了**⑯**。

這顯然是國父對傳統的天下觀一種創造的轉化。世界主義是理想，民族主義是現實，理想須寓於現實之中，否則兩頭落空。國父所做的轉化更可以從他主張中國對世界的責任看出。他相信和平是中國人極好的道德**⑰**，中國除了要講民族主義以自救，更要以和平的精神代替帝國主義，為世界受壓迫的弱小民族打抱不平。他認為這是中國四萬萬人的「天職」**⑱**。和平的精神就是王道，也就是「遠人不服，修文德以來之」的「文德」。治國平天下本是帝王、士大夫的職責，現在變成四萬萬國民的天職。而國父所說的平天下是指扶助世界弱小民族，消滅帝國主義。傳統天下一家的理想，用國父的話說

---

⑮　孫中山，《三民主義》（臺北，正中書局，民國 41 年）〈民族主義〉第三講，頁 34〜35。

⑯　同上，第四講，頁 45〜46。

⑰　同上，第六講，頁 67。

⑱　同上，第四講，頁 45。

是「世界大同」。這種轉化，從〈民族主義〉第六講最後的總結可以很清楚地看出：

> 將來到了強盛時候，想到今日身受過了列強政治經濟壓迫的痛苦，將來弱小民族如果也受這種痛苦，我們便要把那些帝國主義來消滅，那才算是治國平天下。我們要將來能夠治國平天下，便先要恢復民族主義和民族地位，用固有的道德和平做基礎，去統一世界，成一個大同之治。這便是我們四萬萬人的大責任⑲。

中國人的天下觀源遠流長，其結構至秦漢而成熟，一個方位、層次與文化交織的框框歷兩千年少有大變；而其特徵在中國人於現實之外，始終抱持一份理想。現實與理想相依相伏，與世而推移。及乎清季民初，國父孫中山先生在變化最劇烈的時代裡，對傳統天下秩序的兩端做了極富時代意義的轉化。民國 70 年的今天，世事又復推移，我們應如何來看今後的中國與世界呢？

（原載於《中國文化新論》〈根源篇〉，原名：〈天下一家——中國人的天下觀〉，民國 70 年）

---

⑲　同上，第六講，頁 74。

中國皇帝制度的建立與發展

　　中國的皇帝制度，大概是世界上除了古埃及的法老之外，延續最久的一種君王制度。從秦朝到清朝，中國有整整兩千一百三十二年（西元前 221～西元 1911 年）的時間是在皇帝的統治之下。此其間，除了竊號自娛的，名正言順的皇帝就有三百五十位以上❶。這些「奉天承運」的真命天子，高居中國政治社會的頂端，以「天賦」的威權，君臨天下。所謂「天降下民，作之君，作之師」，他們不但是政治上治之理之的帝王，更是道德上教之化之的表率。三代以降，國化為家，皇帝又儼然是天下的家長，萬民養之育之的父母。儘管歷史上真正道德足式、愛民如子的皇帝寥寥可數，可是環繞皇帝而發展出來的制度和理念，長久以來已經成為傳統政治、社會和道德文化各方面統合的焦點。民初革命，取銷帝制，不僅導致政治體制的改變，也促使傳統社會失去重心，趨於崩解❷。帝制可於一夜之間灰飛煙滅，兩千年來深入人心的帝王理念，卻是餘波蕩漾，至今不息。欲了解傳統中國的真貌，就不能不一探傳統社會紐帶所繫的皇帝制度。

---

❶ 中國歷史上到底有多少皇帝，因為計算標準的不同，不易有一致的數字。浦薛鳳曾統計分析從秦到清三百四十八位皇帝的繼承情形。參 Hsueh-Feng Poe, "348 Chinese Emperors—A Statistic-analytic Study of Imperial Succession," 《清華學報》 新十三卷一、二期合刊（1981 年），頁 53～132。這裡的統計是根據張存武、陶晉生合編，《歷史學手冊》（臺北，食貨月刊社，民國 65 年）〈中國朝代及帝系表〉，頁 87～128。

❷ 林毓生著，劉錚雲等譯，〈五四時代的激烈反傳統思想與中國自由主義的前途〉，收入周陽山編，《五四與中國》（臺北，時報，民國 68 年），頁 323～374。

一、皇帝制度的出現

　　皇帝制度像歷史上許多其他的制度一樣，既非突然出現，也非一人所能獨創。司馬遷曾以十分戲劇化的手法記述皇帝制度的建立。我們不妨即從這戲劇性的一幕說起，再追尋它的來龍去脈。

　　這一幕在《史記》的〈秦始皇本紀〉裡，是從秦王政詔令群臣議尊號開始。秦王政二十六年（西元前 221 年），一位不到四十歲的少壯國君在完成統一天下，「自上古以來未嘗有」的大功業以後，下令群臣商議一個與如此功業相稱的尊號。於是丞相、御史大夫和廷尉這一班重臣找來通曉古今的博士一起斟酌，決定建議秦王稱「泰皇」。因為泰皇是古代三皇中最尊貴的一個。可是這位天下的新主人不願襲用舊號，乃自出心裁，刪去「泰」字，在「皇」字下加一「帝」字，合而為「皇帝」。他更廢除諡法，以世代稱呼代代相承的皇帝。由於他是第一位皇帝，因稱始皇帝；他的子子孫孫則稱二世、三世，「至于萬世，傳之無窮」❸。

　　皇帝名號的擬訂當然是皇帝制度建立重要的一環。此名一立，兩千年因襲不改。「皇」字原義從金文上看是光輝、美麗、偉大的意思，用為名詞在天皇、地皇、泰皇中則是君主的尊稱。「帝」字原指天帝、上帝，是宇宙萬物至高的主宰神。皇帝連稱意即「煌煌上帝」，師訇𣪕和《尚書》〈呂刑〉裡出現的「皇帝」都是這個意思。秦王政用它來作為人間君王的稱號，係合三皇之「皇」與五帝之「帝」而成。據說這是因為他自以為「德兼三皇，功過五帝」❹。帝原是神的尊稱，用以稱人君，顯然有神格化人君的用意。人君稱帝不是秦王政的創舉，戰國時代已經如此。戰國時，周天子之下的諸侯紛紛

---

❸　《史記》（臺北，宏業，新校標點本）卷六〈秦始皇本紀〉。

❹　西嶋定生，〈皇帝支配の成立〉，《岩波講座世界歷史・第四卷》（東京，岩波書店，1973），頁 223。又參蔡邕，《獨斷》（臺北，新興書局，《漢魏叢書》本）卷上。

僭越稱王。到了晚期，爭霸的諸王覺得「王」號已不夠響亮，秦昭襄王於是約齊湣王共同稱帝，一為西帝，一為東帝（《戰國策》〈齊策四〉）。此後又有游說以秦為西帝，趙為中帝，燕為北帝的國際外交活動（〈燕策一〉），諸王稱帝的事雖然為時甚短，「帝」顯然已經由天上降到人間，變成一個超越「王」的人間尊號❺。《管子》〈兵法〉篇又有「明一者皇，察道者帝，通德者王，謀得兵勝者霸」之說。皇與帝的尊貴在王、霸者之上。戰國君主有稱帝，還沒有稱皇的。由此看來，秦王政以「皇帝」為號並非憑空創造，只是在已有的帝號之上加上更尊貴的皇字，使自己顯得更神聖，更偉大。

秦始皇帝還做了兩件影響深遠的決定。一是採用戰國以來流行的五德終始說，強化秦得天下的合法性和神聖性；二是推行郡縣制度，奠下帝制中國中央集權式官僚政治的基本規模。

秦到秦王政統一天下已經是一個有數百年傳統的國家。秦王政相信秦之所以能興起、兼并六國是賴祖先神靈的護佑。他在詔書中一再強調宗廟之靈，例如議帝號詔中說：「寡人以眇眇之身，興兵誅暴亂，賴宗廟之靈，六王咸伏其辜」❻；在議封建時又說：「天下共苦戰鬥不休，以有侯王，賴宗廟，天下初定」❼。秦并天下後，丞相王綰建議「昭明宗廟」，始皇乃在渭南作極廟為祖廟。極廟乃象天極，天極在天之中，謂之中宮，為天帝所居❽。他的這一套做法和想法有非常古老的淵源，殷商即是以祖廟所在為天下的中心❾。秦并六國，置祖廟於天下之中，似乎有意以此證明他們得以王天下的根據。

不過這一套花樣對秦國以外的六國後人是很難有說服力的。在六國人的

---

❺ 雷海宗，〈皇帝制度之成立〉，《清華學報》，九卷四期（民國 25 年），收入韓復智編，《中國通史論文選輯》（臺北，民國 61 年），頁 271～286。

❻ 《史記》卷六〈秦始皇本紀〉。

❼ 同上。

❽ 西嶋定生，〈皇帝支配の成立〉，頁 224；《史記》卷二十七〈天官書〉。

❾ 邢義田，〈天下一家──中國人的天下觀〉，收入《中國文化新論──根源篇・永恆的巨流》（臺北，聯經出版，民國 70 年），頁 435～436。

眼中，秦本是不得參與中原盟會的西陲小國，一向以「夷翟遇之」❿。如今秦人憑藉武力，霸有天下，要想東方各地人民心悅誠服接納秦人的統治不是一件簡單的事。楚國的郢在秦昭襄王二十九年（西元前 278 年）就被秦軍佔領，改為南郡。但是過了五十年，南郡的太守還在一篇發布給郡內縣、道官吏的文告裡抱怨百姓不遵法令⓫。楚人反抗秦治十分激烈，所謂「楚雖三戶，亡秦必楚」就是流行在楚境的諺語。秦末，起兵反秦者亦以楚地為多。不過在戰國末期，自以為最具資格統一天下的是齊國人。齊自威王（西元前 355～320 年在位）兩敗魏師以後，成為東方的強國，再經宣王和湣王兩代的經營，已經成為與秦東西對峙的兩強。秦昭襄王因此約齊湣王稱帝，兩分天下。就在威、宣王齊國最盛的時代，有齊國人騶衍大力宣傳五德終始之說，認為金、木、水、火、土五德轉移，當運者得興。勢大氣盛的君王無不認為自己乘運當興，騶子之徒因此紅極一時，備受齊王以及其他國君的禮遇，其說也因而流行於東方齊、魏、趙、燕各國⓬。但是事實證明當運的不是這些國家。齊湣王稱帝不久即一敗塗地，遭燕、趙、魏、秦、韓、楚六國圍攻，幾乎亡國。齊國一敗，其餘各國亦先後為秦所亡。這證明真正逢運當興的是秦國。秦王政要贏得東方人承認秦得天下的合法性，這種本在東方流行的德運說自然是一個很便利的工具。據《史記》說，秦始皇曾親自推算五德之運，認為周得火德，秦代周德，水以剋火，故秦為水德。應興之德，必有符瑞。周得火德，有赤烏之符。於是又編造出昔秦文公出獵，獲黑龍的故事，以為水德之瑞⓭。為了配合水德又有一連串的改制。如以十月為歲首，衣服、旄旌、節旗色皆尚黑。數以六為紀，符、法冠皆六寸，而車輿六尺，六尺為步，車乘有六馬。因水德尚嚴苛，於是「凡事皆決於法，刻削毋仁恩和義，然後合五德之數」⓮。秦始皇利用東方人相信的理論來贏取東方人的支持，緩和他們的反

---

❿ 《史記》卷五〈秦本紀〉。

⓫ 《睡虎地秦墓竹簡》（臺北，文物出版社，1978），頁 15～16。

⓬ 《史記》卷七十四〈孟子荀卿列傳〉。

⓭ 《史記》卷二十八〈封禪書〉。

抗是十分明顯的策略。有些學者認為秦用水德是漢朝人製造的故事是不足信
的❶。

　　秦始皇除採用五德終始之說宣傳秦得天下的合法性，也沿用了淵源古老
的天命說。五德終始以明秦乃「承運」而興，再加上天命，秦始皇才是真正
奉天承運的帝王。天命說最遲在殷商時已有。據說商紂王即曾自恃天命而拒
諫。周人利用天命宣傳周之所以代殷而有天下。秦始皇雖然創用皇帝尊號，
但是並沒有放棄帶有宣傳天命意味的「天子」稱號，他的玉璽上即有「受命
于天」四個字。這方玉璽在秦亡以後，落入劉邦之手，成為漢代的傳國璽❶。

　　劉邦以一介布衣而有天下，非常需要天命和五德終始這類神話來說服世
人。他曾宣稱：「吾以布衣提三尺劍取天下，此非天命乎？」❶漢代人似乎也
都相信劉邦是憑藉天命而起。張良說：「沛公殆天授」。韓信以為「陛下所謂
天授，非人力也」陸賈也說：「五年之間，海內平定，此非人力，天之所建
也。」（以上各見《史記》本傳）褚先生補《史記》〈三代世表〉說的最明白：

> 黃帝策天命而治天下，德澤深後世，故其子孫皆復立為天子，是天之
> 報有德也。人不知，以為汎從布衣匹夫起耳。夫布衣匹夫安能無故而
> 起王天下乎？其有天命然。

他的話為以布衣王天下的劉邦建立天命的歷史根據。漢代大概從一開始，就
有意製造斬白蛇為赤帝子，承奉天命一類的神話❶。此外，漢繼秦而興，漢
應為水德、土德或火德的問題，在漢代更是爭論的不亦樂乎❶。其後中國的

---

❶　《史記》卷六〈秦始皇本紀〉。

❶　栗原朋信，《秦漢史の研究》（東京，吉川弘文館，1960），頁 47～73。

❶　《史記》卷六〈秦始皇本紀〉張守節《正義》引韋曜《吳書》，其文曰：「受命于天，
　　既壽永昌」；《漢書》卷九十八〈元后傳〉。

❶　《史記》卷八〈高祖本紀〉。

❶　這一類神話在沈約的《宋書》〈符瑞志〉中記載了很多。

皇帝幾無不製造奉天命，承德運的神話以「神化」自己，並宣傳政權的合法性 [20]。

郡縣制的推行是皇帝制度成立的另一塊基石。司馬遷利用一場辯論，戲劇化地寫出這重要的一幕 [21]。帝號議定以後，丞相王綰建議行封建。他的理由是東方初定，燕、齊、楚地距離遙遠，如不分封諸子為王，則不足以鎮撫這些地區。秦并六國之初的情勢與周人興起代殷不無類似之處。二者都以一西陲小邦，由西向東，攫取天下。周行封建，就是以新征服的土地分給宗室功臣子弟，以達樹藩屏周的目的。秦初觀察到這種形勢的不止王綰一人。齊人博士淳于越在另一場廷議中也曾指出，殷周能享國千餘歲，乃在「封子弟功臣自為支輔」。他說：「事不師古而能長久者，非所聞也」 [22]。不過廷尉李斯反對。春秋戰國以來的亂局對秦初的人來說記憶猶新。他指出周所分封的諸侯不但不能共輔周室，反而「相攻擊如仇讎」，「更相誅伐，周天子弗能禁止」 [23]。因此他主張利用郡縣制，透過層級的官僚行政，置編戶齊民於皇帝的直接統治之下。如此使「天下無異意」，才是「安寧之術」。經過這一場辯論，秦始皇採納李斯的主張，分天下為三十六郡。郡置守、尉和監。郡下有縣；縣置令、長。

大體而言，秦初以皇帝為首的官僚制基本上是戰國時代列國政治體制的延續與升級。就延續而言，以君王為中心，層級的中央集權政治已經是戰國諸邦政治的基本型態 [24]。各國君王集軍政大權於一身，其下有總攬一切的宰

---

[19] 《漢書》（臺北，宏業，新校標點本）卷四十二〈任敖張蒼傳〉。

[20] 參看《冊府元龜》（臺北，中華書局，民國 60 年）卷二十一〈帝王部・徵應〉，頁 220～232。

[21] 以下見《史記》卷六〈秦始皇本紀〉。

[22] 同上。

[23] 同上。

[24] 齊思和，〈戰國制度考〉，《燕京學報》，二十四期（民國 27 年），收入韓復智編，《中國通史論文選輯》，頁 191～222。

相以及漸趨系統化和專業化的文武官員；在地方上則有君王直接任命的郡縣令長。這些大小官員大部分不再是憑藉宗法血緣身分的封建世卿，而是以才學干祿之平民俊秀，其榮辱升黜皆在君王手中。就秦國而言，在秦統一以前，丞相、御史大夫、廷尉、國尉、將軍等已經是各有專司的中央官員。從李斯的〈諫逐客書〉可知秦之興起多賴游學干祿、身懷道術的布衣客卿，而這些客卿官員的榮辱又全繫之於秦王。在地方上，秦是最早置縣的國家之一。秦之有縣，早在春秋之世。雖然這些縣的性質，我們並不完全瞭然，但是商鞅變法，集小都鄉邑為縣，縣置令丞。這些縣毫無疑問已經是秦政中央集權化的一部分㉕。後來秦疆日擴，新獲的土地必置郡。惠文王十年（西元前 328年）從魏獲上郡；後九年伐蜀，置蜀郡；十三年攻楚漢中，置漢中郡；昭襄王二十九年（西元前 278 年）攻楚取郢為南郡；三十年取楚巫郡及江南為黔中郡；三十五年，初置南陽郡；其後莊襄王又曾置三川郡、太原郡；秦王政置東郡、潁川郡和會稽郡。可見郡縣制實是秦一統天下以前的舊法。秦始皇決定行郡縣不過是舊法的延續。

就升級而言，秦將原來王國的制度，擴而大之，成為一帝國的制度。秦王原為中國一隅之君，如今成為全中國獨一無二、大權在握的皇帝。他的旨意經由層層的官僚組織帶到全中國的每一個角落。一位曾任職南郡安陸地方，官不過治獄的小吏死後，小心翼翼將自己用過的法律文書置於墓中陪葬。他留在墓中的一篇文字教人如何作一位帝國的好官吏。在他看來第一個要件就是「中（忠）信敬上」㉖。而他保存的一份南郡太守的文告，也不斷告誡地方的小吏要如何謹守「聖王」制作的法度。這些楚地的文書不禁令人感受到發自咸陽宮中，無遠弗屆的赫赫帝威。這位小吏還將自己從軍、任官、生子等私人的經歷與國家對外攻戰以及君主繼立等軍國大事合寫成一大事編年。將個人的生命與帝國的命運交織成篇似乎反映了他對有幸參與帝國創建的驕

㉕　西嶋定生著，杜正勝譯，〈中國古代統一國家的特質——皇帝統治之出現〉，收入杜
　　正勝編，《中國上古史論文選集》（臺北，華世，民國 68 年），下冊，頁 734～735。

㉖　《睡虎地秦墓竹簡》，頁 283。

傲。咸陽的皇帝何其遙遠？遙遠的皇帝如能來到安陸，又是何等大事？他在編年中最後的一件記事赫然是：「廿八，今過安陸」。「廿八」是始皇二十八年（西元前 219 年），「今」即今上 ❷。按始皇二十八年曾東巡泰山，回程南下渡淮水、之衡山，自南郡由武關歸咸陽。他顯然是在由南郡趨武關的路上經過安陸的。這件大事以後，這位小吏在所餘的兩年生命裡竟不覺再有可紀念的事情，由此我們不難想像「今過安陸」對他一生具有的意義。秦始皇曾頻頻巡行天下，所到之處，「天威不違顏咫尺」的形象不知在多少中國人的心中就這樣建立起來了。

　　和皇帝制度相關的還有一套極為複雜的宮室、輿服、宗廟、陵寢和禮儀制度。這些制度無非用來顯示和維護帝王至高無上的權威和形象。

　　秦始皇盛修宮室，據說單在關中就有三百所。他曾倣建各國宮室於咸陽之北阪，「自雍門以東至涇、渭，殿屋復道周閣相屬」 ❷。三十五年（西元前 212 年），他嫌先王宮殿太小，又修著名的阿房宮，動員徒工達七十萬人 ❷。據說此宮綿延三百餘里，宮中「五步一樓，十步一閣」。為了修建這無數的亭臺樓閣，蜀地的樹木被砍光，山都成了禿山。因為規模太大，「一日之內，一宮之間，而氣候不齊」 ❸。可惜阿房宮為項羽所焚，它的壯麗偉大，後人僅能憑杜牧的〈阿房宮賦〉想像、嘆息。詩人作賦，不免誇張渲染，但是宮室不大，無以重天子之威。漢初蕭何為高祖營建未央宮，務求壯麗。高祖罵他花錢太多，蕭何說：「天子以四海為家，非壯麗無以重威，且無令後世有以加也。」 ❸ 可見宮室除了實用，更有象徵的意義。據《史記》〈秦始皇本紀〉，秦始皇營建咸陽宮前殿阿房，既象徵天象而設計，「周馳為閣道，自殿下直抵南山，表南山之巔以為闕。為復道，自阿房渡渭，屬之咸陽，以象天極閣道

---

❷　傅振倫，〈雲夢秦簡牒記考釋〉，《社會科學戰線》，第四期 (1978)，頁 206。

❷　《史記》卷六〈秦始皇本紀〉。

❷　同上。七十萬人中有部分擔任修驪山。

❸　杜牧，〈阿房宮賦〉。

❸　《史記》卷八〈高祖本紀〉。

絕漢抵營室也。」《三輔黃圖》則說秦咸陽宮「因北陵營殿，端門四達，以制（則）紫宮，象帝居；渭水灌（貫）都，以象天漢；橫橋南渡，以法牽牛。」以帝王宮殿象徵天象，用意顯然在於強調「天子」的神聖、至尊和偉大。

在宮室之中，朝廷之上，為顯示帝王的尊嚴和威儀，君臣之間有一定的禮節。秦廷之禮，今不可知，但顯然十分繁苛。劉邦在稱帝之初，頗不耐煩繁文縟節，將之簡化，結果弄得群臣在廷上「飲酒爭功，醉或妄呼，拔劍擊柱」❸。一位曾待詔秦廷的博士叔孫通乃雜採古禮和秦儀，為漢廷又立了一套朝儀。儀成試行，「自諸王以下莫不振恐肅敬」，高祖大悅曰：「吾乃今日知為皇帝之貴也。」❸

皇帝之貴也表現在外出的排場上。漢代皇帝外出，車駕次第，叫做鹵簿。鹵簿又有大駕、法駕、小駕之別。要之出入警蹕（警戒清道），「鸞旗在前，屬車在後」，威風凜凜，浩浩蕩蕩，不可一世。隨漢成帝赴甘泉行郊祠的揚雄曾在〈甘泉賦〉中描寫皇帝車駕的氣勢：「於是乘輿（指皇帝）乃登夫鳳皇兮翳華芝，駟蒼螭兮六素虬……流星旄以電燭兮，咸翠蓋而鸞旗。敦萬騎於中營兮，方玉車之千乘……」❸。漢代天子的這一套幾全承襲秦朝舊制而來。《續漢書》〈輿服志〉說：「秦滅九國，兼其車服，故大駕屬車八十一乘，法駕半之。屬車皆皁蓋赤裡，朱轓，戈矛弩箙，尚書、御史所載。最後一車懸豹尾，豹尾以前比省中。」這種排場威風的程度不在漢帝車駕之下。安陸的小吏固然曾為秦始皇出巡的威勢所鎮懾，膽大之徒如項羽，看到了卻不禁想取而代之❸；劉邦見之，也要喟然而嘆：「大丈夫當如此也！」❸

皇帝之貴亦表現在許多與皇帝有關的用語上。如秦、漢的皇帝自稱曰「朕」，漢臣稱皇帝曰「陛下」。賈誼曾解釋這樣稱呼的道理是：「人主之尊譬

---

❸　《史記》卷九十九〈叔孫通傳〉。

❸　同上。

❸　《漢書》卷八十七上〈揚雄傳〉。

❸　《史記》卷七〈項羽本紀〉。

❸　《史記》卷八〈高祖本紀〉。

如堂，群臣如陛，眾庶如地」(《漢書》〈賈誼傳〉)，陛級多則堂高，高者難
攀，則其尊不可及也。皇帝所居曰「禁中」、「省中」，行幸所在曰「行在」，
印曰「璽」。本來諸侯和士大夫的印都可稱作璽，現在成為皇帝專用的術語
了。這類突顯皇帝獨特地位的術語還有很多，在蔡邕的《獨斷》一書中記載
甚詳，這裡不再細說。其他還有例如避諱的制度，任何人都不得冒犯皇帝的
名諱，否則都在大不敬之列。凡此種種無不在製造皇帝神聖不可侵犯的地位。
秦漢天子這套做法為此後千百年的帝王立下了先例。

　　秦始皇為後世帝王立下的另一個先例是預修陵墓。預修陵墓大概不是由
他創制，不過他的驪山規模之大，無疑是空前的。根據近代的實地調查，其
陵寢有內外兩城，內城為方形，周長 2525.4 公尺；東、西、北三面有城門。
外城為長方形，周長 6294 公尺。1974 年，曾在陵墓東側發現龐大的兵馬俑
坑。這些和真人大小相若的武士陶俑，從一、二、三號坑出土的已有一千四
百多個，拖有戰車的陶馬近四百件。根據推算，如果陶俑全部挖出來，單是
一號坑就有六千個以上。其餘金、銀、銅、石的飾物和兵器更是不計其數❸❼。
而這一切只不過是秦始皇陵的一個小角落而已。司馬遷說驪山中充滿了「宮
觀、百官、奇器、珍怪」，並以水銀為百川江河大海，「機相灌輸，上具天文，
下具地理」❸❽。考古工作如果繼續下去，我們不但能證實司馬遷所說，說不
定還能看見屍骨不朽的秦始皇呢❸❾！

---

❸❼　〈臨潼縣秦俑坑試掘第一號簡報〉，《文物》，第十一期 (1975)，頁 1～18；袁仲一，
　　　〈秦始皇陵東側第二、三號俑坑軍陣內容試探〉，《中國考古學會第一次年會論文集》
　　　(1980)，頁 315～322。
❸❽　《史記》卷六〈秦始皇本紀〉。
❸❾　秦始皇陵屢遭盜掘和破壞，據《史記》〈高祖本紀〉，項羽即曾掘始皇帝冢，收其財
　　　物。又據《漢書》〈楚元王傳〉：「其後牧兒亡羊，羊入其鑿，牧者持火照求羊，失火
　　　燒其臧槨。自古至今，葬未有盛如始皇者也，數年之間，外被項籍之災，內離牧豎
　　　之禍，豈不哀哉。」但始皇陵在漢代並未盡毀。五胡十六國時，石季龍曾「使掘秦
　　　始皇冢，取銅柱鑄以為器」(《晉書》卷一百零七〈石季龍傳〉下) 近代始皇陵的考

　　漢代皇帝也都預修陵墓，有些陵墓規模太大，如成帝之昌陵，興修數年不成，天下為之虛耗；也有看得開的如文帝，刻意薄葬，治霸陵，陵中皆瓦器，不以金銀為飾。漢代陵園制度的特色在於它不僅是帝王安息之所，更是漢家天子控制天下豪強的一種手段。從漢初開始，徙齊田、楚昭、屈、景及諸功臣家於高祖之長陵，後世徙吏二千石、高貲富人及豪傑兼并之家於諸陵，其目的在所謂的「內實京師，外銷姦猾」 **❹**，可見這是漢初以來強幹弱枝政策的一部分**❹**。

　　宗廟是天下繫於一姓的重要象徵。秦始皇相信他得天下有賴宗廟之靈，而所得的天下乃嬴姓的天下，須傳之子孫，使列祖列宗永享血食。如前文所述，在他的時代，曾於咸陽修極廟為祖廟。秦二世更進一步採儒家天子七廟、諸侯五廟、大夫三廟之說，毀襄公以下諸先公先王廟，並尊始皇廟為帝者祖廟**❹**。漢代秦有天下，當然得另立劉氏的宗廟。劉邦為示天下劉氏之代起，曾令天下郡國諸侯王皆立太上皇廟。元帝永光四年（西元前 40 年）有一封詔書頗能道出高祖當初立廟的用心：

　　　　往昔天下初定，遠方未賓，因嘗所親以立宗廟，蓋建威銷萌，一民之
　　　　至權也**❹**。

元帝時天下已定，劉氏一姓的地位已固，乃罷郡國廟，並行宗廟迭毀之制。

　　古發掘是最新的破壞。由於陵墓仍未完全發掘，始皇屍身是否仍在，有待證實。
❹　《漢書》卷六十四上〈主父偃傳〉。
❹　好並隆司，〈漢代皇帝支配秩序の形成——帝陵への徙遷と豪族〉，《東洋史研究》，三十五卷二號 (1976)，頁 39～70。
❹　《史記》卷六〈秦始皇本紀〉。
❹　《漢書》卷七十三〈韋玄成傳〉。

二、天下為家

　　以上這些制度固然在象徵和鞏固皇帝的權力和地位，一個更基本的作用則在宣傳，昭告天下已為一家一姓所有，一切的權力與地位已由一家一姓自天而承受。所謂「家天下」乃是瞭解整個皇帝制度的根本關鍵。自三代以來，家天下已經成為中國一個牢不可破的傳統。秦始皇欲傳帝位二世、三世以至萬世，固已視天下為一姓所有，漢高祖在尊父為太上皇的詔書裡說：「父有天下，傳歸於子，子有天下，尊歸於父，此人道之極也。」❹❹據《古文苑》卷十，他又曾對太子說：「堯、舜不以天下與子，而與它人，此非為不惜天下，但子不中立耳。人有好牛馬尚惜，況天下耶？」此外，他對嘗視己為無賴的父親說：「始大人常以臣無賴，不能治產業，不如仲力。今某之業所就孰與仲多？」❹❺可見他明明白白將天下視同田地牛馬一般的私產。當他在殿上公開這樣和他父親說話時，最堪注意的是當時殿上群臣的反應。他們似都認為這是當然之事，「皆呼萬歲，大笑為樂」。

　　大體而言，自秦漢以後，天下歸天命所鍾的一姓所私有已不只是帝王一人的信念，而是一種深入一般人心的想法。呂氏之亂時，奉代王入主的宋昌說：「一呼，士皆左袒為劉氏，叛諸呂，卒以滅之，此乃天授，非人力也。」❹❻可見兵士皆以為天命應在劉氏，呂氏終不能奪。景帝時，竇嬰說：「天下者，高祖天下，父子相傳，漢之約也。」❹❼他很明白認為天下為高祖父子所有。因此，當漢哀帝想要效法堯舜禪讓，將帝位傳給內寵董賢時，就有人提醒他：「天下乃高皇帝天下，非陛下之有也。陛下承宗廟，當傳子孫於

---

❹❹　《漢書》卷一下〈高帝紀〉。

❹❺　同上。

❹❻　《史記》卷十〈孝文本紀〉。

❹❼　《史記》卷一百零七〈魏其武安侯列傳〉；《漢書》卷五十二〈竇嬰傳〉。

無窮，統業至重，天子亡戲言！」❹還有一次哀帝派遣使者請一位楚地的名士龔舍為太守。使者想請龔舍到衙門裡拜受官印，這位名士說：「王者以天下為家，何必縣官？」❹他的意思是說天下都是皇帝家的，為皇帝家當差，在那兒受印都一樣，何必非衙門不可？師丹說：「天下者，陛下之家也。」❺換言之，國為家有，天子既代表一家，也擁有一國，家國混而不分，漢朝人遂乾脆稱天子為「國家」❺。新莽之末，群雄紛冒劉氏之名起兵，所謂「假號雲合，咸稱劉氏，不謀同辭」❺，這是因為當時人相信天下終是劉家之物。劉秀能再興漢室，實大大得力於這種普遍的心理。

　　當然從先秦到兩漢，也有很多「天下為公」的議論。這些議論大抵可分兩類。一類出於現實的政治目的。如呂不韋的賓客即鼓吹：「天下非一人之天下也，天下之天下也。」（《呂氏春秋》〈貴公〉）又說：「誅暴而不私，以封天下之賢者，故可以為王伯。」（《呂氏春秋》〈去私〉）有不少學者相信，這些話實際是為呂不韋代秦而鋪路❺。又如西漢成帝時，谷永亦倡：「天生烝民……為立王者以統理之……去無道，開有德，不私一姓，明天下乃天下之天下，非一人之天下也。」❺谷永之言一方面在警懼好微行的成帝，另一方面則不無討好外戚王氏之嫌。成帝即因他「黨於王氏」，「不甚親信也」❺。

---

❹　《漢書》卷九十三〈佞幸傳〉。

❹　《漢書》卷七十二〈龔舍傳〉。

❺　《漢書》卷八十六〈師丹傳〉。

❺　例如：《漢書》卷四十五〈息夫躬傳〉；卷五十七下〈司馬相如傳〉；卷五十九〈張湯傳〉、〈張安世傳〉；卷六十〈杜延年傳〉；卷六十二〈司馬遷傳〉；卷六十五〈東方朔傳〉；卷六十六〈傳贊〉；卷六十七〈朱雲傳〉、〈梅福傳〉；卷七十〈陳湯傳〉；卷七十二〈龔勝傳〉；卷七十六〈王尊傳〉。兩漢書中「國家」一詞除指天子，也有和今天「國家」一詞相似的含意。

❺　《後漢書》卷四十上〈班彪傳〉。

❺　如蕭公權，《中國政治思想史》（臺北，聯經出版，民國71年），頁358～359。

❺　《漢書》卷八十五〈谷永傳〉。

❺　同上。

王莽篡漢前夕，禪讓傳賢之論更是喧天價響。這一類言論骨子裡其實並不是真正反對家天下，只是藉天下為公作幌子，持一家物與一家。

另一類則出於道德的良心，認為王者雖有天命，但天命有德，無德則易位，天下非一姓所能專有。這一類言論在漢代可以劉向為代表，他說：

> 王者必通三統，明天命所授者博，非獨一姓也。孔子論《詩》，至於「殷士膚敏，祼將于京」，喟然歎曰：「大哉天命，善不可不傳于子孫，是以富貴無常；不如是，則王公其何以戒慎，民萌何以勸勉？」……自古及今，未有不亡之國也。……世之長短，以德為効，故常戰栗，不敢諱亡。孔子所謂「富貴無常」蓋謂此也❺❻。

「天命無常，唯德是依」的論調可上溯至周人。孔、孟承其遺緒，衍為此後有道之士對抗專制帝王唯一的依憑❺❼。這一派雖然憧憬三代以上禪讓傳賢、天下為公的景況，但是自從孔子感嘆：「丘未之逮也，而有志焉」（《禮記》〈禮運〉），後來的人就只能在「家天下」的現實格局中，就「天命有德」一點極力發揮。對此，孟子說得很明白：

> 萬章問曰：「人有言，至於禹而德衰，不傳於賢而傳於子，有諸？」孟子曰：「否，不然也。天與賢則與賢，天與子則與子。……舜、禹、益相去久遠，其子之賢不肖，皆天也，非人之所能為也。莫之為而為者，天也；莫之致而致者，命也；匹夫而有天下者，德必若舜禹，而又有

---

❺❻ 《漢書》卷三十六〈楚元王傳〉。劉向類似的看法還見《新序》卷七〈節士〉篇；《說苑》卷一〈君道〉篇；卷十四〈至公〉篇。

❺❼ 參《漢書》卷七十二〈鮑宣傳〉；《白虎通》卷下：「王者所以存二王之後，何也？所以尊先王，通天下之三統也。明天下非一家之有，謹敬謙讓之至也。」又《逸周書》卷九〈殷祝〉：「湯曰：『此天子位，有道者可以處之。天下非一家之有也，有道者之有也。』」

天子薦之者，故仲尼不有天下。……孔子曰：『唐虞禪，夏后殷周繼，
其義一也。』」❺⃝⃝

「天與賢則與賢，天與子則與子」一語無異默認自禹傳子「家天下」的現實。
不過天所命必是德若舜、禹者，無其德則不居其位。對這種言論，帝王有時
也不能不加敷衍。秦始皇巡行天下，刻石立碑，所宣傳的不外「皇帝之德」。
秦末，群臣推劉邦為帝，劉邦也要說：「吾聞帝賢者有也」❺⃝，實則天下一旦
定於一姓，這些話都被認為是大逆不道。孟子「聞誅一夫紂矣」的高論當然
更在禁忌之列。最好的例子是發生在漢景帝時的一場辯論❻⃝。有一位黃生認
為湯武非受命，而是弒君。齊人博士轅固生力辯湯武為天下人心所歸，即得
天命之證。黃生於是搬出「冠雖敝，必加於首，履雖新，必關於足」，君臣上
下必有分的道理。轅固生被逼打出王牌：「果然如此，難道說漢高祖代秦即天
子之位，是違反君臣之分，胡作非為嗎？」一旁凝聽的景帝立即阻止了辯論，
以「言學者無言湯武受命，不為愚」做結論。司馬遷記述這個故事以後，接
著加了一筆：「是後學者莫敢明受命放殺者。」這一筆點出了皇帝制度下的政
治空氣。昭帝時，眭弘認為漢家堯後，有傳國之運，主張漢帝宜「求索賢人，
禮（禪）以帝位」❻⃝，結果以妖言惑眾，大逆不道之罪伏誅。宣帝時，又出
了一個不知死活的蓋寬饒，引用韓氏《易傳》，說什麼「五帝官天下，三王家
天下，家以傳子，官以傳賢，若四時之運，功成者去，不得其人則不居其
位」❻⃝，因而被控「意欲求禮（禪），大逆不道」，受迫自殺。可見在皇帝們
看來，禪讓傳賢是大逆不道的，父子相傳，天下繫於一家才是正理。

---

❺⃝　《孟子》〈萬章上〉（臺北，世界書局，《四書集注》甲種本，民國 62 年）。

❺⃝　《史記》卷八〈高祖本紀〉。

❻⃝　《史記》卷一百二十一〈儒林列傳〉。

❻⃝　《漢書》卷七十五〈眭弘傳〉。

❻⃝　《漢書》卷七十七〈蓋寬饒傳〉。

三、皇權的運作

　　明瞭了皇帝制度「家天下」的本質，我們才能掌握兩千年中，圍繞皇帝所發生種種有關權力運作與轉移的現象。從理論上說，皇帝從天受命，即擁有了天下和治理天下的一切權力。但是實際上這份龐大的「家產」非其一人所能獨治，他必須將治理之權分派出去，分頭掌理。於是在秦漢形成了一個龐大而有系統的官僚組織，幫助皇帝管家務❻❸。漢高祖曾下過一個很有意思的詔書，其中有一段是這樣說的：

> 今吾以天之靈，賢士大夫定有天下，以為一家，欲其長久，世世奉宗廟亡絕也。賢人已與我共平之矣，而不與吾共安利之，可乎？賢士大夫有肯從我游者，吾能尊顯之。布告天下，使明知朕意❻❹。

　　他的口氣不是就像一位「一家之主」在招募管家嗎？那麼皇帝的家務事是如何管法？《漢書》〈陳平傳〉中有一段膾炙人口，討論君臣權責的故事。有一次漢文帝問右丞相周勃決獄和錢穀的事，周勃愧不能答，又問左丞相陳平，陳平答稱各有官員主其事。文帝又問：「是什麼官員主其事呢？」陳平回答：「陛下如果要知道決獄的事情，應該去問廷尉；錢穀之事則應找負責的治粟內史。」文帝於是又問：「如果各種事情都有人專司其責，那麼君主管啥？」陳平拱了拱身說：「惶恐，惶恐！陛下不知在下不成材，使不才待在丞相的位子上。丞相是要上佐天子理陰陽，順四時，下遂萬物之宜，外鎮撫四夷諸侯，內親附百姓，使卿大夫各得任其職。」照陳平的說法，一切內政外交都由丞

---

❻❸　秦漢以後政府中的丞相、御史大夫以及所謂的九卿原皆出於君王之私臣。參錢穆，
　　《秦漢史》（臺北，三民書局，民國 58 年），頁 255～257。

❻❹　《漢書》卷一下〈高帝紀〉。

相負責，皇帝只須任命一位可靠的丞相，就可以垂拱而治了。他的君主無為和責任丞相制，實際上是先秦以來儒、法兩家共具的政治理想❻，而由宰相統領百官，總理政務的體制，大體而言也構成了傳統官僚政治的主要結構。可是皇帝豈肯被架空，輕易將權力信託他人？他總要將權力抓在自己的手上，最少也要交給自己信任的人。於是在秦漢政治制度的發展上，一個最主要的現象就是相權的被剝奪。

基本上我們要了解，丞相的職權並沒有制度上的保障，它完全基於皇帝的信任與尊重。揚雄在〈解嘲賦〉裡有極妙的形容：「當塗者入青雲，失路者委溝渠；旦握權則為卿相，夕失勢則為匹夫。」❻❻文帝時，丞相申屠嘉有兩個故事正可以作例子❻❼。有一次丞相申屠嘉上朝，鄧通恃寵在文帝身旁怠慢無禮。申屠嘉認為他破壞朝廷禮制，下朝回府後，傳檄召鄧通問罪，不來則斬。鄧通心恐，向文帝求救。文帝心愛寵臣，但又不願傷丞相執法，於是要鄧通去受審，不過答應派個使者替他求情。鄧通來到相府，免了冠，光著腳，磕頭向丞相謝罪。申屠嘉毫不領情，罵道：「夫朝廷者，高皇帝之朝廷也，通小臣，戲殿上，大不敬，當斬。史今行斬之！」鄧通在下沒命磕頭討饒，血都濺了一地。文帝算算時間，丞相大概已經給鄧通吃夠了苦頭，才派人向丞相說情，饒了他一命。

像文帝這樣尊重丞相職權的皇帝實不多見，大部分的情形是皇帝寵信誰，

---

❻ 例如：孔子說：「無為而治者，其舜也與，夫何為哉？恭己正南面而已矣。」（《論語》〈衛靈公〉）又說：「天何言哉？四時行焉，百物生焉，天何言哉？」（《論語》〈陽貨〉）法家政治的終極理想亦在君主無為，如《管子》〈白心〉：「名正法備，則聖人無事」；韓非子謂：「故至安之世，法如朝露，純樸不散。心無結怨，口無煩言。」（《韓非子》〈大體〉）《韓非子》更有〈解老〉、〈喻老〉之篇發揮老子之義。雖然如此，儒、法兩家對達到無為的途徑的看法卻不必一致。參見蕭公權，《中國政治思想史》，頁264。

❻❻ 《漢書》卷八十七下〈揚雄傳〉。

❻❼ 《漢書》卷四十二〈申屠嘉傳〉。

誰的權就大。申屠嘉的另一個故事可以為證。文帝死後，景帝繼立，申屠嘉仍為丞相，可是景帝不信任他，「所言不用」，反信任一位內史鼌錯，於是鼌錯「貴幸用事」❻❽。申屠嘉為此忌恨鼌錯，剛巧鼌錯為了出入方便，將內史辦公所在的門向南再開一個，這個門竟然開在太上皇廟的外牆上。申屠嘉得知，奏請誅錯。景帝對鼌錯大加袒護，說：「這是我叫他這樣幹的，錯無罪。」申屠嘉直嘆沒有先斬後奏，回到家裡，一氣之下，竟然嘔血而死。

從上述申屠嘉的兩個故事，我們不難推想不單是丞相的職權，整個官僚系統是否能夠客觀和合理的運行，端在皇帝是否信任與尊重。客觀合理的制度可以因皇帝的私心而完全崩潰。漢哀帝時，輔政的師丹和丞相孔光建議限田，但是因哀帝對內寵董賢賜田踰制，外戚丁、傅兩家作梗，限田制未行即敗❻❾。

由於皇帝「私天下」心理的作祟，皇帝對客觀權力運作系統的扭曲破壞不外下列兩種情形：一是將權力交給自己近側或有私人關係的人，前者主要是宦官，後者則有外戚。這些人最容易贏得皇帝的信任。其次就是對誰也不放心，大權獨攬，事必躬親。不論在那種情形下，漢高祖口中與共天下的賢士大夫都淪為純粹的工具。

秦皇、漢武都是歷史上著名大權獨攬的皇帝，在秦始皇的時代，因「天下之事無小大皆決於上」，秦始皇忙到「衡石量書」，日夜不得休息的程度。他對自己的勤於政事，十分得意，在會稽刻石中說：「皇帝并宇，兼聽萬事，遠近畢清」，當時「博士雖七十人，特備員弗用，丞相諸大臣皆受成事，倚辦於上」 ❼❶武帝即位時不過十六歲，朝廷大事都還在竇太后的干預之下。建元六年（西元前 135 年），武帝的母舅田蚡為相，「權移主上」，大小官吏都由他任命。二十二歲的少年皇帝大感不耐，說道：「你委任官吏有完沒完？我也想

---

❻❽　同上。

❻❾　《漢書》卷二十四上〈食貨志〉；又卷八十六〈王嘉傳〉：「賜賢二千餘頃，均田之制從此墮壞。」

❼❶　《史記》卷六〈秦始皇本紀〉。

派個官兒呢！」❼ 從此以後，武帝對丞相大加摧折，終其世，前後竟有六位丞相獲罪而死❼。其不死者如公孫弘，乃因他懂得皇帝不欲他人分權的心理，「每朝會議，開陳其端，令人主自擇，不肯面折庭爭」❼。了解武帝好權心理的還有大將軍衛青。元朔六年（西元前 123 年），衛青率數路兵馬征匈奴，其中右將軍蘇建的一支全軍覆沒。蘇建隻身逃歸，論罪當斬。衛青說：「雖然我身為大將軍，有權斬將，皇上對我又尊榮寵信有加，但是我也不敢擅自專誅於千里之外。還是將他解交天子，由天子親自定他的罪吧！我這樣立一個人臣不敢專權的典範，不是很好嗎？」❼ 公孫弘、衛青這類人物正是歷史上專制帝王所喜歡的。不過武帝也有可愛之處。他還懂得尊重像汲黯這樣當面罵自己「內多欲而外施仁義」❼ 的直臣。據說大將軍衛青見武帝時，武帝肆無忌憚地蹲在廁所裡❼；公孫弘求見，武帝連帽子都懶得戴；可是如果是汲黯來見，武帝不先整衣冠不敢見。有一次武帝坐在武帳裡，汲黯前來奏事，武帝遙遙望見，因未著冠，竟避到帳後，叫人代可汲黯所奏。

握權獨斷的武帝喜歡「游宴後庭」❼，於是找來一批親近的私臣就在後

---

❼ 《史記》卷一百零七〈魏其武安侯列傳〉。

❼ 這六位丞相是竇嬰、李蔡、莊青翟、趙周、公孫賀和劉屈氂。他們被殺的經過可參看徐復觀，《周秦漢政治社會結構之研究》（香港，新亞研究所，1972），頁 225～227。

❼ 《史記》卷一百一十二〈平津侯主父列傳〉。

❼ 《漢書》卷五十五〈衛青霍去病傳〉。

❼ 《史記》卷一百二十〈汲黯傳〉。

❼ 同上：「大將軍青侍中，上踞廁而視之」。裴駰《集解》引如淳曰：「廁音側，謂牀邊，踞牀視之，一云溷廁也。廁，牀邊側。」按《史記》〈酈生陸賈列傳〉：「酈生至，入謁，沛公方倨牀」。瀧川資言《考證》謂：「張文虎曰：『倨，《索隱》本作踞』，愚按《漢書》亦作踞，與〈黥布傳〉合。」可見「踞廁」是「踞廁」，「踞牀」是「踞牀」，「廁」非「牀側」甚明。《漢書》卷五十〈汲黯傳〉，顏師古注亦以「廁」為「溷」說為是。

❼ 《漢書》卷七十八〈蕭望之傳〉。

庭襄贊書奏辦起公來，並常以宦官居中傳達，因而形成後來所謂的中朝或內朝❼❽。外朝的丞相因此常失去參預決策的機會，僅能奉命辦事而已。隨侍武帝左右的除了他「俳優畜之」的文章詞賦之士如東方朔、吾丘壽王、司馬相如、枚皋、主父偃，還有宦官和外戚。這些宦官和外戚，因有皇帝的信任，權傾內外。武帝死，遺詔以外戚大將軍霍光輔政。霍光對丞相車千秋說：「今光治內，君侯治外」❼❾，實際上是「政事一決大將軍光」。漢元帝寵信宦官石顯，以為「中人無外黨，精專可信任，遂委以政，事無小大，因顯白決，貴幸傾朝」❽❶。兩漢外戚宦官之禍，論者已多，要之這一切都是帝王專權和委任近側親信的結果。由於權力循私而行，客觀合理的權力運作系統就一直不能在中國建立起來。

四、皇權的繼承與轉移

天下既然為私有，皇權與帝位的繼承當然是由一姓包辦。熱衷於傳賢禪讓理想的漢人曾幻想了一個秦始皇有意禪讓的故事❽❶。據說他兼并天下以後，有一次仰天而嘆：「吾德出於五帝，五帝禪賢，我想學學他們，可是有誰可作我的後繼者呢？」結果博士鮑白令之罵了他一頓，說他自私自利，修宮室、竭民力，像桀紂一樣，又有何德何能可行五帝之事？秦始皇聽了以後，「面有慚色」，也就打消了傳賢的念頭。其實秦始皇從一開始就打算將嬴氏的天下由一世、二世，永遠地傳下去。禪讓在秦以後除了成為懷古之士的夢想，在現實政治中已淪為異姓革命，政權轉移的粉飾❽❷。以下我們先從同姓繼承必不

---

❼❽　《漢書》卷七十七〈劉輔傳〉注引孟康曰。

❼❾　《漢書》卷六十六〈車千秋傳〉。

❽❶　《漢書》卷九十三〈佞幸傳〉。

❽❶　劉向，《說苑》（臺北，新興書局，《漢魏叢書》本），卷十四。

❽❷　尾形勇，〈中國古代における帝位の繼承〉，《史學雜誌》，五十八卷三號 (1976)，頁

可少的立儲制以及為建儲提供最大可能的後宮制說起。

　　傳統中國是一夫一妻制的社會，不過一妻之外卻又允許蓄妾。帝王們在宗廟不可無人承繼的堂皇理由下，除正后一人，當然可以光明正大地擁有無數姬妾。殷周後宮之制不可詳考，《禮記》〈昏義〉及《周禮》〈天官冢宰‧九嬪〉鄭玄註所述都可能只是後人的附會。漢初承秦制，有皇后、夫人、美人、良人、八子、七子、長使和少使八等。武帝時後宮大增，又添倢伃、娙娥、傛華、充依等新名目；元帝再加昭儀，其餘還有五官、順常、無涓、共和、娛靈、保林、良使、夜者，分為十四等，可謂洋洋大觀。這些姬妾比照官僚也有爵位等差，如昭儀位比丞相，爵比諸侯王，其最低下者不過斗食❽❸。東漢後宮名目大減，只剩下皇后、貴人、美人、宮人以及采女❽❹。名目的多少和皇帝妃嬪的數目沒有必然的關係。秦始皇廣建宮室，據說皆以美人充之，最後便宜了那些焚秦宮室的項羽將校。從漢高祖到景帝，宮女都不過十餘人，武帝增至數千❽❺。東漢後宮陣容最龐大的大概是桓帝，僅采女即達五、六千人❽❻。西漢后妃頗多出於微賤，甚至有婢女和歌舞伎之流。其著名者如武帝的皇后衛子夫原是平陽公主家的歌女（謳者）；成帝所寵的趙飛燕原在陽阿主家為歌舞伎，高祖之薄姬曾在後宮織室中充婢女。昭帝以後，皇帝與高官權貴之女結親者增多。東漢時更有定法，每年八月派中大夫、掖庭丞及相工，在洛陽鄉里中檢尋良家童女，凡年十三以上，二十以下，姿色端麗，合相法的，就被送進後宮，由皇帝再加挑選，「乃用登御」❽❼。其結果，秦漢的皇帝除未成年即夭逝的，大部分都能有子嗣，多者如秦始皇有二十餘子，景帝十四子，光武十一子，但也有一無所出的如昭帝、成帝和桓帝。眾多的皇子是

54～68。

❽❸　以上見《漢書》卷九十七上〈外戚傳〉序。

❽❹　《後漢書》卷十上〈皇后紀〉序。

❽❺　《漢書》卷七十二〈貢禹傳〉。

❽❻　《後漢書》卷九十二〈荀爽傳〉。

❽❼　《後漢書》卷十上〈皇后紀〉。

保證天下得在一姓之內延續的必要條件。但是諸皇子中能有名分繼承大統的則是所謂的太子。

太子之制淵源久遠，立嫡立長的原則亦早成傳統 ❸。嫡長子是無可爭論的身分。以嫡長為太子，繼承君位是一項避免繼承鬥爭的經驗原則。但是秦漢兩朝二十八個皇帝中以嫡長太子身分繼立的只有三人，即西漢的惠帝、元帝和成帝 ❾。東漢一朝竟無一人是嫡長繼承。不過兩漢總共有十二位皇帝不論是否嫡長，是以太子的身分繼位為帝。可見太子制的重要。

通常皇帝即位以後，即預立太子。不過，創立皇帝制的秦始皇並沒有這樣作。他有二十餘子，扶蘇為長。奈何始皇不喜歡扶蘇，秦國過去也沒有堅強的長子繼承傳統。再加上他亟盼成仙不死，雖然預修了陵墓，卻可能因諱言身後之事，遲遲沒有確立扶蘇太子的名位。直到死前，召扶蘇回咸陽會葬，才顯示他擬以扶蘇繼位的意思。可是為時已晚，宦官趙高和丞相李斯為鞏固自己的權位，偽造詔書賜扶蘇死，而以少子胡亥為太子，繼位為二世。趙、李所為在秦代大概是一件公開的秘密，劉邦有感於秦的教訓，在稱王時即以長子為太子。當眾將於氾水之陽推劉邦為皇帝的時候，他又冊立長子為皇太子，這也就是後來的惠帝 ❿。

影響皇位繼承人選的因素極其複雜，最後能登上天子寶座的幾乎都有一段曲折的過程。繼位人選固然有以嫡以長和無嫡長則以賢的原則，事實上這些原則的約束力並不是絕對的。以秦漢兩代而言，大部分的皇帝都因其他的考慮而產生，而對人選最具決定性影響的除了皇帝本人，還有功臣以及圍繞在皇帝近側的外戚和宦官。

皇帝本人毫無疑問是決定儲貳的最高權威。他如果不遵守原則的約束，

---

❸　《左傳》襄公三十一年、昭公二十六年。

❾　關於西漢的皇位繼承參陶師天翼，"The System of Imperial Succession during China's Former Han Dynasty (206 B. C.～9 A. D.)," *Papers on Far Eastern History*, 18 (1978), pp. 171～191.

❿　《漢書》卷一下〈高帝紀〉。

但憑一己好惡，他人也無可如何。漢高祖曾有意廢太子，另立愛子趙王如意。太子的母親呂后急了，找張良想辦法，張良說：「皇上想就其所愛，更立太子，乃是骨肉之間的事，像我這樣的臣下外人，就是有一百個去說，又有什麼用！」不過最後還是張良出了主意，請來「商山四皓」，才促使高祖放棄了易立太子的打算❾❶。宣帝不喜太子「柔仁好儒」，有意以所幸張倢伃子淮陽王代之，但終以太子出於糟糠之妻而不忍廢。其廢不廢全在於皇帝一念之間。西漢景帝、東漢光武帝、章帝和安帝都曾因好惡行廢立。光武帝原以郭皇后子為太子，但是心中愛戀的卻是那位以美著名的陰麗華。據說光武少時即曾發願，「娶妻當得陰麗華」，後來終於如願以償。郭皇后被廢，其子亦廢；陰麗華成了陰皇后，她的兒子也成了皇太子❾❷。

　　但是大部分時候真正左右兩漢皇位繼承的是皇帝背後成群結黨的外戚和宦官。漢代外戚得勢，自呂后已開其端。呂后除力保己子繼高帝登上皇位，更於惠帝死後，連立惠帝的兩個幼子恭和弘為少帝，而由自己臨朝稱制。昭帝死時，因無子嗣，輔政的外戚霍光一手決定由武帝孫昌邑王入繼大統。昌邑王繼位，又被霍光以「荒淫」罪名廢掉，另立宣帝。西漢外戚勢力最盛的當屬成、哀以後的王家，終於演成王莽篡漢的結局。東漢光武鑑於西漢之失，有意壓抑外家，明帝「因設外戚之禁，編著甲令」❾❸。奈何東漢皇帝命多不永，權歸母后。東漢臨朝的太后達六位之多。皇帝幼時，任母后及外戚擺佈，稍長感到不耐，結宦官為援，於是宦官乃進入皇位鬥爭的舞臺。和帝曾賴宦官鄭眾之助，消滅圖謀加害自己的外家竇氏。安帝所廢的太子保亦因宦官孫程等發動政變，擊敗外戚閻氏，而得立為順帝。外戚和宦官輪流控制東漢末期的皇帝與政局，以迄涼州軍閥董卓殺入洛陽，皇帝才成了軍人控制的傀儡。

　　秦始皇得天下，劉邦代秦和劉秀再建漢室，基本上依賴的都是武力。軍事的成功是擁有天命的確證，所以劉邦說：「吾以布衣提三尺劍取天下，此非

---

❾❶　《史記》卷五十五〈留侯世家〉。

❾❷　《後漢書》卷十上〈皇后紀〉。

❾❸　同上。

天命乎？」提三尺劍意即以武力取天下，於是才有資格要求天下歸服，建立一姓的統治。天下由一姓轉入另一姓，武力是一個基本方式。不過王莽與曹丕卻為赤裸裸的武力披上一件美麗的外衣——禪讓[94]。

禪讓傳賢一直是傳統士大夫的夢想。此說在漢代與五德終始論結合，成為影響兩漢政治一股絕大的力量。前有眭弘、蓋寬饒請昭帝、宣帝禪讓，後有哀帝欲讓位董賢。王莽利用時人的這種心理，將篡位粉飾得一派「順乎天，應乎人」的模樣。王莽用來粉飾他奪權篡位的「古說」很多，禪讓是其中之一。有一個在長安讀書叫哀章的人，看透王莽想當皇帝的心理，造了兩個銅匱放在高祖的廟裡。一個上面寫著「天帝行璽金匱圖」，另一個是「赤帝行璽某傳予黃帝金策書」。「某」是指劉邦的「邦」字，金匱圖策無非是說：「高帝承天命，以國傳新皇帝。」王莽得到消息，跑到高廟「拜受金匱神嬗（禪）」[95]。於是假藉高祖禪天下於己，坐在未央宮前殿，下書說：「赤帝漢氏高皇帝之靈，承天命，傳國金策之書，予甚祇畏，敢不欽受！」[96]於是即真天子位，改國號曰新。

東漢之末，曹操挾天子以令諸侯，先稱魏公，再為魏王，「設天子旌旗，出入稱警蹕」，已儼然是實際的天子。曹操死，曹丕繼位為魏王。據說獻帝「以眾望在魏」，乃召集群臣於高廟，將漢家天子符璽捧出，禪位給魏王。禪位的詔書大意是說：「我在位已有三十二年，但是天下蕩覆，我仰觀天文，下察民心，知道五德之運已經輪到了曹氏。大道之行，天下為公，選賢與能。唐堯不私於他的兒子，留下不朽的美名。我非常羨慕他，就學他的樣兒，禪位給魏王吧。」[97]，魏王得知詔書，表演了三次推讓，每一次推讓之後，獻帝即再下詔，群臣亦紛紛勸進，前後鬧了一個月，最後曹丕和王莽一樣「震

---

[94] 參馮友蘭，〈中國政治哲學與中國歷史中之實際政治〉，《清華學報》，十二卷一期（民國 26 年），頁 99～112。

[95] 《漢書》卷九十九上〈王莽傳〉。

[96] 同上。

[97] 《三國志》（臺北，宏業，新校標點本）〈魏書·文帝紀〉，裴松之注引袁宏《漢紀》。

畏天命」，不得不受禪，而即天子位。曹丕受禪為易姓革命創一新格局，清朝的趙翼說：「自曹魏創此一局，而奉為成式者，且數十代，歷七、八百年，真所謂奸人之雄，能建非常之原者也。」（《廿二史劄記》卷七〈禪代〉條）

五、皇帝制度的發展

自秦王政創皇帝名號到曹魏禪代，與皇帝相關的政治體制可以說已大體完備，此後千餘年的皇帝制基本上都承襲秦漢成規，少有大變；而秦漢時代圍繞皇帝所發生的種種現象與問題，如外戚和宦官的干政，相權的被剝奪，在後代也不斷的出現。不過在這千餘年中，皇帝制度有幾件不可不注意的發展：一是外族入主對皇帝制帶來一些變化；二是皇權日趨絕對化；三是皇帝成為傳統社會、政治、經濟、文化、道德、宗教等各環節統合的焦點。

從魏晉以後，外族不斷入主中國，或據華夏一隅，或為全中國的主人。他們雖然採用了皇帝制度，也為皇帝制度帶來了變化。匈奴人劉淵是五胡十六國中最早在中國稱帝的。他先稱漢王，後即皇帝位。他自以為漢與匈奴曾約為兄弟，「兄亡弟紹，不亦可乎？」❾❽於是追尊蜀漢後主，立漢高祖以下三祖五宗神主而祭之，儼然以繼劉漢大統自居。他死諡光文皇帝，廟號高祖，墓號永光陵，皇太子和繼立。在形式上這一切可以說完全是中國皇帝制度的一套。但是在另一方面，他並沒有放棄匈奴人固有的組織和徽號。劉淵在即皇帝位以前曾為大單于，臨終以前又以第四子劉聰為大司馬、大單于並錄尚書事，更置單于臺於平陽以西，領各族種落。劉聰後來就憑藉種落的力量，殺劉和，奪皇帝位。他即位後，又以弟劉義為皇太弟，領大單于、大司徒。單于之下置「左右輔，各主六夷十萬落，萬落置一都尉」❾❾。從這些地方可

---

❾❽　《晉書》（臺北，鼎文，新校標點本）卷一〇一〈劉元海載記〉。

❾❾　《晉書》卷一百零二〈劉聰載記〉。

以看出，劉淵和劉聰入主中國以後，將他們原有的單于部落制度和中國的皇帝制雜糅在一起，為後世「征服王朝」的兩元政治開了先河。他們以「皇帝」的身分治中國，以「單于」之號領舊部。這種方式啓示了以後中國的帝王可於「皇帝」以外再加其他的尊號。李唐太宗就是一個例子。太宗貞觀四年（630 年），諸蕃君長共請太宗加號天可汗（乃高出眾可汗之可汗），太宗因問群臣可否為大唐天子，再受可汗之號？群臣皆呼萬歲 ⓘ。從此以後，太宗賜書西北蕃國君長，並稱皇帝天可汗。據研究，唐朝的皇帝稱天可汗直到安史亂後，但是西北地區國家到十四世紀元明之際，還有用天可汗稱呼中國皇帝的 ⓘ。

　　外族入主也曾造成一些皇帝制的「變體」。例如五胡十六國中，石勒、石虎稱趙「天王」，不稱皇帝，前秦苻健稱「天王大單于」，涼呂光稱天王 ⓘ。又北周孝閔帝和明帝初即位不稱皇帝，也稱「天王」，到明帝武成元年（559 年）八月才改天王為皇帝 ⓘ。又如契丹人採行漢制遠始於太祖耶律阿保機；至耶律德光正式建國號大遼，始稱皇帝。在此以前耶律德光稱「天皇王」。遼朝的君王繼承因受契丹世選舊俗的影響，德光以後的世宗、穆宗和景宗就仍由推選方式產生 ⓘ。景宗以後，雖立太子，但無太子之名，而稱梁王。遼聖宗、興宗、道宗和天祚帝無不先封梁王，再為嗣君 ⓘ。元朝的皇位繼承受蒙古習俗的影響，實際上多由宗親大會推選或大臣擁立 ⓘ。元朝也採中國預立

ⓘ　《資治通鑑》（臺北，世界書局，新校標點本，民國 63 年），「貞觀四年三月」條。

ⓘ　羅香林，〈唐代天可汗制度考〉，《新亞學報》，一卷一期 (1955)。

ⓘ　參《晉書》〈載記〉，卷一百零五〈石勒〉下；卷一百零六〈石季龍〉上；卷一百一十二〈苻洪〉；卷一百二十二〈呂光〉。

ⓘ　《周書》（臺北，國史研究室，新校標點本）卷三〈孝閔帝紀〉；卷四〈明帝紀〉。

ⓘ　姚從吾，〈契丹漢化的分析〉，收入《大陸雜誌史學叢書》，第一輯第五冊（臺北，大陸雜誌社，民國 49 年），頁 265～266。

ⓘ　同上，頁 266。

ⓘ　趙翼，《廿二史劄記》（臺北，華世，民國 66 年）卷二十九「元諸帝多由大臣擁立」

太子之制，不過卻無關繼承。一位皇帝可同時有數子並稱太子。例如太祖六子，其中兩子後為太宗和睿宗，其餘有三子俱稱太子❼。這些都是外族因循故俗，未盡依中國之制，所造成皇帝制的變化。

外族王朝的統治對中國皇帝的專制化和殘暴化也有推波助瀾的作用❽。外族入主中國一方面必須調整組織，以適應統治中國的需要，另一方面還要維持部族原有的戰鬥力去從事征服，或鞏固他們優越的統治地位。為解決這些問題，他們通常會借助中國固有的統治方式和經驗，同時也將部族的舊俗帶入中國，結果竟使得王權趨於專制和殘暴。金人據華北，金太宗和熙宗曾採中國的三省制度，加強中央集權。熙宗天會十五年（1137年）廢傀儡劉豫，以行臺尚書省代表中央，控制漢地。完顏亮（1149～1161年在位）時撤銷行臺尚書省，又廢中書和門下省，使金朝的君主專制達於頂點。唐代的中書省因草擬政令，門下省因有封駁之權，對皇權構成相當的制衡作用。兩省一廢，皇權就難以約束了。金人和南方宋朝對三省制的破壞都使得宋以後的皇權少有限制，而代表金主直接控制的行臺尚書省制為元、明所繼承，成為明清行省制的先河。就殘暴化而言，盛行於元、明朝廷的廷杖，即對朝臣加以笞辱的辦法，在契丹和女真的部落習俗中可找到淵源。杖笞官員原是契丹、女真的家常便飯，女真入主中國，將這個習慣一併帶來。據說在金主完顏亮的時代，上從宰相、御史、公主，下到和尚、廚子都可因不合君心而遭殃。有一位南宋的官員曾斥責這種辦法，說：「官雖甚高，未免捶楚，成甚活路！」這樣屈辱士大夫的酷法卻大得元、明專制君主的欣賞。

不過，中國之有廷杖並不始自外族入主，漢光武帝早已行之在先。起初遭殃的還只是侍候皇帝的近臣，漢明帝變本加厲，連九卿亦在捶撲杖笞之列。

條，頁 667～669。

❼ 《廿二史劄記》卷二十九「元帝子稱太子者不一」條，頁 672～673。

❽ 本節參看陶師晉生，〈金代女真統治中原對於中國政治制度的影響〉，收入《邊疆史研究集——宋金時期》（臺北，臺灣商務印書館，民國60年），頁 112～118；及《女真史論》（臺北，食貨，民國70年），頁 39～46。

一直到順帝時，因左雄的建議，九卿才從此免受皮肉之苦。此後，從三國到隋、唐一直都有皇帝杖笞官員的情形❿，元、明以降，專制加劇，廷杖更成為家常便飯。

從宋代以後，皇帝日趨專制獨裁也並不完全由外族王朝所造成，最主要的還是中國政治社會本身自唐、宋以後發生變化。就社會而論，隨著科舉制度的興起和唐末世家大族的消亡殆盡，社會上已經沒有足以和皇權分庭抗禮的力量。宋代以後科舉出身的士大夫原是一群等待天子賜與「黃金屋」和「千鍾粟」的士人舉子。他們不再有南北朝、隋唐世族那樣的社會地位和財富⓫。在這種情形下，帝王自然容易牢籠士人，肆意擺佈。就政治制度而言，皇權的伸張又與三省制的破壞、相權的分削、宰相的廢除以及特務、密摺等監視制度的發展相表裡。

唐初的三省制一直被認為是傳統君臣權力最完美的均衡分配，但是在唐朝中葉即因武后、安樂公主和太平公主等擅權而破壞；中葉以後，更因皇帝信用親近的翰林學士、宦官、樞密使等內廷官員而完全崩潰。宋代自太祖起，為求皇帝集權，刻意分削相權。宰相不但失去軍事權和財政權，一般政事也須先以劄子請旨，「盡稟承之方，免差誤之失」⓬。對皇帝旨意不敢違拗的宰輔百僚從此淪為「余一人」的工具。宋太祖和明太祖都是「家天下」思想極濃的人，最不放心他人分享權力。朱元璋自左丞相胡惟庸涉嫌謀反被誅以後，乾脆廢除丞相，由皇帝直領六部。他甚至在祖訓裡明白警告「以後嗣君，毋

---

❿ 參《後漢書》卷二十九〈申屠剛傳〉；卷三十三〈虞延傳〉；卷四十一〈鍾離意傳〉；卷六十一〈左雄傳〉。漢代以後的例子參《顏氏家訓》卷四；《三國志》〈何夔傳〉、〈裴潛傳〉注引《魏略》；程樹德，《九朝律考》卷十〈晉律考〉「晉鞭杖之制」條；呂思勉，《兩晉南北朝史》，頁 1323～1324；《魏書》〈高允傳〉、〈趙郡王幹傳〉、〈陳建傳〉；《太平御覽》卷六百五十「杖」條等。

⓫ 孫國棟，〈唐宋之際社會門第之消融〉，《新亞學報》，四卷一期 (1958)，頁 211～304。

⓬ 參周道濟，〈宋代宰相名稱與其實權之研究〉，收入《大陸雜誌史學叢書》，第一輯第五冊，頁 6～13。

得議置丞相，臣下敢以此請者，置之重典！」**⑫**

　　為防止軍民百官圖謀不軌，皇帝耳目所寄的特務組織在明代發達到了極點。太祖時有檢校，「專主察聽在京大小衙門官吏不公不法，及風聞之事，無不奉聞」。檢校都由皇帝親信出任，太祖嘗說：「有這幾個人，譬如人家養了惡犬，則人怕。」**⑬**洪武十五年（1382 年）更置錦衣衛，刺探「不軌妖言」。據說有一次有一個叫錢宰的官員下朝以後在家吟詩：「四鼓鼕鼕起著衣，午門朝見尚嫌遲，何時得遂田園樂？睡到人間飯熟時。」有人將他的詩句報告了朱元璋。第二天朱元璋對錢宰說：「昨天作的好詩，不過我並沒嫌呵，改作憂字如何？」**⑭**成祖永樂中又置東廠，令宦官訪緝逆謀大奸；憲宗成化年間再設西廠。從此明代政治淪為特務宦官之治，不堪聞問。滿清以外族入主，為鞏固其統治，對臣下的監視更是無所不用其極。清代鑑於明代宦官之禍，不敢依宦官為爪牙。皇帝或親自微行查訪，如雍正和乾隆；或密遣親信偵伺**⑮**。據說雍正時進士周人驥以禮部視學四川，行前有人推薦一僕隨之赴任。三年任滿，周人驥欲回京覆命，僕人說：「我亦欲回京覆命。」人驥大驚，問其故。僕人回說：「我實在是皇上的侍衛，特來偵伺你的。你三年之中操守廉潔，一無苟且，我將回去奏聞聖上。」人驥回京，果蒙褒旨**⑯**。微行和密探偵察的範圍終嫌有限，康熙更訂密奏之制，將全國的大小官員都化為皇帝的耳目。康熙時規定內外大臣可於請安摺內附加密奏，直接向皇帝密報風聞不法之事。雍正時將密奏與請安摺分開，並對密奏的傳遞訂立了嚴密的規定，務使皇帝能掌握群臣的一舉一動。為使軍國大小事皆在掌握之中，清朝有所謂奏摺制度。凡事都須皇帝硃批諭旨才能行。雍正批示奏摺，據說每至夜闌二、三更天**⑰**。透過以上種種辦法，中國皇帝的專制集權和對官僚的監視在

---

⑫　轉引自孟森，《明史講義》（臺灣大學自印本），頁 69～70。

⑬　吳辰伯，《朱元璋傳》（臺北，國史研究室，民國 61 年），頁 183～189。

⑭　同上，頁 186～187。

⑮　李岳瑞，《春冰室野乘》卷上（臺北，文海，《近代中國史料叢刊》本），頁 25～26。

⑯　轉引自金兆豐，《清史大綱》（臺中，學海，民國 69 年），頁 255～256。

清朝都可以說到達了頂峰。

六、皇帝與中國社會

皇帝在中國從一開始就不是一種單純的政治領袖。秦漢以後的皇帝就像封建制度下的周天子，是維繫整個政治、社會和文化秩序的樞紐。孔子說：「天下有道，禮樂征伐自天子出」。從今天的觀點看，征伐屬政治軍事範疇；禮樂屬社會文化範疇，而這一切均出自天子。封建崩潰，天下秩序重建於皇帝制度之下，皇帝乃成為新秩序的核心。董仲舒說得好：「君人者，國之元，發言動作，萬物之樞機。」（《春秋繁露》卷六〈立元神〉）他又說：

> 三畫而連其中謂之王，三畫者天、地與人也，而連其中者，通其道也，取天地與人之中以為貫而參通之，非王者孰能當是？
>
> 《春秋繁露》卷十一〈王道通〉

理想中的君王不但主宰人間的秩序，更協調貫通人與宇宙之間的關係，此陳平所謂佐天子理陰陽者也。因此，我們要認識皇帝在傳統中國社會裡的作用必不能僅從政治一面視之。

皇帝角色的多面性從秦始皇開始已完全顯露。他不僅僅是并一海內，化天下為郡縣的君王，更是道德和文化各方面的領袖。所謂「作之君，作之師」，「君師者，治之本也」⑱，秦漢以後的帝王不但代表政統，更兼掌道統。秦始皇兼并六國以後，焚詩書，坑術士，統一文字，「專隆教誨」、「大治濯俗」，就是希望做到「黔首改化，遠邇同度」，「尊卑貴賤，不踰次行」，「男女

---

⑰ 黃培，〈說硃批諭旨〉，收入《大陸雜誌史學叢書》，第一輯第七冊，頁 73～78。

⑱ 《大戴禮記》（臺北，世界書局，王聘珍解詁）卷一〈禮三本〉第四十二，頁 11 上。

禮順，慎遵職事」⑲。而秦行法治似也寓有道德的目的。在湖北雲夢發現的一篇秦王政二十年（西元前 227 年）四月二日的太守文告中說：

> 凡法律令者，以教道（導）民，去其淫避（僻），除其惡俗，而使之之于為善殹（也）⑳。

文告中還說使民去惡就善乃是「聖王作為法度」的苦心所在。這裡所說的聖王當然就是指秦王政。我們再從新發現的秦律看，裡面有很多關係道德倫理的規定，其中對「不孝」者加重治罪尤其值得注意。寫於秦統一天下前夕的《呂氏春秋》，曾特別強調人主之孝，人臣之孝，又說「務本莫貴於孝」（〈孝行覽〉）。自皇帝制度建立以後，孝更是中國最被看重的道德項目。

漢代皇帝號稱以孝治天下，自惠帝起皆以「孝」入謚號。惠帝時舉民孝弟、力田者免除勞役；文帝時以「孝悌，天下之大順也」，「廉吏，民之表也」，而有孝悌、廉吏之科。東漢以後，孝廉竟成為政府用人最主要的來源。皇帝以孝為治的理念更落實在地方官的職掌及教育中。漢代地方專掌教化的是三老。《續漢書》〈百官志〉說：「三老掌教化，凡有孝子順孫，貞女義婦，讓財救患及學士為民法式者，皆扁表其門，以興善行。」漢代極流行的一部經書是《孝經》，在地方學校設置最普遍的經師也是《孝經》師傅㉑。據《太平御覽》卷五百四十五引《荀氏家傳》，東漢荀爽曾總括漢代對孝道的鼓吹說：

> 臣聞火生於木，故其德孝。漢之謚帝稱孝，其義取此也。故漢制天下皆誦《孝經》，選吏則舉孝廉，盡以孝為務也。

---

⑲　以上見《史記》卷六〈秦始皇本紀〉。

⑳　《睡虎地秦墓竹簡》，頁 15。

㉑　《漢書》卷十二〈平帝紀〉；又參嚴耕望，《中國地方行政制度史》上編（《中央研究院歷史語言研究所集刊》之四十五，民國 63 年），頁 252～256。

漢代皇帝大力鼓吹孝的道德，是因為經書如〈洪範〉以為「天子作民父母，為天下王」，他們也自認為是天下百姓的父母。小老百姓對父母當然要忠要孝。不忠不孝，罪在大逆。可是如果皇帝不能像父母一樣，愛民如子，卻也萬萬不准百姓說什麼革命放殺。孔安國《古文孝經訓傳》序說：「君雖不君，臣不可以不臣；父雖不父，子不可以不子。」漢儒宣傳這種片面的孝道，似乎忘記了孔老夫子「君君、臣臣、父父、子子」的道理，只知一味迎合統治者的旨意。《漢書》〈霍光傳〉中，田延年對漢帝以孝入諡講過一句一語道破的話，他說：「漢之傳諡常為孝者，以長有天下，令宗廟血食也。」長有天下才是宣傳片面孝道的真正用意。也正因為如此，好說革命放殺的孟子才一直不為帝王所喜，朱元璋甚至想將他趕出孔廟呢！

在文化上，中國的學術、思想和文學絕大多數時候是隨著帝王的好惡而浮沉轉移。就思想而論，漢初皇室本尚黃老，至武帝尊儒，武帝以後儒家竟蔚為思想的主流。漢末桓帝祠黃老浮屠，一般人跟著信佛。《後漢書》〈西域傳〉說：「桓帝並祀佛老，百姓稍有奉者，後遂轉盛」。兩晉南北朝時，北方後趙的石虎、石勒和後秦姚興，南朝的宋明帝、齊明帝與梁武帝都以崇信佛法聞名。上有所好，下必甚焉，佛教因以大盛，中國思想的面貌亦為之改變。佛教宗派的起伏盛衰，亦多因帝王之好惡❷。唐代又因皇室攀附道教李耳為李氏之祖，大力提高道教的地位。唐高宗以前，道教在三教講論席次的安排上始終居於儒釋兩家之前。武后因曾借助佛教《大雲經》稱帝，所謂「釋教開革命之階」❸，遂又升佛教於道教之上。不論佛、道如何浮沉，秦漢以後的儒家思想一直到清朝，大體上都是帝王支持的主流，因為又有那一家思想更能教忠教孝呢？

就學術而論，自秦漢以後，皇帝成為學術最主要的贊助和仲裁者。漢自武帝獨尊儒術，罷黜百家，立五經博士，設立太學以後，儒經的研究乃成為

---

❷　參湯用彤，《隋唐佛教史稿》（臺北，木鐸出版社，民國72年）〈緒言〉。

❸　《舊唐書》卷六〈則天皇后本紀〉。

學術的正統。在利祿引誘之下，漢代經師各逞異說，別為家學門派，到了宣帝時，皇帝不得不出面做一次學術整理的工作，召集群儒議論五經異同於石渠閣，由宣帝親自「稱制臨決」，將認可的門派立於學官❿。石渠議經之舉無異使皇帝由學術的贊助者一躍而為學術的仲裁者。東漢章帝又再來一次白虎觀議經。因章帝本人好《古文尚書》和《左氏傳》，下詔「令群儒選高才生受學《左氏》、《穀梁春秋》、《古文尚書》、《毛詩》，以扶微學，廣異義焉」❿。兩漢皇帝裁奪經學之舉為唐太宗所師法。太宗貞觀七年（633 年）因儒學多門，章句繁雜，命國子祭酒孔穎達與諸儒撰《五經正義》；高宗永徽四年（653 年）更將《五經正義》頒於天下，「令依此考試」❿。這是科舉制度範圍學術思想的濫觴。唐代本崇道教，貢舉人須試老子《道德經》。武后稱帝以後，罷《老子》，改考則天自撰之《臣軌》❿。這是皇帝以「御製文書」牢籠天下的開始。其後玄宗亦以《御注老子》策問士子❿。此例一開，後代帝王紛紛以此為能事，宋太宗刻《禮記》〈儒行〉篇，神宗以王安石著《三經新義》課試；元以朱熹《四書集註》取士；明永樂修《四書大全》、《性理大全》；清世祖御製《宗經衍義》，聖祖撰《性理精義》，皆以為課試的標準❿。這些書籍，名為崇聖，實則尊君。唐代皇帝以「聖人」為號，蓋道統、政統在於一身非聖人而何？清康熙皇帝說：「朕惟天生聖賢作君作師，萬世道統之傳，即萬世治統之所繫也。」（《十二朝東華錄》卷五，康熙十六年，〈上親製日講義序〉）歷代帝王獎掖學術者在此，而文人士子為利祿所誘，靡然從風，能超然獨行，為學術留一分獨立尊嚴者幾希。

　　就文學而言，漢賦、唐詩和宋詞的發展雖然有其內在的因由，然而若非

---

❿　錢穆，《兩漢經學今古文平議》（臺北，三民書局，民國 60 年），頁 195。

❿　《後漢書》卷三〈章帝紀〉。

❿　《舊唐書》卷四〈高宗本紀上〉。

❿　《舊唐書》卷二十四〈禮儀志四〉。

❿　《舊唐書》卷八〈玄宗本紀上〉。

❿　鄧嗣禹，《中國考試制度史》（臺北，學生，民國 56 年），頁 338。

各代帝王的好尚，也無由達其極致。漢代文學以賦為主流，全盛於武、宣、元、成之時。武帝好賦尤為賦體文學大盛的關鍵。武帝為太子時，聞枚乘能賦，初即位，即以安車蒲輪徵，枚乘竟老死途中。淮南王劉安善屬文，能辭賦，與武帝「宴見，談說得失及方技賦頌，昏莫然後罷」⑬。司馬相如因狗監獻〈子虛賦〉，武帝讀而善之，曰：「朕獨不得與此人同時哉！」⑬立刻將司馬相如召入宮。一時辭賦之士如東方朔、枚皋、嚴助、吾丘壽王、主父偃等俱在武帝左右，難怪有人要說漢賦乃宮廷文學⑬。漢末，曹操、曹丕父子雅好詩文，文風為之一變，因有建安文學興起。鍾嶸《詩品》序說：

> 曹公父子篤好斯文，平原兄弟（曹植封平原侯）蔚為文棟，劉楨、王粲為其羽翼。次有攀龍托鳳，自致於屬車者，蓋將百計。彬彬之盛，大備於時矣。

建安才子於詩學有篳路藍縷之功。唐宋以後詩詞大興。唐代帝王好詩，玄宗時科舉考試尚詩賦，詩於開元、天寶達於極盛，絕非偶然。詞的興起，淵源甚多，不過五代十國之主頗多能詞之士，如後唐莊宗、蜀主王衍皆有詞傳世，南唐後主更為大家。詞人騷客，麕集帝廷，如此帝王又領一代風騷。及乎宋世，君臣鮮有不能詩詞者。宋真宗、仁宗、神宗俱曉聲律，徽宗尤以詞名。士人奸佞以此干祿獻媚，詞之發達遂於有宋登峰造極⑬。元、明文學以戲曲雜劇為代表，但是中國戲劇真正發展成一種精緻的文化，卻有待滿清那班酷

---

⑬　《漢書》卷四十四〈淮南衡山濟北王傳〉。

⑬　《史記》卷一百一十七〈司馬相如列傳〉。

⑬　劉大杰，《中國文學發達史》（臺北，中華書局，民國 57 年），頁 116。徐復觀不贊成漢賦為宮廷文學之說，但是又說：「今人（按指劉大杰）有的視漢代文學為宮廷文學也未嘗沒有點道理。」見氏著〈西漢文學論略〉，收入《中國文學論集》（臺北，學生，民國 69 年），頁 369。

⑬　劉大杰，《中國文學發達史》，頁 567。

愛皮黃的皇族貴戚加以提倡了❿。

　　在思想、學術、文學和社會的倫理道德上，高居社會金字塔頂端的皇帝都扮演了核心的角色。在經濟生活上，皇帝的核心角色是維繫受供養的統治階層與生產的被統治階層之間的關係。這也就是孟子所說的天下之通義——「治於人者食人，治人者食於人」❿。為了確保治人者受到供養，帝王對社會經濟生活大部分時候都積極加以干預。最具體的表現是自秦漢以後歷代所行的專賣制度和重農輕商的政策。在一個農業社會裡，農業生產一直被認為是生活資料真正的保證。為此，皇帝每年春天要行親耕籍田，皇后要行親蠶之禮。皇帝帶著公卿大臣在田中表演幾下犁田，皇后則率公卿的夫人們採桑養蠶，以勸天下農桑。有水、旱、蟲災發生的時候，為民父母的天子要開倉賑災，要舉行各種宗教儀式祈雨或止水，要減膳，甚至更戲劇化的像唐太宗要吞下幾隻蝗蟲，然後說：「米穀是老百姓的命啊！你們蝗蟲要盜食米穀，就來吃我的肺腸好了。」❿因為他深深知道如果老百姓沒了命，皇帝的命也會被革掉的。

　　在講求德治的傳統政治裡，皇帝最不被鼓勵的角色就是軍事性的一面。當皇帝還未出現以前，中國的老百姓已經有太多戰爭痛苦的經驗。墨子因而主張非攻，孟子要大罵「善戰者，服上刑」，認為天下唯不嗜殺人者能一之。結果一天下的卻是以霸服人的秦始皇。賈誼評論秦朝速亡的一個原因是，取天下之道與守天下之道無異❿。漢初陸賈也以「居馬上得之，寧可以馬上治之乎？」❿勸漢高祖去弓馬，就詩書。從此以後四百年的漢代皇帝，除創業的光武帝，竟再無一人親率兵馬，衝鋒陷陣，連好大喜功的漢武帝也不例外。在皇帝的教育裡，皇帝被教以不妄動干戈。有一次漢光武帝的太子問攻戰之

---

❿　孟瑤，《中國戲曲史》（臺北，文星，民國54年），第三冊，頁535～537。

❿　《孟子》〈滕文公〉上。

❿　《資治通鑑》卷一百九十二，「貞觀二年」條。

❿　《史記》卷六〈秦始皇本紀〉，太史公曰。

❿　《史記》卷九十七〈酈生陸賈列傳〉。

事，光武帝引用衛靈公問陣，孔子不對的故事，訓誡太子這不是他該學的事⑬。唐太宗寫過一本書叫《帝範》，在〈閱武〉篇裡第一句話就是「夫兵甲者，國之凶器也。土地雖廣，好戰則民彫……彫，非保全之術」⑭。他說的「保全」固然是保百姓，也是為了保帝位。《帝範》的最後一句話：「失易得難者，天之位也，可不惜哉！可不慎哉！」⑭就完全顯露了到底什麼才是帝王最關心的事。

七、皇帝制度的結束及其餘波

從「天下為公」或「天下為家」的角度看，中國的歷史可劃分為三大階段。第一階段是三代以前，據孔子說那是一個天下為公的大同世界。這個世界是否確如其言，「選賢與能，講信修睦」、「人不獨親其親，不獨子其子」，我們不甚了了，但是在上古原始的社會裡，共有土地，共耕、共養、共治的情形，大概也不全是後人向壁虛構⑭。第二階段自夏、商、周三代以迄清末，是「家天下」的時代。就「私」義言，秦漢以後的皇帝制度是三代以來君王制的延續，只是規模更擴大，制度更周延。大體而言，皇帝制度經過兩千年的發展，已經成為一個與整個中國社會環環相扣的制度。這個制度固然並非建築在「公」的基礎上，我們卻不能否認，以皇帝為核心的中國社會是如此堅韌，能完整綿延達兩千年之久。其所以能如此，是「私天下」之中也還有「天下為公」的一面。在傳統社會裡，因為有普設的學校和相當客觀的考試

---

⑬ 《後漢書》卷一下〈光武帝紀〉。

⑭ 唐太宗，《帝範》（臺北，藝文，《粵雅堂叢書》三編，第二十六集）；又見《貞觀政要》卷九引《帝範》。

⑭ 同上。

⑭ 參見杜正勝，〈篳路藍縷——從村落到國家〉，《中國文化新論——根源篇‧永恆的巨流》，頁 58～63。

制度，一般的百姓最少在理論上都有可能從被治者變成治人者；而事實上，在近代以前，中國大概是世界上一個少有的，最開放流動的社會。「公」與「私」巧妙的配合，實是皇帝制度延續兩千年的重要關鍵。可是當「公」的成分愈演愈輕，「私」的成分愈來愈重的時候，皇帝制度就令人無法忍受了。清初，黃宗羲在《明夷待訪錄》中曾對帝王之「私」發出最沉痛的斥責⑭：

> 古者以天下為主，君為客，凡君之所畢世而經營者，為天下也。今也以君為主，天下為客……屠毒天下之肝腦，離散天下之子女，以博我一人之產業……敲剝天下之骨髓……以奉我一人之淫樂……為天下之大害者，君而已矣。（〈原君〉）

第三階段是民國以後，理論上又進入「天下為公」的時代。1911 年，皇帝制度在近代民主浪潮的衝擊下，不得不隨民國建立而結束。從帝制中國到民主中國，不可不說是中國政治史上的又一變局。變局的導火線是武昌新軍的革命行動，但是由清而民國，在政權轉移的形式上卻因襲著「天下為公」的格套。民國元年 2 月 12 日，宣統帝奉隆裕皇太后懿旨下詔退位，詔書中說：

> 今全國人民心理多傾向共和……人心所嚮，天命可知，予亦何忍因一姓之尊榮，拂兆民之好惡。是用外觀大勢，內審輿情，特率皇帝將統治權公諸全國，定為共和立憲國體，近慰海內厭亂望治之心，遠協古聖天下為公之義⑭。

---

⑭ 和黃宗羲類似的斥責已見於《後漢書》卷八十三〈逸民傳〉「漢陰父老」條：「請問天下亂而立天子邪？理而立天子邪？立天子以父天下邪？役天下以奉天子邪？昔聖王宰世，茅茨采椽，而萬人以寧；今子之君，勞人自縱，逸遊無忌，吾為子羞之……」。

⑭ 軍機處現月檔，轉引自李守孔，《中國近代史》（臺北，三民書局，民國 53 年），頁 754。

清帝退位與民國建立並不意味四萬萬五千萬人真的於一夜之間成了民國的主人，更不表示民國之人已能了解　國父「天下為公」的呼籲。「天下為家」的陰影至今仍然籠罩著這亞洲第一個民主共和國，先有袁世凱洪憲帝制，後有張勳陰謀復辟。袁、張以後，帝王思想仍然在許多人的心中作祟。數十年來，民主政治舉步維艱，實不難從二千餘年帝制的陰影中尋求答案。

（原載於《中國文化新論——制度篇・立國的宏規》，原名〈奉天承運——皇帝制度〉，民國 71 年）

試釋漢代的關東、關西與山東、山西

一、引　言

　　關東、關西、山東、山西是兩漢典籍中經常出現的名詞。這些名詞不僅指涉自然地理的範圍，更有豐富的人文地理的意涵。它們所反映的漢代人的一些地域觀念就是其中之一。這些地域觀念頗影響到漢代政治、社會和經濟的發展。舉例來說，兩漢擇都，都曾受地域觀念影響，發生都關中或都山東的爭論❶。在經濟上，關中一直仰賴山東的轉輸，但是受關東豪族左右的東漢政府就不再像西漢時一樣支援關中，連傳統移民充實關中的做法也被迫停止❷。這當然是因為東漢都洛陽，帝國的重心東移，但是東漢的「西州士大夫」總覺得，關東人士太地域本位，不惜犧牲關以西地區的利益❸。漢末涼

---

❶　有關西漢建都的爭論參《史記》（臺北，宏業，《史記會注考證》）卷五十五〈留侯世家〉；卷九十九〈劉敬叔孫通列傳〉等。

　　有關東漢建都的爭論參《後漢書》（臺北，藝文，《集解》本）卷四十上〈班固傳〉的〈兩都賦〉；卷八十上〈文苑傳〉杜篤的〈論都賦〉；卷七十六〈循吏傳〉王景的〈金人論〉等。

❷　參勞榦，〈兩漢戶籍與地理之關係〉，《歷史語言研究所集刊》，五本二分（民國24年），頁201。

❸　參《後漢書》卷五十一〈龐參傳〉；卷五十八〈虞詡傳〉、〈傅燮傳〉以及王符《潛夫論》（臺北，新興書局，《漢魏叢書》本）卷五〈救邊〉第二十二。

　　有關的討論參拙著，〈東漢的胡兵〉，《國立政治大學學報》，第二十八期（民國62年），頁156～158。

州軍人與山東士族對抗，可以說在相當程度上是關東、西兩地人士長期相互不滿和猜疑的結果。在社會上，西漢時人以隸籍關中為榮❹，認為「鄙儒不如都士，文學皆出山東……希涉大論」❺。都士者，關中京都之士；而鄙儒乃是山東文學。這是關中人的優越意識。到了東漢，關中沒落，山東士族又看不起「頗習兵事」的關西人，關西人則罵關東人為「山東兒」❻。要明瞭漢代人這些地域觀念，就頗有必要先弄清楚他們所說的關東、關西或山東、山西是指那些地區？而他們所說的關、山又是什麼？

　　漢人所說的關東、關西的關是指函谷關，古今沒有異說，是不成問題的。山東、山西的山則眾說紛紜，莫衷一是。現在大約可見三種說法：或陝山、或太行山、或華山。主華山者如❼：

　　　　《史記》卷四十〈楚世家〉：「山東、河內可得而一也」。
　　　　張守節《正義》：「謂華山之東，懷州河內之郡」。

主陝山者，如：

---

❹　以隸籍關中為榮見《漢書》（臺北，藝文，補注本）卷六〈武帝紀〉，王先謙補注引應劭曰：「時樓船將軍楊僕數有大功，恥為關外民，上書乞徙東關，以家財給其用度，武帝意亦好廣闊，於是徙關於新安，去弘農三百里。」這個故事亦見於樂史《太平寰宇記》卷六「陝州‧靈寶縣」條。按楊僕乃宜陽人（《漢書》卷九十〈酷吏傳〉。先謙補注曰：宜陽弘農縣），武帝遷關至新安，則僕為關中人。先謙補注引何焯已證這個故事不確，蓋楊僕拜樓船將軍，立功在徙關以後。事雖不確，但時人「恥為關外民」或不遠於事實。

❺　《鹽鐵論》（臺北，世界書局，校注本）卷五〈國疾〉第二十八，頁193。

❻　參《後漢書》卷五十八〈蓋勳傳〉；卷七十〈鄭太傳〉；卷九十上〈馬融傳〉。「山東兒」見《三國志》卷四十六〈孫堅傳〉，裴注引《山陽公載記》。

❼　近代學者主華山者有傅師秀實，見所著〈漢代的山東與山西〉，收入《漢唐史論集》（臺北，聯經出版，民國66年），頁65。

《後漢書》卷三十六〈鄭興傳〉：「更始諸將皆山東人，咸勸留洛陽。
興說更始曰：陛下起自荊楚，權政未施，一朝建號，而山西雄桀爭誅
王莽，開關郊迎者，何也？」
李賢注：「山西謂陝山已西也」。

主太行山者，如❽：

顧炎武《日知錄》卷三十一「河東山西」條引王應麟《地理通釋》曰：
「秦、漢之間稱山北、山南、山東、山西者，皆指太行，以其在天下
之中，故指此山以表地勢。《正義》以為華山之西，非也。」（頁89）

張守節除了認為山東是指華山以東，似乎還認為山東可有別的解釋。《史記》
卷二十九〈河渠書〉：「如此，漢中之穀可致，山東從沔無限」。《正義》：「無
限言多也。山東謂河南之東、山南之東及江南、淮南。皆經砥柱主運，今竝
從沔，便於三門之漕也」。〈河渠書〉這一句文意實難通曉。沔在漢中，如果
《正義》以「河南之東、山南之東及江南、淮南」釋山東，「山東從沔無限」
一句的意義實不可通。瀧川資言《考證》引凌稚隆之說，以「無所阻隔」釋
「無限」，又引王先謙「漢世謂關外為山東」。不論張守節或王先謙的說法，
都不易解通《史記》這一句的意思。因此，對張守節的這一說法，擬暫存而
不論。顧炎武一方面引王應麟之說，一方面在《日知錄》同卷「山東河內」
條又同意《史記正義》的看法，認為：「古所謂山東者，華山以東」。同條顧
氏又自注：「唐人則以太行山之東為山東。杜牧謂山東之地，禹畫九土，曰冀
州是也」。《日知錄》成篇積三十餘年，「河東山西」、「山東河內」兩條不知何
者在先？要之，顧氏於山東、山西，意見前後有變，並且認為漢、唐人對山

❽ 近代學者主太行山者有勞貞一，見前引文，頁183。唯據勞先生見告，他實主張以關
　 嶺為界。錢穆《史記地名考》引太行與華山兩說，認為「山東乃大名而所指容有異」
　 （頁57）

東一詞的用法有所不同。指出這種不同，並曾詳細討論山東山西問題的還有王鳴盛。王鳴盛《十七史商榷》卷三十五「山東山西」條謂：

> 河北之山莫大於太行，故謂太行以東為山東。《後漢》〈鄧禹傳〉，光武安集河北，在鄴。及王郎起兵，光武自薊至信都，使禹別攻樂陽，從至廣阿。以上所說皆在今河北之彰德、大名、廣平、真定等府。而其下文則言赤眉西入關，光武籌長安必破，欲乘釁并關中而方自事山東，未知所寄。是謂河北為山東也。下至李唐尚有以河北為山東之言，詳見後第九十卷。〈鄧禹傳〉於此下又述禹率諸軍大破樊參、王匡等軍，遂定河東。光武使使持節拜禹大司徒，策曰：前將軍禹斬將破軍，平定山西云云，是謂河東為山西也。漢河東、太原、上黨諸郡皆在太行之西，即今山西省太原、平陽、蒲州、潞安、汾州、澤州等府，自漢以來，名稱不易。近儒乃謂惟河東一郡在山西，殊非。
>
> 又〈鄭興傳〉更始諸將皆山東人，勸留洛陽，勿遷都長安。興說更始曰：陛下一朝建號，山西雄桀爭誅王莽，開關郊迎云云，注（按即李賢注）：山西謂陝山以西也。陝，隘也，侯夾切，見《說文》十四下阜部。大約〈鄧禹傳〉之山東、山西總據太行分東西，〈鄭興傳〉之山西即謂關中，今陝西、西安等府，是其指陝山以西固不待言，而所云山東者亦指陝山以東。注雖未及，可以意揣，與〈鄧禹傳〉之山東、山西皆無涉。
>
> 〈陳元傳〉，元上疏曰：若先帝所行而後主必行，則陛下不當都山東也，此謂洛陽為山東，其實亦是指陝山以東。又〈寇恂傳〉，高祖任蕭何於關中，無西顧憂，所以得專精山東；又〈鄭康成傳〉，造太學受業，又從東郡張恭祖受諸經，以山東無足問，乃西入關，事扶風馬融，此山東與《史記》〈秦本紀〉太史公引賈生言秦并兼諸侯山東三十餘郡，又山東豪俊遂並起而亡秦之山東同，亦皆謂陝山以東。若〈吳蓋陳臧傳〉論山西既定，威臨天下，注謂：誅隗囂、公孫述則隴蜀皆得

名山西，又不但如〈鄭興傳〉以關中為山西矣。（藝文印書館，《史學叢書》本，頁 1 上～2 上）

又卷九十「唐以河北為山東」條謂：

《新》〈藩鎮魏博傳〉首論蕭代以下，瓜分河北地以付叛將。杜牧以山東王不得不王，霸不得不霸，賊得之，故天下不安。愚謂唐以河北、魏博鎮、冀諸鎮為山東。前於《後漢》〈鄧禹傳〉論山東、山西與此亦略同。至今之山東則大不同。《潛邱劄記》第三冊言今山東本宋之京東東路，京東西路。金以都不在汴，改京為山，而山字無著矣。愚謂今之山東若指為陝山以東亦可，未必遂無著。如《史記》云山東豪傑竝起亡秦，是要與河北之山東大異。《通鑑》第二百七十一卷〈後梁均王紀〉下，龍德二年，晉王李存勗率兵至新城南，候騎白契丹前鋒宿新樂，涉沙河而南，諸將勸擊之。晉王亦自負云：帝王之興，自有天命，契丹如我何？吾以數萬之眾平定山東云云。胡三省注云：河北之北在太行、常山之東。此下北字誤，當作地。觀此，則河北之為山東自明。

（頁 3 上下）

王鳴盛的討論有幾點值得注意：一、他發現唐以太行為山東西之界，而《後漢書》〈鄧禹傳〉「大約」也是「總據太行分東西」；二、他也舉出漢代其他的例證，認為如李賢所說，都是以陝山為山東西的分界；三、山西在漢代指關中，也可以包含隴、蜀。就第一點而言，姑不論唐代如何，他的發現是正確的。但是〈鄧禹傳〉以太行山分山之東西可以說是相當特殊的例子。西漢人一般不這樣分，東漢人也不這樣分，即使是漢光武同時代河北集團以外的人也不這樣分。王氏所舉鄭興說更始的故事就是一例。漢光武龍興於河北，赤眉流竄河東，更始帝於關中。劉秀河北集團的發展是從太行山以東，擴張到山西的河東，再進窺關中。劉秀與鄧禹在河北謀劃大業，他們所說的山東、

山西很自然是以太行山為界。等到光武帝定了天下，形勢改變，這種用法在東漢即不再出現（詳見後文）。就第二點來說，以陝山分東西可能是一個很古老的傳統。《春秋公羊傳》隱公五年：「自陝而東者，周公主之；自陝而西者，召公主之」。何休注：「陝者，蓋今弘農陝縣是也」。《水經注疏》卷四〈河水四〉「又東過陝縣北」條謂：「東則咸陽澗水注之水，出北虞山，南至陝津注河。河南即陝城也，昔周召分伯，以此城為東西之別」。熊會貞按：「〈續漢志〉，陝有陝陌，注引《博物記》二伯所分，《括地志》陝原在陝縣西南二十五里，分陝不因其城，乃從原為界」（頁 51 下～52 上）。漢之陝縣即今河南陝縣，陝原在陝縣西南二十五里，按之地圖，實即崤山之一部，地近秦之函谷關。漢代人所說的山東和山西很可能是繼承了這個傳統，但是他們觀念裡的山似乎並不是陝山。秦漢兩代甚至沒有陝山一名。本文的目的是希望找出漢代人所說的「山」到底是指什麼？和「關」有什麼關係？關西、關東、山東和山西這些名詞是如何出現的？指涉那些地區？王鳴盛所論曾觸及範圍的問題，惜說有未盡，故本文願為續貂。

二、關東、關西、山東、山西名稱的出現

關東、關西、山東、山西這四個名詞在漢代以前即已出現，不過它們不是同時出現。其中山東一詞出現可能最早，大約在秦孝公變法的時代。山西一名或相應於山東而起，但是我們沒有積極的證據。關西、關東兩詞較晚出，不見於戰國末期以前的著作。這些名詞因應時代形勢而出現，也隨著形勢的變化發生涵義上的改變。秦孝公時代山東一詞原可能指華山以東，等到秦據崤函，與六國形成對峙，山東、關東乃指崤山和函谷關以東的東方六國，以下試為之說。

關東、關西、山東、山西這些名詞在《詩》、《書》、《易》、《春秋》及《三傳》、《三禮》、《國語》、《論語》、《孟子》、《荀子》、《墨子》、《老子》、《莊子》

和《呂氏春秋》中都沒有。山東一詞卻見於《管子》、《商君書》、《韓非子》和《戰國策》，不過這四書也都只有山東一詞，而沒有其他三個名詞。山東在《管子》和《商君書》中都只一見：

> 桓公問於管子曰：楚者，山東之強國也。
>
> 　　　　　　　　　　　　　　　　（《管子》卷三〈輕重〉第八十四）
>
> 今利其田宅而復之三世，此必與其所欲而不使行其所惡也，然即山東
> 之民無不西者矣。
>
> 　　　　　　　　　　　　　　　　（《商君書》卷四〈徠民〉第十五）

我們知道《管子》〈輕重〉既不是作於桓公、管仲之時，《商君書》〈徠民〉也非商鞅手著。兩篇應都是戰國時的作品。《管子》〈輕重〉的著成時代爭論甚多。近人胡家聰作〈《管子‧輕重》作于戰國考〉（《中國史研究》，1981 年第一期）最得其實。他根據〈輕重〉的內證以及其書在秦漢間的流傳，一舉擊破作於文景、武昭、甚至王莽時代的舊說，確定它為戰國著作。據他考證，桓公與管子對答乃齊威、宣王時代稷下先生們慣用的文體。《管子》〈輕重〉可能即出於他們的手筆。《商君書》〈徠民〉寫成的時代更晚，因為篇中已提到戰國晚期秦坑趙卒四十萬的「長平之勝」（西元前 260 年）和秦滅西周的「周軍之勝」（西元前 256 年）。因此，就名詞的出現而言，我們沒有任何「山東」出現在戰國中期以前的證據❾。

---

❾　《史記》〈晉世家〉曾有「晉兵先下山東，而以原封趙衰」一句，似山東一詞已用於晉文公時。實際上司馬遷此處乃據《左傳》魯僖公二十五、二十七年的記載。《左傳》不曾說「晉兵先下山東」，而司馬遷所說晉出兵與以原封趙衰事，時間上也是錯誤的，瀧川資言引梁玉繩已指出這種錯誤（《史記會注考證》卷三十九，頁 54），「晉兵先下山東」是司馬遷補充解釋《左傳》之文增加上去的。山東是漢時習用的名詞，他以漢人的名詞解釋使《左傳》的記事更為明白。時晉都於絳，在中條山以西，司馬遷此處之山東似指中條山以東，而不是如錢穆所說指太行山以東（《史記地名考》，

　　齊之威、宣正值秦孝公和惠文王之世。孝公用商鞅變法，增強國勢。《史記》卷六十八〈商君列傳〉說衛鞅在第一階段變法成功以後，於孝公二十二年（西元前 340 年）曾說孝公曰：

> 秦之與魏，譬若人之有腹心疾，非魏并秦，秦即并魏。何者？魏居嶺阨之西，都安邑（《索隱》：蓋即安邑之東，山嶺險阨之地，即今蒲州之中條已東，連汾晉之險嶝是也），與秦界河，而獨擅山東之利……今以君之賢聖，國賴以盛，而魏往年大破於齊，諸侯畔之。可因此時伐魏，魏不支秦，必東徙。東徙，秦據河山之固，東鄉以制諸侯，此帝王之業也。

　　結果孝公果然派衛鞅伐魏，魏被迫遷都大梁。衛鞅因功，得封商君。假使《史記》這一段話確為衛鞅所說，這是「山東」一詞的第一次出現。衛鞅說「魏居嶺阨之西，都安邑」，嶺阨正是司馬貞《索隱》所說安邑東方的中條山。「與秦界河」，不完全正確，因為魏趁孝公繼立以前秦國的內亂奪了秦的河西之地，孝公是為了洗雪這個恥辱，才下詔求賢的。他說魏「獨擅山東之利」似應指安邑西南解池的池鹽之利❿。他所說的「山東」應是華山以東。安邑、解池都可以說是在華山之東。華山是秦防守的門戶，但是孝公的野心不在防守，而是東窺天下。他下詔求賢以後，曾出兵圍魏之陝城，希望在東方尋找一個前進的據點，可惜沒有成功。衛鞅為孝公規劃的就是「東鄉以制諸侯」

　　頁 56），因為《左傳》僖公二十八年曾清楚記載晉出兵的路線是「自南河濟」，《史記》改作「河南度」。晉兵越中條渡河，不必經太行也。總之，我們不能根據這一條證明春秋時已有漢代人所用的「山東」一詞。

❿　關於池鹽之利可參佐伯富，〈山西商人的起源〉，《史學評論》，第二期（民國 69 年），頁 518。又參：《韓詩外傳》（臺北，新興書局，《漢魏叢書》本）卷二，頁 7 下，秦穆公使人載鹽事；《左傳》成公六年晉人從故絳遷都事；《三國志》卷二十一〈衛覬傳〉。

的帝王之業。要成帝王之業,一方面要收復河西,一方面要建立一個東進的據點,這就是陝城所傍的崤山。衛鞅所說「據河山之固」應做此解。這可以從孝公以後秦國擴張的步驟得到完全的證明。繼孝公的惠文王就是依照衛鞅的藍圖,一步步推展秦的勢力。惠文王八年(西元前 330 年),秦敗魏,奪回河西之地。次年,再取魏河東的汾陰、皮氏,圍攻陝附近的焦,降之。魏被迫獻上郡十五縣於秦,換回焦和曲沃(西元前 327 年)。從此,秦、魏真正以河為界,河西之地全為秦有。惠文王後元年(西元前 324 年),秦終於取陝。陝以西,崤山和函谷的險要從此落入秦人之手,奠定了秦東鄉以制諸侯的基礎❶。

秦據崤函,關稱函谷關,塞為殽塞,成為秦在戰國時期攻防最重要的據點:

1. (楚懷王)十一年(西元前 318 年),蘇秦(按:應為公孫衍)約從山東六國共攻秦。楚懷王為從長,至函谷關。秦出兵擊六國,六國兵皆引而歸。

《史記》卷四十〈楚世家〉

2. 魏安釐王三十年(西元前 247 年)……公子(無忌)率五國之兵破秦軍於河外,走蒙驁,遂乘勝逐秦軍至函谷關,抑秦兵,秦兵不敢出。

(同上,卷七十七〈魏公子列傳〉)

3. 春申君相二十二年(西元前 241 年),諸侯患秦攻伐無已時,乃相與合從西伐秦,而楚王為從長。春申君用事,至函谷關,秦出兵攻,諸侯兵皆敗走。

(同上,卷七十八〈春申君列傳〉)

4. 楚圍雍氏五月,韓令使者求救於秦,冠蓋相望也。秦師不下殽……

---

❶ 關於秦國的擴張步驟可參楊寬《戰國史》(1980 新版)所附戰國大事年表,頁 569〜571。至於賈誼〈過秦論〉、劉向《新序》說「秦孝公據殽函之固」是不正確的。孝公時,殽函尚非秦有。清,張琦《戰國策釋地》卷上,頁 8 下〜9 上,已辯之甚明,可參。

　　韓王遣張翠……果下師於殽以救韓。

《《戰國策》，河洛出版社，新校標點本）卷二十七〈韓二〉，頁 969）

5.蘇代謂燕昭王曰：「……以自憂為足，則秦不出殽塞，齊不出營丘，
　　楚不出疏章。」

（同上，卷二十九〈燕一〉，頁 1072）

　　自從秦據崤函，進可攻，退可守，東方六國開始真正感受到秦的威脅。
於是合從和連橫的國際外交活動蠢起雲湧❷。不論六國合而敵秦或橫而朝秦，
秦與六國隔山河對峙成為當時的基本形勢。穿梭不絕於秦與六國之間的從橫
說客，很可能就在這個時候，為了談說的方便，開始以山東為東方六國的代
名詞。山東一詞出現最多的就是在《戰國策》裡：

　　1.范雎（說秦昭王）曰：大王之國，北有甘泉、谷口，南帶涇渭，右
　　　隴蜀，左關阪……今反閉而不敢窺兵於山東者，是穰侯為國謀不忠，
　　　而大王之計有所失也。

（卷五〈秦三〉，頁 189）

　　2.頓弱曰：山東戰國有六，威不掩於山東，而掩於母，臣竊為大王不
　　　取也。秦王（政）曰：山東之建國可兼與？

（卷六〈秦四〉，頁 239）

　　3.秦伐魏，陳軫合三晉而東謂齊王曰……今齊、楚、燕、趙、韓、梁
　　　六國之遞（鮑彪注：遞，言其更相伐也）甚也，不足以立功名，適
　　　足以強秦而自弱也，非山東之上計也。能危山東者，強秦也……天
　　　下為秦相烹，秦曾不出薪，何秦之智而山東之愚耶？

（卷八〈齊一〉，頁 332）

<hr>

❷　關於戰國時的合從連橫活動，參楊寬前引書，頁 15，註一；頁 342，註一；又參錢
　　穆《先秦諸子繫年考辨》，〈蘇秦考〉：「然則合從連橫之說乃盛於趙武靈、惠文王父
　　子之際也」（頁 290），武靈、惠文正值秦惠文王、武王、昭王之世。

4. 蘇秦為趙合從說楚威王曰……大王誠能聽臣，臣請令山東之國，奉四時之獻，以承大王之明制。

（卷十四〈楚一〉，頁 502）

5. 蘇秦從燕之趙，始合從，說趙王曰……當今之時，山東之建國，莫如趙強……莫如一韓、魏、齊、楚、燕、趙，六國從親，以儐畔秦……秦必不敢出兵於函谷關以害山東矣。

（卷十九〈趙二〉，頁 638、641）

6. 張儀為秦連橫，說趙王曰……大王收率天下以儐秦，秦兵不敢出函谷關十五年矣。大王之威，行於天下山東。

（卷十九〈趙二〉，頁 649）

7. （闕文）獻書秦王（案：鮑本作秦昭王）曰……梁者，山東之要也……秦攻梁者，是示天下要斷山東之脊也……今秦國與山東為讎，不先以弱為武教，兵必大挫……。

（卷二十五〈魏四〉，頁 887）

8. 昭忌曰：山東之從，時合時離，何也哉？秦王曰：不識也。

（卷二十五〈魏四〉，頁 897）

9. 張儀為秦連橫說韓王曰……夫秦卒之與山東之卒也，猶孟賁之與怯夫也，以重力相壓，猶烏獲之與嬰兒也。

（卷二十六〈韓一〉，頁 934）

10. 或謂韓王曰……今韓不察，因欲與秦，必為山東大禍矣……不如急發重使之趙、梁，約復為兄弟，使山東皆以銳師戍韓、梁之西邊，非為此也，山東無以救亡。

（卷二十八〈韓三〉，頁 1009）

11. 或獻書燕王……今山東合弱而不能如一，是山東之知不如魚也……不如以兵南合三晉，約戍韓、梁之西邊，山東不能堅為此，此必皆亡。

（卷三十〈燕二〉，頁 1110～1111）

《戰國策》裡出現的「山東」不止於此，要皆與秦相對稱，沒有以「山西」稱秦的❸；其次，所謂山東指的都是六國，沒有歧義，可見山東在當時已經是一個有特定涵義的通用名詞，為諸國君臣及從橫之士所習用。這種情形證之成書或更晚的《韓非子》也不例外：

> 1.地廣主尊者，秦是也⋯⋯地削主卑者，山東是也。
>
> 　　　　　　　　（《韓非子集解》卷五〈飾邪〉第十九，頁89）
>
> 2.世人多不言國法而言從橫⋯⋯山東之言從橫，未嘗一日而止也。
>
> 　　　　　　　　　　　（同上，卷二十〈忠孝〉第五十一，頁361）

《韓非子》裡還有〈初見秦〉篇提到山東：「然則邯鄲不守，拔邯鄲，筦山東、河閒」。這一篇是抄自《戰國策》，鄭良樹在《戰國策研究》中曾討論的

---

❸　《戰國策》不見「山西」，卻有「山南」和「山北」。這有略作解釋的必要。《戰國策》卷二十四〈魏三〉：「所亡乎秦者，山北、河外、河內」；《史記》卷四十四〈魏世家〉作「所亡於秦者，山南、山北、河外、河內」。馬王堆帛書本《戰國策》此句與《史記》相同。是知今本《戰國策》在「山北」以前脫「山南」二字。山南、山北的山是指什麼山呢？《史記正義》：「山，華山也。華山之東南，七國時，鄧州屬韓、汝州屬魏。華山之北，同、華、銀、綏並魏地也」。瀧川資言《考證》引中井積德反對《正義》之說，認為「山者，河東之山，太行、王屋一帶也。即上之所謂河山之山，不當遠指華山」。實則此處所說的山似應為嶔山。按這一段是魏公子無忌說魏安釐王（今本《戰國策》「無忌」作「朱己」，因形近而訛，鮑彪已據《史記》改正。《帛書》本於說者之名有闕，《史記》作無忌，應有所據）。其時嶔山南北、河內外之地早在秦人之手，故為「所亡乎秦者」。張琦《戰國策釋地》卷下，頁25下，辯之甚確：

　　釋曰：鄧、汝不得云華山之東南，唐汝州今汝、裕二州，亦非屬魏，山南蓋謂商、洛，本魏地；山北則陝、虢、華陰若同州以北，後云河外是不得於山北並數之。

　　商、洛與陝、虢、華陰之間所隔正是嶔山。如果戰國時已以嶔山為中心分出山東、山北、山南，則「山西」一詞在戰國時已有也就不是不可能了。

很詳細⓮。盧文弨則指出《戰國策》此句原無「山東」二字，這是〈初見秦〉篇的作者加上去的⓯。不論如何，今本《戰國策》和《韓非子》都用了「山東」一詞。山東的山是指崤山，戰國時人有時候就將崤山與函谷關連稱。燕太子丹傅鞠武以為秦「南有涇、渭之沃，擅巴、漢之饒，右隴、蜀之山，左關、殽之險」（《史記》卷八十六〈刺客列傳〉），關崤有時也稱關阪。范雎說秦昭王曰：「大王之國，北有甘泉、谷口，南帶涇、渭，右隴、蜀，左關、阪」（《戰國策》卷五〈秦三〉），阪即殽阪，也就是崤山。

　　戰國時人說山東，以關、崤連稱，但是今本《戰國策》和《韓非子》中卻不見「關東」一詞。戰國人用「關東」一詞見於《史記》的記載：

1. 王稽辭魏去，過載范雎入秦……有頃，穰侯果至，勞王稽，因立車而語曰：「關東有何變？」曰：「無有」。

　　　　　　　　　　　　　　　　　　　　　　（卷七十九〈范雎蔡澤列傳〉）

2. 李斯說秦王曰：「……自秦孝公以來，周室卑微，諸侯相兼，關東為六國，秦之乘勝役諸侯，蓋六世矣。」

　　　　　　　　　　　　　　　　　　　　　　（卷八十七〈李斯列傳〉）

這裡關東的意義很清楚，和山東一樣，指的都是六國⓰。

⓮　鄭良樹，《戰國策研究》（臺北，學生書局），頁 121～133。

⓯　《韓非子集解》（臺北，世界書局）〈初見秦〉篇集解引，頁 5。

⓰　在進一步討論秦、漢時代的關東、關西和山東、山西以前，我們還必須澄清先秦典籍提到的「關中」和「關內」兩個名詞。《戰國策》卷六〈秦四〉，楚人黃歇說秦昭王曰：

　　王襟以山東之險，帶以河曲之利，韓必為關中之候。若是，王以十（萬）戍（戍）鄭，梁氏寒心，許、鄢陵嬰城，上蔡、召陵不往來也。如此，而魏亦關內候矣。王一善楚，而關內二萬乘之主注地於齊，齊之右攘可拱手而取也。

　　此處所說「關中之候」、「關內候」、「關內」是什麼意思？後代注釋各有不同。高誘

認為關中之候是「為秦察諸侯動靜也」，鮑彪則謂「比之候吏」。《史記》卷七十八〈春申君列傳〉曾抄錄這一段，不過司馬遷改「關中之候」為「關內之候」，改「關內候」為「關內侯」。瀧川資言《考證》引中井積德曰：

關內之侯，諸侯獻土去爵，臣事秦國，享封邑於關內也。

《韓非子》〈顯學篇〉：「關內之侯，雖非吾行，吾必使執禽而朝」。〈魏策〉：「王不若與竇屢關內侯」。蓋六國亦有此號，不獨秦。

「王不若與竇屢關內侯」事見〈魏策一〉，中井積德釋為爵號名，非秦獨有。鮑彪卻以為「侯於關內耳，此時未為爵」。關內、關內侯尚見於《管子》、《墨子》、《韓非子》和《呂氏春秋》：

1. 《管子》卷一〈大匡〉第十八：「公不聽，果伐魯。魯不敢戰，去國五十里而為之關（戴望注：更立國界而為之關），魯請比於關內，以從於齊，齊亦毋復侵魯」。

2. 同上，卷一〈小匡〉第二十：「魯有夫人慶父之亂……桓公聞之，使高子存之，男女不淫，馬牛選具，執玉以見，請為關內之侯，而桓公不使也。狄人攻邢，桓公築夷儀以封之，男女不淫，馬牛選具，執玉以見，請為關內之侯，而桓公不使也」。

3. 《定本墨子閒詁》（臺北，世界書局）〈號令〉第七十：「城周里以上，封城將三十里地，為關內侯」。

   畢沅云：「《韓非子》〈顯學〉云：關內之侯雖非吾行，必使執禽而朝。《史記》〈春申君列傳〉黃歇上書云韓必為關內之侯，又云魏亦關內侯，則戰國時有關內侯也」。

   孫詒讓案：「《戰國策》〈魏策〉：王與竇屢關內侯；《漢書》〈百官公卿表〉：秦制，賞功勞爵二十級，十九關內侯，顏注云：言有侯號而居京畿，無國邑」。

4. 《韓非子》卷十九〈顯學〉第五十：「故敵國之君王，雖說吾義，吾弗入貢而臣；關內之侯，雖非吾行，吾必使執禽而朝」。

5. 《呂氏春秋》卷十九〈貴信〉：「齊桓公伐魯。魯人不敢輕戰，去魯國五十里而封之，魯請比關內侯以聽」。

   梁仲子云：「關內侯，秦爵也。劉昭注《續漢書》〈百官志〉引劉劭爵制曰：秦都山西，以關內為王畿，故曰關內侯。然則齊安得有關內侯乎？《管子》〈大匡篇〉載此事云魯不敢戰，去國五十里而為之關，魯請比於關內，以從於齊。據此，疑侯字衍」。

歷來注家對關內、關內侯的解釋大概都受到秦關內侯一名的影響，或以為關內侯為秦爵，非他國所能有，因疑「侯」字衍；或以為《韓非子》、《戰國策》所記適足以證明關內侯之號非秦所獨有。受秦爵名影響的，漢朝人已經如此。所以劉劭以「秦都山西，以關內為王畿」解釋「關內侯」名稱的源起，而司馬遷才將「關內候」改為「關內侯」。漢代「侯」、「候」兩字的用法是有很清楚的區別的。據漢簡、漢印、漢碑看來，諸侯的「侯」幾無例外皆作「侯」，有候望之意的「候官」、「候史」、「候長」等之「候」皆作「候」。是司馬遷之改是有意為之。其所以如此更改，很可能也是受秦爵名的影響。然漢人也有另一種解釋。應劭在《風俗通義》中說：「秦時六國未平，將帥皆家關中，故稱關內侯。」（《太平御覽》卷一百九十八引）六國未平之時，秦國將帥當然皆家關中，家關中的將帥何能盡封侯？他的說法純屬臆測。實際上如果我們將秦爵這一層暫時撇開，從春秋戰國以來的關制去了解，或許可以省去許多不必要的誤解。

關於春秋關制，陳槃庵先生曾有詳細的討論（陳槃庵，〈春秋列國的交通〉，《歷史語言研究所集刊》，三十七本（民國 56 年），頁 892～901）。大抵春秋列國於封疆險要與通道之處皆置關。關在邊境，《荀子》謂之「竟關」（〈富國〉十）。蘧伯玉懼社稷之傾覆「從近關出」（左襄十四年），杜預注：「懼難作，欲速出竟」，竹添光鴻《會箋》曰：「關，界上之門，衛都不當境中，其界有近有遠，故自近關出矣」。是出關即出竟，關在封疆之上甚明。《管子》說「魯去國（安井衡《纂詁》釋國為「城中」，甚是）五十里而為之關」，《呂氏春秋》說「去魯國五十里而封之」，「為之關」、「封之」其實一也。所謂「請比於關內」，也就是「請比於封內」。「封內」的意義在於其不同於「國（城）內」。封與國之間有郊、野。郊野之人納貢服役，無權像城中之國人一樣問聞國政。魯人去國五十里而封，請比於關內的意思是求五十里之地，在待遇上比之於齊封疆內納貢服役的野人。所謂「關內之侯」，實應為「關內之候」，《戰國策》並不誤，反是後人受秦爵關內侯一名的影響而誤改。關內之候即在封關之內任候望，高誘注得之。《左傳》昭公二十三年：「慎其四竟……明其伍候」，杜注：「使民有部伍，相為候望」。《國語》〈周語〉中有「候」、「候人」，《周禮》〈夏官〉也有「候人」。《荀子》〈富國〉第十：「觀國之治亂臧否，至於疆易而端已見矣。其候、徼支繚，其竟關之政盡察，是亂國已」。於此可見《管子》、《戰國策》、《墨子》、《韓非子》和《呂氏春秋》中的「關內」一詞的意義和秦漢人所說關嶠之內的「關內」完全不同。俞正燮「關內侯說」即深得此旨，他說：

三、關東、關西、山東、山西四詞在漢代的用法

要了解漢代人觀念中這些名詞的涵義，可以從觀察他們如何使用這些名詞入手。這樣，一方面可以避免和漢代以後的用法混淆，一方面也可以從這些用法的特點，發現漢代人所說山東的山，是不是沿襲戰國以來的說法，還是有所改變。

最少從秦末以後，秦漢人使用關東、關西、山東、山西這些名詞一個很重要的特點就是以東西相對的關、山，相互配對使用。通常「關東」與「關西」或「關中」相對稱，「山東」與「山西」相對稱，例如：

1. 《史記》卷一百二十九〈貨殖列傳〉：
   夫山西饒材竹穀纑旄玉石，山東多魚鹽漆絲聲色。
   山東食海鹽，山西食鹽鹵。
2. 《漢書》卷六十九〈趙充國辛慶忌傳〉贊曰：
   秦漢以來，山東出相，山西出將。
3. 同上，卷九十一〈貨殖傳〉：

所謂關者，凡國皆有關。〈燕策〉蒙嘉云願舉國為內臣，比諸侯之列，給貢賦比郡縣，是魯比關內侯之義，其地固不能遷也。《荀子》〈彊國篇〉云秦聽咸陽則兵不復出於塞外而令行天下，雖為築明堂於塞外，朝諸侯可矣。所謂塞者，各國俱有邊塞與言關同非定嶠、函始謂關也。

他看出關是「封疆之界」，不過他從司馬遷改關內之「候」為關內之「侯」，認為「候史」之解為曲說（《癸巳類稿》卷十一，頁9下～10上），是又為秦爵之名所拘也。至於秦爵「關內侯」之名是不是和這些書中所說的「關內」、「關內之候」、「關內侯」有關係則又是另外一個問題，此處不擬多論。總之，先秦典籍中出現的「關內」、「關中」兩詞與秦、漢所說的地域「關中」或「關內」是兩回事。

子錢家以為……關東成敗未決，莫肯予。唯毋鹽氏出捐千金貸……
吳楚平，一歲之中，則毋鹽氏息十倍，用此富關中。

4.《後漢書》卷五十八〈虞詡傳〉：

諺曰：「關西出將，關東出相」。

5.揚雄《方言》卷九：

箭，自關而東謂之矢……關西曰箭。

但是秦漢時人也常常以「山東」與「關西」或「關中」相對稱，例如：

1.《漢書》卷四十〈張陳王周傳〉：

劉敬說上都關中，上疑之。左右大臣皆山東人，多勸上都洛陽。

2.同上，卷五十一〈賈鄒枚路傳〉：

今天子新據先帝之遺業，左規山東，右制關中。

3.《後漢書》卷十六〈鄧禹傳〉：

禹進說曰：「更始雖都關西，今山東未安。」

4.同上，卷三十六〈鄭興傳〉：

更始諸將皆山東人，咸勸留洛陽。興說更始曰：「……山西雄桀爭誅
王莽，開關郊迎者，何也？……」更始曰：「朕西決矣」。拜興為諫
議大夫，使安集關西及朔方、涼、益三州。

從以上所引，可以看出「關西」就是「關中」。又《史記》卷五十三〈蕭相國
世家〉：「相國守關中，搖足則關以西非陛下有也」；《漢書》卷三十九〈蕭何
曹參傳〉作「關西非陛下有也」，是關以西即關西，亦即關中。關中又可稱作
關內。《史記》卷九十六〈申屠嘉傳〉載申屠嘉為關內侯，同書卷二十二〈漢
興以來將相名臣年表〉則作「關中侯申屠嘉」，是關中即關內。和「關內」或
「關中」相對的還有「關外」一詞：

1. 《史記》卷六〈秦始皇本紀〉：

   關中計宮三百，關外四百餘。

2. 同上，卷八〈高祖本紀〉：

   二年，漢王東略地……於是置隴西、北地、上郡、渭南、河上、中地郡，關外置河南郡。

3. 《漢書》卷一上〈高帝紀〉：

   二年……漢王如陝，鎮撫關外父老。

4. 同上，卷六〈武帝紀〉，王先謙補注引應劭：

   時樓船將軍楊僕數有大功，恥為關外民，上書乞徙東關。

此外，還有稱關中為關右的。這種用法不見於史、漢，而見於《三國志》和《後漢書》。例如《三國志》卷十〈荀彧傳〉：「關中將帥以十數，莫能相一，唯韓遂、馬超最彊」，同書卷十七〈徐晃傳〉則說：「韓遂、馬超等反關右」，是關中即關右。《後漢書》卷八十七〈西羌傳〉論：「遂徙西河四郡之人，雜寓關右之縣」，這裡的關右也是關中。其餘的例子還有《三國志》卷一〈武帝紀〉裴松之注引王粲五言詩：「相公征關右，赫怒振天威」。關右也可與山東相對稱：

1. 《三國志》卷十〈荀彧傳〉：

   荀彧勸太祖曰：「將軍首唱義兵，徒以山東擾亂，未能遠赴關右。」

2. 同上，卷十三〈鍾繇傳〉：

   時關中諸將馬騰、韓遂等各擁彊兵，相與爭。太祖方有事山東，以關右為憂，乃表繇以侍中守司隸校尉持節督關中諸軍……繇至長安，移書騰、遂等，為陳禍福。

綜上所述，漢代山東一詞常常與關東或關外互用；山西又可與關西、關內、關中、關右互用。在用法上，關西可與山東相對，關東又可與山西相對。

如此，漢代人所說的關和山應在一處，最少也應在同一區域之內。否則山東、關東指涉的範圍必不相同，也就不可能互用了。如果這一點可以確定，我們又知道所謂的關就是函谷關，則漢人所說的山應該是函谷關所在的崤山，而不是華山或太行山。如前文所說，以太行山分東西大概只有劉秀在河北的時期是如此，其餘兩漢一般的用法，可以說承秦之舊，是以崤、函分關、山之東西的。

秦之函谷關在今河南靈寶縣。漢武帝元鼎三年（西元前114年）冬徙函谷關於新安，以故關為弘農縣（《漢書》卷六〈武帝紀〉）顧棟高《春秋大事表》卷八〈春秋列國山川表〉曰：

> 蓋自華而虢而陝而河南，中間千里，古立關塞有三：在華陰者，潼關也，自潼關東二百里至陝州靈寶縣，則秦函谷關也，自靈寶縣東三百餘里至河南府新安縣，則漢函谷關也。王氏曰：自靈寶以西、潼關以東，皆曰桃林〔按：即春秋時晉之桃林之塞（左文十三年）〕，自崤山以西，潼津以東，通稱函谷，然則桃林、函谷，同實異名。

新安漢屬弘農郡，地在崤山之東尾。崤亦稱二殽或二崤，班固《兩都賦》：「漢之西都……左據函谷、二崤之阻」；《風俗通義》卷十：「東殽、西殽，澠池所高」；《三國志》卷十八〈龐悳傳〉：「張白騎叛於弘農，悳……破白騎於兩殽間」是也。顧氏同書卷九〈春秋列國地形險要表〉「二殽」條說：

> 今在河南府永寧縣北六十里，東北入澠池縣界，自新安以西歷澠池、硤石、陝州、靈寶、閿鄉而至于潼關，凡四百八十里。皆河流翼岸，巍岸插天，絕谷深委，險甲于天下。

是漢武帝將函谷關從靈寶遷往新安，函谷關的位置仍然不出崤山的範圍。漢人因此可以不必改變戰國以來崤、函並稱的老習慣：

1. 《史記》卷六〈秦始皇本紀〉，太史公引賈生曰：

   秦孝公據殽函之固，擁雍州之地。

2. 同上，卷六十八〈商君列傳〉，《集解》引劉歆《新序》論曰：

   秦孝公保殽函之固，以廣雍州之地。

3. 同上，卷五十五〈留侯世家〉：

   夫關中，左殽函，右隴蜀，沃野千里。

4. 《鹽鐵論》卷九〈險固〉第五十：

   秦左殽函、右隴阺，前蜀漢，後山河，四塞以為固。

5. 同上，卷九〈論勇〉第五十一：

   秦兼六國之師，據崤函而御宇內。

6. 劉向〈戰國策書錄〉（《全漢文》卷三十七，頁 2 上）：

   是故秦始皇因四塞之固，據崤函之阻，跨隴蜀之饒。

7. 《後漢書》卷四十上〈班固傳〉，〈兩都賦〉：

   漢之西都……左據函谷、二殽之阻。

8. 同上，卷八十上〈文苑傳〉，杜篤〈論都賦〉：

   夫雍州本帝皇所以育業……關函守嶢，山東道窮。

9. 《三國志》卷六〈董卓傳〉，裴注引華嶠《漢書》：

   董卓曰：「……崤函險固，國之重防」。

10. 同上，卷十〈荀攸傳〉：

    越騎校尉伍瓊等謀曰：「……據殽函，輔王命，以號令天下」。

11. 同上，卷六十五〈賀邵傳〉：

    昔秦建皇帝之號，據殽函之阻。

從這種殽函連稱習慣的繼續，我們可以相信漢人通常所說山東、西的山，仍然應該是殽山而不是其他。

四、漢代關東、關西或山東、山西的範圍

戰國時代以關東或山東泛指東方的六國。秦漢一統以後，關、山之東、西又指那些地區呢？這實在是不易回答的問題。因為隨著秦漢帝國的擴張，新地區的開發，這些名詞意涵的範圍也發生變化。不過漢人有時仍固守舊的觀念，用這些名詞指涉舊的地域範圍。因此同樣的名詞，在漢代代表的意義就並不一致了。

從某些地方看，這些名詞指涉的地域似乎應該有一定的範圍，例如：

漕轉關東粟以給中都官，歲不過數十萬石。

《漢書》卷二十四上〈食貨志〉

河東守番係言漕從山東西，歲百餘萬石。

《史記》卷二十九〈河渠書〉

山東漕益歲六百萬石。

（同上，卷三十〈平準書〉）

關東流民二百萬口。

（同上，卷一百零三〈萬石張叔列傳〉）

調關東輕車、銳卒以伐匈奴。

《漢書》卷八〈宣帝紀〉

自擇除關西人為校尉、軍吏，將關東甲卒，發奔命以擊〔翟〕義。

《漢書》卷八十四〈翟方進傳〉

這些漕運、流民的統計和軍事調發的區域都以山東、關東或關西為言。如果這些名詞代表的區域沒有共喻的範圍，則無法統計，也無從調發。1957 年在武威磨咀子十八號漢墓發現所謂「王杖十簡」（〈甘肅武威磨咀子漢墓發掘〉，

《考古》(1960)，第九期)，這些簡是成帝和哀帝時規定受王杖者特殊待遇和
權利的制書。其中有一節關係除復的特權，提到「如山東」。顯然西漢曾有專
行於山東地區有關除復徭役的特殊規定，受王杖者享有的這方面特權，得如
山東。如此山東的區域範圍必然曾有清楚的劃定。

　　事實上，正如勞貞一先生所說，漢人用這幾個名詞又常常並不嚴格❶。
舉例來說，《後漢書》卷二十四〈馬援傳〉，李賢注引《方言》：「禪衣，江、
淮、南楚之間謂之褋，關之東西謂之禪衣」。是江、淮、南楚不屬關之東西。
按漢人分楚為三：西楚、東楚和南楚。《史記》卷一百二十九〈貨殖列傳〉：
「夫自淮北、沛、陳、汝南、南郡，此西楚也……彭城以東、東海、吳、廣
陵，此東楚也……衡山、九江、江南、豫章、長沙是南楚也」。南楚加上江、
淮等於三楚之地都不在關東西的範圍之內。因此，勞貞一先生在假定關東範
圍時，將荊、揚二部除去。不過秦漢時人似亦並不絕對將楚地排除在關東之
外。《史記》卷八〈高祖本紀〉：「韓信說漢王曰：項羽王諸將之有功者，而王
獨居南鄭，是遷也。軍吏、士卒皆山東之人也，日夜跂而望歸」。劉邦起豐、
沛，到稱漢王時雖然已經有了各地的部隊，但是所謂的山東軍吏、士卒不當
不包括從龍的豐沛子弟。又《漢書》卷六〈武帝紀〉，元狩四年：「有司言關
東貧民徙隴西、北地、西河、上郡、會稽，凡七十二萬五千口」。根據這一
條，會稽似應在關東之外❶。然亦有不然，西漢宣帝時有一位會稽楚士明明
以關東人自居。《漢書》卷七十八〈蕭望之傳〉：

> 會稽鄭朋陰欲附望之……朋與大司農史李宮俱待詔……（周）堪獨白
> 宮為黃門郎。朋，楚士，怨恨。更求入許、史，推所言許、史事曰：
> 皆周堪、劉更生教我。我關東人，何以知此？

---

❶　勞榦，前引文，頁 5。

❶　有學者以為這一條資料中的會稽為衍文。參葛劍雄〈漢武帝徙民會稽說正誤〉，《歷
　　史地理》，第三輯 (1983)，頁 152～159。

韓信言山東包括豐沛而鄭朋以會稽為關東，證明漢人仍然沿襲戰國的觀念，以六國舊地為山東。這種觀念到東漢末依然如此。《續漢書》〈五行志〉：「中平元年，黃巾賊張角等立三十六方，起兵燒郡國，山東七州，處處應角」。《續漢書》於山東七州未指明是那七州，不過我們可以從《後漢書》看出大概。《後漢書》卷七十一〈皇甫嵩傳〉：

> 鉅鹿張角自稱大賢良師……弟子八人使於四方……十餘年間，眾徒數十萬，連結郡國，自青、徐、幽、冀、荊、揚、兗、豫八州之人，莫不畢應，遂置三十六方。……中平元年，大方馬元義等先收荊、揚數萬人，期會發於鄴……。

兩書雖然一說七州、一說八州，但從馬元義先收荊、揚之眾，預備起事一點看來，所謂的山東七州應當包括荊、揚。例如，張曼成和趙弘所領的黃巾在荊州的南陽和宛即達十餘萬（《後漢書》卷七十一〈朱儁傳〉）。再如《後漢書》卷七十〈孔融傳〉：「太傅馬日磾奉使山東，及至淮南，數有意於袁術。」袁術為揚州刺史，到揚州的淮南可以說是奉使「山東」，是揚州亦山東也。

雖然漢人沿襲戰國觀念，可以關東或山東泛指六國舊地，但是毫無疑問，漢代的關東是有一個範圍較小的核心區域。在漢代，尤其是在東漢政治、社會和經濟各方面扮演舉足輕重角色的是核心的關東而不是廣義的關東地區。這個核心的範圍，大致如勞貞一先生所說，不包括北方邊郡、南邊以淮河為界，除去荊、揚兩部。不過淮河以南的廣陵、荊州的南陽皆應在關東之內。關東的西界在關崤，包括河南、河內以及太行山以西的太原和上黨。換言之，漢代的關東是以青、冀、兗、豫和徐五州為核心，加上荊的北端、司隸的東部以及并州東南角。東漢時的黨錮人物絕大部分即來自這個核心區。據金發根先生的統計，一百七十三名黨錮人物的籍貫有一百四十七名屬上述區域（〈東漢黨錮人物的分析〉，《歷史語言研究所集刊》，三十四本，頁517～520）。漢末，袁紹率山東群豪起兵對抗董卓，起兵人物的籍貫和起兵的地區

也很有代表性：

> 初平元年，紹遂以勃海起兵，與從弟後將軍術、冀州牧韓馥、豫州刺
> 史孔伷、兗州刺史劉岱、陳留太守張邈、廣陵太守張超、河內太守王
> 匡、山陽太守袁遺、東郡太守橋瑁、濟北相鮑信等同時俱起，眾各數
> 萬，以討卓為名……董卓聞紹起山東……。
>
> 　　　　　（《後漢書》卷七十四上〈袁紹傳〉；《後漢紀》卷二十六略同）

以上起兵的區域包括了冀、豫、兗、徐、司隸。此外同時俱起的還有在并州
西河的崔鈞（《後漢書》卷五十二〈崔寔傳〉）、上黨的張楊（《三國志》卷八
〈張楊傳〉）等。從起兵人物的籍貫看，除了張楊（雲中人）其餘也全來自上
述的核心區 ❶。當時荊州方面，因刺史劉表依違於袁紹與董卓之間，未見行
動。不過劉表表袁術為南陽太守，荊州的士卒曾在孫堅的率領下敗董卓於陽
人（《三國志》卷四十六〈孫堅傳〉；《後漢書》卷七十四下〈劉表傳〉；卷七
十五〈袁術傳〉），東漢的政治大抵和關東的核心地區脫不了關係。

　　關東的範圍在漢代可有上述廣狹二義。關中、關西或山西也可有廣狹不
同的範圍。狹義的用法是指三秦、三輔、函谷關和散關兩關之間的地區或殽
函與隴蜀之間：

> 1. 夫關中，左殽函、右隴蜀，沃野千里。
>
> 　　　　　　　　　　　　　　　　　　（《史記》卷五十五〈留侯世家〉）
>
> 2. 令沛公西略地入關，與諸將約：先入定關中者，王之。《索隱》引
> 　　《三輔舊事》云：「西以散關為限，東以函谷為界，二關之中謂之關
> 　　中」。

---

❶　袁紹、袁遺、袁術為汝南人；韓馥為潁川人；孔伷是陳留人；劉岱是東萊人；張超
　　是河間人；鮑信、王匡是泰山人；橋瑁是梁國人；崔鈞是涿郡人。

《史記》卷八〈高祖本紀〉

3.漢元年……三分關中，立秦三將章邯為雍王，都廢丘；司馬欣為塞
　王，都櫟陽；董翳為翟王，都高奴。

《漢書》卷一上〈高帝紀〉

4.時漢王還定三秦。羽聞漢并關中且東，齊梁畔之。

《漢書》卷三十一〈陳勝項籍傳〉

5.初，帝入關，三輔戶口尚數十萬。自催、氾相攻、天子東歸後，長
　安城空四十餘日……二、三年間，關中無復人跡。

《後漢書》卷七十二〈董卓傳〉

項羽立劉邦為漢王時說：「巴、蜀亦關中地也」（《史記》卷七〈項羽本紀〉）
只是託詞，因為他將真正的關中分給了三個秦的降將。

　　漢武帝時開疆拓土，關中的範圍為之擴大。不但武帝新闢的河西四郡和
在西南夷地區所置的郡可以算在關中之內，武帝還有意地將關中的東界推到
黃河以東。武帝元朔四年（西元前 125 年）置西河郡，界跨黃河以東，《漢
書》〈地理志〉即以西河郡屬關中。兩漢選山西六郡良家子為羽林郎，西河郡
即在其中（《續漢書》〈百官志〉本注；《三國志》卷六〈董卓傳〉）不過西河
郡黃河以東的部分在漢代到底屬山東還是關中，並不是完全清楚的。例如崔
鈞為西河太守，《後漢書》說：「獻帝初，鈞與袁紹俱起兵山東」（卷五十二
〈崔寔傳〉），既言「俱起兵山東」，西河似又屬山東。這是漢人運用山東、關
中等名詞並不十分嚴格的另一個例子。

　　關中廣義的用法可以《漢書》〈地理志〉為代表。〈地理志〉關中的範圍
包括甚廣：

　　秦地……其界自弘農故關以西、京兆、扶風、馮翊、北地、上郡、西
　　河、安定、天水、隴西，南有巴、蜀、廣漢、犍為、武都，西有金城、
　　武威、張掖、酒泉、敦煌，又西南有牂柯、越巂、益州，皆宜屬焉……

故秦地天下三分之一，而人眾不過什三，然量其富，居什六。

〈地理志〉「故秦地天下三分之一，而人眾不過什三，然量其富，居什六」一段是抄自《史記》〈貨殖列傳〉。所不同之處是〈貨殖列傳〉原作「故關中之地」，〈地理志〉改「關中」為「秦地」。此外，《史記》所記關中的範圍和《漢書》所說的秦地也略有出入。〈貨殖列傳〉云：

關中自汧、雍以東至河、華，膏壤沃野千里……南則巴、蜀，巴蜀亦沃野……南御滇僰……西近邛笮……然四塞，棧道千里，無所不通，唯褒斜綰轂其口，以所多易所鮮。天水、隴西、北地、上郡與關中同俗……畜牧為天下饒。然地亦窮險，唯京師要其道。故關中之地，於天下三分之一，而人眾不過什三，然量其富，什居其六。

司馬遷所說關中的範圍頗令人困惑，一是他說「關中自汧、雍以東至河、華」，汧是汧水，雍是秦故都雍在今陝西鳳翔南，這沒有問題。問題出在河、華。如果河是黃河，華是華山，就違背了司馬遷所處漢武帝時代的事實了。根據李長之的推測，司馬遷寫〈貨殖列傳〉大約在李陵案發，天漢二年（西元前 99 年）以後[20]。而武帝早在元鼎三年（西元前 114 年），即十五年前已將函谷關遷到新安，而西河郡之置更在二十六年前，司馬遷為什麼不顧這些事實，仍說關中「東至河、華」呢？這有兩個可能，一是司馬遷仍借用秦人的老觀念。秦從穆公起曾擁有河西，以河、華與晉國為界。另一個可能，或許是司馬遷藉此筆法對「意好廣潤」的武帝隱為褒貶。何者為是，我們不敢確說。

此外，司馬遷將天水、隴西、北地、上郡與關中並列，似乎意味著這些郡是在關中以外。他的這種筆法頗像《漢書》〈趙充國辛慶忌傳〉贊：

[20]　李長之，《司馬遷的人格與風格》（臺北，開明書店，民國 37 年），頁 182～185。

贊曰：秦漢以來，山東出相，山西出將。秦時，將軍白起，郿人；王
翦，頻陽人。漢興，郁郅王圍、甘延壽、義渠公孫賀、傅介子、成紀
李廣、李蔡、杜陵蘇建、蘇武、上邽上官桀、趙充國、襄武廉褒、狄
道辛武賢、慶忌，皆以勇武顯聞，蘇辛父子著節。此其可稱列者也，
其餘不可勝數。何則？山西、天水、隴西、安定、北地，處勢迫近羌
胡……。

班固亦以山西與天水、隴西、安定、北地並列，是不是也意味著這四郡不屬
山西呢？實則不然，他所提山西的名將包括北地郡者四位（王圍、甘延壽、
公孫賀、傅介子）、隴西五位（上官桀、趙充國、廉褒、辛武賢、辛慶忌）、
天水兩位（李廣、李蔡）。可見班固雖以山西與四郡並列，但是山西還是可以
包含四郡在內的。同樣的情形，司馬遷筆下的關中也應該包括並列的天水、
隴西、北地和上郡。否則無法解釋為什麼《漢書》〈地理志〉將這些郡都納入
秦地（也就是關中），而史、漢又都說這塊區域的面積佔天下的三分之一。當
然佔天下三分之一的關中還包括了他們所提到的巴、蜀等地，這是廣義的關
中。隨著武帝時代的對外擴張，關中的範圍擴大。《漢書》〈地理志〉將河西
四郡和武帝在西南夷所置之郡都算在內，可是司馬遷竟然不提，或許有他的
春秋筆法在內吧❷。

五、結　語

關東、關西和山東、山西是秦漢時人常用，也常令後世人感到困惑的地
域名詞。困惑的原因一方面是我們忽略了這些名詞非形成於一朝一夕，其意

---

❷　漢末王允曰：「昔武帝不殺司馬遷，使作謗書，流於後世。」《後漢書》卷六十下
〈蔡邕傳〉），魏明帝曾以為「司馬遷以受刑之故，內懷隱切，著《史記》，非貶孝
武，令人切齒」《三國志》卷十三〈王肅傳〉）

義也非歷數百年而不變。另一方面是沒有注意到即使同樣的名詞已有了新的
意義和用法，舊的觀念和舊的用法並不一定就此消失，而可以同時並存。另
一個原因是後人常將漢以後的用法套在漢人的身上，其不困擾亦難矣。本文
即企圖找出這些名詞如何出現，從觀察漢人使用這些名詞的特點，理解它們
在漢代的涵義以及它們的涵義又如何隨時代而變化。其中出現最早的可能是
「山東」一詞，應指華山以東。隨著秦國的擴張，秦以函谷關、崤山與六國
對峙，「山東」指崤山以東的用法開始通行。不過這並不妨礙以華山之東為山
東舊觀念的繼續存在。王莽末，劉秀起於河北，在特定的時空條件之下，曾
一度有以太行山為山東西分界的說法。天下大定以後，由於東漢關中和關東
兩地分立的基本形勢並無異於西漢或秦，因此東漢時人仍以函谷關和崤山劃
分關、山東西。大致而言，終兩漢四百年，漢人所說的山東、山西通常都是
以崤山為界，至於這些名詞指涉的範圍則有新舊廣狹之分。這種分別也因時
勢而異。戰國末期，山東原泛指東方六國，秦漢以後有時也這樣說。不過隨
新的政治和社會情勢的發展，關東又有一以青、冀、兗、豫、徐、荊州北端、
司隸東部和并州東南為中心的核心區。山西或關中在漢代可以只指三秦舊地，
也可以將武帝以來在西北和西南開拓的疆土包括在內。

附記：本文承蒙勞貞一、陳槃庵、王叔岷、管東貴、杜正勝諸先生指正，謹此致謝。
　　　　惟一切錯誤，仍由作者負責。又，本文寫作期間曾蒙國家科學委員會補助，謹
　　　　此致謝。

（原載於《食貨月刊》復刊第十三卷第一、二期合刊，民國 72 年）

附錄：〈試釋漢代的關東、關西與山東、山西〉補正

〈試釋漢代的關東、關西與山東、山西〉一文成於倉促之間，因不敢自
信，曾就教於勞貞一，杜正勝與張榮芳諸先生，不意引起熱情的回響。拋磚
引玉，其斯之謂歟？文成之後，又見資料若干，拙文論點因而有可得補證者，

亦因而有須修正者，遂不憚煩，再向方家請益。

先說可以補證之處。拙文提到關東、關西和關中、山東對稱的用法在漢代很普遍，現在再舉兩條作為補充。

> 《說文》（藝文印書館，景印經韵樓刊本），六篇上，木部，「槌」：「關東謂之槌，關西謂之持」。
> 《漢書》卷三十九〈蕭何傳〉：「陛下雖數亡山東，蕭何常全關中以待陛下，此萬世功也」。

這類例子，兩漢書中還有很多，不再多舉。

又拙文推論漢代所說的關、山必得在一處，否則山東、關東等詞就無法互用。《漢書》卷二十七中之上〈五行志〉裡谷永的一句話或亦可為證。他說：「函谷關距山東之險」，此山東非指崤山以東不可。又《後漢書》卷十一〈劉盆子傳〉：「赤眉遂出關，南向，征西大將軍馮異破之於崤底。」李賢注：「即崤坂也」，此關即函谷關，與崤山在一處。殽有二陵，又稱二殽，《左傳》僖公三十二年：「晉人禦師必於殽，殽有二陵焉」。《後漢書》卷三十四〈梁冀傳〉：「廣開園囿，採土築山，十里九坂，以象二崤」。可見二崤從春秋以來一直是險要之地。梁冀園中築假山，竟然也要十里九坂，仿二崤之勢。《後漢書》卷十三〈隗囂傳〉，王元說隗囂有一句話說的很有趣，顯現函谷關如何為關中之門戶：「元請以一丸泥為大王東封函谷關，此萬世一時也。」關、崤在漢人心目中的重要性從此兩例即可概見。

其次，談到漢人觀念中關東或山東的範圍。勞貞一先生說的很對，戰國時的山東包括楚國，漢代人仍然將楚地視為山東。拙文提到漢初言山東包括豐沛，當時根據的是《史記》〈高祖本紀〉的話。又《漢書》卷十六〈高惠高后文功臣表〉「壯武侯宋昌」條：「以家吏從高祖起山東」亦可證豐沛屬山東無疑。此外，《漢書》卷三十四〈英布傳〉：「上曰：『何謂上計？』薛公對曰：『東取吳，西取楚，并齊取魯，傳檄燕、趙，固守其所，山東非漢之有

也。』」這裡很清楚是以六國之地為山東。又勞貞一先生說漢時山東包括荊、揚，也是極正確的。拙文原據《續漢書》〈五行志〉、《後漢書》〈皇甫嵩傳〉、〈朱儁傳〉、〈孔融傳〉等申明此義。這從《郃陽令曹全碑》可以看的更明白。黃巾亂起，《續漢書》說「山東七州處處應（張角）」。《曹全碑》說：「張角起兵，幽、冀、兗、豫、荊、揚同時並動」。據此，荊、揚兩州毫無疑問屬於山東。

拙文以司隸的東部屬關東，西部屬關西，但界限何在沒有說的很清楚。這大概已不易劃的清楚。我們只能確定弘農的華陰是屬於關西。楊震是弘農華陰人，諸儒稱他為「關西孔子楊伯起」（《後漢書》卷五十四〈楊震傳〉），又《漢書》卷六十六〈楊敞傳〉：「楊敞，華陰人也……家本秦也，能為秦聲……」是華陰為秦地，也就是關中了。

又杜正勝先生大作〈說古代的關〉提到關中乃函谷關、散關、蕭關和武關四關間地，這種說法在疑似之間。《史記》卷七〈項羽本紀〉：「或說項王曰：『關中阻山河四塞，地肥饒，可都以霸』。」裴駰《集解》引徐廣曰：「東函谷關，南武關，西散關，北蕭關」，又《史記》卷二十二〈漢興以來將相名臣年表〉「高皇帝五年」條，司馬貞《索隱》也以關中在此四關之中。唯一稍異處是徐廣認為「南武關」，司馬貞作「南嶢、武」。嶢是嶢關。漢人有這樣說的，杜篤〈論都賦〉有「關函守嶢」之句可證。以四關釋四塞，是以一關當一塞。不過，《史記》卷六十九〈蘇秦列傳〉，張守節《正義》對「秦四塞之國」一句的解釋卻不相同。《正義》說：「東有黃河，有函谷、蒲津、龍門、合河等關；南山及武關、嶢關；西有大隴山及隴山關、大震、烏蘭等關；北有黃河、南塞，是四塞之國。」很明白《正義》是以四面山河關塞之固釋四塞，非必四關也。總之，這些都是後人的注釋。漢人到底是不是以四關之中為關中，我們並沒有直接的證據。《史記》卷六十九〈蘇秦列傳〉說：「（蘇秦）說惠王曰：『秦四塞之國，被山帶渭，東有關、河，西有漢中，南有巴、蜀，北有代馬，此天府也』」。《鹽鐵論》卷九〈險固篇〉說：「秦左殽函、右隴阺、前蜀漢、後山河，四塞以為固」，這裡的四塞都不是指四關。

然則，函谷、武、散、蕭、嶢關的確存在於漢代。函谷固不必說。武關

是入關中的要道之一，劉邦即由武關入關中亡秦。嶢關在武關之西（《漢書》〈高帝紀〉，李奇曰：「在上洛北，藍田南，武關之西。」）亦為入關中的要道，前引杜篤〈論都賦〉可證。蕭關據顏師古注在「上郡北」（《漢書》卷五十四〈李廣傳〉），《史記》卷一百零六〈吳王濞列傳〉，《正義》謂：「今名隴山關，在原州平涼縣界。」又《漢書》卷六〈武帝紀〉元封四年，如淳曰：「〈匈奴傳〉『入朝郍蕭關』，蕭關在安定朝郍縣也。」關於蕭關的記載有「孝文十四年，匈奴大入蕭關」（《漢書》卷五十四〈李廣傳〉）、「燕王北定代、雲中，搏胡眾入蕭關，走長安」（《史記》卷一百零六〈吳王濞列傳〉，《漢書》卷三十五〈吳王濞傳〉）、「上北出蕭關，從數萬騎行獵新秦中」（《漢書》卷二十四下〈食貨志〉）等條。散關的位置十分明確，地當秦、蜀往來的咽喉。《後漢書》卷十一〈劉盆子傳〉：「時漢中賊延岑出散關屯杜陵」，又卷十四〈宗室四王三侯傳〉「順陽懷侯」條：「復與延岑連戰，岑引北入散關。」李賢注：「散關故城在今陳倉縣南十里，有散谷水，因取名焉。」《集解》先謙曰：「寶雞縣大散關，亦曰散關，在縣西南大散嶺上，為秦、蜀襟喉，距和尚原才咫尺。」桓帝建和二年〈司隸校尉楊孟文頌〉謂：「高祖受命，興于漢中，道由子午，出散入秦，建定帝位」（《金石萃編》卷八），可見秦地與漢中以散關為界，出散入秦，也才算入了關中。

接著，談一談拙文應修正之處。拙文原以為漢代以太行山分山東、西只是劉秀在河北，一時一地的特殊用法。現在發現這個問題並不如此單純。關鍵在於漢武帝於元鼎三年徙函谷關於新安，關中的東界可能就擴展到了太行山。《史記》卷五十八〈梁孝王世家〉：「十九年，漢廣關，以常山為限，而徙代王王清河。清河王徙以元鼎三年也。」又《漢書》卷四十七〈文三王傳〉：「元鼎中，漢廣關，以常山為阻，徙代王於清河」。這是兩條重要的證據。所謂「廣關」、「以常山為阻」很清楚是以常山所在的太行山為界，太行山以西之地此後都是關中了。我們看《漢書》卷二十四上〈食貨志〉：

　　大司農中丞耿壽昌……五鳳中奏言：「故事：歲漕關東穀四百萬斛以給

京師，用卒六萬人。宜糴三輔、弘農、河東、上黨、太原郡穀足供京
師，可以省關東漕卒過半」……御史大夫蕭望之奏言：「……今壽昌欲
近糴漕關內之穀……。」

蕭望之所說的「關內之穀」，也就是耿壽昌所說「三輔、弘農、河東、上黨、
太原郡穀」。換言之，在蕭望之看來，這些地方都是關內。三輔、弘農舊屬關
內，河東、上黨、太原應是武帝廣關以後才併入關內的。這個新關內的東界
非是太行山不可。以太行山為界在官方的文件裡似被繼續遵行。《漢書》卷十
〈成帝紀〉，陽朔二年秋「關東大水，流民欲入函谷、天井、壺口、五阮關
者，勿苛留」，應劭曰：「天井在上黨高都，壺口在壺關，五阮在代郡。」王
先謙補注：

齊召南曰：「案〈地理志〉代郡無五阮關，有五原關，疑五阮即五原音
之轉耳」。沈欽韓曰：「《淮南氾論》北至飛狐陽原，注或曰陽原，代郡
廣昌東五阮關是也（代郡廣昌今蔚州縣）。《後漢》〈烏桓傳〉，伏波將
軍馬援將三千騎出五阮關，掩擊烏桓。」《方輿紀要》：「天井關在澤州
南四十五里，當太行絕頂，其南即羊腸坂道。壺關山在潞安府東南十
三里，山形似壺，古置關於此。紫荊關在保定府易州西八十里，代州
廣昌縣東北百里，或曰即古之五阮關。愚謂五阮蓋在飛狐、倒馬閒，
非紫荊關也。」先謙曰：「……流民上疑當有詔字。」

根據應劭和王先謙的補注，可以很清楚看出成帝的詔令是以天井、壺口、五
阮關所在的太行山為關東、西之界。關東的流民可以經由這些關進入關中。
如此，劉秀在河北，稱太行山以東為山東，就不是一時一地的現象，而是其
來有自了。
　　武帝之所以要擴大關中的地區，是因為關中為京師所在。在漢代強幹弱
枝的政策下，一直蓄意加強關中的人口和財富。擴大關中的範圍也應該和這

個政策有關。另一方面，誠如勞貞一先生指出，就自然地理形勢而言，太行山實在是河北平原與山西山脈地帶之間較自然的界限。武帝這樣作，不是沒有道理的。隋、唐以後的山東多以太行山為界，應該和順應這種天然地理形勢有些關係。

　　武帝擴展關中，改變了關中和關東的分界，必然造成這些地域名詞用法的不統一。因為幾百年的老觀念、老用法，一般人已習以為常，大概不是一夕之間可以完全改變。問題是：東漢以後，東漢政府是不是仍然以太行山為關東、西的分界呢？我們的答案是否定的。終東漢一世，我們沒有見到這樣的例子。其原因很簡單：東漢不再都長安，而都洛陽。政治中心一轉，關東成為帝國的重心。從光武帝開始不但不再徙民關中，關中的東界可能在這個時候又回復原來的關崤一線。因此，武帝元鼎以來屬關中的河東、上黨、太原，東漢以降，很清楚又都是關東的一部分。這些例子，拙文已舉出，此處不贅。

　　從兩漢關東、關西界限的變化，可以證實勞貞一先生所說：「戰國秦漢時代所謂的『關東』和『關西』，在政治方面的意義，實在超過文化上的意義及民族上的意義。」政治情勢轉變，地域的分界也跟著改變。至於勞先生提出來的問題：「殽函以北以什麼為東西之界，殽函以南又以什麼為東西之界，關東和關西，其北界和南界又到了什麼地方？」這對了解漢代的地域範圍的確很重要。可惜從現在所能見到的材料，恐怕很難理出明確的答案了。

民國 72 年 6 月 15 日於端陽之夜

（原載於《食貨月刊》復刊第十三卷第三、四期合刊，民國 72 年）

　　再補：本文寫作期間竟然未能注意到嚴歸田先生早有〈揚雄所記先秦方言地理區〉之作，見《新亞書院學術年刊》，十七期 (1975)。嚴先生文主要有兩處提到關東西或山東西之分，一處謂：「關東、關西為最大方言區，即以函谷關、大（太）行山為界，分為東西兩大區域，關西以秦、晉為主，關東以周、韓、趙、魏、宋、陳等國為主……」

（頁38）；另一處謂：「關東西就函谷關而言，山東西就太行山而言，其實際範圍則相同，故古人得任意言之。……大抵北自太行山迤南至殽函為界，中分中國為東西兩部也。」（頁46）嚴先生以太行山分界的結論是以方言區為標準而言。方言主要是一種文化現象，文化的地理區域本不必合於政治之區劃。拙文所論主要以政治意義上的劃分為準。因此兩文結論雖有不同，實非相悖也。

民國 75 年 8 月 16 日

東漢察舉孝廉的年齡限制

西漢武帝初舉孝廉，不見有年齒的規定。察舉孝廉有年齡限制始於東漢順帝時。順帝陽嘉元年（西元 132 年），尚書令左雄建議：

> 郡國孝廉，古之貢士，出則宰民，宣協風教。若其面牆，則無所施用。孔子曰：「四十不惑」，禮稱「強仕」〔按：袁宏，《後漢紀》卷十八作「禮，四十強而仕」〕。請自今孝廉年不滿四十，不得察舉。皆先詣公府，諸生試家法，文吏課牋奏，副之端門，練其虛實，以觀異能，以美風俗。有不承科令者，正其罪法。若有茂才異行，自可不拘年齒 ❶。

限年四十的記載又見於《後漢書》卷六〈順帝紀〉、卷四十四〈胡廣傳〉以及袁宏《後漢紀》卷十八。唯《全後漢文》卷四十五「崔瑗」條引《崔氏家傳》云：

> 臣聞孝廉皆限年三十乃得察舉，恐失賢才之士也。

《崔氏家傳》今佚。所謂三十係四十之誤或順帝時有不同於左雄的意見，不易確考。不過，《後漢書》〈順帝紀〉對班下郡國的詔令有明確的記載。陽嘉元年冬十一月辛卯「初令郡國舉孝廉，限年四十以上」，詔令中限年為四十，而非三十或其他。又該年十二閏月丁亥又「令諸以詔除為郎，年四十以上課試如孝廉科者，得參廉選，歲舉一人」，這個規定可以輔證當時所訂的年齡限制確為四十歲。

---

❶　《後漢書集解》（臺北，藝文）卷六十一〈左雄傳〉。

　　那麼，限年四十的規定果真就這樣實施了嗎？過去似乎一直沒有人懷疑。如果我們讀范書〈左雄傳〉，很容易相信確實如此。因為傳文中說順帝「從其議」，並「班下郡國」，更講了一個這樣的故事：

　　明年，有廣陵孝廉徐淑年未及舉，臺郎疑而詰之。對曰：「詔書曰：『有如顏回、子奇，不拘年歲』，是故本郡以臣充選。」郎不能屈。雄詰之曰：「昔顏回聞一以知十，孝廉聞一知幾邪？」淑無以對，乃譴卻郡。於是濟陰太守胡廣等十餘人皆坐謬舉免黜。唯汝南陳蕃、潁川李膺、下邳陳球等三十餘人得拜郎中。自是牧守畏慄，莫敢輕舉，迄於永憙，察舉清平，多得其人❷。

當時守相坐謬舉的，據《後漢紀》，不止十餘人，而是「百餘人」❸。張璠《漢紀》云：「時稱左伯豪為尚書，天下皆慎選舉。」❹范曄在《後漢書》卷六十一的傳論中對左雄更是頌揚備至：

　　權門貴仕，請謁繁興。自左雄任事，限年試才，雖頗有不密，固亦因識時宜，而黃瓊、胡廣、張衡、崔瑗之徒，泥滯舊方，互相詭駁，循名者屈其短，算實者挺其效。故雄在尚書，天下不敢妄選，十餘年間，稱為得人，斯亦效實之徵乎？

從這些記載看來，我們的確不易懷疑左雄限年試才之法的確實性。不過，范曄的話十分籠統。第一，他任職尚書是不是有十餘年？如果不是，繼掌選政的人有沒有繼續他的做法？第二，左雄的主張有兩部分：一為限年，一為課試以別虛實。所謂不敢妄選，稱為得人，是因為限年還是因嚴於課試？並不

❷　同上。

❸　袁宏，《後漢紀》（臺北，臺灣商務印書館，《四部叢刊初編》）卷十八。

❹　《後漢書集解》卷六十一，王先謙《集解》引惠棟曰。

清楚。因而，所謂限年試才之法的實況就不無進一步推敲的餘地。限年問題的本身，在東漢政治史上或許不是一件大事，所以也一直沒有人注意。不過事實上，限年規定的出現以及它甫行即淪為具文（詳後）都和東漢的朋黨豪門政治有分不開的關係。本文擬根據可考的孝廉資料，以限年問題為線索，談談東漢政治裡的一些現象。我們先從左雄建議限年的背景說起。

　　從東漢初年以來，郡國舉孝廉多以年少者充選。明帝時，樊鯈上言：

　　　郡國舉孝廉，率取年少能報恩者，耆宿大賢多見廢棄，宜勅郡國簡用
　　　良俊❺。

所謂「年少」，到底是何年歲，樊鯈未明言。不過，我們可以查考一下從東漢初到左雄建議限年以前，孝廉察舉的實際年齡。在此以前，有年齒可考的孝廉有六人：

一、寒朗　年齡：三十左右至四十餘歲
　　（寒朗）以尚書教授，舉孝廉。永平中（西元58～75年）以謁者
　　守侍御史……永初三年（西元109年）薦朗為博士，徵詣公車，
　　會卒。時年八十四。

　　　　　　　　　　　　　　　　　　　《後漢書》卷四十一，本傳）

寒朗以八十四歲卒於永初三年（西元109年），則生於西元25年。他在西元58至75年間以謁者守侍御史應為三十三歲至五十歲。東漢孝廉除郎補吏，例由郎中遷謁者或其他職位。這一段歷程須時多少，不可考。唯據〈司徒袁安碑〉，袁安由孝廉除郎中再轉謁者不過一年❻。如此，寒朗由孝廉為郎中、

❺　《後漢書集解》卷三十一〈樊宏傳〉。

❻　中央研究院，歷史語言研究所藏〈司徒袁安碑〉拓片00022號。趙鐵寒，〈記袁安碑〉，《大陸雜誌》，十二卷五期，收入《大陸雜誌史學叢書》，第一輯第四冊，頁

謁者再守侍御史，最少須要數年的時間，亦即寒朗舉孝廉的年齡應在三十左右至四十餘歲之間。

二、周磐　年齡：小於四十或四十歲
　　……就孝廉之舉。和帝初（和帝元年為西元 89 年）拜謁者……建光元年（西元 121 年）年七十三……無病忽終。

（《後漢書》卷三十九，本傳）

周磐以七十三歲卒於西元 121 年，其拜謁者應在四十一歲左右。孝廉由郎中而謁者，比之袁安例，須一年或一年以上，則其舉孝廉必在四十歲或小於四十歲。

三、張衡　年齡：十二至二十八歲
　　永元中（西元 89～105 年）舉孝廉……年六十二，永和四年（西元 139 年）卒。

（《後漢書》卷五十九，本傳）

張衡以六十二歲卒於西元 139 年，是生於 77 年。永元中舉孝廉的年紀必在十二歲至二十八歲之間。

四、胡廣　年齡：二十七歲或二十六歲
　　年二十七，舉孝廉。
（《謝承書》卷二，頁 8 下；《全後漢文》卷二十六，〈太尉胡廣碑〉，頁 3 上）

67～79。

唯《後漢紀》卷二十三云：「廣時年二十六，雄舉廣為孝廉。」

　　五、孔季彥　　年齡：四十五歲

　　　　延光元年（西元 122 年）……舉孝廉，不就。三年，年四十七，

　　　　終于家。

　　　　　　　　　　　　　　　　　　　　　（《後漢書》卷七十九上，本傳）

延光元年舉孝廉，三年以四十七歲卒，是其舉在四十五歲。

　　六、杜根　　年齡：四十一至五十九歲

　　　　永初元年（西元 107 年）舉孝廉……順帝時（西元 126〜144 年）

　　　　遷濟陰太守，去官還家，年七十八卒。

　　　　　　　　　　　　　　　　　　　　　　　（《後漢書》卷五十六，本傳）

順帝時以七十八歲卒，是生於西元 48 至 66 年之間，西元 107 年為孝廉，年齡在四十一至五十九歲之間。

　　從以上六個例子看來，察舉孝廉時年齡可以確定在四十以上的有兩人，其餘或在四十，或僅二十、十餘歲。樊儵所說的年少，大約是指這些十幾二十歲者。漢人習以十幾二十歲為年少，如：賈誼「年十八……廷尉乃言誼年少」❼；馮野王「年十八……為左馮翊……池陽令並素行貪汙，輕野王外戚年少，治行不改」❽；翟義「年二十出為南陽都尉。宛令劉立……輕義年少」❾；董賢以二十二歲為大司馬衛將軍，「單于怪賢年少，以問譯。上令譯報曰：『大司馬年少，以大賢居位。』」❿；杜畿「年二十為郡功曹……郡中

---

❼　《漢書補注》（臺北，藝文）卷四十八〈賈誼傳〉。

❽　同上，卷七十九〈馮奉世傳〉。

❾　同上，卷八十四〈翟方進傳〉。

❿　同上，卷九十三〈佞幸傳〉。

奇其年少」❶；曹操以二十歲舉孝廉，曹操自謂：「孤始舉孝廉，年少」❷；
又《三國志》卷十一〈田疇傳〉：「眾議咸曰：田疇雖年少，多稱其奇。疇時
年二十二矣。」❸是十八、二十餘皆年少之輩。果如此，左雄建議限年以前，
十幾二十歲察孝廉的似應相當不少。

　　郡國守相喜舉年少而棄耆宿，是因為年少者比耆宿有較長的政治生涯，
可為較長期之政治夥伴，因而守相可有較多得回報的機會。這一類的例子，
順帝以前的幾無可考，以後的倒很多。好在順帝以後的情形實自東漢初延續
而來，我們仍然不妨從這些例子推想東漢初的情況。一般而言，東漢的郡國
守相和孝廉之間，就像他們和門生故吏一樣，有君臣父子一般的關係，是仕
途上極為牢固的夥伴。郡國守相對所舉孝廉每以子待之，厚加結納，而希冀
其報恩於後：

> 1. 河內太守府廬江周景仲嚮，每舉孝廉，請之上堂，家人宴飲，皆令
>   平仰，言笑晏晏，如是三四。臨發，贈以衣齎，皆出自中。子弟中
>   外，過歷職署，踰於所望，曰：「移臣作子，於之何有。」
>
> （《風俗通義校注》卷五；《三國志》卷五十四〈周瑜傳〉裴注引張璠《漢
> 紀》；《後漢書》卷四十五〈周景傳〉）
>
> 2. 魯國孔融在郡，教選計當任公卿之才，乃以鄭玄為計掾，彭璆為計
>   吏，（邴）原為計佐。融有所愛一人，常盛嗟歎之。後忘望，欲殺
>   之，朝吏皆請……原獨不為請。融謂原曰：「眾皆請而君何獨不？」
>   原對曰：「明府於某，本不薄也，常言歲終當舉之，此所謂『吾一
>   子』也。如是，朝吏受恩未有在某前者矣，而今乃欲殺之，明府愛
>   之，則引而方之於子；憎之，則推之欲危其身。原愚，不知明府以
>   何愛之？以何惡之？」融曰：「某生於微門，吾成就其兄弟，拔擢而

---

❶　《三國志集解》（臺北，藝文）卷十六〈杜畿傳〉。

❷　同上，卷一〈武帝紀〉裴松之注引《魏武故事》。

❸　同上，卷十一〈田疇傳〉。

用之，某今孤負恩施。夫善則進之，惡則誅之，固君道也。往者，
應仲遠為泰山太守，舉一孝廉，旬月之間而殺之。夫君人者，厚薄
何常有之！」

　　　　　　　　　　《三國志》卷十一〈邴原傳〉裴注引〈邴原別傳〉）

所謂「移臣作子」、「吾一子」、「固君道也」、「君人者」，都顯示郡國守相與孝
廉之間君父般的關係。拔擢孝廉，期其報恩，如有辜負，甚且可以殺之！而
孝廉的確也以君父看待舉主，對之盡忠盡孝，這類例子在東漢很多，最常見
的是為舉主服喪，有的甚至服喪三年：

1.傅燮……再舉孝廉……聞所舉郡將喪，乃棄官行服。

　　　　　　　　　　　　　　　　　　　　　《後漢書》卷五十八，本傳）

2.太守向苗……舉〔桓〕鸞為孝廉，遷為膠東令。始到官而苗卒，鸞
　即去職奔喪，終三年，然後歸。淮汝之間高其義。

　　　　　　　　　　　　　　　　　　　　　《後漢書》卷三十七，本傳）

3.豫章太守汝南封祈、武興、泰山太守周乘子居，為太守李張所舉。
　函封未發，張病物故。夫人於樞側下帷見六孝廉……周乘顧謂左右：
　「諸君欲行者，周乘當之〔按：此句據王利器校注改〕，莫逮郎君，
　盡其哀惻。」乘與鄭伯堅即日辭行，祈與黃叔度、郅伯嚮、盛孔叔
　留隨轜樞。

　　　　　　　　　　　　　　　　　　　　　　　《風俗通義校注》卷五）

4.太守李肅察孝廉，肅後坐事伏法，（陸）康斂屍送喪，還潁川，
　行服。

　　　　　　　　　　　　《三國志》卷五十七〈陸績傳〉裴注引《謝承書》）

5.邢顒……舉孝廉……不就……太祖辟顒為冀州從事。時人稱曰：「德
　行堂堂邢子昂」，除廣宗長，以故將喪棄官。有司舉正，太祖曰：
　「顒篤於舊君，有一致之節，勿問也。」

《三國志》卷十二〈邢顒傳〉

除了為舉主棄官、斂屍、服喪，亦為舉主立碑。如《隸釋》所錄〈南陽太守秦頡碑〉（卷十七），立碑者中有孝廉十二人。還有為舉主設祭、立後傳宗的：

> 初，琅邪趙昱為廣陵太守，察（張）紘孝廉。昱後為笮融所殺，紘甚傷憤，而力不能討。昱門戶絕滅，及紘在東部（會稽東部都尉），遣主簿至琅邪設祭。並求親戚為之後，以書屬琅邪相臧宣。宣以趙宗中五歲男奉昱祀，（孫）權聞而嘉之。

《三國志》卷五十二〈張紘傳〉裴注引〈吳書〉

舉主死，固事之以禮，生則盡之以忠。東漢時，孝廉有為舉主訟冤、變賣產業為舉主贖死，或為舉主護衛者。如：史弼為河東太守，因拒絕中常侍侯覽請託，侯覽遂：

> 誣弼誹謗，檻車徵。吏人莫敢近者，唯前孝廉裴瑜送到崤澠之間，大言於道傍曰：「明府摧折虎臣，選德報國，如其獲罪，足以垂名竹帛，願不憂不懼」……平原吏人奔走詣闕訟之……又前孝廉魏劭毀變形服，詐為家僮，瞻護於弼。弼遂受誣，事當棄市。劭與同郡人賣郡邸，行賂於侯覽，得減死罪一等。

《後漢書》卷六十四〈史弼傳〉

還有為舉主冒險犯難，甚至以身相殉者：

> 1. 王脩……初平中，北海孔融召以為主簿，守高密令……舉孝廉……頃之，郡中有反者，脩聞融有難，夜往奔融。賊初發，融謂左右曰：「能冒難來，唯王脩耳」，言終而脩至。

《三國志》卷十一〈王脩傳〉

2. （鄭）玄唯有一子益恩，孔融在北海，舉為孝廉；及融為黃巾所圍，益恩赴難隕身。

《後漢書》卷三十五〈鄭玄傳〉

3. 桓階……仕郡功曹。太守孫堅舉階孝廉……父喪還鄉里。會堅擊劉表戰死，階冒難詣表乞堅喪，表義而與之。

《三國志》卷二十二〈桓階傳〉

4. 高岱……受性聰達，輕財貴義……太守盛憲以為上計，舉孝廉。許貢來領郡，岱將憲避難於許昭家，求救於陶謙。謙未即救，岱憔悴泣血，水漿不入口，謙感其忠壯，有申包胥之義，許為出軍。

《三國志》卷四十六〈孫策傳〉裴注引《吳錄》

孝廉報君父之恩，死且不惜，更何況在仕途上為舉主之羽翼，相互援引？東漢選舉，請託成風，一旦得舉為官，異日舉主有所託，必得應允。這一類情形雖沒有明白的例證可舉，卻可從另外一個故事推想。桓帝時，五世公為南陽太守，與他同歲舉孝廉的段遼叔早逝，有子二人，往求五世公察舉，應允此後所託，「敬不有違」。世公因舉「才操鹵鈍」的長子。五世公後轉任南陽太守，又舉年甫十四，同歲孝廉之子❶❹。孝廉同歲即援引如此，更遑論舉主與故孝廉之間？王符《潛夫論》卷二謂：

> 今當塗之人既不能昭練賢鄙，然又卻於貴人之風指，脅以權勢之囑託，請謁闐門，禮贄輻輳，迫於目前之急，則且先之，此正士之所獨蔽而群邪之所黨進也。

舉主視所舉孝廉為己當然之羽翼，政治上之奧援，但也有在舉主看來恩將仇

---

❶❹　王利器，《風俗通義校注》（臺北，明文書局）卷四，頁192～193。

報的孝廉。順帝元嘉中，歲首朝賀，大將軍梁冀帶劍入省，尚書張陵劾奏冀，請廷尉論罪：

> 初，冀弟不疑為河南尹，舉陵孝廉。不疑疾陵之奏冀，因謂曰：「昔舉君，適所以自罰也。」陵對曰：「明府不以陵不肖，誤見擢序，今申公憲，以報私恩。」

（《後漢書》卷三十六〈張陵傳〉）

張陵以「申公憲」為報私恩，而梁不疑所期望的報恩卻正相反咧！

以上所舉這些報恩的例子雖然多在順帝朝以後，但是明帝時樊儵所說舉孝廉「率取年少能報恩」的情形應該是類似的。因希冀報恩，在漫漫仕途中立長期之黨援，故郡國守相喜以年少者為孝廉。這樣的結果，必然造成許多政治上的集團勢力，形成王符所說「群邪黨進」的局面。而順帝本人就是在經歷一番外戚、宦官和朝臣的黨派鬥爭以後才登上皇位的，他深知黨派之害❶❺。在這樣的背景之下，於是有左雄限年試才的建議，並得到順帝的支持。左雄的建議表面上只關係到選舉，實際上和當時以權門朋黨為特色的政治環境有分不開的關係。最後他的辦法淪為具文，也是在這樣政治環境下的結果。

接著，我們考察一下自順帝頒限年之令以後施行的情形。我們只要稍加覆按，就可以發現絕大部分可考的孝廉，察舉時的年齡都不及四十歲。這不妨從左雄任尚書時以及自他以後順帝朝可考的五個例子說起。

七、陳球　年齡：十六歲

陽嘉中（西元 132～135 年）舉孝廉……光和元年（西元 178 年）
遷太尉……明年 （西元 179 年） ……潛與司徒河間劉郃謀誅宦

---

❶❺　東漢順帝登位前後之政局，狩野直禎曾有專文討論，值得參考。見氏著：〈後漢中期の政治と社會──順帝の即位をめぐつて〉，《東洋史研究》，二十三卷三號 (1964)，頁 68～87。

官……帝大怒，策免郃，郃與球……下獄死。球時年六十二。

（《後漢書》卷五十六，本傳）

陳球以六十二歲卒於西元 179 年，其生當在西元 117 年。〈陳球傳〉說他「陽嘉中」舉孝廉，據前引〈左雄傳〉知他舉孝廉實在陽嘉二年（西元 133 年）。如此，他舉孝廉時不過十六歲。

八、費鳳　年齡：卅一歲

　　漢安二年（西元 143 年），吳郡太守東海郭君以君有逶虵之節，自公之操，年卅一舉孝廉，拜郎中。

（《隸釋》卷九〈費鳳別碑〉，頁 20 下～22 下）

九、武開明　年齡：四十六歲

　　永和二年（西元 137 年）舉孝廉……壽五十七，建和二年（西元 148 年）十一月十六日卒。

（《隸釋》卷二十四〈吳郡丞武開明碑〉，頁 10 上、下）

十、王純　年齡：三十五歲

　　永和二年（西元 137 年）察孝廉……年五十九，延熹四年（西元 161 年）八月廿八日甲寅……隕殂。

（《隸釋》卷七〈冀州刺史王純碑〉，頁 1 上～2 下）

十一、朱穆　年齡：四十歲左右

　　年二十為郡督郵……遂歷職股肱，舉孝廉。

（《後漢書》卷四十三，本傳注引《謝承書》）

　　初舉孝廉。順帝末，江淮盜賊群起……大將軍梁冀……素聞穆名，乃辟之，使典兵事……延熹六年（西元 163 年）卒，時年六十四。

（《後漢書》卷四十三，本傳）

朱穆以六十四歲死於西元 163 年，是生於西元 99 年。年二十為郡督郵應在西

元 119 年，即安帝元初六年。其舉孝廉在順帝末為梁冀所辟，典掌兵事以前。
按：漢安元年（西元 142 年）九月，即順帝崩前兩年，有「廣陵盜賊張嬰等
寇郡縣」；是年十一月，順帝詔「大將軍等選武猛試用有效驗任為將校者各一
人」（《後漢書》卷六〈順帝紀〉），〈朱穆傳〉所說梁冀辟朱穆典兵事應在此
時。果如此，朱穆為梁冀所辟在其四十三歲之年。又按東漢孝廉必經郎署而
後除辟。嚴耕望氏曾據〈朱文公鼎銘〉考得朱穆確曾為郎，其事為范書傳文
所省 ❶。他在郎署時間長短不可知，應在數年之間，如此其舉孝廉在四十歲
左右。

　　以上這五位順帝朝的孝廉，察舉時年齡確知在四十以上的只有一人，四
十左右的一人，四十以下的倒有三人。范曄說左雄在尚書，十餘年間，稱為
得人。我們先檢查一下他任職尚書到底有多久。據范書〈左雄傳〉，他於永建
初拜議郎。當時順帝新即位，因尚書僕射虞詡的推薦，不久即拜尚書，再遷
尚書令。虞詡是因擁立順帝的頭號宦官孫程的力薦才得任為尚書僕射 ❷。從
這裡我們不難看出左雄是在什麼樣的背景之下，出任尚書令。陽嘉元年（西
元 132 年），孫程病卒 ❸，左雄即在這一年建言孝廉察舉限年。孫程病卒的確
切月日不知，總之，孫程死後，左雄的地位即不穩。據范書同卷〈周舉傳〉，
陽嘉三年（西元 134 年），左雄已經以司隸校尉的身分薦周舉為尚書。可見從
他以尚書令身分建議限年試才以後，不過一年多，不到兩年的光景就離開了
原職。而他任司隸校尉時，竟曾因舉人失當，坐法免。「後復為尚書，永和三
年（西元 138 年）卒。」❹順帝永建計有七年（西元 126～132 年）。范曄說

---

❶　嚴耕望，〈秦漢郎吏制度考〉，《歷史語言研究所集刊》，二十三本（民國 40 年），頁
　　120。

❷　《後漢書》卷五十八〈虞詡傳〉：「（孫）程復上書陳詡有大功，語甚切激，帝感悟，
　　復徵拜議郎，數日，遷尚書僕射。」

❸　《後漢書》卷七十八〈宦者傳〉。

❹　同上，〈左雄傳〉。永和初虞詡為尚書令，左雄坐免之後得再為尚書，當與虞詡有關，
　　見卷五十八〈虞詡傳〉。

左雄在尚書十餘年，是從永建初到永和三年，前後籠統計之。事實上這十幾年裡，陽嘉元年以前並未行限年之法，陽嘉元年到永和三年總共不過六年。這六年裡，左雄一度出任司隸校尉，加上坐免的期間，剩下左雄真正能以尚書令或尚書身分推行他的辦法的只有陽嘉元年、二年和永和三年死前，最多不過四、五年的功夫。有了這樣的了解，我們再看看前述五位孝廉裡，在左雄任尚書令時被舉的只有陳球。而陳球居然就是第一個打破年齡限制的孝廉。他以十六歲舉孝廉，顯然是應「茂才異行，不拘年齒」之科。此例一開，假借茂才異行之名的必源源而出。范曄說左雄之法「頗有不密」，當即指此。

　　左雄以後，黃瓊以尚書僕射為尚書令，周舉、張盛、郭虔、應賀、史敞等人為尚書❷。左雄限年試才之法在他們手上能夠繼續維持的只有課試之法。這些人中，黃瓊並不完全贊成左雄的改革。他任尚書令後即調整左雄的辦法，在儒學、文吏兩科之外增加孝悌與能從政者兩科❷。郭虔、史敞兩人在左雄建議之初即曾聯合尚書僕射胡廣上言反對限年❷。周舉是左雄推薦為尚書的，但是他在任尚書以前，已得郭虔和應賀的賞識。郭、應曾「共上疏稱舉忠直」❷。他任尚書以後，又「與僕射黃瓊同心輔政，名重朝廷，左右憚之」❷，可見周舉雖為左雄推薦，但是在想法和做法上可能與黃瓊、郭虔這些左雄的反對派更為接近。張盛是根本反對左雄的課試之法。黃瓊任尚書令時，張盛曾建議廢除。不過，黃瓊認為「覆試之作，將以澄洗清濁，覆實虛濫，不宜改革」❷，可見左雄以後，被保留下來的是他的課試之法。范曄說迄於永熹，多得其人，應是黃瓊等人主持選政，繼續考課覆按的結果，而與

---

❷　黃瓊、周舉各見《後漢書》卷六十一，本傳；郭虔、應賀見〈周舉傳〉；張盛見〈黃瓊傳〉；史敞見《後漢書》卷四十四〈胡廣傳〉。

❷　《後漢書集解》卷六十一〈黃瓊傳〉。

❷　同上。

❷　同上，卷四十四〈胡廣傳〉。

❷　同上，卷六十一〈周舉傳〉。

❷　同上，〈黃瓊傳〉。

限年無關。限年之法，左雄本人即豫留餘地，其後繼者就更無人遵行。靈帝時，秦宓說：「乃者以來，海內察舉，率多英雋，而遺舊齒」❷❻，即可概見。

順帝以後至漢末，孝廉察舉年齒可考的共有二十二人，其中年齒不及四十的多達二十人！可見所謂限年，不為具文而何？這二十二個例子分考如下：

十二、武榮　年齡：三十六歲
　　年卅六，汝南蔡府君察舉孝廉……遷執金吾丞，遭孝桓大憂……
　　（《隸釋》卷十二〈漢故執金吾丞武榮碑〉，頁 7 下～8 下）

十三、李翊　年齡：四十四歲
　　延熹六年（西元 163 年）太守年萊李君……察舉孝廉……年五十四，以熹平二年（西元 173 年）卒。
　　　　　　（《隸釋》卷九〈廣漢屬國侯李翊碑〉，頁 7 下～8 下）

年齡推算方式與前同，不贅。

十四、馬江　年齡：三十七歲
　　和平元年（西元 150 年）舉孝廉……年四十，元嘉三年（西元 153 年）正〔下闕，按：應即其卒年之月、日〕。
　　　　　　　　（《隸釋》卷八〈郎中馬江碑〉，頁 11 下～12 下）

十五、荀彧　年齡：二十七歲
　　中平六年（西元 189 年）舉孝廉……（建安）十七年（西元 212 年）飲藥而卒，時年五十。
　　　　　　　　　　　　（《後漢書》卷七十，本傳）

十六、桓鸞　年齡：四十餘歲
　　以世濁，恥不肯仕。年四十餘，時太守向苗有名迹，乃舉鸞孝廉。

---

❷❻　《三國志集解》卷三十八〈秦宓傳〉。

　　　　　　　　　　　　　（《後漢書》卷三十七，本傳）

十七、王元賓　年齡：小於三十八歲

　　位極州郡，察孝廉、郎、謁者、考工莬陵……年卅有八。延熹四

　　年五月辛酉遭命而終。

　　　　　　　　（《隸續》卷十九〈封芷令王元賓碑〉，頁2下～3下）

十八、范滂　年齡：小於三十三歲

　　舉孝廉……建寧二年，大誅黨人，詔下捕滂……時年三十三。

　　　　　　　　　　　　（《後漢書》卷六十七〈黨錮傳〉）

十九、蔡瓚　年齡：十四歲

二十、蔡琰　年齡：二十歲

　　南陽五世公……欲舉其子。伯起自乞子瓚尚弱，而弟琰幸以成人。

　　是歲舉琰；明年，復舉瓚。瓚年十四，未可見眾，常稱病。

　　　　　　　　　　　　　　　（《風俗通義校注》卷四）

《儀禮》〈喪服傳〉：「喪成人者，其文縟；喪未成人者，其文不縟，故殤

之……年十九至十六為長殤……」；又《鹽鐵論》卷三〈未通〉第十五：「御

史曰：『……二十冠而成人，與寇事』……文學曰：『十九以下為殤，未成人

也。』」是漢人以二十歲為成人。「琰幸以成人」應指琰二十歲。

　　二十一、張昭　年齡：二十歲

　　　　弱冠察舉孝廉。

　　　　　　　　　　　　　　　（《三國志》卷五十二，本傳）

《禮記》〈曲禮〉：「二十日弱冠。」

　　二十二、曹操　年齡：二十歲

　　　　年二十，舉孝廉為郎。

（《三國志》卷一〈武帝紀〉）

二十三、雍煜　年齡：小於四十歲

　　勸子煜……孝廉，資中長江令□□□都尉……在官五載，莅政清平……年四十五卒於官。

（《隸釋》卷十二〈趙相雍勸闕碑〉，頁 12 下）

此碑年代不可考。洪适認為「此碑全類魏晉間所書……但無年歲可證。趙氏又置諸漢碑中，故存之」（《隸釋》卷九，頁 13 上、下），碑書於魏晉之間，碑主舉孝廉應在漢末。雍煜以四十五歲卒，碑云在某官五載，又曾經歷其他官職，則其舉孝廉必小於四十歲。

二十四、孫權　年齡：十五歲

　　時權十五，以為陽羨長，郡察孝廉。

（《三國志》卷四十七〈吳主權傳〉）

　　權年十五，（朱）治舉為孝廉。

（《三國志》卷五十六〈朱治傳〉）

二十五、孫翊　年齡：小於二十歲

　　孫翊……權弟也……太守朱治舉孝廉，司空辟。建安八年，以偏將軍領丹楊太守，時年二十。

（《三國志》卷五十一〈吳書〉〈宗室傳〉）

二十六、孫匡　年齡：二十餘歲

　　孫匡……翊弟也。舉孝廉、茂才，未試用，卒。時年二十餘。

（《三國志》卷五十一〈宗室傳〉）

二十七、武宣張　年齡：二十五歲

　　建和元年……孝子武始公弟綏宗、景興、開明使石工……造此闕……開明子宣張仕濟陰，年廿五，曹府君察舉孝廉……

（《漢碑錄文》卷一〈武氏石闕銘〉，頁 35 上、下）

二十八、陳登　年齡：二十五歲

　　年二十五，舉孝廉，除東陽長。

　　　　　　　　　　《三國志》卷七〈陳登傳〉裴注引《先賢行狀》

二十九、鄭泰　年齡：小於三十八歲

　　名聞山東，舉孝廉，三府辟，公車徵，皆不就。何進輔政，徵用
　　名士，以泰為尚書侍郎……〔泰〕後又與王允謀共誅卓，泰脫身
　　自武關走，東歸。後將軍袁術以為揚州刺史，未至官，道卒，時
　　年四十一。

　　　　　　　　　　《三國志》卷十六〈鄭渾傳〉裴注引張璠《漢紀》

中平六年（西元 189 年）靈帝死，少帝立，何進以大將軍輔政。是鄭泰舉孝
廉在中平六年，即西元 189 年以前。《後漢書》卷七十〈鄭太傳〉謂泰「與何
顒、荀攸共謀殺卓」，按王允、何顒、荀攸、鄭泰等人謀誅董卓失敗，事在獻
帝初平二年（西元 191 年）年尾，鄭泰東走在初平三年四月董卓終為王允、
呂布所殺以前（參《三國志》卷十〈荀攸傳〉；《後漢書》卷九〈獻帝紀〉；卷
六十六〈王允傳〉）因此，鄭泰之死約在初平三年（西元 192 年）初，其為何
進徵用約在三十八歲之年。則其舉孝廉必小於三十八歲。

三十、劉繇　年齡：十九歲

　　繇年十九，從父韙為賊所劫質，繇篡取以歸，由是顯名，舉孝廉。

　　　　　　　　　　　　　　　　　《三國志》卷四十九，本傳

三十一、鄭益恩　年齡：二十三歲

　　玄唯一子，名益，字益恩。年二十三，相國孔府君舉孝廉。

《太平御覽》，遺腹引〈鄭玄別傳〉，轉見顧懷三《補後漢書藝文志》

三十二、曹昂　年齡：二十歲

　　弱冠舉孝廉。

　　　　　　　　　　　　　　　《三國志》卷二十〈武文世王公傳〉

三十三、楊修　年齡：二十餘歲

植既以才見異，而丁儀、丁廙、楊修等為之羽翼。

《三國志》卷十九〈陳思王傳〉

楊修……太尉彪子也……建安中舉孝廉，除郎中……是時臨菑侯
植以才捷愛幸，委意投修……

（同上，裴注引《典略》）

修年二十五，以名公子有才能，為太祖所器，與丁儀兄弟皆欲以
植為嗣。

（同上，裴注引《世語》）

楊修以建安中舉孝廉，二十五歲已與曹植、丁儀等為黨，則其舉應在二十五
歲以前，大約二十餘歲之年。

以上這二十二位孝廉察舉的年齡可簡單分為以下四組：

年齡	四十及四十以上	三十九～三十	二十九～二十	十九以下
孝廉	李翊、桓鸞	武榮、馬　江 鄭泰、雍　煜 范滂、王元賓	荀　彧、蔡琰 張　昭、曹操 孫　匡、陳登 武宣張、曹昂 鄭益恩、楊修	蔡瓉、孫權 孫翊、劉繇
合計	二	六	一〇	四

由此我們可以很清楚地看出，四十歲以上舉孝廉的不過兩人，十幾二十歲的
少年郎佔絕大部分。「不滿四十，不得察舉」的規定在順帝以後，未嘗貫澈也
就勿庸置疑了。

孝廉限年的規定未見貫澈，因素很多。我們可以就規定本身以及一些外
在因素略作討論。先就規定本身來說。左雄在建議之初，可能就已經意識到
限年四十，將滯礙難行，因而以「若有茂才異行，自可不拘年齒」豫留餘地。
沒想到這一餘地為郡國守相大開方便之門。他們可據此，置年齡限制於一旁，
假茂才異行之名，舉十幾二十歲者為孝廉，廣陵徐淑是一個例子，其後的例

子就更多了。結果，所謂的限年自然流為具文。

　　其次，限年所訂年齡偏高，不切實際，也造成不公。就不公言，漢代為郎途徑甚多，除孝廉以外，以父任為郎也是重要的途徑。通常以父任為郎的不過十幾二十歲，如翟義「少以父任為郎，稍遷諸曹，年二十出為南陽都尉」㉗；陳咸「年十八，以萬年任為郎」㉘；宋均「以父任為郎，時年十五」。㉙此外以明經、射策甲科或其他方式為郎的亦甚多年少，如孔光「經學尤明，年未二十，舉為議郎」㉚；翟方進「年十二、三……給事太守府為小吏……受《春秋》，積十餘年，經學明習，以射、策甲科為郎」㉛；枚皋「年十七，上書梁共王，得召為郎」㉜；戴憑「年十六，郡舉明經……拜郎中」。㉝經由這些途徑，十幾歲即可為郎，如果舉孝廉必待四十歲，舉後亦不過為郎，其不公平是很明顯的㉞。再者，漢人往往十餘歲即為吏，如果須待四十歲才夠格謀一孝廉出身，歷時未免太長。漢人十餘歲出任吏職的比比皆是。前引翟方進年十二、三即給事太守府為小吏；賈誼「年十八……河南守吳公聞其秀材，召置門下」㉟；王尊「年十三，求為獄小吏。數歲，給事太守府」㊱；范冉「少為縣小吏，年十八，奉檄迎督郵」㊲；周防「年十六，仕郡小吏」㊳；王吉「年二十餘，為沛相」㊴；王允「年十九，為郡吏」㊵；

㉗　《漢書補注》卷八十四〈翟方進傳〉。

㉘　同上，卷六十六〈陳萬年傳〉。

㉙　《後漢書集解》卷四十一〈宋均傳〉。

㉚　《漢書補注》卷八十一〈孔光傳〉。

㉛　同上，卷八十四〈翟方進傳〉。

㉜　同上，卷五十一〈枚乘傳〉。

㉝　《後漢書集解》卷七十九〈儒林傳〉。

㉞　這一項因素，承勞貞一先生提示，謹此致謝。

㉟　《漢書補注》卷四十八〈賈誼傳〉。

㊱　同上，卷七十六〈王尊傳〉。

㊲　《後漢書集解》卷八十一〈獨行傳〉。

㊳　同上，卷七十九〈儒林傳〉。

楊終「年十三，為郡小史」❹；虞詡「年十二……縣舉順孫，國相奇之，欲以為吏」❷；朱勃「未二十，右扶風請試守渭城宰」❸；杜畿「年二十為郡功曹」❹；張既「年十六為郡小史」❺；滿寵「年十八為郡督郵」❻；王基「年十七，郡召為吏」，❼其餘兩漢書中「少為郡吏」、「少仕州郡」的人物多得不勝枚舉。漢承秦法，學僮十七以上，能諷籀書九千字，即可為史。可見這是一般情形。這些十幾二十歲的少吏在地方上經過大約十年的歷練考驗，到三十歲前後應該是一個較合理，決定仕宦前程的年紀。所謂約經十年左右，我們有兩個旁證。一是桓帝本初元年的一個詔令：「孝廉、廉吏皆當典城牧民……其令秩滿百石，十歲以上，有殊才異行，乃得參選。」❽漢代之吏起自斗食，秩滿百石，還須十年經歷才能參選。這其實是空言的高標準，但是這裡提到十年這一條件，值得參考。又漢樂府詩〈陌上桑〉三解有「十五府小吏，二十朝大夫，三十侍中郎，四十專城居」❾等句。從十五為小吏開始，到三十歲侍在皇帝之側，剛好是已經過孝廉的階段，此其間也是十餘年光景。當然這只是詩，但是當時人認識的仕宦歷程大致如此。可惜我們對漢代官吏仕宦的時間歷程還缺少通盤的研究，否則，或許我們可以證明《崔氏家傳》所說「限年三十乃得察舉」，如果不是傳刻有誤，倒是比較合乎情理的年齡規定。換言之，左雄限年四十，不能適合現實情況，自然不容易行得通。

---

❸　同上，卷七十七〈酷吏傳〉。

❹　同上，卷六十六〈王允傳〉。

❹　同上，卷四十八〈楊終傳〉。

❷　同上，卷五十八〈虞詡傳〉。

❸　同上，卷二十四〈馬援傳〉。

❹　《三國志集解》卷十六〈杜畿傳〉。

❺　同上，卷十五〈張既傳〉。

❻　同上，卷二十六〈滿寵傳〉。

❼　同上，卷二十七〈王基傳〉。

❽　《後漢書集解》卷七〈桓帝紀〉。

❾　《古詩源》（臺北，臺灣商務印書館，《國學基本叢書》）卷一，頁44。

　　從外在因素看，東漢順帝以後，尤其自桓、靈以降，朝政日亂，選舉已無規矩可言。一方面宦官當權，干涉選舉。順帝時已有「侍中、尚書、中臣子弟不得為吏察孝廉」❺⓪的禁令。然而，禁令是禁令，事實歸事實。故曹操二十歲可為孝廉；侯覽以請託被拒，誣陷史弼。另一方面，漢末亂賊四起，群雄並立，漢廷為求安撫，授以名號，假以孝廉察舉之權，其後果自不難想見。《三國志》卷八〈張燕傳〉裴注引《九州春秋》：

> 張角之反也，黑山、白波、黃龍、左校、牛角、五鹿⋯⋯等各起兵；大者二、三萬，小者不減數千。靈帝不能討，乃遣使拜楊鳳為黑山校尉，領諸山賊，得舉孝廉、計吏。後遂彌漫，不可復數。
>
> （此亦見《後漢書》卷七十一〈朱儁傳〉）

再加上割據的群雄，自署守相，名器益濫。孫策使朱治領吳郡太守，於是十餘歲的孫權、孫翊都成了孝廉❺①。

　　限年的規定流為具文另一個或許更基本的因素是抵擋不住自東漢初年以來已成氣候的閥閱權豪。東漢選舉從一開始即充滿「權門請託」❺②和「純以閥閱」❺③的情形。這些閥閱之家不歡迎左雄的改革。左雄甫倡議，他們即群起反對。胡廣、史敞和郭虔等人認為「今以一臣之言，剗戾舊章，便利未明，眾心不猒」，❺④如依舊章，權門仍能保持既得特權；所謂「眾心不猒」直是一派挾眾威脅的口氣。其他反對的還有崔瑗、張衡。崔瑗認為限年，將失賢才❺⑤；張衡以為「今詔書一以能誦章句，結奏案為限，雖有至孝，不當其科，

---

❺⓪　《後漢書集解》卷六十三〈李固傳〉。

❺①　《三國志集解》（臺北，藝文）卷五十六〈朱治傳〉。

❺②　《後漢書集解》卷二〈明帝紀〉。

❺③　同上，卷二十六〈韋彪傳〉。

❺④　同上，卷四十四〈胡廣傳〉。

❺⑤　見前文引《崔氏家傳》。

所謂損本而求末者也」 ❺ ，他更威脅地說：「自改試以來，累有妖星震裂之災，是天意不安於此法故也。」❺ 范曄說：「黃瓊、胡廣、張衡、崔瑗之徒，泥滯舊方，互相詭駁。」❺ 我們稍一查這些反對人物的家世，就可以發現他們幾乎全來自官宦閥閱之家。崔瑗出自涿郡崔氏，從崔瑗五世祖開始，其族即世代為官，其父崔駰曾辟車騎將軍竇憲府❺ 。張衡家「世為著姓。祖父堪，蜀郡太守」 ❻ ；黃瓊「魏郡太守香之子」 ❻ ；史敞和郭虔史書無傳，家世不可考 ； 胡廣 「六世祖剛……平帝時 ， 大司徒馬宮辟之……父貢 ， 交阯都尉」， ❻ 他們不但來自官宦之家， 胡廣和張衡本人更是十幾二十歲就舉了孝廉。他們自然反對左雄所說的限年。這些反對雖一時因順帝支持左雄，沒有成功，可是這些政治豪族的勢力已非一二人所能動搖，也非一紙空文所能約束。我們前文曾提到，左雄任尚書令時，包括胡廣在內，有十餘甚至上百人因謬舉免官。這些人可以想像對左雄必有不甘。左雄任尚書令，兩載即去職。繼任者是反對他的黃瓊。結果，左雄轉任司隸校尉，竟因舉人失當，丟官。保舉他的尚書僕射虞詡，也因屢忤權威，「九見譴考，三遭刑罰」 ❻ ，這其中多少有黨派鬥爭和報復的成分在內。左雄失敗以後，又有史弼、陳蕃、黃琬等人力圖澄清選政，「不偏權富」，也無不失敗❻ 。獻帝時，仲長統論天下之士有三俗，「選士而論族姓閥閱」即為其一❻ 。可見順帝朝對孝廉察舉所作的

---

❺　嚴可均輯，《全後漢文》（京都，中文出版社，1981）卷五十四，張衡「論舉孝廉疏」條。

❺　同上。

❺　《後漢書集解》卷六十一，論曰。

❺　同上，卷五十二〈崔駰傳〉。

❻　同上，卷五十九〈張衡傳〉。

❻　同上，卷六十一〈黃瓊傳〉。

❻　同上，卷四十四〈胡廣傳〉。

❻　同上，卷五十八〈虞詡傳〉。

❻　同上，卷六十一〈黃琬傳〉；卷六十四〈史弼傳〉；卷六十六〈陳蕃傳〉。

❻　《全後漢文》卷八十九「仲長統昌言佚文」。

變革，大體上並沒有動搖豪門把持選舉的基本形勢。所謂限年，在這樣的時代潮流下，不過是瞬間即逝的浪花罷了 **❻❻**。

　附記：本文於《大陸雜誌》刊出後，承蒙金發根先生指正錯誤，今已改正，謹此致謝。

（原載於《大陸雜誌》第六十六卷第四期，民國 72 年）

---

❻❻ 限年規定在東漢雖然沒有真正實行，但空文一直存在。一直到魏黃初三年，才明令取銷限年。參《三國志集解》卷三〈文帝紀〉。

東漢孝廉的身分背景

一、引　言

　　東漢政府用人，來源不一。其中最經常性的是由地方郡國察舉的孝廉。每年選出大約兩百名❶。他們無論在人數上，在政治的重要性上，都不是茂

---

❶　東漢每年產生孝廉的數目難以確考。《後漢書》卷三〈章帝紀〉建初元年三月詔：「茂才、孝廉，歲以百數」；《潛夫論》卷三〈實貢篇〉說：「貢士者⋯⋯直虛造空美，掃地洞說。擇能者而書之，公卿、刺史、掾從事、茂才、孝廉且二百員⋯⋯誠使皆如狀文，則是為歲得大賢二百也」。這是唯一兩條有關孝廉歲舉數目的文獻資料，但所謂「歲以百數」、「且二百員」尚包含茂才等在內。嚴耕望氏曾根據這些文獻，估計孝廉每歲「不過二百人」（嚴著，〈秦漢郎吏制度考〉，頁 120），這個估計可能適合順帝以前的情況，順帝以後則有多於二百的可能。我們知道東漢察舉孝廉，自和帝以後是以人口比率為準。而東漢人口記錄最高的是在桓帝時期。其次，東漢郡國常有脫歲不舉的現象（《潛夫論》卷五〈實邊篇〉），不舉的原因之一是東漢規定郡國守相須視事滿歲才得行察舉。如果太守更易就影響到察舉的施行。為解決這一問題，順帝即位之初，即令「郡國守相視事未滿歲者，一切得舉孝廉吏」（《後漢書》卷六〈順帝紀〉），如此，脫舉的現象應可減少。根據這兩點，我們相信順帝以後，孝廉的數目或可多於二百。另一個旁證是從《續漢書》〈郡國志〉所錄順帝永和時人口數推算出來的應選孝廉人數，多達二百三十人。這個推算是假設郡國沒有脫舉，而且只以安定以外的幽、并、涼三州之郡為邊郡。關於〈郡國志〉所錄人口數，王毓銓曾有極深刻的批評，指出戶籍人口並非實際人口（王著，《民數與漢代封建政權》，頁 61～80），我們相信漢代察舉必然以見於戶籍之人口為準，因此即使〈郡國志〉所錄

非實際人口，也不影響我們對應選孝廉的估計。下表中 $\frac{1}{2}$、$\frac{1}{3}$ 是指每兩年或三年才得選一人者。

表一　東漢應選孝廉估計表

州	郡國												合　計
司隸	河南	河內	河東	弘農	京兆	左馮翊	右扶風						應舉孝廉最低人數
	5	4	2	$\frac{1}{2}$	1	$\frac{1}{2}$	$\frac{1}{3}$						$13\frac{1}{3}$
豫	潁川	汝南	梁國	沛國	陳國	魯國							
	7	10	2	1	7	2							29
冀	魏郡	鉅鹿	常山	中山	安平	河間	清河	趙國	勃海				
	3	3	3	3	3	3	3	$\frac{1}{2}$	5				$26\frac{1}{2}$
兗	陳留	東郡	東平	任城	泰山	濟北	山陽	濟陰					
	4	3	2	$\frac{1}{2}$	2	1	3	3					$18\frac{1}{2}$
徐	東海	琅邪	彭城	廣陵	下邳								
	3	2	2	2	3								12
青	濟南	平原	樂安	北海	東萊	齊國							
	2	5	2	4	2	2							17
荊	南陽	南郡	江夏	零陵	桂陽	武陵	長沙						
	12	3	1	5	2	1	5						29
揚	九江	丹陽	廬江	會稽	吳郡	豫章							
	2	3	2	2	3	8							20
益	漢中	巴郡	廣漢	蜀郡	犍為	牂牁	越嶲	益州	永昌	廣漢屬國	蜀郡屬國	犍為屬國	
	1	5	2	6	2	1	3	$\frac{1}{2}$	9	1	2	$\frac{1}{3}$	$32\frac{5}{6}$
涼	隴西	漢陽	武都	金城	安定	北地	武威	張掖	酒泉	敦煌	張掖屬國	張掖居延屬國	
	$\frac{1}{3}$	1	$\frac{1}{2}$	$\frac{1}{3}$	$\frac{1}{3}$	$\frac{1}{3}$	$\frac{1}{3}$	$\frac{1}{3}$	$\frac{1}{3}$	$\frac{1}{3}$		$4\frac{1}{3}$	$8\frac{5}{6}$

才、賢良方正、直言極諫、至孝、有道、敦厚、質直、明經等所能及。孝廉通常先在中央為郎，繼而留任中央或出補地方為縣令、長。所謂「臺郎顯職，仕之通階」❷，他們再遷即成為地方州郡或中央更高的官員❸。東漢士人和地方小吏想要在仕途上求發展，所謂「高則望宰相，下則希牧守」（《後漢書》卷四十五〈袁安傳〉），都常以察孝廉為階梯。東漢時一鏡銘云：「許氏作竟自有紀，青龍白虎居左右；聖人周公魯孔子，作吏高遷車生耳；郡舉孝廉州博士，少不努力老乃悔。吉。」鏡銘所說少小努力，希望作吏高遷，憑藉的是聖人的典籍，而第一個目標正是孝廉。許氏鏡銘所述，恐非偶然。它反映了東漢士人的一種普遍願望。我們頗可以利用孝廉為線索，觀察東漢政治和社會的一些現象。

有關孝廉的研究迄今並不很多。較重要的有楊聯陞〈東漢的豪族〉❹，指出東漢地方察舉遭豪族權門把持的現象。對兩漢察舉制度曾作全盤考察的有勞榦的〈漢代察舉制度考〉❺。勞文詳論孝廉的初舉、制度的發展，並集錄很多個案，分析孝廉的資歷、家世和任用的情形。另一篇和孝廉制度密切

	上黨	太原	上郡	西河	五原	雲中	定襄	雁門	朔方	
并	1	2	$\frac{1}{3}$	$\frac{1}{3}$	$\frac{1}{3}$	$\frac{1}{3}$	$\frac{1}{3}$	2	$\frac{1}{3}$	7
	上谷	漁陽	右北平	遼西	遼東	玄菟	樂浪	遼東屬國	涿郡	廣陽	代郡	
幽	$\frac{1}{2}$	4	$\frac{1}{2}$	$\frac{1}{2}$	$\frac{1}{2}$	$\frac{1}{3}$	2	?	6	2	1	$17\frac{1}{3}$
	南海	蒼梧	鬱林	合浦	交趾	九真	日南					
交	1	2	?	$\frac{1}{3}$	?	1	$\frac{1}{2}$					$4\frac{5}{6}$
												$236\frac{1}{6}$

❷　《後漢書》卷五十八〈虞詡傳〉。

❸　嚴耕望，《中國地方行政制度史》上編，第十章，頁316～344。

❹　《清華學報》十一卷四期，頁1007～1063。

❺　《歷史語言研究所集刊》十七本，頁79～129。

相關的論文是嚴耕望的〈秦漢郎吏制度考〉❻。嚴文徵引文獻，輔以碑傳，於孝廉除郎補吏之制發明最多。日本學者論及孝廉者，較早有濱口重國、鎌田重雄等人，所論皆甚簡略❼，較新較重要的有永田英正的〈漢代の選舉と官僚階級〉❽。永田文除檢討兩漢官員選用的方式，並曾以西漢丞相和東漢太尉的出身為例，揭示孝廉身分在兩漢重要性的變化。他更從太尉的個案中發現，由孝廉為太尉者多高宦豪族的子弟。

這些研究對認識漢代的孝廉制度甚有幫助。不過無論在資料的蒐集上或在相關問題的討論上，我們都還大有努力的餘地。以資料而言，過去蒐集的並不很完整。鄧嗣禹曾作〈東漢孝廉表〉，收錄一〇七名❾；勞榦前引文曾錄兩漢孝廉，東漢部分約一三六名。本文試作進一步蒐集，初步已得姓名可考的東漢孝廉三一〇名（參附錄一〈東漢孝廉題名錄〉）。孝廉不僅是東漢官僚的重要來源，從鄉舉里選來看，他們也代表著一定的社會勢力。從他們的家世背景，我們不難發現這一群官僚的社會性質。而三一〇名孝廉中有二七六名郡籍可考，又有一三七名時代亦可考。從他們的郡籍，我們可以探索東漢政治權力區域性分配的若干現象，而時代可考的孝廉又為我們探討上述性質和現象，提供時代變化上的線索。當然，根據這些資料，可以討論的問題還很多，本文所及暫止於蒐集和整理資料，並對孝廉的身分背景作一些初步的分析。

二、東漢孝廉個案的蒐集與整理

本文蒐集的孝廉個案來自文獻與碑傳。文獻有范曄《後漢書》、陳壽《三

---

❻　同上，二十三本上冊，頁 89〜143。

❼　濱口重國，〈漢代の孝廉と廉吏〉；鎌田重雄，〈漢代の孝廉について〉。兩者都是演講的簡短摘要。

❽　《東方學報》（京都），四十一冊，頁 157〜196。

❾　鄧嗣禹，《中國考試制度史》，頁 38〜46。

國志》、謝承等七家《後漢書》、應劭《風俗通義》、劉珍《東觀漢記》、常璩《華陽國志》等；碑傳有洪适《隸釋》、洪邁《隸續》、馬邦玉《漢碑錄文》、陸增祥《八瓊室金石補正》、嚴可均《全後漢文》、中央研究院歷史語言研究所藏漢碑拓片以及新近出土的漢碑。詳目見附錄〈東漢孝廉題名錄〉。根據這些材料，共得姓名可考的孝廉三一〇名。

所謂姓名可考，包括少數有姓失名或知其名而失其姓者，此多因碑傳失載或殘缺。如據〈謁者景君墓表〉、〈綏民校尉熊君碑〉，僅知此二孝廉姓景、熊而不知其名；又據〈議郎元賓碑〉，僅知其名元賓而失其姓。此外，也有失名但知其為某某人之父、子或兄弟者，如據〈漢成陽令唐扶頌〉，知其父為孝廉；據〈北軍中侯郭仲奇碑〉，知郭仲奇的兄、弟俱為孝廉；又據《東觀漢記》，知步兵司馬王青之子為孝廉。這些姓名不能全知的孝廉，本文以「某某之父」、「某某之子」、「某君」等稱之，視同姓名可考而納入題名錄中。

郡籍考訂的問題較小，不過也有些須要說明。有父祖子孫同為孝廉，因家族遷徙而郡籍不同者 [10]。如張霸本蜀郡成都人，葬於河南，子孫「因遂家焉」[10]。其孫張陵即由河南尹舉為孝廉，是祖孫郡籍不同之例。又如郭禧為潁川陽翟郭躬之後，然〈太尉郭禧斷碑〉云：「公諱禧，字公房，其先出自有周，文（下闕）留扶溝轑門薛（下闕）……」。按扶溝屬陳留。趙明誠以郭氏世為陽翟人，疑禧嘗寓扶溝，返葬故郡，則郭禧應是陽翟人，不應視為扶溝人。趙氏之說，洪邁曾據碑傳、《漢官儀》以及〈郭旻碑〉詳辯其非。本文因從洪考，定郭禧為陳留扶溝人 [11]。再如馬忠，據《三國志》本傳，他是巴西閬中人。巴西本為巴郡的一部分。建安六年益州牧劉璋分巴郡為巴東、巴郡和巴西三郡，並以閬中為巴西郡治 [12]。由於巴西孝廉可知者僅馬忠一人，本文在討論孝廉的地域背景時，為求方便，仍將他列入巴郡計算。

---

[10] 本文所有有關孝廉的引文，凡在附錄〈東漢孝廉題名錄〉中已註明出處者，不再另行附註。

[11] 洪邁，《隸續》卷十七，頁 12 上～13 上「太尉郭禧斷碑」條。

[12] 常璩，《華陽國志》卷一，頁 7、9。

　　東漢孝廉較不易考訂的是他們察舉孝廉的時間。在三百多位孝廉中，只有二十人的碑或傳明確記載了舉孝廉的年代。他們是：杜根、孔季彥、荀彧、劉昆、袁安、程曾、姜詩、張敏、張禹、第五倫、李膺、陳蕃、賀齊、柳敏、曹全、費鳳、武開明、王純、李翊、馬江。有些雖不能確知在某年，但知在某帝某時期者，如陳球於「陽嘉中」舉孝廉、馬忠於「建安末」、江革於「永平初」之類，共二十人。他們是：張衡、陳球、陳龜、馬忠、馬棱、張翼、徐防、郭淮、韋彪、淳于恭、江革、魏霸、張興、葛龔、董鈞、甄承、楊脩、董遇、李業、應順。另外還有九名於傳文中明載是某帝時的孝廉。他們是：劉梁、宋意、張重、應劭、全柔、左雄、李咸、包咸、袁術。以上共有四十九名察舉孝廉的時代是可以依據直接的記載而確知的。

　　其餘有不少孝廉察舉的時代可間接推知。推查的方法有以下幾類。第一、據孝廉除郎補吏的制度，孝廉通常先除郎，再遷謁者或其他職位。如此，我們如果知道除謁者的時間，即可約略推知何時察孝廉。據〈司徒袁安碑〉，袁安由孝廉除郎中再轉謁者不過一年。又據〈郃陽令曹全碑〉，曹全於光和六年復舉孝廉，七年三月除郎中 ❸。根據這些例子，「和帝時」和「和帝初」為謁者的何熙、周磐應該大約是章帝時舉的孝廉。第二、如知某孝廉為某太守所舉，而某太守任職的時間可考，則孝廉的時代亦可推知。如仲定於胡廣除濟陰太守時復舉孝廉。據《後漢書》〈胡廣傳〉知胡廣於順帝初為濟陰太守，如此仲定察舉的時代即可得知。再如會稽戴就為太守劉寵所舉，而我們知道劉寵於桓帝時任會稽太守，因此戴就是桓帝時的孝廉就不成問題了。第三、利用不同來源的資料互補而考知時間。例如《風俗通義》提到孝廉汝南戴幼起，文中未說他的時代，唯云「幼起同辟有薛孟嘗者……」。按華嶠《後漢書》：「汝南薛苞字孟嘗」；再按《後漢書》卷三十九〈劉趙淳于江劉周趙傳〉：「安帝時，汝南薛苞孟嘗……」，由此可知戴幼起是安帝時的孝廉。第四、由傳文

---

❸　嚴耕望，〈秦漢郎吏制度考〉，頁129。又見趙鐵寒，〈記袁安碑〉。《全後漢文》，卷一〇五，頁1下～3上，〈郃陽令曹全碑〉。

所載與孝廉相關或時事推知。如周章舉孝廉時，「時大將軍竇憲免」。竇憲被免在和帝永元四年，因知周章是和帝永元時孝廉。傅燮「少師事太尉劉寬，再舉孝廉」，而劉寬據《後漢書》其傳於熹平五年為太尉，則傅燮得舉在靈帝時；潁容「師事太尉楊賜，郡舉孝廉」，楊賜於光和五年為太尉，則潁容亦為靈帝時孝廉。第五、由孝廉的生卒年推知。例如桓鸞「恥不肯仕。年四十餘，時太守向苗有名迹，乃舉鸞孝廉……中平元年（西元 184 年），年七十七，卒於家」，據此傳文知鸞生於安帝永初年間（西元 107～113 年）；四十餘歲舉孝廉，則其舉在桓帝初（西元 147 年桓帝即位）。有些孝廉知年歲與卒年，如果順帝時「四十舉孝廉」的規定確曾執行，則他們舉孝廉的時間也可據而推知。可是這個規定僅為具文，不足為憑❶❹。第六、是將以上的方法混合運用。例如曹操二十舉孝廉，建安二十五年以六十六歲卒，是知他在靈帝熹平三年（西元 174 年）得舉。又據《三國志》〈武帝紀〉，知韓遂之父與曹操為「同歲孝廉」，如此韓遂之父察孝廉的時間也知道了。

　　利用以上的方法，孝廉察舉可知在某帝之時者有八十八名。他們是仲定、高式、荀爽、周嘉、范滂、种暠、胡廣、苑康、郅惲、段恭、皇甫嵩、徐稺、孫匡、高彪、茨充、桓典、桓彬、桓鸞、桓階、堂谿協、曹昂、曹操、許武、鍾離意、龐參、嚴幹、李雲、何熙、杜喬、吳祐、任旐、朱穆、朱治、羅衍、韓說、鍾繇、謝夷吾、戴幼起、媯覽、潁容、蔡順、蔡衍、蔡琰、蔡瓚、鄭益恩、鄭弘、劉平、劉儒、趙苞、趙昱、趙孝、賈彪、楊仁、張玄、張武、張紘、華佗、華歆、景君、寒朗、童翊、傅燮、陳伯敬、符融、許靖、王元賓、王朗、王脩、王凌、王暢、王青之子、戴就、王阜、周章、孫權、孫翊、鮮于晏、鮮于琦、李郃、武榮、邢顒、韓遂之父、梁鵠、高岱、戴員、魏种、楊阜、周磐。這八十八名加上前述時代可據直接記載得知的四十九名，即有一百三十七名孝廉察舉的時間確實可考。其餘有一百三十四名察舉的時代不可考，但他們活動的時代尚可大概知道。另有四十名是連活動的時代都無法

❶❹　邢義田，〈東漢察舉孝廉的年齡限制〉，本論稿。

確定。這些不再一一列名。

這些孝廉的背景往往須要利用不同的資料相互補充，茲舉數例言之。范曄《後漢書》〈胡廣傳〉未記胡廣舉孝廉年歲，其碑與謝承書皆明載為二十七歲。范書〈陳蕃傳〉未載其父曾任官，據《風俗通義》知其父曾為梁父令，其祖河東太守。如此，可以確知陳蕃家族最少三代仕宦。謝承書對范書〈鄭弘傳〉、〈朱穆傳〉也頗有補益。〈車騎將軍馮緄碑〉則大大彌補了范書〈馮緄傳〉家世和仕宦記載的缺漏。這類例子很多，不再贅舉。

文獻資料也有衝突矛盾之處，須要其他的資料加以定奪。例如，《范書》卷三十八〈度尚傳〉對度尚背景的記載即與李賢注引《續漢書》者有出入。前者謂度尚「家貧，不修學行，不為鄉里所推舉……乃為……侯覽視田，得為郡上計吏，除上虞長」；後者謂：「尚少喪父，事母至孝，通《京氏易》、《古文尚書》」，難定孰是。幸而《隸釋》卷七有〈荊州刺史度尚碑〉，知其喪父在為官以後，曾以父憂去官。又碑文所記皆與范書合，是知范書較可信。不過范書失載與本文有關的一件大事，即度尚原來也是一位孝廉！

最後，必要一談的是東漢察舉「孝廉」與察「廉」、舉「孝」到底是不是一回事情？西漢武帝初舉孝廉時，孝與廉本為兩科。大約到宣帝時，兩者已合而為一。問題在於孝廉本合孝子、廉吏為一，而東漢除「孝廉」名目之外，在碑傳中還常見但言「察孝」（如：〈巴郡太守樊敏碑〉、〈廷尉仲定碑〉、〈漢故雁門太守鮮于君碑〉）、「以孝貢察」（如〈山陽太守祝睦碑〉）或「察廉」（如〈溧陽長潘乾校官碑〉）的。這些察孝、察廉是不是察孝廉的省文，凡察孝或察廉的也就是孝廉呢❶❺？從某些地方看來，似乎如此。例如〈廷尉仲定碑〉說：「南陽陰府君察孝不行，南郡胡公除濟陰，復舉孝廉……」既言「復」舉孝廉，是撰碑之人視察孝即是舉孝廉；「不行」，故曰「復舉」。可是

❶❺ 勞榦先生說：「所言察孝應當即是孝廉的簡稱，不過為著修辭上的便利罷了」，見氏著〈漢代察舉制度考〉，頁656。又同文認為孝廉是到西漢末始合為一科。唯據《漢書》卷八十九〈循吏傳〉「黃霸」條：「宣帝時，京兆尹張敞奏曰：『……舉三老、孝弟、力田、孝廉、廉吏，務得其人』」。是宣帝時，孝廉似已合為一科，而與廉吏有別。

從其他的資料看又似乎有別。例如新發現的鮮于璜墓碑，其碑陽、碑陰之銘文，凡言舉孝廉者，皆明載「舉孝廉」，並不省文。同碑中除「舉孝廉」者外，還有「察孝」一人。我們很難解釋這碑中「察孝」二字是「察孝廉」的省文，而將「察孝」與「舉孝廉」看成是同一回事。再如《後漢書》卷七〈孝桓帝紀〉載本初元年秋七月丙戌詔：「孝廉、廉吏皆當典城牧民」云云。這裡很清楚將孝廉與廉吏分別為二。孝廉既與廉吏為二，似亦不應與孝子混而為一。孝子、廉吏本是舊有的兩科，等到兩者合成孝廉這一個新的名目，舊的仍依「故事」而存在。這種新舊名目同時並存，界限難明的情形是官僚政治中常有的現象，固不必有你無我。當然要證明舉孝廉和察孝、察廉不是同一回事還須要更多的證據，在我們還不能肯定察孝、察廉就是察孝廉的時候，本文採較審慎的態度，暫時不將碑傳中但言察孝或察廉的例子列入討論。

三、東漢孝廉的身分背景

西漢選舉孝子和廉吏，本來的標準無疑是在德行、實際的才學和經驗。這不但從孝子、廉吏或孝廉的名目上可以看出，從西漢所謂四科取士的規定也可以證明[16]。不過東京以後，地方察舉普遍掌握在豪門權貴的手中。選舉表面上仍重德行，實際上家世身分往往更為重要。

世族權門把持地方察舉的情形，從東漢初即已十分嚴重。光武、明帝和章帝曾連下詔書斥責「選舉乖實」[17]，「朱紫錯用」[18]和「權門請託」[19]的選風。章帝時，韋彪呼籲「士宜以才行為先，不可純以閥閱」[20]，這些詔令和

---

[16] 四科略云：①德性高妙、②學通行修、③明達法令、④剛毅多略，才任三輔令。其詳見《續漢書》〈百官志〉「太尉」條注。

[17] 《後漢書》卷三〈肅宗孝章帝紀〉。

[18] 《續漢書》〈百官志〉「太尉」條注引世祖詔。

[19] 《後漢書》卷二〈顯宗孝明帝紀〉。

呼籲事實上作用有限，只暴露了問題的嚴重性。和帝時王符仍然批評權門操
縱選舉：

> 「今當塗之人既不能昭練賢鄙，然又卻於貴人之風指，脅以權勢之囑
> 託。請謁闐門，禮贄輻輳，迫於目前之急，則且先之，此正士之所獨
> 蔽而群邪之所黨進也。」 ㉑

和帝在永元五年的詔書裡也斥責二千石「恣心從好」，「不以選舉為憂」 ㉒。
所謂恣心從好或出於攀附，以選舉為人情；或迫於請託，不得不耳。順帝時，
河南尹田歆說：「今當舉六孝廉，多得貴戚書命，不宜相違。欲自用一名士以
報國家」 ㉓，此迫於請託之例。陽嘉二年，李固對策云：「詔書所以禁侍中、
尚書、中臣子弟不得為吏察孝廉者，以其秉威權，容請託故也。而中常侍在
日月之側，聲勢振天下。子弟祿仕，曾無限極。雖外託謙默，不干州郡，而
諂偽之徒，望風進舉」 ㉔，此甘心諂媚權貴之例。

干預選舉的權豪大抵有兩類，一為中央的權臣貴戚，一為地方州郡的豪
族。順帝時，左雄為冀州刺史，因「州部多豪族，好請託，雄常閉門，不與
交通」 ㉕。桓帝時，史弼為河東太守，當舉孝廉，「弼知多權貴請託，乃豫勑
斷絕書屬」 ㉖，此皆州郡豪族干預之例。史弼雖封絕關說，可是中常侍侯覽
仍遣人說項，史弼不應，侯覽竟誣其誹謗，「以檻車徵」 ㉗。靈帝時，蓋勳為

㉔　同上，卷二十六〈韋彪傳〉。

㉑　《潛夫論》卷二〈本政〉第九，頁11下。

㉒　《後漢書》卷四〈孝和孝殤帝紀〉。

㉓　同上，卷五十六〈种暠傳〉。

㉔　同上，卷六十三〈李固傳〉。

㉕　同上，卷六十一〈左雄傳〉。

㉖　同上，卷六十四〈史弼傳〉。

㉗　同上。

京兆尹，時「小黃門京兆高望為尚藥監，倖於皇太子。太子因蹇碩屬望子進為孝廉，勳不肯用。或曰：『皇太子副主，望其所愛，碩帝之寵臣，而子違之，所謂三怨成府者也』。勳曰：『選賢所以報國也，非賢不舉，死亦何悔！』」㉘此又中央權貴干預之例。像蓋勳、史弼、左雄這樣杜絕請託的恐怕只是少數。絕大部分的守相大概像田歆一樣，認為「貴戚書命，不宜相違」。更等而下之的諂偽之徒就無非是「望風進舉」了。

桓、靈之世，選風日劣，「權富子弟多以人事得舉，而貧約守志者以窮退見遺」㉙。其欲不偏權富，顯用志士的陳蕃、黃琬則「為勢家郎所譖訴，坐免歸」㉚。選舉請託造成朋黨交結，徐幹《中論》言之最切：

> 桓靈之世，其甚者也，自公卿大夫，州牧郡守，王事不恤，賓客為務。冠蓋填門，儒服塞道……送往迎來，亭傳常滿……扣天矢誓，推託恩好……詳察其為也，非欲憂國恤民，謀道講德也。徒營己治私，求勢遂利而已……至乎懷丈夫之容而襲婢妾之態，或奉貨而行賂，以自固結，求志屬託，規圖仕進。然擲目指掌，高談大語，若此之類，言之猶可羞，而行之者不知恥㉛。

和請託、交結相連的另一現象就是前文所說，察舉的標準沒有辦法再嚴守以德行和才能為重的規定，變成「以族舉德，以位命賢」㉜。以族以位則家世身分成為被察舉的重要條件。在這種情形下，東漢孝廉的家世身分就很值得我們作些分析了。

在三一〇位可知的東漢孝廉中，有家世資料可考的有二百六十五位。所

㉘ 同上，卷五十八〈蓋勳傳〉。

㉙ 同上，卷六十一〈黃琬傳〉。

㉚ 同上，卷六十六〈陳蕃傳〉。

㉛ 《中論》卷下，頁9下～10上。

㉜ 《潛夫論》卷一〈論榮〉第四，頁10下～11上。

謂可考,資料的內容和詳略當然不盡相同。不過我們仍然可以就經濟、教育、個人仕宦經歷、家族和地域背景等幾方面試作討論。

(一)經濟背景

從經濟背景上說,貧寒子弟在東漢能成為孝廉的極少。在二百六十五名孝廉的資料裡,確實提到家道清貧的只有十八人。例如:黃憲「世貧賤,父為牛醫」;劉梁「少孤貧,賣書於市」;江革「少失父,獨與母居⋯⋯窮貧裸跣,行傭以供母」;高彪「家本單寒」;檀敷「家貧而志清」;服虔「少以清苦建志」;徐稺「家貧,常自耕稼」;公沙穆「家貧賤」;闞澤「家世農夫,至澤好學,居貧無資,常為人傭書」;朱儁「少孤,母嘗販繒為業」;劉脩「少罹艱苦,身服田畝」;第五訪「少孤貧,常傭耕以養兄嫂」;胡廣「少孤貧,親執家苦」;周磐「居貧養母」;單颺「以孤特清苦自立」;度尚「家貧,不修學行」;趙宣「出自寒微」;朱倉「受學於蜀郡張寧⋯⋯同業憐其貧,資給米肉⋯⋯家貧以步行」。這些人有不少系出名門而家道中落的。如胡廣六世祖曾辟大司徒府,他的父親曾任交趾都尉,因父早逝而衰貧。再如周磐出於安帝時徵士周變之宗,祖父官至天水太守。他顯然也是因為父喪,才「居貧養母」的。第五訪為司空第五倫的族孫,因少孤而貧。劉梁更是宗室子孫,亦因孤而貧。十八人中有將近一半的家世是「孤」、「貧」相連,這對了解漢代家族經濟關係似是一值得注意的資料。

這些家道不豐的孝廉能由貧賤而晉身,主要依賴他們在學行上的表現。其中高彪、檀敷、服虔、徐稺不是曾為諸生,就是曾入太學。其他如周磐「少游京師,學《古文尚書》」、單颺「明天官、算術」、公沙穆「習《韓詩》、《公羊春秋》」、闞澤「追師論講,究覽群籍,兼通曆數,由是顯名」、朱倉「受學於蜀郡張寧,餐豆飲水以諷誦⋯⋯著《河洛解》」。

其次一條晉身的途徑是擔任地方吏職,如度尚為上計吏、胡廣為散吏、第五訪為郡功曹、朱儁為縣門下書佐、郡主簿。事實上家貧能在地方上為吏的機會很少,因為漢承秦法,為吏須有一定財貲。韓信少時即因家貧不得推

擇為吏。景帝末曾將標準從訾算十減為訾算四。顏師古注引應劭曰:「古者疾吏之貧,衣食足知榮辱,限訾十算乃得為吏。十算,十萬也」❸。東漢情形如何,無考。不過應劭是東漢人,他熟於掌故,他的解釋應是可靠的。可能景帝所改四萬錢的標準,在東漢仍依「故事」被遵行著。

也有一二因德行被舉的。趙宣「以溫良博雅,太守犍為楊文方深器異之,遂察孝廉」;江革是因「採拾以為養」、「行傭以供母」的孝行,以江巨孝之名聞於鄉里而被舉。從以上的檢討,不難看出,在沒有經濟力量為奧援的情形下,這些孝廉得舉大抵合於四科取士的標準。從比例上說,通明經術和有吏職經驗的多過德性高妙的。總體而言,東漢社會中能從貧賤而為孝廉的機會甚為有限。

貧賤固難脫穎而出,單純憑藉財勢似乎也並不能保證一個家族能有子弟獲選為孝廉。有一些孝廉並無個人學行或其家族成員曾仕宦的紀錄,但是從他們家財或一些其他的事蹟可以知道他們出自有錢或有勢的地方豪族。這一類例子不多。例如:周防「父揚,少孤微,常脩逆旅,以供過客,而不受其報」。其父「孤微」,知其非顯赫世家,但能常供給旅客,不受回報,其家必小有產業。還有童翊「父仲玉,遭世凶荒,傾家賑卹,九族鄉里賴全者以百數」,淳于恭「家有山田果樹」。以上這些可以說都是地方財富之家。還有一些從事蹟上可知其家為地方豪強領袖。例如:第五倫「其先齊諸田。諸田徙園陵者多,故以次第為氏。王莽末,盜賊起,宗族閭里爭往附之。倫乃依險固築營壁。有賊,輒奮厲其眾,引彊持滿以拒之。銅馬、赤眉之屬前後數十輩,皆不能下」。可知第五倫家為地方宗族閭里的領袖。還有私行復仇,地方官不敢捉捕的,亦應屬地方豪強之家。例如郅惲為友人報父仇,殺人而後投縣自首,就獄。縣令「跣而追惲,不及,遂自至獄。令拔刃自向以要惲曰:

---

❸ 《漢書》卷五〈景帝紀〉。又1977年在河南偃師發現東漢章帝建初二年「侍廷里父老僤買田約束石券」,可知即使為里父老也須一定的貲產,「訾下不中」即不得為父老,吏或亦如之。參黃士斌,〈河南偃師縣發現漢代買田約束石券〉,頁17~20;寧可,〈關於侍廷里父老僤買田約束石券〉,頁21~27。

『子不從我出，敢以死明心』，憚得此乃出」。至於王龔家「世為豪族」、蘇則家「世為著姓」，因其族姓沒有仕宦之迹可查，或亦屬於這類以財、勢雄於一方的地方豪族。總之，在兩百多個孝廉個案中，僅有財勢可考的家族只有上述幾個。

家族財勢在絕大部分情形下是和家族仕宦相結合。仕宦之家通常也就是財勢之家，例如曹全一族「枝分葉佈，所在為雄」，种暠父「有財三千萬」，朱穆家資足以濟「宗里故舊之貧羸者，鄉族皆歸焉」，馮緄父「家富好施，為州里所愛」，戴良曾祖父「家富，好給施……食客常三、四百人」，陽球「家世大姓冠蓋……郡吏有辱其母者，球結少年數十人，殺吏，由是知名」。這類例子，文獻中甚多，不再枚舉。1971 年在內蒙古和林格爾發現的一座東漢壁畫墓為這種仕宦家族的經濟生活提供了更生動的說明。墓主失名，但從壁畫的題記可知墓主曾為孝廉，最後官至護烏桓校尉。該墓有前、中、後三室。在前室兩側的耳室四壁畫有牧牛、牧馬、牧羊及耕作之圖，在後室南壁畫有一幅莊園圖。莊園圖描繪出整個莊園的輪廓以及莊園中的生產活動。莊園裡有農地，有桑林，有牧場，還有織染和釀酒的作坊，甚至有防禦用的建築一壁❸❹。1959 年在潼關發掘到的弘農楊氏墓群，雖然曾遭盜墓，破壞已甚，但是殘餘的玉器、銅車馬飾、大量的漆器、陶製的樓閣、磨房和豬、羊圈等仍可以反映出弘農楊氏的經濟勢力 ❸❺。這些實物都是財富與仕宦結合的最佳見證。

㈡教育背景

孝廉是東漢官僚的主幹。他們所曾受的教育應頗能代表東漢一般官僚所受的教育；他們受教育的途徑也應反映出漢代官僚養成的一般途徑。從途徑上說不外是傳習家學、從私人問學、入地方學校或入太學。在教育內容上則以經學和律令為主。

---

❸❹ 內蒙古文物工作隊、內蒙古博物館，〈和林格爾發現一座重要的東漢壁畫墓〉，頁 8～23；吳榮曾，〈和林格爾漢墓壁畫中反映的東漢社會生活〉，頁 24～30。

❸❺ 陝西省文物管理委員會，〈潼關吊橋漢代楊氏墓群發掘簡記〉，頁 56～66。

班固說的很清楚，五經乃「祿利之路」。四科取士的第二項要求就是「學通行修，經中博士」。知曉經書可以說是漢代官吏必要的修養，孝廉自不能例外。有不少孝廉就是以明經而得為孝廉（如趙戒、霍諝、董鈞、劉寵等）。他們明那些經呢？有很多碑傳行狀說他們「兼綜六藝，博物多識」、「綜覽墳典，靡古不通」。這些都是漢人喜歡說的虛語。我們可以舉一些記載比較確實的例子，以見習經之一斑：

邳彤：「理《韓詩》、《嚴氏春秋》、明天文、歷數」。

韓說：「博通五經，尤善圖緯之學」。

武榮：「治《魯詩》……傳講《孝經》、《論語》、《漢書》、《史記》、《左氏》、《國語》」。

劉昆：「少習《容禮》……受《施氏易》」。

陳重：「學《魯詩》、《顏氏春秋》」。

張裔：「治《公羊春秋》，博涉《史》、《漢》」。

周燮：「能通《詩》、《論》；及長，專精《禮》、《易》」。

魯峻：「治《魯詩》，兼通《顏氏春秋》」。

徐稺：「學《嚴氏春秋》、《京氏易》、《歐陽尚書》，兼綜風角、星官、算曆、河圖、七緯、推步變易」。

公沙穆：「習《韓詩》、《公羊春秋》」。

周磐：「學《古文尚書》」。

孔宙：「治《嚴氏春秋》」。

孔褒：「治家業《春秋》經」。

張興：「習《梁丘易》」。

甄承：「習《嚴氏春秋》」。

程曾：「習《嚴氏春秋》」。

張玄：「少習《顏氏春秋》」。

楊仁：「習《韓詩》」。

單颺：「善明天官、算術」。

謝夷吾：「學風角占候」。

這些孝廉有兼通數經，也有專治一經的。除了五經，學風角、占候、圖緯、天官者也頗有人在。這反映出東漢一般的學術風氣。除此之外，還有陽球「好申、韓之學」、淳于恭「善說老子」。可見東漢士人一般固以習儒經為主流，諸子之學亦未嘗全廢❸❻。

孝廉習經之外，還兼習律令。「明達法令」即為取孝廉的四科標準之一。兼習律令是漢儒的一項特色。董仲舒本人就是著例。王充《論衡》〈謝短篇〉說：「法律之家，亦為儒生」❸❼。他說這話原有譏諷之意，不過亦顯示儒生治律的風氣。東漢律令之學有章句，也有家法。據說：「律有三家，其說各異」❸❽。其中可考的兩家是西漢武帝時杜周父子所傳的大、小杜律。孝廉郭禧和郭旻即習小杜律，馮緄習大杜律。此外，陳球亦習律令，家派則不可考。漢代在地方為吏都須要知曉律令，漢簡有很多證據，此處無須細論❸❾。而我們所知道的孝廉大約有三分之一以上曾在地方擔任吏職（詳見下節），他們曾習律令是可以十分確定的。

---

❸❻ 東漢好黃老、老子、老莊者大有人在，參《後漢書》〈光武帝紀〉、〈桓帝紀〉；卷十九〈耿弇傳〉；卷二十一〈任光傳〉；卷二十三〈竇融傳〉；卷二十四〈馬援傳〉；卷二十七〈鄭承傳〉；卷三十上〈楊厚傳〉；卷三十下〈襄楷傳〉；卷三十二〈樊宏傳〉；卷三十六〈張霸傳〉；卷三十九〈淳于恭傳〉；卷四十上〈班彪傳〉；卷四十八〈翟酺傳〉；卷五十〈孝明八王傳〉；卷五十七〈劉陶傳〉。好申、韓及律令之學者亦不乏人，參《後漢書》卷七十七〈酷吏傳〉；卷三十四〈梁統傳〉；卷二十〈王霸傳〉；卷五十六〈張皓傳〉、〈陳球傳〉；卷七十六〈循吏傳〉。此外，《後漢書》列傳人物通百家之學的甚多，有關百家的著作可參顧懷三《補後漢書藝文志》卷八。

❸❼ 《論衡》卷十二〈謝短〉第三十六，頁17上。

❸❽ 《後漢書》卷四十六〈陳寵傳〉。據《晉書》〈刑法志〉，律令章句有叔孫宣、郭令卿、馬融、鄭玄等十餘家之多。

❸❾ 參勞榦，《居延漢簡考釋之部》，〈居延漢簡考證〉「文武吏」條，頁17～18。

　　從學習的途徑看，向私人問學、入學校和承襲家學的兼而有之。向私人問學的如潁容「善《春秋左氏》，師事太尉楊賜」；朱倉「受學於蜀郡張寧」；衛衡「少師事隱士同郡樊季齊」；王烈「少師事陳寔」；楊充「受古學扶風馬季長」；公孫瓚「從涿郡盧植學」；士燮「事潁川劉子奇，治《左氏春秋》」；張昭「從白侯子安受《左氏春秋》」；張霸「就長水校尉樊儵受嚴氏《公羊春秋》」；傅燮「少師事太尉劉寬」；王朗「師太尉楊賜」；延篤「從潁川唐溪典受《左氏傳》……又從馬融受業，博通經傳及百家之言」；董鈞「習《慶氏禮》，事大鴻臚王臨」。曾為諸生或遊太學的有高彪、檀敷、徐穉、杜喬、霍諝、包咸、向栩、服虔、戴封、苑康、劉陶、張武、李郃、臧洪、符融等人。十分值得注意的是有很多是繼承家學，甚至以此教授的。例如：桓典「傳其家業，以《尚書》教授潁川」；劉寵「少受父業，以明經舉孝廉」；楊彪「少傳家學，初舉孝廉」；李郃「父頡，以儒學稱，官至博士，郃襲父業」；宋意「父京，以《大夏侯尚書》教授……意少傳父業」；魯國孔氏自安國以下，世傳《古文尚書》、《毛詩》，孔季彥「守其家業，門徒數百人」；徐防「祖父宣，為講學大夫，以《易》教授王莽；父憲，亦傳宣業。防少習父、祖學」；袁安「祖父良，平帝時舉明經，為太子舍人……安少傳良學」；曹褒「父充，持《慶氏禮》，建武中為博士……褒少篤志，結髮傳充業」。

　　這些傳家學的孝廉，他們本人以及他們的家族不但佔據政府要津，他們的門生更足以形成政治上的影響力。我們可舉幾個例子。例如，甄承祖父甄宇習《嚴氏春秋》，教授數百人，建武時拜博士，為太子少傅。宇傳業子甄普，普再傳甄承，「諸儒以承三世傳業，莫不歸服」。甄承官至梁相，「子孫傳學不絕」。宋意的族祖父宋伯是五官中郎將，族父宋均曾為司隸校尉、河內太守，其父宋京以《大夏侯尚書》教授，官至遼東太守。宋意本人傳父業，曾為尚書、司隸校尉。其孫宋俱靈帝時為司空。劉寵父號為通儒，寵少受父業，曾歷任三公之職，弟劉方官至山陽太守。劉昆教弟子恆五百餘人，建武時歷任太守、光祿勳、騎都尉。其子劉軼繼承其學，門徒亦盛，官至太子中庶人、宗正。東漢以經學傳家，聲勢最顯赫的莫過於弘農楊氏、沛郡桓氏。楊氏自

哀、平時楊寶以《歐陽尚書》教授，家學世傳不替。舉孝廉的楊彪少傳家學，官至司徒、司空。桓氏自王莽時桓榮以《歐陽尚書》教授，代為帝師，門徒雲布。《後漢書》〈桓榮傳〉謂桓榮於永平時封關內侯，食邑五千戶。死時，「除兄、子二人補四百石，都講生八人補二百石，其餘門徒多至公卿」。桓榮子郁襲爵，傳父業，門徒常數百，明帝時授皇太子經。郁子焉為安帝、順帝師，「弟子傳業者數百人，黃瓊、楊賜最為顯貴」。孝廉桓典為桓焉之孫，也以《尚書》教授，門徒數百人。其族自桓典以後，還有桓鸞、桓曄、桓麟、桓彬著名於世。難怪范曄在傳論中說：「伏氏自東西京相襲為名儒，以取爵位。中興而桓氏尤盛，自榮至典，世宗其道，父子兄弟代作帝師，受其業者，皆至卿相，顯乎當世」。漢世，業師門生，恩同君父，關係至重❹。傳經之家，門生布列，其政治勢力是不難想像的。我們所知道的孝廉有這樣多來自傳經之家，或曾教授經學，是一個很有意義的現象，顯示經學、仕宦和家族勢力三者相依相存的關係。

㈢個人仕宦背景

東漢孝廉另一個重要的身分背景是他們有很多曾任地方州郡的屬吏。在有家世身分背景可考的二百六十五名孝廉中，有九十四名，亦即百分之三十五以上曾任職地方州郡。地方屬吏被舉，一方面是因為察舉的大權掌握在郡國守相手中。他們很自然從自己親近熟悉的屬下中選拔人才。另一方面，東漢取士甚重實際經驗。四科取士，其「三日明達法令，足以決疑，能按章覆問，文中御史；四曰剛毅多略，遭事不惑，明足以決，才任三輔令」，這都非根據實際的成績，不足定奪。東漢帝詔，屢以「校試以職」❹、「明試以功」❷、「令試之以職，乃得充選」❸為言，順帝時左雄建議「諸生試家法，

---

❹　鎌田重雄，〈漢代の門生と故吏〉，收入《秦漢政治制度の研究》，頁 450～469；又參金發根，〈東漢黨錮人物的分析〉，頁 512～516。

❹　《後漢書》卷四，注引《漢官儀》，章帝建初八年十二月己未詔。

❷　同上，卷三〈章帝紀〉建初元年三月己巳詔。

文史課牋奏」，也無非希望「練其虛實，以觀異能」❹。儘管這些詔令和建議反映出選舉實際上不以實材，但是能合乎這些要求的莫過於地方屬吏。以下先將九十四名孝廉所曾擔任，可考之最高吏職列表，再作討論。

1.功曹　二十二人

第五訪、陳禪、劉翊、費汎❹、雷義、朱儁、費鳳❹、許慎、景君、李翊、馬稜、桓曄、桓階、周章、景鸞、楊仁、袁安、橋玄、劉放、張既、梁休❹□朝侯小子

2.督郵　四人

鄭弘、朱穆、鍾離意、謝夷吾

3.主簿　三人

周嘉、种暠、堂谿協

4.戶曹史（吏）　五人

薛丞、孟嘗、包咸、李郃、劉虞

5.倉曹掾　一人

戴就

6.屬曹吏　一人

劉祖

7.上計吏、掾　五人

❹　同上，卷四〈和帝紀〉永元五年三月戊子詔。

❹　同上，卷六十一〈左雄傳〉。

❹　此三人之碑傳中並未明言任職功曹，但云「仕更郡右」（費汎）、「踐郡右職」（費鳳）。按郡國屬曹有諸曹與右曹之分。右曹位尊，又稱郡右，有主簿、督郵、五官掾和功曹，其中以功曹位最高。范書〈張酺傳〉注引《漢官儀》：「督郵、功曹、郡之極位」。因此，所謂「仕更郡右」、「踐郡右職」應指功曹而言。梁休碑殘斷，原文云「……仕郡歷五官（下闕）淑瑋遂察孝廉……」。五官應即為五官掾，郡吏在五官掾之上唯有功曹。既云仕郡「歷」五官掾，必不止於斯職，應更曾任功曹也。

　　　高岱、公孫瓚、許靖❹⑥、段恭、戴幼起

8.郡散吏　一人

　　　胡廣

9.郡守丞　一人

　　　周防

10.縣丞　一人

　　　張玄

11.書佐　一人

　　　張翼

12.州別駕　五人

　　　任安、任伯嗣❹⑦、王元賓❹⑦、曹全、楊阜

13.州從事　八人

　　　蔡湛、王政、仲雄、李禹、王純、郭仲奇、朱倉、武榮

14.除或守縣令、長　八人

　　　度尚、杜畿、劉平、王脩、柳敏、賀齊、孫權、王朗

15.鄉嗇夫　一人

　　　鄭益恩

16.郡吏、縣吏等職位不確知者　二十七人

　　　衡方、駱俊、嚴幹、許荊、黃真、黃蓋、范丹、高頤、張壽、熊君、
　　　郭旻、武宣張、陳蕃、陶謙、趙苞、華歆、張重、李咸、龐參、應
　　　順、朱治、賈彪、魯峻、霍諝、魏元丕、馬忠、符融

---

❹⑥　《後漢書》〈許靖傳〉但言靖為計吏。計吏即上計吏的省稱。參嚴耕望，前引書，頁
　　263～264。

❹⑦　任伯嗣、王元賓碑皆未明言曾任「州別駕」，但云「位極州郡」、「仕極州郡」。漢吏
　　陞遷例由郡之極位升轉為州之屬吏。州刺史屬吏以別駕位最高。任、王即位極州郡，
　　姑列於別駕之列。參嚴耕望，前引書，頁308～309。

　　這些屬吏出身的孝廉在身分上可分為五類。第一類是人數最多的功曹。二十二名功曹中除袁安、橋玄二人是縣功曹，其餘全為郡功曹。郡縣功曹是由守長自行除辟，最為親信和地位最高的屬吏。他們統諸曹，掌曹吏的任免賞罰，是郡守、縣令長的左右手。橋玄和袁安由縣功曹而為孝廉十分特殊，因為察舉之權在郡國守相，不在縣令長。袁安為洛陽令所舉，實所僅見。郡功曹常在郡守左右，又常歷職諸曹，逐步遷陞（如：武榮、梁休、仲雄、郭仲奇、柳敏、李翊、劉放、費汎、費鳳），經驗最為豐富，丘訢辭郡守召云：「明府所以尊寵人者，極於功曹，所以榮祿人者，已於孝廉」❹，功曹得舉者最多，實乃自然之事。

　　其次，即為由功曹轉遷為州刺史的屬吏（從事）、副手（別駕）或以郡吏除守縣令、長的一類。功曹通常陞遷的途徑即為守令長或州辟從事。高頤、仲雄、武榮以及那些「仕郡辟州」、「位極州郡」、「仕極州郡」者都是由郡而辟州職的例子。東漢常例先察孝廉而後除縣令、長。在此以前最多只能守縣令、長，如王脩以主簿守高密令；柳敏、杜畿以功曹守宕渠令、鄭縣令；賀齊、劉平以郡吏守剡長、菑丘長。孫權、度尚、王朗等先除縣長，再為孝廉，都各有原因。孫權以十五歲除陽羨長，察孝廉，蓋其兄孫策於亂世戡定諸郡，權傾一方，權以兄得除，非治世常態。度尚因父憂去官，「更舉孝廉」，在「更舉」以前已拜郎中，除上虞長。東漢常有一人數度舉孝廉的事，如曹全、寒朗、楊淮皆兩度被舉，徐穉甚至「四察孝廉」、衛衡「九察孝廉」。度尚在拜郎除長以前已舉孝廉，故曰「更舉」。王朗的情形和度尚相似。他以通經拜郎中，除菑丘長，服喪去官，後舉孝廉。他也可能是更舉的孝廉，唯失載，無從確考。以上由州從事、別駕和除守縣令長而察孝廉的共二十一人，構成第二大類。

　　第三類即為功曹以下，來自郡之右曹（主簿、督郵）、諸曹（戶曹、倉曹等）以及擔任上計重責的上計吏者共十九人。以上三大類共六十二人，已佔

---

❹　《全後漢文》卷五十九，頁 8 上。

職位可知的六十七人的絕大部分。可見州郡高級屬吏是吏職出身孝廉最主要的來源。其餘散吏、守丞、縣丞、書佐、鄉嗇夫等各僅有一例，可歸為一類，應皆屬特例。最後一類是碑傳中僅說為「郡吏」、「縣吏」、「佐職牧守」、「少仕州郡」、「股肱州郡」等而無法確知職位者。這類二十七人中應有曾任前三類職位的，因無從確知，也就不能多說。

這些地方屬吏出身的孝廉有不少亦曾為諸生、太學生或以經書教授的。例如：包咸「少為諸生，受業長安……去歸鄉里……太守黃讜署戶曹吏」、霍諝「少為諸生……仕郡舉孝廉」、張玄「少習《顏氏春秋》，建武初，舉明經，補弘農文學，遷陳倉縣丞」、李郃「遊太學、通五經，縣召署幕門候吏」、王脩「年二十，游學南陽……北海孔融召以為主簿，守高密令」、景鸞「少……遊學七州，遂明經術，還乃撰《禮略》、《河洛交集》……太守（闕）眈命為功曹」、陶謙「少好學，為諸生，仕州郡」、任安「少遊太學……還家教授，初仕州郡」、楊仁「習《韓詩》，數年歸，靜居教授，仕郡為功曹」、王元賓「門徒雲集……學優而仕，位極州郡」。先遊學或入學校修習經書，再出仕地方，應該是漢代士人相當普遍的一條入仕途徑。西漢景帝時，蜀郡太守文翁擇小吏赴長安，受業博士，或習律令。學成歸蜀，即擔任蜀郡的吏職。文翁時，地方尚無學校，武帝以後，地方普立學官。地方子弟入學為諸生，以後就成為地方官吏的主要來源❹。當然也有遊太學的。但是他們也回到地方，從地方小吏幹起。這樣一大群有經學與律令知識的士人，在地方經過若干時日的磨練，有了豐富的經驗，就俱備了受超拔為孝廉，從吏而官的條件。

從前引許氏鏡銘，我們可以想像由「作吏高遷」，而後「郡舉孝廉」是東漢士人一條相當普遍的入仕途徑。但是普遍到什麼程度呢？我們可以將光武到章帝、和帝到質帝、桓帝到獻帝三個時期裡時代可考，屬吏出身的孝廉和各時期可考的總孝廉人數做一對比：

---

❹ 參嚴耕望，前引書，頁 255；池田雄一，〈中國古代における郡縣屬吏制の展開〉，收入《中國古代史研究》，頁 129。

表二　屬吏出身孝廉比例表

孝　廉	光武	明	章	小計	和	安	順	小計	桓	靈	獻	小計
曾為吏者	8	2	2	12	3	4	8	15	7	5	10	22
各朝總數	22	9	9	40	4	10	15	29	22	21	25	68
百分比				30				51				32

這三個時期各約六十至七十年。在第一階段四十名孝廉中有十二名曾任州郡之吏；第二階段二十九名中有十五名；最後一階段六十八名中有二十二名。換言之，東漢最初的六十年以及最後的七十年有約近三分之一的孝廉是來自地方之吏，中間的六十年則有一半的孝廉從州郡小吏中拔擢出來。從和帝到質帝時，孝廉出自地方屬吏的較多，其原因恐怕是相當複雜的。這和東漢中期的社會、政治變化都可能有關係。不過，我們前文曾經提到，從明、章以來到順帝，不斷有詔令強調選士須「明試以功」、「校試以職」。順帝時，左雄建議察舉孝廉須限年的辦法雖然失敗，但是他「諸生試家法，文吏課牋奏」的課試之法卻得以保持❺⓪。或許在這種強調經驗歷練的情況下，以實務見長的地方屬吏有了較好的機會。桓帝以後，朝政日亂，選人不從正軌，能從這條路上為孝廉的於是又見減少。

㈣家族背景

　　孝廉家世最引起我們注意的是在二百六十五名家世可考的孝廉中，有多達一百三十九名，亦即一半以上 (52.4%) 出身在有父、祖、兄弟或其他成員仕宦的家族中。這顯示出家族仕宦背景的重要。通常世宦之家能夠為子孫建立較良好的經濟和教育的環境，更能夠運用家族在政治上已有的影響力，提攜子弟較方便地踏上仕途。謝承《後漢書》有一個關於朱穆的故事：

　　　　穆少有英才，學明五經……二十為郡督郵。迎新太守，見穆曰：「君年
　　　　少為督郵，因族勢？為有令德？」穆答曰：「郡中瞻望明府如仲尼，謂

---

❺⓪　邢義田，〈東漢察舉孝廉的年齡限制〉，本論稿。

非顏回不敢以迎孔子。」**㉑**

朱穆固為英才,在較良好的經濟和教育條件下,仕宦之家產生較多的人才本
是自然之事。但是太守以族勢相問也非無因,因為朱穆的曾祖父是光武帝的
同學,祖父是尚書令,父親官至陳相。而他本人二十歲即已為郡之長吏,這
與其家族勢力不能說毫無關係。東漢仕宦,「關係」至重。所謂門生、故吏、
孝廉、舉主之間,皆有君父般的關係**㉒**。宦門互結婚姻,也是普遍的現象**㉓**。
他們在重重關係之下,相互援引,欲為子弟謀一出身,自然要比出自寒門者
容易得多。這一點,我們分析一下這些孝廉的家族背景就可得其一二。

在附錄〈東漢孝廉家族仕宦表〉中,我們曾將有仕宦可考的一百三十九
位孝廉家族,依其仕宦的世代分為四類:1.包括孝廉本人,其族兩代為官者、
2.三代任官者、 3.四代以及四代以上仕宦者、 4.仕宦代數、人名、官職不明
確,但資料中提到其為衣冠之族、冠蓋或冠族者。《漢書》〈杜欽傳〉顏師古
注曰:「衣冠,謂士大夫也」。冠族、冠蓋也都是指官宦人家。其他提到「家
世二千石」、「歷世卿尹」或「世仕州郡」等的也都歸入這一類。來自這四類
家族的孝廉人數依序分別是五十五、四十、三十六、八人。看起來,似乎仕
宦世代愈少的家族產生的孝廉愈多。事實上,如果我們將二、三類合而計之
(七十六人),就不難發現三代以及三代以上累宦的世族在孝廉選舉上佔的優
勢。如果我們進一步以二千石(包括中、比二千石)作為仕宦高下的分界,
更可以發現,在前三類一百三十一名孝廉中,有多達九十七名,亦即百分之
七十四以上,來自曾有官至二千石的高宦家族。如果將三類分別統計,則又
可以發現,仕宦世代愈多的家族,曾有家族成員官至二千石或以上的比例愈
高:孝廉來自二千石以及二千石以上高宦家族的,在第一類中有三十二人,
佔第一類全體的百分之五十八;第二類中有三十一人,佔百分之七十七;第

㉑ 謝承,《後漢書》卷二,頁7上下。

㉒ 邢義田,〈東漢察舉孝廉的年齡限制〉,本論稿。

㉓ 劉增貴,《漢代婚姻制度》,頁179~186。

三類中除孟嘗一人以外，其餘三十五人全出自二千石以上的高宦家族。因此，我們可以說，東漢家世可考的孝廉不僅有一半以上來自仕宦之家，而且絕大部分出自累世高宦之門。以上的估計並沒有包括第四類仕宦世代不明的。如果我們再將「家世二千石」公孫瓚的家族、「歷世卿尹」蔡湛的家族、「代為漢將相名臣」宗資的家族以及「家世冠族」羊陟等人的家族都列入考慮，更可以確定累世高宦家族在東漢孝廉家世背景上的重要性。

　　前文曾說財富與仕宦往往相結，與地方政治勢力亦往往交疊。世宦之族有財有勢，他們的子弟應有較好的機會出仕地方，進而為孝廉。朱穆二十歲為郡督郵，孫權十五歲出宰百里，此《潛夫論》所謂：「富者乘其材力，貴者阻其勢要」❺。我們不禁要問這些仕宦之族的孝廉有多少曾在地方擔任吏職？那些沒有家族仕宦背景的又有多少是從州郡之吏出身？試先列一簡表如下：

表三　孝廉家世與吏職關係表

	曾任吏職之孝廉	孝廉總數	百分比
兩代仕宦之族	13	55	23.6
三代仕宦之族	12	40	30
四代仕宦之族	10	36	27.7
仕宦世代不明	3	8	37.5
仕宦之族合計	38	139	27.3
無仕宦之族	56	126	44.4

從這個統計看來，家族仕宦世代的多寡和其子弟由吏而孝廉者，在比例上差異的意義並不顯著。若合而計之，和沒有家族仕宦背景的孝廉比較就頗有意義了。後者有百分之四十四曾擔任吏職，而來自官宦人家的孝廉只有百分之二十七曾佐職州郡。一個可能的解釋是仕宦之族的子弟雖然有較好的機會出仕地方，但是他們更可以託庇族勢，利用關係，謀得孝廉。《風俗通義》載南陽五世公事可為一例：

　　南陽五世公為廣漢太守，與司徒長史段遼叔同歲。遼叔太子名舊，才

❺　《潛夫論》卷二〈考績〉第七，頁5上。

操鹵鈍，小子髡既見齒鄉黨，到見股肱曰：「太守與遼叔同歲，恩結締素，薄命早亡，幸來臨郡，今年且以此相饒，舉其子，如無罪，得至後歲貫魚之次，敬不有違。」有主簿柳對曰：「明府謹終追遠，興微繼絕，然舊實不如髡，宜可授之」。世公於是屬聲曰：「丈夫相臨，兒女尚欲舉之，何謂高下間耶？釋兄用弟，此為故殃段氏之家，豈稱相遭遇之意乎？」竟舉舊也。世公轉換南陽，與東萊太守蔡伯起同歲，欲舉其子，伯起自乞子瓚尚弱，而弟琰幸以成人。是歲舉琰，明年復舉瓚❺❺。

司徒長史段遼叔、東萊太守蔡伯起和五世公是同歲孝廉，「恩結締素」。他們的子弟不論是年方幼弱，或才操鹵鈍，都因關係得舉。另一種重要的關係是婚姻。靈帝時曾有這樣的事：

> 初，朝議以州郡相黨，人情比周，乃制婚姻之家及兩州人士不得對相監臨，至是復有三互法，禁忌轉密，選用艱難，幽、冀二州，久缺不補❺❻。

三互法據李賢注是「婚姻之家及兩州人不得交互為官」。這裡所說的選用，雖然不專指孝廉，但亦必包括舉孝廉在內。這些利用關係得舉的孝廉，通常不是以德性為辭，就是託名經學，所謂「百官伐閱，皆以通經為名」❺❼，而德性更是一無標準，王符斥之為「虛造空美，掃地洞說」❺❽。宦族子弟可有所假藉，無待以刀筆晉身。相比之下，沒有家族仕宦背景的子弟，缺少關係，須要從吏職，以實際的經驗和才能謀出身的就比較多了。

---

❺❺ 《風俗通義》卷四，頁 192。

❺❻ 《後漢書》卷六十下〈蔡邕傳〉。

❺❼ 《後漢紀》卷十五〈殤帝紀〉「尚敏上疏陳興廣學校」。

❺❽ 《潛夫論》卷三〈實貢〉第一四，頁 12 上。

　　我們再看孝廉家世背景，就有無仕宦而言在東漢兩百年間的變化。大體而言，從光武到順帝，來自仕宦之族的孝廉愈來愈多。從統計上看，順帝時每五個孝廉就有四個來自宦族。順帝以後，桓、靈之際，出身宦族的孝廉反有減少的趨勢，獻帝時又稍多。順帝以前，孝廉出自宦門愈來愈多的現象，尚合乎我們對東漢士族日益發展的一般認識。桓、靈之際為什麼反而減少了呢？這不太容易解釋。首先我們必須承認時代可考的孝廉個案到底並不多，對統計上所反映的現象不宜過分認真，強作解釋。不過，一個可能的猜測是桓、靈之時，宦官與士族之間鬥爭激烈，宦官子弟布列州郡。《後漢書》〈楊秉傳〉謂：「是時宦官方熾，任人及子弟為官，布滿天下，競為貪淫，朝野嗟怨」❺❾。而近來發現的曹操宗族墓葬，更具體證明曹家的子弟是如何佔據地方與中央的職位❻⓿。再加上兩次黨錮，士族仕宦的機會大受剝削，士大夫不

表四　東漢各朝孝廉家世變化表

孝廉家世	光武	明	章	和	安	順	桓	靈	獻	合計
仕宦之族	6	4	4	2	5	12	10	7	12	62
非仕宦之族	16	5	5	2	5	3	12	14	13	75
合　計	22	9	9	4	10	15	22	21	25	137
仕宦之族所佔(%)	27.2	44.4	44.4	50	50	80	45.4	33.3	48	

能不嗟怨。到了獻帝時，宦官被消滅，於是出自士族的孝廉又見增加。當然問題可能並不如此單純。對這段時期我們還須要更多的研究，才能弄清楚這些變化的原因和意義。

　　總結而言，無論從孝廉出自地方佐吏或仕宦之族的比例看，東漢中期，尤其是順帝時期，是東漢政治和社會發展上一個相當顯著的轉變時期。世族

❺❾　《後漢書》卷五十四〈楊秉傳〉。

❻⓿　1974 至 1977 年在安徽亳縣發現曹操家族的部分墓葬。從墓磚刻辭上第一次得知許多不見於記載，任官於中央或地方的曹家子弟。參安徽省亳縣博物館，〈亳縣曹操宗族墓葬〉，頁 32～45；田昌五，〈讀曹操宗族墓磚刻辭〉，頁 46～50。刻辭所記曹氏子弟任太守的有五人，校尉二人，功曹史一人；因刻辭殘斷，無法判明的還有不少。

的勢力從光武以來一路發展,於順帝時達到一個高峰❻。他們把持選舉,於
是激出左雄有關選舉的改革。他的限年之法,雖然在世族豪門的對抗之下流
於具文,但是課試之法顯然使得有實務經驗的州郡之吏有了較好被舉為孝廉
的機會。順帝朝也是宦官逐漸得勢的開始。過去我們總以為順帝以後的皇帝
黨於宦官是為對抗外戚,其實咄咄逼人,勢力日盛的世宦士族也不一定是帝
王樂見的。桓、靈放任宦官,打擊士人,從當時孝廉的家世看,世族似乎確
曾遭到相當的壓抑。但是政治上的打擊只是暫時的。世宦豪族的力量已牢不
可拔,在以後幾百年的歷史裡,他們仍在政治社會上扮演舉足輕重的角色。

㈤地域背景

　　武帝元光元年(西元前 134 年)冬十一月,初令郡國舉孝、廉各一人。
誠如勞貞一先生和許倬雲師所說,這是漢代政治和社會史上的一件大事。從
此以後,地方俊彥可以透過正式的管道,定期地進入全國性的政治權力結構。
就漢代中央而言,政權可因地方人士的參與而有了廣大的社會基礎。就地方
而言,地方的利益和地方人物都可以在和平和穩定的情形下,得到保障和發
展的機會。郡國歲舉孝廉原本以郡國為單位,但是郡國的面積和人口相差甚
為懸殊。如果不考慮人口的因素,對人口稠密的地區顯然是不公平的。東漢
和帝為了消除這種不公平,修訂選舉的辦法,改以人口為標準,規定郡國凡
二十萬口歲舉孝廉一人。不久,又因為邊郡人口稀少,將邊郡的人口比率從
二十萬降為十萬舉一人,以增加邊郡人士的機會。因此,最少在理論上,帝
國各地的人群社區都可以在一定的比率下,經所謂的鄉舉里選,產生本地的
代表,參與帝國政治權力的分配。

　　事實上,各郡國孝廉的人數和郡國的人口數是不是有相應的關係,是頗
可懷疑的。例如根據現在唯一可知,東漢順帝時郡國的個別人口數字,益州
永昌郡的人口佔郡國的第三位,但是可考的永昌孝廉連一位也沒有。沒有的

---

❻　狩野直禎,〈後漢中期の政治と社會——順帝の即位をめぐつて〉,頁 68～87。

原因很多，可能是選出的孝廉不少，因缺少表現，沒能在歷史上留名；也可能因為永昌地處偏遠，教育較不發達，竟不得如數選拔，或者還有其他的原因。總之，在東漢一〇五個郡國中有四十一個，即三分之一以上的郡國一無孝廉可考。這四十一個郡國是：任城、濟南、江夏、桂陽、武陵、牂牁、越嶲、益州、永昌、廣漢屬國、蜀郡屬國、犍為屬國、隴西、漢陽、武都、金城、張掖、酒泉、張掖屬國、張掖居延屬國、朔方、雁門、定襄、五原、廣陽、代郡、上谷、右北平、遼東、玄菟、樂浪、遼東屬國、南海、鬱林、合浦、河東、常山、安平、九江、九真、交趾。這些郡國除了河東、常山、安平、任城、濟南，其餘可以說全處於帝國邊遠或外族雜居的地區。其中有屬國，也有如玄菟、樂浪、九真、交趾等雖稱之為郡，但教育文化遠非內郡可比的地方。從人口上說，上述郡國除了永昌、河東、常山、安平、濟南，人口都十分稀少。安帝時，王符曾抱怨西北邊郡「自羌反以來，戶口減少，又數易太守，至十歲不得舉」❻②。《後漢書》卷五十八〈虞詡傳〉也說：「今或一郡七八，或一州無人，宜令均平，以厭天下之望。」前述這些人口稀少的邊遠郡國大概都曾如此，否則和帝也不須特別降低邊郡察舉的人口標準。可是孝廉的產生還必須經濟和教育等條件配合，這些條件都不是上述地區俱備的。

　　就孝廉的地域背景而言，我們可以先將二百七十六名孝廉的郡籍列表如下。郡籍是依郡國分為五大地區：①關東、②關中、③北及西北邊郡、④益州、⑤江南荊、揚、交州之地❻③。

---

❻②　《潛夫論》卷五〈實邊〉第二四，頁 18 上下。

❻③　關東包括青、冀、兗、豫、徐、荊州北端、司隸東部和并州東南；關中包括司隸西部及三輔、安定；北及西北邊郡包括幽、并、涼三州，但除去并州的太原、上黨和涼州的安定；益州包括其所屬長江上游及西南各郡；江南包括南陽以外的荊、揚、交三州之郡。地域的劃分請參本書，〈試釋漢代的關東、關西與山東、山西〉，頁 81～110。

表五　孝廉郡籍表

關東	豫	汝南 29	潁川 12	沛國 10	魯國 6	梁國 4	陳國 3	小計 64
	兗	陳留 10	山陽 6	東郡 4	濟陰 4	濟北 1	太山 1	東平 1
								27
	徐	下邳 5	彭城 3	東海 3	琅邪 2	廣陵 3		16
	冀	渤海 3	中山 3	清河 2	河間 2	趙國 1	鉅鹿 1	魏郡 1
								13
	青	北海 6	東萊 2	樂安 1	齊國 1	平原 1		11
	荊	南陽 21						21
	并	太原 4	上黨 2					6
	司隸	河南 7	河內 4					11
							關東總計：169	
關中	司隸	京兆 6	右扶風 3	左馮翊 2	弘農 4			15
	涼	安定 2						2
							關中總計：17	

北及西北邊郡	幽	涿郡 3	漁陽 1	遼西 1		5
	并	上郡 2	西河 1	雲中 1		4
	涼	敦煌 5	武威 2	天水 1	北地 1	9
					北及西北邊郡總計：18	
益州	益	廣漢 13	巴郡 4	犍為 5	漢中 4　蜀郡 5	31
					益州總計：31	
荊揚交江南區	揚	會稽 16	吳郡 11	豫章 4	丹陽 2　廬江 1	34
	荊	南郡 3	長沙 1	零陵 1		5
	交	蒼梧 1	日南 1			2
					江南區總計：41	
					五區合計：276	

　　先說關中。關中地區從東漢初以來就一直在沒落之中：人口減少，政治的重要性減低，光彩大不如前。不過，以關中人口和可考的孝廉人數來看，關中的人才仍然相當的多。三輔、弘農、安定的人口僅僅佔全國總人口的百分之一點三，但是可考的十七名孝廉卻佔二百七十六名的百分之六[64]。這不能不歸因於關中久為世宦大族群居之地，儒學教育發達。東京以降，扶風賈逵、馬融、杜林等人固為一代名儒，《後漢書》〈儒林傳〉、〈文苑傳〉中亦多關中之士。北海鄭玄原問學於山東，後「以山東無足問者，乃西入關」，事馬

---

[64]　順帝時全國人口，據《續漢書》〈郡國志〉為 49,150,220。弘農：119,113　京兆：285,574　右扶風：93,091　左馮翊：145,195　安定：29,060　共 672,033 人。

融❻。僅此即足覘關中儒學的地位。關中能有如許孝廉傳名於世，其理由當與此有關。

關東是東漢人口最稠密，經濟、文化、教育最發達的地區，產生最多的孝廉實為自然之事。在二百七十六名郡籍可考的孝廉中有一六九名屬關東，即關東佔全數的百分之六十一。但是如果將這個比例和關東佔全國人口的比例 (56.2%)❻比較就可以發現，關東地區整體而言，在察舉孝廉上所佔的優勢並非太突出。突出的是汝南、南陽、潁川、河南和陳留這一小塊地方。這五郡人口只佔全國人口的百分之十五點九❻，但是可考的孝廉卻佔到百分之二

❻　《後漢書》卷三十五〈鄭玄傳〉。

❻　關東人口與全國人口比較：

潁川 1,436,513	汝南 2,100,788	梁國 431,283
沛國 251,393	陳國 1,547,572	魯國 411,990
魏郡 695,606	鉅鹿 602,096	常山 631,184
中山 658,195	安平 655,118	河間 634,421
清河 760,418	趙國 188,381	勃海 1,106,500
陳留 869,433	東郡 603,393	東平 448,270
任城 194,156	泰山 437,317	濟北 235,897
山陽 606,091	濟陰 657,554	東海 706,416
琅邪 570,967	彭城 493,027	廣陵 410,190
下邳 611,083	濟南 453,338	平原 1,002,658
樂安 424,075	北海 853,604	東萊 884,393
齊國 491,765	南陽 2,439,618	河南 1,010,827
河內 801,558	太原 200,124	上黨 127,403

$$\frac{\text{關東人口總計：} \quad 27,644,615}{\text{全國人口數：} \quad 49,150,220} \times 100\% = 56.2\%$$

❻
潁川	1,436,513
汝南	2,100,788
南陽	2,439,618
河南	1,010,827

十八點六 (79:276)。南陽為帝鄉，河南是京師所在，汝南、潁川、陳留久為農業富庶，工商發達的地區。這一帶從戰國以來一直就是灌溉渠陂最開發的地區之一，東漢仍然如此❻❽。而工商發達的歷史也很悠久。河南、南陽、潁川有工官和鐵官、汝南有鐵官、陳留則有服官❻❾。趙岐〈藍賦〉序說：「余就醫偃師，道經陳留，此境人皆以種藍染紺為業，藍田彌望，黍稷不植」❼。在這樣的經濟條件之下，儒學教育之盛允為天下之冠。《後漢書》〈儒林傳〉人物泰半來自汝潁，曹操曾嘆：「汝潁固多奇士，誰可以繼之？」❼❶一方面這個地區的人才多，另一方面也許同樣重要的是這裡的士族大姓是東漢政權建立的主要支持者。他們在政治上享有的優越地位當然不是其他地區的人士所能及❼❷。

陳留　　　　　　　　　　869,433

$$\frac{\text{五郡人口總計：}\quad 7,857,179}{\text{全國人口數：}\quad 49,150,220} \times 100\% = 15.9\%$$

❻❽　參勞榦，〈兩漢戶籍與地理之關係〉，頁 184～185；《東漢會要》卷三十八，河渠水利條。

❻❾　勞榦，前引文，頁 186～187。

❼　《全後漢文》卷六十二，頁 56。

❼❶　《三國志》卷十四〈郭嘉傳〉。

❼❷　參余英時，〈東漢政權之建立與士族大姓之關係〉，頁 109～184。以東漢祿秩最高的太尉官為例，在四十一名郡籍可考的太尉中，有二十六名來自關東，更有十名出自南陽、河南、汝南和陳留。

表六　東漢郡籍可考太尉（司馬）表

光武	吳漢（南陽）	趙熹（南陽）	劉隆（南陽）	
明帝	虞延（陳留）			
章帝	鄭弘（會稽）	牟融（北海）	鄧彪（南陽）	鮑昱（上黨）
	宋由（京兆）			
和帝	張禹（趙國）	張酺（汝南）		
安帝	徐防（沛國）	楊震（弘農）	馮石（南陽）	劉愷（彭城）
順帝	龐參（河南）	王龔（山陽）	朱寵（京兆）	桓焉（沛郡）
桓帝	李固（漢中）	胡廣（南郡）	杜喬（河內）	劉矩（沛國）

關東地區有種種優越的條件，產生最多的孝廉並不稀奇。倒是條件不如關東的廣漢、犍為、蜀郡、巴郡、漢中益州之郡以及吳郡、會稽為中心的江南地區，其孝廉之眾實令人不得不特別注目。以益州這五郡的人口來說，不過佔全國人口的百分之七點三❼❸ ，但是可考的孝廉卻佔百分之十一點二 (31:276)。會稽和吳郡人口佔全國的百分之二點四❼❹，孝廉卻佔百分之九點七 (27:276)。如果將益州五郡和會稽、吳郡合計，江南和西南這塊面積廣大，人口稀少的地區和人口稠密的關東比起來，前者人口只佔全國的百分之九點七，後者佔百分之五十六點二，但是前者孝廉所佔達百分之二十一，而後者則佔百分之六十一。單純從人口和孝廉的比例上說，江南和西南的優勢甚且超過關東。可是我們不能不注意益州孝廉可考的之所以特別多，是因為剛巧有一部《華陽國志》。如果將這個因素除去，益州可考的孝廉將少掉十五位。如此，在孝廉和人口的比例上真正突出的只有江南的會稽和吳郡。

	陳蕃（汝南）	楊秉（弘農）	周景（廬江）	黃瓊（江夏）
	袁湯（汝南）	趙戒（蜀郡）		
靈帝	劉寵（東萊）	段熲（武威）	橋玄（梁國）	陳球（下邳）
	劉虞（東海）	楊賜（弘農）	劉寬（弘農）	
獻帝	皇甫嵩（安定）	朱儁（會稽）	楊彪（弘農）	黃琬（江夏）
	趙謙（蜀郡）			

❼❸ 廣漢 509,438

　　蜀郡 1,350,476

　　犍為 411,378

　　巴郡 1,086,049

　　漢中 267,402

$$\frac{\text{五郡人口：}\quad 3,624,743}{\text{全國人口：}\quad 49,150,220} \times 100\% = 7.3\%$$

❼❹ 會稽 481,196

　　吳郡 700,782

$$\frac{\text{二郡人口：}\quad 1,181,978}{\text{全國人口：}\quad 49,150,220} \times 100\% = 2.4\%$$

　　東漢規定依人口比率察舉孝廉，但是能夠有孝廉產生的條件很顯然並不單純只是人口。其他經濟、文化教育水準以及地域傳統上和政治的關係等都十分重要。從以上郡籍可考孝廉的地域分布情形可充分說明這一點。東漢江南和巴蜀等地開發的程度當然不能和關中、關東比，不過也是帝國其次兩個最重要的經濟和文化區。兩地經濟、文化的開發都可以推到春秋戰國之時。西漢時，兩地的文學、經學和士大夫在帝國中已可有一席之地[75]。因此，這兩地能有較多的孝廉並不是偶然的。我們甚至可以說兩漢以後，魏、蜀、吳三國形成對峙也不是偶然的。因為三國正分據了漢以來的三個精華區。無論從經濟、文化或人才上看，吳、蜀都必須聯手才足以對抗雄據關中和關東的魏。這一點諸葛亮看的很清楚，而東漢孝廉的地域分布和分佔的比例，都可以為諸葛亮的觀察作註腳[76]。

　　東漢各地區世宦之族的分布，或者說各地世族化的深淺，也可以從各地孝廉家族仕宦的情形清楚地反映出來。吳蜀等江南和西南之區沒有四代或四代以上仕宦的家族可考。北邊及西北邊郡有敦煌曹氏、上郡鮮于氏和涿郡劉氏。其餘仕宦四代以上的家族全屬關東和關中。有仕宦和無仕宦可考的孝廉家族地域分布情形如下：

表七　孝廉家族地域分布表

孝廉家族仕宦	無	兩 代	三 代	四 代
關東、關中 （孝廉人數）	62.5% 95	65.9% 31	74.2% 26	90% 27
北及西北邊郡 （孝廉人數）	3.9% 6	8.5% 4	8.5% 3	10% 3
益　州 （孝廉人數）	16.4% 25	8.5% 4	5.7% 2	0% 0
江　南 （孝廉人數）	17.1% 26	17% 8	11.4% 4	0% 0
合　計	152	47	35	30

[75] 蕭璠，《春秋至兩漢時期中國向南方的發展》，頁189～193。

[76] 《三國志》卷三十五〈諸葛亮傳〉。

從這個表中的百分比，我們看的很清楚，關中、關東和北方邊郡來自世宦之族的孝廉較多，而益州和江南的孝廉大部分來自沒有仕宦可考或仕宦尚淺的家族。後兩地即使仕宦世代較多的家族亦多自北方遷來。例如，犍為張綱和張翼家三代仕宦。張綱是張翼的曾祖，張綱的父親官至廷尉，他們原是韓人張良之後。張良七世孫張睦為蜀郡太守，子孫遂有居蜀者。家世三代仕宦的會稽楊琔，其高祖父茂，「本河東人，從光武征伐，為威寇將軍，封烏傷新陽鄉侯。建武中就國，傳封三世，有罪除國，因而家焉。」會稽鄭弘的曾祖父「本齊國臨淄人，官至蜀郡屬國都尉。武帝時遷強宗，大姓不得族居。將三子移居山陰，因遂家焉」。這種情形頗有助於我們對關東、關中、巴蜀和江南開發程度以及各地世族化深淺的認識。

前引〈許氏鏡銘〉顯示盼望「作吏高遷車生耳」。所謂「車生耳」，據勞貞一先生考證，乃是車兩側遮擋塵泥的車輔。景帝曾規定只有六百石，也就是縣令以上官員的車才可以加車輔 **㊐**。可見不少人夢想的不過是有一天能擺擺縣太爺的威風。從孝廉而郎，再外放為縣令、長已經是一段不容易的歷程，想要再高陞，所須要的財勢、關係、機運等等，也許不是一般人所敢想像。可是四世三公的弘農楊氏有財有勢，楊氏子弟使用鐫有「位至三公」 **㊗** 銘文的銅鏡，倒是名實相符。南陽宗慈家亦為世族，非無財勢，但是他官拜縣令以後，因其「時太守出自權豪，多取貨賂」，憤而去官。《後漢書》〈黃琬傳〉說：「權富子弟多以人事得舉，而貧約守志者以窮退見遺」 **㊟**。在這種情況下，孝廉能官至二千石或九卿三公者，所顯示的就不僅僅是個人的德性、能力和學識，更可能意味著他們的財富、家族勢力或政治上的關係。這些關係也許是婚姻，也許是同歲，也許是門生、故吏、府主、舉子，也可能是地域的。

東漢人地域意識甚為濃厚。光武帝好用南陽人，孔融作〈汝潁優劣論〉都表現了強烈的地域觀念。自東漢初以來出現的郡國書亦值得注意。《隋書》

㊐　勞榦，〈論魯西畫像刻石三種──朱鮪石室孝堂山武氏祠〉，頁 164～165。

㊗　河南省博物館，〈靈寶張灣漢墓〉，頁 81、84。

㊟　《後漢書》卷六十一〈黃琬傳〉。

卷三十三〈經籍志〉謂：

> 後漢光武始詔南陽撰作風俗，故沛、三輔有耆舊節士之序，魯廬江有名德先賢之讚，郡國之書由是而作。

《華陽國志》卷十一〈陳壽傳〉：

> 益部自建武後，蜀郡鄭伯邑，太尉趙彥信及漢中陳申伯、祝元靈、廣漢王文表皆以博學洽聞，作《巴蜀耆舊傳》。壽以為不足經遠，乃並巴、漢，撰為《益部耆舊傳》十篇。

《後漢紀》卷二十一：

> 桓帝永興元年……太尉袁湯致仕。湯字仲河，初為陳留太守，褒善敘舊，以勸風俗。嘗曰：「不值仲尼、夷、齊西山餓夫，柳下東國默臣，致聲名不泯者，篇籍浸然也。乃使戶曹吏追錄舊聞以為《耆舊傳》。」

東漢郡國書多已不傳。不過裴松之作《三國志》注的時候，曾引用了大量魏晉時期撰著的郡國書[80]。這些書應有很多，像陳壽的《益部耆舊傳》一樣，

---

[80] 裴松之所引如：《會稽典錄》（《三國志》卷四十六）、《汝南先賢傳》（卷二十三）、《楚國先賢傳》（卷四）、《先賢行狀》（卷六）、《零陵先賢傳》（卷六）、荀綽《冀州記》（卷九）、《兗州記》（卷十六）、《陳留耆舊傳》（卷二十四）、陳壽《益部耆舊傳》（卷三十一）、《江表傳》（卷三十二）、王隱《蜀記》（卷三十三）、孫盛《蜀世譜》（卷三十四）、張勃《吳錄》（卷三十七）、《益州耆舊傳》（卷三十七）、《越絕書》（卷四十二）、《吳歷》（卷四十六）、環氏《吳記》（卷五十二）、《益部耆舊雜記》（卷三十一）、《襄陽記》（卷三十五）、《蜀本紀》（卷三十二）。東漢所撰郡國書可參顧櫰三《補後漢書藝文志》卷五。

是根據東漢舊作，增益而成。因此，我們還可以看得出來，這種書除了「褒善敘舊，以勸風俗」，主要以地區為範圍，表彰地方名士。這適足以反映地域意識。在這種意識之下，地方士人往往相互結黨。從東漢初結黨可能已成了風氣。《後漢書》卷七十九上〈儒林傳〉有一故事：

> 戴憑……汝南平輿人也……拜為侍中，數進見問得失。（光武）帝謂憑曰：「侍中當匡補國政，勿有隱情。」憑對曰：「陛下嚴。」帝曰：「朕何用嚴？」憑曰：「伏見前太尉西曹掾蔣遵，清亮忠孝，學通古今，陛下納膚受之訴，遂致禁錮，世以是為嚴。」帝怒曰：「汝南子欲復黨乎？」

光武以「汝南子欲復黨」責問，當時大概已曾有地方相黨的事。中葉以降，各地士人結黨更為普遍，以致「青州六郡，其五有黨」 **❽**。黨人相互譏訕，終演成黨錮之禍。然而這種地域意識不必以郡為界限。安帝時，因羌亂關東和關西人士爭論棄守涼州即為一例。當時關東人如南陽鄧騭、河南龐參都主張放棄涼州，以完內郡。龐參主棄涼州，為「西州士大夫所笑」 **❽**。北地傅燮和安定王符都力主保涼州。王符責「內郡之士不被殃者咸云當且放縱，以待天時，用意若此，豈人心也哉？」，又說他們「素非此土之人，痛不著身，禍不及我家，故爭郡縣內遷」 **❽**。也有關東人同情關西處境的，如虞詡。不過他立刻遭到鄧騭的不滿而被排擠 **❽**。宦海中的排擠與提攜，往往夾雜著地域性的因素。有了這樣的認識，我們便能明白為什麼下表中的孝廉，能官至二千石（包括中、比二千石）或三公九卿者，以關東者佔絕對的優勢。

---

❽ 《後漢書》卷九十四〈史弼傳〉。

❽ 《後漢書》卷五十一〈龐參傳〉。

❽ 《潛夫論》卷五〈救邊〉第二十二，頁 10 上；〈實邊〉第二十四，頁 17 上。

❽ 《後漢書》卷五十八〈虞詡傳〉。

表八　東漢孝廉高官表

三公九卿					二千石				
關東									
袁安	陳蕃	李咸	荀爽	劉矩	郅壽	周嘉	袁術	應劭	杜根
趙孝	徐防	曹操	桓典	何熙	李膺	鍾繇	曹褒	孔彪	費汎
橋玄	种暠	种岱	尹勳	龐參	袁良	寒朗	張興	劉陶	劉翊
杜喬	王暢	仲定	戴封	魏霸	應順	郅惲	周防	向栩	服虔
王龔	劉昆	張禹	張敏	雷謂	趙苞	苑康	甄承	江革	陳珪
劉祐	華歆	劉寵	陳球	劉虞	陳瑀	陳登	王朗	趙昱	周憬
劉平	宋意	周章			宗資	張衡	延篤	韓暨	茨充
					左雄	吳祐	魯峻	趙咨	羊陟
					劉儒	賈琮	單颺	度尚	陳龜
					王淩	公沙孚			
			合　計 33					合　計 47	
關中									
董遇	第五倫	韋彪	皇甫嵩	楊彪	成瑨	杜畿	蘇則	馬梭	馮豹
					第五訪				
			合　計 5					合　計 6	
益州									
馮緄	李郃	李固	趙戒		董鈞	張翼	張綱	景毅	寇祺
					王阜	張霸	趙宣	吳順	陳禪
			合　計 4					合　計 10	
江南									
胡廣	鄭弘	周景	朱儁	許武	楊琁	孟嘗	許荊	孫翊	孫權
包咸					韓說	陳重	陸康	盛憲	駱俊
					士燮	鍾離意	謝夷吾		
			合　計 6					合　計 13	
北邊及西郡									
段熲	陽球				衡方	賈詡	傅燮	曹鳳	公孫瓚
			合　計 2					合　計 5	

　　至於孝廉地域分布在時間上的變化，由於我們所知道的個案大都分屬漢末，前期所知太少，不能有較肯定的結論。大致而言，關東地區所居的優勢，歷兩百年不衰。邊郡的孝廉完全集中在順帝朝以後，這應該和順帝以後，邊亂日亟，習於邊務的北邊人士才有了表現和留名史冊的機會。江南和巴蜀可考的孝廉也都待順帝以後才漸增多。尤其到獻帝時，孫權據江東，江南孝廉在亂世中建事功，能夠留名後世的就突然增加了。

表九　各朝孝廉地域分布表

	關東	關中	江南	益州	北邊
光武	(10 + 2) 12	2 2	6 6	4 4	0 0
明帝	(6 + 3) 9	(0 + 1) 1	1 1	2 2	0 0
章帝	(8 + 2) 10	1 1	0 0	(0 + 1) 1	0 0
和帝	(3 + 1) 4	0 0	(0 + 1) 1	1 1	0 0
安帝	(8 + 2) 10	0 0	(1 + 1) 2	(0 + 2) 2	0 0
順帝	(11 + 8) 19	(0 + 1) 1	(0 + 3) 3	(1 + 3) 4	(0 + 3) 3
桓帝	(14 + 30) 44	(1 + 2) 3	(2 + 2) 4	(0 + 3) 3	(2 + 2) 4
靈帝	(15 + 10) 25	(0 + 1) 1	(3 + 4) 7	0 0	(2 + 3) 5
獻帝	(9 + 10) 19	(3 + 3) 6	(9 + 5) 14	(2 + 3) 5	(1 + 1) 2

（附註：表中＋號前數字表示時代確實可考的孝廉數，＋號後者為時代約略可知者。各朝下行數字為前二者合計。）

　　關東地區在漢代政治上佔據優越的地位，並不是從東漢才開始。自漢代甫建，佔據要津的已經是關東從龍的功臣。昭、宣以後，隨著儒學的興盛，關東士人更成為政治勢力的主流；武帝時曾以「材力」見長，活躍一時的山西六郡良家子為之沒落。即以昭帝至平帝時二十位丞相的籍貫而言，屬關東青、豫、兗、徐及司隸之河內者多達十四人，屬關中者只五人[85]。再以同一時期十五位出身賢良方正的朝臣籍貫為例，除關中兩名，益州、揚州各一名外，其餘十一名也全是關東人[86]。從此可見關東政治勢力的形成非一朝一夕。東漢光武起家依賴關東豪族大姓的支持，其政權自始即與世族大姓代表的社

---

[85]　參邢義田，〈東漢的胡兵〉，頁162，注41。

[86]　同上，頁163，注42。

會勢力相結合。再加上光武用人頗囿於地域，郭伋曾批評他「專用南陽人」❽。因此，關東世族大姓很自然就繼續構成主要的政治勢力，仕宦之途，泰半為其壟斷。和帝時，舉孝廉改以人口為準，目的在求公平，實際上使人口最稠密的關東有了更大壟斷的機會。關中和邊郡人口不斷減少，而巴蜀和江南不過正漸次開發，都無力向關東獨尊的政治勢力挑戰。漢末董卓的涼州軍雖向關東士族作了一次挑戰，但終究是失敗的。

四、結　論

國人論史，於戰國以來布衣卿相之局每多稱美。趙甌北《廿二史劄記》謂范雎、蔡澤徒步為相，孫臏、白起白身為將，乃開後世布衣將相之例。秦失其鹿，「漢祖以匹夫起事，角群雄而定一尊，其君既起自布衣，其臣亦自多亡命無賴之徒」。布衣無賴一轉「數千年世侯世卿之局」，趙氏因稱「秦漢間為天地一大變局」❽。誠哉斯言，近人因頗有許劉邦所建為平民政府者❽。所謂「平民」政府於劉漢創業之初或尚可說，若通兩漢四百年而觀之，則「平民」一詞不能不更加細究。漢代朝臣有陋巷窮士，也有芻牧賈豎之徒，所謂「卜式拔於芻牧，弘羊擢於賈豎，衛青奮於奴僕，日磾出於降虜，斯亦曩時版築飯牛之朋已」❾。實則此類布衣少之又少，並不構成兩漢政權的社會基礎。許師倬雲曾論西漢政權的基礎，自中葉以降，已在世姓豪族❾。楊聯陞

---

❽　《後漢書》卷三十一〈郭伋傳〉。

❽　趙翼，《廿二史劄記》卷二，「漢初布衣將相之局」條，頁 34～35。

❽　錢穆，《國史大綱》，頁 88～90。

❾　《漢書》卷五十八〈公孫弘卜式兒寬傳〉贊。

❾　許師倬雲，〈西漢政權與社會勢力的交互作用〉。錢賓四先生謂漢自武帝以後，一個原本代表一般平民的素樸的農民政府轉變為代表一般平民的有教育有智識的士人政府，立意亦相近。參前註引書，頁 105。

氏更以「豪族政權」名東漢政府❾❷。豪族的社會經濟意義殆在擁有土地財富，其政治意義則在控制仕宦之途。這些豪族固可稱為平民，其實是平民中上層少數擁有特權的一群，名之曰貴族亦無不可。他們是土地財富的貴族，也是擁有知識和仕宦機會的貴族。以他們為基礎的政府，其不為貴族政府而何？本篇東漢孝廉身分的考察，適足以證明東漢政府的貴族性格。如有更可進而言之者，愚意以為傳統中國的政治權力可以說一直是信託在這樣一批，孟子所謂有恆產恆心的少數貴族手中；無論在現實的政治或政治學說裡，都不曾見有信託於一般庶人百姓者。這對我們思考中國有無民主一事應有幫助。茲事體大，詳說有待專文，僅先就本文所及，歸納幾點初步的看法如下。

從東漢孝廉的經濟背景來看，來自貧寒之家的極少。這些沒有家族財勢為奧援的孝廉，多依賴本身德行和才學的表現或在地方吏職上的經驗，贏得晉身之階。大體而言，通明經術或吏職的實務經驗似又比單純的德行條件更重要。家道貧寒固難為孝廉，來自單純以財為雄家族的孝廉也不多見。漢時諺語謂：「遺子黃金滿籝，不如一經」❾❸，可見仕宦的關鍵在於教育。而重經學教育的又多為世宦之家。

東漢孝廉必習經學。通明經學，拾青紫如拾地芥，財富亦隨之而來。桓榮以經學拜太常，族人桓元卿歎曰：「我農家子，豈意學之為利乃若是哉！」❾❹經學帶來政治前途，財富與家族勢力。傳經之家多孝廉，弘農楊氏、沛郡桓氏皆為顯例。孝廉習經，亦須知律命。凡由吏職出身的孝廉，大概沒有不曉習律令。少數孝廉甚至以專精律令聞。他們受教育，不外傳習家學、從私人問學或入學校三途。這大約也是漢代一般官僚養成的途徑。

東漢察舉頗重實際經驗，單純經書的知識似乎不夠。因此出身自州郡屬吏的孝廉很多。屬吏中尤以功曹和別駕之類的高級屬吏為主。不少明於經學的諸生或太學生，也經由吏職的鍛鍊，才得為孝廉。大致上，東漢最初的六

❾❷　楊聯陞，〈東漢的豪族〉，頁 1011。

❾❸　《漢書》卷七十三〈韋賢傳〉。

❾❹　《後漢書》卷三十七〈桓榮傳〉。

十年和最後的七十年約有三分之一的孝廉來自地方佐吏。和帝到順、質帝這六十年更有一半的孝廉拔擢自州郡長吏。〈許氏鏡銘〉顯示的習經、作吏、察舉孝廉而為官的過程代表了東漢士人一條相當普遍的仕宦歷程。

東漢孝廉家世背景中最引人注目的莫過於他們有一半以上來自仕宦之族，而且大部分還是累世高官之門。所謂累世是指家族仕宦最少三、四代以上，高官為任官在二千石以上者。世宦之族有財力、也有傳統，能為子弟提供較好的教育環境，又有盤根錯節的政治關係，協助子弟進入仕途。因此世宦子弟經教育成為俊秀和入仕的機會，都不是其他背景的人所能及。或許因為有家族勢力可以託庇，世宦子弟謀一孝廉須從州郡小吏幹起的就比較少。大體而言，從東漢初到順帝朝，孝廉出自仕宦家族的愈來愈多，顯示士族壟斷地方察舉的情形有加無已。桓、靈時期，可能因為宦官與士大夫之間激烈的鬥爭，宦官子弟布列州郡，使得出身宦族的孝廉在比例上有減少的現象。但是隨著宦官勢力的消滅，獻帝時他們所佔的比例又增加了。

東漢仕宦不只是德行、才能和學識的角逐，也意味著財富、家族勢力和政治關係的競爭。東漢人重地域，使得地緣關係成為重要的政治本錢。東漢孝廉能扶搖而上，官至二千石或三公九卿者以關東人士佔絕大的比例。這除了個人和家族的因素以外，地域性的提攜和排擠也不無關係。

累世高官之族產生最大比例的孝廉，而這些家族幾乎全集中在關東和關中。在巴蜀和江南的多為新興或仕宦稍淺的家族。這兩地即使有少數仕宦世代較多的，也多半是由關東或關中遷移而來。孝廉的家族為我們提供了東漢各地士族化深淺很好的線索。

東漢察舉孝廉，自和帝以後理論上是依人口和地區為標準，而實際上所見到的孝廉地域分布，和人口之間並沒有絕對相應的關係。這是因為孝廉的產生更須要經濟、教育以及地域傳統上和政治的關係等條件配合。這些條件最為俱備的是關東、其次是關中，再次為巴蜀和江南的吳郡和會稽。關東的河南、汝南、潁川、陳留和南陽五郡尤為產生孝廉比例最高之處。其次，以吳郡和會稽兩地人口之稀少，孝廉人數之眾多最值得注意。關中孝廉人數雖

少，但以人口比例言，關中仍是人才薈萃之地。這主要是關中世族和經學的傳統仍持續不衰。至於邊郡雖然享有規定上的優待，由於上述種種條件的缺乏，孝廉之少和其他區域相比是不成比例的。

　　關東孝廉在政治上所佔的優勢，歷兩百年不曾稍衰。這是因為這個地區在經濟、文化的發展上，最為悠久。關東士人在政治上居主導地位最少從前漢昭、宣以來已經如此。再加上東漢政權的建立，基本上是依賴以關東大姓為代表的社會勢力為基礎，關東的地位遂難以動搖。巴蜀、江南和北邊的孝廉要到東漢晚期才漸露頭角，此蓋時勢因素使然。

附記：本文承蒙勞貞一先生、許倬雲師、管東貴、毛漢光先生以及暑期討論會諸君指正，謹此致謝。又寫作期間蒙國家科學委員會獎助，一并致謝。

（原載於《第二屆中國社會經濟史研討會論文集》，民國72年）

附錄一：東漢孝廉題名錄（及補遺）

　　簡稱表：

1　簡八──《八瓊室金石補正》（藝文印書館《石刻史料叢書甲編》）

2　三──《三國志》（藝文印書館《集解》本）

3　失──失名氏《後漢書》（文海出版社，汪文臺輯《七家後漢書》）

4　全──《全後漢文》（中文出版社《全上古三代秦漢三國六朝文》）

5　考──《考古學報》

6　拓──中央研究院歷史語言研究所藏拓片

7　東──《東觀漢記》（中文出版社）

8　風──《風俗通義》（明文書局，王利器《校注》本）

9　後──范曄《後漢書》（藝文印書館《集解》本）

10　神──葛洪《神仙傳》（《龍威秘書》本）

11　張──張璠《漢紀》（汪文臺輯《七家後漢書》）

016	王朗	東海	三 13
017	王遠	東海	神 2
018	王元賓		全 99，10b–11a；續 19，2b–3b〈封丘令王元賓碑〉
019	尹勳	河南	後 67
020	孔褒	魯國	漢 4，34a–b〈孔褒碑〉
021	孔彪	魯國	全 102，2a–b；隸 8，14b–16b〈博陵太守孔彪碑〉
022	孔宙	魯國	全 100，5a；隸 7，4a–5b〈泰山都尉孔宙碑〉
023	孔季彥	魯國	後 79 上
024	巴肅	渤海	後 67
025	□仁	南陽	隸 17，7a–b〈南陽太守秦頡碑〉
026	□元賓		全 99，7a–b；隸 6，19b–20a〈議郎元賓碑〉

五 劃

027	包咸	會稽	後 79 下
028	左雄	南陽	後 61
029	史琬	南陽	隸 17，7a–b〈南陽太守秦頡碑〉

六 劃

030	朱治	丹陽	三 56
031	朱倉	廣漢	華 10 中
032	朱穆	南陽	後 43；謝 2；張 1
033	朱龜		全 104，9a–b；隸 10，22a–23a〈幽州刺史朱龜碑〉
034	朱儁	會稽	三 46 注；後 71
035	羊陟	太山	後 67
036	江革	齊國	後 39
037	向栩	河內	後 81
038	全柔	吳郡	三 60

八 劃

九 劃

087	度尚	山陽	全 100，9b–10a；隸 7，10a–11b〈荊州刺史度尚碑〉；後 38
088	柳敏		全 101，8b；隸 8，8a–9a〈孝廉柳敏碑〉
089	柳敏之父		同上
090	种暠	河南	後 56
091	种岱	河南	後 56
092	胡康		全 79，4a–b〈交趾都尉胡府君夫人黃氏神誥〉
093	胡廣	南郡	謝 2，8b；後 44
094	姜詩	廣漢	後 84
095	侯獲	雲中	八 4，1a–b〈沙南侯獲碑〉
096	封祈	汝南	風 5，231
097	苑康	渤海	後 67
098	郅壽	汝南	後 29
099	郅惲	汝南	後 29
100	郅伯嚮	汝南	風 5，231
101	段恭	廣漢	華 10 中，83 上
102	段熲	武威	後 65
103	皇甫嵩	安定	後 71

十　劃

104	徐防	沛國	後 44
105	徐穉	豫章	謝 3，1b–2a
106	袁安	汝南	拓 00022 號；後 45
107	袁良	陳國	全 98；隸 6，5b–9a〈國三老袁良碑〉
108	袁術	汝南	後 75
109	韋彪	扶風	謝 1，6a；後 26
110	孫匡	吳郡	三 51
111	孫翊	吳郡	三 51

112	孫權	吳郡	三 47
113	孫伉	鉅鹿	三 14
114	高岱	吳郡	三 46 裴注
115	高式	陳留	三 24 注
116	高弘	陳留	三 24 注
117	高彪	吳郡	後 80 下
118	高頤		全 105，7b；隸 11，12b–13b〈益州太守高頤碑〉
119	茨充	南陽	東 15
120	荀爽	潁川	全 67，6a；後 62
121	荀彧	潁川	後 70；三 10
122	荀燾	潁川	三 10《集解》引《荀氏譜》
123	桓典	沛郡	後 37
124	桓彬	沛郡	後 37
125	桓曄	沛郡	後 37
126	桓鸞	沛郡	後 37
127	桓階	長沙	三 22
128	馬江	濟陰	全 101，9b–10a；隸 8，11b–12b〈郎中馬江碑〉
129	馬忠	巴西	三 43
130	馬棱	扶風	後 24
131	唐扶之父	潁川	全 104，7a–b；隸 5，7a–9b〈漢成陽令唐扶頌〉

十一劃

132	梁休		全 106，7a；續 1，4b–5a〈司徒掾梁休碑〉
133	梁鵠	安定	三 1《集解》引《書斷》
134	淳于恭	北海	後 39
135	崔琦	涿郡	後 80 上
136	寇祺	梓潼	華 10 下

137	盛憲	會稽	三 51 注
138	盛孔叔	汝南	風 5，231
139	堂谿協	潁川	漢 1，18a–b；八 5，13a–b〈季度銘〉；全 58，10a–11a
140	曹全	敦煌	全 105，1b–3a〈郃陽令曹全碑〉
141	曹述	敦煌	同上
142	曹敏	敦煌	同上
143	曹鳳	敦煌	同上
144	曹操	沛國	三 1
145	曹昂	沛國	三 20，2 注
146	曹褎	魯國	後 35
147	曹暠	敦煌	後 39
148	許荊	會稽	後 76
149	許武	會稽	後 76
150	許慎	汝南	後 79 下
151	許靖	汝南	三 38
152	符融	陳留	後 68
153	陸康	吳郡	三 57 注
154	陰剛	南陽	隸 17，7a–b〈南陽太守秦頡碑〉
155	陶謙	丹陽	三 8 注引《吳書》
156	陳登	下邳	三 7 注；後 56 注
157	陳球	下邳	後 56
158	陳翔	汝南	後 67
159	陳重	豫章	後 81
160	陳瑀	下邳	謝 3，8a
161	陳珪	下邳	後 56；謝 3，8a
162	陳蕃	汝南	風 7，343；後 66
163	陳禪	巴郡	後 51

164	陳龜	上黨	後 51
165	陳伯敬	汝南	後 45
166	郭仲奇		全 102，3a–b；隸 9，1a–2b〈北軍中侯郭仲奇碑〉
167	郭仲奇之兄	同上	
168	郭仲奇之弟	同上	
169	郭禧	陳留	續 19，12a–13a〈太尉郭禧斷碑〉
170	郭旻	陳留	全 99，6a–b〈丹陽太守郭旻碑〉；隸 24，16b–17a
171	郭淮	太原	三 26
172	郭儀	南陽	隸 17，7a–b〈南陽太守秦頡碑〉
173	張紘	廣陵	三 52
174	張武	吳郡	後 81
175	張衡	南陽	後 59
176	張壽		全 101，3a–4a；隸 7，18a–19b〈竹邑侯相張壽碑〉
177	張興	潁川	後 79 上
178	張霸	蜀郡	後 36
179	張昭	彭城	三 52
180	張裔	蜀郡	三 41
181	張敏	河間	後 44
182	張儉	南陽	隸 17，7a–b〈南陽太守秦頡碑〉
183	張綱	犍為	後 56；三 45 注
184	張翼	犍為	三 45
185	張禹	趙國	後 44
186	張陵	河南	後 36；謝 2，1b–2a
187	張玄	河內	後 79 下
188	張重	日南	失，1b
189	張既	馮翊	三 15
190	張納	勃海	全 105，4b–5a；隸 5，10b–12a〈巴郡太守張納碑〉

191　張子矯　　彭城　　全 37，9b；風，佚文，560

十二劃

192　傅燮　　　北地　　後 58

193　童翊　　　琅邪　　後 76

194　單颺　　　山陽　　後 82 下

195　寒朗　　　魯國　　後 41

196　馮緄　　　巴郡　　後 38；全 100，9b–11a；隸 7，13a–14a〈車騎將軍馮緄碑〉

197　馮豹　　　京兆　　後 28 下

198　黃憲　　　汝南　　後 53

199　黃真　　　陳留　　後 64

200　黃蓋　　　零陵　　三 54

201　景鸞　　　梓潼　　華 10 下，98 下

202　景毅　　　梓潼　　華 10 下，98 上

203　景君　　　　　　　隸 6，1a–2a〈謁者景君墓表〉

204　華歆　　　平原　　三 13

205　華佗　　　沛國　　後 82 下

206　程曾　　　豫章　　後 79 下

207　第五倫　　京兆　　後 41

208　第五訪　　京兆　　後 76

209　賀齊　　　會稽　　三 60

210　陽球　　　漁陽　　後 77

211　朝侯小子　　　　　拓 00068 號〈漢□朝侯小子殘碑〉

212　媯覽　　　吳郡　　三 51

213　費鳳　　　梁國　　全 103，6b–7a；隸 9，20b–22b〈費鳳別碑〉

214　費汎　　　梁國　　全 106，3b；隸 11，18a–19a〈梁相費汎碑〉

十三劃

215	溫恢	太原	三 15
216	雍勸		全 106，5a；隸 12，12b〈趙相雍勸闕碑〉
217	雍寶		同上
218	雍朗		同上
219	雍煜		同上
220	雍陟		同上
221	葛龔	梁國	後 80 上
222	董遇	弘農	三 13 裴注引《魏略》
223	董鈞	犍為	後 79 下
224	董昭	濟陰	三 14
225	楊充	梓潼	華 10 下
226	楊脩	弘農	後 54；三 19 裴注引《典略》
227	楊游		隸 18，4a–b〈縣三老楊信碑〉
228	楊彪	弘農	後 54
229	楊淮		全 102，7b–8a；續 11，11a–b〈司隸校尉楊淮碑〉
230	楊弼		同上
231	楊琁	會稽	後 38
232	楊仁	巴郡	後 79 下
233	楊阜	天水	三 25
234	賈彪	潁川	後 67
235	賈詡	武威	三 10
236	賈琮	東郡	後 31
237	雷義	豫章	後 81
238	虞君	南陽	隸 17，7a–b〈南陽太守秦頡碑〉

十四劃

239	甄承	北海	後 79 下
240	甄儼	中山	三 5 注
241	甄堯	中山	三 5 注
242	熊君		全 105，8a–b；隸 11，14a–17a〈綏民校尉熊君碑〉
243	趙宣	漢中	華 10 下，93 下
244	趙咨	東郡	後 39
245	趙孝	沛國	後 39
246	趙戒	蜀郡	謝 1，7a–b
247	趙昱	琅邪	三 8 注引謝承《漢書》
248	趙苞	甘陵	後 81
249	臧洪	廣陵	後 58

十五劃

250	劉虞	東海	三 8 注；後 73
251	劉絲	東萊	三 49
252	劉矩	沛國	後 76
253	劉脩		全 101，10a–b；隸 8，13a–14a〈慎令劉脩碑〉
254	劉昆	陳留	後 79 上
255	劉陶	潁川	後 57
256	劉寵	東萊	後 76
257	劉放	涿郡	三 14
258	劉梁	東平	後 80 下
259	劉翊	潁川	後 81
260	劉儒	東郡	後 67
261	劉祐	中山	後 67

262	劉略	南陽	隸 17，7a–b〈南陽太守秦頡碑〉
263	劉祖	南陽	風 5，243
264	劉平	楚郡	後 39
265	劉雄	涿郡	三 32
266	鄭太	河南	三 16 及注；後 70
267	鄭弘	會稽	謝 1，12a–13a；後 33
268	鄭伯堅	汝南	風 5，231
269	鄭益恩	北海	後 35
270	蔡瓚	南陽	風 4，192
271	蔡琰	南陽	同上
272	蔡衍	汝南	後 67
273	蔡順	汝南	後 39
274	蔡湛	河內	全 104，1a–b；隸 5，1a–2b〈槀長蔡湛頌〉
275	魯峻	山陽	全 102，9a–b；隸 9，4b–6a〈漢故司隸校尉忠惠父魯君碑〉
276	潁容	陳國	後 79 下
277	衛茲	陳留	三 1 注
278	衛衡	漢中	華 10 下，91 下

十六劃

279	鮑昂	上黨	後 29
280	衡方	西河	全 101，4a–5a；隸 8，1a–3b；23，20b〈衛尉衡方碑〉
281	橋玄	梁國	後 51；全 77，2a–b〈太尉喬玄碑〉
282	霍諝	魏郡	後 48
283	駱俊	會稽	謝 8，9a

十七劃

| 284 | 應劭 | 汝南 | 後 48 |

二十劃

307	闞澤	會稽	三 53
308	蘇則	扶風	三 16
309	竇攸		嶠 2，9a
310	嚴幹	馮翊	三 23 注

（補遺）

311	袁閎	汝南	風 3，160
312	郅伯夷	汝南	風 9，427
313	孫世伯	江夏	全 99，9b〈孫叔敖碑陰〉
314	法高卿		《抱朴子外篇》〈逸民〉第二
315	金敞	京兆	三 7，7a 陶淵明《群輔錄》引《三輔決錄》
316	酈炎	范陽	全 82，3b〈遺令書〉
317	李雲	甘陵	《水經注》9，30a，淇水條
318	盛允	梁國	《水經注》23，18b，獲水條

附錄二：東漢孝廉家族仕宦表

（表中人名前加 "*" 表示其族曾有仕宦至二千石或以上者）

第一類：兩代仕宦之家：55 名

1　* 趙孝：「父普，王莽時為田禾將軍」。(資料出處參附錄一〈東漢孝廉題名錄〉，下同)

2　　張武：「父業，郡門下掾」。

3　　劉昆：「梁孝王之胤也」。

4　　袁安：「祖父良……為太子舍人……至成武令」。

5　　李郃：「父頡，以儒學稱，官至博士」。

6　* 張衡：「世為著姓，祖父堪，蜀郡太守」。

7　* 杜根：「父安……位至巴郡太守」。

8　* 吳祐：「父恢為南海太守」。

9　* 陳球：「歷世著名，父璽，廣漢太守」。

10　* 仲定：「父張掖，廣漢太守」。

11　　柳敏：「君父以孝廉除郎中（下闕）」。

12　* 王純：「魏郡太守之子」。

13　* 費鳳：「梁相之元子，九江太守之長兄也」。

14　　种暠：「仲山甫之後世，父為定陶令」。

15　* 蔡瓚：父東萊太守。

16　* 皇甫嵩：「度遼將軍規之兄子也；父節，雁門太守」。

17　　荀爽：父荀淑，當塗長、朗陵侯相。

18　* 袁術：「司空逢之子」。

19　* 王凌：「叔父允為漢司徒」。

20　* 孫權：父孫堅，長沙太守、烏程侯。

21　* 孫翊：孫權弟。

22　* 孫匡：孫權弟。

23　* 楊游：「故縣三老楊信……子任為陳留太守，子游（闕）舉孝廉」。

24　　王青之子：青，步兵司馬。

25　　芊菶：「父為交州刺史」。

26　　□朝侯小子：「朝侯之小子也」。

27　　曹述：父敏，武威長史、巴郡朐忍令、張掖、居延都尉。

28　* 陳翔：「祖父珍，司隸校尉」。

29　* 劉矩：「叔父光，順帝時為司徒」。

30　* 公沙孚：父公沙穆，繒相、弘農令、遼東屬國都尉。

31　　趙咨：「父暢為博士」。

32　劉陶：「濟北貞王勃之後」。

33　劉脩：「君諱脩……從事君（闕十六字）……」。按：碑殘，不過可知其祖或父曾為
　　　州從事。

34 ＊范丹：「漢文景之際，爰自南陽來，家於成安，生惠及延。延熹二年官至司農、廷
　　　尉。君則其後也」。

35 ＊衡方：「君之烈祖少以儒術安貧樂道……考廬江太守，兄雁門太守」。

36 ＊臧洪：「父旻，有幹事才。熹平六年，揚州刺史，使匈奴中郎將」。

37 ＊士燮：「父賜，桓帝時為日南太守」。

38 ＊劉虞：「祖父嘉，光祿勳」。

39 ＊溫恢：「父恕，為涿郡太守」。

40　陶謙：「謙父，故餘姚長」。

41　段熲：「西域都護會宗之從曾孫也」。

42　侯獲：「君父字仙緒，羽林監」。

43 ＊尹勳：「家世衣冠，伯父睦為司徒，兄頌為太尉，宗族多居貴位者」。

44 ＊李固：「司徒郃之子」。

45　郭仲奇：「元城君之第四子」。

46　郭仲奇之兄：同上。

47　郭仲奇之弟：同上。

48　馮緄：「父煥，安帝時為幽州刺史」。

49　周景：「景父榮，章和世為尚書令」。

50 ＊許荊：「祖父武……位至長樂少府」。

51　戴良：「曾祖父遵……平帝時為侍御史」。

52 ＊郅壽：父授皇太子《韓詩》，長沙太守。

53　曹褒：「父充，持慶氏禮，建武中為博士、侍中」。

54 ＊王暢：父龔，官至太尉。

55 ＊高式：父慎，東萊太守。

第二類：三代仕宦之家：40名

1　宋意：「宋均父伯，建武初為五官中郎將，均以父任為郎……司隸校尉、河內太守……族子意。意父京，以《大夏侯尚書》教授，至遼東太守」。

2　徐防：「祖父宣，為講學大夫，以《易》教授王莽；父憲，亦傳宣業」。

3　＊第五訪：「司空倫之族孫」；第五倫子頡，桂陽、廬江、南陽太守、將作大將（《後漢書》，以下簡稱《後》，卷四十一、七十六）

4　＊張綱：父「張皓，六世祖良，高帝時為太子少傅，皓……歸仕州郡……廷尉」。

5　＊張禹：「祖父況……涿郡太守；父歆……淮陽相，終于汲令」。

6　甄承：「甄宇……州從事，拜博士、太子少傅；傳業子普，普傳子承」。

7　＊李膺：「祖父脩，安帝時為太尉；父益，趙國相」。

8　＊馬棱：「(馬) 援之族孫」；族父馬廖，衛尉、順陽侯；族父馬防，車騎將軍、翟鄉侯。

9　＊曹操：「漢相國參之後。桓帝世，曹騰為中常侍……養子嵩……官至太尉……嵩生太祖」。

10　＊張陵：「張霸……會稽太守……中子楷……建和三年，下詔安車備禮徵之……子陵，陵官至尚書」。

11　＊桓階：「階祖父超，父勝，皆歷典州郡，勝為尚書，著名南方」。

12　＊張翼：「高祖父司空浩，曾祖父廣陵太守綱，皆有名迹」。

13　＊周嘉：「高祖父燕，宣帝時為郡決曹掾，燕有五子，皆至刺史、太守」。

14　＊陳蕃：「父梁父令，另仕平輿；其祖河東太守」。

15　＊馮豹：「馮衍……祖野王，元帝時為大鴻臚……衍，司隸從事，子豹」。

16　＊楊琁：「高祖父茂本河東人……威寇將軍，封烏傷新陽鄉侯；父扶，交阯刺史；兄喬為尚書」。

17　＊荀彧：「朗陵令淑之孫也；父緄，為濟南相」（《後》卷七十）；「叔父爽，司空」（《三國志》，以下簡稱《三》，卷十）

18　＊郭淮：「淮祖全，大司農；父縕，雁門太守」。

19　＊鄭益恩：「鄭玄六世祖崇，哀帝時尚書僕射，玄少為鄉嗇夫……公車徵為大司農……

玄唯有一子益恩」。

20 ＊ 周㦷：「周舉，陳留太守防之子……拜光祿大夫……子㦷」。

21 ＊ 种岱：「父种暠，司徒；祖父，定陶令」。

22 　 鍾繇：「鍾皓，博學詩、律，為郡功曹、遷南鄉、林盧長，不之官；皓二子迪、敷，
　　　　　並以黨錮不仕，繇則迪之孫」。

23 　 鄭弘：「曾祖父本齊國臨淄人，官至蜀郡屬國都尉。武帝時徙強宗大姓，不得族居，
　　　　　將三子移居山陰……長子吉，雲中都尉、西域都護；中子兗州刺史，少子舉
　　　　　孝廉，理劇東郡侯也」。

24 ＊ 陳禹：祖父疊，廣漢太守；父陳球，司空、太尉、永樂少府。

25 ＊ 陳珪：同上，「陳球兄子」。

26 ＊ 韋彪：「高祖賢，宣帝時為丞相；祖賞，哀帝時為大司馬」。

27 　 胡廣：「六世祖剛，平帝時，大司徒馬宮辟之……父貢，交阯都尉」。

28 ＊ 朱龜：「廣陵太守之孫，昆陽令之元子也」。

29 ＊ 王政：「漢中太守之孫，從事掾之第三子也」。

30 　 魯峻：「監營謁者之孫，脩武令之子」。

31 ＊ 劉絲：伯父寵為太尉，寵父為般長。

32 　 馬江：「□□□之長孫，湯官丞之元子」。

33 ＊ □元賓：「魯相之孫……中牟令兄子也」。

34 　 王元賓：「御史君之孫，茂才君之子也」。

35 ＊ 雍陟：祖父竇，九江太守；父望，右校令。

36 　 曹鳳：祖父敏，武威長史、巴郡朐忍令、張掖、居延都尉；父述，金城長史、夏陽
　　　　　令、蜀郡西部都尉。

37 ＊ 劉放：「漢廣陽順王子西鄉侯宏後也」。

38 ＊ 鄭太：高祖父眾，大司農；眾父興，諫議大夫（《後》卷七十；《三》卷十六）

39 ＊ 鮮于琦：祖父弘，膠東相；父操，郡孝灌謁者。

40 ＊ 高弘：祖父慎，東萊太守；父式，孝廉為郎。

第三類：四代以及四代以上仕宦之家：36 名

1　＊鮑昂：曾祖父宣，司隸校尉；祖父永，司隸校尉；父昱，司徒、太尉。

2　　孟嘗：「其先三世為郡吏」。

3　＊橋玄：七世祖，大鴻臚；祖父基，廣陵太守；父肅，東萊太守（《後》卷五十一）。
　　　　　按其碑所載稍異：「大鴻臚之曾孫，廣州相之孫，東萊太守之元子也」。

4　＊應劭：高祖父順，河南尹、將作大匠；曾祖父疊，江夏太守；祖父郴、武陵太守；
　　　　　父奉，司隸校尉。

5　＊周燮：宣帝時決曹掾之後。燕有五子，皆至刺史、太守。燕重曾孫周嘉，光武時為
　　　　　零陵太守。與周嘉同時有周磐的祖父業，建武初為天水太守。周磐乃周燮之
　　　　　宗（《後》卷三十九，五十三，八十一）

6　＊周磐：同上。按：汝南周氏譜系略示如下：

7　＊郭禧：從曾祖弘，決曹掾；從祖躬，廷尉；從父鎮，廷尉、定潁侯。

8　＊李翊：「牂牁太守曾孫，謁者孫，從事君之元子也」。

9　＊桓典：桓氏自桓榮以後，代為帝師，譜系詳見《後》卷三十七，略示如下：

```
        □→麟→彬
        │
  榮→郁→焉→□→典
        │
        □→鸞→曄
```

10　＊桓鸞：見上。

11　＊桓彬：見上。

12　＊桓曄：見上。

13 ＊ 楊彪：楊震曾孫。楊震子秉，孫賜俱高官，其詳見《後》卷五十四，不贅列。

14 ＊ 楊脩：楊彪子。餘同上。

15 ＊ 熊君：「高祖父籌……拜議郎，南巡郡國封龍平（闕三字）祖父旻舉（闕三字）大
　　　司馬……曾祖父範督郵、守長，州辟元（闕六字）君（闕四字）應上計
　　　（闕）祖父師（闕二字）上計掾……」。

16 ＊ 袁良：「征和三年，曾孫幹……拜黃門侍郎，封關內侯……幹薨，子經嗣；經薨，
　　　子凵嗣；傳國三世至王莽而斷，君即凵之曾孫」。

17 ＊ 郭旻：郭禧之兄。餘見郭禧條。

18 ＊ 曹全：「君高祖父敏，舉孝廉、武威長史、巴郡胊忍令、張掖、居延都尉；曾祖父
　　　述，孝廉、謁者、金城長史、夏陽令、蜀郡西部都尉；祖父鳳，孝廉、張掖
　　　屬國都尉丞、右扶風隃麋侯相、金城西部都尉、北地太守；父琫……早世」。

19 ＊ 雍勸：「高祖父諱寶字伯著，孝廉、河南令、侍御史、九江太守（闕三字）君子望
　　　字伯桓，右校令；望子陟，孝廉，胊忍令（闕五字）陟弟朗字仲舅，孝廉、
　　　弘農令、武都太守；朗弟勸字叔（闕），孝廉、成皋令、趙國相；勸子煜，
　　　字稚（闕），孝廉、資中、長江令」。

20 ＊ 雍朗：見上。

21 ＊ 雍煜：見上。

22 ＊ 朱穆：曾祖父岑，光武故舊；祖父暉為郎、尚書令；父頡，陳相。

23 ＊ 李咸：「大將軍李廣之冑也……文武繼踵，世為著姓。曾祖父江夏太守，伯父東郡
　　　太守」。

24 ＊ 鮮于晏：父璜，雁門太守，祖父雄，州從事；曾祖父式，督郵；高祖父操，郡孝灌
　　　謁者；操父弘，膠東相。

25 ＊ 曹昂：曹操子。餘見曹操條。

26 ＊ 劉雄：「漢景帝子中山靖王勝之後也……先主祖雄，父弘，世仕州郡」。

27 ＊ 胡康：父為都尉，母為江陵黃氏之秀女。母之高祖父為汝南太守，曾祖父延城大
　　　尹，祖父番禺令，父以主簿嘗證太守事。

28 ＊ 荀熹：曾祖父淑，朗陵令；祖父緄，濟南相；叔祖爽，司空；父彧，侍中光祿大

夫，持節，參丞相軍事，列侯。

29 ＊甄儼：「漢太保甄邯後也，世吏二千石，父逸，上蔡令」。

30 ＊甄堯：甄儼弟。餘見上。

31 ＊崔琦：「濟北相瑗之宗也」（《後》卷八十上）。按：涿郡崔氏西漢昭帝起，代出名
　　　　臣，其譜系略示如下：

　　　　朝→舒→篆→毅→駰→瑗→寔（參《後》卷五十二）

32 ＊劉寵：「齊悼惠王之後也。悼惠王子孝王將閭，將閭少子封牟平侯⋯⋯父丕，博學，
　　　　號為通儒」。

33 ＊孔季彥：父孔僖，「以安國以下，世傳《古文尚書》、《毛詩》⋯⋯肅宗拜僖蘭臺令
　　　　史」。「平帝時，王莽秉政，乃封孔子後孔均為褒成侯」。

34 ＊孔宙：「孔子十九世孫也」。宙子孔融。融「七世祖霸為元帝師，位至侍中」（《後》
　　　　卷七十）；又孔昱「七世祖霸，成（按：應為元）帝時歷九卿，封褒成侯。
　　　　自霸至昱，爵位相係，其卿相牧守五十三人，列侯七人」（《後》卷六十七）

35 ＊孔彪：「孔子十九世孫，潁川君之元子也」。餘見上。

36 ＊孔褒：「孔子廿世之孫，泰山都尉之元子」。餘見上。

第四類：仕宦世代不明之家族：8名

1　　陳龜：「家世邊將」。

2　　張納：「君之曾祖暨，其先考軌迹相繼，俱□□□州」。

3　　費汎：「大漢之（闕）官司相繼，絕而復繼」。

4　　羊陟：「家世冠族」。

5　　宗資：「家代為漢將相名臣，祖父均自有傳」。

6　　陽球：「家世大姓冠蓋」。

7　　公孫瓚：「家世二千石」。

8　　蔡湛：「歷世卿尹，有功王室」。

引用書目

1. 司馬遷，《史記》（宏業書局《史記會注考證》）。

2. 班固，《漢書》（藝文印書館《補注》本）。

3. 范曄，《後漢書》（藝文印書館《集解》本）。

4. 陳壽，《三國志》（藝文印書館《集解》本）。

5. 謝承，《後漢書》（文海出版社，汪文臺輯《七家後漢書》）。

6. 華嶠，《後漢書》（文海出版社，汪文臺輯《七家後漢書》）。

7. 失名氏，《後漢書》（文海出版社，汪文臺輯《七家後漢書》）。

8. 張璠，《漢紀》（文海出版社，汪文臺輯《七家後漢書》）。

9. 《東觀漢記》（中文出版社）。

10. 嚴可均（輯），《全後漢文》（中文出版社《全上古三代秦漢三國六朝文》）。

11. 應劭，《風俗通義》（明文書局，王利器校注本）。

12. 常璩，《華陽國志》（商務印書館《四部叢刊初編》）。

13. 王符，《潛夫論》（新興書局《漢魏叢書》本）。

14. 桓寬，《鹽鐵論》（世界書局，王利器校注本）。

15. 袁宏，《後漢記》（商務印書館《四部叢刊初編》）。

16. 徐幹，《中論》（新興書局《漢魏叢書》本）。

17. 王充，《論衡》（新興書局《漢魏叢書》本）。

18. 葛洪，《神仙傳》（《龍威秘書》本）。

19. 馬邦玉，《漢碑錄文》（《連筠簃叢書》）。

20. 陸增祥，《八瓊室金石補正》（藝文印書館《石刻史料叢書甲編》）。

21. 洪适，《隸釋》（藝文印書館《石刻史料叢書甲編》）。

22. 洪邁，《隸續》（藝文印書館《石刻史料叢書甲編》）。

23. 徐天麟，《東漢會要》（九思出版有限公司，標點本）。

24.衛宏，《漢舊儀》（臺灣中華書局《四部備要》）。

25.趙翼，《廿二史劄記》（華世出版社，民國 66 年）。

26.顧櫰三，《補後漢書藝文志》（開明書店《廿五史補編》）。

27.嚴耕望，〈秦漢郎吏制度考〉《歷史語言研究所集刊》第二十三本上冊，民國 40 年，頁 89～143。

28.嚴耕望，《中國地方行政制度史》上編（《中央研究院歷史語言研究所專刊》之四十五，民國 63 年）。

29.勞榦，《居延漢簡考釋之部》（《歷史語言研究所專刊》之四十，民國 49 年）。

30.勞榦，〈漢代察舉制度考〉《歷史語言研究所集刊》，第十七本，民國 37 年，頁 79～129。

31.勞榦，〈兩漢戶籍與地理之關係〉《歷史語言研究所集刊》，第五本二分，民國 24 年，頁 179～213。

32.勞榦，〈論魯西畫像刻石三種——朱鮪石室孝堂山武氏祠〉收入《勞榦學術論文集甲編》上冊（藝文印書館，民國 65 年），頁 141～175。

33.楊聯陞，〈東漢的豪族〉《清華學報》，十一卷四期，民國 25 年，頁 1007～1063。

34.鄧嗣禹，《中國考試制度史》（學生書局，民國 56 年）。

35.金發根，〈東漢黨錮人物的分析〉《歷史語言研究所集刊》，第三十四本，民國 52 年，頁 505～558。

36.濱口重國，〈漢代の孝廉と廉吏〉《史學雜誌》，五十三卷七號，1942，頁 113～114。

37.鎌田重雄，〈漢代の孝廉について〉《史學雜誌》，五十五卷七號，1944，頁 98～101。

38.鎌田重雄，〈漢代の門生・故吏〉《秦漢政治制度の研究》（日本學術振興會，1962），頁 450～469。

39.永田英正，〈漢代の選舉と官僚階級〉《東方學報》，四十一冊，1970，頁 157～196。

40.池田雄一，〈中國古代における郡縣屬吏制の展開〉《中國古代史研究》（雄山閣，1976），頁 319～344。

41.狩野直禎，〈後漢中期の政治と社會——順帝の即位をめぐつて〉《東洋史研究》，二十三卷三號，1964，頁 68～87。

42.余英時，〈東漢政權之建立與士族大姓之關係〉《中國知識階層史論》（聯經出版，民國 69 年），頁 109～203。

43.蕭璠，《春秋至兩漢時期中國向南方的發展》（《臺灣大學文史叢刊》，民國 62 年）。

44.趙鐵寒，〈記袁安碑〉《大陸雜誌》，十二卷五期，收入《大陸雜誌史學叢書》第一輯第四冊，頁 67～79。

45.劉增貴，《漢代婚姻制度》（華世出版社，民國 69 年）。

46.許倬雲，〈西漢政權與社會勢力的交互作用〉《歷史語言研究所集刊》，第三十五本，民國 53 年，頁 261～281。

47.錢穆，《國史大綱》（臺灣商務印書館，民國 54 年臺九版）。

48.邢義田，〈東漢的胡兵〉《國立政治大學學報》，第二十八期，民國 62 年，頁 143～166。

49.邢義田，〈試釋漢代的關東、關西與山東、山西〉《食貨月刊》，十三卷一期，民國 72 年，頁 15～30。

50.邢義田，〈東漢察舉孝廉的年齡限制〉《大陸雜誌》，六十六卷四期，民國 72 年，頁 26～35。

51.王毓銓，〈民數與漢代封建政權〉《中國史研究》，第三期，1979，頁 61～80。

52.陝西省文物管理委員會，〈潼關吊橋漢代楊氏墓群發掘簡記〉《文物》，第一期，1961，頁 56～66。

53.安徽省亳縣博物館，〈亳縣曹操宗族墓葬〉《文物》，第八期，1978，頁 32～45。

54.田昌五，〈讀曹操宗族墓磚刻辭〉《文物》，第八期，1978，頁 46～50。

55.內蒙古文物工作隊、內蒙古博物館，〈和林格爾發現一座重要的東漢壁畫墓〉《文物》，第一期，1974，頁 8～23。

56.吳榮曾，〈和林格爾漢墓壁畫中反映的東漢社會生活〉《文物》，第一期，1974，頁 24～30。

57.河南省博物館，〈靈寶張灣漢墓〉《文物》，第十一期，1975，頁 75～93。

58.天津市文物管理處考古隊，〈武清東漢鮮于璜墓〉《考古學報》，第三期，1982，頁 351～366。

59.天津市文物管理處，武清縣文化館，〈武清縣發現東漢鮮于璜墓碑〉《文物》，第八期，

1974，頁 68～72。

60.黃士斌，〈河南偃師縣發現漢代買田約束石券〉《文物》，第十二期，1982，頁 17～20。

61.寧可，〈關於漢侍廷里父老僤買田約束石券〉《文物》，第十二期，1982，頁 21～27。

漢代的父老、僤與聚族里居

——「漢侍廷里父老僤買田約束石券」讀記

一、石券的發現與內容

　　歷史文物每於無意中毀滅，亦於無意中得之。「漢侍廷里父老僤買田約束石券」是得之於無意的一個例子。1973 年，河南偃師縣緱氏鎮鄭瑤大隊南村的民眾在整地時，偶然在地表下約 70 公分處掘到了一方石券。掘出後，置於倉庫，直到 1977 年才有文物管理人員加以清理摹拓。根據報導，這方石券略呈長方形，高 1.54 公尺，寬 80 公分，厚 12 公分。全石均未經打磨，字刻在不很平整的自然石面上。石券底部呈不甚規則的三角形，正面陰刻隸書十二行二百一十三字。字大小不等，最大的約 6×8 公分，最小的 5×2 公分。字排列不很整齊，一行最多二十七字，最少的十四字。報導中說「字迹基本清楚，整篇文字可以通讀」❶，但從發表的兩種釋文看來，實有闕不能釋和釋讀認定不同的地方。發表的拓片影本更多模糊不清之處（參附圖）❷。

　　石券釋文，現有黃士斌和寧可兩家。筆者核對影本，發現黃釋有若干錯誤。因據寧可所釋，先將券文重錄如下，再對釋文提出若干商榷，就教於讀者。

---

❶ 黃士斌，〈河南偃師縣發現漢代買田約束石券〉，《文物》，第十二期 (1982)，頁 17～20；寧可，〈關於漢侍廷里父老僤買田約束石券〉，同上，頁 21～27。

❷ 同上，頁 18。

漢侍廷里父老僤買田約束石券

(1)建初二年正月十五日侍廷里父老僤祭尊

(2)于季主䟽左巨等廿五人共為約束石券里治中

(3)迺以永平十五年六月中造起僤斂錢共有六萬

(4)一千五百買田八十二畝僤中其有訾次

(5)當給為里父老者共以客田借與得收田

(6)上毛物穀實自給即訾下不中還田

(7)轉與當為父老者傳後子孫以為常

(8)其有物故得傳後代戶者一人即僤

(9)中皆訾下不中父老季巨等共假賃

(10)田它如約束單戻單子陽尹伯通錡中都周平周蘭

(11)区?老?周偉于中山于中程于季于孝卿于程于伯先于孝

(12)左巨單力于稚錡初卿左中区□王思錡季卿尹太孫于伯和尹明功

石券第六行「穀實」的「實」字，第十行「它如約束」的「它」字，影本都很清楚。黃士斌分別釋為「食」、「也」是錯誤的。第十一行頭兩個字，黃、寧皆釋作「父老」。寧釋在這兩字旁加了問號。從影本看來，這兩字的確不易辨識。從第十行「它如約束」以後到十二行券末是一連串的人名，為何中間插入「父老」兩字？不好解釋。一個可能是誤刻父老二字，又經削去。父老二字周邊其他的字迹都很清楚，唯獨此二字漫漶，我們懷疑是有意削去的結果。對這一可疑之處，黃士斌和寧可都沒有解釋，似應根據原券，再作勘考。又券文最後一行第十一至十三字，黃士斌釋作「伯□□」，寧可釋為「中区□」。這一差異亦應根據原券釐清。此外還有一處也有商榷的餘地，即券文最末一行第十四、十五字疑應為「于思」兩字，黃、寧釋文皆作「王思」。這是一位曾見原石券學者的意見❸。

這方石券出土是一項極有意義的發現。它對認識漢代的地方組織、地價、土地所有權的型態，土地經營方式以及聚族里居的情形等都有幫助。石券的大意是說：東漢章帝建初二年（西元 77 年）正月十五日，侍廷里于季等二十五位父老僤的成員，在里辦公室中共同訂立這個約束石券。石券涉及他們在

❸　承杜正勝兄 73 年 1 月 29 日來信賜告，謹謝。

明帝永平十五年（西元 72 年）六月中組織父老僤時，湊錢六萬一千五百所買的八十二畝地。現在約定凡僤中成員有因貲次，當為里父老的，可以借用僤中的田經營，以收穫的穀實等物，供給開銷。如果家貲不足，不夠格當父老，須要將田交出，轉給其他為里父老者。這些田就這樣子子孫孫的傳下去。如果成員有過世的，由他的後代接替，每戶一人。如果僤中的成員都因不中貲，不夠父老的資格，于季、左巨等人可將田租出去。約文之後刻上立約二十五人的名字。于季是這個組織的領袖，稱祭尊。左巨地位次於他，任「主疏」之職。主疏也就是主書，似掌文書之事。《漢官儀》謂：「秦代少府遣吏四人在殿中，主發書，故號尚書。尚猶主也。漢因秦置之。」從「尚猶主也」，可知主書亦尚書之意。又「疏」字與疏、疎、疎、書字通。《後漢書》〈鄭弘傳〉：「楚王英謀反發覺，以疏引睨」，李賢注：「疏，書也。」陳直謂兩漢隸體，「疏」字多寫作「疎」❹，本石券作「疏」。蒼山元嘉元年畫象石墓題記有「薄疎郭中畫觀」一句，「薄疎」意為「簿書」。薄通簿，《爾雅》〈釋訓〉郭璞注：「凡以薄為魚笥者」，《釋文》：「薄，今作簿。」簿，書也。「簿書」或「薄疎」在這一句裡的意思是說——記錄墓椁中的圖畫。題記在這一句之後，接著就是一幅幅圖畫的描述❺。漢代有尚書，有主簿，石券上又有主疏，它們的原意應都是類似的。關於地價、土地所有權的問題，黃、寧二氏已有討論，下文僅就父老、僤和聚族里居三點略抒管見。

二、父　老

　　這方石券的發現使我們第一次知道漢代地方有父老僤這樣的組織。要談這個組織，或應先談談父老。過去討論秦漢鄉里組織的學者，或者將「父老」

---

❹　陳直，《漢書新證》（天津，人民出版社，1979），頁 376。

❺　參李發林，《山東漢畫象石研究》（濟南，齊魯書社，1982），頁 95。李氏將這一句釋為「綿薄粗陋的廊室中有畫觀」（頁 96），疑非是。

當作一個代表特定身分的專名，或者認為與「三老」不同，只是對年高德劭者的泛稱。現在根據這方石券可以肯定「父老」應為專名，指有一定資產的里中領袖。秦漢里中的領導人物有里正和父老。為了避始皇諱，秦代里正又稱里典。秦簡中典、老常常並稱。里中發生事端，典、老經常一起出面，共同處理；處理不當，則受到相同的處罰，例如：

> 「匿敖童，及占痊（癃）不審，典、老贖耐。百姓不當老，至老時不用請，敢為酢（詐）偽者，貲二甲；典、老弗告，貲各一甲⋯⋯傅律。」❻
> 「賊入甲室，賊傷甲，甲號寇，其四鄰、典、老皆出不存，不聞號寇，問當論不當論？審不存，不當論；典、老雖不存，當論。」❼
> 「甲誣乙通一錢，黥城旦皋（罪），問甲同居、典、老當論不當論？不當。」❽

過去討論秦簡的學者大概都根據《韓非子》〈外儲說〉右下：「秦昭王有病，百姓里出一牛，而家為禱。王使其里正與伍老，屯二甲」一段，將「典、老」解釋成「里典」和「伍老」❾。里典不成問題，伍老卻值得再商榷。因為《韓非子》的「里正與伍老」可以說是一條孤證。「伍老」的說法不見於其他秦漢的文獻，而父老卻是一個通用常見的稱呼。茲舉幾個常見的例子：

1.《漢書》卷一上〈高帝紀〉：「父老乃帥子弟共殺沛令」。

---

❻　《睡虎地秦墓竹簡》（臺北，文物出版社，1978），頁143。

❼　同上，頁193。

❽　同上，頁230。

❾　例如，《睡虎地秦墓竹簡》，頁143；高敏，《雲夢秦簡初探》（鄭州，河南人民出版社，1979），頁220～221。高敏說：「『伍老』確見于秦律」（頁221）並無根據。秦律只見「典、老」用法，從未出現「伍老」一詞。

2. 《漢書》卷四十〈陳平傳〉：「里中社，平為宰，分肉甚均。里父老曰：『善，陳孺子之為宰。』」

3. 《漢書》卷二十四上〈食貨志〉：「二千石遣令長、三老、力田及里父老善田者受田器，學耕種養苗狀。」

4. 《漢書》卷七十一〈于定國傳〉：「始定國父于公，其閭門壞（師古曰：閭門，里門也）父老方共治之。」

5. 《漢書》卷七十六〈張敞傳〉：「敞既視事，求問長安父老，偷盜酋長數人。」

6. 《漢書》卷八十九〈循吏傳〉：黃霸為潁川太守，「置父老、師帥、伍長，班行之於民間。」

7. 《漢書》卷九十〈酷吏傳〉：「尹賞為長安令⋯⋯乃部戶曹掾史與鄉吏、亭長、里正、父老、伍人，雜舉長安中輕薄少年惡子。」

8. 《後漢書》一上〈光武帝紀〉：「建武三年⋯⋯大會故人父老。」

9. 《後漢書》二十五〈劉寬傳〉：「見父老，慰以農里之言。」

10. 《居延漢簡》：⎡阝　　　　　　　　□□里父老□□□

　　　　　　　　□秋賦錢五千　　　　正安釋□□

　　　　　　　　北　　　　　　　　嗇夫食佐吉受（526.1A，釋文 7413；圖版 457 頁）

從頭兩個例子可以知道秦時有父老。第二個例子更明白稱為里父老。個人認為秦簡中「典、老」的「老」以作「父老」解較為妥當。從秦到東漢，父老一直是里中的領袖。里以上的鄉、縣另有三老，與里父老名稱不同。我們還不曾見秦漢有里三老的例子❿，也未見「伍老」的說法。這方石券為漢代里

❿　寧可在前引文中以及他另一篇作品〈漢代的社〉（《文史》第九輯，1980）註十七中將里父老與三老當作一回事。他引《漢書》卷九十八〈元后傳〉：「翁孺既免⋯⋯乃徙魏郡元城委粟里，為三老。魏郡人德之」一段證「父老」也可逕稱「三老」（見〈漢代的社〉，頁 13，註十七）。其實這有商榷餘地。從「魏郡人德之」可知翁孺似

父老之為專名一事提供了最確切的證據。

　　黃士斌和寧可都根據石券有關里父老家貲的規定，認為漢代「改變了先秦時里父老由鄉中德高望重的人充任的作法」**⑪**。個人認為石券所記並不能推翻里中推選年高德劭者為父老的說法，頂多是補充了這個說法的不足：即父老在年齡和德性的條件之外，還要看中不中貲。《公羊傳》宣公十五年何休注謂：「(里)選其耆老有高德者名曰父老；其有辯護伉健者為里正。」何休此注本在宣揚一種井田制的理想。但是他提到的父老和里正卻有漢代的影子，並不是純然虛構。武帝建元元年夏四月己巳詔曰：「古之立教，鄉里以齒，朝廷以爵，扶世導民，莫善於德。然則於鄉里先者艾，奉高年，古之道也。」**⑫**鄉里以齒，不但是古之道，也是漢之道。劉邦於漢初擇民年五十以上為鄉三老，是三老須年高者為之**⑬**。西漢屢有尊高年，賜帛之舉**⑭**。年七十者，甚至受王杖，享有各種特權。1959 年，武威磨咀子漢墓所出王杖十簡，將受王杖者的特權一一列舉：他們得出入官府，行馳道旁道；有敢妄加毆罵者，比之大逆不道**⑮**。這些簡是西漢成帝時物。東漢尊年，並不稍改。據《續漢志》，授王杖已成仲秋案比時之常舉。明帝以後更有養三老、五更之儀，「用其德行年者高者一人為老，次一人為更」(〈禮儀志〉)，尊高年有德者，蓋以其為百姓之表率領袖。《白虎通》卷上謂：「教民者皆里中之老而有道德者」，是理想，也是寫實。東漢里父老人選恐不會棄年高與有德者，而僅以家貲為條件。蔡邕《獨斷》謂：「三老，老謂久也，舊也，壽也。皆取首妻男女完具者。」據蔡邕之說，要當三老，還必須是正妻所生，有兒有女的人才夠資格

非委粟里之里三老，而是魏郡之郡三老。漢有郡三老，參《後漢書》卷七十六〈王景傳〉：「父閎為郡三老。」

⑪ 黃士斌，前引文，頁 19；寧可，前引文，頁 21～22。

⑫ 《漢書》卷六〈武帝紀〉。

⑬ 《史記》卷八〈高祖本紀〉。

⑭ 參徐天麟，《西漢會要》卷四十八，〈尊高年〉條。

⑮ 郭沫若，〈武威王杖十簡商兌〉，《考古學報》，第二期 (1965)，頁 1～7。

呢。父老和里正在秦漢基層社會中的意義將在「聚族里居」一節中再作討論。

三、僤

黃士斌和寧可舉出不少證據，說明僤是一種組織。僤和單、墠、禪、壇、彈音義相通❶。漢印中有「東僤祭尊」、「酒單祭尊」、「孝子單祭尊」、「宗單祭尊」、「萬歲單三老」、「益壽單祭酒」等印❶。從父老僤的例子看來，這些東僤、酒單、孝子單、宗單等大概也是為特定目的組織起來的團體。團體的領袖有祭尊、祭酒、三老等名稱的不同。過去由於大家不清楚僤是什麼，難免會有誤會。例如陳直就誤以「萬歲單三老」的三老為縣、鄉之三老❶。雖同為三老，現在我們知道單之三老和縣、鄉三老實為兩回事。《隸釋》卷五〈酸棗令劉熊碑〉和卷十五〈都鄉正衛彈碑〉提到「正彈」、「正衛彈」，這是關係到均平百姓更役的僤❶。《周禮》〈地官・司徒〉下鄭玄注裡提及「街彈之室」以及《逸周書》〈大聚解〉中「興彈相庸，耦耕□耘」的話，都顯示還有以耕作互助為目的的僤❷。這些例子使我們認識到漢代社會組織的複雜性。

---

❶ 參寧可，前引文，頁 23 及註❾。

❶ 這些漢印見《十鐘山房印舉》，轉見寧可，前引文，頁 27。

❶ 陳直，《漢書新證》，頁 174。

❶ 寧可引〈都鄉正衛彈碑〉，改「衛」字為「街」字，誤。參《隸釋》（樓松書屋汪氏校本），卷十五，頁 13 上～15 上。洪适認為趙明誠《金石錄》誤「衛」為「街」，洪說可取。第一、洪适曾見碑拓，據碑正趙氏之誤；第二、《水經注》提及魯陽縣有〈南陽都鄉正衛為碑〉，平氏縣有〈南陽都鄉正衛彈勸碑〉，俱作「正衛」，非「正街」；第三、正衛彈和街彈是作用不同的兩回事。《續漢書》〈百官志〉提到鄉有秩，嗇夫主「為役先後，知民貧富，為賦多少，平其差品」，〈劉熊碑〉的正彈和都鄉正衛彈正是為均平賦役而有的組織，和以耕作互助為目的的「街彈」有異，似不可強改正衛彈為街彈。

❷ 寧可，前引文，頁 24～25。

除了黃、寧兩先生提到的，本文還擬意補充幾個性質不同的例子。

《後漢書》卷六十七〈黨錮傳〉謂：「又張儉鄉人朱竝承望中常侍侯覽意旨，上書告儉與同鄉二十四人，別相署號，共為部黨，圖危社稷，以……為八俊，……為八顧，……為八及，刻石立墠，共為部黨，而儉為之魁。」李賢注：「墠，除地於中為壇；墠音禪；魁大帥也。」王先謙《集解》引惠棟曰：「《英雄記》云：『先是儉等相與作衣冠糾彈，彈中人相調言我彈中誠有八俊、八乂，猶古之八元、八凱也……』」。這些刻石立墠的士大夫為了政治目的，聚合在一起，別相署號，共為部黨，終於釀成黨錮之禍。士大夫的「彈」和父老僤一樣也刻石，同樣有領袖，目的雖不同，但為私人結合的基本性質卻是一致的。

侍廷里的父老早在永平十五年就湊錢合買了八十二畝地，但是等到五年後才立石券以為約束。可能在這五年中，他們發覺有必要將這塊土地利用的方式明明白白的寫下來。又為了傳之子孫，遂刻石以利永久。父老僤有田產，須有約束。都鄉的正衛彈涉及「單錢」，也「為民約□」 **㉑**。如此，一個商業性的私人結合，就更不能不有明文的約束了。這個例子就是江陵鳳凰山十號漢墓中發現題為「中服共侍約」的一塊木牘。木牘釋文有裘錫圭、黃盛璋和弘一三家，所釋不盡相同 **㉒**。今據木牘影本，重錄如下 **㉓**：

(1)□□三月辛卯中服＝長張伯□兄□仲陳伯等七人

(2)相與為服約入服錢二百　約二‧會錢徧不徧勿與□

(3)服即服直行共侍非前謁病不行者罰日卅母人者庸賈

㉑　《隸釋》卷十五，頁 13 下～14 上。

㉒　弘一，〈江陵鳳凰山十號漢墓簡牘初探〉，《文物》，第六期 (1974)，頁 78～84；黃盛璋，〈江陵鳳凰山漢墓簡牘及其在歷史地理研究上的價值〉，《文物》第六期 (1974)，頁 66～77；裘錫圭，〈湖北江陵鳳凰山十號漢墓出土簡牘考釋〉，《文物》 第七期 (1974)，頁 49～63。

㉓　影本見《文物》，第六期 (1974)，圖版貳「江陵鳳凰山十號墓出土木牘」。

⑷器物不具物責十錢・共事以器物毀傷之及亡服共負之

⑸非其器物擅取之罰百錢。服吏令會不會＝日罰五十

⑹會而計不具者罰比不會為服吏□器物及人。服吏□□

約文的內容和性質，作釋文的三家各有不同的解釋❷。許師倬雲在〈由新出簡牘所見秦漢社會〉一文中曾作討論，認為約文「大約仍以與舟運有關為比較可能。同墓出土有木船模型，並有不少擢舟的木偶，也可作為旁證。無論如何，此約反映當時有一種合伙人為一定目的而合作的組織，則無可置疑。此種合伙活動有一定的設備，也須定期聚會，以考核其成果（計），則若以舟運貿遷謀利，似為比較合理的假說。」❷。儘管各家對約的內容各有領會，但正如許師所說，大家都確認一點，即張伯等七個人為了某種目的而結合，結合中有服長和服吏為領袖，並且在木牘上訂明約束。這種私人結合的名稱是什麼？不得而知，但和「僤」應該是一類的。

《漢書》〈五行志〉中之下：「建昭五年，兗州刺史浩賞禁民私所自立社。」張晏曰：「民間三月、九月又社，號曰私社。」臣瓚曰：「舊制二十五家為一社，而民或十家、五家遷為田社，是私社。」如果他們的解說確有所本，則田社可能是一種與農田有關的私人結合，但為官府所禁止。又漢代諸郡在京師有供郡人入京時居停的郡邸。如《漢書》〈朱買臣傳〉：「初，買臣免，待詔，常從會稽守邸者寄居飯食。」《後漢書》〈史弼傳〉：「（魏邵）與同郡人賣郡邸，行賄於侯覽。」李賢注以為郡邸即寺邸，《集解》引惠士奇亦以為如此。唯周壽昌認為「郡邸即平原郡公置之邸，猶今同郡會館也。若寺邸是官舍，魏劭與同郡人安能賣乎？」周說似較可通。果如此，則漢代還有以

---

❷ 三家不同的解釋可參許師倬雲，〈由新出簡牘所見秦漢社會〉，《歷史語言研究所集刊》，五十一本二分 (1980)，頁 226～229。

❷ 同上，229 頁。又沙孟海釋約名中的「共待」兩字為「共待」，即「儲物待用」。此說頗可佐證此約之商業性質。參氏著，〈江陵鳳凰山十號漢墓出土二號木牘「共待」兩字釋義〉，《社會科學戰線》，第四期 (1978)，頁 342～343。

郡為單位，由郡人出資，經營和服務同郡人的結社。

從以上所舉各例可以看見，漢代人為了耕作（街僤）、商業（中服共侍約）、政治（張儉之僤）、地方行政（父老僤）、生產販賣（酒單？）或徭役（正僤、正衛僤）等各式各樣的目的，組成團體；有組織、有領袖、也有規章約束。它們結合的原則不一定是血緣的，也不一定是地緣的，可能是基於職業、生活或政治的意念。如果不是侍廷里父老僤約束石券的發現，我們也許不會將這些零星和不受人注意的史料聯繫起來，也就不易知道秦漢社會在血緣和地緣的關係之外，還有如此複雜的一面。

這裡我們再約略說說「約束」一詞。約束是漢代的習用語，意義和今天所說的「約束」相似。漢人將約束用在許多不同的場合，試舉數例如下。《漢書》卷九十四下〈匈奴傳〉：

> 單于曰：「孝宣、孝元帝哀憐，為作約束，自長城以南天子有之，長城以北單于有之。有犯塞，輒以狀聞；有降者，不得受……
> 會西域諸國王斬以示之。乃造設四條：中國人亡入匈奴者，烏孫亡降匈奴者，西域諸國佩中國印綬降匈奴者，烏桓降匈奴者，皆不得受。遣中郎將王駿……班四條與單于，雜函封，付單于，令奉行，因收故宣帝所為約束封函還。」

單于所說的約束以及新立的四條，今天稱之為國際條約，漢代則稱之為約束。又《漢書》卷五十〈汲黯傳〉：「張湯以更定律令為廷尉。黯質責湯於上前曰：『……何空取高皇帝約束，紛更之為？』」是律令為約束。此外，《後漢書》卷十一〈劉盆子傳〉：「以言辭為約束，無文書旌旗、部曲、號令」，這些口頭的軍規，沒有明文，也是約束。又《漢書》卷八十九〈循吏傳〉：「（召）信臣為民作均水約束，刻石立於田畔」。這個約束和父老僤的約束最相像，都刻在石上，只不過一為官方所立，一為私人所作而已。從以上的例子可知，「約束」一詞漢人使用的何其普遍。

四、聚族里居

　　秦漢的家、家族與宗族一直是關心中國社會史的學者，熱烈討論的題目。討論的主題大部分集中在家、家族、宗族的定義、家的大小、家族的結構、功能與演變，以及這些演變在社會、經濟，乃至政治史上的意義。圍繞這些問題，近年來曾作最大規模、最有系統綜論的當推杜正勝先生的〈傳統家族試論〉❷❻。杜文上溯遠古，下及明清，對中國傳統家族的發展作了很好的解析。根據杜氏及許倬雲師的研究，秦漢時期的家庭是以夫婦與未成年子女共居，五口左右的小家庭為主❷❼。當然，他們都指出這僅僅是大致如此。過去大家由於材料的限制，常常以較為簡單的線條，勾勒古代社會的面貌，而新出的史料則往往警告我們，古代社會是如何複雜與面目多端。舉例來說，新出的雲夢秦律，在題為「法律答問」的部分，有連續兩條涉及夫、妻、子共盜的問題，一作「夫、妻、子五人共盜」，一作「夫、妻、子十人共盜」❷❽。五人、十人或取約數，非必指實。但是這些題目似乎意味秦統一天下的前夕，一個家庭的大小可以有不小的差距。以夫、妻、子擬題，意味著小家庭組織的普遍。不過，秦漢的社會就是這樣無數小家庭的集合嗎？大概不是這樣單純。秦律中附有一條〈魏奔命律〉，提到「宗族昆弟」❷❾。不論這條魏律時代的早晚，藏有這些律簡的秦國小吏顯然覺得它用得上，值得抄下來。因為在他的時代裡，除了小家庭，還顯然有宗族，法律就不能不牽扯到宗族。根據

---

❷❻　杜正勝，〈傳統家族試論〉，《大陸雜誌》，六十五卷二、三期（民國 71 年），頁 7～
　　34；25～49。

❷❼　許倬雲，〈漢代家庭的大小〉，《慶祝李濟先生七十歲論文集》（新竹，清華學報社，
　　民國 56 年），頁 789～806。

❷❽　《睡虎地秦墓竹簡》，頁 209。

❷❾　同上，頁 294。

秦簡〈編年記〉，這位秦國小吏二十六歲時，秦長信侯嫪毐作亂失敗，其黨「衛尉竭、內史肆、佐弋竭、中大夫令齊等二十人皆梟首，車裂以徇，滅其宗」❸⓪。他三十六歲時，秦破趙都邯鄲，「趙公子嘉率其宗數百人之代，自立為代王。」❸① 所謂「滅其宗」，當不僅止於滅其妻、子，而是更大範圍的親人。秦早有夷三族之刑❸②。何謂三族雖有不同的說法，我們相信它應當產生在一個有比家庭更大的親族組織的環境中❸③。《史記》卷六十五〈孫子吳起列傳〉說：「楚悼王素聞起賢，至則相楚……坐射起而夷宗死者七十餘家。」是戰國時，楚有夷宗族之刑。《晏子春秋》內篇〈問下〉第四：「嬰不肖，待嬰而祀先者五百家，故嬰不敢擇君。」待嬰而祀先的五百家應都是晏嬰的宗族。又《續漢書》〈百官志〉五，李賢注引〈太公陰符〉：「武王曰：『民亦有罪乎？』太公曰：『民有十大於此，除者則國治而民安。』」，太公所說十罪之一是「民宗強，侵陵群下」，〈太公陰符〉應是戰國時作品，所謂「民宗強」反映的也應是戰國時的情形。《漢書》卷七十九〈馮奉世傳〉曾記述馮氏先世謂：「其先馮亭……趙封馮亭為華陽君，與趙將括距秦，戰死於長平。宗族繇

---

❸⓪　《史記》卷六〈秦始皇本紀〉。

❸①　同上。

❸②　《史記》卷五〈秦本紀〉，秦文公二十年（西元前746年）：「法，初有三族之罪」。

❸③　「三族」雖有父族、母族、妻族和父母、妻子、同產兩種主要的不同的說法（參杜正勝，前引文下篇，頁33），不過從秦文公二十年（西元前746年）初有三族罪到漢初，中經五百餘年。這五百年正是春秋戰國變動甚鉅的時代，所謂的三族罪在初起時是否罪連父母、妻子、同產？我們實無證據加以論斷。《荀子》〈君子〉篇：「亂世則不然……刑罰怒罪，爵賞踰德，以族論罪，以世舉賢。故一人有罪而三族皆夷。德雖如舜，不免刑均，是以族論罪也。」盧文弨《集解》云：「案『士昏』《禮記》『惟氏三族之不虞』鄭注：『三族謂父昆弟，己昆弟，子昆弟也。』又注《周禮》〈小宗伯〉、《禮記》〈仲尼燕居〉皆云三族，父、子、孫。」（《荀子集解》，新興書局，卷下，頁81）鄭玄對三族的認識已有不同。《白虎通》〈宗族〉篇謂：「禮曰：『惟氏三族之不虞』，《尚書》曰：『以親九族』，義同也。」是又以九族釋三族。九族包括父族四、母族三、妻族二。可見漢人對三族的認識，或因所本不同，已不一致。

是分散，或留潞，或在趙。」，可見至戰國末，三晉之地仍有宗族聚居者。前言趙國王室宗族有數百人，並不是特殊的現象。《慎子》說：「家富則疎族聚，家貧則兄弟離。」 ㉞ 賈誼說秦時因商鞅之政，「秦人家富子壯則出分，家貧子壯則出贅。」 ㉟ 可見家和族的析聚，可因種種因素而有不同。不論如何，魏律「宗族昆弟」一詞的使用及其在秦律中出現，顯示從戰國到秦漢之際，在個別的小家庭之上，必然還有較大的親屬組織。

這種較大的親屬組織，不論稱之為家族或宗族，在各地存在的情形或許並不完全相同。秦自商鞅變法，在刻意的政策之下，秦國可能逐漸變成一個以小農家庭為主幹的社會。不過，東方六國，尤其是齊和楚，家族或宗族的力量似乎一直相當強大，秦楚之際，齊田氏憑藉「宗彊」起兵 ㊱。蕭何以一小吏，也能率宗人數十人追隨劉邦 ㊲。漢三年，項羽圍劉邦於滎陽甚急，酈食其勸劉邦立六國之後，以制衡西楚霸王。張良認為不可，他說：「天下游士，離其親戚，棄墳墓，去故舊，從陛下游者，徒欲日夜望咫尺之地，今復六國……天下游士各歸事其主，從其親戚，反其故舊墳墓，陛下與誰取天下乎？」 ㊳ 這裡的親戚顯然意指家族宗親，不僅僅是妻子家人 ㊴。這種宗族聯

㉞　《慎子》〈逸文〉（臺北，世界書局），頁 10。

㉟　《漢書》卷四十八〈賈誼傳〉。

㊱　《史記》卷九十四〈田儋列傳〉。

㊲　《史記》卷五十三〈蕭相國世家〉。

㊳　《史記》卷五十五〈留侯世家〉。

㊴　秦漢以前，「親戚」一詞的意義可有廣狹不同。有時僅指父母兄弟（參王利器，《鹽鐵論校注》，世界書局，卷十，頁 357，註❿；杜正勝，前引文上篇，頁 33，註㊼）；有時則指更大範圍的親族。《左傳》僖公二十四年，富辰曰：「封建親戚，以蕃屏周室。」杜預注：「廣封其兄弟，以輔佐也。」實則周室封建廣及姬、姜宗族子弟。富辰接著說：「管、蔡、郕、霍、魯、衛、毛、聃、郜、雍、曹、滕、畢、原、酆、郇，文之昭也；邘、晉、應、韓，武之穆也；凡、蔣、邢、茅、胙、祭，周公之胤也。召穆公思周德之不類，故糾合宗族于成周而作詩。」竹添光鴻《會箋》因釋為「伯叔子弟」（臺北，廣文書局，《左氏會箋》第六，頁 47）。《管子》〈九變篇〉：「親

繫的力量到漢定天下，還使劉邦寢食難安，強迫齊楚的大族昭氏、屈氏、景氏、懷氏和田氏遷到關中去。以上的事例，大家耳熟能詳。其所以再提出來，是感覺到五口之家也許只是失於簡單的勾勒，而個別的五口之家恐怕也不是孤零零地存在於社會的網絡之中，去面對勢若雷霆的國家機器。

張良說：「天下游士，離其親戚，棄墳墓。」這不禁使我們想到，他們可能原本是合其親戚，終老於一地的。漢高祖時，陸賈說南越王尉佗曰：「足下中國人，親戚、昆弟、墳墓在真定。今足下反天性，棄冠帶，欲以區區之越與天子抗衡……漢誠聞之，掘燒王先人冢，夷滅宗族。」❹可見宗族親戚原是聚居，死則葬於一處。元帝永光四年十月「勿置初陵縣邑」的詔書也說：「頃者有司緣臣子之義，奏徙郡國民以奉園陵，令百姓遠棄先祖墳墓，破業失產，親戚別離，人懷思慕之心，家有不安之意。」❹元帝與陸賈、張良所說殊無二致。如果我們再往前溯，《管子》〈九變篇〉有一段話：「凡民之所以守戰至死而不德其上者，有數以至焉。日：大者，親戚墳墓之所在也；田宅富厚足居也；不然，則州縣鄉黨與宗族足懷樂也。」《周禮》卷十〈大司徒〉：「以本俗六，安萬民……二日族墳墓」。鄭注：「同宗者，生相近，死相迫。」卷二十二〈墓大夫〉：「令國民族葬，而掌其禁令。」鄭注：「族葬，各從其親。」《周禮》和《管子》成書或有早晚，但兩書所說的親戚墳墓、族墳墓、

戚墳墓之所在也；田宅富厚足居也；不然，則州縣鄉黨與宗族足懷樂也。」此處親戚為宗族。賈誼《新書》卷八〈六術篇〉：「人有六親，六親始曰父，父有二子，二子為昆弟；昆弟又有子，子從父而昆弟，故為從父昆弟；從父昆弟又有子，子從祖而昆弟，故為從祖昆弟；從祖昆弟又有子，從曾祖而昆弟，故為曾祖昆弟；曾祖昆弟又有子，子為族兄弟，備於六，此之謂六親。親之始於一人，世世別離，分為六親，親戚非六，則失本末之度，是故六為制而止矣。六親有次，不可相踰，相踰則宗族擾亂，不能相親。」這裡非常清楚以親戚指宗族兄弟，不僅僅是同父母之昆弟而已。

❹ 《史記》卷九十七〈陸賈列傳〉。

❹ 《漢書》卷九〈元帝紀〉。

族葬、鄉黨、宗族在一處總是戰國到漢初的情形。根據這些文獻透露的消息，聚族里居的問題似乎值得提出來談一談。

　　基本上，我們認為要了解秦漢的社會型態，似應至少把握兩點：第一，一個以安土重遷為特色的農業社會從先秦到兩漢根本上並沒有大變。如果不是迫於人口自然增加的壓力或天災人禍，絕大部分的農民大概不會輕易離開他們的土地。戰國與秦楚之際曾因戰爭，而有人口流亡。等到戰爭結束，他們仍然情願返回故土，重建田園廬墓。高祖定天下，令民「各歸其縣，復故爵田宅」❷。《史記》卷十八〈高祖功臣侯者年表〉序謂：「天下初定，故大城名都散亡……後數世，民咸歸鄉里，戶益息。」〈國三老袁良碑〉記其先祖「當秦之亂，隱居河洛；高祖破項，實從其冊；天下既定，還宅扶樂」❸，這是安土重遷的一個實證。漢元帝在前引同一詔書中說：「安土重遷，黎民之性。」這是總結歷史經驗的一句話。其次，要理解秦漢社會的基本型態，家與族的問題是不宜和作為地方基本組織的里制分開的。里制淵源甚早，大行於春秋戰國之世。隨著封建秩序的崩潰，爭衡的君王權卿，先後以閭里什伍之制將庶人百姓嚴密地組織起來，作為自己的後盾。這種閭里組織並不是將原來聚族而居的農戶打散，再納入一個新的結構。大部分的情形很可能只是在原有的聚落之上加上新的編組。商鞅變法，「集小鄉邑聚為縣」，是「集」，不是「變」。《管子》〈問〉篇有幾項設問，似亦反映同樣的情形：

　　　　問國之棄人，何族之子弟也？問鄉之良家，其所牧養者幾何人也？問
　　　　邑之貧人，債而食者幾何家？……問鄉之貧人，何族之別也？問宗子
　　　　之收昆弟者，以貧從弟者幾何家？餘子仕而有田邑，今入者幾何人？
　　　　子弟以孝聞於鄉里者幾何人？餘子父母存不養而出離者幾何人？

---

❷　《漢書》卷一下〈高帝紀〉。

❸　嚴可均輯，《全後漢文》（京都，中文出版社，《全上古三代秦漢三國六朝文》），卷九
　　十八，頁4上。

這裡問國、問鄉、問邑，而所問者多為宗族子弟，父母昆弟。從後來齊地宗族勢力的強大觀之，齊國自管仲以來，制民以鄉里什伍，絕不是不顧原有的親族組織，強置百姓於一個全新的地方結構中。不但齊國的新制須以舊有的社會結合為基礎，其他的國家亦應如此。李悝《法經》〈雜律略〉有一條說：「越城，一人則誅；自十人以上，夷其鄉及族，曰城禁。」❹據說李悝是「集諸國刑典，造《法經》六篇」（《唐律疏義》）；《晉書》〈刑法志〉說他「撰次諸國法」。換言之，他的《法經》是集結各國的刑典，可能也反映了各國普遍的現象。一個普遍的現象即是鄉與族的疊合相連。《墨子》卷九〈非命〉上：「是以入則孝慈於親戚，出則弟長於鄉里。」；《韓詩外傳》卷四：「出則為宗族患，入則為鄉里憂。」親戚、宗族與鄉里連言，顯示宗族與鄉里組織關係的密切。我們再看長沙馬王堆墓出土的長沙國南部地圖❺。這幅地圖雖繪於漢初，上面六十幾個以里為名的聚落，大概在漢以前老早已經存在。它們很清楚是自然地、不規則的分布在河流的兩岸。同墓所出另一幅「駐軍圖」上，幾十個里也是依山水之勢，不規則地坐落各處❻。這意味它們原本是一些自然的農村聚落，後來加上了里名，納入了鄉里的組織而已。里制的建立並沒有改變原來聚落的型態。當然在新闢的土地上，移民組織新里，又當別論。

　　世代不遷的農村聚落大抵因婚姻建立起濃厚的血緣關係。少數幾族人聚居一處，「祭祀同福，死喪同恤」（《國語》〈齊語〉），族中的長者就是聚落的領袖。後來的鄉三老、里父老一類的人物應淵源於此。《公羊傳》宣公十五年，何休注謂里「選其耆老有高德者名曰父老」，是可信的。父老也許原本是長者的泛稱，但是隨著新的鄉里行政的需要，通稱變成了專名。由於新里制並沒有破壞原有的血緣性聯繫，而是與舊聚落疊合在一起，因此聚落的三老、父老才不失其力量的基礎，在新的鄉里中仍然居於領導的地位。他們憑藉傳統的威望，和代表君王徵兵、抽稅、執法的有秩、嗇夫、里正，成為鄉里間

---

❹　轉見董說，《七國考》（臺北，世界書局），卷十二，頁 36。

❺　地圖影本及摹本見《文物》，第二期 (1975)。

❻　地圖影本及摹本見《文物》，第一期 (1976)。

領袖的兩種類型。鄉里間的事，多由這兩類人物參預解決。魏文侯時，西門豹為鄴令。河伯娶婦，送之河上，「三老、官屬、豪長者、里父老皆會。」❹
《墨子》〈號令篇〉描寫守城戰備，「三老守閭」；里中父老「分里以為四部，部一長，以苛往來不以時行」，而「里正與皆守，宿里門……吏行其部，至里門，正與開門內吏，與行父老之守」❹，前引雲夢秦簡，里正與父老連稱，共同任事，共同受罰。但是有關徭役和法律事務，似乎主要由「吏」、「令史」和里正負責，父老未見出面❹。前引《公羊傳》何休注接著說「其有辯護伉健者為里正」，頗說明了里正與父老性質的不同。《說苑》卷十一〈善說篇〉有一段齊宣王與父老的對話，也頗能顯現父老與地方官吏代表的不同意義：

> 齊宣王出獵於社山。社山父老十三人相與勞王。王曰：「父老苦矣。」謂左右賜父老田不租。父老皆拜，閭丘先生不拜……復賜父老無徭役，父老皆拜，閭丘先生又不拜。……王曰：「……賜父老田不租，父老皆拜，先生獨不拜。寡人自以為少，故賜父老無徭役，父老皆拜，先生又獨不拜，寡人得無有過乎？」閭丘先生對曰：「……此非人臣所敢望也。願大王選良富家子有修行者以為吏，平其法度，如此臣少可以得壽焉。春秋冬夏，振之以時，無煩擾百姓，如是臣可以少得以富焉。願大王出令，令少者敬長，長者敬老，如是臣可少得以貴焉……」齊王曰：「善，願請先生為相。」

---

❹　《史記》卷一二六〈滑稽列傳〉，褚先生補。

❹　《定本墨子閒詁》（臺北，世界書局），頁348、355。

❹　秦律：「可（何）謂『逋事』及『乏繇（徭）』？律所謂者，當繇（徭），吏、典已令之，即亡弗會，為『逋事』；已閱及敦（屯）車食若行到繇（徭）所乃亡，皆為『乏繇（徭）』」（《睡虎地秦墓竹簡》，頁221），可見徭役是由吏與里典（正）主持。此外從秦律〈封診式〉各條看來，有關法律刑案的調查、報告，有里正配合亭長、令史、丞等為之，不見父老參預其事。

父老閭丘先生的請求，顯示父老代表地方百姓的利益。他們關心的是君王所選，行法度於地方的吏如何能不煩擾百姓，如何能維護地方敬長尊老的風氣。這種風氣，所謂「鄉黨尚齒」（《莊子》外篇〈天道〉）是父老在鄉里間地位和力量的基礎。這和由君王所選，一心以田租和徭役為務的吏有代表意義上的差異。

　　秦末，天下一亂，地方官吏的權力即不穩固，而權力不來自政府的父老，反而成為亂局中地方最有力量的人物。劉邦得以起兵，沛縣父老的支持是一大關鍵。他打天下期間，無時不以爭取父老好感為要務。他入關中，即與父老約法三章。漢二年冬十月「如陝，鎮撫（師古曰：鎮，安也；撫，慰也）關外父老」；同年二月，令「舉民年五十以上，有脩行，能帥眾為善，置以為三老，鄉一人；擇鄉三老一人為縣三老，與縣令丞尉以事相教，復勿繇戍，以十月賜酒肉」。漢四年，「西入關，至櫟陽，存問父老，置酒」❺⓿，劉邦這樣爭取基層聚落領袖的支持，是他終能成事的重要本錢。《史記》〈高祖本紀〉載劉邦入咸陽以後：

> 召諸縣父老豪桀曰：「父老苦秦苛法久矣，誹謗者族，偶語者棄市。吾與諸侯約，先入關者王之，吾當王關中。與父老約，法三章耳：殺人者死，傷人及盜抵罪。餘悉除去秦法諸吏人皆案堵如故。凡吾所以來，為父老除害，非有所侵暴，無恐！且吾所以還軍霸上，待諸侯至而定約束耳。」乃使人與秦吏行縣鄉邑，告諭之。秦人大喜，爭持牛羊酒食獻饗軍士。沛公又讓不受，曰「倉粟多，非乏，不欲費人。」人又益喜，唯恐沛公不為秦王。

劉邦爭取父老的支持，是因為他深深認識到父老力量的強大。劉邦初起兵，沛縣父老率領子弟殺沛令，迎他入城為沛公的一幕，必然令他難以忘懷。

---

❺⓿　以上俱見《漢書》卷一〈高帝紀〉。

　　強大的父老力量在一個血緣性聯繫破滅的聚落裡是不可能存在的。我們必得承認從戰國以來，父老能與里正成為閭里的雙元領袖，正顯示傳統聚落的血緣性聯繫未遭破壞，最少是還存在著。如果說閭里制的普遍推行，使得「基層社會結構中地緣因素逐漸取代以前的血緣結合」❺，恐怕是不正確的。舊聚落與新里制實處於疊合的狀態，這就是聚族里居的現象。鄉里中的人戶即使是小家庭，左鄰右舍大概仍然以或親或疏的宗族親戚為多。商鞅行什伍連坐，漢人批評：「以子誅父，以弟誅兄，親戚相坐，什伍相連。」、「至於骨肉相殘，上下相殺。」❺商鞅的連坐法是以在同一什伍者為原則❺，但連坐牽扯的卻是父子兄弟親戚❺。這不從宗族聚里而居是無法理解的。我們再看看漢十二年，漢高祖回沛見故人父老的一幕：

　　　　上還，過沛，留，置酒沛宮，悉召故人父老子弟佐酒⋯⋯謂沛父兄曰：
　　　　「游子悲故鄉。吾雖都關中，萬歲之後，吾魂魄猶思沛，且朕自沛公
　　　　以誅暴逆，遂有天下，其以沛為朕湯沐邑，復其民，世世無有所與。」
　　　　沛父老諸母故人日樂飲極歡，道舊故為笑樂。十餘日，上欲去，沛父
　　　　兄固請。上曰：「吾人眾多，父兄不能給。」乃去。⋯⋯沛父兄曰：
　　　　「沛幸得復，豐未得，唯陛下哀矜。」上曰：「豐者，吾所生長，極不
　　　　忘耳。吾特以其為雍齒故，反我為魏。」沛父兄固請之，乃并復豐，
　　　　比沛❺。

劉邦回鄉，與父老、故人、諸母相見，以父兄相稱。劉邦家族人數能夠考知

---

❺　杜正勝，前引文下篇，頁33～34。

❺　《鹽鐵論校注》卷十〈周秦〉，頁354～356。

❺　《史記》〈商君列傳〉，《韓非子》〈和氏篇〉、〈定法篇〉提到商鞅的連坐法，都是指什伍相連坐。

❺　「親戚」一詞意義，參本文注❸。

❺　《漢書》卷一下〈高帝紀〉；《史記》卷八〈高祖本紀〉。

的不過十餘人，現在鄉里之人竟然都成了諸母、父兄。想想前引《慎子》「家富則疏族聚，家貧則兄弟離」的話，則知道富有天下的劉邦使沾親帶故的疏族都願意來和他攀附。張良說：「離親戚，棄墳墓」。劉邦得回故里會親戚，但因都關中，萬歲之後，除了魂魄得思沛，卻不得返葬故里了。

由若干族姓的人戶構成鄉里應該是秦漢社會的普遍現象。「侍廷里父老僤約束石券」可以證明東漢明、章之世的情形。在談它以前，我們擬再據江陵鳳凰山十號墓的簡牘❺❻，考量一下漢初聚族里居的情形。

江陵鳳凰山十號墓的時代根據墓中簡牘，可以確定為景帝初。墓主張偃經考訂應是江陵西鄉的有秩或嗇夫。墓中簡牘提到平里、市陽里、當利里、□敬里以及鄭里等幾個西鄉的里。其中關係鄭里的是一份里中二十五戶貸穀的完整廩簿。廩簿登記以「戶人某某」始。這些戶人名字的釋文，各家頗有出入。今據黃盛璋所釋，列之如下：1.聖；2.楊；3.𩵋土；4.野；5.疕冶；6.疕；7.□輸；8.虜；9.佗；10.積；11.心；12.乞；13.□奴；14.青鳳；15.小奴；16.越人；17.未；18.定由；19.駢；20.公土；21.村敗；22.不章；23.其奴；24.勝；25.□奴。這二十五個人名，弘一和裘錫圭所釋皆有不同。大致而言，除了「楊」（弘、裘所釋皆無「楊」字）一名，其餘都可以確定只是人名，而非姓。他們是不是沒有姓呢？也許有人會根據《漢書》〈食貨志〉所說：「為吏者長子孫，居官者以為姓號」以及「王嘉傳」：「孝文時吏民居官者，或長子孫，以官為氏，倉氏、庫氏，則倉庫吏之後也」等記載認為一直到漢初，一般庶人還在得姓氏的階段，尚非人人有姓。事實上，「居官者以為姓號」，如倉氏、庫氏之類，只是改姓氏，並非他們原來無姓氏。文帝時周陽由的例子很清楚，「周陽由，其父趙兼，以淮南王舅侯周陽（師古曰：封為周陽侯），故因氏焉」❺❼。改姓之事到王莽時還見其例。《太平御覽》卷三六二引〈文士

---

❺❻ 這一批資料，參〈湖北江陵鳳凰山西漢墓發掘簡報〉，《文物》，第六期 (1974)，頁41～61；黃盛璋，〈江陵鳳凰山漢墓簡牘及其在歷史地理研究上的價值〉，同上，頁66～77；弘一，〈江陵鳳凰山十號漢墓簡牘初探〉，同上，頁78～84；裘錫圭，〈湖北江陵鳳凰山十號漢墓出土簡牘考釋〉，《文物》，第七期 (1974)，頁49～63。

傳〉：「束晳字廣微，疎廣後也。王莽末廣曾孫孟造自東海避難，歸蕪城，改姓去疎之足為束氏。」❺❽可見不論是因官、因封或其他理由改姓氏，並不意味他們原來沒有姓。庶人得姓，可能在戰國之世就已經十分普遍。從戰國到秦，庶人須要納稅、服兵役、勞役、納入戶籍，於是可能在我們所不清楚的各種方式下紛紛有了姓。先秦諸子書中已普遍稱庶人為百姓。《荀子》〈儒效〉篇以「涂之人」定義百姓，很明白是以街塗巷陌之庶民為百姓。《晏子春秋》內篇〈諫〉上第一日：「民氓百姓」，則將百姓與庶民連稱。古來只有貴族有姓，現在庶人也有姓了❺❾。雲夢秦簡也是好證據。秦簡有一條說：「百姓有母及同牲（生），為隸妾，非適（謫）罪医（也）而欲為冗邊五歲，毋賞（償）興日，以免一人為庶人，許之。」❻⓪這批秦簡涵蓋的時間很長，可以上自商鞅，下及秦統一天下之前。總之，可以確定的一點是秦律以「百姓」稱庶人，而且是秦律中使用最多的一個泛稱❻①。這應該是一般庶人已普遍有姓的有力證據。

　　我們再回頭看鳳凰山十號墓鄭里廩簿以外其他的簡。其他簡上提到的人很多都是有名有姓。因此，不可能獨獨鄭里的人都沒有姓。那麼，他們姓什麼呢？一個大膽的假設是他們可能大部分姓鄭，故其里名日鄭里❻②。因為大部分的人都姓鄭，簿冊中也就不須再注明姓氏。漢代里名有嘉名，如「當利

---

❺❼　《漢書》卷九十〈酷吏傳〉。

❺❽　又見《晉書》卷五十一〈束晳傳〉。

❺❾　參杜正勝，前引文上篇，頁 9～12。又參徐復觀《周秦漢政治社會結構之研究》（香港，新亞研究所，1972）一書之〈中國姓氏的演變與社會形式的形成〉章，頁 295～350。徐文曾談到庶人之得姓，可參。

❻⓪　《睡虎地秦墓竹簡》，頁 91。

❻①　秦律中「百姓」凡十三見，泛指一般平民。「庶人」三見。

❻②　〈唐麟德元年（西元 664 年）懷州周村十八家造像塔記〉的十八家人戶中有十四家姓周氏，由此可見周村因何得名。這一例證為時甚晚，但對我們考慮鄭里之得名，不無幫助。造像塔記資料轉見杜正勝，前引文。

里」；有表示方位的，如「市陽里」；也有以姓氏為名的，例如馬王堆地圖上的里就有侯里、石里、邢里、胡里、徐里等顯然以姓氏為名的里名❻。居延漢簡吏卒籍貫也有曾里、高里、辛里、胡里、侯里、石里、蒲里、梁里、呂里、宋里、田里、伏里等❻。我們懷疑這些里是過去血緣性聚落的遺留。在里制形成的過程中，聚落裡主要的姓氏就變成了里名。當然不以姓氏為名的里，並不表示其居民不是聚族而居。因為動亂、遷徙、婚姻種種因素，一個里中不會完全同姓，但大概有一個或幾個主要的姓。如果同一姓氏的族群因人多，分布在鄰近的鄉里之中，他們就成了當地的「大姓」。景帝時，濟南瞷氏宗人有三百餘家，遂為鄉里「豪猾」❻。會稽鄭弘曾祖父本齊國臨淄人，「武帝時徙強宗，大姓不得族居，將三子移居山陰，因遂家焉。」❻漢武帝打擊強宗大姓，強迫他們不得族居，但是他們的勢力似不因武帝的打擊而破滅。例如宣帝時，潁川郡仍有「大姓原、褚宗族橫恣」❻；成帝時，「定襄大姓石、李群輩報怨，殺追捕吏」❻這種例子還有很多。宗族大姓不論是聚而為惡或為善，證明血緣性的聯繫一直是頗為有力的，不能說「血緣的作用到西漢中期以後才逐漸擴張」❻。我們再舉若干例子說明西漢聚族里居，宗族保持聯繫的情形：

　　1.萬石君徙居陵里，內史慶（萬石君子石慶）醉歸，入外門不下車。

❻　〈長沙馬王堆三號漢墓出土地圖的整理〉，《文物》，第二期 (1975)，頁 41～42，表四〈地圖上的注記釋文〉。

❻　林振東，〈居延漢簡吏卒籍貫地名索引〉，《簡牘學報》，第六期 （民國 67 年），頁166～181。

❻　《漢書》卷九十〈酷吏傳〉。

❻　《後漢書》卷三十三〈鄭弘傳〉，李賢注引《謝承書》。

❻　《漢書》卷七十六〈趙廣漢傳〉。

❻　《漢書》卷一百上〈序傳〉。

❻　杜正勝，前引文，頁 35。

萬石君聞之，不食。慶恐，肉袒謝請罪，不許。舉宗及兄建肉袒，萬石君讓曰：「內史貴人，入閭里，里中長老皆走匿，而內史坐車中自如，固當！」乃謝罷慶。慶及諸子入里門，趨至家。」（《漢書》卷四十六〈萬石君傳〉）

2. （疏）廣既歸鄉里，日令家共具設酒食，請族人、故舊、賓客……廣子孫竊謂其昆弟老人廣所愛信者曰：「……宜從丈人所，勸說君買田宅。」老人即以閒暇時為廣言此計，廣曰：「……吾既亡以教化子孫，不欲益其過而生怨。又此金者，聖主所以惠養老臣也。故樂與鄉黨宗族共饗其賜，以盡吾餘日，不亦可乎？」於是族人說服。（《漢書》卷七十一〈疏廣傳〉）

3. 初，（嚴）延年母從東海來，欲從延年臘，到雒陽……母畢正臘，謂延年曰：「天道神明，人不可獨殺。我不意當老見壯子被刑戮也。行矣！去女東歸，掃除墓地耳。」遂去，歸郡，見昆弟宗人，復為言之。後歲餘，果敗。（《漢書》卷九十〈酷吏傳〉）

4. 平阿侯舉（樓）護方正，為諫大夫，使郡國。護假貸，多持幣帛，過齊，上書求上先人家，因會宗族故人，各以親疏與束帛，一日散百金之費。（《漢書》卷九十二〈游俠傳〉）

5. （班）伯上書願過故郡上父祖冢……因召宗族，各以親疎加恩施，散數百金。（《漢書》卷一百上〈序傳〉）

萬石君原居長安戚里，後徙陵里。據陳直考證，陵里即長安中之梁陵里**❼⓿**。萬石君的宗人似皆居長安里中。他的宗人有多少呢？其傳說：「慶方為丞相時，諸子孫為小吏至二千石者十三人。」子孫當然不是人人可得為官。為官及吏者有十三人，則其宗人數必不甚小。從其他的例子看來，漢人出外作官，老歸鄉里。鄉里的族人聚居一處，而宗族的墳墓亦在故里。他們除了歸老時，

照顧族人如疏廣之例；在任時，亦與故里族人保持聯繫，樓護、班伯皆為其例，前引劉邦也是例子。根據以上所述，西漢宗族聚里而居應是普遍的現象。

東漢以後，聚族里居的例子就更多了。即以漢光武帝家族為例。《後漢書》〈宗室四王三侯傳〉謂：「成武孝侯順，字平仲，光武族兄也。父慶，春陵侯敞同產弟。順與光武同里閈，少相厚」；又「泗水王歙字經孫，光武族父也。歙子終，與光武少相親愛」，劉順、劉終，一為光武族兄，一為光武族父子，少相親厚於同里之中，宗族聚居閈里的畫面，不禁躍然紙上。還有一個有趣的例子見王充《論衡》。《論衡》〈語增篇〉謂：「傳語曰：『町町（盼遂案：町町蕩盡之意）若荊軻之閭。』言荊軻為燕太子丹刺秦王。後誅軻九族，其後恚恨不已，復夷軻一里……此言增之也。……始皇二十年燕使荊軻刺秦王，秦王覺之，體解軻以徇，不言盡誅其閭。彼時或誅軻九族，九族眾多，同里而處。誅其九族，一里且盡，好增事者則言町町也。」王充雖然在這裡駁斥當時人誇大不實的傳言，卻無意中透露了漢世「九族眾多，同里而處」的情況。他對誅軻九族，一里且盡的解釋，與其說是根據荊軻當時的實況，不如說是他不自覺地將自己時代裡「聚族里居」的情形，投射在對歷史的認識上。又《後漢書》卷四十三〈朱暉傳〉：「建初中，南陽大饑……暉盡散其家資，以分宗里故舊之貧羸者，鄉族皆歸焉。」范曄在這裡不說宗族和鄉里，而說「宗里」和「鄉族」，似乎意味東漢章帝時，宗族與鄉里的成員已疊合難分到可用這種新名詞來形容的程度。

接著，我們即來看看明、章之世，侍廷里的實際情況。侍廷里父老僤裡的二十五人，據約束中「戶者一人」的規定看來，應該代表該里的二十五家。其中姓氏可知的二十四家共有六姓：

1. 于氏：(1)于中山(2)于中程(3)于孝卿(4)于孝(5)于伯先(6)于伯和(7)于程(8)于季(9)于稚(10)于思
2. 單氏：(11)單侯(12)單子揚(13)單力
3. 尹氏：(14)尹伯通(15)尹明功(16)尹太孫

4. 錡氏：(17)錡中都(18)錡初卿(19)錡季卿

5. 周氏：(20)周平(21)周蘭(22)周偉

6. 左氏：(23)左巨(24)左中

六姓構成父老僤的二十餘成員家庭，但是不是全里的人戶都屬於六姓呢？我們不能確知，但不是不可能。六姓人戶有些中貲可為父老，有不少顯然是不中貲的。父老僤中最多的是于氏，多達十戶；單、尹、錡、周氏各三戶，左氏兩戶。于氏幾乎佔父老僤成員的一半，因此由于家的人為祭尊，領銜訂立約束，就不難理解了。我們再看看同姓之間的關係。從西漢開始，兄弟之間已有以共通字或共通偏旁字排行的情形。東漢更有在同族或同宗間以共通字排行的習慣❼。雖然這種習慣不是絕對的，但是父老僤的幾家卻顯然有排行的情形。錡氏的初卿、季卿似為兄弟，以「卿」字為共通字，以初、季排行。于氏人多，看的更清楚。中山、中程應是兄弟，以「中」字為共通字，同樣的情形有伯先、伯和兄弟。于孝卿和于孝的關係較不明確，不知是否有脫漏。不過程、季、稚三人則以「禾」之偏旁字顯示他們的血親關係。如果他們是于氏四對兄弟，他們之間的關係可以近在五服之內，屬於同一家族，但也可能遠在五服之外，不過是宗人罷了。不論如何，宗族聚居一里的情形，侍廷里的于氏作了十分有力的證明。

　　由於農村聚落中的家族親屬聯繫始終是地方組織的重要成分，因此鄉里之制雖然逐漸確立，維繫鄉里秩序的除了法律，仍然以孝悌、敬老等家族倫理為底基。管仲制齊國為二十一鄉，鄉長每年正月向齊桓公作治績報告，據說桓公親問焉：「於子之鄉，有不慈孝於父母，不長悌於鄉里，驕躁淫暴，不用上令者，有則以告。」❼ 不慈孝、不長悌、不用上令都足以破壞秩序，鄉長不能不問。《管子》〈入國〉篇有「老老」之法：「年七十已上，一子無征，

---

❼　鶴間和幸，〈漢代豪族の地域的性格〉，《史學雜誌》，八十七卷十二號 (1978)，頁 16～17。此文舉證甚詳，可參。

❼　《國語》〈齊語〉。

三月有饋肉；八十以上，二子無征，月有饋肉；九十已上，盡家無征，日有
酒肉。死，上共棺槨，勸子弟精膳食，問所欲，求所嗜，此之謂老老。」敬
重老者，享以特權，是因為維持社會秩序，他們是重要的力量❼。《白虎通》
卷上：「教民者皆里中之老而有道德者為右師。教里中之子弟以道藝、孝悌、
行義、立五帝之德。」法家如韓非反對將治國建立在孝慈仁義之上，主要在
於相信法令刑罰比這些倫理信條，有更大必然的約束力❼。但是他的理論不
能不向事實低頭，秦律對「不孝」、「子告父母」、「毆大父母」都加重治罪❼。
在一個家庭宗族關係堅強的社會裡，法律不但不能破壞家族倫理，反而要加
以保障。劉邦因而擇民年五十以上為鄉三老，歲賜酒肉。惠帝舉「民孝悌、
力田者，復其身」❼。這些都和法家或儒家的哲學理論無關。我們只有從一
個強調親屬宗族關係的社會，才能理解這些措施的意義。西漢宣帝以後，宗
族的力量日強，這與儒學日盛，或有若干關係，但也未嘗不是春秋戰國以來
一個宗族社會自然的，更進一步的發展。

---

❼ 《逸周書》卷四〈大聚解〉：「以國為邑，以邑為鄉，以鄉為閭，禍災相卹，資喪比
服，五戶為伍，以首為長；十夫為付（什），以年為長；合閭立教，以威為長；合旅
（族）同親，以敬為長；飲食相約，興彈相庸，耦耕□耘，男女有婚，墳墓相連，
民乃有親。」這一段文字顯示先秦血緣聚落與鄉邑閭里制相結的理想情況。這種社
會秩序的維持在於以年、以威、以敬為長。

❼ 如《韓非子》卷十九〈五蠹篇〉、〈顯學篇〉。〈顯學篇〉謂：「夫嚴家無悍虜，而慈母
有敗子。吾以此知威勢之可以禁暴，而德厚之不足以止亂也。夫聖人治國，不恃人
之為吾善也，而用其不得為非也……不恃賞罰而恃自善之民，明主弗貴也……有術
之君，不隨適然之善，而行必然之道。」

❼ 參邢義田，〈奉天承運——皇帝制度〉，《中國文化新論——制度篇・立國的宏規》（臺
北，聯經出版，民國 71 年），頁 70～71。

❼ 《漢書》卷二〈惠帝紀〉。

五、後　記

　　收到拙稿校樣前不久，剛剛得讀杜正勝兄甫出新作〈古代聚落的傳統與變遷〉（見《第二屆中國社會經濟史研討會論文集》，民國 72 年 7 月）。杜兄新作詳密周延，許多意見已不同於〈傳統家族試論〉。其中一大不同是揚棄地緣取代血緣聯繫的舊說，而其新解與愚意頗相類似。拙文雖然依舊採用血緣和地緣的用語，實際上深深感覺到古代中國社會組織的複雜性，是不能僅憑血緣或地緣觀念完全掌握的。過去大家往往以單純的血緣關係討論家或家族，以地緣關係理解鄉里組織。這樣不但難以認清問題，反而造成認識中國社會的限制。父老僤、張俸之墠和中服共侍約就都放不進血緣或地緣的框框。杜兄新作談古代聚落，發現聚落形成的因素不全在血緣，也不全在地緣。這在突破地緣和血緣觀念的限制上，實已邁出了重要的一步。拙文強調鄉里和宗族聚居的疊合現象，也感於鄉里只是行政組織，似不宜用血緣或地緣去了解它的性質。

　　不僅鄉里聚落如此，從血緣討論家和家族問題，就社會經濟史而言，也很值得再作考慮。例如從服制談家族，可以掌握到家族的血親關係。可是如果我們將對家和家族的了解限定在有血親關係的成員之間，恐怕就不能完整地認識一個家或家族的經濟生活、社會活動，甚至在政治上的榮辱興衰。理由很簡單。以秦漢社會為例，稍涉秦漢史者皆知，秦漢的家和家族除了同居共財，有血親關係的成員之外，還有奴婢、賓客、部曲之類的附屬人口。他們雖然不是某一家或族的血親，他們和這一家或族生活關係之密切，是無異於家族整體的一部分。因此，單獨討論家族中有血親關係的成員，或單獨處理奴婢、賓客、部曲的問題，就整體認識秦漢家族的社會經濟生活而言，都是不夠完整的。拙文討論家族尚不能免於血緣一層的限制，希望以後能有機會再作較完整的論述。總之，新的材料逼使我們反省舊的觀念，也迫使我們

進一步追問：古代社會組織的原則何在？那些構成我們討論古代社會最好的分析單位？那些單位的組織型態是基型？那些又是基型的派生？面對認識中日益複雜的古代社會，或許只有這樣才能從複雜中理出一些頭緒來。

　　古史的材料十分稀少，有關基層社會者，尤為零星。新出的資料每使古史的學者太過興奮，不知不覺中誇大了新材料的意義，甚至輕易地推翻舊說。論「漢侍廷里父老僤買田約束石券」的學者因見券中父老貲產的規定，輕率否定以年高德劭者為父老的舊說就是一例。反躬自問，個人亦常不免如此。這是治古史的一險。再者，古史是冒險家的樂園。治古史憑藉想像的部分往往多於材料所能建構者，但終不免強為之說。這又是一險。拙文冒險說了一些話，還望沉潛有得的杜兄及大雅君子不吝指正。——72 年 8 月 25 日記，9 月 14 日改記，9 月 27 日再改，75 年 2 月 21 日增補修改。

（原載於《漢學研究》第一卷第二期，民國 72 年）

秦漢的律令學
——兼論曹魏律博士的出現

一、引　言

　　法令是秦、漢行政的重要依據。漢代人說：「吏道以法令為師」 ❶，又
說：「漢吏奉三尺律令以從事」 ❷。據漢簡所見，漢代公文習慣以「如律令」
作結❸，而漢吏考課很重要的一項標準在於是否「頗知律令」 ❹。漢吏治事
既以法律為據，漢制又淵源於秦，秦、漢官吏是如何「頗知律令」的呢？這
對了解秦、漢行政的運作不能不說是一個要緊的問題。秦始皇三十四年，李
斯曾請焚書，並議「若欲有學法令，以吏為師」 ❺。秦代官吏如何以吏為師？
過去，由於史料缺乏，大家無從多論。近來自從雲夢秦簡出土，不但增加了
我們對秦律本身的認識，對秦代「學法令以吏為師」一事也有了較多的了解。

---

❶　《漢書補注》（以下簡稱《漢書》）卷八十三〈薛宣傳〉。

❷　《漢書》卷八十三〈朱博傳〉。關於漢代律令簡是否為三尺問題，詳見注❼。

❸　參注❶❻。

❹　參勞榦，《居延漢簡考釋之部》，三十八葉，771 條；三十九葉，790 條；八十三葉，
　　1682 條；一三七葉，2830 條；一五七葉，3239 條；五〇五葉，7930 條；五八三葉，
　　9717 條等。陳直以為漢代功令「頗知律令」一句，乃沿襲秦代功令而來。參氏著，
　　《史記新證》，頁 24。

❺　《史記會注考證》（以下簡稱《史記》）卷六〈秦始皇本紀〉。又卷八十七〈李斯列
　　傳〉文小異，作「若有欲學者，以吏為師」，無「法令」二字。

　　學法令以吏為師，不單是秦代如此，漢代亦同。過去大家討論漢代的教育或學術，多半限於經學而不及律令。的確，漢人重經，教育也以儒經為主。不過，漢儒兼習律令的風氣很盛，和漢代以後千百年裡的學風大不相同。只談經學，不言律令，似不足以窺漢代學風的特色。漢儒兼習經、律的風氣和漢代兼以經、律為據的政治密不可分。東漢以後，政治貴族化，風氣亦漸變。及乎漢季，風氣從兼重經、律轉為重經而卑律。最後曹魏不得不立律博士，以傳授律令。律博士的設立，意義匪淺。它打破了漢武帝以來，唯以五經得為博士的壟斷局面。秦、漢律令傳習的情形如何？律博士為何至曹魏而出現？漢代既然兼重經、律，為何有五經博士而無律博士？斯篇之作，擬就這些問題作一討論。首先略述嬴秦的律令學，繼言兩漢律令的傳授，以明漢儒兼修經、律的風尚與轉變，終則試為曹魏以降律博士之所以出現進一解。

　　律令學是相對於經學而言。經學以儒經為對象，言人道，天道與治國理民的大經大脈。律令學則以行政中龐雜的法令規章為對象，以知如何處理行政實務為主。秦政任法，專以法令為尚；漢政則在法令以外，又以經義為據，所謂：「法聖人，從經、律」❻。漢代經學，言者甚多；而秦漢政治一貫依據的律令，則似少人論及。拙文所說律令之學的「律令」是一個泛稱。秦漢律令有法、律、令、科、比等類的不同。本文暫不擬疏解這些類別的性質和差異，只擬指出秦、漢的官吏透過什麼樣的途徑，習得他們必要知道的法令依據。當然，官吏因職位高低和職務性質的差異，須要知道法令規章的多少和性質不盡相同。由於材料的限制，我們無法細說什麼樣的職務，必要知道什麼樣的法令，又如何去學習它們。我們只能籠統言之，見其大較。舉例來說，雲夢秦簡的主人只是秦南郡安陸地方的一個小吏，曾掌治獄，位不過史、令史❼。但是他墓中律簡的名目多達三十一種，內容十分廣泛❽。這位小吏是

❻　《後漢書集解》（以下簡稱《後漢書》）卷四十四〈張敏傳〉。又孔光對上所問，則「據經、法」（《漢書》卷八十一〈孔光傳〉），可參。

❼　參《睡虎地秦墓竹簡》〈編年記〉，頁6～7。

❽　睡虎地秦墓所出律文名目小計如下：田律、廄苑律（廄律）、倉律、金布律、關市、

如何習知這些律令呢？再如漢律。漢律內容極為龐雜。有因循秦代舊律改作者，如蕭何的九章律、叔孫通所訂儀法以及《傍章》十八篇❾。又有明法之臣隨需要修改增添的，如景帝時，鼂錯更定有關諸侯王法令三十章❿；武帝時，張湯作《越宮律》二十七篇，趙禹作《朝律》六篇⓫。《漢書》〈刑法志〉謂：

> 張湯、趙禹之屬，條定法令……禁罔寖密。律令凡三百五十九章，大辟四百九條，千八百八十二事，死罪決事比萬三千四百七十二事。文書盈于几閣，典者不能徧睹。

漢初劉邦的三章約法到武帝時已增加為三百五十九章。因為不可能事事立法，其無律文可循者，則依判例，比類決之，於是又有決事比。決事比數量驚人，僅關死罪，即已上萬，致令典者不能徧睹。武帝以後，各朝被迫屢屢刪修律令⓬。除此以外，還有皇帝不斷因事下達的詔令。詔令因作用和對象，分為策書、制書、詔書、誡勅或戒書⓭。《漢書》〈賈山傳〉謂：「臣聞山

工律、工人程、均工、徭律、司空、置吏律、效、軍爵律、傳食律、行書、內史雜、尉雜、屬邦、除吏律、游士律、除弟子律、中勞律、公車司馬獵律、牛羊課、傳律、捕盜律、戍律、藏律、敦表律、魏戶律、魏奔命律，共三十一種。參《睡虎地秦墓竹簡》。

❾　《漢書》卷四十三〈叔孫通傳〉；《晉書》卷三十〈刑法志〉。

❿　《漢書》卷四十九〈鼂錯傳〉。

⓫　《晉書》卷三十〈刑法志〉。

⓬　西漢宣帝、元帝、成帝皆曾詔刪修律令，參《漢書》卷二十二〈刑法志〉。東漢桓譚、陳寵、梁統曾議刪修律令，不及行。安帝時，謁者劉珍，博士良史讎校漢法令於東觀。建安時，應劭刪定律令為《漢儀》，獻之。參《後漢書》，桓譚、陳寵、梁統、蔡倫及應劭各傳。

⓭　《漢官解詁》：「帝之下書有四：一曰策書，二曰制書，三曰詔書，四曰誡勅」（《漢官六種》，頁86）；蔡邕《獨斷》以為漢天子命令有四：「一曰策書，二曰制書，三曰詔書，四曰戒書」。

東吏布詔令，民雖老羸癃疾，扶杖而往聽之」。詔令既下，官吏將它們編排起來，作為施政的依據。在新近發現的居延簡中，有成帝時期的《詔書輯錄》殘冊，收有文、武、元帝的詔書摘要；還有王莽《詔書輯錄》殘冊，輯有始建國、天鳳和居攝年間的詔書❹。這些都構成漢代律令的內容，也是官吏須要學習的對象。

約而言之，我們所說律令之學的律令包括皇帝的詔令、朝臣議訂經皇帝認可的制度儀法、治獄的刑罰律條、規程、判例、甚至公文程式等等。這些東西漢人常泛稱為法令、法度、律令、法律、文法或單稱為法或律❺。其中應用最普遍的一個名詞是律令。漢代行政文書通常以「如律令」作結尾。《風俗通義》說：「故文書下『如律令』，言當承憲，履繩墨，動不失律令也」❻。

---

❹ 甘肅居延考古隊，〈居延漢代遺址的發掘和新出土的簡冊文物〉，頁 8。

❺ 漢人對法律通名並沒有嚴格一致的用法，例如漢武帝說：「法令者，先帝所造也」（《漢書》卷六十五〈東方朔傳〉）；杜周以為「三尺安出哉？前主所是著為律，後主所是疏為令」（《漢書》卷六十〈杜周傳〉）；應劭又認為「律者，法也。〈皋陶謨〉：『虞始造律』。蕭何成以九章，此關諸百王不易之道也。時主所制曰令，《漢書》：『著于令甲』」（《風俗通義》佚文）；元帝詔曰：「夫法令者，所以抑暴扶弱，欲其難犯而易避也。今律令煩多而不約，典文者不能分明」（《漢書》卷二十三〈刑法志〉），是以法令為律令。又桓譚上疏曰：「又見法令決事，輕重不齊……今可令通義理明習法律者，校定科比，一其法度，班下郡國」（《後漢書》卷二十八上〈桓譚傳〉），是法令、法律、法度又可通。餘不備舉。

❻ 《風俗通義校注》〈佚文〉，頁 584。「如律令」一詞已見於雲夢秦律，參《睡虎地秦墓竹簡》，〈秦律十八種・倉律〉：「咸陽十萬一積，其出入禾，增積如律令」，頁 36。又散見於漢代簡冊遺文。新近發現的居延簡如〈甘露二年丞相御史律令〉、〈建武三年候粟君所責寇恩事爰書〉都可見以「如律令」為公文結尾。前者參初師賓，〈居延簡「甘露二年丞相御史律令」考述〉，頁 179～184；後者參〈建武三年候粟君所責寇恩事釋文〉，頁 30～31。因「如律令」為公文常用語，漢代民間用於地下之地券，鎮墓文竟亦傚用之。參陳槃庵，《漢晉遺簡識小七種》，頁 21，「如律令」條；又氏著，〈於歷史與民俗之間看所謂「瘞錢」與「地券」〉，《中央研究院國際漢學會議論文集——歷史考古組》中冊，頁 861；鎮墓文以「如律令」、「急急如律令」作結幾

因此，拙文姑以「律令」代稱秦漢行政遵循的一切法令規章。有關這些法令規章的學習和傳授也就是律令之學。

漢代承秦餘緒，頗重治獄。獄吏每成律家，位至公卿。他們言律令，傳徒眾，即常以治獄為主（詳後）。因此，下文所及不免偏於治獄，但也將兼及其他。本文希望能從較廣濶的角度，討論在一個以律令為依據的政治裡，官吏如何得知他們必要的律令知識。

二、秦代的律令學

㈠中央集權政制與律令學的興起

以刑治民，淵源甚早。傳說夏、商兩代都曾作刑 ❶。刑制如何卻不易確考。兩周以降，資料漸豐亦較可徵信。西周大約已有成文的刑法。《左傳》昭

為通例，例如：寶雞市博物館，〈寶雞市鏟車廠漢墓——兼談 M1 出土的行楷體朱書陶瓶〉，頁 48；王光永，〈寶雞市漢墓發現光和與永元年間朱書陶器〉，頁 55；河南省博物館，〈靈寶張灣漢墓〉，頁 79～80；吳榮曾，〈鎮墓文中所見到的東漢道巫關係〉，頁 56～57；《武威漢簡》，頁 149。

❶ 《竹書紀年》謂帝舜「命咎陶作刑」；《左傳》昭公十四年引《夏書》曰：「昏墨賊殺，皋陶之刑也」。又《左傳》昭公六年，叔向曰：「夏有亂政，而作禹刑；商有亂政，而作湯刑；周有亂政，而作九刑」。傳說中夏代以及夏代以前的刑罰，只是一些用刑的方式。例如《尚書》〈堯典〉所說的五刑：墨、劓、荊、宮、大辟。還有「鞭作官刑，扑作教刑，金作贖刑」的鞭、扑、贖金也是處罰的方式。〈堯典〉成書於戰國初（屈萬里，《尚書釋義》，頁 2），其中有多少是三代以前舊制？又有多少後人附會？難以確斷。殷商刑制也尚難知。文獻、卜辭俱不足詳徵。陳邦懷在《殷代社會史料徵存》一書中曾有意據卜辭勾稽殷代法律的程序，但是他對卜辭定義的認定不無疑義。參 Kwang-chih Chang, *Shang Civilization*, pp. 200–201。陳夢家《卜辭綜述》於殷代刑法無考。

公七年提到「周文王之法曰：『有亡荒閱』(杜注：荒，大也；蒐也；有亡人，當大蒐其眾)」；又文公十八年，周公作誓命，言及九刑。叔向也說：「周有亂政，而作九刑」❶ 。「九」可以言「多」。九刑是不是如《逸周書》〈嘗麥〉篇所說為九篇刑書，難以徵考❶ 。不過，西周有成文的刑書似不成問題。《尚書》〈呂刑〉篇說：「明啓刑書胥占」。〈呂刑〉一般相信成於西周❷ 。其中當然也可能摻雜有較晚的成分，例如「五刑之屬三千」這樣詳密的罰則，就很難確定是西周時的制度。

從西周到春秋初期，像〈呂刑〉所說墨、劓、荆、宮、大辟之類刑罰的方法或許已經俱備。但是刑書的內容還不致太詳密，大約只是列舉若干類的處罰而已。至於何罪何罰，罰之輕重，似可由掌刑者原情定罪，「輕重諸罰有權」 ❷ 。刑罰還不詳密，一方面是由於社會的發展尚不及春秋中期以後那麼複雜，不需要太繁複的條文；另一方面也因為封建未潰，時政所依，多在禮制。《左傳》說：「禮可以為國也久矣，與天地並」❷ ；又說：「禮所以守其國，行其政令，無失其民者也」 ❷ 。然而，封建禮制終因周室不振，漸失作用，紛爭的列國隨著時代的變動，逐漸偏向以新形式的刑書和刑鼎為治民之具。

春秋、戰國以來，在列國政治中央集權化的過程中，頒行成文法典是一個相當普遍的現象。據《左傳》，早在楚文王之世（西元前 689～677 年），楚

---

❶ 《左傳》昭公六年。

❶ 《逸周書》卷六〈嘗麥〉：「太史筴刑書九篇」。朱右曾《集訓校釋》謂：「刑書九篇蓋即《春秋傳》之九刑。」又安井衡《左傳輯釋》，昭六年引惠棟云：「九刑謂刑書九篇也」（卷九，頁 246），九作「多」字解，見汪中《述學》，〈釋三、九〉。

❷ 經生舊解以為作於周穆王。傅斯年先生以為乃呂王所作，陳槃庵先生和之。不論是周穆王或呂王，其作於西周應可採信。參屈萬里，《尚書釋義》，頁 136～137；陳槃庵，《春秋大事表列國爵姓及存滅表譔異》（增訂本），第五冊，頁 422ab。

❷ 《尚書正義》卷十九〈呂刑〉，頁 138。

❷ 《左傳》昭公十九年。

❷ 《左傳》昭公五年。

國已有僕區之法曰：「盜所隱器，與盜同罪」❷。據《管子》〈法法〉篇，管子曾主張公布法令❷。這是不是齊桓公時代的事，我們不敢說。所知較為清楚的例子是鄭國子產於魯昭公六年（西元前 536 年）鑄刑書❷。二十三年以後（西元前 514 年），晉國亦「鑄刑鼎，著范宣子所為刑書」❷。到了魯定公九年（西元前 502 年），鄭國駟歂殺鄧析，用其竹刑❷。鄭、晉鑄刑曾引起叔向、孔子和蔡史墨等人的批評和反對。《左傳》曾將他們的議論鄭重其事的記載下來。我們先看看有關的記載，再討論鄭、晉鑄刑書的意義，《左傳》昭公六年：

> 三月，鄭人鑄刑書。叔向使詒子產書曰：「始吾有虞於子，今則已矣。昔先王議事以制，不為刑辟，懼民之有爭心也。猶不可禁禦，是故閑之以義，糾之以政，行之以禮，守之以信，奉之以仁，制為祿位，以勸其從，嚴斷刑罰，以威其淫。懼其未也，故誨之以忠，聳之以行，教之以務，使之以和，臨之以敬，涖之以彊，斷之以剛，猶求聖哲之上，明察之官，忠信之長，慈惠之師，民於是乎可任使也，而不生禍亂。民知有辟，則不忌於上，並有爭心。以徵於書，而徼幸以成之，弗可為矣。夏有亂政，而作禹刑，商有亂政，而作湯刑；周有亂政，而作九刑。三辟之興，皆叔世也。今吾子相鄭國，作封洫，立謗政，制參辟，鑄刑書，將以靖民，不亦難乎？《詩》曰：『儀式刑文王之德，日靖四方』。又曰：『儀刑文王，萬邦作孚』。如是何辟之有？民知爭端矣，將棄禮而徵於書。錐刀之末將盡爭之。亂獄滋豐，賄賂並行，終子之世，鄭其敗乎？肸聞之，國將亡，必多制。其此之謂乎？」復書

---

❷　《左傳》昭公七年。

❷　《管子》卷六〈法法〉第十六。又卷一〈立政〉第四〈首憲〉言布令之法。

❷　《左傳》昭公六年。

❷　《左傳》昭公二十九年。

❷　《左傳》定公九年。

曰：「若吾子之言，僑不才，不能及子孫。吾以救世也。既不承命，敢忘大惠。」

又《左傳》昭公二十九年：

冬，晉趙鞅、荀寅帥師城汝濱，遂賦晉國——鼓鐵，以鑄刑鼎，著范宣子所為刑書焉。仲尼曰：「晉其亡乎？失其度矣。夫晉國將守唐叔之所受法度，以經緯其民。卿大夫以序守之，民是以能尊其貴。貴是以能守其業，貴賤不愆，所謂度也。文公是以作執秩之官，為被廬之法，以為盟主。今棄是度也，而為刑鼎，民在鼎矣。何以尊貴？貴何業之守？貴賤無序，何以為國？且夫宣子之刑，夷之蒐也，晉國之亂制也，若之何以為法？」蔡史墨曰：「范氏、中行氏其亡乎？中行寅為下卿，而干上令，擅作刑器，以為國法，是法姦也。又加范氏焉，易之亡也。其及趙氏、趙孟與焉。然不得已，若德可以免。」

從叔向和孔子等人的批評可以看出，鄭、晉鑄刑書和刑鼎有類似的時代意義。第一，刑書或刑鼎的鑄造意味著以刑法取代傳統的禮制。所謂「棄禮」、「失其度」，都是指放棄過去維繫「貴賤不愆」的禮制。所謂「擅作刑器，以為國法」，「鑄刑書，將以靖民」，又都指刑法將成為治政理民的依據。從禮而法，顯示了春秋中期以後，列國政治轉變的一個趨向。封建秩序解體，生存競爭下的列國為建立更有效的統治，紛紛走上中央集權的道路。集權君主或權卿憑依的就是法令辟禁。所謂「令必行，禁必止，人主之公義也」❷。孔子說：「道之以政（何晏《集解》引孔安國曰：『政謂法教』；朱熹注：『政謂法制禁令也』），齊之以刑，民免而無恥；道之以德，齊之以禮，有恥且格」❸。他

---

❷　《韓非子》卷五〈飾邪〉。

❸　《四書集注》《論語》卷一〈為政〉，頁 7；《論語注疏》卷二〈為政〉，頁 5。

的話，就是對當時從禮而法的政治發出的感嘆。

　　第二，鄭、晉鑄刑是兩國一連串經濟、社會和政治變革的一環，而不是孤立的事件。叔向已經提到子產鑄刑書以前，「作封洫，立謗政」。所謂作封洫是指魯襄公三十年，子產使「田有封洫，廬井有伍」❸❶的經濟、社會改革。他又不主張毀鄉校，使百姓得「以議執政之善否」❸❷。魯昭公四年（西元前538年），子產更「作丘賦」。杜注：「丘十六井，當出馬一匹，牛三頭。今子產別賦其田，如魯之田賦」❸❸。子產整頓田洫，編組百姓，增加賦稅，進而頒訂刑書，都是他所說「吾以救世也」的一連串行動。晉國的變革也很類似。晉國早在魯僖公十三年（西元前645年），「作爰田」、「作州兵」❸❹。魯文公六年（西元前621年），范宣子「始為國政，制事典，正法罪，辟獄刑，董逋逃，由質要，治舊洿，本秩禮，續常職，出滯淹。既成，以授大傅陽子與大師賈陀，使行諸晉國，以為常法」❸❺。從這一段記事看來，晉國最少在范宣子時代已有行諸晉國的「常法」。為什麼一百多年以後，還要將他的常法鑄成刑鼎呢？

　　這就牽扯到鄭、晉鑄刑的第三點意義：以明文的法律條文治民，不再如叔向所說是「議事以制」。所謂「議事以制」，杜預注：「臨事制刑，不豫設法也；法豫設，則民知爭端」❸❻。又安井衡《左傳輯釋》引王引之云：「議讀為儀。儀，度也。制，斷也。謂度事之輕重，以斷其罪，不豫設為定法也」❸❼。

---

❸❶　《左傳》襄公三十年。

❸❷　《左傳》襄公三十一年。

❸❸　《左傳》昭公四年。杜注根據《司馬法》：「丘出戎馬一匹，牛三頭」而來。關於鄭國的「丘賦」以及下文所說晉國「爰田」、「州兵」的意義，可參高亨，〈周代地租制度考〉，《文史述林》，頁146～155。

❸❹　《左傳》僖公十五年。

❸❺　《左傳》文公六年。

❸❻　安井衡，《左傳輯釋》卷十九，頁13上。

❸❼　同上，頁13下。

王、杜所說不豫設法，度事輕重以定罪，正是前引〈呂刑〉所說「輕重諸罰有權」。舊制雖有刑書，有常法，但是似乎並不是將某罪某罰詳詳細細的規定出來，而是讓執法者有相當大的彈性，決定罪罰的輕重。這樣的作用，據孔穎達疏，是「刑不可知，威不可測，則民畏上也」❸。叔向和孔子擔心刑罰一旦明文鑄出，掌法者將盡失議罪的彈性，不能再加輕重，而百姓將「徵於書」，所謂「民在鼎矣」。

　　其次，過去雖有刑書常法，行於全國，但刑典卻藏在京師，由專人掌典。例如，《逸周書》〈嘗麥〉篇就提到周的刑書由太史「藏之于盟府，以為歲

---

❸　《春秋左傳正義》卷四十三：「刑不可知，威不可測，則民畏上也。今制法以定之，勒鼎以示之。民知在上不敢越法以罪己，又不能曲法以施恩，則權柄移於法，故民皆不畏上」。執法者可以有較大的彈性，定罪輕重，似乎更容易造成叔向所說的「亂獄滋豐，賄賂並行」。這可以從晉國鑄范宣子刑書以前的兩件獄訟賄賂案子看出來。一件發生在魯昭公十四年（西元前 528 年）。據《左傳》，晉國邢侯與雍氏爭田，晉國的理官士景伯到楚國去，由叔魚代理其職。韓宣子命他斷獄，他認為錯在雍子。雍子於是將女兒嫁給叔魚。叔魚竟改判邢侯理虧。邢侯大怒，將叔魚和雍子殺死。宣子問叔向應如何判邢侯的罪。叔向說：「三人同罪，施生戮死可也。雍子自知其罪，而賂以買直；鮒也，鬻獄；邢侯專殺，其罪一也。己惡而掠美曰昏；貪以敗官曰墨；殺人不忌為賊。《夏書》曰：『昏墨賊殺，皋陶之刑也』。請從之。」於是宣子乃殺邢侯，並將叔魚和雍子的屍首暴於市場。另一件發生在晉鑄刑鼎的前一年。據《左傳》，前一年秋天，魏獻子為執政，分祁氏之田為七縣，羊舌氏之田為三縣。治理各縣的大夫都由他委派，晉國中央集權的政治因而向前邁進了一步。該年冬天，新置的梗陽縣民發生訴訟，梗陽大夫無從斷案，只好將案子上報魏獻子。梗陽打官司的一方就來賄賂魏獻子，以女樂相贈。魏獻子本來打算收下，卻因屬下大夫的勸諫而謝絕了。從梗陽人行賄和魏獻子有意接受，以及前一案叔魚可因賄賂顛倒曲直看來，未鑄刑鼎以前的晉國刑獄，是非曲直似無定則。又叔向論三人之罪，根據的並不是范宣子的刑書，而竟是一部舊籍《夏書》。可見在舊制之下，貴族如叔魚、叔向之流，於刑罰獄案，頗可以輕重由己。鑄造刑鼎，依明文議罪，一方面有助於保障平民權益，另一方面可以約束貴族賄賂公行，顛倒獄訟。平民與貴族勢力的消長，以及中央集權制的加強皆於此可見。

典」。《周禮》〈地官‧鄉大夫之職〉：「各掌其鄉之政教禁令。正月之吉，受教灋于司徒，退而頒之于其鄉吏」。《管子》〈立政〉篇也說：「正月之朔，百吏在朝，君乃出令，布憲于國。五鄉之師，五屬大夫皆受憲于太史。大朝之日。五鄉之師，五屬大夫皆身習憲于君前。太史既布憲，入籍于太府」。又《戰國策》〈魏策〉：「安陵君曰：『吾先君成侯，受詔襄王以守此地也，手受大府之憲（注：憲，法令也）。憲之上篇曰：「子弒父，臣弒君，有常不赦。國雖大赦，降城亡子，不得與焉。」』」安陵君所述雖為戰國初事，但憲令藏於大府，卻是舊制。根據這些文獻看來，刑典不論由太史、司徒或其他的執政掌管，似皆藏於所謂的盟府、太府（大府）。知道刑法憲令內容的是受憲的官吏，一般老百姓對刑典的確切條目恐不甚了了❸。鄭、晉鑄刑書，使刑書的內容流布，一般百姓於是得悉條文。這是民徵於書，民在鼎矣的另一意義。否則，則無所謂「刑不可知，威不可測」。和子產可能同時的鄧析，又作竹刑。以竹刑為名，大約因書之於竹簡。竹簡較鼎大為輕便，傳抄也容易。據說鄭國百姓紛紛從鄧析「學訟」❹。這些都是刑書流布民間才能有的現象。鄧析的竹刑不但輕便，內容或許也更為週致細密❺。因此，駟歂殺鄧析，卻要用他的竹刑。總之，鄭、晉鑄刑，反映兩國封建禮制沒落而新秩序有待建立。新秩序不再是封建下領主與領民的關係，而是以明文法令約束執政與齊民的關係為特色。換言之，建立新秩序的需要促使兩國走上明文法治的道路。

---

❸　《周禮》卷卅四，司寇刑官之屬，大司寇條：「正月之吉，始和。布刑于邦國都鄙，乃縣刑象之灋于象魏，使萬民觀刑象，挾日而斂之」；另《周禮》卷卅五，小司寇條、士師條和卷卅六，布憲條都提到懸示法禁憲令的事。《周禮》所述或有所本，然更近於戰國以降，法家諸子所鼓吹的公布法令的思想。春秋時代雖已有平民教育，然真能識字之一般庶人恐極有限。即使憲令公布，其條目似亦非一般小民所能確切了解。春秋中晚期以後，平民教育漸發達，民智漸開，平民的權益不再是貴族可以任意輕重，公布成文刑書乃成必要與有意義的舉動。

❹　《呂氏春秋》卷十八〈審應覽〉第六，〈離謂〉，頁8下～9上。

❺　錢穆，《先秦諸子繫年》，〈鄧析考〉，頁19。

　　大約在鄭、晉鑄刑書的前後，列國也陸續走上了明文法治的道路。可惜史料有關，我們無法作更多的舉證。最少在戰國之初，魏文侯（西元前 445～396 年）的宰相李悝已有機會參考「諸國法」，撰著《法經》一書。《晉書》〈刑法志〉說他「撰次諸國法」❷，《唐律疏義》說他「集諸國刑典，造《法經》六篇」❸。可見他的《法經》並非憑空捏造，而是就各國刑典，加以整理比較。去蕪存菁的結果，應較諸國法完美，不言可喻。原在魏國任官，又喜刑名的衛鞅，將這樣一部法典帶到秦國，使秦變為一個法治的強國。約略在同一時期，齊國的威王有騶忌幫助他「脩法律而督姦吏」❹；韓國的昭侯則有申不害為他規劃「因能授官」、「循名責實」、「任法不任智」❺的強國之道。總之，最遲到戰國初期，列國君主訂定的法令辟禁已經成為治政理民最重要的依據。馬王堆所出古佚書〈經法〉篇說：「人主者……號令之所出也」❻；《韓非子》則說：「主上有令」，「官府有法」；「令者，言最貴者也」❼，「法者，編著之圖籍，設之於官府，而布之於百姓者也」❽。法令辟禁既為治民的依據，官吏就不能不學習。前引《管子》〈立政〉篇和《周禮》〈地官・鄉大夫之職〉，都提到地方官吏如何集於京師，學習憲令。雲夢秦簡裡一份由郡守發給縣、道嗇夫的訓示，明明白白地說，良吏和惡吏的一大區別是在能否「明法律令」❾。律令之學因而興焉。

---

❷　《晉書》卷三十〈刑法志〉。

❸　《唐律疏義》卷一〈名例〉，頁 8。今本李悝《法經》雜有晚出的名詞用語，必非原來面目。但《晉書》和《唐律疏義》說李悝曾造《法經》一事，應有所本，非向壁虛構。

❹　《史記》卷四十六〈田敬仲完世家〉。

❺　《韓非子》卷十一〈外儲說〉左上；《太平御覽》卷六十三引《申子》。

❻　馬王堆漢墓帛書整理小組，〈長沙馬王堆漢墓出土《老子》乙本卷前古佚書釋文〉，頁 33。

❼　《韓非子》卷十七〈問辯〉。

❽　《韓非子》卷十六〈難四〉。

❾　《睡虎地秦墓竹簡》，頁 19～20：

　　律令之學和法家之學本來都是隨著春秋戰國尚法之治的出現而興起。先秦法家言帝王之術，所論以帝王掌政治國的權術為主。談到刑賞，主要也在討論如何以刑賞為手段，達到統治的目的。律令學則以治獄理訟之實務為主，與法家所論有層次之別。但是法家言形（刑）名和刑獄實務似不無關係。當執法者依刑法條文治罪，刑條名目如何切合罪狀之實，以得其平，實為大問題❺⓪。這個問題即名實之辨，也就是形名之學，所謂「刑名者，以名責實」❺❶。《莊子》〈天道〉篇謂：「驟而語形名賞罰」，是形名與賞罰相連，形名辨而後賞罰中。雲夢秦簡〈法律答問〉有很大一部分即在界定律文裡用字措辭的確切含義❺❷。這是依律用刑不能不分辨的。將這種名實的分辨歸納為「循名責實」的原則，擴大運用到對整個官僚組織的任用和考核，也就成為法家學問的一大成分❺❸。因此，《漢書》〈藝文志〉以為法家出於理官，不是沒有相當的道理。法家之學如何超脫實務的層次，已無法詳細尋索其軌跡。概括言之，我們所知的先秦法家，都在指導國君，施法治，力集權，行富強，以求稱霸天下。等到秦、漢一統，許多法家揭櫫的原則，如因能授官，循名責實，依法而治，號令出一都已具體實現在大一統的政府中。先秦法家的歷史任務，於焉完成❺❹。秦漢一統以後，雖仍有以申、韓之學為名者，究其實多言律令治獄而已（詳後）。因為帝國的統治繼續戰國遺規，依法令而治；帝

　　凡良吏明法律令，事無不能殹（也）；有（又）廉絜（潔）敦愨而好佐上；以一曹事不足獨治殹（也），故有公心；有（又）能自端殹（也），而惡與人辨治，是以不爭書。惡吏不明法律令，不智（知）事，不廉絜（潔），毋（無）以佐上……。

❺⓪　子產鑄刑書，鄧析難之的故事，似即反映了名實的問題。子產刑書初頒，或尚非周密。鄧析大可鑽條文漏洞，「以非為是，以是為非」（《呂氏春秋》卷十八〈離謂〉），《漢書》〈藝文志〉以「鄧析」二篇入名家，即可見鄧析所為的性質。

❺❶　《漢書》卷九〈元帝紀〉師古注引劉向《別錄》。

❺❷　《睡虎地秦墓竹簡》，頁 149～243。

❺❸　H. G. Creel, "The Fa-Chia: Legalists or Administrators?", pp. 607～636。

❺❹　法家思想與秦漢行政組織的關係，蕭公權論之甚精。參 Kung-chuan Hsiao, "Legalism and Autocracy in Traditional China"，頁 108～122。

國的官吏不能不習法，也就不得不有律令之學。

(二)以吏為師——律令傳習的主要形式

為吏須習律令，欲習律令則以吏為師。以吏為師並不是李斯的發明。《商君書》和《韓非子》已言之在先。《韓非子》說：「明主之國，無書簡之文，以法為教；無先王之語，以吏為師」❺❺。這話看起來似乎在陳述一種理想，實際上只是肯定已經存在的事實。最少從戰國之初，法令成為治政的依據以後，學習法令就是以吏為師的❺❻。商鞅「少好刑名之學，事魏相公叔痤為中庶子」❺❼。中庶子為私臣性質。商鞅「事」魏相，一方面是為魏相服務，一方面也是跟魏相學。此《禮記》〈曲禮〉上所謂「宦學事師」者也。商鞅好刑名，隨公叔痤學，公叔痤因「知其賢」，而想薦舉他。這應該是以吏為師的一個例子。秦國據說有掌管法令的官吏，負責教人法令。《商君書》說：「故聖人必為法令置官也，置吏也，為天下師」❺❽。這一段出自〈定分〉篇。〈定分〉篇非商鞅手著，但成篇不遲於秦統一天下以前。因為雲夢秦簡的主人翁喜，死於秦始皇三十年。從他的經歷以及墓中竹簡的性質看，喜就是一位司法，還可能兼教法的吏。作者過去曾經推測喜職務的性質❺❾。現在擬就前旨，

---

❺❺ 《韓非子》卷十九〈五蠹〉。

❺❻ 以吏為師的傳統淵源久遠，章學誠《文史通義》〈內篇〉五〈史釋〉云：

以吏為師，三代之舊法也；秦人之悖於古者，禁《詩》《書》而僅以法律為師耳。三代盛時，天下之學，無不以吏為師。《周官》三百六十，天人之學備矣；其守官舉職而不墜天工者，皆天下之師資也。東周以還，君師政教不合於一，於是人之學術，不盡出於官司之典守；秦人以吏為師，始復古制，而人乃狃於所習，轉以秦人為非耳。秦之悖於古者多矣，猶有合於古者，以吏為師也。（頁 152）

陳槃庵亦認為以吏為師是「古代中國一向的傳統」。參氏著，〈春秋時代的教育〉，頁748。

❺❼ 《史記》卷六十八〈商君列傳〉。

❺❽ 《商君書》第二十六〈定分〉。

❺❾ 拙著，〈雲夢秦簡簡介——附：對〈為吏之道〉及墓主喜職務性質的臆測〉，頁 33～39。

再作些討論。

　　根據墓中所出的編年記，墓主喜曾任史、令史，並曾擔任「治獄」的工作。墓中陪葬的一千餘枚竹簡，大部分是秦國的法律文書。這些簡顯然和墓主生前的工作有關。其中〈為吏之道〉簡應是一份教材。它教人如何作吏，說明什麼是吏的五善，什麼是吏的五失。文中有很多「戒之戒之」、「謹之謹之」、「慎之慎之」教誨人的語句。這部分竹簡書寫的方式也和其他簡篇不同。其文句分上下五欄抄寫，而最下一欄為韻文。例如：「凡戾人，表以身，民將望表以戾真，表若不正，民心將移乃難親❻❶」。文字用韻，便於記憶。秦漢字書教本如《蒼頡篇》、《急就篇》都用韻，其理相同❻❶。從這些地方看來，這篇東西可能是用來訓練地方官吏的。還有一份原題為「南郡守騰文書」，後改題為「語書」的簡編。這是南郡郡守在秦王政二十年發給轄下縣、道嗇夫的一份文件。這份文件並未提到什麼特定的事故，主要在宣揚法治，說明良吏和惡吏的區別。或許這是以一份實際的行政文書為教材，而〈為吏之道〉則是特別編寫的教本。這些教材在墓中出現，說明些什麼呢？

　　這有兩個可能：或者說明墓主是一位司法兼教法的吏，或者說明這些是墓主自己受訓時所用的教本。何者為是？現在不易確斷。不論如何，這都不妨礙我們據以了解秦代以吏為師的實況。據前引《商君書》〈定分〉篇，秦置法官和主法之吏，以為天下師。如果「主法令之吏有遷徙物故者，則輒使學議法令所謂，為之程式，使日數而知法令之所謂。不中程，為法令以罪之。有敢剟定法令，損益一字以上，罪死不赦」❻❷。這段文字的大意是：從吏學法有一定的進程，不中程就會受罰。教授的法令不得增損；增損一字以上就會招來殺身之禍。這是一段記載秦代法吏訓練難得的材料。

　　又根據秦簡，學法令者的身分或稱為「弟子」；學習的地方或稱之為「學

❻❶　《睡虎地秦墓竹簡》，頁 291。

❻❶　秦漢字書用韻，從新近發現的阜陽漢簡《蒼頡篇》可以看的很清楚。參胡平生、韓自強，〈《蒼頡篇》的初步研究〉，頁 37～39。

❻❷　《商君書》第二十六〈定分〉。

室」。秦簡〈除弟子律〉謂：

> 當除弟子籍不得，置任不審，皆耐為侯（候）。使其弟子贏律，及治
> （笞）之，貲一甲；決革，二甲 **❻❸**。

秦墓竹簡的注釋者認為這是「關於任用弟子的法律。按秦以吏為師，本條是
關於吏的弟子的規定」**❻❹**。這個說法是可以接受的。古來師有弟子，弟子有
名籍曰弟子籍，《淮南子》〈道應〉篇：「公孫龍曰：『與之弟子之籍』」。《史
記》〈仲尼弟子列傳〉太史公曰：「學者多稱七十子之徒……弟子籍出孔氏古
文，近是」。秦律裡的弟子籍應是同類的東西。弟子不但隨師學習，也要供師
使役，服侍業師。根據《論語》的記載，樊遲、冉有和子路都曾為孔子駕過
車 **❻❺**。〈鄉黨〉篇描述孔子的私生活，則為弟子服侍左右所見的記錄。《墨子》
〈備梯〉篇說禽滑厘「事子墨子三年，手足胼胝，面目黧黑，役身給使，不
敢問欲」。弟子服侍業師最詳細的記載見於《管子》〈弟子職〉和《呂氏春秋》
〈尊師〉篇。〈弟子職〉有人認為可能是齊國稷下學宮的學則 **❻❻**。學則中對弟
子一天從早到晚，如何侍候先生起牀、進食、就寢、打掃屋室等都有詳細的
描寫：

> 先生施教，弟子是則……少者之事，夜寐蚤作。既拚（維遹按：「拚」
> 即「叁」之或體字，《說文》「叁，掃除也」）盥漱，汛拚正席（王筠
> 云：汛拚者，灑掃也），執事有恪，攝衣共盥（謂供先生之盥器
> 也）……至於食時，先生將食，弟子饌饋，攝衽盥漱，跪坐而饋，置
> 醬錯食，陳膳毋悖……先生已食，弟子乃徹。趨走進漱，拚前斂祭（洪

---

❻❸ 　《睡虎地秦墓竹簡》，頁 131。

❻❹ 　同上。

❻❺ 　分見《論語》〈為政〉、〈子路〉和〈微子〉篇。

❻❻ 　郭沫若、聞一多、許維遹，《管子集校》，頁 956。

亮吉云：古者每食必祭，斂祭者，斂攝所祭，不使人得踐履，所以廣
敬），先生有命，弟子乃食。……凡拚之道，實水于盤，攘臂袂及肘，
堂上則播灑，室中握手，執箕膺揲，厥中有帚……昏將舉火，執燭隅
坐……先生將息，弟子皆起，敬奉枕席……先生既息，各就其友，相
切相磋，各長其儀（沫若按：「儀」當為「義」），周則復始，是謂弟子
之紀❻。

《呂氏春秋》卷四〈尊師〉篇謂：

生則謹養，謹養之道，養心為貴。死則敬祭，敬祭之術，時節為務。
此所以尊師也。治唐圃，疾灌寖，務種樹，織葩屨，結置網，捆蒲葦，
之田野，力耕耘，事五穀，如山林，入川澤，取魚鼈，求鳥獸，此所
以尊師也。視輿馬，慎駕御，適衣服，務輕煖，臨飲食，必蠲絜。善
調和，務甘肥，必恭敬，和顏色，審辭令，疾趨翔，必嚴肅，此所以
尊師也。

從〈弟子職〉和〈尊師〉篇看來，弟子服侍業師，衣、食、住、行無不在內，
實與奴僕無異。或許因為有些老師過度役使弟子，秦律竟對役使弟子有所規
定。如果使喚弟子超過法律的規定，又笞打弟子，要罰一甲；打破了皮，就
要罰兩甲。老師還不可以不當地開除弟子，或對弟子作不當的保舉。如有不
當，將被耐為候。秦代弟子不但有相當的保障，可能還享有徭役上的特權。
秦律：「縣毋敢包卒為弟子，尉貲二甲，免；令，二甲」❻。縣令和縣尉不可
以將兵卒包藏為弟子，以逃避兵役。如果這樣，縣令要罰二甲，縣尉除了罰
二甲，還會丟官。漢武帝置博士弟子五十人，復其身❻。文翁於蜀置學官，

---

❻　同上，頁 956～972；又戴望校，《管子》卷十九〈弟子職〉第五十九，頁 26～27。
❻　《睡虎地秦墓竹簡》，頁 131。
❻　《史記》卷一二一〈儒林列傳〉。

有學官弟子,「為除更繇」❼。看來漢代弟子除復之制,或即淵源於秦。

弟子學習的場所或稱之為學室。秦律〈內史雜〉有一條說:

令敎史毋從事官府。非史子殴(也),毋敢學學室,犯令者有罪❼。

學室大概類似學校,但不是一般的學校,因只有史之子才能入學。古代職業尚世襲,所謂「士之子恆為士」、「農之子恆為農」❼,「民不遷,農不移,工賈不變」❼。學室只有史之子才可入學,似與這個傳統有關。當然秦代為吏不一定皆是史之子,學習的地點也不一定全為學室。叔孫通為秦博士,有弟子百餘人,他們的身分背景如何,如何隨叔孫通學習,可惜都難以知道了。

作吏第一步須先能識字,即學書❼。《說文》〈敘〉引漢《尉律》:「學僮十七已上,始試。諷籀書九千字,乃得為史❼」。第二步才習計算和律令文書。漢吏功令裡每將「能書、會計、頗知律令」三事連為一體❼。這些是作吏的基本條件。秦代吏的養成有學室,學室所授或許就是這些東西。

提到學室的秦律是〈內史雜律〉的一條。《漢書》〈百官公卿表〉謂:「內史,周官,秦因之,掌治京師」❼。學室屬京師內史所轄,是不是意味京師才有學室呢?或是郡、縣皆有學室?這個問題一時還無法確實回答。不過,從前引「縣毋敢包卒為弟子」一條看來,縣有弟子,即可能有學室。這種制度在漢初並無蹤跡可尋。漢代學校,從中央太學以至地方學官,凡平民之俊

---

❼　《漢書》卷八十九〈循吏傳〉。

❼　《睡虎地秦墓竹簡》,頁 106～107。

❼　《國語》卷六〈齊語〉。

❼　《左傳》昭公二十六年。

❼　勞榦,〈史記項羽本紀中學書和學劍的解釋〉,頁 499～510。

❼　段玉裁,《說文解字注》卷十五上,頁 11 下。

❼　參注❹。

❼　有關秦內史的研究,可參于豪亮,〈雲夢秦簡所見職官述略〉,頁 5～7。

秀皆可入學，與秦之學室不同。唯東漢建武初，任延為武威太守「造立校官，自掾史子孫皆令詣學受業，復其徭役，章句既通，悉顯拔榮進之。」（《後漢書》〈循吏傳〉「任延」條）從這一條看來，任延為掾史子孫立校官（李賢注：「校，學也。」），實師古制遺意，不同於當時，故而特見於史傳。

　　雲夢秦墓裡〈法律答問〉簡的性質也有必要在這裡作些檢討。我們懷疑這是墓主向「主法之吏」問法的記錄。秦有所謂主法之吏，《商君書》〈定分〉篇說：「聖人為法……為置法官，置主法之吏，以為天下師，令萬民無陷於險危」。同篇還說：

> 諸官吏及民有問法令之所謂也，於主法令之吏，皆各以其故所欲問之法令明告之。各為尺六寸之符，明書年月日時，所問法令之名，以告吏民；主法令之吏不告，及之罪，而法令之所謂也，皆以吏民所問法令之罪，各罪主法令之吏。即以左券予吏之問法令者，主法令之吏謹藏其右券木柙，以室藏之，封以法令之長印。即復有物故，以券書從事。

這一段說的很清楚，主法令的吏必須回答官吏與百姓的詢問，並將答問作成記錄。記錄像符一樣有左券、右券。左券交給詢問者，右券由主法吏保存。符長一尺六寸。雲夢竹簡〈法律答問〉的部分長約 22 至 23 公分，相當於秦尺一尺左右，與〈定分〉篇所說並不相合。又〈定分〉篇說「明書年月日時」、「封以法令之長印」。現在所見的竹簡，出土時已散亂，不見封印，也不見日期注記。因此，我們並不能肯定〈法律答問〉簡就是〈定分〉篇所說的左券或右券。不過〈定分〉篇所述可能是某一時期的定制，實際上不可能全無出入。例如前引同篇所說「損益一字以上，罪死不赦」，我們很難想像這樣的規定可以完全實行。根據〈定分〉篇，我們相信秦代確有將法律答問作成記錄的制度，而今所見的〈法律答問〉簡應該就是這類東西。另一個旁證是法律答問的形式和用語，在漢代還有遺迹可尋，而漢代的法律答問就產生在法律諮詢的場合。《漢書》卷五十六〈董仲舒傳〉謂：

> 仲舒在家，朝廷如有大議，使使者及廷尉張湯就其家而問之，其對皆有明法。

所謂大議，這裡是指大的疑獄，故由掌獄的廷尉出面請教。仲舒通經，亦擅律令。《漢書》〈循吏傳〉說他「通於世務，明習文法」，故「其對皆有明法」。這樣的諮詢不知有多少，但據說董仲舒編輯起來的有二百三十二事，也就是《漢書》〈藝文志〉所載的《公羊董仲舒治獄》十六篇。這十六篇已佚，只有數條尚存[78]。這幾條形式皆同，僅舉一例，以概其餘：

> 時有疑獄曰：甲無子，拾道旁棄兒乙，養之以為子。及乙長，有罪殺人，以狀語甲，甲藏匿乙。甲當何論？仲舒斷曰：甲無子，振活養乙，雖非所生，誰與易之。《詩》云：螟蛉有子，蜾蠃負之。《春秋》之義，父為子隱，甲宜匿乙。詔：不當坐[79]。

董仲舒治獄記錄(1)採取答問，(2)以甲、乙擬設案情的形式以及(3)「何論」的用語，和秦簡〈法律答問〉的習慣可以說完全相同。所不同者，不過是他以《春秋》斷獄，引用經義而已。如果我們確定〈法律答問〉簡是法律諮詢的記錄，接著不禁要問：這些簡是墓主詢問主法之吏的結果？還是他本人就是主法之吏，備他人諮詢而藏有這些簡？這個問題當然無法十分肯定的回答。不過，我們以為以前者的可能性為大。〈法律答問〉簡的內容十分零碎，並無系統，不像是主法之吏藏有的記錄，而像是墓主隨治獄需要，有疑義則隨問隨記的結果。其次，如果墓主是主法之吏，大概也不能將這樣的記錄陪葬。

---

[78] 董仲舒《春秋斷獄》有〈玉函山房輯本〉一卷，共輯七條。其中兩條明言董仲舒；另四條明引董仲舒《春秋決獄》，蓋確為董氏之作。另有一條但稱《公羊》說，未明言董仲舒，果否為《決獄》之文，無它可證。參沈家本，《漢律摭遺》卷二十二，頁4上～6下。

[79] 沈家本，《漢律摭遺》卷二十二，頁4上。

前引《商君書》〈定分〉篇說的很清楚，如果主法之吏「有物故，以券書從事」，這些答問的券書還要留著用，當然也就不能拿來陪葬。無論如何，這都為秦代「欲有學法令，以吏為師」的實況提供了消息。

秦代以吏為師的例子見於記載的很少。《史記》〈賈誼傳〉提到孝文帝時，河南守吳公治平為天下第一，「故與李斯同邑而常學事焉，乃徵為廷尉」。廷尉掌刑獄，可見吳公明習刑獄。他從李斯所學也應是治獄律令之事。這可以算是一個以吏為師的例子。秦二世胡亥從中車府令趙高習「獄律令法事」❽，也是以吏為師。或許以吏為師只是當時很普遍的事，除非有特殊的原因，否則就很難有機會在史籍中留下記錄。

總之，秦代學法令，以吏為師，並不始於李斯的建議。這是一個相沿已久的習慣。那麼，他為什麼還要特別提出來呢？主要的原因是戰國以來，諸子並興，各逞異說以取合諸侯。諸子無論刑名、儒、墨，皆有弟子。弟子隨師仕宦，吏道為之駁雜。按照法家的看法，法令是國家唯一的標準，也是官吏唯一應該學習和遵照的東西。《慎子》說：「故有道之國，法立則私議不行，君立則賢者不尊。民一於君，事斷於法，是國之大道也」❽。李斯根據同一理路，認為「今天下已定，法令出一。百姓當家則力農工，士則學習法令辟禁。今諸生不師今而學古，以非當世，惑亂黔首」❽。這是不能不改革的事。李斯之議在始皇三十四年，雲夢墓主喜死於始皇三十年。其墓中竹簡充分反映了李斯建議以前，思想上黑白不別，一尊未定的情況。〈為吏之道〉簡編充滿儒、道兩家思想的色彩❽，而〈日書〉一類的竹簡又言日忌吉凶，五行相剋。這些在李斯看來都是虛言亂實，道古害今，應該禁止的東西。這些簡出現在秦國小吏的墓中，不論它們是墓主教人或受訓的教材，都說明了李斯奏議的背景。於是他強調天下統一，應該以吏為師，而所應習唯有法令辟禁而已。

---

❽　《史記》卷六〈秦始皇本紀〉。

❽　《慎子》逸文，《太平御覽》卷六三八引。

❽　《史記》卷六〈秦始皇本紀〉。

❽　拙著，前引文，頁34～35。

㈢小　結

　　綜上所述，先秦法家與律令之學都是春秋戰國之際，社會、經濟變動和集權官僚政治形成過程中的產物。集權官僚制是繼封建制崩潰而起的新的政治形式，其目的在建立新的政治、社會和經濟秩序。秩序的維繫不再依賴封建宗法傳統，而是公開明文的法律。法律的對象不再是封建領民，而是國君與官僚治下的編戶齊民。先秦法家是新秩序的說明和辯護者。他們也從經驗中歸納出治國理民的原則，指導集權官僚政治進一步的發展。律令之學則是法治運作中的實務之學，以理訟治獄為主要內容。依法令治民的新官僚不能不曉習律令辟禁，而曉習的途徑則在以吏為師。

　　「以吏為師」之制淵源久遠，並不始於李斯的建議。秦統一天下以前，從吏學法的梗概，可據雲夢秦簡和《商君書》，依稀得之。大體而言，秦代吏的子弟有機會入學室為弟子，從吏學書、學算、學律令文書。學習有教本，有進程，不中程有罰則。弟子以吏為師，師並不能任意役使弟子或加笞打。由於弟子是國家未來的公務員，他們或許還享有某些徭役上的特權。秦代可能還有所謂主法令之吏。一般人有法律疑義可以向他們請教。主法吏必須回答，也必須作成記錄，這可以說是一般人的「以吏為師」。如果我們相信〈為吏之道〉是一種教材，其中儒道的思想適反映了李斯議焚書以前，思想未定於一尊的情況。李斯主張「若欲有學法令以吏為師」的用意，即在企圖化律令辟禁為士人唯一可以學習的東西。他的主張雖然沒有完全成功，但是在漢代政治中卻留下了深刻的烙印。

三、漢代的律令學

㈠漢代律令學的背景

1.刑德相養——黃老與儒家對律令刑法的看法

秦漢大一統政治組織的建立，可以說是封建舊制解體以後，戰國中央集權官僚政制更進一步的發展。這種新制的發展，不能歸因於某一人或某一派的政治學說。不過，以申、商、韓非為代表的法家，無疑應居於主導的地位。新制的精神在於肯定君主是統治權力唯一的來源，君主的旨意以詔令法律為形式，透過分層專責的官僚，下及於編戶齊民，所謂：「生法者，君也；守法者，臣也；法於法者，民也」❽❹。理論上，法是一切政治運作的依據。擁護這種制度最力的是法家。李斯以一法家的後勁，參與秦帝國的創建，使許多法家的主張都落實在現實的國家機器之中。

這樣的一部機器一旦建立，依法而治的原則即難以動搖。我們看到戰國末期，當以法治為核心的集權官僚制逐漸成熟的時候，不論是道家或儒家都不能不放棄反法的傳統，紛紛在自己的思想系統中為法安排一個適當的位子。這樣作的，荀子是儒家主要的代表，而馬王堆墓所出《伊尹·九主》以及《老子》卷前古佚書，則可為道家的代表。儒、法和道、法之間的調和是戰國末到漢代，政治思想發展上一個主要的特色。單純的申、韓之學在進入漢初以後，雖然沒有戛然而止，但的確是逐漸沒落了。漢初治申、商、韓非的有賈誼、晁錯、韓安國等人。武帝建元元年詔舉賢良方正直言極諫之士，丞相衛綰奏言：「所舉賢良，或治申、商、韓非、蘇秦、張儀之言，亂國政，請皆罷」❽❺。可見到武帝初，法家之學仍傳而不絕。然而，其學被扣上「亂國政」

---

❽❹　《管子》卷十五〈任法〉第四十五。

的罪名，世變之亟，也就可見。漢代人常將申、韓之政化約為嚴刑峻法的代名詞，並且與嚴酷的秦政相提並論。他們反秦酷政，連帶也就反對申、商、韓非。董仲舒說：「至秦則不然，師申、商之法，行韓非之說，憎帝王之道，以貪狼為俗」❽❻；《鹽鐵論》謂：「商鞅以重刑峭法為秦國基，故二世而奪」❽❼；劉向說：「秦孝公欲用衛鞅之言，更為嚴刑峻法」❽❽。申、韓在漢人眼中，直如蛇蠍。揚雄以為「申、韓之術，不仁之至矣」❽❾。故劉陶作《反韓非》❾⓪，王充《論衡》有〈非韓〉篇❾❶，馮衍作賦，更欲「燔商鞅之法術兮，燒韓非之說論」❾❷！在這樣的空氣下，終兩漢竟少有從正面論述申、韓之學的❾❸。若干號稱好「申、韓法」、「韓非之術」或「申、韓之學」的，如樊曄、周紆、陽球，不過是一群「刻削少恩」、「（為）政嚴猛」、「專任刑法」、「嚴苛過理」的酷吏罷了❾❹。

　　漢人有鑑於秦政，諱言申、韓，但並不反對刑名法術。申、韓之說因頗託於黃、老而繼續存在。漢初黃老之學盛行，黃指黃帝，老指老子。黃老皆言帝王治術。馬王堆所出黃老帛書即大談刑名法術。帛書〈經法〉篇謂：「法度者，政之至也」❾❺，「是非有分，以法斷之；虛靜謹聽，以法為符」❾❻；

---

❽❺　《漢書》卷六〈武帝紀〉。

❽❻　《漢書》卷五十六〈董仲舒傳〉。

❽❼　《鹽鐵論校注》卷二〈非鞅〉第七，頁51。

❽❽　《新序》卷九。

❽❾　《法言》卷三，頁3下。

❾⓪　《後漢書》卷五十七〈劉陶傳〉。

❾❶　《論衡》卷十〈非韓〉篇，頁1上～10下。

❾❷　《後漢書》卷二十八下〈馮衍傳〉。

❾❸　《漢書》〈藝文志〉列法家十家，其中可確知為漢代著作的僅《鼂錯》三十一篇。清侯康撰《補後漢書藝文志》卷四，法家類僅有崔寔《政論》六卷和劉陶的《反韓非》。顧櫰三撰《補後漢書藝文志》收錄較廣，其卷八〈諸子類〉中亦不見漢代有關申、韓之作。

❾❹　《後漢書》卷七十七〈酷吏傳〉。

〈稱〉篇謂：「案法而治則不亂」 ❼ ；又主張「循名究理」 ❽、「審名察形」 ❾。〈稱〉篇以為法治最高的境界在於「大（太）上無刑」 ❿；〈十大經〉篇則說：「事恆自㐌（施），是我無為」 ⓫。在這一點上，帛書所言是與《老子》合轍的。《伊尹‧九主》說：「主分：以無職並聽有職，主分也」，「得道之君，邦出乎一道，制命在主」，「故法君為官，求人，弗自求也」，「佐者無扁（遍）職，有分守也」，「故法君之邦若無人，非無人也，皆居亓（其）職也」 ⓬。這些話也反映出濃厚法道合流的色彩。漢初君臣好黃老，究其實乃好有法術刑名之實，而無申韓之名的東西。《史記》〈外戚世家〉說：「竇太后好黃帝、老子言，帝及太子、諸竇不得不讀黃帝、老子，尊其術」。前引帛書出自漢初侯王之墓，實非偶然⓭。司馬遷說：「孝文帝本好刑名之言」 ⓮，應劭則說：「文帝本修黃老之言」 ⓯。黃老與刑名一表一裡的關係，於此可見。而太史公《史記》將老子與申、韓合傳也就不難理解。大體而言，漢初黃老和武帝以後的儒術類似，常常只是法術刑名政治的緣飾而已。

　　漢初黃老兼攝法家治術，繼黃老而興的儒學又如何看待法治呢？概略地

❾5　〈長沙馬王堆漢墓出土《老子》乙本卷前古佚書釋文〉，頁31。

❾6　同上，頁35。

❾7　同上，頁40。

❾8　同上，頁35。

❾9　同上，頁40。

⓪0　同上，頁41。

⓪1　同上，頁40。

⓪2　凌襄，〈試論馬王堆漢墓帛書〈伊尹‧九主〉〉，頁21～27。關於漢初黃老與法家結合的內涵與意義，參余英時，〈反智論與中國政治傳統〉，收入《歷史與思想》，頁10～20。

⓪3　前引帛書出自馬王堆三號墓。對三號墓主身分，學者間意見並不一致，但毫無疑問是漢初的列侯或諸侯王。參傅舉有，〈關于長沙馬王堆三號漢墓的墓主問題〉，頁165～172。

⓪4　《史記》卷一二一〈儒林列傳〉。

⓪5　《風俗通義校注》卷二〈正失〉，頁96。

說，漢儒大多繼續荀子的態度，不再像孔子那樣反對刑法。他們雖然主張以禮樂教化為主，但是承認刑法與禮樂各有作用，可以相輔相成，都是治國必要的工具。荀子說：

> 禮義法度者，是聖人之所生也。
> 故古者聖人以人之性惡……故為之立君上之執以臨之，明禮義以化之，起法正以治之，重刑罰以禁之，使天下皆出於治，合於善也。
> 治之經，禮與刑，君子以修百姓寧；明德慎罰，國家既治四海平❿。

荀子視禮義法度皆為聖人所生，又都是天下善治的工具。這個看法和秦、漢時期的儒者是一貫的。成書於戰國末至漢初的《禮記》說：

> 禮以道其志，樂以和其聲，政以一其行，刑以防其姦；禮樂刑政，其極一也。禮節民心，樂和民聲，政以行之，刑以防之；禮樂刑政，四達而不悖，則王道備矣❼。

《大戴禮記》也說：

> 德法者，御民之銜勒也。吏者，轡也；刑者，筴也。天子，御者；內史、太史，左右手也。古者以法為銜勒，以官為轡，以刑為筴，以人為手，故御數百年而不懈惰❽。

《禮記》、《大戴禮記》與荀子所說義蘊一致。又漢初賈誼對禮、法功用的認識很可以代表漢儒的通見。他說：

---

❿　《荀子集解》卷下，頁 72、74、84。

❼　《禮記正義》卷三十七〈樂記〉。

❽　《大戴禮記》卷八〈盛德〉第六十六，頁 14 上下。

夫禮者，禁於將然之前；而法者，禁於已然之後，是故法之所用易見，
而禮之所為生難知也。若夫慶賞以勸善，刑罰以懲惡，先王執此之政，
堅如金石，行此之令，信如四時，據此之公，無私如天地耳❿。

賈誼的話為太史公引用，也全見於《大戴禮記》❿。大抵而言，在漢儒眼中，
刑法只有禁於已然之後的消極作用。不過用於維持社會秩序，刑法和有防範
於未然之效的禮樂教化，皆有其用，缺一不可。《淮南子》說：「治之所以為
本者，仁義也；所以為末者，法度也」，「法之生也，以輔仁義」❿。劉向則
說：「教化所持以為治也，刑法所以助治也」❿；「治國有二機，刑、德是也。
王者尚其德而希其刑，霸者刑德并湊，強國先其刑而后德。夫刑、德者，化
之所由興也。德者，養善而進闕者也；刑者，懲惡而禁后者也」❿。東漢《白
虎通》繼續同樣的觀點，謂：「聖人治天下，必有刑罰何？所以佐德助治，順
天之度也。故懸爵賞者，示有勸也；設刑罰者，明有所懼也」❿。以上都是
從治術一層，承認刑法有輔助禮樂德治的作用。

　　漢儒更從較高的層次上，肯定刑法的地位。董仲舒以陰陽比附刑德，認
為「陽為德，陰為刑」❿。雖然他傾向德治，以為「天之好仁而近，惡戾之
變而遠，大德而小刑之意也」❿。但是在他「獨陰不生，獨陽不生」❿的思

---

❿　《漢書》卷四十八〈賈誼傳〉。

❿　《大戴禮記》卷二〈禮察〉第四十六，頁1下～2上；《漢書》卷六十二〈司馬遷
　　傳〉。

❿　《淮南子》卷二十〈泰族訓〉。

❿　《漢書》卷二十二〈禮樂志〉。

❿　《說苑》卷七〈政理〉。

❿　《白虎通德論》卷八〈五刑〉。

❿　《漢書》卷五十六〈董仲舒傳〉。

❿　《春秋繁露》卷十一〈陽尊陰卑〉第四十三。

❿　同上，卷十五〈順命〉第七十。

想結構裡，陰陽實相輔相成，刑德也就相互為用，不可或缺。以陰陽比附刑德不始於董仲舒，也不僅他一人這樣說。馬王堆所出漢初帛書〈十大經〉已經將刑德與陰陽比附：

> 天德皇皇，非刑不行。繆（穆）繆（穆）天刑，非德必頃（傾）。
> 刑德相養，逆順若成。刑晦而德明，刑陰而德陽，刑微而德章⑱。

以刑德與陰陽、四時等並稱，更可以推到秦漢以前⑲。可是董仲舒在漢代為「儒者宗」。他的說法有絕大的勢力，也確立了刑法在漢儒政治思想體系中的地位。

2.霸、王道雜之——皇帝對律令刑法的看法

　　漢儒肯定刑法，漢代的皇帝也多重刑名法律。漢初君臣如劉邦、蕭何本皆秦吏。在秦代尚法治的環境下，他們所認識的治民工具就是刑法律令。劉邦入關中，第一件事即在除秦苛法，更與父老約法三章；蕭何則取《丞相御史律令圖書》⑳。帝國甫建，蕭何又忙著擴擄秦法，作律九章。因為他們除了知道依律令而治，並沒有其他的途徑可以因循。文、景尚黃老，好刑名，已如前述。文帝甚至請了一位治刑名之學的張歐侍太子㉑。其後景帝「不任儒者」不是沒有緣故的。武帝尊儒是中國政治史上的一件大事。然而從武帝任用張湯、桑弘羊諸人為輔弼，出董仲舒為江都相等事看來，武帝實際上是陽儒而陰法㉒。武帝以後，宣帝亦以尚法著名。《漢書》〈蕭望之傳〉謂：

---

⑱　〈長沙馬王堆漢墓出土《老子》乙本卷前古佚書釋文〉，頁 37～38。

⑲　關於刑德問題見於先秦古籍以及漢代讖緯書者，參陳槃庵，〈古讖緯書錄解題〉，《尚書》「刑德放」條，頁 109～113。

⑳　《史記》卷五十三〈蕭相國世家〉。

㉑　《漢書》卷四十六〈張歐傳〉。

㉒　參《漢書》卷五十八〈公孫弘傳〉、〈兒寬傳〉；卷五十九〈張湯傳〉。

初，宣帝不甚從儒術，任用法律，而中書宦官用事。中書令弘恭、石顯久典樞機，明習文法，亦與車騎將軍高為表裡，論議常獨持故事，不從望之等。

蕭望之嘗薦明於經學的匡衡和張禹，宣帝皆不用❶。王吉批評宣帝任法不任儒，宣帝不納。王吉掛冠病免❷。蓋寬饒斥責宣帝時的政治是「聖道寢廢，儒術不行，以刑餘為周、召，以法律為《詩》《書》」❸。宣帝的好法卑儒，莫明於與太子之間的一段對話：

> 孝元皇帝，宣帝太子也……柔仁好儒。見宣帝所用多文法吏，以刑名繩下。大臣楊惲、蓋寬饒等坐刺譏辭語為罪而誅，嘗侍燕從容言：「陛下持刑太深，宜用儒生。」宣帝作色曰：「漢家自有制度，本以霸、王道雜之，奈何純任德教，用周政乎！且俗儒不達時宜，好是古非今，使人眩於名實，不知所守，何足委任。」乃歎曰：「亂我家者，太子也！」繇是疏太子而愛淮陽王，曰：「淮陽王明察好法，宜為吾子」❹。

宣帝不喜好儒的太子，因其出於糟糠之妻，不忍廢。太子遂即帝位為元帝。元帝以後，儒生逐漸抬頭。但是漢政尚法已成堅定不移的傳統。元帝時，黃門令史游作《急就篇》，其中有三章與治獄訴訟有關，通篇於經書大義，反無一語及之❺。成帝時，儒者仍然以為時政偏於用法。劉向說成帝曰：「教化所

---

❶　《漢書》卷八十一〈匡衡傳〉、〈張禹傳〉。

❷　《漢書》卷二十二〈禮樂志〉。

❸　《漢書》卷七十七〈蓋寬饒傳〉。

❹　《漢書》卷九〈元帝紀〉；另參卷八十〈宣元六王傳〉：「憲王壯大，好經書法律，聰達有材，帝甚愛之。太子寬仁，喜儒術。上數嗟歎憲王曰：『真我子也！』」

❺　《急就篇》在第二十六章提到《孝經》、《春秋》、《尚書》、《禮經》之名，但於經義

恃以為治也，刑法所以助治也，今廢所恃而獨立其所助，非所以致太平也[128]。成帝本人除了好詩書，「尤善漢家法度故事」[129]。由於成帝看重律令，因立「好文辭法律」的定陶王為太子，也就是後來的哀帝[130]。當時的皇帝不但好法律，當時的人甚至認為「人君不可不學律令」[131]。

可見西漢自高祖以迄哀帝，雖然漸重儒術，大體上天子仍重法律，而成一個霸、王道雜之的局面。霸道用律，王道用經。經義與律令乃構成漢代政治的兩大準據。

東京以降，於此不能稍改。和帝時，尚書張敏奏言：

> 伏見孔子垂經典，皋陶造法律，原其本意，皆欲禁民為非也……夫春生秋殺，天道之常……王者承天地，順四時，法聖人，從經、律[132]。

順帝時，胡廣上疏謂：

> 漢承周、秦，兼覽殷、夏，祖德師經，參雜霸軌[133]。

從張敏和胡廣的言論可以知道兩漢治道兼雜王霸的精神是一貫的。不過從胡廣所說「祖德師經，參雜霸軌」，張敏所說「從經、律」，置「經」於「律」之前，和宣帝所說漢家制度「以霸、王道雜之」，置「霸道」於「王道」之

一無涉及。《急就篇》內容所反映對治獄刑律的重視，可參沈元，〈《急就篇》研究〉，頁 65～66。

[128]　《漢書》卷二十二〈禮樂志〉。

[129]　《風俗通義校注》卷二〈正失〉，頁 93。

[130]　《漢書》卷十一〈哀帝紀〉。

[131]　《法言》卷九〈先知〉，頁 10 上。

[132]　《後漢書》卷四十四〈張敏傳〉。

[133]　《後漢書》卷四十四〈胡廣傳〉。

前，即可看出漢代君臣對德禮、律令的主輔先後意見似乎並不是全然一致的。

3.明習律令——仕宦的一個條件

然而兩漢君臣，不論在思想上尚黃老或崇儒術，大致都肯定律令刑罰是治民必要的手段；在現實政治中，經術與律令亦一體並用。如此，官吏除了明經，也不能不明律令。

漢有官有吏。吏更分文、武。文吏主治獄賦役，武吏職在禁姦捕盜。《漢書》〈朱博傳〉謂：「博本武吏，不更文法」**[134]**，似武吏可不通文法律令。實則武吏捕盜禁姦，如何能不知法令辟禁？或不如文吏專精罷了。朱博能以武吏遷為職典決疑的廷尉，就證明他並不是真的不更文法**[135]**。又從漢代殘留的功令簡看來，漢代邊塞武吏身分的燧長、候長，幾乎沒有不是「頗知律令」的。茲舉居延簡兩條為例**[136]**：

> □□候長公乘蓬士長富中勞三歲六月五日，能書、會計、治官民頗知律令，武，年卅七，長七尺六寸。（562.2，圖版 38 葉）
> 肩水候官並山燧長公乘司馬成中勞二歲八月十四日，能書、會計、治官民頗知律令，武，年卅二歲，長七尺五寸，觻得成漢里家去官六百里。（13.7，圖版 39 葉）

這裡一位候長，一位燧長，功令註明他們是武吏，然皆「頗知律令」。吏而不知律令，大概不太可能。熟悉不熟悉，專精不專精則容有差別。班固在《漢書》〈百官公卿表〉末尾，曾提到西漢某時「吏員自佐史至丞相」的總人數是十二萬二百八十五人。我們今天已經無法估計這十二萬吏員中有多少官，多少吏。但是我們相信官只是金字塔尖端的少數，絕大部分乃是所謂的刀筆吏。對絕大多數的刀筆吏而言，「頗知律令」恐怕比「通明經學」更為實際和重要。

---

[134] 《漢書》卷八十三〈朱博傳〉。

[135] 同上。

[136] 勞榦，《居延漢簡考釋之部》。

　　吏須通文法，官也要曉習法令。兩漢擇官，「明曉法令」一直是一個主要的條件。據衛宏《漢舊儀》，武帝元狩六年，令丞相設四科之辟，以博選異德。這四科是：

　　　第一科曰德行高妙，志節貞白；
　　　二科曰學通行修，經中博士；
　　　三科曰明曉法令，足以決疑，能案章覆問，文中御史；
　　　四科曰剛毅多略，遭事不惑，明足以照姦，勇足以決斷，才任三輔
　　　（劇）令❿。

應劭《漢官儀》載光武中興甲寅詔書：「丞相故事，四科取士」❿云云，其四科與武帝時之四科相同，故曰故事。光武重申以四科取士，可知後漢承西京之制，仍然以「明曉法令」為任官的條件之一。這四科之中，頭兩科關乎學行；第四科遭事不惑，明足照姦，實則也非據法律以決斷不可，因此四科實為兩類：一為學行，一為律令。兩者相較，明習律令更為基本。漢吏考核只問是否「頗知律令」，不問是否頗通經術，即為明證。

　　在一個依律令法制運作的官僚組織裡，任何職位都必然有不少相關的法令規章。要擔任這些職位就不能不熟悉它們。這是就一般職位而言。還有一些職位，由於職務的性質，漢代更明文規定須由明律令者出任：

　　⑴治書侍御史　《續漢書》〈百官志〉：「治書侍御史二人，六百石。本注曰：掌選明法律者為之。凡天下諸讞疑事，掌以法律當其是非」。

　　⑵廷尉正　《漢舊儀》卷上：「刺史舉民有茂材，移名丞相。丞相考召取明經一科、明律令一科、能治劇一科，各一人，詔選諫大夫、議郎、博士、諸侯王傅、僕射、郎中令，取明經；選廷尉正、監、平、案章取明律令」。

---

❿　《漢官六種》，《漢舊儀》卷上，頁5下。
❿　《漢官六種》，《漢官儀》卷上，頁4上下。

⑶廷尉監　同上。

⑷廷尉平　同上。

⑸尚符璽郎中　《續漢書》〈百官志〉：「尚符璽郎中四人。本注曰：舊二人在中，主璽及虎符、竹符之半者」。王先謙《補注》引《漢官》云：「當得明法律郎」。

⑹雒陽市市長、丞　《漢官》：「雒陽市市長一人，秩四百石。丞一人，二百石，明法補」。

須以明律令者出補的職位必遠多於以上所舉。前引丞相設四科取士，其三科明曉法令，即用以補「四辭八奏」 ❿ 。廷尉是兩漢掌平獄的最高機構。廷尉正、監、平皆為屬官。以明法出任這些職位的實例如：張湯為廷尉時，「廷尉府盡用文史法律之吏」 ⓴ ；黃霸「少學律令……持法平，召以為廷尉正」 ⓴ ；何比干「經明行修，兼通法律」，「武帝時為廷尉正」 ⓴ ；丙吉「治律令，為魯獄史，積功勞，稍遷至廷尉右監」 ⓴ ；陳球以「明法律，拜廷尉正」 ⓴ ；郭旻治「律小杜……數遷敬陵園令、廷尉左平、治書侍御史」 ⓴ ；陳咸「以明律令為侍御史」、「廷尉監」 ⓴ 。

除了上述可考，以明法除補的職位以外，還有很多職位也非精於律令者不足擔當。今以實例，略舉如下：

⑴廷尉　廷尉一職例由精通法律者任之，如張湯「以更定律令為廷尉」 ⓴ ；于定國「少學法于父」，「為獄吏、郡決曹、補廷尉史……超為廷

⓴ 《漢官六種》，《漢舊儀》卷上，頁5下。

⓴ 《漢書》卷五十八〈兒寬傳〉。

⓴ 《漢書》卷八十九〈循吏傳〉。

⓴ 《後漢書》卷四十三〈何敞傳〉及注引《何氏家傳》。

⓴ 《漢書》卷七十四〈丙吉傳〉。

⓴ 《後漢書》卷五十六〈陳球傳〉，王先謙《集解》引《謝承書》。

⓴ 〈丹陽太守郭旻碑〉，《全後漢文》卷九十九，頁6上下。

⓴ 《後漢書》卷四十六〈陳寵傳〉，王先謙《集解》，惠棟引《謝承書》及《東觀記》。

尉」 ❹。成帝時何壽為廷尉。何壽蓋出於明法之家，其父即前引何比干 ❹。廷尉出於明法之家，在東漢似已成傳統。例如郭躬自父郭弘始，世傳小杜律。《後漢書》卷四十六，其傳謂：「郭氏自弘後，數世皆傳法律，子孫至公者一人，廷尉七人，……侍御史、正、監、平者甚眾」。順帝時，廷尉吳雄明法律，「子訢、孫恭，三世廷尉，為法名家」 ❺。又陳寵曾祖父陳咸於成、哀間以律令為尚書。遭王莽之世，壁藏律令文書於家，遂成家學。其孫陳躬於建武初為廷尉左監。躬生寵，寵「明習家業」，於永元六年，代郭躬為廷尉。寵子忠亦以「明習法律，遷廷尉正、尚書、尚書令」 ❺。靈帝時，楊賜「自以代非法家」 ❺，固辭廷尉。所謂法家，即傳律世家。可見東漢人以為廷尉應由世明律令者出任。

　　(2)御史大夫、御史中丞、侍御史、御史　《漢書》〈百官公卿表〉：「御史大夫……有兩丞，秩千石。一曰中丞，在殿中蘭臺，掌圖籍秘書，外督部刺史，內領侍御史員十五人，受公卿奏事，舉劾按章」；《漢舊儀》卷上：「元封元年，御史止不復監。後御史職與丞相參。增吏員凡三百四十一人，分為吏、少史屬，亦從同秩補，率取文法吏」，「廷尉正、監、平物故，以御史高第補之」；又《續漢書》〈百官志〉：「侍御史十五人，六百石。本注曰：掌察舉非法，受公卿群吏奏事，有違失舉劾之」。從前引可知御史大夫及屬官所職，與法令關係密切。武帝一朝，丞相備員，御史大夫權傾一時，任御史大夫者，如韓安國、張歐、公孫弘、張湯、杜周、桑弘平皆深明律令之輩。以「明法令，為御史」的有鄭賓 ❺；「以明習文法，詔補御史中丞」者，如薛宣 ❺；又

❹　《漢書》卷五十〈汲黯傳〉。

❹　《漢書》卷七十一〈于定國傳〉。

❹　《漢書》卷十九下〈百官公卿表〉。

❺　《後漢書》卷四十六〈郭躬傳〉。

❺　《後漢書》卷四十六〈陳寵傳〉。

❺　《後漢書》卷五十四〈楊賜傳〉。

❺　《漢書》卷七十七〈鄭崇傳〉。

前廷尉條引郭躬家世明法，子孫為侍御史者甚眾。

(3)丞相　丞相常由明律令的御史大夫轉遷，如公孫弘、薛宣、翟方進。丞相要明律令，亦須知經術。公孫弘「習文法吏事，緣飾以儒術」❺；薛宣「其法律任廷尉有餘，經術文雅，足以謀王體，斷國論」❺；翟方進「兼通文法吏事，以儒雅緣飾法律，號為通明相」❺；陳寵「雖傳法律，而兼通經書，奏議溫粹，號為任職相」❺。

(4)尚書、中書　武帝以後，丞相權漸奪，尚書、中書因皇帝親信而日漸重要。尚書、中書之選每在熟嫻法令制度。宣帝時以弘恭為中書令，即因「恭明習法令故事，善為請奏，能稱其職」❺。揚雄《法言》卷六：「或曰……使子草律。曰：吾不如弘恭」。可見弘恭時以精通律令聞名。成帝時，孔光為尚書令，須先明習漢制法令而後可：「是時，博士選三科，高第為尚書……光以高第為尚書，觀故事品式，數歲明習漢制及法令，上甚信任之，轉為僕射、尚書令」❻。東漢以後，尚書權更重，所謂「雖置三公，事歸臺閣」❻。章帝時，韋彪曰：「天下樞要，在於尚書。尚書之選，豈可不重？而間者多從郎官超升此位，雖曉習文法，長於應付，然察察小慧，類無大能」❻。可見尚

---

❺　《漢書》卷八十三〈薛宣傳〉。

❺　《漢書》卷五十八〈公孫弘傳〉。

❺　《漢書》卷八十三〈薛宣傳〉。

❺　《漢書》卷八十四〈翟方進傳〉。

❺　《後漢書》卷四十六〈陳寵傳〉。

❺　《漢書》卷九十三〈佞幸傳〉。

❻　《漢書》卷八十一〈孔光傳〉。

❻　《後漢書》卷四十九〈仲長統傳〉，另參《後漢書》卷四十六〈陳忠傳〉：「今之三公，雖當其名，而無其實。選舉誅賞，一由尚書，尚書見任，重於三公，陵遲已來，其漸久矣」。又《後漢書》卷六十三〈李固傳〉：「今陛下之有尚書，猶天之有北斗也。斗為天喉舌。尚書亦為陛下喉舌。斗斟酌天氣，運平四時，尚書出納王命，賦政四海，權尊勢重，責之所歸」。

❻　《後漢書》卷二十六〈韋彪傳〉。

書之選多因明法。永初中，陳忠因「明習法律」，從廷尉正遷拜尚書❿；建武時，郭賀以「能明法」，累官至尚書令❿。

從以上所舉，可見兩漢職官任用，從最高的丞相、御史大夫到掌握實權的尚書、中書令以及與刑獄有關的廷尉及其屬官，都常以明習律令為條件。當然兩漢也有很多擔任這些職位，卻不一定俱備明律條件的。例如，東漢末，應劭就曾經批評：「頃者，廷尉多牆面，而苟充茲位；治書侍御史，不復平議讞當糾紛，豈一事哉」❿。應劭的批評意味著不通律令而任廷尉和治書侍御史是不正常的現象。

總結以上，漢代為吏須知律令，為官須明經，也要曉律。如果只通經而不明律，則是宣帝所說不通世務，「不達時宜」的「俗儒」！因此，不論為官為吏，學習律令都是一件重要的事。

㈡律令傳習的特色

漢人學習和傳授律令的資料極為殘闕零碎。這可能是因為律令傳習是太基本而平常的事，除非有特別之處，一般傳記竟都略而不提。以下勉為勾稽，可得而言者，殆有三點：一曰以吏為師；二曰以律令為家學；三曰以經、律兼修為尚。

1.以吏為師

漢人學法令，繼續長遠以來的傳統，仍然以「以吏為師」為主要的方式。漢初是否像秦一樣有學室和弟子之制，不可考。段玉裁在《說文解字注》裡曾認為，漢代學僮諷籀書九千字，就是能背誦《尉律》之文和發揮《尉律》的意思。他說：

　　諷籀書九千字者，諷謂能背誦《尉律》之文；籀書謂能取《尉律》之

---

❿　《後漢書》卷四十六〈陳忠傳〉。

❿　《後漢書》卷二十六〈蔡茂傳〉。

❿　《風俗通義校注》〈佚文〉，頁586。

義，推演發揮而繕寫至九千字之多。諷若今小試之默經，籀書若今試士之時藝❿。

如果段說可取，則似乎漢代學僮在為史或為吏以前，即能背誦律文，還能推演發揮其義。段氏這樣說，主要是因為誤解了許慎《說文》〈敘〉。《說文》〈敘〉云：

> 《尉律》：學僮十七已上，始試。諷籀書九千字，乃得為史。又以八體試之，郡移大史並課，最者以為尚書史。書或不正，輒舉劾之❿。

又《漢書》〈藝文志〉謂：

> 漢興，蕭何草律，亦著其法，曰：「太史試學童，能諷書九千字以上，乃得為史。又以六體試之，課最者以為尚書御史史書令史。吏民上書，字或不正。輒舉劾」。

〈藝文志〉所說「亦著其法」的「法」應該和《說文》〈敘〉引用的《尉律》是同一件事。根據這兩段文獻，我們實不能證明漢代學僮始試，諷誦的就是《尉律》之文。從六體或八體試之看來，考試的關鍵在是否能識和能書寫九千個字。賈誼《新書》謂：「胡以孝弟循順為善，書而為吏耳」❿。《漢書》〈路溫舒傳〉：

> 父為里監門，使溫舒牧羊。溫舒取澤中蒲，截以為牒，編用寫書。稍習善，求為獄小吏，因學律令。轉為獄史，縣中疑事皆問焉。

---

❿　段玉裁，《說文解字注》卷十五上，頁 12 上。

❿　同上，頁 11～13 上。

❿　《新書》卷三〈時變〉，頁 45 下。

路溫舒截蒲為牒，稍善書寫，即可為吏。為吏而後學律令。從《新書》「書而為吏」和路溫舒的例子可知，試吏在能書識字，恐非背誦《尉律》之文。路溫舒這樣辛苦學書，因家貧，實不得已。否則，漢代有所謂「閭里書師」**⑲**，可從學識字書寫，能書而後為吏。《漢書》〈王尊傳〉說王尊「少孤，歸諸父……能史書，年十三，求為獄小吏。」又《漢書》〈貢禹傳〉：「故俗皆曰：何以孝弟為？財多而光榮；何以禮義為？史書而仕宦。」這裡說的情形相同。所謂「史書」是指小史或小吏所用的書體和書法**⑳**。學會了即可為吏。

不過，從《急就篇》看，漢代的識字教本裡的確包含了初步的律令治獄知識。學僮一面識字，一面也對刑名司法有了起碼的認識。《急就篇》第二十八章至三十章謂：

> 皋陶造獄法律存，誅罰詐偽劾罪人，廷尉正監承古先，總領煩亂決疑文，變鬥殺傷捕伍鄰，亭長游徼共雜診，盜賊繫囚榜笞臀，朋黨謀敗相引牽，欺誣詰狀還返真，坐生患害不足憐，辭窮情得具獄堅，藉受證驗記問年，閭里鄉縣趨辟論，鬼薪白粲鉗釱髡，不肯謹慎自令然，輸屬詔作谿谷山，篝笭起居課後先，斬伐材木砍株根，犯禍事危置對曹，謾訑首匿愁勿聊，縛束脫漏亡命流，攻擊劫奪檻車膠，嗇夫假佐扶致牢，疢痏保辜啼呼號，乏興猥逮詗讟求，聊覺沒入檄報留，受賕枉法忿怒仇**㉑**。

漢代學僮從這短短三章可以大略知道，在中央與地方由那些人擔當治獄，審理些什麼罪行，辦案問供如何進行，刑罰的種類名目，以及罪犯的處置。新近在安徽阜陽發現的漢初《蒼頡篇》殘簡也有「殺捕獄問諒」(C041) 的殘文**㉒**。據推測，這些殘簡是以秦本《蒼頡篇》為底本的抄本**㉓**。換言之，從

---

⑲ 《漢書》卷三十〈藝文志〉。

⑳ 富谷至，〈史書考〉，頁 45～50。

㉑ 王應麟校，《急就篇》，卷一，頁 9 上下。

秦以來試吏，是以能書識字為基本條件。但學僮從學字的教本中，已能得到
第一步的律令知識。這樣當然是不夠的。這些「書而為吏」的，誠如勞貞一
先生所說，只是學徒性質，還須要跟隨在職的官吏，學習法令的內容以及其
他作吏應該知道的東西❶。律令關係實務，實習極為重要。要實習，則以吏
為師可以說是最好的方式。漢代政府組織下，絕大部分的基層員吏可能都是
這樣訓練出來的。

　　漢代以吏為師的例子，現在所能知道的很少。賈誼從吳公可為一例。《史
記》卷八十四〈賈生列傳〉謂：

> 賈生名誼，雒陽人也。年十八，以能誦《詩》屬《書》聞於郡中。吳
> 廷尉為河南守，聞其秀才，召置門下，甚幸愛。孝文皇帝初立，聞河
> 南守吳公治平為天下第一，故與李斯同邑而常學事焉，乃徵為廷尉。
> 廷尉乃言賈生年少，頗通諸子百家書。文帝召以為博士。是時賈生年
> 二十餘，最為少。

前文曾提到吳公嘗從李斯學，得為廷尉。他擅長的當為刑獄律令。他召賈誼
置門下，就是收了一位隨侍左右的學徒，情形應類似公叔痤和衛鞅。弟子學
習一段時間以後，可由師傅推薦為官；公叔痤因薦衛鞅，吳公因薦賈誼❶。

---

❶　阜陽漢簡整理組，〈阜陽漢簡蒼頡篇〉，頁 27。

❶　胡平生、韓自強，〈《蒼頡篇》的初步研究〉，頁 35～40。

❶　勞榦，〈史記項羽本紀中學書和學劍的解釋〉，頁 902～903。

❶　師薦弟子由來已久。《論語》中例證甚多。例如〈公冶長〉篇：「子使漆雕開仕」；〈雍
也〉篇：「季康子問：『仲由可使從政也與？』子曰：『由也果，於從政乎何有？』
曰：『賜也可使從政也與？』曰：『賜也達，於從政乎何有？』曰：『求也可使從政也
與？』曰：『求也藝，於從政乎何有？』」；〈先進〉篇：「季子然問：『仲由、冉求可
謂大臣與？』子曰：『……所謂大臣者，以道事君，不可則止。今由與求也，可謂具
臣矣。』曰：『然則從之者與？』子曰：『殺父與君，亦不從也』」。《史記》卷九十九

賈誼為博士以後，「每詔會議下，諸老先生不能言，賈生盡為之對」，「諸律令所更定，及列侯悉就國，其說皆自賈生發之。於是天子議以為賈生任公卿之位」**⑯**。賈誼原習《詩》《書》百家之言，卻能議答詔令，更定律令，這應該是從吳公當學徒的結果。鼂錯習申商刑名，又從伏生受《尚書》。《後漢書》卷四十三〈何敞傳〉謂其六世祖何比干「學《尚書》於鼂錯」，李賢注引《何氏家傳》：「六世祖父比干，字少卿，經明行修，兼通法律，為汝陰縣決曹掾，平活數千人，後為丹陽都尉，獄無冤囚，淮汝號曰『何公』」**⑰**。從何比干兼通法律觀之，他從鼂錯所學，除《尚書》似還兼及律令治獄。鼂錯習《尚書》以後，歷任太子舍人、門大夫、博士、中大夫、內史、御史大夫。何比干跟隨他的時間不可考。要之，以吏為師，無可置疑。《漢書》卷九十〈酷吏傳〉謂：「嚴延年字次卿，東海下邳人也，其父為丞相掾，延年少學法律丞相府，歸為郡吏」。嚴延年在丞相府學法律，可能是因為父親的關係。吏之子在耳濡目染之餘，很容易走上為吏的道路。張湯父為長安丞。他從小習見父親治獄理案，也就學會了。據說有一次父出門，張湯看家。老鼠偷了肉，父親回來，大怒，打湯。張湯挖老鼠洞，尋得老鼠和剩下的肉。他「劾鼠掠治，傳爰書、訊鞫、論報，并取鼠與肉，具獄磔堂下。父見之，視文辭，如老獄吏，大驚，遂使書獄」**⑱**。嚴延年、張湯都受到父親影響，但都說不上是家學。家學將於下文，另例舉證。

　　從以上所能知道的事例看來，漢代的「以吏為師」不全同於秦。秦有主法之吏，有學室弟子之制，有一定學法的進程與教本。換言之，秦的「以吏為師」似有一套完整的制度和組織，只是我們所知道的極為有限。漢代則不然。漢代雖然也以吏為師，卻不見特定的教法之吏，以及相關的制度或組織。

〈叔孫通列傳〉載叔孫通降漢，有弟子百餘人相從，叔孫通不薦弟子而為弟子所怨。可見業師推薦弟子為官是當時的習慣，也是相當悠久的傳統。

⑯　《史記》卷八十四〈賈生列傳〉。

⑰　《後漢書》卷四十三〈何敞傳〉。

⑱　《漢書》卷五十九〈張湯傳〉。

或許因為漢承秦代酷政之後，有意避免尚法的痕迹。也可能由於秦禁私學，法律訓練不能不由政府設官辦理。漢代無私學之禁，學律可從私人，故無設置專責機構的必要。不過，漢代學律，所從之私人有很多是俱有吏的身分的。

2.以律令為家學

漢初地方似無學校，其後地方學校似亦不授律令。欲有學法令，往往須遠赴京師。武帝時，蜀郡太守文翁曾「選郡縣小吏開敏有材者張叔等十餘人，親自餝屬，遣詣京師，受業博士，或學律令」❿。又秦豐「邠縣人，少學長安，受律令，歸為縣吏」❽；王禁「少學法律長安，為廷尉史」❾；東漢時，張浩「治律、《春秋》，游學京師」❿，皆為其例。他們如何學律？向誰學？惜無可考。西漢昭宣時，嚴延年因父為丞相掾，「少學法律丞相府」❿。這是習律地點可考的一個例子。《續漢書》〈百官志〉司隸校尉條屬官有孝經師、月令師和律令師，並云：「孝經師主監試經，月令師主時節祠祀，律令師主平法律。」《宋書》卷三十九〈百官志〉刺史條謂：「孝經師一人，主試經；月令師一人，主時節祠祀；律令師一人，平律……漢制也。」這些「師」，除孝經師，於東漢州郡無可考❿。律令師不論屬司隸，或普隸於州刺史之下，所職似並不在教授法令。東漢人赴京師習律令，應不是從律令師，而是從其他的途徑。

其他的途徑之一就是從學於私人。秦時學法令須以吏為師，大概沒有私

---

❿　《漢書》卷八十九〈循吏傳〉。

❽　《東觀漢記》卷二十三，頁9上下。

❾　《漢書》卷九十八〈元后傳〉。

❿　《三國志》卷四十五〈張翼傳〉裴注引〈益部耆舊傳〉。

❿　《漢書》卷九十〈酷吏傳〉。

❿　嚴耕望先生於郡縣學官云：「漢人極重《孝經》，故州有《孝經》師，郡職無考，然宋恩等題名碑有孝義掾，文學孝掾，蓋即《孝經》師之類歟？」，《中國地方行政制度史》上編，頁255。又王莽以後，於鄉、聚立庠序，置孝經師各一人，見《漢書》〈平帝紀〉。

人授受律令的。漢初，韓安國「嘗受韓子雜說鄒田生所」❽；鼂錯「學申商刑名於軹張恢生所，與雒陽宋孟及劉帶同師」❽。鼂錯與宋孟、劉帶同師張恢，是私人有學。所學名為申、商刑名，或亦有律令在內。後來鼂錯在文、景朝任官，於「法令多所更定」，又言「法令可更定者，書凡三十篇」❽。鼂錯這三十篇書，《漢書》〈藝文志〉列入法家，其實只是法令。漢代以後言申、商刑名者，可能逐漸以律令治獄之實務為主，蓋時勢已異是先秦，不得不然。《晉書》〈刑法志〉引《魏律》序：「故集罪例以為刑名，冠於律首」。此「刑名」義為五刑罪例，已非先秦形（刑）名原義❽。名同而實異，時勢之變，於此可見。

漢初已有私人傳習律令，唯似尚無家學。漢代律令形成家學，和經學的發展有類似之處。西漢私家傳經，因章句解釋相異而成門派，律令亦因解釋比附之不同而有了武帝時的大杜律和小杜律。大杜指杜周，武帝時為廷尉、御史大夫。他和他兩個任郡守的兒子「治皆酷暴」❽。唯有三子杜延年，也就是小杜，「亦明法律」，「行寬厚」❽。據說大將軍霍光「持刑罰嚴，延年輔之以寬」❽。大、小杜治獄有寬嚴，蓋因比附律令不同，所謂「罪同而論異」，「所欲活則傅生議，所欲陷則予死比」❽。這種比附不同的情形必因武

---

❽　《漢書》卷五十二〈韓安國傳〉。

❽　《漢書》卷四十九〈鼂錯傳〉。陳直，《漢書新證》謂：「《漢舊儀》云『博士稱先生』，或簡稱為先，如〈梅福傳〉之叔孫先、〈李尋傳〉之正先，本傳之鄧先是也。或簡稱為生，如伏生、轅固生、賈生是也。此獨稱張恢生，在姓名下加以生字，尚屬創見。張恢亦疑為秦代之博士，故《史記》稱為張恢先」（頁 293～294），如陳直說可取，則可見漢初傳申、商刑名者的身分。

❽　同上，〈鼂錯傳〉。

❽　《晉書》卷三十〈刑法志〉。「形名」與「刑名」義，參王鳴盛，《十七史商榷》卷五，「刑名」條，頁 1 上下。

❽　《漢書》卷六十〈杜周傳〉。

❽　同上。

❽　同上。

帝時法令增加，典者不能徧睹而趨於嚴重。律令比附解釋不同，傳習亦呈分歧，遂有章句出現。大、小杜律可能已有章句❶。杜周三子是否從父學律，不可考，然而私淑者或從大杜，或從小杜，竟演成律令之學的兩個派別。兩派律令傳習不絕。東漢時，習大杜律可考的有馮緄、苑鎮。〈馮緄碑〉云：「習父業，治《春秋》嚴、韓，《詩》倉氏，兼律大杜」❶；〈苑鎮碑〉云：「韜律大杜，綜皋陶甫侯之遺風」❶。傳小杜律者，則以潁川郭氏最為著名。《後漢書》卷四十六〈郭躬傳〉謂：「父弘，習小杜律」。同卷，〈陳寵傳〉說：「漢興以來，三百二年，憲令稍增，科條無限，又律有三家，其說各異」。三家之律唯大、小杜可考。又《晉書》〈刑法志〉云：「後人生意，各為章句，叔孫宣、郭令卿、馬融、鄭玄諸儒章句十有餘家，家數十萬言」。是三家之律又可再分為十餘家。家有章句，各數十萬言。漢代律令學派之盛，於此可見。

　律令傳授分家立派雖始於西漢，但世世相承的家學多見於東京之世。西漢大、小杜的後人，仕宦頗盛：杜欽好經書，杜業以材能聞，未見以律令著名的❶。東海于定國「少學法于父，父死……亦為獄吏，郡決曹」❶，遷為廷尉，御史大夫。于氏子孫也不見繼續學法。只有西漢末，王霸家「世好文法」❶。王霸祖父為詔獄丞，父為郡決曹掾，霸少亦為獄吏。這是西漢所見三代習法的例子。

---

❶　《漢書》卷二十三〈刑法志〉。

❶　《晉書》〈刑法志〉謂：「又叔孫、郭、馬、杜諸儒章句，但取鄭氏，又為偏黨，未可承用」。叔孫指叔孫宣，郭為郭令卿，馬為馬融，鄭氏為鄭玄。杜疑即指大杜或小杜章句。然大、小杜章句非必成於杜周、杜延年本人。傳其學者，守師說而定章句也有可能。

❶　《隸釋》卷七〈車騎將軍馮緄碑〉，頁 13 上。

❶　《隸釋》卷十二〈荊州從事苑鎮碑〉，頁 6 下。

❶　《漢書》卷六十〈杜周傳〉。

❶　《漢書》卷七十一〈于定國傳〉。

❶　《後漢書》卷二十〈王霸傳〉。

東漢以後，以律令為家學者，有郭、陳、吳、鍾四氏可考。潁川郭氏習法可考者自郭弘始。《後漢書》卷四十六〈郭躬傳〉謂：

> 父弘，習小杜律。太守寇恂以弘為決曹掾，斷獄至三十年，用法平。諸為弘所決者，退無怨情，郡內比之東海于公。
>
> 躬少傳父業，講授徒眾，常數百人。……元和三年，拜為廷尉。躬家世掌法，務在寬平。
>
> 中子晊，亦明法律，至南陽太守，政有名迹。
>
> 弟子鎮。鎮字桓鍾，少修家業……延光中為尚書……尚書令……拜河南尹，轉廷尉。（鎮）長子賀……累遷，復至廷尉。鎮弟子禧，少明習家業，兼好儒學，有名譽，延熹中亦為廷尉。
>
> 郭氏自弘後，數世皆傳法律，子孫至公者一人，廷尉七人，侯者三人，刺史、二千石、侍中、中郎將者二十餘人，侍御史、正、監、平者甚眾。

又〈丹陽太守郭旻碑〉云郭旻治「律小杜」 ⑲。《後漢書》卷四十六，王先謙《補注》引惠棟曰：「旻字巨公，太尉禧之子，乃知郭氏世傳小杜律矣」。郭氏一家傳律令，從東漢初以迄靈帝，與東漢一朝幾相始終。郭氏子孫憑律令可位至公侯、二千石，可見律令與經學同為獵取青紫的途徑。

沛國陳氏以律令為家學，始於西漢末，王莽之世。《後漢書》卷四十六〈陳寵傳〉云：

> 陳寵字昭公，沛國洨人也。曾祖父咸，成、哀間以律令為尚書。平帝時，王莽輔政，多改漢制，咸心非之。……及莽篡位，召咸以為掌寇大夫，謝病不肯應。時三子參、豐、欽皆在位，乃悉令解官……其後，莽復徵咸，遂稱病篤。於是乃收斂其家律令書文，皆壁藏之。咸性仁

恕，常戒子孫曰：「為人議法，當依於輕，雖有百金之利，慎無與人重比」。

建武初，欽子躬為廷尉左監，早卒。

躬生寵，明習家業，少為州郡吏……永元六年，寵代郭躬為廷尉。

寵子忠。忠字伯始，永初中辟司徒府，三遷廷尉正，以才能有聲稱。司徒劉愷舉忠明習法律，宜備機密，於是擢拜尚書，使居三公曹。忠自以世典刑法，用心務在寬詳。

陳咸為尚書，辭官以後，將律令文書，藏於家中，這是律令能為家學的重要條件。這些傳法之家，或傳子孫，或聚眾授徒，世世典帝國的法律。法律的刪修整理也往往出自他們的手中。例如陳寵、陳忠父子曾先後鉤校律令條法。寵曾「撰《辭訟比》七卷，決事科條，皆以事類相從。（鮑）昱奏上之，其後公府奉以為法」❷⁰⁰。忠曾承父志，除漢法溢於「甫刑」者，「奏上二十三條，為決事比，以省請讞之敝」❷⁰¹。

河南吳氏世傳法律，始於順帝時的吳雄。吳雄以明法律，斷獄平，起自孤宦，致位司徒。其子訢、孫恭，皆為廷尉，「為法名家」❷⁰²。以上三家都是廷尉之家，世傳法律。唯一例外的是潁川鍾氏。《後漢書》卷六十二〈鍾皓傳〉謂：

鍾皓字季明，潁川長社人也。為郡著姓，世善刑律。皓少以篤行稱，公府連辟，為二兄未仕，避隱密山，以《詩》、律教授，門徒千餘人。

鍾家世善刑律，惜其家世不可考。鍾皓隱避不仕，以《詩》、律教授至千餘人。這一方面反映律令傳學之盛，不下於經學；另一方面也透露出漢人兼習

---

❷⁰⁰ 《後漢書》卷四十六〈陳寵傳〉。

❷⁰¹ 同上。

❷⁰² 同上。

經、律的風氣。

3.以兼習經、律為風尚

　　漢儒不同於後世儒生的一個特色即在兼重經、律，亦兼習經律。（南北朝時期間亦有兼習經律者，唯風氣之盛不及兩漢。詳後。）漢儒以為法律造於皋陶[203]，而將皋陶與孔子並列，所謂：「孔子垂經典，皋陶造法律」[204]者是。皋陶代表公正、廉直。漢代故事，廷尉祀皋陶，繫獄者亦祭之[205]。漢人碑銘讚辭每見「膺皋陶之廉恕」，「綜皋陶之遺風」[206]等語，可見皋陶的地位。漢代律令之簡與經簡皆長二尺四寸，此亦可見律與經等量的地位[207]。要之，漢

---

[203] 漢儒之說本於古籍。《左傳》昭公十四年：「《夏書》曰：『昏墨賊殺，皋陶之刑也』」；《竹書紀年》：「帝舜三年命咎陶作刑」；《風俗通義》引〈皋陶謨〉曰：「虞始造律」。史游《急就篇》採之，曰：「皋陶造獄，法律存也」（《後漢書》卷四十四〈張敏傳〉李賢注引）

[204] 《後漢書》卷四十四〈張敏傳〉。

[205] 《後漢書》卷六十七〈黨錮傳〉：「滂坐繫黃門北寺獄。獄吏曰：『凡坐繫皆祭皋陶。』」（《集解》：「惠棟曰：『《摯虞集記》云：「故事：祀皋陶于廷尉」』」。）滂曰：「皋陶賢者，古之直臣，知滂無罪，將理之於帝，如其有罪，祭之何益？」」。《晉書》卷十九〈禮志〉上：「故事：祀皋陶於廷尉寺。新禮移祀於律署，以同祭先聖於太學也。」

[206] 見《全後漢文》卷一百零二，〈博陵太守孔彪碑〉，頁2上；卷一百零六，〈荊州從事苑鎮碑〉，頁4上。

[207] 關於漢代律令簡長問題，王先謙曾在《漢書》卷六十，〈杜周傳〉的補注中有詳細的討論。他相信漢代所說的三尺法，即以漢尺三尺之簡書律令，非如沈欽韓所說，以漢之二尺四寸當周之三尺。他所依據的只有《漢書》的〈杜周〉與〈朱博〉兩傳，而未能解釋其他文獻中二尺四寸律簡的記載。《鹽鐵論》〈詔聖篇〉謂：「二尺四寸之律，古今一也。」《後漢書》卷三十五〈曹褒傳〉謂曹褒修訂叔孫通《漢儀》，「撰次天子至庶人冠婚吉凶終始制度，以為百五十篇，寫以二尺四寸簡。」此蓋兩段律令簡長二尺四寸的明確記載。漢代儒經亦書以二尺四寸簡。《論衡》卷十二〈謝短〉篇：「二尺四寸，聖人文語。」又卷二十八〈正說〉篇：「夫《論語》者，弟子共記孔子之言行……以八寸為尺記之，約省懷持之便也。以其遺非經傳文，紀識恐忘，

人兼重經律而兼習。其著者，前有董仲舒，後有馬融、鄭玄。其餘士子小儒，不勝細數。

　　董仲舒為一代儒宗，又作《公羊董仲舒治獄》十六篇 ❷❿❽。以《春秋》決獄，兩漢例證甚多 ❷❿❾。所謂《春秋》決獄，是以律令斷事，而以經義輕重之。《論衡》謂：「董仲舒表《春秋》之義，稽合於律」 ❷❶❿。如此，非但須通經義，亦必明於律令。《漢書》〈循吏傳〉謂：

故但以八寸尺，不二尺四寸也。」王充言下之意，一般經書蓋二尺四寸也。如此，兩漢經、律簡應同長。

若從實物證之，武威所出《儀禮》簡，其甲、丙本經簡長皆近漢尺二尺四寸，乙本為經傳，稍短，為二尺一寸半，是《論衡》〈量知〉篇所謂「大者為經，小者為傳記」之制。參《武威漢簡》，〈敘論〉，頁 55～56。陳夢家在寫《武威漢簡》〈敘論〉時，原主二尺四寸之說，可是到 1963 年，寫〈西漢施行詔書目錄〉時，放棄原說，又主「三尺律令為漢制，先漢亦當如此」（《漢簡綴述》，頁 275），其證據是長六十七點五厘米，居延地灣出土的詔書目錄札。按：詔書簡策長度在漢有定制。蔡邕《獨斷》載詔書之策「長二尺，短者半之」，武威磨咀子十八號墓所出王杖十簡，為制詔丞相、御史的詔書，簡長恰為漢尺一尺（參《武威漢簡》，頁 141），但此十簡中一簡明書「蘭臺令第卌三，御史令第卌三」，是律令簡長亦僅一尺！青海大通上孫家寨有關軍事的律令木簡，長二十五厘米，稍多於漢尺一尺（〈青海大通上孫家寨一一五號漢墓〉，《文物》2 (1981)，頁 18）居延新出〈甘露二年丞相御史律令〉簡長約二十三厘米，約合漢尺一尺（初師賓，〈居延檢冊「甘露二年丞相御史律令」考述〉，《考古》2 (1980)，頁 179～184）；同地所出之〈塞上蓬火品約〉簡則長三十八點五厘米，合漢尺一尺六寸餘（〈塞上蓬火品約釋文〉，《考古》4 (1979)，頁 360～364），這些不等的律令簡長應如何解釋？它們是因邊地材料限制而出現的變制？或者還可作其他解釋？這有待居延新出成帝、王莽等時期的《詔書輯錄》簡冊資料發表，我們才可能有較為肯定的答案。

❷❿❽　此據《漢書》卷三十〈藝文志〉。

❷❿❾　程樹德，〈春秋決獄考〉，舉證甚備，可參。見氏著，《九朝律考》，頁 163～177。

❷❶❿　《論衡》卷十二〈程材〉，頁 5 上。

孝武之世，外攘四夷，內改法度，民用彫敝，姦軌不禁，時少能以化
治稱者。惟江都相董仲舒，內史公孫弘，兒寬居官可紀。三人皆儒者，
通於世務，明習文法，以經術潤飾吏事，天子器之。

「明習文法，以經術潤飾吏事」一語，將經術與律令之用，表露無遺。知律
令而不知經術，則為刀筆俗吏；知經術而不知律令，則為不通世務的俗儒。
兩者皆為漢人所不取❷。

自董仲舒以後，馬融、鄭玄等大儒有律令章句之作。《晉書》〈刑法志〉說：

「盜律」有賊傷之例，「賊律」有盜章之文，「興律」有上獄之法，「廄
律」有逮捕之事。若此之比，錯糅無常。後人生意，各為章句。叔孫
宣、郭令卿、馬融、鄭玄諸儒章句十有餘家，家數十萬言。凡斷罪所
當由用者，合二萬六千二百七十二條，七百七十三萬二千二百餘言，
言數益繁，覽者益難。

除了〈刑法志〉提到的叔孫宣、郭令卿、馬融、鄭玄，漢儒作律章句可考的
還有應劭。《後漢書》卷四十八〈應劭傳〉說應劭「撰具《律本章句》」。章句
在於顯明家法，對抗異說❷。有家法章句則有傳習，是馬融、鄭玄諸儒於傳
經之餘或亦傳律令矣。前引鍾皓以詩、律教授，門徒千餘人；鄭玄注《周
禮》、《禮記》每引漢律以明經義❷，皆可為漢儒兼授經、律之證。

❷　漢人斥俗吏但知刀筆律令，不識大體，始於賈誼。其後同調者甚多，參《漢書》卷
四十八〈賈誼傳〉；卷五十〈汲黯傳〉；卷七十二〈王吉傳〉；《論衡》卷十二〈程
材〉、〈量知〉、〈謝短〉諸篇。斥純任德教為不達時宜之俗儒，見本文前引宣帝語，
出《漢書》〈宣帝紀〉。又王粲，〈儒吏論〉以「吏服雅訓，儒通文法，故能寬猛相
濟，剛柔自克也」（《全後漢文》卷九十一，頁 40）為理想，此亦漢儒之理想也。

❷　錢穆，〈兩漢博士家法考〉，見《兩漢經學今古文平議》，頁 201～214。

❷　薛允升，《漢律輯存》輯鄭玄以律解經者，《禮記》注一例，《周禮》注四十一例，見

有兼授則有兼習者。兩漢兼習經、律者，不可勝數，略舉若干如下：

1. 公孫弘「少時為獄吏……年四十餘，乃學《春秋》雜說」，「習文法吏事，緣飾以儒術，上說之，一歲中至左內史」。(《漢書》卷五十八，本傳)

2. 何敞「六世祖比干學《尚書》於鼂錯，武帝時為廷尉正，與張湯同時」。(《後漢書》卷四十三〈何敞傳〉)
   李賢注引《何氏家傳》：「六世祖父比干字少卿，經明行修，兼通法律」。

3. 丙吉「治律令，為魯獄史」，「吉本起獄法小吏，後學《詩》、《禮》，皆通大義」。(《漢書》卷七十四，本傳)

4. 于定國「少學法于父……超為廷尉。定國乃迎師學《春秋》，身執經，北面備弟子禮，為人謙恭，尤重經術士」。(《漢書》卷七十一，本傳)

5. 黃霸「少學律令，喜為吏」，「繫獄當死，霸因從（夏侯）勝受《尚書》獄中，再踰冬，積三歲乃出」。(《漢書》卷八十九〈循吏傳〉)

6. 谷永薦薛宣曰：「其法律任廷尉有餘，經術文雅，足以謀王體，斷國論」。(《漢書》卷八十三〈薛宣傳〉)

7. 翟方進「失父孤學，給事太守府為小史……西至京師受經……受《春秋》，積十餘年，經學明習」，「方進知能有餘，兼通文法吏事，以儒雅緣飾法律，號為通明相」。(《漢書》卷八十四，本傳)

8. 路溫舒「求為獄小吏，因學律令」，「又受《春秋》，通大義」。(《漢書》卷五十一，本傳)

9. 張敞「其治京兆，略循趙廣漢之迹，方略耳目，發伏禁姦，不如廣漢。然敞本治《春秋》，以經術自輔。其政頗雜儒雅，往往表賢顯善，不醇用誅罰」。(《漢書》卷七十六，本傳)

是書頁 64～84。

10.鄭弘「泰山剛人也。兄昌字次卿，亦好學，皆明經，通法律政事」。
（《漢書》卷六十六〈鄭弘傳〉）

11.孔光「經學尤明，年未二十，舉為議郎」，「光以高第為尚書，觀故
事品式，數歲明習漢制及法令。上甚信任之，轉為僕射，尚書令」。
（《漢書》卷八十一，本傳）

12.侯霸「從鍾寧君受律為淮平大尹，政理有能名」。（《東觀漢記》卷十
三）「師事九江太守房元，治《穀梁春秋》，為元都講」。（《後漢書》卷
二十六，本傳）

13.張浩「治律、《春秋》，游學京師」。（《三國志》卷四十五〈張翼傳〉裴注
引《益部耆舊傳》）

14.王渙「敦儒學，習《尚書》，讀律令，略舉大義」。（《後漢書》卷七十
六〈循吏傳〉）

15.黃昌「會稽餘姚人也……居近學官，數見諸生修庠序之禮，因好之，
遂就經學，又曉習文法」。（《後漢書》卷七十七〈酷吏傳〉）

16.陳球「少涉儒學，善律令」。（《後漢書》卷五十六，本傳）

17.陳寵「雖傳法律，而兼通經書，奏議溫粹，號為任職相」。（《後漢書》
卷四十六，本傳）

18.郭禧「少明習家業，兼好儒學」。（《後漢書》卷四十六〈郭躬傳〉）

19.馮緄「習父業，治《春秋》嚴、韓，《詩》倉氏，兼律大杜」。（〈車
騎將軍馮緄碑〉）

20.董昆「少遊學，師事潁川荀季卿，受《春秋》，治律令，明達法理，
又才能撥煩。縣長潘松署功曹史。刺史盧孟行部，垂念冤結。松以
孟明察於法令，轉署昆為獄史。孟到，昆斷正刑法，甚得其平。孟
問昆：『本學律令？所師為誰？』昆對：『事荀季卿』。孟曰：『史與
刺史同師』。孟又問昆：『從何職為獄史？』松具以實對。孟歎曰：
『刺史學律，猶不及昆』，召之署文學」。（《太平御覽》卷六三八引《會
稽典錄》）

以上第20.例，董昆與盧孟同事荀季卿為師。荀季卿兼授律令與《春秋》，董、盧亦兼習之，可為漢儒經、律兼授兼習的最佳例證。盧孟因董昆明律，召署文學，似乎意味漢代文學一職非必明經者任之❹。又《續漢書》卷二，北海靜王興遷弘農太守，「分遣文學循行屬縣，理冤獄。」以文學理冤獄，是文學亦通律令。文學與律令有關，其淵源甚早。據《史記》〈蒙恬列傳〉：「蒙恬嘗為秦書獄典文學。」《索隱》謂：「恬嘗學獄法，遂作獄官，典文學。」瀧川龜太郎《考證》引中井積德曰：「謂作獄辭文書。」中井之說蓋得之。又律令是為吏的基本知識，僅為地方小吏，知律令即足。如欲更上層樓，出入中央，則更須經術文雅。桓譚《新論》謂：

> 賢有五品，謹敕于家事，順悌于倫黨，鄉里之士也；作健曉惠，文史無害，縣廷之士也；信誠（官本作誠）篤行廉平，公（當有脫）理下務上者，州郡之士也；通經術，名行高，能達于從政，寬和有固守者，公輔之士也；才高卓絕，疎殊（官本作倲崝）于眾，多籌大略，能圖世建功者，天下之士也❺。

從他分的五品可見任官除了品德，郡縣以下地方之吏所求在「文史無害」，而任職中央的公輔或天下之士則更要「通經術」。以上公孫弘、丙吉、于定國、黃霸、翟方進、路溫舒皆先習律令為吏，而後學經。習經、律之次第於此可見。然亦有先經學而後律令者，如孔光。《急就篇》謂：「宦學諷《詩》《孝經》《論》，《春秋》《尚書》律令文」❻。此處為配合韻腳，不足以見學經、

---

❹ 陳夢家在〈武威漢簡補述〉（《漢簡綴述》，頁286～290）中曾對漢代文學及文學弟子有所考述。他說：「漢代所謂『文學』，乃指經學而言。它同時又是一種資歷和學官的稱謂。」（頁286）文學乃指經學一語，不完全正確。例如，文帝時，鼂錯習申商刑名，「以文學為太常掌故」（《史記》〈鼂錯傳〉），此文學絕非經學。又武帝好文學，所好實指賦頌辭章，亦非經學。

❺ 《全後漢文》卷十三，頁5上。

律之次第。然用以證宦學須經、律兼習，則甚顯然。第15.黃昌例亦有可言之者。黃昌居近學官，「遂就經學，又曉習文法」，是黃昌於學官兼受經學與文法歟？兩漢郡國學官有經師，但不見有授律令之例㉑㋆。如果前考漢儒兼授經、律可信，則學官經師或亦可能如此。此事無確證，姑言之，以待考。

總結而言，由於律令與經義是漢代政治運作的兩大依據，張敏謂：「法聖人，從經、律」 ㉑㋇，孔光「據經、法」對上所問㉑㋈，王惲等二十五人議定陶傅太后尊號，「守經、法，不阿指從邪」 ㉒㋀，律令學與經學遂同盛於兩漢。學律令主要是以吏為師。以律令為家學者，幾全在朝為官。其門徒數百或上千，實亦以吏為師也。律令家學，說各有異，竟產生出十餘家，數百萬言的律令章句。這又是兩漢經師，因兼治經、律，以治經之法治律的結果。可惜各家律說不傳，程樹德所輯亦不過八條㉒㋁。否則，統一的律令如何能允許十餘家不同的章句解釋，倒是值得進一步追究。

四、律令學的沒落與曹魏以降律博士的出現

律博士初置，是在漢獻帝建安二十一年 （西元 216 年），曹操稱魏王以後。《宋書》〈百官志〉謂：「廷尉律博士，一人；魏武初建，魏國置。」據此，律博士原置於魏國。漢末，權在曹氏。律博士雖初現於漢末，實際上可以說是曹魏的制度。魏明帝立，因衛覬的建議，王國制下的律博士，又一變而為隸屬中央廷尉的職官。自曹魏初創，後代相沿。晉、宋、齊、梁、陳、

㉑㋅　王應麟校，《急就篇》第二十五、二十六章，頁 8 下。

㉑㋆　參嚴耕望，《中國地方行政制度史》上編，頁 252～256。

㉑㋇　《後漢書》卷四十四〈張敏傳〉。

㉑㋈　《漢書》卷八十一〈孔光傳〉。

㉒㋀　《漢書》卷十二〈平帝紀〉。

㉒㋁　見程樹德，《九朝律考》卷八，頁 18。

北魏、北齊、隋、唐和宋代，都曾設置律博士㉒。律博士為何至曹魏而出現？其意義何在？此事不但關係一代政治，亦足以覘時代學風的轉變。魏國的律博士如何，沒有進一步的資料。我們可從衛覬的奏議說起。

《三國志》卷二十一〈衛覬傳〉云：

> 明帝即位，（覬）進封閿鄉侯，三百戶。覬奏曰：「九章之律，自古所傳，斷定刑罪，其意微妙。百里長史，皆宜知律。刑法者，國家之所貴重，而私議之所輕賤；獄吏者，百姓之所縣命，而選用者之所卑下。王政之弊，未必不由此也。請置律博士，轉相教授。」事遂施行。

《晉書》〈刑法志〉也提到衛覬的奏議，內容相同而更簡略。《三國志》所述遂為魏立律博士最重要的資料。這一段資料已透露出律博士設立的背景。第一，律令長久以來是治民的依據，治民之吏不能不通律，所謂「百里長吏，皆宜知律」。衛覬提出這一點，是不是意味當時的官吏已不明律令？第二，他說：「刑法者，國家所重，而為私議所輕」。本文前論以為漢儒兼重經、律，是風氣至曹魏而有變乎？第三，他說百姓懸命於獄吏，獄吏卻為選用者之所卑下。兩漢吏治，首重治獄，所謂「秦有十失，其一尚存，治獄之吏是也」㉓。漢代治獄吏擢登公卿者甚眾，是人材選用亦至曹魏而變乎？要了解律博士設立的背景，對這些問題都有必要作進一步的討論。

首先，世事之變，每在積漸，不在一時。曹魏建立（西元220年）到明帝即位（西元227年），不過短短七載。衛覬所說的情形絕非到曹魏以後才出現。曹丕父子明察好法，固可解釋「刑法者，國家之所貴重」，然兩漢天子亦重法，非曹氏獨然。選用卑下獄吏，私議輕賤刑法，其端倪實已見於東漢，歷兩百年而卒成其變。

㉒　徐道鄰，〈中國唐宋時代的法律教育〉，頁30～32。

㉓　《漢書》卷五十一〈路溫舒傳〉。

　　前文所說兩漢重律，選材用人每因明曉律令，是就其大勢而言，也是以與後世比較而說。若細繹之，則東京以後，漸有變化。東漢以後，經、律漸分，經學本身雖漸漸僵化貧乏，仍為士人所標榜，律學卻漸為士人所輕。這種變化是逐漸的，痕迹也不明顯。東漢末葉雖然仍有鄭玄、應劭兼治經、律，但這似乎已不是主流。東漢政治勢力的主流是一群標榜經學，重身分而以實務為次的豪門世族。他們憑藉門第身分，託名經學，假言德性，漸不屑於實務。《後漢書》〈陳寵傳〉說陳寵於建武時辟司徒府，「是時三府掾屬專尚交遊，以不肯視事為高。寵常非之，獨勤心物務」。尚交遊，不肯視事的風氣和章帝時韋彪所說選士不以才行，「純以閥閱」❷❷❹，以及和帝時，王符所說俗士之論，「以族舉德，以位命賢」❷❷❺的風氣是相為表裡的。晉初傅玄批評漢、魏「百官子弟不修經藝而務交游，未知蒞事而坐享天祿」❷❷❻。他批評「漢魏」的「漢」，實指東漢而言。東漢貴游子弟未知蒞事而坐享天祿，一般以律令實務見長的吏反而沉淪下僚。這可從東漢孝廉的出身見之。孝廉是東漢士人由吏而官的要途。但是東漢可考的孝廉自地方長吏超拔的，只有和帝至順帝時，稍過一半，其餘絕大部分時期，都不及三分之一❷❷❼。官職既由世族盤據，官、吏遂分途，經、律亦兩判。世族不尚律令實務，律令之學遂衰。當然律令學衰微的原因是很複雜的，例如東漢律令日趨龐雜，足以造成學習的阻礙等等，但是律令實務漸失世族的支持，似為其中主要的原因。律令學衰，龐雜的律令不能不有人整理，不得不有人專司教授，以培養治民不可少的明法之吏，於是有律博士的設立。

　　東漢經、律漸分和重經卑律風氣變化的痕跡十分隱微。大致而言，光武、明帝之世，似尚重律令。活在光武、明、章之世的王充曾感慨儒生的際遇不

---

❷❷❹　《後漢書》卷二十六〈韋彪傳〉。

❷❷❺　《潛夫論》卷一〈論榮〉第四，頁 10 下。

❷❷❻　《晉書》卷四十七〈傅玄傳〉。

❷❷❼　參拙著，〈東漢孝廉的身分背景〉，《第二屆中國社會經濟史研討會論文集》，頁 19，表二，「屬吏出身孝廉比例表」。

如文吏。他說：「儒者寂於空室，文吏譁於朝堂」❷❷❸。又說：

> 論者以儒生不曉簿書，置之於下第。法令比例，吏斷決也。文吏治事
> 必問法家。縣官事務，莫大法令。必以吏職程高，是則法令之家宜最
> 為上。或曰：「固然。法令，漢家之經，吏議決焉。事定於法，誠為明
> 矣」。曰：「夫五經亦漢家之所立。儒生善政大義，皆出其中。董仲舒
> 表《春秋》之義，稽合於律，無乖異者。然則，《春秋》漢之經，孔子
> 制作，垂遺於漢。」論者徒尊法家，不高《春秋》，是闇蔽也❷❷❾。

約略和王充同時的韋彪也有類似的觀感。《後漢書》卷二十六〈韋彪傳〉說：

> 彪以世承二帝吏化之後，多以苛刻為能，又置官選職，不必以才……
> 上疏諫曰：「……天下樞要，在於尚書，尚書之選，豈可不重？而間者
> 多從郎官超升此位，雖曉習文法，長於應對，然察察小慧，類無大
> 能」。

風氣的轉變大約在東漢中期。和帝時，樊準上言：

> 臣愚以為宜下明詔，博求幽隱，發揚巖穴，寵進儒雅，有如（趙）孝、
> （承）宮者，徵詣公車，以俟聖上講習之期。公卿各舉明經及舊儒子
> 孫，進其爵位，使續其業。復召郡國書佐，使讀律令。如此，則延頸
> 者日有所見，傾耳者月有所聞，伏願陛下推述先帝進業之道❷❸⓿。

他顯然認為郡國書佐小吏應習律令，而舊儒子孫則守經學。所謂舊儒子孫即

---

❷❷❸　《論衡》卷十二〈程材〉，頁 3 下。

❷❷❾　同上，頁 5 下。

❷❸⓿　《後漢書》卷三十二〈樊準傳〉。

世族子弟。換言之，他不再認為儒經與律令為官吏一體同守，而是各有所習。順帝時，左雄言孝廉選舉，主張「諸生試家法，文吏課牋奏」[231]。至此，經學與律令分別已更為清楚。因儒生與文吏所習不同，課試遂亦有別。漢末，世家大族更明白卑視律令。靈帝時，拜楊賜為尚書令，數日出為廷尉。賜自以「代非法家」，固辭，言曰：「三后成功，惟殷于民，皋陶不與焉，蓋吝之也（注：吝，恥也）」[232]。弘農楊氏世傳經學，恥為廷尉，於此可見世族對律令實務的態度。不唯此也，皇帝本人竟也以儒法雜揉為非。靈帝中平五年九月己未詔：

> 頃選舉失所，多非其人，儒法雜揉，學道浸微。處士荀爽、陳紀、鄭玄、韓融、李楷耽道樂古，志行高潔，清貧隱約，為眾所歸，其以爽等各補博士[233]。

兩漢治道本在兼雜王、霸。靈帝竟斥責選舉儒法雜揉。漢末風氣的轉變，此又一徵驗。可是漢末經學空洞而不務實，也曾激起不少學者的反動。例如崔寔、仲長統、應劭等人有鑑於經學空言，無補亂世，主張改以嚴刑重罰。崔寔說：「刑罰者，治亂之藥石也；德教者，興平之粱肉也」[234]。仲長統則明言「定五刑以救死亡」[235]。曹操與曹丕父子尚法務實，多多少少是承續這一派的反動而來。但是經學世族卑視律令刑名終是不可挽回的大勢。和衛覬同時代的王粲曾作〈儒吏論〉，反映這種大勢甚為清楚：

> 古者，八歲入小學，學六甲、五方、書計之事。十五入大學，學君臣

---

[231]　《後漢書》卷六十一〈左雄傳〉。

[232]　《後漢書》卷五十四〈楊賜傳〉。

[233]　《後漢紀》卷二十五。

[234]　《後漢書》卷五十二〈崔寔傳〉。

[235]　《後漢書》卷四十九〈仲長統傳〉。

朝廷王事之紀。則文法典藝，具存于此矣。至乎末世，則不然矣。執法之吏，不闚先王之典；搢紳之儒，不通律令之要……先王見其如此也，是以博陳其教，輔和民性，達其所壅，祛其所蔽，吏服雅訓，儒通文法。故能寬猛相濟，剛柔自克也(236)。

王粲所說的末世，其實就是漢末。所謂「執法之吏，不闚先王之典；搢紳之儒，不通律令之要」，乃是兩漢以來「吏服雅訓，儒通文法」傳統的最大轉變。

「吏服雅訓，儒通文法」是漢代官吏品質的一大特色。可是這並不始於漢初。漢初君臣，承秦遺風，唯知刀筆，無所謂雅訓可言。賈誼說「俗吏之所務，在於刀筆筐篋，而不知大體。陛下又不自憂，竊為陛下惜之」(237)。「陛下又不自憂」一句點破漢初君主所知，與俗吏無異。唯自武帝尚儒，以儒術緣飾法律，以古義附會律令，史謂「(張)湯由是鄉學」(238)，此吏服雅訓之始也。此後，君臣議政，多引經據律，治獄亦輒衡以《春秋》，遂促成漢代兼習經、律的風氣。這種風氣經數百年而後變。順帝時，儒生與文吏課試已不相同。魏文帝黃初三年詔：「其令郡國所選，勿拘老幼，儒通經術，吏達文法，到皆試用」(239)。課試不同反映兼習的風氣發生變化。這個變化到曹魏時完全明朗，因而王粲對「吏服雅訓，儒通文法」的傳統竟只能心嚮往之了。

曹魏設立律博士的意義不同於漢武帝置五經博士。五經博士的設置象徵儒學的興起，而律博士的設立則在挽救律令學的沒落，是律令學衰微的標示。曹魏以降，雖仍有言法之士，律令家學亦見記載(240)，然而律令刀筆毫無疑問逐漸淪為寒門所職，已非高門貴族所屑為。晉葛洪曾指出：「今在職之人，官無大小，悉不知法令……作官長不知法，為下吏所欺而不知」；「或有不開律

(236) 《全後漢文》卷九十一，頁4上。

(237) 《漢書》卷四十八〈賈誼傳〉。

(238) 《漢書》卷五十八〈兒寬傳〉。

(239) 《三國志》卷二〈文帝紀〉。

(240) 程樹德，《九朝律考》卷九，頁37～38；卷十一，頁26。

令之篇卷而竊大理之位」❷。他所說不知法令的官長大約都是因父兄得任的貴游子弟，而知法者多出身寒素。東晉初，熊遠上疏便說：「今朝廷法吏多出於寒賤。」❷在魏晉以後一個日益貴族化的社會裡，律令學得不到貴族的支持，便只有沒落一途。南齊崔祖思曾感慨地說：

> 漢來治律有家，子孫並世其業，聚徒講授至數百人。故張、于二氏，絜譽文、宣之世；陳、郭兩族，流稱武、明之朝。決獄無冤，慶昌枝裔，槐袞相襲，蟬紫傳輝。今廷尉律生，乃令史門戶，族非咸、弘，庭缺于訓。刑之不措，抑此之由。如詳擇篤厚之士，使習律令，試簡有徵，擢為廷尉僚屬，苟官世其家，而不美其績，鮮矣❷。

南齊孔稚珪也指出「尋古之名流，多有法學」，「今之士子，莫肯為業。縱有習者，世議所輕」。他建議「國學置律助教，依五經例，國子生有欲讀者，策試上過高第，即便擢用，使處法職，以勸士流」❷。從魏、晉至隋代，律博士始終是廷尉（晉、宋、齊、梁、陳、北魏）或大理寺（北齊、隋）的屬官，不得預國學學官之列。孔稚珪亦僅建議於國學置律助教，而非律博士，然「事竟不施行」。北朝情形稍異。北朝世族保守兩漢舊風較多。他們在胡人政權下，不能不以實學討生活。例如崔浩即「留心於制度科律及經術之言」❷，神䴥中參與改定律令❷。律令家學亦不絕如縷，其中足以稱述者，則唯北齊

---

❷　《抱朴子外篇》卷十五〈審舉〉；卷三十四〈吳失〉。又參，趙翼，《廿二史劄記》卷八，南朝多以寒人掌機要條，頁 171～172；王利器，《顏氏家訓集解》卷三〈勉學〉第八。

❷　《晉書》卷七十一〈熊遠傳〉。

❷　《南齊書》卷二十八〈崔祖思傳〉。

❷　《南齊書》卷四十八〈孔稚珪傳〉。

❷　《魏書》卷卅五〈崔浩傳〉。

❷　《魏書》卷四上〈世祖紀〉。又參王伊同，〈魏書崔浩傳箋註〉，頁 698。

封氏。渤海封氏歷世明法，可考者有封隆之、封繪、封述❷。他們參與律令修訂。南北朝律，以北齊律最優，此與律令家學一息尚存不無關係❷。封氏之後，即不見再有以律令名家者。律令家學既衰，雖有律博士之置，但律生出於寒門，高族不屑於刀筆，漢代律令學的盛況遂一去而不復返。

五、結　語

從先秦到秦漢，中國出現了一個龐大的中央集權的官僚組織。這個組織相沿兩千年，其影響中國社會的深遠廣大，論者已多；它如何組成，如何演變，也不乏論述。但是它到底依循什麼而運作？組織中的官吏憑藉什麼處理例行的事務？這一類問題似乎還值得討論。據前文所述，從春秋戰國以來，隨著集權官僚組織逐漸形成，就已經有一套龐雜的「法」。法的來源是君主，所謂法出於君。君王的法令經由層層分責的官僚，下達於編戶齊民。這構成戰國政制的特色。秦漢政制延續戰國的規模，依法而治的原則也相沿未改。依秦漢的習慣，這些號令法規可統稱為律令。依律令而治，則官吏須先明律令。

大致來說，秦漢官吏習律令，基本上是依循「以吏為師」的形式。根據《商君書》和雲夢秦簡看來，秦代有專主法令傳授的官吏，也有專供吏的子弟學習的學室。這些學習者在當時或稱為弟子。弟子享有某些除復徭役的特權，也有免於被過度役使的保障。他們學習有一定的進程和教本。習不中程會受處罰。所學大約以政府的法令規程為主。以雲夢秦墓的主人為例，他不過是地方治獄的小吏，墓中出現的律目最少就有三十多種。這些他熟知習用的法律，內容相當廣泛。不過，大部分和處罰或治獄的事有關係。秦、漢吏治重在治獄，雲夢秦簡可以說作了最適切的證明。

---

❷　《北齊書》卷二十一〈封隆之傳〉；卷四十三〈封述傳〉。

❷　陳寅恪，《隋唐制度淵源略論稿》，見《陳寅恪先生論集》，頁 67～76。

　　漢代的官吏像秦代的一樣，大部分是所謂奉律令以從事的刀筆吏。雖然漢初以來，君臣上下或崇黃、老，或尚儒術，他們幾無不承認律令刑法是治民的必要工具。漢代政府選才用人，在大部分情況下，也都以通曉律令為重要甚至必要的條件。因此，習律為吏在漢代應該是很普遍的情形。一般人從閭里書師或其他途徑學書識字以後，即可試為小吏。在《蒼頡》、《急就》等識字的教本中已包括有初步的律令知識。但這是不夠的。小吏大概一邊任事，一邊還要見習。見習所學最重要的就是法令規章。漢代基層的刀筆吏多半是這樣訓練出來的。秦、漢人學法令雖然都是以吏為師，但有一點不同：漢代似乎沒有設置專授律令的官吏，最少我們找不到這樣的證據。

　　漢與秦制另一不同是漢代不禁私學，欲習律令，可從私人，非必以吏為師。漢初傳習申、商刑名的多為私人。他們傳習雖名為申、商，實則多與治獄律令有關。這從鼂錯等人所習所為即可窺見。西漢中晚期以後，由於法令日益龐雜，解釋比附不一，私人傳習不同，竟然造成章句家學。律令章句初或有三家，可考者唯武帝時的大、小杜律；東漢時演為十餘家，家各章句數十萬言。這種情形絕不是秦代禁私學的情況下所能有。漢代律令形成章句家學的另一個原因是武帝以後，士人兼習經、律；經師以治經之法以治律。經有章句，治律遂亦如法泡製。

　　漢儒兼習經、律實為漢代學風有異於秦，亦不同於後代的一大特色。秦人唯知律令，不習經；後世儒者一般而言則只守經而不習律。董仲舒通經明律，開一代學風之典型；馬融、鄭玄承其後，各有律令章句之作。造成這種學風的關鍵似在漢儒重經而不輕律以及漢代學術與政治的緊密結合。漢代政治依經據律，學而優則仕的儒生就得兼明二者。不過，律令畢竟是基本。漢吏功令但問是否「頗知律令」，不察是否通明經術。只有在仕途上想要更上層樓，經學知識才是不可少的。因此，漢代公卿每多習律在先，明經於後者。當然也有經生先通經而後習律。何種情況較多，已不易細究。總之，從秦以來，習律令已成風氣；漢初以後，私家傳授又甚普遍。漢代或竟因而不覺有設專人傳授律令的必要。此外，漢人雖然兼重經、律，但是根據漢儒的政治

哲學，儒經代表德治，為主；律令代表刑法，為輔。五經為主，可立博士；律令不過為輔，豈可與為主之五經等列？漢儒德主刑輔的思想頗減少了律令博士在漢代出現的可能。曹魏以後則不然。曹丕父子出身「法家寒族」，他們非德尚法，不同於「儒家大族」❷⁴⁹。從漢末至曹魏時代的士人，也感於流於空洞虛偽的儒家德教，不足以應付混亂的世局。德主刑輔的思想不再那麼有說服力，律令之學遂可由婢女而為夫人。

　　然而曹魏律博士的出現似更植根於兩漢以來「吏服雅訓，儒通文法」傳統的轉變。漢代士人自武帝以後兼習經、律，不但明聖人之言，也通刀筆實務，〈循吏傳〉中人物多為典型。東漢以降，豪門世族勢力膨脹，政治貴族化，仕宦漸重身分而輕實務。實務所寄之律令，高門世族不屑一為。經與律學遂漸分，儒生與文吏亦成兩橛。這種分化的發展，甚為緩慢，痕跡亦甚細微。抱經傳律的世族雖綿延至南北朝而不斷，但律令確實逐漸淪為寒門的技藝。作為政治勢力主流的世家大族既不屑於刀筆，律令學只有沒落一途。曹魏以降律博士的設立，不過是律令學在沒落中的掙扎罷了。

附記：本稿曾蒙陳槃庵先生，嚴歸田先生以及同儕好友杜正勝、陳鴻森、張榮芳、黃　　　進興、劉增貴、劉淑芬諸君熱心指正，謹此誌謝。又本文寫作期間曾獲國家科　　　學發展委員會獎助，一併誌謝。

（原載於中央研究院《歷史語言研究所集刊》第五十四本第四分，民國 72 年）

引用書目

1. 司馬遷，《史記》（宏業書局《史記會注考證》）

2. 班固，《漢書》（藝文印書館《補注》本）

3. 范曄，《後漢書》（藝文印書館《集解》本）

---

❷⁴⁹　此處借用陳寅恪先生語。見氏著，〈崔浩與寇謙之〉，《陳寅恪先生論文集》，頁 587～589。

4.陳壽，《三國志》（藝文印書館《集解》本）

5.袁宏，《後漢紀》（商務印書館《四部叢刊初編》）

6.《東觀漢記》（中文出版社）

7.《漢官六種》（中華書局，《四部備要》本）

8.《國語》（里仁書局，校注本）

9.《春秋左傳正義》（大化書局《十三經注疏》本）

10.《禮記正義》（大化書局《十三經注疏》本）

11.《尚書正義》（大化書局《十三經注疏》本）

12.《周禮注疏》（大化書局《十三經注疏》本）

13.竹添光鴻，《左傳會箋》（廣文書局）

14.安井衡，《左傳輯釋》（廣文書局）

15.屈萬里，《尚書釋義》（中華文化出版事業委員會，民國 57 年）

16.朱熹，《四書集註》（世界書局）

17.《逸周書》（重編本《皇清經解》，朱右曾《集訓校釋》）

18.《韓非子》（世界書局，王先慎集解）

19.《呂氏春秋》（中華書局《四部備要》本）

20.《商君書》（中華書局，高亨注譯）

21.《管子》（東豐書店，郭沫若、聞一多、許維遹集校）

22.《管子》（商務印書館《國學基本叢書》）

23.《荀子》（新興書局，謝墉集解）

24.《淮南子》（世界書局，高誘注本）

25.賈誼，《新書》（商務印書館《四部叢刊》本）

26.董仲舒，《春秋繁露》（河洛圖書出版社，蘇輿義證）

27.韓嬰，《韓詩外傳》（商務印書館《四部叢刊》本）

28.戴德，《大戴禮記》（《武英殿聚珍版》）

29.桓寬，《鹽鐵論》（世界書局，王利器校注）

30.應劭，《風俗通義》（明文書局，王利器校注）

31.劉向，《新序》（商務印書館《四部叢刊》本）

32.王充，《論衡》（商務印書館《四部叢刊》本）

33.王符，《潛夫論》（商務印書館《四部叢刊》本）

34.揚雄，《法言》（世界書局，汪榮寶義疏）

35.蔡邕，《獨斷》（《抱經堂》校定本）

36.班固，《白虎通德論》（商務印書館《四部叢刊》本）

37.顏之推，《顏氏家訓》（明文書局，王利器集解）

38.葛洪，《抱朴子》（世界書局，孫星衍校本）

39.《竹書紀年》（華世出版社，方詩銘、王修齡《古本竹書紀年輯證》）

40.許慎，《說文解字》（藝文印書館，段玉裁注）

41.《急就篇》（《玉海》附刻本，王應麟校）

42.魏收，《魏書》（鼎文書局，新校標點本）

43.房玄齡，《晉書》（鼎文書局，新校標點本）

44.蕭子顯，《南齊書》（鼎文書局，新校標點本）

45.李百藥，《北齊書》（鼎文書局，新校標點本）

46.洪适，《隸釋》（藝文印書館《石刻史料叢書甲編》）

47.嚴可均，《全後漢文》（中文出版社《全上古三代秦漢三國六朝文》）

48.長孫無忌，《唐律疏義》（商務印書館《國學基本叢書》）

49.《太平御覽》（商務印書館《四部叢刊三編》）

50.趙翼，《廿二史劄記》（華世出版社）

51.王鳴盛，《十七史商榷》（藝文印書館《百部叢書》本）

52.章學誠，《文史通義》（華世出版社）

53.薛允升，《漢律輯存》（鼎文書局《中國法制史料》第二輯第一冊）

54.沈寄簃，《漢律摭遺》（鼎文書局《中國法制史料》第二輯第一冊）

55.侯康，《補後漢書藝文志》（開明書店《廿五史補編》）

56.顧櫰三，《補後漢書藝文志》（開明書店《廿五史補編》）

57.程樹德，《九朝律考》（商務印書館，民國 16 年）

58. 錢穆，《先秦諸子繫年》（香港大學出版社，1956 增訂初版）

59. 錢穆，《兩漢經學今古文平議》（民國 60 年自印本）

60. 嚴耕望，《中國地方行政制度史》上編（《中央研究院歷史語言研究所集刊》之四十五，民國 63 年）

61. 嚴耕望，〈秦漢郎吏制度考〉《歷史語言研究所集刊》，第二十三本上冊，民國 40 年，頁 89～143。

62. 勞榦，《居延漢簡考釋之部》（《中央研究院歷史語言研究所集刊》之四十，民國 49 年）

63. 勞榦，〈史記項羽本紀中學書和學劍的解釋〉《歷史語言研究所集刊》，第三十本下冊，民國 48 年，頁 499～510。

64. 王伊同，〈魏書崔浩傳箋註〉《歷史語言研究所集刊》，第四十五本四分，民國 63 年，頁 681～727。

65. 陳槃庵，〈古讖緯書錄解題〉《歷史語言研究所集刊》，第二十二本，民國 39 年，頁 85～120。

66. 陳槃庵，〈春秋時代的教育〉《歷史語言研究所集刊》，第四十五本四分，民國 63 年，頁 731～812。

67. 陳槃庵，〈於歷史與民俗之間看所謂「瘞錢」與「地券」〉《中央研究院國際漢學會議論文集——歷史考古組》，中冊，民國 70 年，頁 855～905。

68. 陳槃庵，《漢晉遺簡識小七種》（《中央研究院歷史語言研究所集刊》之六十三，民國 64 年）

69. 陳寅恪，《隋唐制度淵源略論稿》（《中央研究院歷史語言研究所特刊》之三，《陳寅恪先生論集》，民國 60 年），又《陳寅恪先生論文集》（三人行出版社，民國 63 年）

70. 徐道鄰，〈中國唐宋時代的法律教育〉《東方雜誌》，復刊六卷四期，民國 61 年，頁 29～32。

71. 陳夢家，《卜辭綜述》（翻印本）

72. 陳直，《史記新證》（河洛圖書出版社，民國 69 年影印本）

73. 陳直，《漢書新證》（天津人民出版社，1979）

74. 余英時，〈反智論與中國政治傳統〉《歷史與思想》（聯經出版，民國 66 年）

75. 邢義田，〈雲夢秦簡簡介——附：對〈為吏之道〉及墓主喜職務性質的臆測〉《食貨》，九卷四期，民國 68 年，頁 33～39。

76. 邢義田，〈東漢孝廉的身分背景〉《第二屆中國社會經濟史研討會論文集》，民國 72 年，頁 1～56。

77. Kwang-chih Chang, *Shang Civilization* (Yale U. P., 1980)

78. H. G. Creel, "The Fa-Chia: Legalists or Administrators"，《慶祝董作賓先生六十五歲論文集》，下冊，民國 50 年，頁 607～636。

79. Kung-chuan Hsiao, "Legalism and Autocracy in Traditional China"，《清華學報》，四卷二期，民國 53 年，頁 108～122。

80. 睡虎地秦墓竹簡整理小組，《睡虎地秦墓竹簡》（文物出版社，1978）

81. 中國科學院考古研究所甘肅省博物館編，《武威漢簡》（文物出版社，1964）

82. 甘肅居延考古隊，〈居延漢代遺址的發掘和新出土的簡冊文物〉《文物》，第一期，1978，頁 1～11。

83. 初師賓，〈居延簡冊「甘露二年丞相御史律令」考述〉《考古》，第二期，1980，頁 179～184。

84. 寶雞市博物館，〈寶雞市鏟車廠漢墓——兼談 M1 出土的行楷體朱書陶瓶〉《文物》，第三期，1981，頁 46～52。

85. 王光永，〈寶雞市漢墓發現光和與永元年間朱書陶器〉《文物》，第三期，1981，頁 53～55。

86. 吳榮曾，〈鎮墓文中所見到的東漢道巫關係〉《文物》，第三期，1981，頁 56～63。

87. 河南省博物館，〈靈寶張灣漢墓〉《文物》，第十一期，1975，頁 75～93。

88. 馬王堆漢墓帛書整理小組，〈長沙馬王堆漢墓出土《老子》乙本卷前古佚書釋文〉《文物》，第十期，1974，頁 30～42。

89. 甘肅居延考古隊簡冊整理小組，〈建武三年候粟君所責寇恩事釋文〉《文物》，第一期，1978，頁 30～31。

90. 于豪亮，〈雲夢秦簡所見職官述略〉《文史》，第八輯，1980，頁 5～25。

91. 胡平生、韓自強，〈《蒼頡篇》的初步研究〉《文物》，第二期，1983，頁 35～40。

92. 傅舉有，〈關于長沙馬王堆三號漢墓的墓主問題〉《考古》，第二期，1983，頁 165～

172。

93.凌襄，〈試論馬王堆漢墓帛書〈伊尹‧九主〉〉《文物》，第十一期，1974，頁 21～27。

94.高亨，《文史述林》（中華書局，1980）

95.富谷至，〈史書考〉《西北大學學報》，第一期，1983，頁 45～50。

96.阜陽漢簡整理組，〈阜陽漢簡蒼頡篇〉《文物》，第二期，1983，頁 24～34。

97.沈元，〈急就篇研究〉《歷史研究》，第三期，1962，頁 61～87。

98.陳夢家，《漢簡綴述》（中華書局，1980）

「秦胡」小議
——讀新出居延漢簡札記

「秦胡」一名見於《後漢書》、《三國志》注以及樊利家買地鉛券。歷來注家對這一名詞都沒有注解。近來因居延新出建武六年「甲渠言部吏毋作使屬國秦胡盧水士民者」等三簡（見附圖），引起學者對「秦胡」一詞意義的推測。目前提出看法的有初師賓、方詩銘兩家。因為兩家解說都有可商之處，因此嘗試另提一說，供作進一步討論的參考。以下先錄出有關資料。

1. 《後漢書》卷十六〈鄧訓傳〉：「訓因發湟中秦胡羌兵四千人，出塞掩擊迷唐於寫谷。」

2. 同上，卷六十五〈段熲傳〉：「（建寧）三年春，徵還京師，將秦胡步騎五萬餘人，及汗血千里馬，生口萬餘人。」

3. 同上，卷七十二〈董卓傳〉：「六年，徵卓為少府，不肯就。上書言：『所將湟中義從及秦胡兵皆詣臣曰：「牢直不畢，稟賜斷絕，妻子饑凍。」牽挽臣車，使不得行。羌胡敝腸狗態，臣不能禁止，輒將順安慰，增異復上。』」

4. 同上，卷七十四下〈袁紹傳〉：「（審）配獻書於（袁）譚曰：『……又乃圖獲鄴城，許賞賜秦胡，其財物婦女，豫有分數。』」

5. 《三國志》卷六〈袁紹傳〉裴注引《漢晉春秋》載審配獻書於譚曰：「……又乃圖獲鄴城，許賜秦胡，財物婦女，豫有分界。」

6. 《三國志》卷一〈武帝紀〉裴注引《魏書》：「賊將見公，悉于馬上拜，秦胡觀者前後重沓。」

7. 「樊利家買地鉛券」：「光和七年九月…平陰男子樊利家從洛陽男子

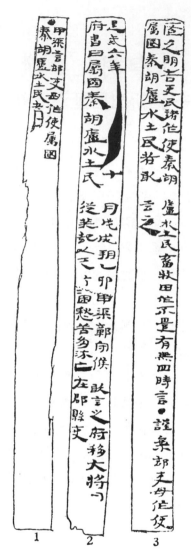

杜詡子子弟□買石梁亭部桓千……若一旦田為吏民秦胡所名有，詡
子自當解之……」（羅振玉，《貞松堂集古遺文》卷十五，頁 27 下～29 上）

8.居延新出簡三枚，今錄初師賓所作釋文❶如下：

---

❶ 初師賓在〈居延漢代遺址的發掘和新出土的簡冊文物〉和〈秦人、秦胡蠡測〉兩文
中所作釋文有出入之處。這裡是根據他在後者所作的新釋文。

甲渠言部吏毋作使屬國

秦胡盧水士民者 (EPF22:696)

建武六年七月戊戌朔乙卯甲渠鄣守候　敢言之府移大將軍莫

府書曰屬國秦胡盧水士民　從兵起以來□困愁苦多流亡在郡縣吏☒

(EPF22: 42 + 322)

匿之明告吏民諸作使秦胡　盧水士民畜牧田作不遣有無四時言謹案

部吏毋作使屬國秦胡盧水士民者敢　言之 (EPF22: 43)

　　最早討論秦胡問題的是初師賓氏。他在〈居延漢代遺址的發掘和新出土的簡冊文物〉❷一文中提到:「秦胡有可能是指秦時移居河西已經匈奴化的外族人。」❸他舉《漢書》〈匈奴傳〉顏師古對秦人的注解:「秦時有人入匈奴者,今其子孫尚號秦人」為證。他並認為「盧水士民應即史籍記載的盧水胡(見《後漢書》〈西羌傳〉等)」❹,其文刊出的第二年,方詩銘寫〈釋秦胡──讀新出居延漢簡甲渠言部吏毋作使屬國秦胡盧水士民書札記〉❺,對秦胡一詞提出不同的意見。方詩銘曾引用前面抄錄的資料以及其他有關「秦人」的記載,認為「秦指漢族人,胡指非漢族人」,「由于當時稱漢族人為秦人,稱國內的非漢族和外國為胡人,因而『秦胡』就成為一詞,普遍使用。」此外,方氏也以為盧水士民就是盧水胡❻。方說發表以後,初師賓又寫〈秦人、秦胡蠡測〉❼。他不贊成方說,也修改了自己早先的看法。新的推測是「秦胡或為久居漢地,業已漢化的胡族」❽,他在附注中說,這才是他真正的看

---

❷　見《文物》,第一期 (1978),頁 1～19。

❸　同上,頁 8。

❹　同上,頁 8。

❺　見《中國歷史博物館館刊》,第一期 (1979),頁 37～39。

❻　同上,頁 38。

❼　見《考古》,第三期 (1983),頁 260～263、281。

❽　同上,頁 260。

法，舊稿刊出時，未能及時更正而已。

　　換言之，目前關於秦胡有「漢化的胡族」以及「秦指漢族，胡指非漢族」兩解。這兩解何者為是？有無其他的可能？由於目前還缺少真正直接的證據，拙意以為要討論這個問題可從兩方面下手：第一、假設「秦胡」可能有的不同的解釋，採取削去法，得出最後可能的結論；第二、削去的標準在於與已知記載牴牾的多少，以及設想在漢代的環境下，漢代人可能從什麼樣的觀念去塑造這一個名詞。

　　要假設秦胡可能有的解釋，即不妨從已有的兩解開始。秦指漢族，胡指非漢族大概是最困難成立的一解。初師賓曾提出五點商榷，個人以為其中最強而有力的一點即漢人絕無以秦或秦人自稱的。初氏文中未曾舉證，這裡擬補充證據，看看漢人如何自稱，尤其在漢人與外族人並提時是如何措詞用字。這類例子兩漢書中都極多，由於現在討論的時代是東漢，姑舉《後漢書》、《三國志》中的若干記載：

《後漢書》卷七十三〈公孫瓚傳〉：

　　　　（閻）柔招誘胡漢數萬人……

《後漢書》卷八十六〈南蠻西南夷傳〉：

　　　　武陵太守上書以為蠻夷率服，可比漢人，增其租賦……
　　　　明年遂招誘鬱林、合浦蠻、漢數千人攻蒼梧郡。
　　　　肅宗募發越嶲、益州、永昌夷、漢九千人討之。
　　　　天漢四年并蜀為西部，置兩都尉，一居旄牛主徼外夷，一居青衣主漢人。

《後漢書》卷八十七〈西羌傳〉：

　　　　羌胡被髮左衽而與漢人雜處。

《後漢書》卷八十八〈西域傳〉：

> 大人休莫霸復與漢人韓融等殺都末兄弟，自立為于寘王。

《後漢書》卷八十九〈南匈奴傳〉：

> 北單于惶恐，頗還所略漢人，以示善意。
> 單于……顧讓韓琮曰：「汝言漢人死盡，今是何等人也？」
> 單于……乃還所鈔漢民男女及羌所略，轉賣入匈奴中者合萬餘人。
> 大破烏桓，悉斬其渠帥，還得漢民。

《三國志》卷一〈武帝紀〉：

> 三郡烏丸承天下亂，破幽州，略有漢民合十餘萬戶。
> 斬蹋頓及名王以下胡、漢降者二十餘萬口。

從這些例證可見漢代的中國人自稱漢人，外族也稱中國人為漢人。當並舉中國人與非中國人時，則稱「蠻、漢」、「夷、漢」或「胡、漢」，絕沒有以秦或秦人自稱的。外族則有稱中國人為秦人的例子。《漢書》卷九十六下〈西域傳〉載武帝輪臺之詔，引軍候弘上書言「匈奴縛馬前後足，置城下，馳言：『秦人，我匄若馬』……」對此，顏師古說的很清楚：「謂中國人為秦人，習故言也。」秦人是秦代中國人的稱呼。秦亡以後，外族依於故習，仍稱中國人為秦人。除了這個例子，兩漢書中提到秦人，都是追溯秦朝時事或指漢境以外的中國人。漢代人皆自稱漢人或中國人（如見《漢書》卷七十九〈馮奉世傳〉），沒有稱秦人的例子。這種情形就如同清朝亡後，除了少數遺老，沒有人再自稱清人的。東漢初離秦亡已兩百餘年，這時候漢人實沒有以秦稱漢族或中國人的道理。

或許即因為如此,班固寫〈李廣利傳〉時,才將《史記》〈大宛列傳〉:「聞宛城中新得秦人」的「秦人」改為「漢人」❾。司馬遷去亡秦時代較近,秦人一詞尚不突兀。班固就不能不改,以從當時的習稱。不過,班固也曾用「秦人」一詞。《漢書》〈匈奴傳〉上:「於是衛律為單于謀『穿井築城,治樓以藏穀,與秦人守之。漢兵至,無奈我何』。」,這裡是以衛律的口氣說話,故仍稱中國人為秦人。這些秦人應指單于控制下的中國人,不同於漢朝治下的漢人。又班固此處行文,也可能是為了不與接著提到的「漢兵」混淆,故未改秦人為漢人。方詩銘根據班固在〈李廣利傳〉裡改秦人為漢人,證明秦人、漢人的「含意是完全相同的」❿恐難成立。此外,如果「秦胡」解為「漢人」和「胡人」,則不好解釋為什麼〈鄧訓傳〉會有「發湟中秦胡羌兵四千人」這樣不通的句子。又如果此解正確,為何《後漢書》、《三國志》在並提漢與非漢人時,稱「蠻、漢」、「胡、漢」、「夷、漢」而在其他地方又特別要說「秦、胡」?如果秦胡即胡、漢,〈鄧訓傳〉、〈段熲傳〉和〈袁紹傳〉中的「秦胡」,沒有不作「胡漢」的道理。如此說來,將「秦胡」理解為「漢人」和「胡人」就扞格難通了。

那麼,「秦胡」作「漢化的胡族」解是否得當呢?我們不妨先檢查一下初師賓提出的理由。初氏說:「所以如此推測,一是史漢二書諸『秦人』及師古注雖然不大一律,但『秦』字俱作秦時,秦地解,含義固定。『秦胡』字樣見於漢簡,時代介於史漢之間,可與秦人之解比附……要之,史漢所謂秦人皆漢族、漢,但主要指秦時便入居異域如匈奴、大宛等地的漢人,與漢時漢人不同。同理,秦胡也應是秦時、秦地之胡。秦人、秦胡的『秦』,顯然是同一概念。」⓫他說《史記》、《漢書》裡的秦人是指入居異域的中國人,與漢

---

❾ 當然也有後人妄改「秦人」為「漢人」的可能。史漢異文每每如此。參呂思勉,《讀史札記》「匈奴不諱名而無姓字」條(上海,上海古籍出版社,1982年),頁590～591。不過此處是否為後人妄改,非班固之筆,無法證實。

❿ 見方文,頁37。

⓫ 見初文,頁260～261。

時漢人不同，這是正確的。這在《三國志》〈烏丸鮮卑東夷傳〉辰韓條及《後漢書》〈東夷傳〉中有旁證。《三國志》〈烏丸鮮卑東夷傳〉說：「辰韓在馬韓之東，其耆老傳世，自言古之亡人避秦役來適韓國，馬韓割其東界地與之，有城柵。其言語不與馬韓同，名國為邦，弓為弧，賊為寇，行酒為行觴。相呼皆為徒，有似秦人……今有名之為秦韓者。」《後漢書》所載略同，謂：「故或名之為秦韓。」辰韓又稱秦韓，蓋因其先乃為秦之亡人入韓國者。秦韓一名的形成對我們理解秦胡的意義甚有參考價值，這將於下文再論。

不過，秦人似乎不必然指「秦時」便入匈奴、大宛等地的漢族人。李廣利攻宛城已是武帝太初三年（西元前 102 年）左右，離秦亡已過百年，宛城中「新得秦人」不可能是秦時便已亡入大宛者；始元四年（西元前 83 年）衛律與單于謀欲與秦人共守城的秦人，為時更晚。他們只可能如顏師古所說，是秦時亡入匈奴者的子孫，或漢代以後為匈奴等所虜，輾轉流亡西域，或私自亡奔於漢帝國之外的中國人。「秦人」、「秦胡」的秦是同一概念，然應指漢族中國人。解為秦時、秦地則有語病。

初氏接著論證：「其次，此冊之『屬國秦胡盧水士民』疑即史籍的『盧水胡』。盧水胡一名首見《後漢書》〈西羌傳〉。據崔鴻《十六國春秋》，北涼沮渠氏為盧水胡望族，先世任匈奴左大且渠官，因以為姓氏，世居張掖盧水、臨松，即今黑河中上游一帶，受漢文化影響較深。盧水士民，蓋指居住盧水地域的士庶百姓。秦胡，指種族……當然，秦胡也可能是個總稱，包括許多『雜胡』，盧水的胡人僅屬其中一支，或者是重要的一部分。」⑫ 他疑「屬國秦胡盧水士民」是指秦胡種的盧水胡，但也以為有其他的可能。方詩銘以為即指盧水胡 ⑬。這個說法其實證據是不夠的。史籍中雖有盧水胡，但不一定能和這裡的盧水士民相比附。如果北涼時（西元 397～439 年），盧水胡的望族還以匈奴的官名為姓氏，如何能證明四百年前「秦胡種」的盧水士民已是

---

⑫　見初文，頁 261。

⑬　見方文，頁 39。

「漢化」的胡人？

　　要了解此處簡文的可能意義，有必要先澄清建武六年時張掖屬國的情況。當時張掖屬國都尉是竇融。竇融趁天下大亂，稱霸河西，為河西五郡大將軍。《後漢書》卷二十三〈竇融傳〉說：「保塞羌胡皆震服親附，安定、北地、上郡流人避凶饑者，歸之不絕。」這種情況和簡文所說：「從兵起以來，□困愁苦，多流亡在郡縣」頗為相合。「屬國秦胡盧水士民」流亡在郡縣，為吏民所役使或庇匿，大將軍特令禁止。簡文曾使用「士民」和「吏民」兩詞。二者都是漢代的常用語，指漢天子治下的編戶齊民。《漢書》〈平帝紀〉，元始元年「遣諫大夫行三輔，舉籍吏民」，吏民乃有名籍者❶，亦即編戶之民。吏民一詞於兩漢書中隨處可見，無勞贅舉。居延漢簡則有「陽朔元年六月吏民出入籍」（《居延漢簡》，編號 1294，圖版六十一葉，29.3 B）可證「吏民」為官書中的正式用詞。士民亦常用詞，例如，光武給竇融的詔書中曾說：「勉循士民」（〈竇融傳〉）；又〈龐參傳〉：「使督涼州士民，轉居三輔」；〈劉陶傳〉：「軍吏士民，悲愁相守。」吏民和士民的意義基本上相通。簡文稱「盧水士民」，亦即盧水吏民，初氏解作盧水的士庶百姓是對的，但可不一定是胡人。兩漢吏民一詞多指漢人或最少是已漢化，納入編戶的胡人，似不用以稱外族。例如，《後漢書》卷三十一〈孔奮傳〉：「姑臧吏民及羌胡更相謂曰……」以吏民與羌胡對舉；又如《漢書》〈汲黯傳〉注引應劭曰：「故律：胡市，吏民不得持兵器及鐵出關。」這些吏民都是指漢人❶。初師賓以為秦胡或指盧水士民的種族，或以秦胡為總稱，盧水胡人為其一支，恐怕都說不通。

---

❶　張晏曰：「舉錄賦欲之籍而賞之。」補註：「蘇輿曰：哀紀遣光祿大夫循行舉籍，顏云舉其名籍，此義與彼同。張專就本文為說耳。」《史記》〈項羽本紀〉：「沛公曰：吾入關，秋毫不敢有所近，籍吏民，封府庫，而待將軍。」此處「籍吏民」意義相同。

❶　唯一所見的例外見於《後漢書》〈段熲傳〉：「餘羌復與燒何大豪寇張掖，攻沒鉅鹿塢，殺屬國吏民。」時張掖有張掖郡及張掖屬國。此處敘述似有省文。餘羌及燒何既寇郡縣又攻屬國，省稱為「寇張掖」。如此下文的「屬國吏民」不一定連讀，而是殺害屬國胡人與郡縣吏民的意思。

　　據史籍看，盧水胡與羌胡有關❶。文獻中的盧水胡主要見於《後漢書》〈西羌傳〉。《後漢書》〈竇固傳〉更明言：「盧水羌胡」。如果我們假設盧水士民即盧水胡，則他們也應是羌胡，而不是秦胡。此外，我們從前引〈鄧訓傳〉：「發湟中秦胡羌兵四千人」的敘述方式看，秦胡與羌胡也不應是同類。因此，簡文「屬國秦胡盧水士民」一句似不宜連讀，「屬國秦胡」與「盧水士民」是兩回事，應分別對待。假如這個分別可以成立，我們討論秦胡，就不必再將盧水士民的問題糾纏在其中。

　　初師賓在論證中，曾舉《居延漢簡甲乙編》甲二一一二號簡，證明「張掖屬國胡騎兵中也有所謂『秦胡人』」這項證據頗有問題。他錄該簡簡文如下：

　　　　元鳳五年盡本始元年九月以來秦
　　　　屬國胡騎兵馬名籍（甲 2112 ${}^{A}_{B}$）

經查《居延漢簡甲乙編》釋文及圖版，此簡兩行字分在一簡的兩面，初氏釋「九月以來秦」的「秦」字實非「秦」，而作「奈」，「奈」字下另有漫漶的字跡，《甲乙編》原釋文作：

　　　　元鳳五年盡本始元年九月以來奈☐（512. 35 A　甲 2112 B）
　　　　☐屬國胡騎兵馬名籍（512.35 B　甲 2112 A）

---

❶　周一良和唐長孺都以為盧水胡和月氏胡有關，但是他們都沒有解釋為何《後漢書》〈竇固傳〉稱之為「盧水羌胡」。《後漢書》〈西羌傳〉謂湟中月氏胡「其羸弱者南入山阻，依諸羌居止遂與共婚姻」，「被服飲食言語略與羌同，亦以父名母姓為種」。如此即使盧水胡原與月氏胡有種屬上的關係，但與羌人婚姻，也不能說是純粹的種族了。參周一良，〈北朝的民族問題與民族政策〉，收入《魏晉南北朝史論集》（臺北，中華書局，民國 52 年），頁 155～157；唐長孺，〈魏晉雜胡考〉，收入《魏晉南北朝史論叢》（北京，北京三聯書店，民國 44 年），頁 403～414。

根據此簡，絕得不出初氏所說「秦屬國胡騎，猶若屬國秦胡騎，約指屬國胡騎中的秦胡騎士」❶❼的結論，因為「秦」之後，屬字之前各有闕字，這兩行能否連讀都成問題。即使能連讀，中有闕字，原句也不可能是「秦屬國胡騎」。

初師賓推測秦胡為「漢化胡族」的論證幾乎完全落空。我們不能不考慮其他解釋的可能性。秦胡是否可能非通名，而為一種特殊胡族的稱謂呢？初氏也提到這種可能性。不過這很難解釋樊利家地券「若一旦田為吏民秦胡所名有」的措辭，為何在吏民之外，單獨提到一種特殊的秦胡族？為避免這些困難，只有再作其他的假設。

另一個可能的假設，就是本文擬提出來的，秦胡或指胡化的漢人。漢人胡化以及胡人漢化應該是漢代中國人與外族頻繁接觸下，同樣顯著的現象。過去大家較注意胡人的漢化，比較少談漢人胡化的問題。實則漢代邊郡居民，因與非漢民相鄰，生活風俗頗受外族影響，史籍中也有不少記載。例如《後漢書》〈循吏傳〉衛颯條：「遷桂陽太守。先是含洭、湞陽、曲江三縣，越之故地。武帝平之，內屬桂陽。民居深山，濱溪谷，習其風土，不出田租。」從「習其風土，不出田租」可見漢民之「山越化」。這是南方，再看北方邊陲。《漢書》〈趙充國辛慶忌傳〉贊：「山西天水、隴西、安定、北地處勢迫近羌胡，民俗修習戰備，高上勇力鞍馬騎射，故秦詩曰：『王于興師，修我甲兵，與子皆行。』其風聲氣俗自古而然，今之歌謠慷慨，風流猶存耳。」《漢書》〈地理志〉亦云：「鍾、代、石、北迫近胡寇，民俗懷忮，好氣為姦……定襄、雲中、五原本戎狄地，頗有趙、齊、衛、楚之徒，其民鄙朴，少禮文，好射獵，雁門同俗。」除了這些因地處邊陲，沾染胡風的以外，秦、漢以來不斷有頗多的中國人亡奔匈奴或為匈奴所擄（詳後）。他們為適應草原游牧的環境，生活不能不作某種程度的調整，而趨於胡化。

兩漢史籍中提到的秦人主要是指漢境以外，在外族統治下的中國人。這

---

❶❼　見初文，頁 262。

些秦人雖知穿井植穀，但生活的某些方面已不同於漢境內的漢人是不難想見的。秦人如果是胡化的漢人，秦胡或亦指同一類的漢人。或問：何得以「胡」稱漢人？對此，我們不得不一談漢人的胡漢觀念。漢人分別胡、漢，基本上是承繼春秋戰國以來，以文化區別夷夏的大傳統，所謂入中國則中國之，入夷狄則夷狄之，是不以種族為界線的。金日磾乃匈奴降虜，近在武帝之側，貴幸無比。武帝病，屬霍光輔少主。霍光竟讓日磾。日磾曰：「臣外國人，且使匈奴輕漢。」於是遂為光副。日磾固以外國人自居，武帝、霍光並不因此見外。日磾子孫，貴顯漢廷，以迄王莽，前後七世。成帝時，金欽甚至因通明經術，舉明經（《漢書》卷六十八〈金日磾傳〉）此之謂入中國則中國之。王昭君下嫁呼韓邪單于，單于死，復妻其子（《漢書》卷九十四下〈匈奴傳〉）；元封中，以江都王建女為公主嫁烏孫昆莫為右夫人。昆莫老，欲以其孫尚公主。公主不聽，上書言狀，漢天子的答覆是：「從其國俗。」（《漢書》卷九十六〈西域傳〉）是入夷狄則依夷狄之俗。日磾、昭君所代表的並不是一時特例，在《漢書》〈景武昭宣元成功臣表〉中多的是因功封侯的降胡將領；而李陵入匈奴，與昭帝使者相見時，已「胡服椎結」（《漢書》〈李廣傳〉）；李陵、張騫、蘇武入匈奴，俱曾娶胡婦生子 ❸。蘇武歸漢，宣帝甚且遣使匈奴，迎其子歸，拜為郎，固不以「忠貞」相疑也（《漢書》卷五十四〈蘇建傳〉；卷六十一〈張騫傳〉），從這些地方看來，漢代對所謂夷夏之防，似不若後世那般認真。胡人入中國，依中國之俗，則以中國人目之；中國人入胡，依胡俗，則以胡人視之。如此，以「胡」稱胡化的漢人就不是不可能的事了。蔡琰〈悲憤詩〉稱：「卓眾來東下……來兵皆胡羌」；《後漢書》〈列女傳〉，皇甫規妻罵董卓曰：「君羌胡之種，毒害天下猶未足邪！」董卓本漢人，他手下也並非「皆」羌胡，也有漢人。但他們像董卓本人一樣，十分胡化，因此全被當作羌胡看待了。

　　那麼，為什麼不稱為「漢胡」，來標明他們原本是漢族，而稱之為「秦

---

❸　見《漢書》各人本傳，李陵子又見〈匈奴傳〉。

胡」呢？這可能是因為早有秦人一詞用來稱呼亡入異域的中國人。他們胡化，以胡目之，故又稱之為秦胡。「秦胡」的造辭法頗似前文提到的「秦韓」。秦人入韓，稱秦韓；秦人入胡，則稱秦胡。用「秦」字的另一原因，或許也因為漢代以漢人自稱，與胡人連言則稱「胡、漢」，「漢胡」一詞意義容易混淆。既有現成的秦字可形容中國人，為便區別，即襲故稱而稍變，而成「秦胡」一詞。

樊利家地券中「吏民秦胡」連言，可能意味「秦胡」還有非編戶之民的含意。我們知道漢代北邊諸郡居民深染胡風，可是他們在漢郡編戶之列，故漢代史冊和詔書仍以吏民、士民視之。地券此句的意思可能是指不論「編戶民」或「非編戶民」名有田地的情況。居延簡提到「屬國秦胡」和「盧水士民」似也顯示編戶與非編戶的兩種身分。我們知道漢代屬國是依其故俗為治，不在編戶之列的。而盧水士民可能有漢族，也有漢化的胡人，不論種族為何，因在編戶，故稱士民。

漢代屬國的組成，在一般了解中，是以降胡為主。降胡中也有胡化的漢人嗎？對此，我們並沒有確實的證據。不過，如果有是一點不足為奇的。前文說過匈奴曾經虜掠大量的漢人 ❶⑨，漢人逃亡入匈奴的也很多。元帝時，一

---

❶⑨　匈奴掠奪漢人口見於《漢書》本紀及〈匈奴傳〉者略錄如下：(以下除註明見卷九十四〈匈奴傳〉者，皆見各本紀)

高后七年　匈奴寇狄道，略二千餘人。

孝文十四年　匈奴單于十四萬騎入朝那，蕭關……虜人民畜產甚多……匈奴日以驕，歲入邊，殺略人民甚眾，雲中、遼東最甚，郡萬餘人。(卷九十四上〈匈奴傳〉)

孝文後五年　軍臣單于立歲餘，匈奴復絕和親，大入上郡、雲中各三萬騎，所殺略甚眾 (卷九十四上)

武帝元朔元年　匈奴入……漁陽、雁門……殺略三千餘人

二年　匈奴入上谷、漁陽，殺略吏民千餘人

三年　匈奴入……雁門，殺略千餘人

四年　匈奴入代、定襄、上郡，殺略數千人。

　(伊稚斜單于既立，其夏，匈奴……入代郡，殺太守共友，略千餘人。秋，又入

位熟悉邊事的郎中侯應曾說：「邊人奴婢愁苦，欲亡者多，日：『聞匈奴中樂，無奈候望急何。』然時有亡出塞者」；他又說：「盜賊桀黠，群輩犯法，如其窘急，亡走北出則不可測。」(《漢書》〈匈奴傳〉) 漢人亡出塞的證據在漢簡中也很多，不再細舉。這些漢人入匈奴，時間一久，娶妻生子，也就與胡人少異。匈奴降漢，他們隨之編入屬國，是十分自然的事。

所謂胡化，除了飲食衣服不同於中國以外，從《漢書》〈地理志〉及〈匈奴傳〉看來，還變的慓悍少禮，尚勇力，善騎射。漢人相比之下，遠為文弱。這是兩漢政府愈來愈倚重胡人當兵的一個原因。沾染強悍胡風，又善騎射的漢人自然是漢政府利用的對象。六郡良家子屬此類。《後漢書》、《三國志》中的秦胡全是替漢政府當兵的，也就不意外了。從記載中所說「許賞賜秦胡，其財物婦女，豫有分數」，「賊將見公，悉于馬上拜，秦胡觀者前後重沓」，可見他們正是沾染胡風，粗而少禮的一群。

方詩銘曾引《古文苑》錄蘇武〈別李陵詩〉：「子當留斯館，我當歸故鄉。一別如秦胡，會見何詎央。」證明秦、胡兩指[20]。此詩不見於《漢書》，其真

雁門，殺略千餘人。其明年，又入代郡、定襄、上郡，各三萬騎，殺略數千人。

匈奴右賢王……數寇盜邊，及入河南，侵擾朔方，殺略吏民甚眾。)(卷九十四上)

五年　其秋，匈奴萬騎入代郡……略千餘人。

元狩三年　秋，匈奴入右北平、定襄，殺略千餘人。

太初三年　秋，匈奴入定襄、雲中，殺略數千人

（又使右賢王入酒泉、張掖，略數千人。)(卷九十四上)

征和三年　匈奴入上谷、五原，殺略吏民。(卷九十四上)

昭帝後元二年　冬，匈奴入朔方，殺略吏民。

元鳳二年　匈奴三千餘騎入五原，略殺數千人，後數萬騎南旁塞獵……略取吏民去。

（卷九十四上)

新莽建國二年　匈奴南將軍二千騎入西域迎（陳）良等，良等盡脅略戊己校尉吏士男女二千餘人入匈奴。(卷九十四下)

建國三年　是後，單于……入塞盜寇，大輩萬餘，中輩數千，少者數百……略吏民畜產不可勝數，緣邊虛耗。(卷九十四下)

偽早有爭論。姑不論真偽，此處的秦胡也不是「秦人」和「胡人」的意思，而是指久羈異域，不得歸鄉的漢人。李陵淪入匈奴，胡服椎結，已經胡化，詩中故以秦胡稱之，與前句「子當留斯館」相應，似乎才是正解。

　　以上討論對秦胡的幾種解釋，並提出秦胡或為胡化漢人的看法。這個看法充其量也不過是一個假設，並不敢自信。秦胡真正何指，還有待更多的材料來證實。漢化的胡人和胡化的漢人同是草原游牧與中國農業文化交會下的邊緣人物，他們在歷史上的作用和意義也還有待我們進一步去認識。

　　附記：傅師作古，轉眼周年。顧其治學，向重夷夏。弟子不敏，無以紹述，爰草斯篇，
　　　　　用慰師靈。民國 74 年 1 月 15 日。又文成之後，蒙蕭璠、杜正勝兄指正，謹此
　　　　　致謝。

　　　　　　　　　　（原載於《傅樂成教授紀念論文集──中國史新論》，民國 74 年）

　　補記：拙文發表後，得讀吳礽驤、余堯合著〈居延新獲建武秦胡冊再析〉
　　　　　（西北師院學報 1984 年第四期）。吳、余所論有與拙文合者，即「屬
　　　　　國秦胡」與「盧水士民」應是兩事，所指不同；亦有相異處，即吳、
　　　　　余認為屬國秦胡是漢化胡人，以匈奴族為主，融合有小月氏、羌人
　　　　　等種族而形成新的雜胡──盧水胡。

---

⑳　見方文，頁 38。

從「如故事」和「便宜從事」看漢代行政中的經常與權變

一、引　言

　　行政運作有常、有變、有經、有權。為求運作合理的穩定和一致，須要持經守常；如欲保有彈性，不致僵化，又不得不允許變通權變。持經守常易流於遇事僵固，不知變通；凡事權宜變通，又易喪失行政的穩定和一致。面對這種衝突的要求，如何折衷經常與權變遂成為行政上的一大問題。漢代行政因而有所謂的「如故事」和「便宜從事」。應遵循故事，以維常制？或便宜從事，以達權變？是兩漢君臣經常面臨和爭論的問題。

　　一般而言，漢代行政極重因循故事。從漢人遵奉故事的情形最能看出漢代日常行政保守和經常的一面。不過，在某些情形下，官員也可不循常規，權宜應變。只是便宜權變在君主專制的大前提下，並不真正受到鼓勵，有時甚至可以遭來殺身之禍。由於守經常和通權變牽涉到君臣之間微妙的權力關係，所謂「如故事」或「便宜從事」的抉擇就往往不單純是一個行政上的問題。本文嚐試根據兩漢書裡的資料，從漢人對如故事和便宜從事的討論和實際運用，看看漢代行政的一般傾向，以及君主專制之下行政運作的特色。

二、故事的性質

　　漢代日常行政，多依律令與故事為據，所謂「漢吏奉三尺律令以從事」
（《漢書》卷八十三〈朱博傳〉），又謂：「五曹自有條品，簿書自有故事」（《論
衡》卷十二〈程材〉），都是就日常行政而言。日常行政，漢人謂之「吏事」。
武帝之後，更以「經術潤飾吏事」（《漢書》卷八十九〈循吏傳〉），換言之，
除了律令和故事以外，經義也是依據。漢人依此三者處理行政事務的例子，
在兩漢書中很多。茲舉西漢成帝時馮野王賜告事以及東漢桓帝免侯覽官事為
例，以見其概：

1. 成帝立，有司奏野王王舅，不宜備九卿，以秩出為上郡太守……野
   王懼不自安，遂病。滿三月，賜告，與妻子歸杜陵就醫藥。大將軍
   鳳風御史中丞劾奏野王：「賜告養病而私自便，持虎符出界歸家，奉
   詔不敬。」杜欽時在大將軍莫府。欽素高野王父子行能，奏記於鳳，
   為野王言曰：「竊見令曰：『吏二千石告，過長安謁』，不分別予賜。
   今有司以為予告得歸，賜告不得，是一律兩科，失省刑之意。夫三
   最予告，令也；病滿三月賜告，詔恩也。令告則得（《補注》引王念
   孫，令應作今），詔恩則不得，失輕重之差。又二千石病，賜告得
   歸，有故事，不得去郡，亡著令。《傳》曰：『賞疑從予，所以廣恩
   勸功也；罰疑從去，所以慎刑，闕難知也。』今釋令與故事而假不
   敬之法，甚違闕疑從去之意。即以二千石守千里之地，任兵馬之重，
   不宜去郡。將以制刑為後法者，則野王之罪在未制令前也。刑賞大
   信，不可不慎。」鳳不聽，竟免野王。郡國二千石病賜告不得歸家，
   自此始。（《漢書》卷七十九〈馮野王傳〉）
2. 秉因奏覽及中常侍具瑗曰：「臣案國舊典，宦豎之官，本在給使省

閹，司昏守夜，而今猥受過寵，執政操權……。」書奏，尚書召對
秉掾屬曰：「公府外職而奏劾近官，經典漢制有故事乎？」秉使對
曰：「《春秋》趙鞅以晉陽之甲逐君側之惡，《傳》曰：『除君之惡，
唯力是視。』鄧通慢慢申屠嘉，召通詰責，文帝從而請之。漢世故
事，三公之職，無所不統。」（《集解》引惠棟曰：「蓋思曰：『秉對
《春秋》趙鞅以下所謂經典也；鄧通以下所謂漢制也』」）。尚書不能
詰。帝不得已竟免覽官而削瑗國。（《後漢書》卷五十四〈楊秉傳〉）

在馮野王賜告歸家的例子裡，杜欽持「賜告得歸有故事，不得去郡亡著令」
以及「闕疑從去」的經義與大將軍王鳳相爭。他認為在沒有法令明文規定的
情況下，如有故事可循，賜告歸家不應加罪。更何況這樣作才合乎經典「賞
疑從予，罰疑從去」的原則。雖然王鳳未能聽從杜欽的建議，但杜欽據以討
論的依據，很清楚是律令、故事和經義三者。在楊秉奏劾侯覽等中常侍的例
子裡，尚書要求楊秉舉出在經典和漢制中可有故事依據？楊秉遣人以《春秋》
故事與漢世故事為答，尚書不能詰。結果桓帝免侯覽官，削具瑗國。這裡討
論的根據，則都是所謂的故事。

　　什麼是故事？漢人稱述的十分廣泛，幾乎無所不包。前引「經典漢制有
故事乎？」則經典與漢制俱可為故事。故事有時指法律，漢代的決事比或比
就是「已行故事」。法律或決事比有一定的範圍；經典以儒經為限，也有範
圍。漢制就十分廣泛，一切漢家典制都可包括在內。在漢人的措詞裡，故事
又可稱之為「舊事」、「舊制」、「舊典」、「舊章」、「舊儀」、「典故」、「古典」、
「典常」、「前制」、「漢典舊事」、「先祖法度」、「祖宗典故」、「祖宗故事」、
「國家故事」，或僅稱之為「舊」。這麼多不同的稱謂，反映出故事內容的複
雜和性質的不盡一致。概括而言，故事是往事前例，凡劉邦創業以來所曾發
生的事例，在漢人眼中，都可以是故事。這些故事非必出自皇帝，只要有人
引為先例，臣僚的一言一行也可以是故事。從內容上看，故事包括律令、儀
制、百官的章奏、歷朝的注記、行政中不成文的慣例、君臣理事而成的典故、

君臣之間的誓約或與外族的約束等等。它們基本上是武帝所謂的「漢一家之事」，漢人因而特別稱之為「國家故事」或「漢家故事」。這和經典故事稱述先漢事例者異趣。由於經典故事性質不同，可以單獨討論，本文暫將它撇開。即以「漢一家之事」而言，漢代四百年，往事何其多，漢人事實上並非皆引為典據。因而我們也只將漢人確曾徵引過的故事，作為討論的對象。

故事在性質上可以是成文的或不成文的，可以是制度性的，也可以是非制度性的。成文的如詔書、律令、儀制等。《漢書》卷七十四〈魏相傳〉：「臣相不能悉陳，昧死奏故事詔書凡二十三事。」是以詔書為故事。漢代官員將歷代的詔書編輯起來，作為施政的依據。在居延即曾發現成帝時期的《詔書輯錄》殘冊，收有文、武、元帝的詔書摘要。這些前朝詔書是故事。如果依杜周「前主所是著為律，後主所是疏為令」的定義，這些詔書亦具律令的性質。又桓帝永興二年春正月癸卯詔：「……申明舊令，如永平故事。」（《後漢書》卷七〈孝桓帝紀〉）姑不論舊令內容為何，此處故事指的是舊令。《後漢書》卷三十一〈廉范傳〉：「舊制：禁民夜作，以防火災……范乃毀削先令。」這裡的舊制也是令。可見廣義而言，故事包含律令。狹義而言，故事與律令有別。故事是律令以外決事比的部分。不論如何，這些都是成文的。另外，前朝典禮儀式的記錄，也被視為故事，加以因循。光武帝臨祭遵喪，採宣帝臨霍光故事，「時下宣帝臨霍將軍儀，令公卿讀視，以為故事。」（《後漢書》卷二十〈祭遵傳〉李賢注引《東觀記》）可見當作故事的儀制也是成文可讀的。漢初，叔孫通所草儀法自然是成文的。其儀法為後世所循，既是制度，也是故事。這類成文的故事為行政經常的依據，實具制度的性質。《隋書》〈經籍志〉謂晉武帝命賈充修訂律令，「增律十篇，其餘不足經遠者為法令，施行制度者為令，品式、章程者為故事。」賈充以品式章程為故事，應本於漢制。於此可見故事或還包含制度性的行政條規。

秦漢行政中都有極多細密的法令條規。從雲夢秦律簡已經可以看見秦律的細密，漢律也十分細密。宣帝時，張敞謂：「漢家承敝通變，造起律令，所以勸善禁姦，條貫詳備，不可復加。」（《漢書》卷八十九〈循吏傳〉），不過

成文的法令不論如何週密，仍很難涵蓋所有可能發生的情況。在治獄司法上因此須要利用判例，即秦的廷行事或漢的決事比以濟法令之窮。在一般行政上，同樣有現成法令條規不能週全顧及的地方。這些則往往由不成文的慣例填補。前引《論衡》說：「五曹自有條品，簿書自有故事」，五曹工作即在簿書，不成文的慣例加上成文的條品法式就構成日常行政的依憑。《荀子》〈大略〉和〈王制〉篇說：「有法者以法行，無法者以類舉」也是同樣的意思。類，即例。《史記》〈屈原賈生列傳〉：「吾將以為類。」《正義》：「類，例也。」以先例濟成法之窮，可以說是漢代故事的一個重要作用。漢代故事中極值得注意的就是不成文的慣例。漢代君臣對這一部分故事的尊重，往往不下於成文的詔書或律令。

故事的形成除了出自皇帝，還可出乎百官的一言一行。這使得故事在性質上與律令有了基本的區別。我們先談由皇帝產生的故事。漢家天子有時有意創立典範，供子孫因循取則；有時不過因事制宜，卻為後世仿效而成了故事。《史記》〈禮書〉序云：

> 今上即位，招致儒術之士，令共定儀，十餘年不就……上聞之，制詔御史曰：「蓋受命而王，各有所由興，殊路而同歸，謂因民而作，追俗為制也。議者咸稱太古，百姓何望？漢亦一家之事，典法不傳，謂子孫何？……」乃以太初之元改正朔，易服色，封太山，定宗廟百官之儀，以為典常，垂之於後云。

武帝所說漢一家的典法，主要是指制度而言。例如封禪在漢代是創制。其後光武帝欲行是禮，不論最後採用什麼儀式，他曾先「求元封時封禪故事」（《續漢志》卷七〈祭祀〉上）。除了制度以外，武帝的許多作為，不一定是制度性的，也被後世皇帝當作故事典範。例如：《漢書》〈王褒傳〉謂：「宣帝時修武帝故事，講論六藝群書，博盡奇異之好，徵能為《楚辭》九江被公，召見誦讀；益召高材劉向、張子僑、華龍、柳褒等待詔金馬門」；〈王吉傳〉：「是時

宣帝頗修武帝故事，宮室、車服盛於昭帝；時外戚許、史、王氏貴寵，而上躬親政事，任用能吏」；〈何武傳〉：「是時宣帝循武帝故事，求通達茂異士，召見武等於宣室」。武帝這些無關制度的舉動或作風，也是故事。這些故事顯然不一定是武帝有意創立的典法。例如武帝晚年曾懊悔擊匈奴、通西域，勞民傷財。但是東漢明帝擊匈奴、通西域，仍言「遵武帝故事」（《後漢書》卷二十三〈竇固傳〉），無意的行事而為後世取則的例子還有，如：

> 弘少為鄉嗇夫，太守第五倫行春，見而深奇之，召署督郵，舉孝廉……
> 元和元年代鄧彪為太尉，時舉將第五倫為司空，班次在下，每正朔朝
> 見，弘曲躬而自卑。（章）帝問知其故，遂聽置雲母屏風，分隔其間，
> 由此以為故事。（《後漢書》卷三十三〈鄭弘傳〉）

章帝為免故吏班次反在舉將之上的尷尬情況，權置屏風分隔二人。我們知道漢代風俗，舉將與故吏之間，義同君臣。然而仕宦顯達，不免遲速，像鄭弘和第五倫這種情況，必時有之。為了避免同樣的尷尬，後人就以章帝一時的權宜當作故事模仿了。

不過，皇帝有時權宜處置，不願後人引為先例，明令「不得為比」，亦即防止後世引為故事。例如，劉愷讓爵於弟，和帝許之，卻令不得以此為比：

> 愷……以當襲般爵，讓與弟憲，遁逃避封。久之，章和中，有司奏請
> 絕愷國，肅宗美其議，特優假之，愷猶不出。積十餘歲，至永元十年，
> 有司復奏之。侍中賈逵因上書曰：「孔子稱『能以禮讓為國，於從政乎
> 何有？』竊見居巢侯劉般嗣子愷，素行孝友，謙遜絜清，讓封弟憲，
> 潛身遠迹。有司不原樂善之心，而繩以循常之法，懼非長克讓之風，
> 成含弘之化，前世扶陽侯韋玄成，近有陵陽侯丁鴻、鄧侯鄧彪，並以
> 高行，絜身辭爵，未聞貶削，而皆登三事。今愷景仰前脩，有伯夷之
> 節，宜蒙矜宥，全其先功，以增聖朝尚德之美。」和帝納之，下詔曰：

「故居巢侯劉般嗣子愷，當襲般爵，而稱父遺意，致國弟憲，遁亡七年，所守彌篤。蓋王法崇善，成人之美，其聽憲嗣爵。遭事之宜，後不得以為比。」（《後漢書》卷三十九〈劉般傳〉）

《禮記》〈王制〉鄭玄注曰：「已行故事曰比。」不得為比，即不得為故事。換言之，凡漢代遺事中有規定不得為比者，即不得引為故事。這可以說是故事範圍的一個限制。

故事的形成除了出於皇帝的言行，還有很多源自百官的章奏或行事。官員造成的故事，也像出乎皇帝者同樣受到尊重。例如：

1. 弘前後所陳有補益王政者，皆著之南宮，以為故事。（《後漢書》卷三十三〈鄭弘傳〉）

2. 後帝徙南宮，閱錄故事，得賜所上張角奏及前侍講注籍，乃感悟。（《後漢書》卷五十四〈楊賜傳〉）

3. 自雄掌納言，多所匡肅，每有章表奏議，臺閣以為故事。（《後漢書》卷六十一〈左雄傳〉）

這是後漢章奏建議和侍講注籍被視為故事的例子。又西漢魏相好觀漢故事及便宜章奏，「數條漢興已來國家便宜行事及賢臣賈誼、晁錯、董仲舒等所言，奏請施行之」（《漢書》卷七十四〈魏相傳〉）。賈、晁、董等名臣的章奏顯然被當作故事收藏起來，魏相才能在觀覽故事時見之。官員言論之外，其行事成為故事的如：

1. （丙吉）居相位，上寬大，好禮讓。掾史有罪，臧不稱職，輒予長休告，終無所案驗……後人代吉，因以為故事。公府不案吏自吉始。（《漢書》卷七十四〈丙吉傳〉）

舊：丞相、御史親治職事，唯丙吉以年老，優游不案吏罪，於是宰

府習為常俗，更共囷養，以崇虛名（《後漢書》卷二十四〈馬嚴傳〉）。敞備數股肱，職典賊曹，故欲親至發所，以糾其變，而二府以為故事：三公不與盜賊（李賢注：「敞在太尉府，二府謂司徒、司空。邴吉為丞相，不案事，遂為故事，見〈馬防傳〉也。」按：實見〈馬嚴傳〉。）（《後漢書》卷四十三〈何敞傳〉）

2. 宣為相，府辭訟例，不滿萬錢，不為移書。後皆遵用薛侯故事。（《漢書》卷八十三〈薛宣傳〉）

3. （杜欽）奏記於（王）鳳，為野王言曰：「……二千石病，賜告得歸，有故事，不得去郡，亡著令……」鳳不聽，竟免野王。郡國二千石病賜告不得歸家，自此始。（《漢書》卷七十九〈馮野王傳〉）

4. 元帝擢（豐）為司隸校尉，刺舉無所避……時侍中許章以外屬貴幸，奢淫不奉法度……適逢許侍中私出，豐駐車舉節，語章曰：「下！」欲收之。章迫窘，馳車去。豐追之，許侍中因得入宮門，自歸上。豐亦上奏，於是收豐節。司隸去節，自豐始。（《漢書》卷七十七〈諸葛豐傳〉）

5. （馬援）條奏越律與漢律駁者十餘事，與越人申明舊制，以約束之。自後駱越奉行馬將軍故事。（《後漢書》卷二十四〈馬援傳〉）

以上丙吉、薛宣為丞相，王鳳為大將軍。此丞相、大將軍行事可成為故事之證。章帝時，何敞辟太尉宋由府為賊曹。宋由從其建議，追查竇憲遣人刺殺都鄉侯事，未遵三公不與賊盜的故事。宋由、何敞的做法是否從此成為新的故事，因無後人因循的例子可考，不能確知。要之，這個例子有三點值得注意：一、丙吉不案吏的故事從西漢宣帝開始到東漢章帝，因循了一百多年，可見百官故事的延續性和如何受到尊重；二、「二府以為故事：三公不與賊盜」。二府對故事的解釋，實際上和丙吉所為不完全符合。丙吉不案吏罪，只限於丞相府內的掾史，似非不問一切盜賊。二府將此故事擴大解釋成不與府外的盜賊。這裡顯現出故事解釋的問題；三、〈馬嚴傳〉提到「舊：丞相、御

史親治職事，唯丙吉以年老，優游不案吏罪」，這又透露出故事選擇的問題：
到底以丙吉所立的先例為故事？還是以丙吉以前「丞相、御史親治職事」的
傳統為故事？這些問題都將在「故事的歧異與選擇」一節中再作討論。前引
文中「自此始」、「自某始」者，即自此成為先例，後人援例而成故事。司隸
校尉去節和馬援以舊制約束越人這兩個故事的形成，不單單是諸葛豐和馬援
兩人的作為。諸葛豐利用節的權威，窘迫元帝幸臣，元帝因收其節；馬援條
奏越律與漢律相悖之處，又申明舊制。舊制非馬援所創。《漢書》卷六十四下
〈終軍傳〉：「軍遂往說越王，越王聽許，請舉國內屬。天子大說，賜南越大
臣印綬，壹用漢法，以新改其俗。」舊制可能即指武帝時的漢法。因此，所
謂「馬將軍故事」應是馬援重新肯定了約束越人的舊法，並除去一些不適合
的地方。從以上可考的例證觀察，能造成故事的官員是有限的，大概只限於
最高層的丞相、將軍之類，地方官或一府之長或許也能創立一些地方性或某
一機關內部的慣例，可惜這些都無可考。

　　總之，故事可因臣僚，非必出自皇帝，這構成了故事與律令一點基本的
不同。漢代雖有法吏修律訂制，他們皆稟承帝旨，而律令所代表的權威，最
後必歸諸天子。故事既得出於百官，其權威性即不必源自天子，而常常是建
立在習慣上。前引丞相丙吉不案吏，「於是宰府習為常俗。」這種相沿百年的慣
例，受人尊重，自然有了它的權威性。又如哀帝時，丞相王嘉受詔詣廷尉事：

> 有詔假謁者節，召丞相詣廷尉詔獄。使者既到府，掾史涕泣，共和藥
> 進嘉，嘉不肯服。主簿曰：「將相不對理陳冤，相踵以為故事，君侯宜
> 引決。」使者危坐府門上。主簿復前進藥，嘉引藥杯以擊地，謂官屬
> 曰：「丞相幸得備位三公，奉職負國，當伏刑都市以示萬眾。丞相豈兒
> 女子邪，何謂咀藥而死！」嘉遂裝出，見使者再拜受詔，乘吏小車，
> 去蓋不冠，隨使者詣廷尉。……上聞嘉生自詣吏，大怒，使將軍以下
> 與五二千石雜治……嘉繫獄二十餘日，不食歐血而死。(《漢書》卷八十
> 六〈王嘉傳〉)

「將相不對理陳冤」故事出自文帝時，周勃繫獄，賈誼以為言，從此大臣有罪，照例自殺不受刑（《漢書》卷四十八〈賈誼傳〉）。武帝時，李廣征匈奴失道，衛青責廣赴大將軍莫府上簿，廣不堪對刀筆吏，引刀自剄（《漢書》卷五十四〈李廣傳〉）。昭帝時，陽成侯田延年有罪，「召延年詣廷尉，聞鼓聲，自剄死」（《漢書》卷九十〈酷吏傳〉）。宣帝時，田廣明為祁連將軍擊匈奴，引軍空還。「下太守杜延年簿責，廣明自殺闕下。」（同上）這個故事相沿到王嘉時，已一百五十年以上。王嘉的前兩任丞相朱博，亦因得罪，有詔詣廷尉詔獄而自殺（《漢書》卷八十三〈朱博傳〉），王嘉的部屬涕泣，主簿和藥以進，可見都以為應遵故事自殺，無可挽回。王嘉偏不服氣，自赴廷尉，激怒哀帝，終取其辱。召丞相詣廷尉是皇帝的詔令，這個詔令只是形式。不赴廷尉而自殺是故事，故事才是實際所遵循的。從這件事可以看出，故事的權威雖然基於習慣，但君臣上下一般都十分尊重。

我們前面說過，漢人徵引故事，基本上是以漢代創立以來的往事為主，也有以經典為故事者。漢人引經典時，很少明白以「故事」稱之，一個主要的例外是王莽。王莽好為託古，於篡漢之際，立新室以後，動輒引周公為故事，或以「皇始祖考虞帝」為故事（參見《漢書》卷八十四〈翟方進傳〉；卷九十八〈元后傳〉；卷九十九上、中〈王莽傳〉，不俱引）他託古創制，別有用心，自不能以常情目之。另一個例子是董卓。他謀廢少帝，集百僚議曰：「今欲依伊尹、霍光故事，更立陳留王如何？」（《後漢書》卷七十二〈董卓傳〉），假藉伊尹、霍光故事，不過是梟雄一時的託詞，董卓欲廢欲立，豈在於援引誰家故事？此亦非常情可比。唯一在常情之下，引用非漢家故事的見於《後漢書》〈南蠻西南夷傳〉。該傳「巴郡南郡蠻」條載：

> 及秦惠王并巴中，以巴氏為蠻夷君長，世尚秦女，其民爵比不更，有罪得以爵除。其君長歲出賦二千一十六錢，三歲一出義賦千八百錢。其民戶出幏布八丈二尺，雞羽三十鏃。漢興，南郡太守靳彊請一依秦時故事。

漢承秦制之處極多，但兩漢書中明言以秦時舊例為故事者，似僅一見。個人相信漢室初興，典章未備，踏襲秦時故事，必不可免。章帝詔書曾說：「漢遭秦餘，禮壞樂崩，且因循故事，未可觀省。」（《後漢書》卷三十五〈曹褒傳〉）實則秦、漢兩代政治都是刀筆吏政治。這種政治的一個特色就是尚因循。雲夢秦簡中常見「廷行事」一詞。行事即往事、故事，「廷行事」意為廷尉故事或判例❶。如此，遵循前例辦案治事自秦時已然。劉邦、蕭何皆前秦舊吏，其所知者亦唯奉律令，循故事。由此言之，漢初蕭規曹隨，不過是秦漢政治精神的一貫表現而已。

漢儒好言改制，漢政亦見興革，這不是和本文所說漢政尚因循相矛盾了嗎？實則不然。改制乃就一姓代興，創業者改正朔、易服色以應天命而言，非謂開國之主與繼體之君皆以改度易制為能事。董仲舒說「變用於變，常用於常」（《春秋繁露》卷二〈竹林〉第三）的意義在此。漢儒論政最常引用的一句話反而是《詩經》的「不愆不忘，率由舊章」（〈大雅·假樂〉）。姑不論這兩句原意為何❷，他們總是援引這兩句，作為因循故事，反對變革的根據。舉例言之：

> 1.明年大議郊祀制，多以為周郊后稷，漢當祀堯……林獨以為周室之興，祚由后稷，漢業特起，功不緣堯。祖宗故事，所宜因循。定從林議。（李賢注：《東觀記》載議曰：「當今政卑易行，禮簡易從，人無

---

❶ 雲夢秦簡中「廷行事」凡十二見。「廷行事」的意義參于豪亮，〈秦律叢考〉，《文物集刊》，第二期 (1980)，頁 171。

❷ 漢人於此句蓋有二解。《韓詩外傳》卷六謂：「《詩》曰：『不愆不忘，率由舊章』，夫學之謂也。」《說苑》卷三〈建本〉，《新序》卷五〈雜事〉同。《春秋繁露》卷十四謂：「《詩》云：『不騫不忘〔蘇輿《義證》：天啓本作不愆，凌本同。盧云詩改正作不騫〕，率由舊章』，舊章者，先聖人之故文章也；率由，各有修從之也。」《詩》〈大雅·假樂〉此句鄭箋云：「愆，過；率，循也。成王之令德，不過誤，不遺失，循用舊典之文章，謂周公之禮法。」

愚智，思仰漢德，基業特起，不因緣堯。堯遠于漢，人不曉信……后稷近周，人戶知之，又據以興，基由其祚。《詩》曰：『不愆不忘，率由舊章』。宜如舊制，以解天下之惑。」）《後漢書》卷二十七〈杜林傳〉）

2. 統在朝廷，數陳便宜，以為法令既輕，下姦不勝，宜重刑罰，以遵舊典，乃上疏曰：「……高帝受命誅暴，平蕩天下，約令定律，誠得其宜。文帝寬惠柔克，遭世康平，唯除省肉刑、相坐之法。它皆率由，無革舊章……。」（《後漢書》卷三十四〈梁統傳〉）

3. 穆既深疾宦官……乃上疏曰：「案漢故事，中常侍參選士人。建武以後，乃悉用宦者。自延平以來，浸溢貴盛……愚臣以為可悉罷省，遵復往初，率由舊章，更選海內清淳之士，明達國體者，以補其位……。」（《後漢書》卷四十三〈朱穆傳〉）

4. 時順帝委縱宦官……（綱）上書曰：「《詩》曰：『不愆不忘，率由舊章』。尋大漢初隆，及中興之世……中官常侍不過兩人……頃者以來，不遵舊典……伏願陛下少留聖思，割損左右，以奉天心。」（《後漢書》卷五十六〈張綱傳〉）

兩漢創業之君不過二人，繼體之主數十。這數十人主，「樂因循而重改作」（《漢書》卷九十七下〈外戚傳〉「孝成許皇后」條載成帝詔），群臣百僚亦一以故事為依歸，所謂：「君不稽古，無以承天；臣不述舊，無以奉君。」（《後漢書》卷六十三〈李固傳〉）霍光秉政，「因循守職，無所改作」（《漢書》卷八十九〈循吏傳〉序）；魏相任丞相，「好觀漢故事及便宜章奏，以為古今異制，方今務在奉行故事而已」（《漢書》卷七十四〈魏相傳〉）；孔光為尚書令，「凡典樞機十餘年，守法度，修故事」（《漢書》卷八十一〈孔光傳〉）；大將軍王鳳以外戚輔政，亦「循故事而已」（《漢書》卷六十〈杜欽傳〉），前引王鳳未能循例而免馮野王是一個特例。這裡說他為政「循故事而已」，是指他一般的態度。霍光、魏相、孔光和王鳳的做法，實代表了漢代行政的常態。

以保守因循為常，許多事當改不改，應變不變，自然也會造成很多問題。

漢人批評時政，即曾將這些問題歸罪於君臣的一味因循。例如：武帝時，董仲舒批評道：

> 聖王之繼亂世也，埽除其迹而悉去之，復修教化而崇起之。教化已明，習俗已成，子孫循之，行五、六百歲尚未敗也。至周之末世，大為亡道，以失天下。秦繼其後，獨不能改，又益甚之……自古以來，未嘗有以亂濟亂，大敗天下之民如秦者也。其遺毒餘烈，至今未滅……今漢繼秦之後……當更張而不更張，雖有良工不能善調也；當更化而不更化，雖有大賢不能善治也。故漢得天下以來，常欲善治而至今不可善治者，失之於當更化而不更化也。（《漢書》卷五十六〈董仲舒傳〉）

元帝時，貢禹指責吏民風氣淫奢者，是君臣只知因循故事的結果：

> 今大夫僭諸侯，諸侯僭天子，天子過天道，其日久矣。承衰救亂，矯復古化，在於陛下……昭帝晏駕，（霍）光復行之。至孝宣皇帝時，陛下烏有所言，群臣亦隨故事，甚可痛也。故使天下承化，取女皆大過度，諸侯妻妾或至數百人，豪富吏民畜歌者至數十人，是以內多怨女，外多曠夫，及眾庶葬埋皆虛地上以實地下，其過自上生，皆在大臣循故事之皋也。唯陛下深察古道，從其儉者……（《漢書》卷七十二〈貢禹傳〉）

東漢崔寔在《政論》中也說：「自漢興以來，三百五十餘歲矣。政令垢翫，上下怠懈，風俗彫敝，人庶巧偽，百姓囂然……是以受命之君，每輒創制，中興之主，亦匡時失……其頑士闇於時權，安習所見，不知樂成，況可慮始，苟云率由舊章而已。」（《後漢書》卷五十二〈崔寔傳〉）董仲舒、貢禹和崔寔的批評，都是針對政治之大端而言，非僅指行政而已。漢代在政治上的創制，自後代觀之，實燦然可觀，不過當時的人並不滿意。行政因循，積弊叢生，

《政論》謂「政令垢翫，上下怠懈」即指此，則行政的習故守常亦可知矣。

　　因循的傾向具體表現在公文「如律令」和詔書「如故事」的慣用結尾語上。《風俗通義》佚文：「夫吏者，治也，當先自正，然後正人，故文書下『如律令』，言當承憲履繩墨，動不失律令也。」這是一般行政文書習慣以「如律令」作結。漢代遺簡中例證甚多，不贅舉。「如律令」儘管只是公文套語，卻明白反映漢代要求官員行事一以律令為據，是不鼓勵行政上作什麼改變的。百官行事須唯命唯謹，皇帝也非可為所欲為。對皇帝最主要的約束大概就在祖宗法度。漢天子自惠帝以後，以「孝」入諡號，講究以孝治天下❸。一般而言，他們不敢輕易違背祖宗法度。有所舉動，例必以先帝故事為依據。成帝見王商、王根宅第擬於禁宮，怒欲誅之，令尚書先取文帝時誅將軍薄昭故事（《漢書》卷九十八〈元后傳〉）；元帝欲易太子，也要參考「景帝時立膠東王故事」（《漢書》卷八十二〈史丹傳〉）；和帝欲誅外戚竇氏，竟要秘密輾轉求索〈外戚傳〉中的故事（《後漢書》卷五十五〈章帝八王傳〉「清河孝王慶」條）；和帝在追尊恭懷皇后的詔書中說：「朕不敢興事，覽於前世，太宗、中宗實有舊典，追命外祖，以篤親親……」（《後漢書》卷三十四〈梁統傳〉），「不敢興事」是漢代皇帝通常的態度。當然敢不敢興事還看皇帝的個性，武帝可以說是最敢於興事的皇帝。其他皇帝，一般而言，最少在形式上是恪守祖宗故事的。

　　恪守祖宗故事成為一種具體的形式即見於天子詔書以「如故事」作結。漢代詔書基本形式有兩種，一種是出於群臣奏請，由天子答曰「可」或「已奏」，而成詔書；另一種是出於天子本身的意願而下達的命令，也稱詔書❹。後一種詔書以「如故事」為結尾語。《後漢書》〈光武紀〉李賢注引《漢制度》云：「詔書者，詔告也，其文曰告某官云，如故事。」《集解》引劉攽曰：

❸　《漢書》卷二〈惠帝紀〉師古曰：「孝子善述父之志，故漢家之諡，自惠帝已下皆稱孝也。」惠帝以後，唯東漢光武帝例外，諡號無孝字。

❹　有關詔書形式的研究，以大庭脩氏最為詳盡深刻。參氏著〈漢代制詔の形態〉收入《秦漢法制史の研究》（東京，創文社，1982），頁 201～234。

「注:『告某官云』,案文當更有云字。」也就是說詔書的形式是告某官云云,而以如故事為結尾。較詳細的記載則見蔡邕《獨斷》。《獨斷》云:「詔書者,詔誥也,有三品。其文曰:告某官官〔案:後一「官」字當為「云」之誤〕如故事,是為詔書;群臣有所奏請,尚書令奏之,下有司曰制,天子答之曰可,若下某官云云,亦曰詔書;群臣有所奏請,無尚書令奏制之字,則答曰已奏。如書本官下所當至,亦曰詔。」《獨斷》所說三品的後兩品都是出於群臣所奏,由天子批答,此處可不討論。但頭一種則是天子主動表達個人的意願,他就要表示他是依循祖宗的故事。例如前引和帝在追尊恭懷皇后詔書中所說:「朕不敢興事,覽於前世,太宗、中宗實有舊典」云云,舊典就是故事。以「如故事」作結的實際詔書已不多見。在漢簡中目前尚無實例可考。因兩漢所錄詔書多經刪節,套語常不可見。以「如故事」作結的詔書見於《後漢書》者有桓帝永興二年二月癸卯詔。詔書結語作「如永平故事」,永平故事的內容是損省輿服,務存儉約(〈桓帝紀〉),見於《漢書》的有平帝元始五年冬十二月詔。此詔非平帝親下,臨薨不能言語,而由他人代下詔曰:「其出媵妾,皆歸家得嫁,如孝文時故事。」(〈平帝紀〉)可見在實際的詔書裡,有時是明確指出如某某先帝的故事。如此,詔書以「如故事」作結,意義不僅是形式上的,甚至也是實質上的,指出天子行事確實的依據。當然天子行事,自作主張,不遵故事的時候也不少(詳下文)。如果這些詔書仍以「如故事」作結,或巧擇故事,曲合己意,這種結語就以形式的意義居多了。儘管只是形式,漢代號稱以孝治天下,為了表示天子之孝,對祖先敬而不違,詔書結以「如故事」三字,仍有重要象徵的意義。

三、故事的典藏

故事既為施政的重要依據,兩漢政府不能不加典藏。有關典藏的資料甚少,僅就其可考者,略述如次。兩漢有專人掌典故事,其名曰掌故。《漢書》

〈鼂錯傳〉：錯「以文學為太常掌故。」顏注引應劭曰：「掌故，六百石吏，主故事。」又《史記》〈司馬相如列傳〉，裴駰《集解》引《漢書音義》曰：「掌故，太史屬官，主故事也。」太史令屬太常，故稱之為太常掌故。掌故例由博士弟子歲課之次選出任。武帝時，公孫弘議博士弟子「一歲皆輒課，能通一藝以上，補文學掌故缺，其高第可以為郎中。」（《漢書》卷八十八〈儒林傳〉），又《史記》〈鼂錯傳〉，司馬貞《索隱》引《漢舊儀》云：「太常博士弟子試策，中甲科補郎中，乙科補掌故。」平帝時，王莽秉政，改以歲課之丙科四十人補文學掌故（《漢書》〈儒林傳〉）。《漢書》列傳中人物曾為掌故者，有鼂錯、兒寬、匡衡、房鳳可考。東京承西京之舊，在太史令下仍有掌故一職。《續漢志》卷六〈禮儀〉下「大喪條」云：「太史令自車南，北面讀哀策，掌故在後」。此東漢仍有掌故之證。唯曾任斯職者無一可考。

掌故為太史屬官，任職外署。可是自武帝以後，決策每在內朝。皇帝欲知故事，往往就近詢問近側的尚書，而不及掌故。例如：武帝時，魏其侯竇嬰為救灌夫，使人上書言曾受孝景帝遺詔。「書奏上，而案尚書大行無遺詔。……乃劾魏其矯先帝詔，罪當棄市。」（《史記》卷一百零七〈魏其武安侯列傳〉）；元帝欲易太子，「數問尚書以景帝時立膠東王故事」（《漢書》卷八十二〈史丹傳〉）；成帝欲誅車騎將軍王音，「詔尚書奏文帝時誅將軍薄昭故事」（《漢書》卷九十八〈元后傳〉）；安帝建光元年，鄧太后崩，鄧騭弟悝等為宮人誣告，謂其「先從尚書鄧訪取廢帝故事，謀立平原王得」（《後漢書》卷十六〈鄧騭傳〉）；武帝查考有無遺詔，案之尚書，鄧騭欲得故事，須從尚書取，則故事掌典似竟在於尚書矣。

尚書典故事之例，還見於東京之初。《後漢書》卷二十六〈伏湛傳〉謂：「光武即位，知湛名儒舊臣，欲令幹任內職，徵拜尚書，使典定舊制。」又卷二十七〈侯霸傳〉：「建武四年，光武徵霸與車駕會壽春，拜尚書令。時無故典，朝廷又少舊臣，霸明習故事，收錄遺文，條奏前世善政法度有益於時者，皆施行之。」由伏、侯定舊制，收遺文，則故事為尚書之職司似可推知。尚書出納詔令章奏，與故事的關係可以說最為密切。漢末，董卓遷獻帝之關

中，尚書令王允收蘭臺、石室圖書以從（《後漢書》卷六十六〈王允傳〉），此亦可證東漢典故圖籍掌於尚書。至於仍然存在的掌故扮演什麼角色，則不可考。

　　欲得故事，須謀之尚書，然亦有不從尚書取故事的事例，須要說明。《後漢書》卷五十五〈章帝八王傳〉清河孝王慶條：

> 太子即位，是為和帝，待慶尤渥……常共議私事……帝將誅竇氏，欲得〈外戚傳〉，懼左右，不敢使。乃令慶私從千乘王求，夜獨內之。又令慶傳語中常侍鄭眾求索故事（李賢注：謂文帝誅薄昭，武帝誅竇嬰故事）。及大將軍竇憲誅，慶出居邸，賜奴婢三百人……。

當時外戚竇氏權傾一時，父兄子弟布列內外。尚書僕射郅壽和樂恢皆因忤憲意，相繼自殺（《後漢書》卷二十三〈竇憲傳〉）。由此可以想見，其時尚書臺必為竇氏所控制。如此，和帝謀誅竇氏，自然不敢如平常，從尚書求索故事了。

　　或即因為尚書掌故事，東漢每稱故事為「尚書故事」。例如：順帝時，左雄以「尚書故事無乳母爵邑之制」，反對順帝封乳母（《後漢書》卷六十一〈左雄傳〉）；應劭的撰著中有《尚書舊事》。《後漢書》〈應劭傳〉《集解》引惠棟曰：「即尚書故事也。」

　　東漢尚書典故事。故事非指專門一類的檔案圖籍。大凡政府檔案，不論詔書、章奏、判例、儀制、約束、各朝注記甚至侍講注籍都以原來的形式被保留起來，以供參考。這些故事檔案如何典藏不可考。唯存放的處所，東漢時是在洛陽南宮的東觀以及蘭臺、石室等藏書閣：

> 1. 《後漢書》卷三十五〈曹褒傳〉：「章和元年正月乃召褒詣嘉德門，令小黃門持班固所上叔孫通《漢儀》二十篇，敕褒曰：『此制散略，多不合經，今宜依禮條正，使可施行。於南宮東觀，盡心集作。』褒即受命，乃次序禮事，依準舊典，雜以五經讖記之文，撰次天子至於庶人冠婚吉凶終始制度，以為一百五十篇。」

2. 《後漢書》卷三十三〈鄭弘傳〉:「弘前後所陳有補益王政者,皆著之南宮,以為故事。」《集解》引惠棟曰:「謝承書自序云:『承父㬅為尚書郎,每讀高祖及光武之後將相名臣策文通訓條在南宮,祕于省閣,為臺郎升複道,取急因得開覽。』」

3. 《後漢書》卷五十四〈楊賜傳〉:「賜遂上書言之,會去位,事留中。後帝徙南宮,閱錄故事,得賜所上張角奏及前侍講注籍,乃感悟。」

4. 《後漢書》卷五十九〈張衡傳〉:「永初中,謁者僕射劉珍,校書郎劉騊駼等著作東觀,撰集《漢記》,因定漢家禮儀。」

5. 《後漢書》卷六十下〈蔡邕傳〉:「邕前在東觀,與盧植、韓說等撰補《後漢記》。」

以上皆漢家故事檔案在洛陽南宮及東觀之證。東觀位在南宮之中。《後漢書》〈安帝紀〉永初四年條李賢注引《洛陽宮殿名》云:「南宮有東觀。」

此外,蘭臺、石室必亦貯存舊典。班固為蘭臺令史與陳宗、尹敏、孟異諸人共成〈世祖本紀〉(《後漢書》卷四十上〈班固傳〉),又《後漢書》〈王允傳〉:「獻帝即位,拜太僕,再遷尚書令……及董卓遷都關中,允悉收斂蘭臺、石室圖書祕緯要者以從。既至長安,皆分別條上。又集漢朝舊事所當施用者,一皆奏之。」此蘭臺、石室存藏舊典之證。二處或亦在南宮,唯無確據。要之,東京藏書閣還有辟雍、宣明、鴻都等處。〈儒林傳〉序謂董卓移都之際,「自辟雍、東觀、蘭臺、石室、宣明、鴻都諸藏典策文章,競共剖散。」據此可知,這些地方也有政府的典章故事。

西漢故事典藏何處,沒有確據可考。劉歆《七略》謂自武帝以來,天下獻書,故「外則有太常、太史、博士之藏,內則有延閣、廣內、祕室之府」(《漢書》卷三十〈藝文志〉,如淳曰引劉歆《七略》)又蘭臺、石室、石渠閣、麒麟閣、天祿閣亦為藏書之處(《三輔黃圖》卷六;《漢書》卷八十八〈儒林傳〉施讎條師古引《三輔故事》),這些藏書閣除收天下遺書,亦必貯存漢家典籍,故事自在其中。

　　以上所及皆京師宮中故事之典藏。地方檔案如何收藏？各官府是否亦各自保存相關的檔案？想來應該如此，唯無由確考。《隋書》〈經籍志〉謂：「古者朝廷之政，發號施令，百司奉之，藏于官府，各修其職守而弗忘。《春秋傳》曰：『吾視諸故府。』則其事也。」前文曾提到居延發現成帝及王莽時期的詔書輯冊。在居延發現經編纂過的詔書摘要輯錄，證明地方官員亦保存若干檔案，此即朝廷號令，百司奉之，藏于官府之意。

四、故事的歧異與選擇

　　漢代故事範圍既廣，隨著時間，其數量亦必然日益龐大。故事既多又廣，在遵循上不免產生問題：第一，要掌握所有的故事，適當地加以運用不是容易的事；第二，故事之間難免有歧異和矛盾，如何選擇和解釋，極易引起爭論。由於故事不易掌握，「明習故事」乃成為作官極重要的條件和本錢；又因為故事的歧異衝突，故事常常在政爭中成為被利用的工具。

　　雜多的故事不是人人都能熟悉。有時為了奉行故事，臨時將故事頒下，令群臣百僚讀之。東漢光武帝時，祭遵薨，光武臨喪採宣帝臨霍光故事。《東觀記》謂：「時下宣帝臨霍將軍儀，令公卿讀視，以為故事。」（《後漢書》卷二十〈祭遵傳〉李賢注引）這件事不但顯示儀典舊制非人人盡知，典藏的故事在平時恐怕也非人人得見。我們知道漢代兩京的藏書閣即非全然開放。霍山被迫自殺，罪狀之一是私「寫秘書」；太常蘇昌則因私借秘書給霍山，免職（《漢書》卷十九下〈百官公卿表〉；卷六十八〈霍光傳〉）。當然這裡所說只限中央兩京所藏的故事。許多不成文的慣例或地方性的故事，只要作官為吏就有機會知道，並沒有秘密性。但是兩漢絕大部分重要、牽涉較廣、層次較高的檔案故事無疑都集中在中央，並且是不公開的。例如《漢書》〈禮樂志〉說漢初叔孫通所撰《禮儀》，「與律令同錄，藏於理官，法家又復不傳，漢典寢而不著，民臣莫有言者。」叔孫通所撰《禮儀》，不曾公開，故後漢章帝

時，博士曹褒定禮制，還得赴嘉德門，從小黃門受叔孫通《漢儀》十二篇
（《後漢書》卷三十五〈曹褒傳〉）。又如前節引謝承《後漢書》自序提到謝承
父為尚書郎，在南宮得讀高祖、光武以來將相名臣策文。自序文意並不全然
清楚，可是從「秘于省閣」、「取急因得開覽」等語看來，平常無疑是不開放
的。章帝曾詔郎中黃香詣東觀，「讀所未嘗見書。」（《後漢書》卷八十上〈文
苑傳〉）這不是尋常的事，才寫入了傳記。成帝時，東平思王上疏求太史公
書，成帝問大將軍王鳳，王鳳以為「太史公書有戰國縱橫權譎之謀，漢興之
初謀臣奇策、天官災異、地形阨塞，皆不宜在諸侯王，不可予」（《漢書》卷
八十〈宣元六王傳〉）連太史公書都不可在地方，其餘更無論矣。因此漢人寫
漢史非得入東觀、蘭臺，而著作東觀又必得允許或受命而後可。

除了太史、著作郎一類的官員，一般最常利用故事，和故事舊檔關係密
切的大概就是外朝的丞相和內朝的尚書。兩漢書中「明習故事」的人物，以
他們居多：

1. 宣帝時相魏相，「好觀漢故事及便宜章奏……數條漢興已來國家便宜
   行事及賢臣賈誼、鼂錯、董仲舒等所言，奏請施行之」。（《漢書》卷
   七十四〈魏相傳〉）

2. 初宣帝不甚從儒術，任用法律，而中書宦官用事。中書令弘恭、石
   顯久典樞機，明習文法，亦與車騎將軍高為表裡，論議常獨持故事，
   不從望之等。（《漢書》卷七十八〈蕭望之傳〉）

3. （弘）恭明習法令故事，善為請奏，能稱其職。（《漢書》卷九十三〈佞
   幸傳〉）

4. （孔）光以高第為尚書，觀故事品式，數歲明習漢制及法令，上甚
   信任之，轉為僕射，尚書令……凡典樞機十餘年，守法度，修故事。
   （《漢書》卷八十一〈孔光傳〉）

5. 祖父章，永平中為尚書，以二妹為貴人。章精力曉舊典。（《後漢書》
   卷十下〈皇后紀〉「安思閻皇后」條）

6. 建武四年，光武徵霸……拜尚書令……霸明習故事，收錄遺文，條奏前世善政法度有益於時者，皆施行之。(《後漢書》卷二十七〈侯霸傳〉)

7. (樊準) 三轉為尚書令，明習故事，遂見任用。(《後漢書》卷三十二〈樊準傳〉)

8. (郭) 賀能明法，累官，建武中為尚書令。在職六年，曉習故事，多所匡益。(《後漢書》卷二十六〈蔡茂傳〉)

9. 祐初察孝廉，補尚書侍郎，閑練故事，文札強辨。每有奏議，應對無滯，為僚類所歸。(《後漢書》卷六十七〈黨錮傳〉「劉祐」條)

10. (陽球) 初舉孝廉，補尚書侍郎，閑達故事，其章奏處議，常為臺閣所崇信。(《後漢書》卷七十七〈酷吏傳〉「陽球」條)

11. (黃香) 初除郎中。元和元年，肅宗詔香詣東觀讀所未嘗見書……六年累遷尚書令，後以為東郡太守……帝亦惜香幹用，久習舊事，復留為尚書令。(《後漢書》卷八十上〈文苑傳〉「黃香」條)

12. 初瓊隨父〔按：即黃香〕在臺閣，習見故事。及後居職，達練官曹，爭議朝堂，莫能抗奪。(《後漢書》卷六十一〈黃瓊傳〉)

由於故事不是人人熟悉，人人得見，明習故事者就成了特殊的人才。在一個依據故事行政的政治裡，他們不免有了較大左右形勢的力量。因此弘恭、石顯能「獨持故事」與外朝相抗；劉祐、陽球能為僚類所歸，臺閣所崇信；黃瓊爭議朝堂，亦無人能抗。武帝以後，尚書權勢日重，一方面固然因為他們近在君側，出納王命章奏，另一方面也由於他們最有機會接觸國家檔案，熟悉前規舊制。

　　有機會接觸故事舊檔的當然絕不止尚書。其他明習故事的也大有人在。他們對故事援引和解釋如有不同，即可引起爭議。這些爭議有的也許僅僅是因為故事本身的歧異或解釋的不同，有的則隱藏著複雜的政治鬥爭，而故事不過是政爭的工具而已。我們先從故事的歧異說起。漢代四百年，君臣雖然尚因循，總不免立下了許多不盡相同的先例。後人依循，因著眼相異，引證

不同，就起了爭議。以漢代公卿大臣是否行三年喪禮為例。自文帝遺詔以日易月以來，公卿二千石以不服三年喪為常。故事相踵，至東漢安帝時發生了爭論，爭論雙方各引故事，皆有所據：

1. 元初三年有詔，大臣得行三年喪，服闋還職。（陳）忠因此上言：「孝宣皇帝舊令，人從軍屯及給事縣官者，大父母死未滿三月，皆勿徭，令得葬送。請依此制。」太后從之。至建光中，尚書令祝諷、尚書孟布等奏，以為「孝文皇帝定約禮之制，光武皇帝絕告寧之典，貽則萬世，誠不可改，宜復建武故事。」忠上疏曰：「臣聞之《孝經》，始於愛親，終於哀戚……先聖緣人情而著其節，制服二十五月，是以《春秋》臣有大喪，君三年不呼其門……高祖受命，蕭何創制，大臣有寧告之科，合於致憂之義。建武之初，新承大亂，凡諸國政，多趣簡易，大臣既不得告寧，而群司營祿念私，鮮循三年之喪，以報顧復之恩者。……」宦豎不便之，竟寢忠奏而從諷、布議，遂著于令。（《後漢書》卷四十六〈陳忠傳〉）

2. 舊制：公卿、二千石、刺史不得行三年喪，由是內外眾職並廢喪禮。元初中，鄧太后詔長吏以下不為親行服者，不得典城選舉。時有上言牧守宜同此制，詔下公卿，議者以為不便。愷獨議曰：「詔書所以為制服之科者，蓋崇化厲俗，以弘孝道也。今刺史一州之表，二千石千里之師……尤宜尊重典禮，以身先之……」太后從之。（《後漢書》卷三十九〈劉愷傳〉）

陳忠、劉愷主張公卿大臣行三年喪所依據的是經義、孝宣舊令和高祖、蕭何所創的寧告之科；祝諷、孟布引據的則是孝文和光武故事。在故事相歧的情況下，決策的達成就全看主政者的抉擇了。元初三年，鄧太后詔行三年喪；五年之後，又因祝、孟的奏議復遵建武故事。像這一類的情形，在漢代還有鹽鐵專賣、南北郊、肉刑的討論。由於可以引證的不同的故事太多，以故事

為依據往往變成形式，主政者既定的意圖才是決策達成真正的關鍵。成帝詔削許皇后用度即為佳例：

> 后聰慧，善史書，自為妃至即位，常寵於上，後宮希得進見。皇太后及帝諸舅憂上無繼嗣，時又數有災異，劉向、谷永皆陳其咎在於後宮。上然其言。於是省減椒房掖廷用度。皇后乃上疏曰：「……乃壬寅日大長秋受詔：『椒房儀法，御服輿駕，所發諸官署，及所造作，遺賜外家群臣妾，皆如竟寧以前故事。』妾伏自念，入椒房以來，遺賜外家未嘗踰故事，每輒決上，可覆問也。今誠時世異制，長短相輔，不出漢制而已，纖微之間，未必可同。若竟寧前與黃龍前，豈相放哉？（晉灼曰：竟寧，元帝時也。黃龍，宣帝時也。言二帝奢儉不同，豈相放哉？）……詔書言服御所造，皆如竟寧前，吏誠不能摸其意……設妾欲作某屏風張於某所，曰：故事無有，或不能得，則必繩妾以詔書矣。此二事誠不可行，唯陛下省察。」（《漢書》卷九十七下〈外戚傳〉「孝成許皇后」條）

成帝雖寵愛許皇后，但因災異、繼嗣等問題，聽信劉向、谷永之言，下詔以竟寧以前故事約制皇后。皇后則以竟寧與黃龍時故事奢儉之不同相爭。成帝於是採劉向、谷永之說，詔答皇后，亟言災異起於椒房，並以故事不同，寧捨奢取儉，教訓皇后。成帝的答詔有一段說：

> 傳不云乎？「以約失之者鮮」。審皇后欲從其奢與？朕亦當法孝武皇帝也，如此則甘泉、建章可復興矣。世俗歲殊，時變日化，遭事制宜，因時而移，舊之非者，何可放焉！君子之道，樂因循而重改作。昔魯人為長府，閔子騫曰：「仍舊貫如之何？何必改作。」蓋惡之也。詩云：「雖無老成人，尚有典刑，曾是莫聽，大命以傾。」孝文皇帝，朕之師也。皇太后，皇后成法也……皇后其刻心秉德，毋違先后之制度，

力誼勉行，稱順婦道，減省群事，謙約為右……垂則列妾，使有法焉。皇后深惟母忽。(同上)

從這一段可以看出成帝雖然引經據典，以奢儉教訓皇后，實際上這些故事和經義都是表面文章，真正的原因是成帝已將災異和久無繼嗣歸罪於皇后。如此，任憑許皇后在典故上如何站得住腳也是枉然。她不久寵衰，廢處昭臺宮。當然許皇后的失寵還可能有更深一層的理由，即成帝有意提攜元舅王鳳以對抗自元帝時即已輔政的后父許嘉。而攻擊許皇后的劉向、谷永又都是黨於王氏的❺。如此，成帝用劉向、谷永之言，所引經義故事都不過是政爭的工具罷了。

東漢中晚期，朝臣與宦官激烈鬥爭，支持與攻擊宦官者亦皆假故事之名相爭：

1. 時順帝委縱宦官……(張綱)上書曰：「詩曰：『不愆不忘，率由舊章』。尋大漢初隆，及中興之世……中官常侍不過兩人，近倖賞賜裁滿數金……頃者以來，不遵舊典，無功小人皆有官爵，富之驕之而復害之，非愛人重器，承天順道者也。伏願陛下少留聖思，割損左右，以奉天心。」(《後漢書》卷五十六〈張綱傳〉)

2. 穆既深疾宦官……乃上疏曰：「案漢故事，中常侍參選士人。建武以後，乃悉用宦者。自延平以來，浸溢貴盛……愚臣以為可悉罷省，遵復往初，率由舊章，更選海內清淳之士，明達國體者，以補其位……帝不納。後穆因進見，口復陳曰：「臣聞漢家舊典，置侍中、

❺ 參《漢書》卷九十七下〈外戚傳〉「孝成許皇后」條：「初后父嘉自元帝時為大司馬車騎將軍輔政，已八九年矣。及成帝立，復以元舅陽平侯王鳳為大司馬大將軍，與嘉並……久之，上欲專委任鳳，乃策嘉曰：『將軍家重身尊，不宜以吏職自繁，賜黃金二百金，以特進侯就朝位。』」劉向、谷永與王氏的關係，參《漢書》卷三十六〈楚元王傳〉；卷八十五〈谷永傳〉。

中常侍各一人，省尚書事，黃門侍郎一人傳發書奏，皆用姓族，自和熹太后以女主稱制，不接公卿，乃以閹人為常侍，小黃門通命兩宮……宜皆罷遣……」帝怒不應。（《後漢書》卷四十三〈朱穆傳〉）

3. 武乃白太后曰：「故事：黃門常侍但給事省內，典門戶，主近署財物耳。今乃使與政事而任權重，子弟布列，專為貪暴。天下匈匈，正以此故。宜悉誅廢，以清朝廷。」太后曰：「漢來故事世有，但當誅其有罪，豈可盡廢邪？」（《後漢書》卷六十九〈竇武傳〉）

4. 〔何進〕遂與〔袁〕紹定籌策，而以其計白太后。太后不聽，曰：「中官統領禁省，自古及今，漢家故事，不可廢也……」（《後漢書》卷六十九〈何進傳〉）

朝臣的攻擊和鄧太后的辯護在典故上都有根據，但取捨與解釋可因各人立場而天差地別。這種取捨與解釋所反映的即不單純是故事本身的歧異。我們從熹平元年，竇太后崩，皇帝、朝臣與宦官對葬禮的爭議可以看出，即使是徵引同樣的故事，因立場有異，解釋遂亦不同。竇太后父竇武與陳藩謀誅宦官失敗以後，武、藩被殺，太后被遷往南宮雲臺。中常侍曹節、王甫等人怨恨竇氏，不欲以太后禮葬太后，而以貴人之禮。靈帝不以為然，令公卿、中常侍大會朝堂公議。在議論中：

曹節、王甫復爭，以為梁后家犯惡逆，別葬懿陵，武帝黜廢衛后，而以李夫人配食。今竇氏罪深，豈得合葬先帝乎？李咸乃詣闕上疏曰：「臣伏惟章德竇后虐害恭懷，安思閻后家犯惡逆，而和帝無異葬之議，順朝無貶降之文。至於衛后，孝武皇帝身所廢棄，不可以為比。今長樂太后尊號在身，親嘗稱制，坤育天下，且援立聖明，光隆皇祚。太后以陛下為子，陛下豈得不以太后為母？子無黜母，臣無貶君，宜合葬宣陵，一如舊制。」帝省奏，謂曹節等曰：「竇氏雖為不道，而太后有德於朕，不宜降黜。」節等無復言，於是議者乃定。（《後漢書》卷五

十六〈陳球傳〉

這裡宦官與朝臣相爭，都利用武帝黜衛后的故事，卻各作不同的解釋。故事的解釋雖只是政爭的表面，但大家都不能不藉故事為幌子，因為故事終究是治事公認的依據。當故事取捨和解釋不同，最後的關鍵乃在天子的意向。靈帝因竇太后與竇武定策而得立，故曰「太后有德於朕」。他決定不黜太后，宦者與朝臣也都無話可說。從這裡可以知道，所謂祖宗故事雖可對漢代君臣形成約束和提供治政的依據，可是故事本身和解釋的歧異，也足以使故事成為政爭者方便的工具。

五、不遵故事與故事的改變

漢代君臣重故事，尚因循是就其大體而言，並不是說凡事一成不變，對故事一味遵循。即使是因循故事，也不免小有出入。時間一久，出入一多，故事就顯現出變化。例如，安帝時，陳忠說：「漢典舊事，丞相所請，靡有不聽。今之三公，雖當其名而無其實。選舉誅賞，一由尚書。尚書見任重於三公，陵遲已來，其漸久矣。」（《後漢書》卷四十六本傳）這種丞相權落，尚書奪三公之職的現象即非成於一朝一夕。如果君臣有意不遵行故事，故事更可在倏然間改變。改變後的新事例，在後人因循之下又成為新的故事。兩漢書中所說「自此始」者，多為此類。

我們說過故事有不同於律令之處。律令代表天子的號令和權威，群臣必須遵守，不遵必受處罰。律令要改變亦必假天子之名。故事可以包含律令，除律令以外的部分，其權威性主要是基於習慣性的尊重。這種尊重非必然，違背亦不必然受罰。再者，君臣既然都可創立故事，天子和百官也就都可不遵而使故事失效或改變。

兩漢書中天子不遵或改變故事的例證甚多，無勞細舉。我們要說明的是，

天子有時雖未遵循故事，似乎並不意味故事從此改變。例如：

> 中元元年，（鮑昱）拜司隸校尉。詔昱詣尚書，使封胡降檄。光武遣小
> 黃門問昱有所怪不？對曰：「臣聞故事通官文書不著姓，又當司徒露
> 布，怪使司隸下書而著姓也。」帝報曰：「吾故欲令天下知忠臣之子復
> 為司隸也。」（《後漢書》卷二十九〈鮑昱傳〉）

從「吾故欲令天下知忠臣之子復為司隸」可知這可能只是光武專為鮑昱而不
遵故事，並不表示司隸下書從此著姓，又代司徒而掌露布。這種特例性質的
很多。例如成帝時相翟方進因災異被迫自殺，「天子親臨弔者數至，禮賜異於
它相故事。」（《漢書》卷八十四〈翟方進傳〉）；又如張奐因破羌功，「願徙屬
弘農華陰。舊制：邊人不得內移。唯奐因功，特聽。故始為弘農人焉。」（《後
漢書》卷六十五〈張奐傳〉）特例不影響故事的繼續有效，譬如「舊事：歲終
當饗遣衛士，大儺逐疫。太后以陰陽不和，軍旅數興，詔饗會勿設戲作樂，
減逐疫侲子之半，悉罷象、橐駝之屬，豐年復故。」（《後漢書》卷十上〈皇
后紀〉「和熹鄧皇后」條）詔書中說「豐年復故」，意即此次未遵舊事只是臨
時的性質。但是這些臨時的特例只要有人援用，也應可以成為故事，除非經
明令不得為比。

　　故事的改變可因天子個人的意願或群臣的建議；所作的改變則可有全然
或部分、臨時或永久的不同。例如：

> 1. 時恩澤諸侯以無勞受封，群臣不悅而莫敢諫。典獨奏曰：「夫無功而
>   賞，勞者不勸，上忝下辱，亂象干度。且高祖之誓，非功臣不封。
>   宜一切削免爵土，以存舊典。」（桓）帝不從。《後漢書》卷二十七
>   〈趙典傳〉）
> 2. 順帝永和元年，武陵太守上書以蠻夷率服，可比漢人增其租賦。議
>   者皆以為可。尚書令虞詡獨奏曰：「……先帝舊典，貢稅多少，所緣

來久矣。今猥增之，必有怨叛，計其所得，不償所費，必有後悔。」
帝不從。(《後漢書》卷八十六〈南蠻西南夷傳〉)

此順帝、桓帝因個人意願或臣屬的建議而改變了舊典。因群臣建議而改變舊
制的例子很多，我們還可以舉幾個如下：

1. 大司農中丞耿壽昌……五鳳中奏言：「故事：歲漕關東穀四百萬斛以
   給京師，用卒六萬人。宜糴三輔、弘農、河東、上黨、太原郡穀足
   供京師，可以省關東漕卒過半。」又白增海租三倍，天子皆從其計。
   (《漢書》卷二十四上〈食貨志〉)
2. 又故事：諸上書者皆為二封，署其一曰副，領尚書者先發副封，所
   言不善，屏去不奏。相復因許伯白，去副封以防雍蔽，宣帝善之，
   詔相給事中，皆從其議。霍氏殺許后之謀，始得上聞。(《漢書》卷七
   十四〈魏相傳〉)
3. 舊：南海獻龍眼、荔枝，十里一置，五里一候，奔騰阻險，死者繼
   路。時臨武長汝南唐羌縣接南海，乃上書陳狀……由是遂省焉。(《後
   漢書》卷四〈孝和孝殤帝紀〉)

群臣有時建議改變舊制，有時力主遵循故事，或改變或因循，最後決定的關
鍵乃在天子或代天子行決策者的身上。故事是祖宗法度，對天子固然有相當
的約束力，不過在漢代政治裡，「今上」的意願毫無疑問才是一切的樞紐。
《漢書》卷六十〈杜周傳〉有一段極具意義的記載：

客有謂周曰：「君為天下決平，不循三尺法，專以人主意指為獄，獄者
固如是乎？」周曰：「三尺安出哉？前主所是著為律，後主所是疏為
令；當時為是，何古之法乎！」

「當時為是，何古之法乎」一句道盡當今天子的威權和「故事」權威的局限性。

天子敬宗法祖，不能不遵故事，然而時移事異，故事又非可盡遵。因此所謂因循故事，多不免小有改變。以下舉兩個例子：

> 王莽秉政，（龔）勝與（邴）漢俱乞骸骨。自昭帝時，涿郡韓福以德行徵至京師，賜策書束帛遣歸。詔曰：「朕閔勞以官職之事，其務修孝弟以教鄉里。行道舍傳舍，縣次具酒肉，食從者及馬。長吏以時存問，常以歲八月賜羊一頭，酒二斛。不幸死者，賜複衾一，祠以中牢。」於是王莽依故事，白遣勝、漢。策曰：「惟元始二年六月庚寅，光祿大夫、太中大夫者艾二人以老病罷。太皇太后使謁者僕射策詔之曰：蓋聞古者有司年至則致仕，所以恭讓而不盡其力也。今大夫年至矣，朕愍以官職之事煩大夫，其上子若孫若同產、同產子一人。大夫其修身守道，以終高年。賜帛及行道舍宿，歲時羊酒衣衾，皆如韓福故事。所上子男皆除為郎。」（《漢書》卷七十二〈兩龔傳〉）

《漢書》將前後兩策書都記錄下來，使我們清楚看見因循故事，並不是依樣葫蘆。龔勝致仕，「所上子男皆除為郎」就不是韓福故事原有的。另一個例子是桓帝建和三年五月乙亥詔書。詔書中提到章帝舊制，但對舊制僅擇其部分從之：

> ……昔孝章帝愍前世禁徙，故建初之元並蒙恩澤，流徙者使還故郡，沒入者免為庶民。先皇德政，可不務乎？其自永建元年迄今歲，凡諸妖惡，支親從坐，及吏民減死徙邊者，悉歸本郡。唯沒入者，不從此令。（《後漢書》卷七〈孝桓帝紀〉）

除了天子，朝臣與地方官似乎也可以在某些情況下，特立獨行，不遵故事，甚至改變故事：

1. 郎官故事：令郎出錢市財，用給文書，迺得出，名曰山郎。移病盡一日，輒償一沐，或至歲餘不得沐。其豪富郎日出游戲或行錢得善部，貨賂流行，傳相放效。（楊）惲為中郎將，罷山郎，移長度大司農以給財用，其疾病、休謁、洗沐皆以法令從事。（《漢書》卷六十六〈楊敞傳〉）

2. 建初中，遷蜀郡太守……成都民物豐盛，邑宇逼側。舊制：禁民夜作，以防火災，而更相隱蔽，燒者日屬。（廉）范乃毀削先令，但嚴使儲水而已，百姓為便。（《後漢書》卷三十一〈廉范傳〉）

3. 時黃巾新破……更選清能吏，乃以琮為冀州刺史。舊典：傳車驂駕，垂赤帷裳，迎於州界。及琮之部，升車言曰：「刺史當遠視廣聽，糾察美惡，何有反垂帷裳，以自掩塞乎？」乃命御者褰之。（《後漢書》卷三十一〈賈琮傳〉）

4. 刺史臧旻舉（陸康）為茂才，除高成令。縣在邊陲。舊制：令戶一人具弓弩，以備不虞，不得行來。長吏新到，輒發民繕修城郭。康至，皆罷遣，百姓大悅。（《後漢書》卷三十一〈陸康傳〉）

5. （廉范）遷為雲中太守。會匈奴大入塞，烽火日通。故事：虜人過五千人，（《集解》引劉攽曰：「案文上人當作入」）移書傍郡。吏欲傳檄求救，范不聽，自率士卒拒之。（《後漢書》卷三十一〈廉范傳〉）

6. 齊郡舒緩養名，博新視事，右曹掾史皆移病臥。博問其故，對言：「惶恐！故事：二千石新到，輒遣吏存問致意，乃敢起就職。」博奮髯抵几曰：「觀齊兒欲以此為俗邪！」乃召見諸曹史、書佐及縣大吏，選視其可用者，出教置之。皆斥罷諸病吏，白巾走出府門。郡中大驚。（《漢書》卷八十三〈朱博傳〉）

嚴格而言，以上除了第一個例子，其他可能都是官員個人一時特立獨行的舉動。原來的慣例或制度是否從此改變，我們並不確實知道。只有楊惲為中郎將，革除郎官積習，罷山郎，訂休沐之制等可能真正改變了舊制。朱博斥罷

諸病吏，也可能曾使齊郡之俗從此改變。然朱博、陸康、廉范所為都只關係到地方性的舊制。有較全面性影響的如刺史賈琮乘傳車不垂帷裳。但是否從此刺史皆如此，不可知。丙吉為相不案吏罪，後人奉為故事。《漢書》說：「公府不案吏自吉始。」換言之，他一方面創立了不案吏的先例，一方面也改變了過去公府案吏的故事。

六、便宜和便宜從事

漢代行政在因循故事以外，還有所謂「便宜」或「便宜從事」。其作用乃在常規之外，為行政提供彈性應變的可能。

「便宜」是漢代的常用語，常見於文獻，在簡牘中也有例證可尋❻。在漢代，不論中央或地方的官員，甚至平民百姓，都可以「言便宜」。《漢書》〈杜周傳〉謂：「吏民上書言便宜，有異，輒下延年平處復奏。」這裡的吏民包含一般庶民在內。漢初婁敬以一介戍卒見高祖言便宜而移京長安就是一例。王莽時，博募有奇術可以攻匈奴者，「言便宜者以萬數」（《漢書》卷九十九下〈王莽傳〉），這「以萬數」的人應該也是官民皆有。

言便宜可以在正式奏事的場合面陳，或在章奏中依一定的程序提出，也可以在這些場合和程序以外言之。《漢書》〈嚴助傳〉謂嚴「朝覲奏事，因言國家便宜」。這是在正式奏事的場合言便宜。群臣在章奏中言便宜，則是所謂「便宜章奏」（《漢書》卷七十四〈魏相傳〉），上章奏或上疏言便宜有一定的程序。例如，武帝元狩六年，「郡國有以為便宜者，上丞相、御史以聞。」（《漢書》卷二十七中之下〈五行志〉）此即地方所上便宜須先送丞相和御史，再轉達於天子。不過，便宜也可在非正式的場合，不按例行的程序提出，這

---

❻ 參《文物》1978年第一期，圖版陸，「建武三年居延都尉吏奉穀秩別令冊」(EPF22: 70–79)。簡文中有「……都尉以便宜□予從史田吏如律令」，「右職開都尉以便宜予從史令田」句。

就使建言的管道有了彈性。例如，前文提到的婁敬，往戍隴西，路過雒陽，欲見高祖言便宜，找一位同鄉虞將軍代為引見。虞將軍欲與鮮衣，敬曰：「臣衣帛，衣帛見；衣褐，衣褐見，不敢易衣。」（《漢書》卷四十三〈婁敬傳〉）結果，虞將軍並未強其改易裝束，即入見高祖。又如張釋之初事文帝，十歲不得調，後補謁者，朝見文帝，「既朝畢，因前言便宜事。」（《史記》卷一○二〈張釋之傳〉）釋之調補朝見，本非言事的場合，他卻利用機會進言。至於孝景時，魏其受遺詔：「事有不便，以便宜論上。」（《史記》卷一○七〈魏其武安侯列傳〉）這更是給了他不拘常軌，隨時上言的特權。

　　從可考的資料看，便宜在內容性質上最主要的特點是它無關乎一般例行的事務或高遠的原則，而是針對當世急務，提出具體因應的辦法或建議。這類辦法或建議即名為便宜。前文提到張釋之言便宜，文帝曰：「卑之，毋甚高論，令今可行也。」儘管釋之所言仍然是「秦所以失，漢所以興」的大道理，但從文帝的話可以看出，天子期望中的「便宜」應是怎樣的性質。便宜應是可行的辦法而不是高論。因此，楊仁「上便宜十二事，皆當世急務，帝嘉之」（《後漢書》卷七十九下〈儒林傳〉）；郎顗條陳便宜七事，又上書薦黃瓊、李固并陳消災之術曰：「臣前對七事，要政急務，宜於今者，所當施用。」（《後漢書》卷三十下〈郎顗傳〉）不論他們所言是否確實可行，但都以解決當時的問題為著眼，故又稱之為「當世便宜」（《後漢書》卷四十六〈陳寵傳〉）或「當世便事」（《後漢書》卷三十六〈陳元傳〉；卷五十二〈崔寔傳〉；卷五十七〈劉陶傳〉）。便宜乃因事而發，故每稱「上」或「條」便宜若干事或若干條。如崔寔「論當世便事數十條，名曰《政論》」（《後漢書》卷五十二〈崔駰傳〉）《政論》雖已不存，然從輯本中仍可見因事立論的梗概。其言風俗為國之脈診，主重賞深罰以御亂世，禁僭奢厚葬之風，嚴督官造兵器，延長地方守令任期，增百官俸祿，不宜頻頻大赦，徙貧民於寬地以開草闢土，教民耕殖紡織之法等等，無不針對時弊，提出因應之道（參《全後漢文》卷四十六所輯），又《後漢書》卷三十下〈郎顗傳〉曾收錄郎顗所上便宜七事以及接著所條便宜四事。這十一事都是據天象所見，本天人災異，言因興因革之事。

再如張角作亂，侍中向栩上便宜，以為「但遣將於河上北向讀《孝經》，賊自當消滅」（《後漢書》卷八十一〈獨行傳〉向栩條）這些便宜在今天看來或不切實際，但在言便宜者看來，卻是「宜於今者，所當施用」。更重要的是這些「便宜」都不是在因循故常的情況下所能採行的，因為它們都是因時施宜的非常之道。崔寔在《政論》裡有幾句話或可為「便宜」性質的註腳：

> 且濟時拯世之術，豈必體堯蹈舜，然後乃治哉？期於補綻決壞，枝柱邪傾，隨形裁割，取時君所能行，要措斯世於安寧之域而已。故聖人執權，遭時定制，步驟之差，各有云施……其頑士闇於時權，安習所見，殆不知樂成，況可與慮始乎？

遭時定制，補綻決壞，隨形裁割，取時君所能行，措斯世於安寧之域就是《政論》數十條「便宜」的性質和目的。

「便宜」是不同尋常的權便措施，「便宜從事」則是將權便措施付諸施行的權力。如上所說，官員和百姓都可以「言」便宜，但是否施行卻是另外一回事。權便之計，言之無害，因為是否施行，權在天子。如果任官員以便宜「從事」，付諸行動就有大權旁落之虞，情況就不一樣了。「從事」即施行、行事之意，為漢代的常用語，如「以軍法從事」（《漢書》卷八十三〈薛宣傳〉），「以律令從事」（《漢書》卷八十三〈朱博傳〉），「以軍興法從事」（《漢書》卷九十九中〈王莽傳〉），「以賣人法從事」（《後漢書》卷一下〈光武帝紀〉）等等。所謂「便宜從事」即是可不拘常制、審度情勢，權宜處置的意思。因從事即行事，漢代也有稱便宜從事為「便宜行事」的。（《漢書》卷七十四〈魏相傳〉）

這種不拘常制，權宜處置的權力必要事先得到天子授權或特別的指示。景帝時，遣使持節拜郅都為鴈門太守，令其便道之官，「得以便宜從事」（《史記》卷一二二〈酷吏列傳〉）。武帝時，擊朝鮮，前線將帥不合。武帝遣公孫遂往正之，授權「有便宜得以從事」（《史記》卷一一五〈朝鮮列傳〉）；宣帝

時，常惠奏請便道擊龜茲，「宣帝不許，大將軍霍光風惠以便宜從事」（《漢書》卷七十〈常惠傳〉），又渤海郡亂，宣帝以龔遂為渤海太守。遂以為治亂不可急，「願丞相、御史且無拘臣以文法，得一切便宜從事」。宣帝許焉。（《漢書》卷八十九〈循吏傳〉）再如長安中多姦猾，尹賞選守長安令，「得壹切便宜從事。賞至，修治長安獄，穿地方深各數丈，致令辟為郭，以大石覆其口，名為虎穴。」（《漢書》卷九十〈酷吏傳〉）龔遂所要求的「無拘臣以文法」，尹賞修治虎穴以處姦猾，都是在例行的常軌之外，以較具彈性的手段應付特殊的情況。以上例證中有所謂「一切便宜從事」。一切者，權時也。《漢書》〈平帝紀〉元始元年注，師古曰：「一切者，權時之事，非經常也。猶如以刀切物，苟取整齊，不顧長短縱橫，故言一切。」《後漢書》〈光武帝紀〉上建武五年五月，李賢注謂：「一切謂權時，非久制也。並見《前書音義》。」可見「一切」乃權時量宜，與「便宜」義同。換言之，「便宜從事」似為「一切便宜從事」之省，意義並無不同。

　　便宜從事雖須事先授權，有時因時機促迫，未及奏請即權宜先行，更有的甚至不遵既有詔令，擅自作主。例如，漢二年，漢王與諸侯擊楚，蕭何「守關中，侍太子，治櫟陽，為法令約束，立宗廟社稷、宮室、縣邑，輒奏上，可，許以從事；即不及奏上，輒以便宜施行，上來以聞」（《史記》卷五十三〈蕭相國世家〉）再如七國之亂時，吳、楚之兵敗梁孝王將，梁孝王恐，「數使使報條侯（周亞夫）求救，條侯不許。又使使惡條侯於上。上使人告條侯救梁，復守便宜不行。」（《史記》卷一〇六〈吳王濞列傳〉）《漢書》〈周勃傳〉則說「亞夫守便宜，不往。梁上書言景帝，景帝詔使救梁，亞夫不奉詔，堅壁不出」。周亞夫審度情勢，竟守便宜，不奉詔令，而蕭何守關中，以便宜先行後奏，都是在面對特殊急迫的情況，於常規之外作權宜應變的處置。

　　這種權宜應變的情況最常發生於遠征在外的軍隊和將帥。兵事成敗，每在瞬息，將帥於既有指令之外，每須斟酌應變，不容事先請示。例如段會宗入烏孫，誅太子番丘（《漢書》卷七十〈段會宗傳〉）；馮奉世殺莎車王（《漢書》卷九十六上〈西域傳〉）；陳湯與甘延壽誅郅支單于（《漢書》卷七十〈陳

湯傳〉），都是以便宜行之的結果。再如，武帝時，大行王恢與大農韓安國率軍擊閩越，未及交戰，閩越王弟殺王，送王頭至王恢所。王恢以為「所為來者誅王，今王頭至，謝罪，不戰而耘，利莫大焉。乃以便宜案兵，告大農軍而使使奉王頭馳報天子。詔罷兩將軍兵」（《史記》卷一一四〈東越列傳〉）後來王恢與眾將約擊單于於馬邑，其責在擊單于輜重，然單于驚覺逃逸。王恢「聞單于不與漢合，度往擊輜重，必與單于精兵戰，漢兵勢必敗，則以便宜罷兵，皆無功。天子怒王恢不出擊單于輜重，擅引兵罷」，斬恢（《史記》卷一〇八〈韓長孺列傳〉），王恢兩次以便宜罷兵，結果完全不同：一次罷兵不擊閩越，雖未遵詔令，卻符合了天子的心意；另一次罷兵不擊匈奴輜重，遭來的是天子的責難和殺身之禍。我們不禁要問：漢代將領是否有便宜從事的權力？權力有無限度？又他們要為便宜從事的後果負什麼樣的責任？

在討論這些問題以前，必須一提便宜從事的另一種情況即「矯制」。矯制又稱「矯詔」 ❼，指擅假天子號令而便宜從事。矯制和便宜從事的關係從下列兩個例子可以看出來。《史記》卷一二〇〈汲黯傳〉：

> 河內失火，延燒千餘家。上使黯往視之。還報曰：「家人失火，屋比延燒，不足憂也。臣過河南，河南貧人傷水旱萬餘家，或父子相食。臣謹以便宜，持節發河南倉粟以振貧民。臣請歸節，伏矯制之罪。」

汲黯以「便宜」開倉賑災，卻要伏「矯制」之罪，關鍵在他持「節」，擅以天子號令行他權限以外的事。漢代開倉例須先行上報（參《後漢書》卷三十九〈王望傳〉；卷七十六〈循吏傳〉「第五訪」條），汲黯先行後報，故謂「以便宜」，又假節而行，是謂「矯制」。又《漢書》卷七十九〈馮奉世傳〉：

❼ 例如，《華陽國志》卷二〈漢中志〉：「拜巴郡陳禪為漢中太守……禪知攻守未可卒下，而年荒民困，乃矯詔赦之，大小咸服。」另參沈家本，《漢律摭遺》（臺北，文海出版社，《沈寄簃先生遺書甲編》下冊），卷四，頁15上下，「矯制不害」條。

前將軍增舉奉世以衛候使持節送大宛諸國客……奉世與其副嚴昌計，
以為不亟擊之則莎車日彊……遂以節諭告諸國王，因發其兵，南北道
合萬五千人進擊莎車……少府蕭望之獨以奉世奉使有指，而擅矯制違
命，發諸國兵，雖有功效，不可以為後法。奉世死後二年……杜欽上
疏追訟奉世前功曰：「……左將軍奉世以衛候便宜發兵誅莎車王，策定
城廓，功施邊境。議者以奉世奉使有指，春秋之義亡遂事，漢家之法
有矯制，故不得候……」

馮奉世被責以矯制之罪，也是因為擅假天子之節而行便宜。如果是不遵既有
詔令而便宜行事，謂之「不奉詔」。如王梁與大司馬吳漢等俱擊檀鄉。「有詔
軍事屬大司馬，而梁輒發野王兵。帝以其不奉詔，勒令止在所縣，而梁復以
便宜進軍。」（《後漢書》卷二十二〈王梁傳〉）如果是未奉詔令而擅自作主，
則構成「專擅」。例如，永初五年，「詔（梁）慬發邊兵迎三郡太守，使將史
人徙扶風界，慬即遣南單于兄子優孤塗奴將兵迎之。既還，慬以塗奴接其家
屬有勞，輒授以羌侯印綬，坐專擅，徵下獄，抵罪。」（《後漢書》卷四十七
〈梁慬傳〉）授印綬之事未奉詔令，故為專擅。「矯制」和「不奉詔」或「專
擅」不同之處在於矯制更假藉天子之節或詔令。不論如何，因為這三者都有
便宜處置的意味，在討論漢代官員有多少權宜應變的權力時，就不能不一併
談到。

七、便宜從事的限度

允許官員便宜從事是和漢代天子的集權傾向有著基本的矛盾和衝突。因
為任何權宜都意味著官員可能踰越天子既有的規定或指示，而損及權力之「在
余一人」。前文說過漢代行政，強調奉三尺律令以從事或因循祖宗故事，這固
然和行政須要一致和穩定有關，更重要的是這樣才容易維持一個權斷於主的

行政體系。《管子》說：「權斷於主則威。」（〈七臣七主篇〉）便宜從事不但會影響到行政的一致和穩定，也威脅到「主威」的王朝基本要求。如此，所謂便宜從事就不單純是一個行政問題，更是君臣之間的一個權力問題。既是權力問題，便宜從事的限度何在就十分值得注意。

首先，漢代天子即使再集權，也不能不允許官員在若干情況下得以便宜行事。從可考的例證看來，通兩漢幾乎所有便宜從事之權都由天子授予。不過也有例外。例如，前引宣帝不准常惠便道擊龜茲，大將軍霍光卻指示他以便宜從事。這當然是大權旁落的結果。另一個例子是居延新出建武三年「居延都尉吏奉穀秩別令」冊中有「職聞都尉以便宜□予從史田吏如律令」一句，又說「官縣寫移書到，如大將軍莫府書律令」。這是否意味「以便宜……如律令」是根據大將軍幕府所下的指令而行？建武三年，竇融為張掖屬國都尉，稱河西王郡大將軍，名義上臣屬光武帝，實際上無異獨立，其行便宜，恐無待光武授權。這當然是一個天下未真正統一時的特例，否則，便宜行事之權是只能由天子賦予的。

便宜從事的限度在漢代可以說極不明確。以最敏感的軍權而言，天子與將軍之間權力的關係無論在理論上，形式上或實質上都十分複雜而微妙，可以隨著不同的皇帝和不同的將領而有大不相同的情況。換言之，所謂便宜從事的限度往往因人而異，個人的因素往往比制度性的因素更重要。

先從理論上說。自春秋戰國之際，中央集權的官僚制形成以後，君主雖然專制，卻以日漸專責的將軍領軍作戰，不再御駕親征。受命征討的將軍可有多大自主的權力一直是一個熱烈討論的問題。這時著名的將軍和兵法家如孫武、司馬穰苴、孫臏、尉繚，都力主「將在軍，君令有所不受」❽。臨沂銀雀山漢墓所出《孫臏兵法》殘簡中就明白說道：「恆勝有五：得主剸（專）制，勝……恆不勝有五：御將，不勝。」❾，「得主專制」是說將軍有自主專

---

❽　參《史記》卷六十四〈司馬穰苴列傳〉；卷六十五〈孫子吳起列傳〉；《尉繚子注釋》

　　（上海，上海古籍出版社，1978），〈將令〉第十九，頁84。

❾　銀雀山漢墓竹簡整理小組，〈臨沂銀雀山漢墓出土孫臏兵法釋文〉，《文物》　卷一

制之權;「御將」則是將為君主所制御。漢代士人援引古說,仍然如此主張。
例如,漢文帝時,馮唐與文帝討論用將,馮唐就說:「臣聞上古王者遣將也,
跪而推轂,曰:『闞以內寡人制之,闞以外將軍制之。軍功爵賞,皆決於外,
歸而奏之。』」(《漢書》卷五十〈馮唐傳〉)《淮南子》〈兵略訓〉有一段言命
將之禮,反映的也是不可從中而御的主張:

> 君入廟(按:太廟)門,西面而立;將入廟門,趨至堂下,北面而立。
> 主親操鉞,持頭,授將軍其柄曰:「從此上至天者,將軍制之」。復操
> 斧,持頭,授將軍其柄曰:「從此下至淵者,將軍制之。」將已受斧
> 鉞,答曰:「國不可從外治也。軍不可從中御也。二心不可以事君,疑
> 志不可以應敵。既以受制於前矣,鼓旗斧鉞之威,臣無還請,願君亦
> 以垂一言之命於臣也。君若不許,臣不敢將;君若許之,臣辭而行。」
> 　(《淮南鴻烈集解》卷十五,頁 22 b～23 a)

《淮南子》〈兵略訓〉全篇基本上是承襲戰國以來議論兵略的傳統,探討用兵
致勝之道。致勝要件之一是將軍有專一之權,可隨機制宜。以上言命將之禮
即本此而來。董仲舒則更從《春秋》有常有變,儒家經權之義,論證將帥有
應變之權。《春秋繁露》說:

> 難者曰:「《春秋》之法,大夫無遂事,又曰:『出境有可以安社稷,利
> 國家者,則專之可也。』又曰:『大夫以君命出,進退在大夫也。』又
> 曰:『聞喪徐行而不反也。』夫既曰無遂事矣,又曰專之可也;既曰進
> 退在大夫矣,又曰徐行而不反也,若相悖然,是何謂也?」曰:「四者
> 各有所處,得其處則皆是也;失其處則皆非也。《春秋》固有常義,又
> 有應變。無遂事者謂平生安寧也;專之可也謂救危除患也;進退在大

夫者，謂將率用兵也……」（《春秋繁露義證》卷三，頁 16 下）

從此以後，不論是劉向在《說苑》〈奉使〉、〈指武〉篇或東漢儒者在《白虎通》〈三軍〉、〈王者不臣〉篇論述的意見❿，都幾與《淮南子》或《春秋繁露》完全一致。

漢代天子受上述理論的影響，在形式上似乎也允許將軍對統領的軍隊有完全控制的權力。例如，文帝勞軍細柳，不得而入。周亞夫的軍門都尉曰：「將軍令曰：『軍中聞將軍令，不聞天子之詔。』」（《史記》卷五十七〈絳侯周勃世家〉）周亞夫能如此下令軍中，最少漢代天子在形式上是允許將軍這樣去作的，而文帝亦以「真將軍」稱許亞夫。再如《史記》〈李將軍列傳〉曾記述李廣與程不識治軍方式的不同。前者「行無部伍行陳，就善水草屯，舍止，

---

❿ 劉向，《說苑》（臺北，新興，《漢魏叢書》）卷十二〈奉使〉，頁 1 上下：
春秋之辭有相反者四。既曰大夫無遂事，不得擅生事矣，又曰出境可以安社稷，利國家者，則專之可也；既曰大夫以君命出，進退在大夫矣，又曰以君命出，聞喪徐行而不反者，何也？曰：此四者各止其科，不轉移也。不得擅生事者，謂平生常經也；專之可者，謂救危除患也。進退在大夫者，謂將帥用兵也……傳曰《詩》無通故，《易》無通吉，《春秋》無通義，此之謂也。
卷十五〈指武〉，頁 3 上至 4 下：
將帥受命者，將率入，軍吏畢入。皆北面再拜稽首受命。天子南面而授之鉞，東行西面而揖之，示弗御也。故受命而出，忘其國。即戎，忘其家。聞枹鼓之聲，唯恐不勝……
《白虎通德論》（《漢魏叢書》）卷上〈三軍〉，頁 45 下：
大夫將兵出，必不御者，欲盛其威，使士卒一意繫心也，故但聞將軍令，不聞君命也，明進退（在）大夫也……大夫以君命出，進退在大夫也。天子遣將軍必於廟何？示不敢自專也。
卷下〈王者不臣〉，頁 12 上下：
不臣將帥用兵者，重士眾為敵國。國不可從外治，兵不可從內御，欲成其威，一其令。《春秋》之義，兵不稱使，明不可臣也。

人人自便，不擊刀斗以自衛，莫府省約文書籍事」；後者「正部曲行伍營陳，擊刀斗，士吏治軍簿至明，軍不得休息」。從這個例子看來，漢代對軍隊內部的管理，最少在武帝初期，似亦聽由將軍自便。又領軍征戰的將軍有便宜斬裨將建威的權力。蘇建亡失軍隊，周霸建議衛青斬之，衛青說：「臣職雖當斬將」云云（《漢書》卷五十五〈衛青霍去病傳〉）即可證。此外，再從東漢的兩個例子看來，東漢天子給將軍的詔書，在形式上也都表明「軍不內御」。一個例子是靈帝時，將軍段熲上言有一段提到「臣每奉詔書，軍不內御」（《後漢書》卷六十五〈段熲傳〉）；另一例是桓帝延熹五年，武陵蠻反，拜馮緄為車騎將軍，詔策緄曰：「……進赴之宜，權時之策，將軍一之。出郊之事，不復內御，已命有司祖于國門……」（《後漢書》卷三十八〈馮緄傳〉），這可證明段熲所言，也證明《白虎通》所說：「但聞軍令，不聞君命，明進退在大夫」（〈三軍〉篇），那一套理論最少對漢代命將出征授權在形式上有些影響。

　　然而形式歸形式，事實上兩漢天子對軍權的控制極其嚴屬，將軍能有的便宜從事之權十分有限。即以授權「得便宜從事」一事本身而言，似乎已經意味如未經授權，將軍即無權臨事制宜。據兩漢書中無數實際的例子觀察，漢代任命將帥，固然權在天子❶，即使將領統軍在外，一舉一動亦幾無不是從中而御。前文提到馮唐與文帝論上古用將，馮唐即感嘆漢將不但不能決爵賞軍功於外，如果上功幕府稍有差錯，還要遭受文吏以法繩之的命運。（《漢書》卷五十〈馮唐傳〉）前引周霸建議衛青斬裨將，衛青說：「且使臣職雖當斬將，以臣之尊寵而不敢自擅專誅於境外，其歸天子，天子自裁之，於以風為人臣不敢專權，不亦可乎？」（《漢書》卷五十五〈衛青霍去病傳〉）以衛青之

---

❶　漢代天子刻意掌握任命將帥之權，最明白的例子見《漢書》卷八十九〈循吏傳〉「黃霸」條：「又樂陵侯史高以外屬舊恩，侍中貴重。霸薦高可太尉。天子使尚書詔問霸：『太尉官罷久矣，丞相兼之，所以偃武興文也。如國家不虞，邊境有事，左右之臣皆將率也。夫宣明教化，通達幽隱，使獄無冤刑，邑無盜賊，君之職也；將相之官，朕之任焉。……君何越職而舉之？』尚書令受丞相對。霸免冠謝罪，數日乃決。自是後不敢復有所請。」

尊寵而「不敢」行其可行之權，其餘將帥能有什麼賞罰之權也就可想而知了。

除了賞罰，軍隊進退與前線方略亦操之於天子。武帝時，東越叛服不定，武帝以朱買臣為會稽太守，「詔買臣到郡，治樓船，備糧食，水戰具。須詔書到，軍與俱進……居歲餘，買臣受詔將兵與橫海將軍韓說等俱擊，破東越。」（《漢書》卷六十四上〈朱買臣傳〉）易言之，軍隊須待詔書指示方略以後，才得行動。漢天子以詔書或璽書指揮前線方略的例子極多。《漢書》〈李陵傳〉有一段武帝給李陵的詔書：

> 詔陵：「以九月發，出遮虜鄣，至東浚稽山南龍勒水上，徘徊觀虜，即亡所見，從浞野侯趙破奴故道抵受降城休士，因騎置以聞，所與博德言者云何？具以書對。」

此詔不但規定李陵進軍的時間，行軍的路線，行動的目的，還要求奏報執行的情形。甚至要李陵奏報他和另一將領路博德之間有什麼謀議？從中而御，鉅細靡遺之甚，於此可見。又《漢書》〈趙充國傳〉中的記載也是極佳的例證。傳中幾乎全是宣帝指示討羌方略的璽書以及趙充國請示和說明宜採的便宜措施。充國「以為將任兵在外，便宜有守，以安國家」。事實上，他並不敢擅自便宜從事，行動之先，皆奏報。傳中說：「充國奏每上，輒下公卿議臣。初是充國計者什三，中什五，最後什八。」不論朝中有多少人贊同，明顯的事實是軍事行動方略操之於朝中群臣與天子，前線將領不過「奉法遵職」（衛青語，見其傳贊引），並無「專之可也」的權力。元帝建昭三年，陳湯與甘延壽謀誅郅支單于，以建不世之功。《漢書》〈陳湯傳〉載：「延壽亦以為然，欲奏請之。湯曰：『國家與公卿議，大策非凡所見，事必不從。』延壽猶與不聽。會其久病，湯獨矯制發城郭諸國兵，車師戊己校尉屯田吏士。」甘延壽「欲奏請之」是根據凡事請示的常例。陳湯卻以為朝議徒誤戎機，遂甘冒不韙，矯制發兵了。陳湯矯制可以說事出無奈，這份無奈在東漢討羌名將段熲的上書裡有更真切的反映。他說：

> 臣每奉詔書，軍不內御。願卒斯言，一以任臣，臨時量宜，不失權便。
> 《後漢書》六十五〈段熲傳〉）

從他的話可知，所謂「軍不內御」只是紙上虛語，實際上前線將帥少能臨時量宜，否則段熲也不必這般苦苦哀求了。

　　對四夷戰爭的指揮權固然操之於朝廷，即使進剿地方盜寇，常常也由朝廷決定如何用兵。《後漢書》〈臧宮傳〉載光武十九年，妖巫維氾弟子單臣、傅鎮等相聚，入據原武城：

> 於是遣宮將北軍及黎陽營數千人圍之。賊穀食多，數攻不下，士卒死傷。帝召公卿諸侯王問方略。皆曰：「宜重其購賞。」時顯宗為東海王，獨對曰：「妖巫相劫，埶無久立。其中必有悔欲亡者，但外圍急，不得走耳。宜小挺緩，令得逃亡。逃亡則一亭長足以禽矣。」帝然之，即勅宮徹圍緩賊。賊眾分散，遂斬臣、鎮等。

正因為連圍捕小小的盜賊，也須要由天子和朝臣訂方略，成帝時益州刺史孫寶自作主張，遣廣漢群盜歸田里，就得「自劾矯制」了（《漢書》卷七十七〈孫寶傳〉）

　　自劾矯制的事常見於兩漢（例如，汲黯、陳湯、孫寶、宋均，各見本傳）。矯制有所謂「矯制害」、「矯制不害」和「矯制大害」之別。矯制不害，或免侯（《漢書》卷十八〈外戚恩澤侯表〉宜春侯條）；矯制害，則當棄市（《漢書》卷五十二〈灌夫傳〉）；大害，腰斬（《漢書》卷十七〈景武昭宣元成功臣表〉「浩侯王恢」條注如淳曰引漢律）。但是矯制或未得授權而行便宜，不一定棄市或腰斬。這往往要看便宜處置的成敗，朝中有無奧援和天子的態度而定。例如，前引武帝時，汲黯以便宜持節發河南倉賑貧民事，汲黯歸節請伏矯制之罪，結果武帝賢而釋之，遷他為滎陽令（《史記》卷一二〇〈汲黯傳〉）。以便宜賑災的例子還見於《後漢書》〈循吏傳〉和〈王望傳〉。〈循吏

傳〉「第五訪」條載：

> （訪）遷張掖太守。歲饑，粟石數千，訪乃開倉賑給以救其敝。吏懼
> 譴，爭欲上言。訪曰：「若上須報，是棄民也。太守樂以一身救百
> 姓。」遂出穀賦人。順帝璽書嘉之，由是一郡得全。

〈王望傳〉謂：

> 自議郎遷青州刺史……是時州郡災旱，百姓窮荒。望行郡，道見饑
> 者……惻然哀之，因以便宜出所在布粟，給其稟糧，為作褐衣。事畢
> 上言，帝以望不先表請，章示百官，詳議其罪。時公卿皆以為望之專
> 命，法有常條。鍾離意獨曰：「昔華元、子反，楚、宋之良臣，不稟君
> 命，擅平二國，《春秋》之義，以為美談。今望懷義忘罪，當仁不讓，
> 若繩之以法，忽其本情，將乖聖朝愛育之旨。」帝嘉意議，赦而不罪。

從汲黯、第五訪和王望三例可知，不論郡守、刺史或天子使者開倉賑災，例
須上報表請。便宜開倉，罪可至死。但是在聖朝仁政的形式下，天子有時不
得不網開一面。武帝和順帝嘉勉汲黯和第五訪即為其證。可是明帝好法，察
察為明，即欲治王望罪。如非鍾離意以《春秋》大義相爭，則王望不免一死。
另一個絕好的例子是武帝元鼎中，博士徐偃行風俗，矯制使膠東、魯國鼓鑄
鹽鐵。御史大夫張湯劾偃「矯制大害，法至死」。偃以為「《春秋》之義，大
夫出疆，有可以安社稷，存萬民，顓之可也」，徐偃抬出《春秋》大義，張湯
不通經義，對他無可奈何。於是武帝詔令終軍詰問徐偃曰：

> 「古者諸侯國異俗分，百里不通，時有聘會之事，安危之勢，呼吸成
> 變，故有不受辭造命顓己之宜；今天下為一，萬里同風，故《春秋》
> 『王者無外』。偃巡封域之中，稱以出疆何也？且鹽鐵，郡有餘藏，正

二國廢，國家不足以為利害，而以安社稷，存萬民為辭，何也？」又
詰偃：「……偃矯制而鼓鑄者，欲及春耕種，贍民器也。今魯國之鼓，
當先具其備，至秋乃能舉火。此言與實反者非？偃已前三奏，無詔，
不惟所為不許，而直矯作威福，以從民望，干名采譽，此明聖所必加誅
也。『枉尺直尋』，孟子稱其不可；今所犯罪重，所就者小，偃自予必死
而為之邪？將幸誅不加，欲以采名也？」《漢書》卷六十四下〈終軍傳〉）

終軍所詰，可謂巧辭羅織。他以古今不同，王者無外，駁徐偃出疆之說，又
斥徐偃矯制是「以從民望，干名采譽」，此明聖所必加誅。最後又說徐偃所犯
者罪重，所成就的功績甚小。徐偃無以答辯，終於服罪而死。最堪注意的是
〈終軍傳〉說：「上善其詰，有詔示御史大夫。」這就表明了天子對臣子矯制
行權的根本態度。

　　宣帝時，馮奉世矯制發兵誅莎車王以及元帝時，陳湯、甘延壽矯制殺郅
支單于，都曾因功罪問題引起朝廷中極大的爭議。在爭議中，天子的態度最
具決定性。以馮奉世為例，宣帝下議封奉世。丞相、將軍皆曰：「《春秋》之
義，大夫出疆，有可以安國家，則顓之可也。奉世功效尤著，宜加爵土之
賞。」少府蕭望之獨以奉世奉使有指，而擅矯制違命，雖有功效，不可以為
後法。〈馮奉世傳〉說：「上善望之議，以奉世為光祿大夫、水衡都尉。」宣
帝雖然對奉世的功勞甚表欣慰，但考慮到便宜矯制之例不可開，奉世遂以功
抵過，不得封侯。再以陳湯、甘延壽事為例。當時朝中大臣如丞相匡衡、御
史大夫繁延壽都不支持陳、甘的矯制行動。中書令石顯亦因私怨，不主封二
人為侯。支持陳湯、甘延壽的朝臣只有宗正劉向。元帝本人亦「內嘉延壽、
湯功」。最後元帝下詔以為延壽、湯睹便宜，擅興師矯制而征之，雖踰義干
法，內不煩一夫之役，立功萬里之外，赦罪而議封侯（參《漢書》卷七十〈陳
湯傳〉）。從以上幾個例子可以看出，便宜矯制雖然罪可至死，但是如果權宜
得當，如陳湯所說，一朝而立千載之功，對個人而言，不失為建功立名，進
爵封侯之捷徑。這是許多朝臣甘冒矯制專擅之罪而行便宜的原因。就漢天子

而言，雖不願朝臣擅權，亦不能不衡量斟酌，對行便宜而有利於王朝者作適度的鼓勵。但是這種斟酌衡量，我們幾乎看不出一定的標準，而群臣便宜從事，所謂「有利於國家則專之可也」的限度，也是極其模糊，幾全因事因人而定。

八、結　語

日常行政總有因循與變革。因為因循，行政才能保持適當的穩定和延續性；又因變革，行政才能有適度彈性而不致於僵化。為順應經常和權變不同的需要，漢代行政遂有「如故事」與「便宜從事」之制。這篇小文即希望從「如故事」和「便宜從事」中了解漢代行政的一些特色。

漢代所謂的「故事」，範圍廣泛，內容複雜，幾乎只要是漢創業以來的往事舊例都可包括在內。由於內容複雜，性質不盡相同，漢人稱引「故事」時，也用了許多其他不同的名稱，但基本性質都是往事舊例。漢人雖然也偶爾將儒家經典中的掌故或先秦的事例稱之為故事，不過大體上是以「漢一家之事」為主，故特稱之為「國家故事」或「祖宗故事」。

故事在性質上可包括成文的詔書、律令、儀法制度等，也包含不成文的慣例。這些不成文的慣例往往可以填補律令制度不能週全照顧的地方。它們在皇帝或百官臣僚有意無意之間造成，有些行之百餘年，受尊重的程度不下於律令或詔書。不過這種權威基於習慣的故事畢竟不是律令，其對君臣的約束力是有限的。天子固可違背故事，臣僚不遵，也不必然受罰。

不過，一般而言，漢代百官既須遵故事，也要守律令，對漢家天子而言，律令由其所發，真正對之有約束力的還是所謂祖宗故事。在宣傳「以孝治天下」的漢代政治裡，皇帝以敬宗法祖自命。他們對祖宗的故事是不敢輕易違背的。漢天子詔書以「如故事」作結尾，不僅有形式上，也有若干實質上的意義。

　　漢代行政尚因循，遵故事，這和秦代刀筆吏政治的精神實相一貫。這種政治精神，追溯起來當然還可以有更深遠的背景。漢人喜歡引用的「不愆不忘，率由舊章」出於《詩經》就是最好的說明❷。

　　就典藏而言，故事實際就是國家檔案。兩漢中央都置有專人──掌故，負責故事的典藏。掌故的地位並不高，甚至可能愈來愈低。這從掌故人選由博士弟子歲課之乙科降為丙科，以及西漢尚可見由掌故而任公卿者，東漢全無可考的情況窺知。此外，東漢雖仍有掌故一職，但據我們所能看見的例子，故事似掌握在尚書的手中。兩漢地方與中央官署大概都保存有各自的檔案，但較重要、牽涉較廣、層次較高的絕大部分應存在兩京宮中的藏書閣。這部分故事檔案並不全然開放。兩漢書中的人物，明習故事的以尚書為最多。這不是偶然，因為他們近在君側，出納王命章奏，最有機會接觸這些不開放的檔案。

　　故事既多又雜，隨著時間，數量更是愈益龐大。其中的歧異和衝突自然也跟著增加。如何解釋、選擇並適當地運用故事，是極不容易也極易引起爭論的事。這些爭論有的單純是因為故事本身的歧異和解釋的不同，有的則隱藏著各式各樣的政治鬥爭。當可以徵引的故事彼此歧異過甚，引故事為據即往往流於形式，而主政者既定的意圖才是真正決策的關鍵。

　　因循故事是常，便宜從事則是變。便宜從事為漢代行政在常規之外，提供了彈性應變的可能。

　　漢人無論官民，常言便宜。便宜在性質上最主要的特點是它與例行公事或高遠的原則較少關係，而是針對當世急務而有的權宜辦法。不拘例行途徑，

---

❷　《左傳》昭公二十五年：「昭伯問家故。」杜預注：「故事也。」《公羊傳》昭公三十一年：「公扈子者，邾婁之父兄也，習乎邾婁之故。」何休注：「故事也。」《國語》〈魯語〉上：「哀姜至，公使大夫、宗婦覿用幣。宗人夏父展曰：『非故也。』公曰：『君作故。』對曰：『君作而順則故之，逆則亦書其逆也……』」韋昭注：「故，故事也」，「言君所作則為故事也」，「順，順於禮則書以為故事。」《孟子》〈離婁〉上：「《詩》云：『不愆不忘，率由舊章』遵先王之法而過者，未之有也。」

將權宜之計付諸實施就叫便宜從事。有便宜從事之權，叫「得便宜從事」或「得一切便宜從事」。這個權力，理論上，應完全由天子所授予。未經授權，逕行便宜，就是專擅；如更假天子號令，即是矯制，皆罪至於死。專擅、矯制之罪如此之重，蓋因與漢代天子力求專制有著基本的矛盾和衝突。即使是允許官員便宜從事，也意味著官員可能踰越天子的詔令和行政的常軌，對皇權的絕對集中都構成威脅。

因此便宜從事在漢代不僅是一個行政的問題，更是一個君臣之間權力關係的問題。這種權力問題最敏感和尖銳的部分發生在將軍統軍的權力上。將軍如有較大權宜處置或自由運用的權力，對皇權和王朝所可能造成的威脅，不言可喻。因此，從春秋戰國以來，中央集權官僚制逐漸形成以後，將軍是否有「君令有所不受」的權力就一直是一個被熱烈討論的問題。漢代的學者儒生大體承襲戰國以來的議論，並從儒家經權之義，主張大夫出疆，有可以安社稷利國家者，則專之可也。

這種主張或理論在漢代曾造成若干形式上的影響，最少皇帝給將軍的詔令是常標榜「權時之策，將軍一之；出郊之事，不復內御」。在特殊情況之下，皇帝也授予地方守令一切便宜之權。此外，也有不少例子顯示，官員有時即使未經授權，逕行便宜或矯制，結果不但未受懲罰，甚至功過相抵，反受褒賞。換言之，不論基於因應上實際的需要，或者在形式上，天子對集權作了某種程度的讓步，便宜從事之制確實使得漢代行政在因循常軌之外有了彈性應變的可能。

不過，在天子集權的大前提下，漢代便宜從事之權的授予與運用，事實上似從未真正制度化。第一，所有可考的便宜從事的實例都發生在特殊的情況下，而其中事先授權者似更少於先行後奏者。先行後奏，從制度上說，不但不允許，而且是犯了大罪。第二，即使經過授權，對權宜的權限也不見有明確的指示；官員臨事制宜不過本於「有利於國家社稷者」這樣一個模糊的標準。第三，不論授權與否，官員對便宜從事的後果，應負什麼樣的責任，有什麼樣的保障（例如公孫遂受命便宜從事，卻為武帝所誅）或獎懲，都看

不出有什麼制度上的規定，而幾乎都是因人因事而定。便宜從事不能制度化的根本癥結，其實就在這與天子集權的意願根本是衝突的。

從便宜從事之未能制度化以及對因循故事的強調已可看出漢代行政的基本傾向。造成這種傾向的原因又都和君主集權的基本要求有密不可分的關係。漢代君主雖然強調祖宗故事，以律令為尚，又好說經義，實則故事的約束力並非必然，律令乃天子之號令，經義不過緣飾，漢代行政運作實少絕對客觀、超然、制度性的依據。一切取決的關鍵，究其終極，乃在人主的心意。漢代人以「雷霆萬鈞，無不摧折」❸形容人主的威勢，豈不然哉？

（據〈漢代「故事」考述〉一文增補，原載於《勞貞一先生八秩榮慶論文集》，民國75年）

附錄：兩漢書「故事」分類輯錄

凡　例

一、本輯所收故事以見於《漢書》、《後漢書》者為限。

二、分類依徐天麟《東漢會要》。

三、凡同一故事可繫於一類以上者，重複錄入各類，俾省翻檢。唯所錄繁簡略有不同。

一、帝　系

1. 漢家故事，常以列侯尚主。足下何憂不封侯乎？（《漢書》卷九十七上〈外戚傳〉上「孝昭上官皇后」條）

2. 初后父嘉自元帝時為大司馬車騎將軍輔政……及成帝立，復以元舅陽平侯王鳳為大司馬大將軍，與嘉並。杜欽以為故事后父重於帝舅……（《漢書》

---

❸　《漢書》卷五十一〈賈山傳〉：「雷霆之所擊，無不摧折者；萬鈞之所壓，無不糜滅者。今人主之威，非特雷霆也；執重非特萬鈞也……震之以威，壓之以重，則雖有堯舜之智，孟賁之勇，豈有不摧折者哉？」

卷九十七下〈外戚傳〉下「孝成許皇后」條）

3. 又故事以特牛祠大父母，戴侯、敬侯皆得蒙恩以大牢祠，今當率如故事，唯陛下哀之……今但損車駕及毋若未央宮有所發，遣賜衣服如故事，則可矣……（同上）

4. （梁統子）竦有三男三女，肅宗納其二女，皆為貴人。小貴人生和帝，竇皇后養以為子……永元九年，竇太后崩，松子扈遣從兄禮奏記三府，以為漢家舊典，崇貴母氏，而梁貴人親育聖躬，不蒙恩號，求得申議……於是追尊恭懷皇后，其冬制詔三公大鴻臚曰……朕不敢興事，覽於前世，太宗、中宗實有舊典（太宗，文帝也；中宗，宣帝也），追命外祖，以篤親親……（《後漢書》卷三十四〈梁統傳〉）

5. 又舊制：太子食湯沐十縣，設周衛交戟，五日一朝，因坐東廂，省視膳食。其非朝日，使僕、中允旦旦請問而已，明不媟黷，廣其敬也。（《後漢書》卷四十上〈班彪傳〉。李賢注引《漢官儀》曰：「皇太子五日一至臺，因坐東廂，省視膳食，以法制勑太官尚食宰吏。其非朝日，使僕、中允旦旦請問，明不媟黷，所以廣敬也。太子僕一人，秩千石；中允一人，四百石，主門衛徼巡。」）

6. 初，許后起微賤，登至尊日淺，從官車服甚節儉，五日一朝皇太后於長樂宮，親奉案上食，以婦道共養。及霍后立，亦修許后故事。（《漢書》卷九十七上〈外戚傳〉上「孝宣霍皇后」條）

7. 和帝葬後，宮人並歸園，太后賜周、馮貴人策曰：「朕與貴人託配後庭，共歡等列，十有餘年，不獲福祐，先帝早棄，天下孤心煢煢，靡所瞻仰……今當以舊典，分歸外園，慘結增歎……（《後漢書》卷十上〈皇后紀〉「和熹鄧皇后」條）

8. 元始五年冬十二月丙午，帝崩於未央宮……詔曰：「……害於言語，故不及有遺詔。其出媵妾，皆歸家得嫁，如孝文時故事。」（《漢書》卷十二〈平帝紀〉）

二、禮

1. 漢舊制：三年一祫，毀廟主合食高廟（《後漢書》卷三十五〈張純傳〉）

2. 禮威儀，每月朔旦，太史上其月曆，有司、侍郎、尚書見讀其令，奉行其政。朔前後各二日，皆牽羊酒至社下以祭日，日有變，割羊以祠社，用救日變。執事者冠長冠，衣皁單衣，絳領袖綠中衣，絳袴襪，以行禮，如故事。（《續漢書》〈禮儀志〉上）

3. 凡齋，天地七日，宗廟、山川五日，小祠三日。齋日內有汙染、解齋，副倅行禮，先齋一日，有汙穢災變，齋祀如儀。大喪，唯天郊越紼而齋，地以下皆百日後乃齋，如故事。（同上）

4. 至立秋，如故事。是日浚井改水，日冬至，鑽燧改火云。（同上〈禮儀志〉中）

5. 建武元年，光武即位於鄗，為壇營於鄗之陽，祭告天地，采用元始中郊祭故事。（《續漢書》〈祭祀志〉上）

6. （建武）二年正月初，制郊兆於雒陽城南七里，依鄗，采元始中故事。（同上）

7. （建武）七年五月，詔三公曰：「漢當郊堯，其與卿大夫、博士議。」時侍御史杜林上疏，以為「漢起不因緣堯，與殷周異宜，而舊制以高帝配。方軍師在外，且可如元年郊祀故事。」上從之。（同上）

8. 於是使謁者以一特牲於常祠泰山處，告祠泰山，如親耕、貙劉、先祠、先農、先虞故事。（同上）

9. 二十五日甲午，禪，祭地於梁陰，以高后配，山川群神從，如元始中北郊故事。（同上）

10. 北郊在雒陽城北四里，為方壇四陛。三十三年正月辛未，郊。別祀地祇，位南面西上，高皇后配，西面北上，皆在壇上，地理群神從食，皆在壇下，如元始中故事。（同上〈祭祀志〉中）

11. 自永平中，以禮讖及月令有五郊迎氣服色，因采元始中故事，兆五郊於雒陽四方。（同上）

12. 元和二年……上至泰山，修光武山南壇兆。辛未，柴祭天地群神如故事。

（同上）

13.安帝即位，元初六年，以尚書歐陽家說，謂六宗者，在天地四方之中，為上下四方之宗。以元始中故事，謂六宗易六子之氣日、月、雷公、風伯、山、澤者為非是。三月庚辰，初更立六宗，祀於雒陽西北戌亥之地，禮比太社也。（同上）

14.延光三年，上東巡狩，至泰山，柴祭，及祠汶上明堂，如元和三年故事。（按：三年應作二年）（同上）

15.平帝即位，年九歲。成帝母太皇太后稱制，而莽秉政。莽欲依霍光故事，以女配帝，太后意不欲也。（《漢書》卷九十七下〈外戚傳〉）

16.有司奏：「故事：聘皇后黃金二萬斤，為錢二萬萬」。莽深辭讓，受四千萬而已。（《漢書》卷九十九上〈王莽傳〉）

17.悉依孝惠皇帝納后故事（《集解》惠棟曰：「《續漢書》『如孝惠、孝平故事』」）聘黃金二萬斤，納采鴈璧乘馬束帛一如舊典（《後漢書》卷十下〈皇后紀〉「桓帝懿獻梁皇后」條）。李賢注引《漢（書）舊儀》：「聘皇后，黃金萬斤。」呂后為惠帝娶魯元公主女，故特優其禮也。《集解》引惠棟曰：「《漢雜事》云：『以黃金二萬斤，馬十二匹，元纁、穀璧以章典禮。』」）

18.正月朔旦，（東平王）蒼當入賀。故事：少府給璧（《集解》：「周壽昌曰：〈禮儀志〉：『歲首朝賀，公侯璧。』，蔡邕《獨斷》云：『三公奉璧上殿。』。又《決疑要注》云：『古朝會皆執贄，侯伯執珪，子男執璧。』漢公卿以下所執如古禮茲云公侯璧，則無所為珪，但有璧而已。璧皆自備，惟藩王則由少府給之也。《續百官志》：『少府掌中服御諸物衣服寶貨珍膳之屬。』，東平王朝正當是章帝建初七年。」）是時，陰就為府卿，貴驕，吏懥不奉法。蒼坐朝堂，漏且盡而求璧不可得，（《後漢書》卷四十三〈朱暉傳〉）

19.其每朔，唯十月旦從故事者，高祖定秦之月，元年歲首也。（《續漢書》〈禮儀〉中）

20.舊事：歲終當饗遣衛士（李賢注：「舊事：『衛士得代歸者，上親饗焉。』，《前書》〈蓋寬饒傳〉曰：『歲盡交代，上臨饗罷衛卒』是也。」）大儺逐

疫。太后以陰陽不和，軍旅數興，詔饗會勿設戲作樂，減逐疫侲子之半，悉罷象、橐駝之屬，豐年復故。（《後漢書》卷十上〈皇后紀〉「和熹鄧皇后」條）

21. 中元二年二月戊戌帝崩……遺詔曰：「朕無益百姓，皆如孝文皇帝制度，務從約省。刺史、二千石長吏皆無離城郭，無遣吏及因郵奏。」（《後漢書》卷一下〈光武帝紀〉，按：《東觀漢記》卷一「制度」作「舊制」）

22. 永平十六年……秋八月壬子，帝崩……帝初作壽陵，制令流水而已。石槨廣一丈二尺，長二丈五尺，無得起墳。萬年之後，埽地而祭，杅水脯糒而已。過百日，唯四時設奠。置吏卒數人供給灑埽，勿開修道。敢有所興作者，以擅議宗廟法從事。帝遵奉建武制度，無敢違者。（《後漢書》卷二〈顯宗孝明帝紀〉）

23. 章和二年春正月……壬辰，帝崩……遺詔無起寢廟，一如先帝法制。（《後漢書》卷三〈肅宗孝章帝紀〉）

24. 登遐，皇后詔三公典喪事。百官皆衣白單衣，白幘不冠。閉城門、宮門。近臣中黃門持兵、虎賁、羽林、郎中署皆嚴宿衛，宮府各警，北軍五校繞宮屯兵，黃門令、尚書、御史、謁者晝夜行陳。三公啓手足色膚如禮。皇后、皇太子哭踊如禮。沐浴如禮。守宮令兼東園匠女執事，黃綿、緹繒、金縷、玉柙如故事。飯含珠玉如禮。槃冰如禮。百官哭臨殿下。是日夜，下竹使符告郡國二千石、諸侯王。竹使符到，皆伏哭盡哀，小斂如禮。東園匠考工令奏東園秘器，表裡洞赤，虛文畫日、月、鳥、龜、龍、虎、連璧、偃月、牙檜梓宮如故事。大斂于兩楹之間。五官、左右虎賁、羽林五將，各將所部，執虎賁戟，屯殿端門陛左右廂，中黃門持兵陛殿上。夜漏，群臣入。晝漏上水，大鴻臚設九賓，隨立殿下。謁者引諸侯王立殿下，西面北上；宗室諸侯、四姓小侯在後，西面北上。治禮引三公就位，殿下北面；特進次中二千石；列侯次二千石；六百石、博士在後，群臣陪位者皆重行，西上。位定，大鴻臚言具，謁者以聞。皇后東向，貴人、公主、宗室婦女以次立後；皇太子、皇子在東，西向；皇子少退在南，北面：皆伏

哭。大鴻臚傳哭，群臣皆哭。三公升自阼階，安梓宮內珪璋諸物，近臣佐如故事。嗣子哭踊如禮。東園匠、武士下釘衽，截去牙。太常上太牢奠，太官食監、中黃門、尚食次奠，執事者如禮。太常、大鴻臚傳哭如儀。（《續漢書》〈禮儀〉下「大喪」）

25.故事：百官五日一會臨，故吏二千石、刺史、在京都郡國上計掾史皆五日一會。天下吏民發喪臨三日。先葬二日，皆旦晡臨。既葬，釋服，無禁嫁娶、祠祀。佐史以下，布衣冠幘，絰帶無過三寸，臨庭中。武吏布幘大冠。大司農出見錢穀，給六丈布直。以葬，大紅十五日，小紅十四日，纖七日，釋服。部刺史、二千石、列侯在國者及關內侯、宗室長吏及因郵奉奏，諸侯王遣大夫一人奉奏，弔臣請驛馬露布，奏可。（《續漢書》〈禮儀〉下「大喪」）

26.章帝臨崩，遺詔無起寢廟，廟如先帝故事。和帝即位，不敢違，上尊號曰肅宗後帝承尊（《集解》：「先謙曰：『後帝承尊，《獨斷》作「是後遵承」。是此文尊亦遵之誤』」），皆藏主于世祖廟⋯⋯（《續漢書》〈祭祀〉下）

27.沖、質帝皆小崩，梁太后攝政，以殤帝故事，就陵寢祭。（同上）

28.（宣帝時，八月飲酎，行祠孝昭廟）故事，上常夜入廟，（因人謀為逆）其後待明而入，自此始也。（《漢書》卷八十八〈儒林傳〉「梁丘賀」條）

29.故事：近臣皆隨陵為園郎。（《漢書》卷六十八〈金日磾傳〉）

30.和平元年，梁太后崩，乃就博陵，尊后為孝崇皇后，遣司徒持節奉策授璽綬，齋乘輿器服，備法物，宮曰永樂，置太僕、少府以下皆如長樂宮故事。（《後漢書》卷十下〈皇后紀〉「孝崇匽皇后」條。李賢注引《漢官儀》曰：「帝祖母稱長信宮，帝母稱長樂宮，故有長信少府、長樂少府及職吏皆宦者為之」）

31.諸侯王、列侯、始封貴人、公主薨，皆令贈印璽、玉柙、銀縷；大貴人、長公主銅縷；諸侯王、貴人、公主、公、將軍、特進皆賜器，官中二十四物，使者治喪，穿作，柏椁，百官會送，如故事。（《續漢書》〈禮儀〉下）

32.（翟）方進即日自殺（如淳曰：「《漢儀注》：『有天地大變，天下大過，皇帝使侍中持節乘四白馬，賜上尊酒十斛，牛一頭，策告殃咎。使者去半道，

丞相即上病。使者還，未白事，尚書以丞相不起病聞。』）上祕之，遣九卿冊贈，以丞相高陵侯印綬賜乘輿祕器，少府供張，柱檻皆衣素，天子親臨弔者數至，禮賜異於它相故事。（師古曰：「《漢舊儀》云：『丞相有疾，皇帝法駕親至問疾，從西門入。即薨，移居第中，車駕往弔，贈棺，棺斂具賜錢葬地。葬日，公卿以下會葬焉。』」）（《漢書》卷八十四〈翟方進傳〉）

33. 舊制：公卿、二千石、刺史不得行三年喪。（《後漢書》卷三十九〈劉般傳〉）

34. （建武）二十年，漢病篤……及薨，有詔悼愍，賜諡曰忠侯，發北軍五校輕車介士送葬，如大將軍霍光故事。（李賢注：「〈霍光傳〉云：『以北軍五校尉輕車介士載尸以轀輬車，黃屋左纛，軍陳至茂陵。不以南軍者重之也。』」）（《後漢書》卷十八〈吳漢傳〉）

35. 及卒，愍悼之尤甚。遵喪至河南縣，詔遣百官先會喪所，車駕素服臨之，望哭哀慟……喪禮成，復觀祠以太牢，如宣帝臨霍光故事。（李賢注：「霍光薨，宣帝及上官太后親臨光喪。使太中大夫任宣，侍御史五人持節護喪事。《東觀記》曰：『時下宣帝臨霍將軍儀，令公卿讀視，以為故事。』」）（《後漢書》卷二十〈祭遵傳〉）

三、輿　服

1. 舊典：傳車驂駕，垂赤帷裳，（《集解》引惠棟曰：「《風俗通》：『今刺史行部，號傳車。』」《魏志》云：「漢刺史稱傳車，其吏言從事，居無常治。」《續志》：「大使車立乘駕駟，赤帷持節者重導。」）迎於州界。及琮之部，升車言曰：「刺史當遠視廣聽，糾察美惡，何有反垂帷裳，以自掩塞乎？」乃命御者褰之。（《後漢書》卷三十一〈賈琮傳〉）

四、文　學

1. 建初四年……於是下太常，將、大夫、博士、議郎、郎官及諸生。諸儒會白虎觀，講議五經異同，使五官中郎將魏應承制問，侍中淳于恭奏，帝親稱制臨決，如孝宣甘露石渠故事（李賢注：「前書甘露二年詔諸儒講五經異

同，蕭望之等平奏其議，上親制臨決焉。」又曰：「施讎甘露中論五經於石渠閣。」《三輔故事》曰：「石渠閣在未央殿北，藏秘書之所」）作《白虎議奏》（《後漢書》卷三〈肅宗孝章帝紀〉）

2. 漢之舊典，世有注記。（《集解》引惠棟曰：「〈藝文志〉漢著記百九十卷；〈五行志〉凡漢著記十二世二百一十二年。谷永言災異有八世著記，久不塞除之語。荀悅有復內外注記之說云：『先帝故事有起居日用動靜之節，必書焉。宜復其式，內史掌之，以紀內事。』」）（《後漢書》卷十上〈皇后紀〉「和熹鄧皇后」條）

3. 終又言：宣帝博徵群儒，論定五經於石渠閣，方今天下少事，學者得成其業，而章句之徒，破壞大體，宜如石渠故事，永為後世則。於是詔諸儒於白虎觀論考同異焉。（《後漢書》卷四十八〈楊終傳〉）

4. 建初中，大會諸儒於白虎觀，考詳同異，連月迺罷，肅宗親臨稱制，如石渠故事。（《後漢書》卷七十九上〈儒林傳〉）

5. 時會京師諸儒於白虎觀，講論五經同異，使應專掌難問，侍中淳于恭奏之，帝親臨稱制，如石渠故事。（《後漢書》卷七十九下〈儒林傳〉「魏應」條）

五、封　建

1. 故事：諸侯王獲罪京師，罪惡輕重，縱不伏誅，必蒙遷削貶黜之罪。（《漢書》卷八十〈宣元六王傳〉「淮陽憲王」條）

2. 以博代光為丞相，封陽鄉侯，食邑二千戶。博上書曰：「故事：封丞相不滿千戶，而獨臣過制，誠惶懼，願還千戶。」上許焉。（《漢書》卷八十三〈朱博傳〉）

3. 漢家舊制，丞相拜日封為列侯。（李賢注：「漢自高祖以列侯為丞相，武帝以元勳佐命，皆盡拜。公孫弘為丞相，封平津侯，因以為故事。」《集解》引惠棟曰：「王符《潛夫論》云：『孝武皇武，封爵丞相，以褒有德，後亦承之，建武乃絕。』」）（《後漢書》卷二十六〈侯霸傳〉）

4. 詔曰：「大將軍憲，前歲出征，克滅北狄，朝加封賞，固讓不受。舅氏舊

典，並蒙爵士（李賢注：「西漢故事，帝舅皆封侯」），其封憲冠軍侯，邑二萬戶。」（《後漢書》卷二十三〈竇憲傳〉）

5. 時恩澤諸侯以無勞受封，群臣不悅而莫敢諫。典獨奏曰：「夫無功而賞，勞者不勸，上忝下辱，亂象干度。且高祖之誓，非功臣不封。宜一切削免爵士，以存舊典。」帝不從。（李賢注：「《史記》〈功臣侯表〉曰：『高祖與功臣約曰：「非劉氏不王，非有功不侯。不如是，天下共擊之。」』」）（《後漢書》卷二十七〈趙典傳〉）

6. 舊典：諸王女皆封鄉主，乃獨封蒼五女為縣公主。（《後漢書》卷四十二〈光武十王傳〉「東平憲王蒼」條）

7. 和帝遵肅宗故事，兄弟皆留京師。（《後漢書》卷五十五〈章帝八王傳〉「濟北惠王壽」條）

六、職 官

1. 舊儀：三公領兵朝見，令虎賁執刃挾之。（曹）操出，顧左右，汗流浹背。（《後漢書》卷十下〈皇后紀〉「獻帝伏皇后」條）

2. 弘少為鄉嗇夫，太守第五倫行春，見而深奇之，召署督郵，舉孝廉……元和元年（鄭弘）代鄧彪為太尉，時舉將第五倫為司空，班次在下，每正朔朝見，弘曲躬而自卑。帝問知其故，遂聽置雲母屏風，分隔其間，由此以為故事。（《後漢書》卷三十三〈鄭弘傳〉）

3. 舊制：州牧奏二千石長吏不任位者，事皆先下三公。三公遣掾史案驗，然後黜退。帝時用明察，不復委任三府，而權歸刺舉之史。（《後漢書》卷三十三〈朱浮傳〉）

4. 敞備數股肱，職典賊曹，故欲親至發所，以糾其變，而二府以為故事：三公不與盜賊。（李賢注：「敞在太尉府，二府謂司徒、司空。邴吉為丞相，不案事，遂為故事，見〈馬防傳〉也」）（《後漢書》卷四十三〈何敞傳〉）

5. 漢世故事，三公之職，無所不統。（《後漢書》卷五十四〈楊秉傳〉）

6. 漢典舊事，丞相所請，靡有不聽。今之三公，雖當其名而無其實。（《後漢

書》卷四十六〈陳忠傳〉）

7. 吉本起獄法小吏……及居相位，上寬大，好禮讓。掾史有罪，臧不稱職，輒予長休告，終無所案驗。客或謂吉曰：「君侯為漢相，姦吏成其私，然無所懲艾。」吉曰：「夫以三公之府，有案吏之名，吾竊陋焉。」後人代吉，因以為故事。公府不案吏自吉始。（《漢書》卷七十四〈丙吉傳〉）

8. 故事：丞相病，明日，御史大夫輒問病。朝奏事，會庭中，差居丞相後，丞相謝，大夫少進，揖。（《漢書》卷七十八〈蕭望之傳〉）

9. 宣為相，府辭訟例，不滿萬錢，不為移書。後皆遵用薛侯故事。（《補注》引沈欽韓曰：《潛夫論》〈愛日〉篇：「郡縣既加冤枉，州司不治，遠詣公府。公府不能昭察真偽，則但欲罷以久困之資，故猥說一科，令此注百日，乃為移書。其不滿百日，輒更造數（字有訛），甚違邵伯訟棠之義。」又云：「公府不能察，而苟欲以錢刀課之，則貧弱少貨者，終無以，曠旬滿祈，豪富饒錢者，取客使往，可盈千日，非徒百也。」觀王氏所論，則知公府理訟，例納錢貨，又須百日，乃傳證決遣也。納錢者，亦周官鈞金束矢之遺意，而其弊至於小民無告。沿及東京，猶循其故。宣之相業可鄙矣。）（《漢書》卷八十三〈薛宣傳〉）

10. 有詔假謁者節，召丞相詣廷尉詔獄。使者既到府，掾史涕泣，共和藥進嘉，嘉不肯服。主簿曰：「將相不對理陳冤，相踵以為故事。」（《補注》先謙曰：「自周勃繫獄，賈誼以為言。文帝以此待大臣有節。將相有罪，皆自殺不受刑。然景帝時周亞夫，武帝時公孫賀、劉屈氂猶下獄死。相踵以為故事，言其概也。理，獄也。言大臣縱有冤，不對獄而自陳。」）（《漢書》卷八十六〈王嘉傳〉）

11. 以博代光為丞相，封陽鄉侯，食邑二千戶。博上書曰：「故事：封丞相不滿千戶，而獨臣過制，誠悸懼，願還千戶。」上許焉。（《漢書》卷八十三〈朱博傳〉）

12. 方進即日自殺。（如淳曰：「《漢儀注》：『有天地大變，天下大過，皇帝使侍中持節乘四白馬，賜上尊酒十斛，牛一頭，策告殃咎。使者去半道，丞相

即上病。使者還，未白事，尚書以丞相不起病聞。』）上秘之，遣九卿冊贈，以丞相高陵侯印綬賜乘輿秘器，少府供張，柱檻皆衣素，天子親臨弔者數至，禮賜異於它相故事。（師古曰：「《漢舊儀》云：『丞相有疾，皇帝法駕親至問疾，從西門入。即薨，移居第中，車駕往弔，贈棺，棺斂具賜錢葬地。葬日，公卿以下會葬焉。』」）（《漢書》卷八十四〈翟方進傳〉）

13.漢家舊制，丞相拜日封為列侯。（李賢注：「漢自高祖以列侯為丞相，武帝以元勳佐命，皆盡拜公孫弘為丞相，封平津侯，因以為故事。」《集解》引惠棟曰：「王符《潛夫論》云：『孝武皇武，封爵丞相，以褒有德，後亦承之，建武乃絕。』」）（《後漢書》卷二十六〈侯霸傳〉）

14.元朔中，代薛澤為丞相。先是，漢常以列侯為丞相，唯弘無爵。上於是下詔曰：「朕嘉先聖之道，開廣門路，宣招四方之士，蓋古者任賢而序位，量能以授官……其以高成之平津鄉戶六百五十封丞相弘為平津侯。」其後以為故事，至丞相封，自弘始也。（《漢書》卷五十八〈公孫弘傳〉）

15.故事：州郡所舉上，奏司直，察能否，以懲虛實。今宜加防檢，式遵前制。舊：丞相、御史親治職事，唯丙吉以年老，優游不案吏罪，於是宰府習為常俗。（《後漢書》卷二十四〈馬嚴傳〉）

16.故事：選郡國守相高第為中二千石，選中二千石為御史大夫，任職者為丞相；位次有序，所以尊聖德，重國相也。……臣愚以為大司空官可罷，復置御史大夫。遵奉舊制，臣願盡力以御史大夫為百僚率。哀帝從之，迺更拜博為御史大夫。（《漢書》卷八十三〈朱博傳〉）

17.大司馬車騎將軍王音，內領尚書，外典兵馬，踵故選置從事中郎。（師古曰：「踵，猶躡也，言承躡故事也。」）（《漢書》卷七十七〈毋將隆傳〉）

18.舊：大將軍位在三公下，置官屬依太尉。（李賢注：「《續漢志》：太尉長史千石，掾屬二十四人，令史及御屬二十二人。」）（《後漢書》卷二十三〈竇憲傳〉）

19.舊制：驃騎將軍官與大司馬相兼也。乃以吳漢為大司馬，而拜丹為驃騎大將軍。（《後漢書》卷二十二〈景丹傳〉）

20.驃騎將軍東平王蒼⋯⋯正月朔旦，蒼當入賀。故事：少府給璧。是時陰就為府卿，貴驕，吏懶不奉法。蒼坐朝堂，漏且盡而求璧不可得。（《後漢書》卷四十三〈朱暉傳〉）

21.故事：公卿病，輒賜告。至永獨即時免。（《漢書》卷八十五〈谷永傳〉）

22.又二千石病，賜告得歸，有故事，不得去郡，亡著令。（《漢書》卷七十九〈馮野王傳〉）

23.舊制：公卿、二千石、刺史不得行三年喪，由是內外眾職並廢喪禮。（《後漢書》卷三十九〈劉般傳〉）

24.故事：百官五日一會臨，故吏二千石、刺史、在京都郡國上計掾史皆五日一會。（《續漢書》〈禮儀〉下）

25.遷琅邪太守。齊郡舒緩養名，博新視事，右曹掾史皆移病臥。博問其故，對言：「惶恐，故事：二千石新到，輒遣吏存問致意，乃敢起就職。」博奮髯抵几曰：「觀齊兒欲以此為俗邪！」（《漢書》卷八十三〈朱博傳〉）

26.舊典：二千石卒官，賻百萬。（《後漢書》卷三十一〈羊續傳〉）

27.貢禹為御史大夫，除豐為屬，舉侍御史。元帝擢為司隸校尉，刺舉無所避⋯⋯時侍中許章以外屬貴幸，奢淫不奉法度⋯⋯適逢許侍中私出，豐駐車舉節，詔章曰：「下！」欲收之。章迫窘，馳車去。豐追之，許侍中因得入宮門，自歸上。豐亦上奏，於是收豐節。司隸去節，自豐始。（《漢書》卷七十七〈諸葛豐傳〉）

28.部刺史奉使典州督郡國，吏民安寧。故事：居部九歲，舉為守相。其有異材功效者，輒登擢。（《漢書》卷八十三〈朱博傳〉）

29.故事：司隸校尉位在司直下。初除，謁兩府（師古曰：「丞相及御史也」）。其有所會，居中二千石前，與司直並迎丞相、御史。（《漢書》卷八十四〈翟方進傳〉）

30.中元元年，拜司隸校尉。詔昱詣尚書，使封胡降檄。光武遣小黃門問昱有所怪不？對曰：「臣聞故事通官文書不著姓，又當司徒露布，怪使司隸下書而著姓也。」（李賢注：「《漢官儀》曰：『群臣上書，公卿校尉諸將不言姓。

凡制書皆璽封，尚書令重封，唯赦贖令司徒印，露布州郡也。』」《集解》引惠棟曰：「注言赦令，贖令司徒印封也。」）（《後漢書》卷二十九〈鮑昱傳〉）

31.故事：尚書郎以令史久缺補之，世祖始改用孝廉為郎，以孝廉丁邯補焉。（《續漢書》〈百官志〉尚書條補注引《決錄注》）

32.竊見國家故事，尚書以久次轉遷，非有踔絕之能，不相踰越。（《漢書》卷八十一〈孔光傳〉）

33.郎官故事：令郎出錢市財，用給文書，迺得出，名曰山郎。（張晏曰：「山，財用之所出，故取名焉。」《補注》引錢大昭曰：「此郎非尚書郎，是宿衛郎。」）移病盡一日，輒償一沐，或至歲餘不得沐。（《漢書》卷六十六〈楊敞傳〉）

34.舊制：九州五尚書，令一郡二人。（李賢注：「蓋舊制九州共選五人以任尚書，令則一郡乃有二人……」《集解》先謙曰：「官本注令改今。」引劉攽曰：「案正文令合作今。尚書令不可有五人。若言令，一郡二人，又無義，改作今乃與注合。」）（《後漢書》卷二十六〈伏湛傳〉）

35.故事：尚書希下章，為煩擾百姓，證驗繫治，或死獄中，章文必有「敢告之」字，迺下。（師古曰：「所以丁寧告者之辭，絕其相誣也。」《補注》先謙曰：「胡注：『此乃妨其誣告。』」）（《漢書》卷八十六〈王嘉傳〉）

36.舊制：尚書郎限滿，補縣長、令、史、丞尉。（《集解》引惠棟曰：「《漢官儀》云：『尚書臺初入臺為郎中，滿歲為侍郎，五歲遷為大縣令也。』」）弘奏以為臺職雖尊，而酬賞甚薄，至於開選，多無樂者，請使郎補千石令史為長。帝從其議。弘前後所陳有補益王政者，皆著之南宮，以為故事。（《集解》引惠棟曰：「謝承書自序云：『承父㪍為尚書郎，每讀高祖及光武之後將相名臣策文通訓條在南宮，秘于省閣，為臺郎升複道，取急因得開覽。案弘所陳事，詳見袁宏記。』」）（《後漢書》卷三十二〈鄭弘傳〉）

37.又故事：諸上書者皆為二封，署其一曰副，領尚書者先發副封，所言不善，屏去不奏。相復因許伯白，去副封以防雍蔽，宣帝善之。（《漢書》卷七十四〈魏相傳〉）

38. （永平十三年）夏，渠成，帝親自巡行。詔濱河郡國置河隄員吏，如西京舊制。（《後漢書》卷七十六〈循吏傳〉「王景」條）

39. 遵放縱不拘……公府掾史率皆贏車小馬，不上鮮明，而遵獨極輿馬衣服之好。門外車騎交錯，又日出醉歸，曹事數廢。西曹以故事適之。（師古曰：「案舊法令而罰之也。」）侍曹輒詣寺舍白遵曰：「陳卿今日以某事適」。遵曰：「滿百乃相聞。」故事：有百適者，斥。滿百，西曹白請斥。（《漢書》卷九十二〈游俠傳〉「陳遵」條）

40. 武帝時，禹以刀筆吏積勞，遷為御史。上以為能，至中大夫。與張湯論定律令，作見知，吏傳相監司以法，盡自此始。（《補注》引沈欽韓曰：「謂所部屬吏有罪，坐其長上也。」先謙曰：「傳同轉，司同伺，盡自此始，於文不詞。《史記》作吏傳得相監司，用法益刻，蓋自此始。盡是蓋之形近誤字。」）（《漢書》卷九十〈酷吏傳〉「趙禹」條）

41. 臣案國舊典，宦豎之官，本在給使省闥，司昏守夜。而今猥受過寵，執政操權。（《後漢書》卷五十四〈楊秉傳〉）

42. 舊典：中官子弟不得為牧人職。（《後漢書》卷三十八〈馮緄傳〉）

43. 舊典：中臣子弟不得居位秉執。（《後漢書》卷五十四〈楊秉傳〉）

44. 武乃白太后曰：「故事：黃門常侍但給事省內，典門戶，主近署財物耳。今乃使與政事而任權重，子弟布列，專為貪暴……宜悉誅廢，以清朝廷。」太后曰：「漢來故事世有，但當誅其有罪，豈可盡廢邪？」（《後漢書》卷六十九〈竇武傳〉）

45. 遂與紹定籌策，而以其計白太后。太后不聽，曰：「中官統領禁省，自古及今，漢家故事，不可廢也……。」（《後漢書》卷六十九〈何進傳〉）

46. （唐）衡卒，亦贈車騎將軍，如（單）超故事。（《後漢書》卷七十八〈宦者傳〉「單超」條）

47. 舊制：益州部置蠻夷騎都尉，幽州部置領烏桓校尉，涼州部置護羌校尉，皆持節領護，理其怨結，歲時循行，問所疾苦。又數遣使，驛通動靜，使塞外羌夷為吏耳目。（《後漢書》卷八十七〈西羌傳〉）

48.時北單于遣使貢獻，欲求和親，詔問群僚……固議曰：「……自建武之世，復修舊典，數出重使，前後相繼……臣愚以為宜依故事，復遣使，上可繼五鳳、甘露致遠人之會，下不失建武、永平羈縻之義。」（《後漢書》卷四十下〈班固傳〉）

49.建武二十六年春正月，詔有司增百官奉。其千石以上減於西京舊制，六百石以下增於舊秩。（李賢注：《續漢志》曰：「大將軍、三公奉月三百五十斛，秩中二千石奉月百八十斛，二千石月百二十斛，比二千石月百斛，千石月九十斛，比千石月八十斛，六百石月七十斛，比六百石月五十五斛，四百石月五十斛，比四百石月四十五斛，三百石月四十斛，比三百石月三十七斛，二百石月三十斛，比二百石月二十七斛，百石月十六斛，斗食月十一斛，佐史月八斛。凡諸受奉，錢穀各半。」）（《後漢書》卷一下〈光武帝紀〉）

50.王莽秉政，（龔）勝與（邴）漢俱乞骸骨。自昭帝時，涿郡韓福以德行徵至京師，賜策書束帛遣歸。詔曰：「朕閔勞以官職之事，其務修孝弟以教鄉里。行道舍傳舍，縣次具酒肉，食從者及馬。長吏以時存問，常以歲八月賜羊一頭，酒二斛。不幸死者，賜複衾一，祠以中牢。」於是王莽依故事，白遣勝、漢。策曰：「惟元始二年六月庚寅，光祿大夫、太中大夫者艾二人以老病罷。太皇太后使謁者僕射策詔之曰：蓋聞古者有司年至則致仕，所以恭讓而不盡其力也。今大夫年至矣，朕愍以官職之事煩大夫，其上子若孫若同產、同產子一人。大夫其修身守道，以終高年。賜帛及行道舍宿，歲時羊酒衣衾，皆如韓福故事。」（《漢書》卷七十二〈兩龔傳〉）

51.地節三年（韋賢）以老病乞骸骨，賜黃金百斤，罷歸，加賜弟一區。丞相致仕自賢始。（《漢書》卷七十三〈韋賢傳〉）

52.和帝初，張酺上言：「……故州牧刺史入奏事，所以通下問知外事也。數十年以來，重其道歸煩撓，故時止勿奏事，今因以為故事。臣愚以為刺史視事滿歲，可令奏事如舊典。」（《續漢志》〈百官五〉李賢注引《東觀記》）

七、選　舉

1. 舊典：選舉委任三府。三府有選參議掾屬，咨其行狀，度其器能，受試任用，責以成功。若無可察，然後付之尚書。尚書舉劾，請下廷尉，覆按虛實，行其誅罰。(《後漢書》卷七十八〈宦者傳〉「呂強」條)

2. 舊制：光祿舉三署郎，以高功久次，才德尤異者為茂才四行。(《集解》引惠棟曰：「應劭《漢官儀》云：『三署郎有行應四科者，歲舉茂才二人，四行二人；三署謂五官署也，左右署也。』」)(《後漢書》卷六十一〈黃琬傳〉)

3. (永元七年)夏四月辛亥朔……詔曰：「元首不明，化流無良，政失於民，謫見於天。深惟庶事，五教在寬，是以舊典，因孝廉之舉，以求其人。有司詳選郎官，寬博有謀，才任典城者三十人。」(《後漢書》卷四〈孝和孝殤帝紀〉)

4. 故事：孝廉高第，三公尚書輒優之，特勞來其舉將。(《後漢書》卷四十四〈胡廣傳〉李賢注引《續漢書》)

5. 又舊：任三府選令史，(《集解》引惠棟曰：「《漢舊儀》云：『丞相歲舉令史秀才一人。』」)光祿試尚書郎。(《後漢書》卷六十三〈李固傳〉)

6. 穆既深疾宦官……乃上疏曰：「案漢故事，中常侍參選士人。建武以後，乃悉用宦者……愚臣以為可悉罷省，遵復往初，率由舊章，更選海內清淳之士，明達國體者，以補其位……」帝不納。後穆因進見，口復陳曰：「臣聞漢家舊典，置侍中、中常侍各一人，省尚書事，黃門侍郎一人，傳發書奏，皆用姓族。(李賢注：「引用士人有族望者」)。……」(《後漢書》卷四十三〈朱穆傳〉)

7. 故事：選郡國守相高第為中二千石，選中二千石為御史大夫，任職者為丞相；位次有序，所以尊聖德，重國相也。(《漢書》卷八十三〈朱博傳〉)

8. 舊事：策試博士，必廣求詳選，爰自畿夏，延及四方，是以博舉明經，唯賢是登。(《後漢書》卷三十三〈朱浮傳〉)

9. 中都官，千石，六百石，故事先守一歲，然後補真。(《後漢書》卷六十三

〈李固傳〉李賢注引《續漢書》）

八、民　政

1. （永元十三年）九月壬子詔曰：「荊州比歲不節，今茲淫水為害⋯⋯其令天下半入今年田租、芻稾；有宜以實除者，如故事。貧民假種食，皆勿收責。」（《後漢書》卷四〈孝和孝殤帝紀〉）

2. 成都民物豐盛，邑宇偪側。舊制：禁民夜作，以防火災。（《後漢書》卷三十一〈廉范傳〉）

3. 永平之初，連年水旱災異，郡國多被饑困，準上疏曰：「⋯⋯伏見被災之郡，百姓凋殘⋯⋯可依征和元年故事（李賢注：「武帝征和元年詔曰：『當今務在禁苛暴，止擅賦，力本農桑，無乏武備而已。』」《集解》：「《通鑑》胡注：『案此乃征和四年詔也，征和元年當有遣使慰安故事。』」）遣使持節慰安尤困乏者，徙置荊揚孰郡。」（《後漢書》卷三十二〈樊準傳〉）

4. 永康元年，願徙屬弘農華陰。舊制：邊人不得內移。唯奐因功，特聽。（《後漢書》卷六十五〈張奐傳〉）

九、食　貨

1. 時大司農中丞耿壽昌⋯⋯五鳳中奏言：「故事：歲漕關東穀四百萬斛以給京師，用卒六萬人。宜糴三輔、弘農、河東、上黨、太原郡穀足供京師，可以省關東漕卒過半。」（《漢書》卷二十四上〈食貨志〉）

2. 自禹在位，數言得失，書數十上。禹以為古民亡賦算口錢，起武帝征伐四夷，重賦於民，民產子三歲則出口錢⋯⋯宜令兒七歲去齒乃出口錢，年二十乃算⋯⋯天子下其議，令民產子七歲乃出口錢，自此始。（《漢書》卷七十二〈貢禹傳〉）

3. （建武六年）十二月癸巳詔曰：「頃者師旅未解，用度不足，故行什一之稅。今軍士屯田，糧儲差積，其令郡國收見田租三十稅一，如舊制。」（李賢注：「景帝二年令人田租三十稅而一。今依景帝，故云舊制。」）（《後漢

書》卷一下〈光武帝紀〉)

4. (章和二年夏四月) 戊寅詔曰：「昔孝武皇帝致誅吳越，故權收鹽鐵之利……先帝即位，務休力役，然猶深思遠慮，安不忘危，探觀舊典，復收鹽鐵，欲以防備不虞，寧安邊境，而吏多不良，動失其便，以違上意，先帝恨之。故遣戒郡國，罷鹽鐵之禁，縱民煮鑄，入稅縣官如故事。其申敕刺史、二千石奉順聖旨，勉弘德化，布告天下，使明知朕意。」(《後漢書》卷四〈孝和孝殤帝紀〉)

5. 舊：南海獻龍眼、荔枝，十里一置，五里一候，奔騰阻險，死者繼路。(《後漢書》卷四〈孝和孝殤帝紀〉)

6. 及秦惠王并巴中，以巴氏為蠻夷君長，世尚秦女，其民爵比不更，有罪得以爵除。其君長歲出賦二千一十六錢，三歲一出義賦千八百錢。其民戶出幏布八丈二尺，雞羽三十鏃。漢興，南郡太守靳彊請一依秦時故事。至建武二十三年，南郡潳山蠻雷遷等始反叛。(《後漢書》卷八十六〈南蠻西南夷傳〉)

十、兵

1. 舊事：歲終當饗遣衛士 (李賢注：「舊事：『衛士得代歸者，上親饗焉。』，《前書》〈蓋寬饒傳〉曰：『歲盡交代，上臨饗罷衛卒』是也。」) 大儺逐疫。太后以陰陽不和，軍旅數興，詔饗會勿設戲作樂，減逐疫侲子之半，悉罷象、橐駝之屬，豐年復故。(《後漢書》卷十上〈皇后紀〉「和熹鄧皇后」條)

2. 初，禁網尚簡，但以璽書發兵，未有虎符之信。詩上疏曰：「臣聞兵者，國之凶器，聖人所慎。舊制，發兵皆以虎符，其餘徵調，竹使而已。符策合會，取為大信，所以明著國命，斂持威重也。」(《後漢書》卷三十一〈杜詩傳〉)

3. 刺史臧旻舉為茂才，除高成令。縣在邊垂。舊制：令戶一人具弓弩，(《集解》引惠棟曰：「崔豹《古今注》云：『伍伯一日戶伯。漢制兵吏五人一戶，

竉置一伯，漢諸公行，則戶伯率其伍以導引也。』」）以備不虞，不得行來。
（李賢注：「行來，猶往來也。」）（《後漢書》卷三十一〈陸康傳〉）

4.遷為雲中太守。會匈奴大入塞，烽火日通。故事：虜人過五千人，（《集解》
引劉放曰：「案文上人當作入」）移書傍郡。（《集解》引惠棟曰：「《東觀
記》：『故事：虜出度五千人，乃移書傍郡求助，吏白今虜兵度出五千，請
移警檄。』」）吏欲傳檄求救，范不聽，自率士卒拒之。（《後漢書》卷三十
一〈廉范傳〉）

5.軍營久出無功，有廢農桑，乃詔任尚將吏兵還屯長安，罷遣南陽、潁川、
汝南吏士。置京兆虎牙都尉於長安，扶風都尉於雍，如西京三輔都尉故事。
（《後漢書》卷八十七〈西羌傳〉）

十一、刑　法

1.又公卿朝會，陛下問以得失。皆長跪言舊制大罪，禍及九族。（《集解》引
惠棟曰：「漢律云：大逆不道，父母妻子同產皆棄市。」《尚書歐陽夏侯說》
云：「九族：父族四，母族三，妻族二，故云九族。」）陛下大恩，裁止於
身，天下幸甚。（《後漢書》卷四十一〈寒朗傳〉）

2.和帝末，下令麥秋得案驗薄刑，而州郡好以苛察為政，因此遂盛夏斷獄。
恭上疏諫曰：「……舊制：至立秋乃行薄刑。自永元十五年以來，改用孟
夏……上逆時氣，下傷農業……」初，肅宗時，斷獄皆以冬至之前，自後
論者互多駁異。鄧太后詔公卿以下會議。恭議奏曰：「……可令疑罪使詳其
法，大辟之科，盡冬月乃斷，其立春在十二月中者，勿以報囚如故事。」
後卒施行。（《後漢書》卷二十五〈魯恭傳〉）

3.肅宗初，為尚書。是時承永平故事，吏政尚嚴切，尚書決事，率近於重。
寵以帝新即位，宜改前世苛俗……帝敬納寵言……漢舊事：斷獄報重常盡
三冬之月，（李賢注：「報，論也；重，死刑也。」）是時，帝始改用冬初十
月而已。（《後漢書》卷四十六〈陳寵傳〉）

4.漢興以來未有拒諫、誅賢、用刑太深如今者也。永平舊典，諸當重論，皆

須冬獄，先請後刑，所以重人命也。(《後漢書》卷三十下〈襄楷傳〉)

5. 立春之日，下寬大書曰：「制詔三公：方春東作，敬始慎微，動作從之，罪非殊死，且勿案驗，皆須麥秋。退貪殘，進柔良，下當用者，如故事。」(《續漢書》〈禮儀〉上)

6. 建初中，有人侮辱人父者，而其子殺之。肅宗貰其死刑之降宥之，自後因以為比。(《集解》引惠棟曰：「鄭康成《禮記》注云：『已行故事曰比。』」)(《後漢書》卷四十四〈張敏傳〉)

7. 武帝時，禹以刀筆吏積勞，遷為御史。上以為能，至中大夫。與張湯論定律令，作見知，吏傳相監司以法，盡自此始。(《補注》詳見前「職官」「第四十」條)

8. 吉本起獄法小吏……及居相位……掾史有罪，臧不稱職，輒予長休告，終無所案驗……吉曰：「夫以三公之府，有案吏之名，吾竊陋焉。」後人代吉，因以為故事。公府不案吏自吉始。(《漢書》卷七十四〈丙吉傳〉)

9. 故事：諸侯王獲罪京師，罪惡輕重，縱不伏誅，必蒙遷削貶黜之罪，未有但已者也。(《漢書》卷八十〈宣元六王傳〉「淮陽憲王」條)

10. 舊：丞相、御史親治職事，唯丙吉以年老，優游不案吏罪，於是宰府習為常俗。(《後漢書》卷二十四〈馬嚴傳〉)

11. 故事：大逆朋友坐免官，無歸故郡者。(《漢書》卷六十〈杜周傳〉)

十二、蕃 夷

1. 故事：單于朝，從名王以下及從者二百餘人。(《漢書》卷九十四下〈匈奴傳〉)

2. 至莽篡位，建國二年以廣新公甄豐為右伯，當出西域。車師後王須置離聞之，與其右將股鞮，左將尸泥支謀曰：「聞甄公為西域太伯，當出。故事：給使者牛羊穀芻茭導譯，所給使尚未能備，今太伯復出，國益貧，恐不能稱……」(《漢書》卷九十六下〈西域傳〉)

3. 及秦惠王并巴中，以巴氏為蠻夷君長，世尚秦女，其民爵比不更，有罪得

以爵除。其君長歲出賦二千一十六錢，三歲一出義賦千八百錢。其民戶出
幏布八丈二尺，雞羽三十鏃。漢興，南郡太守靳彊請一依秦時故事。(《後
漢書》卷八十六〈南蠻西南夷傳〉)

4. 司徒掾班彪上言：「……舊制：益州部置蠻夷騎都尉，幽州部置領烏桓校
   尉，涼州部置護羌校尉，皆持節領護，理其怨結，歲時循行，問所疾苦。
   又數遣使，驛通動靜，使塞外羌夷為吏耳目。州郡因此可得儆備，今宜復
   如舊，以明威防。」光武從之。(《後漢書》卷八十七〈西羌傳〉)

5. 憲日矜己功，欲結恩北虜，乃上立降者左鹿蠡王阿佟為北單于，置中郎將
   領護，如南單于故事……且漢故事：供給南單于費直歲一億九十餘萬，西
   域歲七千四百八十萬。(《後漢書》卷四十五〈袁安傳〉)

6. 憲乃班師而還，遣軍司馬吳汜、梁諷奉金帛遺北單于……遂及單于於西海
   上，宣國威信……諷因說宜修呼韓邪故事，保國安人之福，單于喜悅。(李
   賢注：「言依附漢家，自保護其國也。宣帝時，呼韓邪單于款塞，朝于甘泉
   宮，請留居光祿塞下，有急保漢受降城也。」)即將其眾，與諷俱還。(《後
   漢書》卷二十三〈竇憲傳〉)

7. 匈奴薁鞬日逐王比自立為呼韓邪單于，款塞稱藩，願扞禦北虜，事下公卿。
   議者皆以為天下初定，中國空虛，夷狄情偽難知，不可許。國獨曰：「臣以
   為宜如孝宣故事受之，令東扞鮮卑，北拒匈奴，率厲四夷，完復邊郡，使
   塞下無晏開之警，萬世有安寧之策也。」帝從其議，遂立比為南單于。(《後
   漢書》卷十九〈耿國傳〉)

8. 護烏桓使者告烏桓民，毋得復與匈奴皮布稅。匈奴以故事遣使者責烏桓稅
   (《漢書》卷九十四下〈匈奴傳〉)

從安土重遷論秦漢時代的徙民與遷徙刑

　　遷徙離鄉在秦漢時人心目中的嚴重性，可以從下面這個故事明白地看出來。武帝元狩元年（西元前 122 年），淮南王安謀反，苦無不安的情勢可以利用。於是中郎伍被獻上一計，鼓動民怨：

> 被曰：「必不得已，被有愚計。」王曰：「奈何？」被曰：「當今諸侯無異心，百姓無怨氣，朔方之郡土地廣美，民徙者不足以實其地。可為丞相、御史請書，徙郡國豪桀及耐罪以上，以赦令除，家產五十萬以上者，皆徙其家屬朔方之郡。益發甲卒，急其會日。又偽為左右都司空上林中都官詔獄書，逮諸侯太子及幸臣。如此則民怨，諸侯懼，即使辯士隨而說之，黨可以徼幸。」❶

以伍被估計，在諸侯無異心，百姓無怨氣的情況下，如果製造徙民朔方的傳言，即可激起疑懼怨恨，創造有利起兵的情勢。淮南王聞其計，也認為「此可也」，這個計畫後來雖然並沒有實現，卻很真切地反映了漢代人對遷徙，尤其是徙邊一事的感受。

　　伍被如此計謀，當然有它的背景。就在元狩元年的五年以前，也就是元朔二年（西元前 127 年）的春天，武帝遣衛青等人敗匈奴，收河南地，置朔方和五原郡。同年夏天，武帝即募民十萬口徙朔方。伍被說「民徙者不足以實其地」就是指這一次徙民。同時，武帝還曾徙郡國豪傑及貲三百萬以上於

---

❶　《漢書》（臺北，宏業，新校標點本，下同）卷四十五〈蒯伍江息夫傳〉，頁 2174。
　　又參《史記》卷十九，〈淮南衡山列傳〉，除字句小異，大體相同。

茂陵❷。關東大俠郭解被迫遷徙又遭族誅一事即發生在徙民茂陵的行動中。募民徙朔方一事在當時社會上有什麼反應，文獻失載，不得而知。不過，據《漢書》〈游俠傳〉，徙郡國豪傑及富人於茂陵一事，在當時曾震動了關山東西。時隔五年，人們記憶尚新，那些豪傑富人應更是餘悸猶存。五年前遷徙的是家貲三百萬以上者，遷移的地點是京師茂陵，如今傳言徙家產五十萬以上者，將受影響的富人更多，遷徙的地點是更糟的邊郡朔方，其可能引起的疑慮震恐必然更大。這可以說是伍被此計的用心和最直接的背景。

　　如果更深遠一點說，自從中國成為一個定居的農業社會，離鄉背井大概已是一般人最不得已和最難忍受的事之一。定居的農業使人傾向安土重遷。絕大部分的農民如果不是因為天災人禍或人口增殖的自然壓力，通常都不輕易離開他們的土地。這種社會習性最早在《尚書》〈盤庚〉篇已經可以看見。漢代人對百姓安土重遷的特性觀察的也很深入。漢元帝在永光四年勿徙民初陵的詔書裡說：「安土重遷，黎民之性。骨肉相附，人情所願也……奏徙郡國民以奉園陵，令百姓遠棄先祖墳墓，破業失產，親戚別離，人懷思慕之心，家有不安之意。是以東垂被虛耗之害，關中有無聊之民，非久長之策也。」❸劉向在《說苑》裡也說：「安故重遷，謂之眾庶。」❹東漢崔寔則謂：「小人之情，安土重遷，寧就饑餒，無適樂土之慮。」❺對遷徙感受最深刻的恐怕要數屬籍安定的王符。王符在《潛夫論》〈實邊〉篇中說：

　　　　且安土重遷，戀慕墳墓，賢不肖之所同也。民之於徙，甚於伏法。伏法不過家一人死爾。諸亡失財貨，奪土遠移，不習風俗，不便水土，類多滅門，少能還者❻。

---

❷　《漢書》卷六，〈武帝紀〉，頁 170。

❸　《漢書》卷九，〈元帝紀〉，頁 292。

❹　《說苑》（新竹，新興書局《漢魏叢書》本）卷十九〈脩文〉，頁 2 上。

❺　《通典》（新竹，新興書局景印武英殿本）卷一〈食貨一・田制〉上，頁 12 上。

❻　汪繼培，《潛夫論箋》（臺北，世界書局，民國 44 年），頁 118。「安土重遷」原作

東漢明、章以後，帝國西疆飽受羌患，朝臣紛紛主張放棄邊郡，遷邊民於內地。王符以邊郡人的切身感受，竟然說出「民之於徙，甚於伏法」這樣深痛的話來。他又指出邊地雖然危險，邊民「猶願守其緒業，死其本處，誠不欲去之極」❼，他的話和崔寔所謂「寧就饑餒，無適樂土之慮」可以說完全顯露了當時人對遷徙離鄉的感受。

　　如果被迫離鄉，不論是因戰爭、災荒、仕宦或遭遷徙刑，都希望有朝一日能重返故里。楚、漢之際，因戰爭而人口流亡甚多。等到戰爭結束，天下安定，「民咸歸鄉里」❽。〈國三老袁良碑〉記其先祖「當秦之亂，隱居河、洛。高祖破項，實從其冊。天下既定，還宅扶樂」❾，這是百姓於戰亂之後，返回鄉里的一個實證。漢人仕宦離鄉，致仕之時，例乞骸骨，歸故里。西漢元帝時，貢禹乞骸骨上奏裡有一段頗能反映思歸之心切：「自痛去家三千里，凡有一子，年十二，非有在家為臣具棺椁者也。誠恐一旦蹎仆氣竭，不復自還，洿席薦於宮室，骸骨棄捐，孤魂不歸。不勝私願，願乞骸骨，及身生歸鄉里，死亡所恨。」❿上書以「死亡所恨」作結，可見他的心情。班超從西域上書求歸，說：「不敢望到酒泉郡，但願生入玉門關。」⓫，班超身在異域，以中土為故鄉，反映的也是同樣的心情。如果不幸未及生而返鄉，亦願死而歸葬。其他因天災或遷徙刑離鄉望返的例子，下文還會再提到。總之，所謂「代馬望北，狐死首丘」⓬，人們思鄉戀土之情如此濃烈，主要是因為秦漢承古遺風，宗族聚居，親朋故舊，盡在於斯。田園廬墓，彼此相連，死生同恤，祭祀同福。人一生最緊密的血親和地緣關係都和鄉里故居分不開，

　　「夫士重遷」，據汪箋校改。

❼　同上，頁119。

❽　《史記》（臺北，宏業，新校標點本，下同）卷十八〈高祖功臣侯者年表〉，頁878。

❾　《隸釋》（樓松書屋汪氏校本）卷六，頁5上。

❿　《漢書》卷七十二〈貢禹傳〉，頁3073。

⓫　《後漢書》（臺北，宏業，新校標點本，下同）卷四十七〈班超傳〉，頁1583。

⓬　《潛夫論箋》〈實邊〉第二十四，頁118。

而這一切又是農業聚落長期定居和安土重遷自然的結果❸。

　　對這種社會習性和心理有所認識,我們才能比較深切地了解秦、漢時代若干徙民措施和遷徙刑具有的意義。由於人們迫不得已不願遷徙,遷徙因此可以成為被視作「甚於伏法」的嚴重懲罰。又因為遷徙刑是以遷徙作為懲罪的方式,政府對無罪的百姓就不能隨意遷之。如要徙民,須「募」,以利誘之,尊重其意願。如不顧意願,強迫而行,就可能激起民變。伍被計謀依據的就是這樣的社會背景。因此,我們看見秦、漢兩代為了政治或軍事的目的,大規模徙民或遷罪犯於邊,都採取了種種鼓勵的措施。

　　對鼓勵徙民的措施有比較詳細陳述的是鼂錯。他在徙民實邊的建議中說:

> 臣聞古之徙遠方以實廣虛也,相其陰陽之和,嘗其水泉之味,審其土地之宜,觀其中木之饒,然後營邑立城,製里割宅,通田作之道,正阡陌之界,先為築室,家有一堂二內,門戶之閉,置器物焉。民至有所居,作有所用,此民所以輕去故鄉而勸之新邑也。為置醫巫,以救疾病,以脩祭祀,男女有昏,生死相卹,墳墓相從,種樹畜長,室屋完安,此所以使民樂其處而有長居之心也❹。

他建議的種種措施,不僅在促使百姓樂於遷徙,更在使民於遷徙之後,願意長居下來。簡單的說,第一步為使百姓樂於遷徙,必須讓他們「至有所居,作有所用」;第二步為使民願意長居,必須為他們安排一個他們原本習慣的聚落生活。儘管如此,這一切安排對一般安土重遷的百姓仍不會有吸引力。事實上只有貧窮無以為生或犯罪的人才可能接受這樣的安排。因此,鼂錯建議募民,以罪犯為先,欲贖罪或得爵者次之:

---

❸　邢義田,〈漢代的父老、僤與聚族里居〉,本書。

❹　《漢書》卷四十九〈鼂錯傳〉,頁 2288。

> 乃募皋人及免徒復作令居之；不足，募以丁奴婢贖皋及輸奴婢欲以拜
> 爵者；不足，乃募民之欲往者。皆賜高爵，復其家。予冬、夏衣，廩
> 食，能自給而止。郡縣之民得買其爵，以自增至卿。其亡夫若妻者，
> 縣官買予之❶❺。

不論是對罪犯或平民百姓，用的方式都是「募」，而不是迫令。鼓勵的措施包
括贖罪、拜爵、除復徭役、供給衣食，甚至代辦婚配。再加上前文提到的供
給田、宅，為置巫醫等，條件可以說豐厚之至。

晁錯議論的這許多徙民措施，有些可能是他的創意，例如沒有匹配的，
官府「買予之」。即使這一點也可能有所本。《史記》〈淮南衡山列傳〉提到秦
始皇使尉佗攻百越。尉佗上書「求女無夫家者三萬人，以為士卒衣補。秦皇
帝可其萬五千人」，此事雖有不同，亦官方代籌匹配之意。其餘幾全沿襲前朝
舊制。秦在爭霸東方的過程裡，為了控制新獲得的土地，很早即以賜爵和赦
罪的方式鼓勵移民。《史記》〈秦本紀〉載昭襄王：

> 二十一年，錯攻魏河內，魏獻安邑。秦出其人，募徙河東賜爵，赦罪
> 　　　　人遷之。
> 二十六年，赦罪人遷之穰。
> 二十七年，錯攻楚，赦罪人遷之南陽。
> 二十八年，大良造白起攻楚，取鄢、鄧。赦罪人遷之。
> 三十四年，秦與魏、韓上庸地為一部。南陽免臣遷居之。

昭襄王取魏、韓、楚之地，不斷赦秦國的罪人實之。這些是什麼樣的罪人，
記載中沒有說明。睡虎地四號秦墓出土的兩封木牘家書卻透露了一點不很清
楚的消息。家書的一封是當兵在外的惊寫給兄長衷的。信中提到：「……聞新

---

❶❺　同上，頁 2286。

地城多空不實者，且令故民有為不如令者實⋯⋯」❶⑥。據黃盛璋氏研究，新地城就是昭襄王二十八年，白起取鄢、鄧後，在新得的楚地上所建，即今四號墓旁的雲夢古城❶⑦。衷和他的母親、姑姊等親人都住在新地城。惊寫信回家問候親人，因而提到新地城空不實，以故民不如令者實之的傳聞。「故民」似指民之在秦者，相對於遷「新地」者。如果這樣的理解不誤，二十八年所赦罪人大概就是「有為不如令者」。「不如令」意義甚泛。李斯議焚書時，「令下三十日不燒，黥為城旦。」❶⑧令下不燒應屬「不如令」的範疇，其懲罰是黥為城旦。據雲夢秦律，「黥為城旦」較遷刑為重（詳下）。如此，赦不如令者遷之，就有以較輕的處分作為鼓勵遷徙的意味。昭襄王三十四年，以南陽免臣遷上庸。這裡的「免臣」和鼌錯所說的「免徒」似為一類。《漢書》〈鼌錯傳〉 注臣瓚釋 「免徒復作」 曰：「罪人遇赦復作竟其日月者，今皆除其罰。」❶⑨臣瓚之說如確，則免徒頗類漢代文獻和簡牘中常見的「弛刑徒」或「施刑」。弛刑徒乃徒之免鉗釱赭衣者。免鉗釱等刑具在漢代是要以從軍或戍邊等代價換取而來❷⓪，秦代南陽的「免臣」則是以願徙居上庸為代價。

　　秦代鼓勵遷徙的另兩種方式是除復徭役和賜爵。秦始皇二十八年南登琅邪，因徙黔首三萬戶於琅邪臺下，被徙者「復十二歲」❷①；三十五年徙三萬

⑯　《雲夢睡虎地秦墓》（北京，文物出版社，1981），頁 25。

⑰　黃盛璋，〈雲夢秦墓兩封家書中有關歷史地理的問題〉，《文物》，第八期 (1980)，頁 74～77。

⑱　《史記》卷六〈秦始皇本紀〉，頁 255。

⑲　《漢書》卷四十九〈鼌錯傳〉，頁 2287。

⑳　《漢書》〈宣帝紀〉，神爵元年：「西羌反，發三輔、中都官徒弛刑⋯⋯詣金城。」李奇曰：「弛，廢也。謂若今徒解鉗釱赭衣，置任輸作也。」師古曰：「弛刑，李說是也。若今徒囚但不枷鎖而責保散役之耳。」〈昭帝紀〉，元鳳元年：「武都氐人反，遣執金吾馬適建⋯⋯將三輔、太常徒，皆免刑，擊之。」免刑之徒，即弛刑徒，或亦即鼌錯所說的免徒。這種弛刑徒在居延邊塞的遺簡中常見，參勞榦，〈漢代兵制及漢簡中的兵制〉，《史語所集刊》第十本（民國 32 年），頁 52～54。

㉑　《史記》卷六〈秦始皇本紀〉，頁 244。

家麗邑，五萬家雲陽，「皆復不事十歲」❷，這裡遷徙的是一般庶民，條件應該比遷罪犯優厚；三十六年遷北河、榆中三萬家，條件是「拜爵一級」❸。拜爵與除復條件的優劣差別，我們已難以判定。在前引昭襄王二十一年獲魏安邑，也曾募徙河東者，賜爵。以除復和賜爵鼓勵徙民的方式在《商君書》〈徠民〉篇中曾經提到。〈徠民〉篇曾提出如何以田宅、多爵、久復之法吸引三晉人民開墾秦國的荒地。〈徠民〉篇成書甚晚，商鞅是否有招徠三晉百姓的事亦不可確知。不過，從《孟子》〈梁惠王〉篇討論如何增加人口，《管子》〈輕重甲〉論及如何「致天下之民」以及《逸周書》〈大聚〉討論「王若欲來天下民，先設其利，而民自至」看來，戰國時代各國之間確有人口爭奪戰。當時訂出種種鼓勵移民辦法的，恐怕不只是秦國而已。總之，晁錯的建議淵源有自，其後漢代許多徙民的措施也與此一脈相承。

　　兩漢政府基於各種理由，曾不斷遷徙社會上不同身分的人到不同的地區去。例如基於政治上強本弱末的考慮，遷移郡國豪傑、高貲富人和吏二千石之家於京師；基於軍事、經濟和安定社會內部等原因，又大規模移送災民、貧民或罪犯到帝國的邊陲地帶。由於移民身分和遷移地區與目的之不同，漢代政府所採取的措施以及遭遇的問題當然也隨之有異。不過，誠如王符所說，安土重遷，戀慕墳墓，乃「賢不肖之所同」。在這個大前提下，漢代政府不論對徙京師的高官、富人或遷邊的貧民與罪犯，都得給予不同形式的鼓勵。

　　西漢本強幹弱枝之術，不斷遷徙郡國豪傑、高貲富人和吏二千石之家於關中。這些人本是社會中擁有社會、經濟和政治勢力的一群。將他們遷移到關中，意味著他們必須離開原有的產業和地緣上的社會關係。這一類人對遷移的疑懼和抗拒，已可從前述伍被的計謀和郭解的故事看出來。西漢政府遷移他們所遭遇的困難，很顯然不同於移徙那些無甚產業的貧民或罪犯。因此，我們看見西漢徙民關中和帝陵，雖曰用「募」，實際上是威迫利誘，兼而有

---

❷　同上，頁256。

❸　同上，頁259。

之。所謂威迫是在許多情況下，須遷徙者大概沒有不遷的自由。西漢最早的一項徙民紀錄是高祖九年十一月，徙齊大族田氏、楚昭氏、屈氏、景氏和懷氏十餘萬口於關中。這些大族和秦時遷往咸陽的豪富一樣，實際上都沒有不遷的自由。西漢的二千石之家大概也只有遵令而遷的份。利誘的方式則以賞賜金錢和田、宅為主。《史記》〈高祖本紀〉未載遷齊、楚大族的條件，《漢書》〈高帝紀〉說是「與利田、宅」❷。此後募民徙帝陵，都有金錢或田宅的賞賜。景帝募徙陽陵，賜錢二十萬；武帝賜徙茂陵者，戶錢二十萬，田二頃；昭帝募富人徙雲陵，賜田宅，戶錢十萬；宣帝募郡國吏民貲百萬以上徙平陵，並以水衡錢為徙民起宅第，又徙丞相、將軍、列侯、吏二千石及貲百萬者於杜陵，條件未詳，或如故事，故不載也❷。元帝營陵，不復徙民。成帝初起初陵，又因解萬年與陳湯之議，更作昌陵，徙郡國豪傑貲五百萬以上五千戶，凡丞相、御史、將軍、列侯、公主、中二千石徙者，賜宅第及冢地❷。解萬年與陳湯建議起昌陵徙民，是因各有私心。私心之一是陳湯家人「不樂東土」，又「可得賜田宅」❷。可見田宅賞賜對某些人而言確有吸引力。

　　賜冢地是前所未見的新條件。得皇帝賞賜冢地於帝陵附近應是一項榮譽，不過這也意味不得返葬故里。因而這是不是受歡迎的條件頗成問題。漢人視祖墓至重，生則祀奉之，死則歸葬之。皇帝御賜冢地雖為榮耀，若因而不得歸葬祖塋，亦足以使人引以為恨。昭帝時，韋賢從魯國徙平陵，特留次子於故里守墳墓。可見過去徙帝陵並不限制徙者死後歸葬祖塋。後其少子玄成別徙杜陵，病且死，因使者上書曰：「不勝父子恩，願乞骸骨，歸葬父墓。」上許焉❷。光武帝時，護羌校尉太原溫序卒，送喪到洛陽，光武賜城傍為冢地。後其長子夢序告之曰：「久客思鄉里。」其子即棄官，上書乞骸骨歸葬。帝許

❷　《漢書》卷一下〈高帝紀〉，頁 66。

❷　以上參《漢書》各帝本紀。

❷　《漢書》卷十〈成帝紀〉，頁 316～322。

❷　《漢書》卷七十〈陳湯傳〉，頁 3024。

❷　《漢書》卷七十三〈韋賢傳〉，頁 3115。

之，乃返舊塋焉❷。明帝建初六年，琅邪人承宮卒，明帝賜以冢地，其妻上書乞歸葬鄉里❸。這些例子雖然和徙帝陵賜冢地的情況不同，但漢人盼望歸葬的心理是相同的。後來昌陵未成，遣返徙民，許多人因而免除了不得歸葬之恨，此後也不再見到有賜冢地以鼓勵徙民的例子。

　　武帝以後，每每為了救災、墾荒或實邊，將受災的貧民遷徙到邊地或有地可耕的地方去。要遷徙貧民也不是一件容易的事。第一，他們雖貧，也不一定願意離鄉；第二，由於他們貧窮，政府可能要花費比遷徙郡國富豪更大的財力，作更多的安排，才能將他們從一處遷往另一處。大家所熟知的例子是武帝元狩四年，山東被水災，「徙貧民於關以西及充朔方以南新秦中七十餘萬口。衣、食皆仰給縣官數歲。假予產業，使者分部護之，冠蓋相望，其費以億計，不可勝數。」❸這是兩漢最大規模的一次移民。為了應付龐大的費用，武帝甚至不得不採取新的財政措施。《漢書》〈武帝紀〉說：「元狩四年冬，有司言關東貧民徙隴西、北地、西河、上郡、會稽凡七十二萬五千口。縣官衣食振業，用度不足，請收銀、錫造白金及皮幣以足用，初算緡錢。」❸遷徙災民不但要供給衣食，沿途護送，還要「假予產業」，《漢書》〈食貨志〉說是「貸予產業」。我們從後來平帝時的一個例子可知，所謂產業幾乎包括生活所須的一切。平帝元始二年夏，郡國大旱，青州尤甚，人民流亡。於是改安定呼池苑為安民縣，起官寺市里，「募徙貧民，縣次給食，至徙所，賜田、宅、什器，假與犂、牛、種、食。」❸東漢章帝時發生牛疫和糧荒，除了令郡國募人無田欲徙它界就肥饒者，恣聽之。到了徙所，還「賜給公田，為雇耕庸，賃種餉，貰與田器，勿收租五歲，除筭三年」。此外，更規定「其後欲還本鄉者，勿禁」❸，這次遷徙主要是為救災，不在實邊，因而允許遷民還

❷　《後漢書》卷八十一〈獨行傳〉，頁 2673。

❸　《後漢書》卷二十七〈承宮傳〉，頁 945。

❸　《史記》卷三十〈平準書〉，頁 1425。

❸　《漢書》卷六〈武帝紀〉，頁 178。

❸　《漢書》卷十二〈平帝紀〉，頁 353。

歸本鄉。否則兩漢政府的政策都是希望徙民「占著所在」，不再遷移（詳下）。這次遷徙還訂出免除租稅三或五年的條件。條件即使如此優厚，受災的貧民願意徙居的似乎仍只限於「無田」者。建武八年，郡國大水，杜林上疏建議：「其被災害民，輕薄無累重者，兩府遣吏護送饒穀之郡。」❸❺安帝永初年間，連年水旱，樊準上疏曰：「……可依征和元年故事，遣使持節慰安，尤困乏者，徙置荊、揚孰郡。」❸❻杜林和樊準所說災民「輕薄無累重者」、「尤困乏者」，主要都是指無田產的貧民。事實上，大概也只有這些無產者才可能遠之他鄉。稍有產業的眷戀田園故居，也許就如崔寔所說，寧就饑餒而無適樂土之慮，政府對他們便只有「恣聽之」了。

漢代政府徙民，雖然用募，依其意願而行，有時也用強迫。強迫的結果，不但百姓深受其害，統治者亦得不償失。東漢以後，由於邊患，常常強迫邊人內移。從光武建武九年開始到二十年，邊郡吏民不斷被遷往內地。據《後漢書》〈吳漢傳〉，建武十五年從鴈門、代郡、上谷遷到居庸、常山關以東的即達六萬餘口。建武二十六年，南單于遣子入侍，北邊轉危為安，又將雲中、五原、朔方、北地、定襄、鴈門、上谷、代郡內遷的移民送還本土，「遣謁者分將施刑，補理城郭。發遣邊民在中國者，布還諸縣，皆賜以裝錢，轉輸給食。」❸❼所賜裝錢多少，未見記載。可是明帝永平五年「發遣邊人在內郡者，賜裝錢人二萬」❸❽，這可能是因循建武故事而來。如果一人錢二萬，單是遣返建武十五年的六萬餘口就要裝錢十二億！此外，轉輸給食，補理城郭之費尚不在內。然而據《東觀漢記》，光武令邊民還鄉，結果是「未有還人」。二十七年，太尉趙憙奏「復緣邊諸郡」❸❾，企圖在賜裝錢以外，更以除復徭役

❸❹ 《後漢書》卷三〈章帝紀〉，頁145。

❸❺ 《後漢書》志第十五〈五行〉三，李賢注引《東觀書》，頁3307。

❸❻ 《後漢書》卷三十二〈樊宏傳〉，頁1128。

❸❼ 《後漢書》卷一下〈光武帝紀〉，頁78。

❸❽ 《後漢書》卷二〈明帝紀〉，頁109。

❸❾ 《後漢書》卷二十六〈趙憙傳〉，頁914。

稅賦的辦法引誘邊民還鄉，「蓋惎至此，請徙之令盡也。」❹ 自內徙以後，時隔十餘年，邊民不願再遷的因素固然很多，其中一個大原因是他們當初被迫內徙時，他們的田園故居以及邊地城郭悉數遭到破壞。

　　摧毀城郭，以免為敵所用，毀民田園，乃在促迫邊民離去，無所後顧。這種破壞是東漢強迫遷民時常用的手段。《後漢書》〈西羌傳〉說：「羌既轉盛……遂移隴西徙襄武，安定徙美陽，北地徙池陽，上郡徙衙。百姓戀土，不樂去舊，遂乃刈其禾稼，發徹室屋，夷營壁，破積聚。」《後漢書》的記載當是根據《潛夫論》而來。《潛夫論》〈實邊〉篇說：「故爭郡縣以內遷，至遣吏兵，發民禾稼，發徹屋室，夷其營壁，破其生業，彊劫驅掠，與其內入，捐棄羸弱，使死其處。當此之時，萬民怨痛，泣血叫號……邊地遂以丘荒。」《潛夫論》和《後漢書》所記都是羌禍轉熾以後的事，但這種堅壁清野的策略顯然師法自東漢初。因為當光武想要遣返邊民，面對殘破的城郭，曾感到後悔不及。《東觀記》說：「此時城郭丘墟，埽地更為，帝悔前徙之。」❹ 當初行破壞是因為百姓眷戀故土，難捨產業。從這裡我們也就可以理解，為什麼當董卓強迫獻帝和洛陽的百姓數百萬口遷往長安，必須將洛陽的「宮廟、官府、居家」❹ 付之一炬。

　　在兩漢四百年間，強迫無罪的平民遷徙畢竟不是經常的事情。被迫遷徙最多和最經常的是罪犯。凡因罪遭遷徙，秦刑曰遷，漢多名之曰徙。秦遷與漢徙不盡相同。秦代遷刑似為刑罰系統中正式之一類，且與鬼薪、白粲或城旦等徒刑一樣有刑期。在雲夢秦律中即有「遷」，而且在「司空」律中規定「或贖耐『遷』，欲入錢者，日八錢」❹。既然遷可以計日以錢贖，則其有刑期應可推知。漢代有徙，然徙在兩漢似從未成為正式刑名的一類，也無刑期。漢人論刑，當提及刑罰的等級與種類（如西漢初，張蒼除肉刑的奏議，東漢

---

❹　同上，李賢注引《東觀記》，頁 914。

❹　《後漢書》卷一下〈光武帝紀〉李賢注引，頁 78。

❹　《後漢書》卷七十二〈董卓傳〉，頁 2327。

❹　《睡虎地秦墓竹簡》（北京，文物出版社，1978），頁 91。

諸帝聽亡命得贖的詔令），有死、有徒、有笞，卻不曾言及遷或徙。徙在漢代基本上是天子的恩典，多用於死罪降減。不論用於遭廢黜的諸侯王，一般官員或每年以萬數的死罪囚，由於減死徙邊的恩典十分頻繁，尤其在東漢以後，徙邊實際上幾已成為死刑與徒刑之間重要的一級處罰。此外，漢代遭徙邊者，並無刑期可言，一旦遷住徙所，即占著所在。除了廢徙的諸侯王，這些徙邊者無論官民，都要擔任戍邊、築城、耕作等勞役。勞役或有期限，但除非在遇赦等特殊的情況下，他們通常都喪失了重回故里的自由。這種不能回鄉懲罰的嚴重性，對返鄉里則死無所恨的漢人來說是不難想像的。

遷徙刑在秦、漢刑罰輕重上的地位也不相同。遷刑在秦代刑罰中的地位可從雲夢秦律中得知一二。秦律〈法律答問〉部分有一條說：

> 害盜別徼而盜，駕（加）罪之。可（何）謂駕（加）罪？五人盜，臧
> （贓）一錢以上，斬左止，有（又）黥以為城旦；不盈五人，盜過六
> 百六十錢，黥劓（劓）以為城旦；不盈六百六十到二百廿錢，黥為城
> 旦；不盈二百廿以下到一錢，罷（遷）之。求盜比此 ❹。

從這一簡可以知道「遷」在秦代是與黥、劓、斬趾等肉刑以及城旦等徒刑並行的一種刑罰方式，並且較「斬左止」、「黥劓以為城旦」、「黥為城旦」為輕。在秦代城旦是徒刑中最重的一級，可服勞役至六年。六年勞役再加斬趾、黥劓或黥，懲罰甚重。相比之下，遷刑只用以懲罰盜不盈五人，贓二百二十錢以下較輕的盜罪。秦律中單獨以「遷」治罪的，還見用於下列情況：(1)嗇夫不克盡職守，「以奸為事」❹ ；(2)本為大夫而在陣前斬首級者❹ ；(3)自佐、史以上的官吏利用駄運行李的馬匹和看管文書的私卒貿易牟利❹ ；(4)因口舌「毒

---

❹　同上，頁 150。

❹　同上，頁 177：「嗇夫不以官為事，以奸為事，論可（何）殹（也）？當罷（遷）。」

❹　同上，頁 131：「故大夫斬首者，罷（遷）。」

❹　同上，頁 133：「吏自佐、史以上負從馬，守書私卒，令市取錢焉，皆罷（遷）。」

言」論罪的❹。我們對以上這些罪過雖然並不完全確實了解，但情節似非甚重。利用公家財務牟利和口舌有毒都不算是頂大的罪。嗇夫「以奸為事」，含義甚泛。如果只處以遷刑，或許所犯只是有虧職守的小過錯。大夫領兵作戰，職在指揮，斬敵首級乃士卒之事。《商君書》〈境內〉篇說：「其戰、百將、屯長不得斬首。」 朱師轍 《解詁》 謂：「百將、 屯長責在指揮， 故不得斬首。」 ❹指揮官逕自殺敵，不無與士卒爭首功之嫌，又會影響到指揮，因此也是有罪的。總之，這些罪比較而言都不是太嚴重的。

如果是較重的罪行，在遷刑之外，往往還配合別的懲罰。例如，如果里典、父老和伍人在人口登記的事務上作手腳，除了要受遷徙處分，里典、父老和伍人還要分別罰繳甲或盾❺。又如某里士伍因罪遷蜀邊縣，終生不得離遷所，還要受鋈足之刑❺。鋈足大概不是刖足，而是鈦足，在足部加上鐵或木製的刑具❺。此外，據《史記》〈秦始皇本紀〉，呂不韋死，其舍人臨葬的，「秦人六百石以上奪爵，遷；五百石以下不臨，遷，勿奪爵。」亦即在「遷」以外，還可加上奪爵與否的處罰。另一種加重的方式是在遷往邊縣以外，加上戍邊或築城等勞役。始皇三十三年，取陸梁地，為桂林、象郡、南海，「以適遣戍」，又使蒙恬渡河取高闕、陽山、北假中，「徙謫，實之初縣。」（《索隱》：「徙有罪而謫之，以實初縣。」）；三十四年，「適治獄吏不直者，築長城及南越地。」 ❺又始皇使蒙恬收河南地，因河為塞，築四十四縣城臨河，「徙

---

❹ 同上，頁 276：「訊丙，辭曰：『外大母同里丁坐有寧毒言，以卅餘歲時覈（遷）。』」

❹ 朱師轍，《商君書解詁定本》（臺北，世界書局，民國 64 年）卷五〈境內〉第十九，頁 72。又參《睡虎地秦墓竹簡》，頁 131 注。

❺ 《睡虎地秦墓竹簡》，頁 143：「……百姓不當老，至老時不用請，敢為酢（詐）偽者，貲二甲；典、老弗告，貲各一甲；伍人，戶一盾，皆覈（遷）之。傅律。」

❺ 同上，頁 261：「……士五（伍）咸陽才（在）某里曰丙，坐父甲謁鋈其足，覈（遷）蜀邊縣，令終身毋得去覈（遷）所論之……。」

❺ 劉海年，〈秦律刑罰考析〉，見《雲夢秦簡研究》（北京，中華書局，1981），頁 179；馬非百，《秦集史》（北京，中華書局，1982），頁 845。

適戍以充之。」❺所謂「以適遣戍」、「適戍」，沈家本謂：「謫戍者，發罪人以守邊也。」❺發罪人戍邊是遷刑而兼勞役也。綜上所見，遷徙在秦代是與罰金、鋈足、奪爵或戍邊、築城等徒刑配合，以達到加重懲罰的目的。

這些加重懲罰中最令秦人畏懼的莫過於徙邊戍。遷徙戍邊，九死一生，鼂錯曾指出：「秦時北攻胡貉，築塞河上，南攻楊粵，置戍卒焉……秦民見行，如往棄市。因以謫發之，名曰謫戍。」❺政府不能強迫無罪的平民遷往邊地，卻可以強迫罪犯，因此發罪人戍邊。秦對這些「如往棄市」的戍邊者，似乎並未給予報酬或鼓勵，最少鼂錯以為「秦之發卒也，有萬死之害，而亡銖兩之報；死事之後，不得一算之復」❺，他相信這是秦以威劫而行之，使民深怨而有背畔之心，終失天下的原因。因此，他在徙民實邊的建議中，才對應募徙邊者訂出種種鼓勵和安置的辦法。其後，漢代政府對罪犯徙遷者的確採取了不少鼓勵的措施。

在討論這些措施以前，我們先比較一下遷徙刑在秦、漢兩代刑罰中的輕重地位。「遷」在秦刑中次於「黥為城旦」、「黥劓為城旦」和「斬趾」，到了漢代成為僅次於死刑的重刑。兩漢常見的一個現象是減死一等者，徙邊。換言之，徙邊僅下死一等。秦代有肉刑，黥劓加勞役，在罰則等級上較遷為重。漢文帝廢肉刑，遷徙加勞役在輕重的等級上就相對的提高了。漢代的刑罰輕重等級從東漢時屢次所下「聽亡命得贖」的詔令可以清楚地看出來。茲以明帝中元二年十二月甲寅詔為例：「天下亡命殊死以下，聽得贖論，死罪入縑二十匹，右趾至髠鉗城旦舂十匹，完城旦至司寇作三匹。」❺以贖縑多少而論，

---

❺ 《史記》卷六〈秦始皇本紀〉，頁 253。

❺ 《史記》卷一一〇〈匈奴傳〉，頁 2886。

❺ 沈家本，《沈寄簃先生遺書甲編》（臺北，文海出版社，民國 53 年）〈刑法分考〉卷十，頁 19 上。

❺ 《漢書》卷四十九〈鼂錯傳〉，頁 2284。

❺ 同上。

❺ 《後漢書》卷二〈明帝紀〉，頁 98。

清楚分為(1)死罪，(2)右趾至髡鉗城旦舂，(3)完城旦至司寇作三級。這三級的劃分在東漢所有這類詔令中完全一致。下死罪一等，應為右趾。《漢書》〈刑法志〉謂：「斷獄殊死，率歲千餘口而一人；耐罪上至右止，三倍有餘。」在這裡右止亦僅次於殊死。然自文帝廢肉刑，斬趾之罪或改為棄市，或以笞代之。其時規定斬左趾者，笞五百，景帝改為笞三百，又減為二百。明帝永平八年詔：「三公募郡國中都官死罪繫囚，減罪一等，勿笞⋯⋯屯朔方、五原之邊縣。」❺❾既云「勿笞」，顯然是以遷徙戍邊代替減死一等，亦即右趾以下笞二百的處罰。

減死而徙的事例，最早見於西漢之初。梁王彭越謀反，論以大逆棄市，高祖赦為庶人，徙蜀青衣❻❶。其後彭越雖因呂后之令，終遭族誅，兩漢諸侯王因謀反、殺人、姦淫等死罪降減而廢徙的很多。諸侯王廢徙者似並不服勞役，且享有一定的待遇。例如，淮南王劉長謀反，臣倉等議其罪曰：「長有大死罪，陛下不忍致法，幸赦，廢勿王。臣請處蜀郡嚴道邛郵，遣其子母從居。縣為築蓋家室，皆廩食給薪、菜、鹽、豉、炊食器、席蓐。」文帝制詔曰：「計食長給肉日五斤、酒二斗。令故美人、才人得幸者十人從居。他可。」❻❶東漢明帝時，楚王英以大逆不道，廢徙丹陽涇縣，猶賜「湯沐邑五百戶」，「使伎人、奴婢、工技、鼓吹悉從，得乘輜軿，持兵弩，行道射獵。」❻❷

減死而徙也見用於一般官員。例如，西漢哀帝時，賀良因「妄變政事」伏誅，同黨李尋和解光減死一等，徙敦煌郡❻❸。這些官員和減死而徙的平民一樣，在邊地似乎也有擔負屯戍等勞役的。靈帝時，蔡邕以「議害大臣，大不敬」等罪論棄市，後有詔「減死一等，與家屬髡鉗徙朔方」❻❹。據《後漢

---

❺❾　同上，頁 111。此外，永平十六年九月丁卯、建初七年九月辛卯、建初九年、章和元年秋、元初二年冬十月減死一等詔中亦皆曰「勿笞」，見附錄所引詔書。

❻❶　《漢書》卷三十四〈彭越傳〉。

❻❶　《史記》卷一一八〈淮南衡山列傳〉，頁 3079。

❻❷　《後漢書》卷四十二〈光武十王傳〉，頁 1429。

❻❸　《漢書》卷七十五〈李尋傳〉，頁 3193～3194。

書》〈蔡邕傳〉注引《蔡邕別傳》，他到了朔方，「乘塞守烽，職在候望」。可見一般官員大概並不能像諸侯王一樣免除勞役之苦。不過，也有很多例證只提及徙往某邊郡，是否服勞役則不得而知。

最值得注意的是東漢明帝以後，將天下死罪繫囚減死，連同家屬遷往邊地充軍變成一種經常性的措施。見於記載最早的一次是明帝永平八年：「詔三公募郡國中都官死罪繫囚，減罪一等，勿笞，詣度遼將軍營，屯朔方、五原之邊縣，妻子自隨，便，占著邊縣，父母同產欲相代者，恣聽之。其大逆無道殊死者，一切募下蠶室，亡命者令贖罪各有差。凡徙者，賜弓弩衣糧。」❻❺此後，章帝、和帝、安帝、順帝、沖帝和桓帝都不斷下達類似的詔令（參附錄）。其不同，除了遷往的邊地因時而異外，自和帝時陳忠建議廢蠶室刑以後，詔令中即不再有大逆無道，募下蠶室的部分。另一不同是對遷徙者不斷增加鼓勵的措施。永平八年詔凡徙者，賜弓弩衣糧。第二年又規定凡徙邊不幸而死者，「皆賜妻父若男同產一人復終身；其妻無父兄獨有母者，賜其母錢六萬，又復其口筭。」❻❻永平十六年更允許「父母同產欲求從者，恣聽之。女子嫁為人妻，勿與俱。」❻❼。這些除復、賜弓弩衣糧、金錢以及避免徙者親屬拆散的措施，在明帝以後類似的詔令裡並沒有提到。但是我們相信它們應被視為「故事」因循下來，只是記載有所省略而已。

減死徙邊的原因，據章帝時郭躬說是「聖恩所以減死罪使戍邊者，重人命也。」❻❽。東漢以後利用罪犯戍邊成為經常之舉，顯然並不只是重人命而已，而和東漢以後，邊地人口減少，徵兵制度改變，兵源不足等因素有密切的關係❻❾。這從前引詔書中要徙戍者與妻子家人同往，占著邊縣，又賜弓弩

---

❻❹　《後漢書》卷六十下〈蔡邕傳〉。

❻❺　《後漢書》卷二〈明帝紀〉，頁98。

❻❻　同上，頁112。

❻❼　同上，頁121。

❻❽　《後漢書》卷四十六〈郭躬傳〉，頁1544。

❻❾　參邢義田，〈東漢的胡兵〉，《國立政治大學學報》，第二十八期（民國62年），頁

武器即可窺見。將罪犯徙於邊，當然還可以有安內的效果。《潛夫論》〈斷訟〉篇說：「夫立法之大要，必令善人勸其德而樂其政，邪人痛其禍而悔其行……髡其夫妻，徙千里外劇縣，乃可以毒其心而絕其後，姦亂絕則太平興矣。」所謂「姦亂絕」，是徙邪人於千里之外，則姦亂絕於內。又邊地生活艱苦，敵寇侵迫，減死而徙者，雖暫逃一死，在邊地亦難長久，如此則其後絕。王符謂「太平興」者殆此之謂歟。

前文提到秦人戍邊，有「如往棄市」之感；漢人役於邊陲，也有「一人行而鄉曲恨，一人死而萬人悲」⓻之嘆。戍邊尚有歸期可待，因遷刑而徙邊者，幾無望於重歸故里，其感受何如，可想而知。因此當郅壽論徙合浦，未行即自殺⓻；馬融得罪梁冀，被劾徙朔方，也企圖自殺⓻。他們自殺的原因不可確知，不過一個可能就是視徙邊甚於伏法，不如一死了之。公孫瓚以屬吏隨太守徙日南時，先「具豚、酒於北芒上，祭辭先人。酹觴祝曰：『昔為人子，今為人臣，當詣日南。日南多瘴氣，恐或不還，便當長辭墳塋。』慷慨悲泣，再拜而去。觀者莫不歎息。」⓻，或自殺，或辭祖墳，可見漢人視徙邊戍與死無異，甚或過之。王符說「民之於徙，甚於伏法」，指的雖然是邊人內徙，但用來形容徙邊戍者的感受亦不為過。

因此，在漢代赦徙邊者歸故里就成為極大的恩典。赦歸的例子在西漢較少見。成帝時，京兆尹王章為大將軍王鳳所陷，死，妻子徙合浦。王鳳死後，王商繼為大將軍，白上還章妻子故郡。王章為泰山郡人，產業田宅在此，皆得贖還⓻。元帝時，京房與岳父張博兄弟三人因罪棄市，妻子徙邊。淮陽憲

154～157。

⓻ 王利器，《鹽鐵論校注》（臺北，世界書局，民國 59 年）卷七〈執務〉第三十九，頁 269。

⓻ 《後漢書》卷二十九〈郅壽傳〉，頁 1034。

⓻ 《後漢書》卷六十上〈馬融傳〉，頁 1972。

⓻ 《後漢書》卷七十三〈公孫瓚傳〉，頁 2358。

⓻ 《漢書》卷七十六〈王章傳〉，頁 3239。

王欽是張博的甥兒，又是成帝的叔父。因此，成帝即位後，淮陽憲王向成帝求還張博家屬徙者，上加恩，還之❼❺。從這些例子看來，赦歸在西漢或只是針對個別特殊的情況而加的恩典。

到了東漢章帝以後，赦歸徙者成為較為經常的事。其赦起於章帝建初元年的一場大旱災，朝臣以為旱災與徙民於邊有關。《後漢書》卷四十八〈楊終傳〉謂：

> 建初元年，大旱穀貴。終以為廣陵、楚、淮陽、濟南之獄，徙者萬數，又遠屯絕域，吏民怨曠。乃上疏曰：「……臣竊按《春秋》水旱之變，皆應暴急，惠不下流。自永平以來，仍連大獄，有司窮考，轉相牽引，掠考冤濫，家屬徙邊……民懷土思，怨結邊域。傳曰：『安土重居，謂之眾庶。』昔殷民近遷洛邑，且猶怨望，何況去中土之肥饒，寄不毛之荒極乎？……愁困之民，足以感動天地，移變陰陽矣……。」……帝從之，聽還徙者，悉罷邊屯。

又《後漢書》卷二十九〈鮑昱傳〉謂：

> 建初元年，大旱穀貴。肅宗召昱問曰：「旱既大甚，將何以消復災眚？」對曰：「……先帝詔言，大獄一起，冤者過半，又諸徙者骨肉離分，孤魂不祀，一人呼嗟，王政為虧，宜一切還諸徙家屬，蠲除禁錮，興滅繼絕，死生獲所。如此，和氣可致。」帝納其言。

楊終、鮑昱所言根據天人災異之論，代表時儒的一般見解。他們以為徙者冤氣動天，引起陰陽變異，遂至水旱。因此，主張還歸遷民，以致和氣。章帝在第二年夏四月即詔「還坐楚、淮陽事徙者四百餘家，令歸本郡」❼❻，此例

❼❺ 《漢書》卷八十〈宣元六王傳〉，頁3318～3319。

一開，和帝永元元年，安帝永初四年二月、三月，桓帝建和三年，靈帝中平元年都曾詔還徙者。桓帝建和三年五月乙亥的詔書說：「……昔孝章帝愍前世禁徙，故建初之元，並蒙恩澤，流徙者使還故鄉，沒入者免為庶民，先皇德政，可不務乎？其自永建元年迄乎今歲，凡諸妖惡，支親從坐，及吏民減死徙邊者，悉歸本郡，唯沒入者不從此令。」 ❼ 從桓帝詔可知其赦是從章帝故事，但章帝只赦還因楚王和淮陽王謀逆而受牽連的徙者，桓帝卻將凡諸妖惡、支親從坐及吏民減死徙邊者都赦而還之。他擴大赦歸的範圍淵源自和帝和安帝的先例。和帝「令郡國弛刑輸作軍營，其徙出塞，刑雖未竟，皆免歸田里」 ❼ ，安帝則詔「自建初以來，諸祅言它過坐徙邊者，各歸本郡」 ❼ ，所謂「它過」語焉不詳。不過從桓帝詔可知，應是指「支親從坐」和「吏民減死」兩大類。至於靈帝時所赦，則是百餘身死黨人的妻子 ❽ 。

　　總之，這類赦令在東漢兩百年間並不算太多，因罪徙邊者卻是常年不斷。我們已不易估計兩漢到底有多少百姓被遷往邊地。不過，罪犯徙邊的人數恐怕遠遠超過自願應募實邊的無罪平民。第一，無罪平民除非是前文提到的「無田」、「尤困乏者」，否則可能很少有人願意應募，自投死地；第二，就兩漢統而觀之，募平民徙邊實非經常之舉，然減死徙邊或以其他罪犯徙邊充軍卻是常事。罪犯徙邊的人數可以從《漢書》〈刑法志〉中得一極約略的印象。《漢書》卷二十三〈刑法志〉說：

　　　　今漢道至盛，歷世二百餘載，考自昭、宣、元、成、哀、平六世之間，斷獄殊死，率歲千餘口而一人，耐罪上至右止，三倍有餘……今郡國被刑而死者歲以萬數。……自建武、永平，民亦新免兵革之禍……以

---

❼　《後漢書》卷三〈章帝紀〉，頁135。

❼　《後漢書》卷七〈桓帝紀〉，頁293。

❼　《後漢書》卷四〈和帝紀〉，頁169。

❼　《後漢書》卷五〈安帝紀〉，頁215。

❽　《後漢書》卷八〈靈帝紀〉，頁330、348；卷六十七〈黨錮傳〉，頁2189。

口率計，斷獄少於成、哀之間什八，可謂清矣。

從昭、宣到哀、平到底有多少人犯死罪，〈刑法志〉並沒有明確地說出來。不過，宣帝時路溫舒曾明白地說當時「大辟之計歲以萬數」❽。東漢建武、永平以後，雖然斷獄少於成、哀之間什八，但其時被刑而死者仍以萬數，不比西漢為少。當然，〈刑法志〉所說「被刑而死者歲以萬數」的語意並不夠明確，他們是皆因死罪，或亦包含諸如遭鞭笞而死者？我們並不能肯定。如果假設他們皆因死罪而死，則逢詔減死戍邊的一年就可能有萬人。再者，每年因罪徙邊的，除了吏民減死一等者外，還有「支親從坐」、「妖惡」等各式各樣的罪犯，其人數或不少於減死一等者。所有這些罪犯加上受牽連的妻子父母，每年徙邊的罪犯和家屬最少應在數萬人之譜。這個極概略的推算還可以和《後漢書》裡的一些記載相參證。《後漢書》〈郭躬傳〉說：「今死罪亡命，無慮萬人。」從此可知，單是犯死罪逃亡未獲的即有萬人。他建議這些亡命者也應蒙赦減死一等，「以全人命，有益於邊」，結果章帝接納了他的建議。又《後漢書》〈楊終傳〉提到明帝時的廣陵、楚、淮陽、濟南王之獄，「徙者萬數」，這是特殊的大獄案。但可推想東漢以後，每年以罪犯充邊人數的龐大。這樣年年累積，為數即極可觀。班超說：「塞外吏士，本非孝子順孫，皆以罪過徙補邊屯。」❾班超對塞外之事極熟，他的話很可以反映長期以罪犯徙邊的結果。又《漢書》〈地理志〉說：「自武威以西……武帝時攘之，初置四郡……其民或以關東下貧，或以報怨過當，或以誖逆亡道家屬徙焉，習俗頗殊。」可見自武帝以後，河西四郡的人口就已經以內地遷來的下貧和罪犯為主，甚至連習俗都有了不同。據以上約略的數字估計和文獻的記述，我們相信在漢代造成人口流動的經常性人為因素中，最主要的應是遷徙刑。

儘管秦、漢兩代都曾大規模地徙民，也廣泛地利用遷徙刑，秦、漢政府

---

❽　《漢書》卷五十一〈路溫舒傳〉，頁 2369。

❾　《後漢書》卷四十七〈班超傳〉，頁 1586。

的基本政策毫無疑問仍是在維護一個安土重遷的定居農業社會。因為安土重遷的農業社會便於控制，也最能符合統治者的利益。對這一點，《呂氏春秋》〈尚農〉篇說的十分明白透徹：

> 古先聖王之所以理其民者，先務於農……民農則樸，樸則易用……其產復（《太平御覽》作「厚」）則重徙，重徙則死其處而無二慮。民舍本而事末，則不令；不令則不可以守，不可以戰。民舍本而事末，則其產約，其產約則輕遷徙，輕遷徙則國家有患，皆有遠志，無有居心。民舍本而事末，則好智，好智則多詐，多詐則巧法令，以是為非，以非為是。后稷曰：「所以務耕織者，以為本教也。」

秦、漢兩代都重農輕商的一大原因即在於農民質樸、產厚、重徙，遠較多智、產約、輕徙的商人易於控制。《管子》卷十五〈治國〉第四十八也說：「凡治國之道，必先富民……民富則安鄉重家，安鄉重家則敬上畏罪，敬上畏罪，則易治也。民貧則危鄉輕家，危鄉輕家，則敢陵上犯禁，陵上犯禁，則難治也。」秦、漢的統治者雖常利用徙民和遷刑達到實邊、救災、安內和強幹弱枝等種種目的，不過基本上他們還是盡可能使人口安定，占著所在，納入編戶。因為他們很清楚，穩定而又便於掌握的人口資源是政權生存的重要基礎；人口遷徙流動，難於控制，對他們是不利的。《鹽鐵論》〈未通〉篇說：「樹木數徙則矮，蟲獸徙居則壞。」《漢書》〈食貨志〉則說：「理民之道，地著為本。」鼂錯也以為：「不農則不地著，不地著則離鄉輕家，民如鳥獸，雖有高城深池，嚴法重刑，猶不能禁也。」❸因此，他的徙民實邊議有兩個要點：一是繼承古老的耕戰傳統，寓兵於農；二是始則使民「輕去故鄉而勸之新邑」，終則「使民樂其處而有長居之心」，他甚至建議編邊民為什伍，「勿令遷徙」❹。簡言之，務農與地著是政策的根本著眼，徙民與遷刑只是造成人口

---

❸　《漢書》卷二十四上〈食貨志〉，頁1131。

暫時的流動。流動之後，統治者總是竭力使他們安定下來。如此，一個安土重遷的社會只會隨著移民所至而擴大，而不致使安土重遷的社會特性受到損害。至於秦、漢兩代如何掌握編戶，漢代如何致力於安輯流民，研究甚多，這裡就不再多說了。

　　附記：拙文曾蒙管東貴先生與蕭璠兄指正，獲益甚多，謹此致謝。

　　補記：校稿期間，得讀大庭脩氏〈漢の徙遷刑〉一文（收入氏著《秦漢法制史の研究》，創文社，1982，頁 165～198）。大庭氏懷疑漢代於元、成之際，因刪修律令，減少死罪，始立遷徙刑為刑罰之一類。他曾舉東漢明帝時，楚王英謀反，「死徙者數千人」，順帝永建元年詔「坐法當徙勿徙」等資料，懷疑「徙」不再只是死刑的「代刑」，而是「本刑」或「正刑」。他的懷疑不無道理，然而也有困難。第一，《漢書》〈劉屈氂傳〉提到武帝末，戾太子起兵失敗後，「諸太子賓客嘗出入宮門，皆坐誅；其隨太子發兵，以反法族；吏士劫略者，徙敦煌郡。」所謂「吏士劫略者」當是指乘機打劫的。這和隨太子出入或發兵謀反的罪行不同，故處罰亦異。謀反者非誅即族，劫略者只是「徙」。照大庭氏的說法，這裡的「徙」似乎應是「本刑」，而非死刑的「代刑」。如此，遷徙刑之成為本刑，可早在元、成以前。由於大庭氏未引這項資料，不知他如何解釋？第二，如確如他所說，元、成以後，遷徙刑成為本刑或正刑，這將很難解釋為什麼東漢諸帝在「聽亡命得贖」的詔令中，當提到刑罰的種類和等級時，只及「死」、「徙」，而從不提「徙」？又為何東漢人論刑（包括班固〈刑法志〉），也從不將「徙」視為與「死」、「徙」等列之另一類？因此，個人十分懷疑遷徙之刑雖然一直存在，卻未成為漢刑正式之一級或一類。這也就是為什麼漢人動輒要說「下死則得髡鉗，下髡鉗則得鞭笞」的理由。可是遷徙刑既然實際存在，為何漢世屢屢修

律，不將它納入正式的刑律系統呢？這可能因為漢代行政太過因循，不肯輕改祖宗成法（參本書論漢代「故事」與「便宜從事」一文）；另一方面，也可能是一種政治技巧。從漢初梁王彭越謀反，論以大逆棄市，高祖卻徙他於蜀青衣開始，到東漢諸帝頻頻減死徙邊，徙之施行一直有濃厚天子恩典的意味，象徵天子輕刑罰，重人命。東漢郭躬說減死徙邊是出於「聖恩」就是這個意思（《後漢書》〈郭躬傳〉）如果將「徙」化為正式刑名之一類，這種恩典與象徵的意義將會喪失。當然漢代也以徙邊懲處貪濁、傷人、請託游說一類罪不及死的「中罪」，並不一定有恩典的意思。不過，拙文附錄中所舉十餘條死罪家屬從坐徙邊的例子，頗可證明「支親從坐」徙邊是一項特殊的恩典。因為這十餘個例子中，所犯絕大部分是大逆不道之罪。依照漢法，大逆不道者腰斬，「父母妻子同產無少長，皆棄市」（《漢書》〈鼂錯傳〉），如果天子不加恩，親人皆死。武帝末，巫蠱事起，「民轉相誣以巫蠱，吏輒劾以大逆亡道，坐而死者前後數萬人」（《漢書》〈江充傳〉）即為其例。這數萬人不可能都是正犯，應包含從坐的父母妻子同產。如此可知，犯大逆不道者，其家屬減死徙邊，是因天子法外施恩，否則都在棄市之列。只要這種恩典的意味存在，漢代天子寧可將遷徙刑掌握在手中，成為自己施恩的工具，而不讓它名實相符地納入正式的刑律系統。

民國 75 年 10 月 22 日補記於哈佛

附錄：論遷徙刑之用與肉刑之不復

沈家本《歷代刑法考》〈分考〉卷五，「議復肉刑」條謂：

按班固以《荀子》〈正論篇〉之言為善，既引《荀子》之言而復論之。

　　　　如此，文帝除肉刑議之者，自固始。(《沈寄簃先生遺書甲編》，頁 12 下，

　　　又參頁 24 上)

　　文帝廢肉刑，寄簃先生以為議之者自班固始，待商。議復肉刑可考者似以揚
雄為第一人。《法言》卷九〈先知〉篇有云：「井田之田，田也；肉刑之刑，
刑也。田也者，與眾田之；刑也者，與眾棄之。」(《法言義疏》卷十二，頁
18 上) 李軌注：「三千之屬是正法也。」陶鴻慶《讀法言札記》曰：「李注
云……三千之屬是正法也，正得其義。」汪榮寶《義疏》謂：「田也云者，謂
田制之正；刑也云者，謂刑法之正。」是知子雲以井田、肉刑為田制與刑法
之正。《法言》雖未明言復肉刑，子雲實主張如此。《抱朴子外篇》〈用刑〉第
十四論復肉刑云：「通人揚子雲，亦以為肉刑宜復也。」(《四部刊要》本，頁
126)《抱朴子》徵引前人議論，首舉揚雄，可知肉刑之議或即自揚雄始。

　　又據《後漢書》〈杜林傳〉，建武十四年，有群臣上言：「古者肉刑嚴重，
則人畏法令；今憲律輕薄，故姦軌不勝。宜增科禁，以防其源。」所謂宜增
科禁，意在恢復肉刑。群臣之議終因杜林及光武反對，未果。此亦議復肉刑
之早於班固者。自東漢初，朝廷內外頗有議刑罰寬嚴者 (又參《後漢書》卷
三十四〈梁統傳〉)，肉刑問題當在議論之列。明帝繼光武，以「善刑理，法
令分明」著於史冊 (《後漢書》〈明帝紀〉論曰) 上有所好，下必甚焉。刑律
討論在明帝一朝必甚盛。班固於明帝朝寫《漢書》，不免有感於時議，藉〈刑
法志〉一抒己見。其議肉刑於志尾，一則以此為全志之總結，標明個人之見
解，更以此揭出時人論刑關注之焦點歟？

　　揚雄論肉刑於西京之末，班固議之於東漢之初。肉刑經文帝一廢 (文帝
十三年，西元前 167 年)，為何於一百六、七十年後，又有人倡議恢復？如確
有復肉刑之價值與必要，為何至西漢末始有人提出？此皆耐人尋味者也。

　　請先論班固之議。〈刑法志〉首述文帝廢肉刑，景帝定箠令，班固以為
「外有輕刑之名，內實殺人」；景帝雖定箠令，笞者得全，然「死刑既重，而
生刑又輕，民易犯之」，班固不以除肉刑為是，於此已可見。志尾總結，他進

一步評論道：

> 且除肉刑者，本欲以全民也，今去髡鉗一等，轉而入於大辟。以死罔
> 民，失本惠矣。故死者歲以萬數，刑重之所致也。至乎穿窬之盜，忿
> 怒傷人，男女淫佚，吏為姦臧，若此之惡，髡鉗之罰又不足以懲也。
> 故刑者歲十萬數，民既不畏，又曾不耻，刑輕之所生也……豈宜惟思
> 所以清原正本之論，刪定律令，纂二百章，以應大辟，其餘罪次，於
> 古當生，今觸死者，皆可募行肉刑。及傷人與盜，吏受賕枉法，男女
> 淫亂，皆復古刑，為三千章……如此，則刑可畏而禁易避，……輕重當
> 罪，民命得全，合刑罰之中，殷天人之和，順稽古之制，成時雍之化。

班固主復肉刑，理由至明：其一，文帝變古制，去肉刑，外有輕刑之名，內
實殺人；其二，既去肉刑，於穿窬之盜，忿怒傷人，男女淫佚或吏為姦臧之
罪，處以死刑則太重，懲以髡鉗又太輕，難得刑罰之中。因此宜「復古刑，
為三千章」，以順稽古之制，成時雍之化。簡言之，其意在復古以救時弊。班
固之言實與時論之好古非今相一脈。
　　謂其「非今」，蓋其批評時制，未盡合事實。去髡鉗一等，果轉而入於大
辟乎？死刑誠重，生刑豈皆輕乎？謂其「好古」，蓋自西漢昭、宣、元、成以
降，儒學大興，好古之風日濃。儒生士子浸潤儒經，憧憬三代以上，以為復
行古制，則堯、舜之治可重見於今日。元帝時，貢禹主盡廢錢，租稅祿賜皆
以穀帛，勿市井，民歸於農，「復古道便」（《漢書》卷七十二〈貢禹傳〉）哀、
平之世，揚雄主復井田、肉刑，皆思想時尚之點滴可見者。王莽藉此時尚，
纂漢改制，其本人實即深信古制可復，堯、舜可再之一儒生。莽雖未復肉刑，
確曾措意於井田及其他「於古有據」之制度。唐虞畫象，三王肉刑，漢儒多
信不疑❶。肉刑之議至西漢末始見，正是時代好古風尚之反映。王莽敗後，

---

❶　參沈家本，《沈寄簃先生遺書甲編》，上冊，〈歷代刑法考〉，總考一，頁 1 下～2 下；

好古之風並未稍戢。與班固先後的王充即曾痛評時人好古成風（參《論衡》〈齊世〉、〈宣漢〉、〈恢國〉、〈驗符〉諸篇）班固雖據荀卿駁象刑，於肉刑古制之用仍深信不疑。

自班固主肉刑，東京主之者甚眾，如仲長統、崔寔、鄭玄、陳紀（參《昌言》〈損益〉篇；《晉書》〈刑法志〉），反對者亦夥，肉刑卒不見復於漢世。反對者以為肉刑殘人肢體，一旦被刑，終身無改，太過殘酷。再者，文帝蠲除酷刑，本於仁厚，祖宗遺德，不宜云變。此外，被刑之人，無以自新，類多趨惡，莫復歸正。重施肉刑，既無益於治，又失仁政之名，復之何為？以上持論可見之於東漢初杜林與末年孔融之議（參《後漢書》〈杜林傳〉、〈孔融傳〉）

以上或復或廢，皆士子儒生之見。漢世天子意向如何？亦不可不注意。漢代天子一向標榜以孝治天下，敬宗法祖之餘，於先帝成法，不敢輕變。何況漢代列祖列宗，文帝享譽最隆，史遷、班固一致以「仁」相許。文帝之仁德以節儉與廢肉刑最為後世稱頌。大司馬車騎將軍許嘉等以為「孝文皇帝除誹謗，去肉刑，躬節儉……德厚侔天地，利澤施四海。」（《漢書》卷七十三〈韋賢傳〉）張敞稱頌文帝除肉刑，「仁賢之政，流聞後世。」（《後漢書》卷五十六〈王龔傳〉）如此，任何皇帝欲復肉刑，皆將冒不遵祖宗故事，不行仁政之大不韙。因而，雖然屢屢有人建議恢復，不論光武或獻帝都持反對，加以否決。

統治者礙於形象，不願恢復肉刑。即就實際而言，亦無復肉刑之必要。此乃肉刑始終未復之根本原因。主肉刑者持論最力之點在「下死則得髡鉗」，「今去髡鉗一等，轉而入於大辟」，以為髡鉗與死刑之間無不輕不重之刑以應偷盜、淫奔、貨賄等罪。對此，仲長統言之最明：

> 肉刑之廢，輕重無品，下死則得髡鉗，下髡鉗則得鞭笞。死者不可復生，而髡者無傷於人，髡笞不足以懲中罪，安得不至於死哉？夫雞狗

之攘竊，男女之淫奔，酒醴之賂遺，謬誤之傷害，皆非值於死者也，殺之則甚重，髡之則甚輕。（《昌言》〈損益〉篇）

漢代刑罰果如是乎？果如是，議復肉刑何待西京之末，東京之初？必早復之矣。其不議未復，蓋漢代「髡鉗」非僅剔髮，無傷於人，或但加鉗釱而已。髡鉗實與徒刑勞役相連，非可云輕。又兩漢多以遷徙為刑，徙罪不及死或減死一等者於邊，肉刑「懲中罪」之作用無形中被取代。遷徙刑外無傷人肢體，奪人性命之名，內有實邊安內之效，兩漢遂寧用徒與徙，依罪輕重，相輔為用，而終不復肉刑，以免徒傷仁政之名，又於實際無補。

先說「下死則得髡鉗」。李賢注：「下，猶減也。」減死而受髡鉗者於兩漢有證：

1. 《漢書》卷六十四下〈賈捐之傳〉：「捐之竟坐棄市，（楊）興減死一等，髡鉗為城旦。」

2. 《漢書》卷六十七〈朱雲傳〉：「上於是下（陳）咸、（朱）雲獄，減死為城旦。咸、雲遂廢錮，終元帝世。」

3. 《漢書》卷七十二〈王吉傳〉：「昌邑群臣坐在國時，不舉奏王罪過……皆下獄誅，唯吉與郎中令龔遂以忠直數諫正，得減死髡為城旦。」

4. 《漢書》卷七十二〈鮑宣傳〉：「宣坐距閉使者，亡人臣禮，大不敬，不道，下廷尉獄……上遂抵宣罪，減死一等，髡鉗。宣既被刑，乃徙之上黨。」

5. 《漢書》卷七十六〈王章傳〉：「與御史中丞陳咸相善，共毀中書令石顯，為顯所陷。咸減死髡，章免官。」

6. 《漢書》卷八十九〈循吏傳〉「龔遂」條：「昌邑群臣坐陷主於惡，不道，皆誅……唯遂與中尉王陽（按：王吉字子陽）以數諫爭得減死，髡為城旦。」

7. 《漢書》卷九十〈酷吏傳〉「甯成」條：「武帝即位，徙為內史，外戚多毀成之短，抵罪髡鉗。是時九卿死即死，少被刑，而成刑極，自以為不復收（如淳曰：「以被重刑，將不復見收用也」。師古曰：「刑極者，言殘毀之重也。」）乃解脫，詐刻傳，出關歸家。」

8. 《後漢書》卷十下〈皇后紀〉「安思閻皇后」條：「（樊）豐、（謝）惲、（周）廣皆下獄死，家屬徙比景，（謝）宓、（樊）嚴減死，髡鉗。」

9. 《後漢書》卷六十下〈蔡邕傳〉：「有詔減死一等，與家屬髡鉗徙朔方，不得以赦令除。」

讀以上數例，必須先注意兩漢書措詞用字常有省減而不一定十分準確。據〈朱雲傳〉，陳咸「減死為城旦」，如據〈王吉傳〉，則是「減死髡」。龔遂「減死髡為城旦」，鮑宣、蔡邕則僅言「髡鉗」。「髡為城旦」和「髡鉗」的措詞在《漢書》中常見，實則這些可能都是「髡鉗為城旦」的省稱，「髡鉗城旦」才是正式的刑名。以上數例中，只有〈賈捐之傳〉未作減省。

「髡」是剔髮；「鉗」者，以鐵束頸（《漢書》〈高祖本紀〉顏師古注）鐵鉗實物曾在漢陽陵附近數十座刑徒墓中出土❷。鉗出土的位置正在墓中屍骨的頸部。墓中鉗徒身首異處，或曾處斬。頭骨雖存，惜不可知是否曾髡髮。「髡」、「鉗」本是兩事。然自秦以來，髡鉗似兼施並存。雲夢律簡中有「完城旦」，「髡鉗城旦、舂」，不見單獨以髡或鉗為刑者。秦簡謂：「城旦、舂衣赤衣，冒赤氈氈，枸櫝欙杕之。」（《睡虎地秦墓竹簡》，頁89）枸櫝、欙杕應是套在頸上或足部的刑具。頭上戴紅氈帽，或即因剔髮之故。《漢舊儀》云：「秦制：凡有罪，男髡鉗為城旦。」髡鉗相連亦由此可見。

髡鉗不但相連，也總是配合徒刑。遭髡鉗者不僅僅是剔髮加刑具而已。這在秦漢兩代都是如此。《史記》〈秦始皇本紀〉《集解》引如淳曰：「律說：『論決為髡鉗，輸邊築長城，晝日伺寇虜，夜暮築長城。』」凡髡鉗者在秦全

---

❷　秦中行，〈漢陽陵附近鉗徒墓的發現〉，《文物》，第七期(1972)，頁51～53。

是刑徒。城旦據如淳說是四歲刑，在秦簡中亦見刑期六歲的城旦。然刑徒不一定髡鉗，如完城旦即不髡髮，漢之弛刑即不戴刑具。髡鉗在可考的資料中幾全與城旦、舂相連，未見有鬼薪、白粲而髡鉗者。西漢初，呂后囚戚夫人，「髡鉗衣赭衣，令舂。」（《漢書》卷九十七上〈外戚傳〉）；東漢末，蔡邕「髡鉗徙朔方」，其《別傳》載邕上書自陳：「臣既到徙所，乘塞守烽，職在候望。」（《後漢書》卷六十下〈蔡邕傳〉李賢注引）此即城旦之役也。因為髡鉗者必為城旦（或舂），故刑名「髡鉗城旦」可但省稱為「髡鉗」。東漢洛陽城南郊出土刑徒墓磚志八百餘塊，凡髡鉗城旦徒皆稱「髡鉗」，無一例外，即可證 ❸。

　　城旦、舂是四年到六年的徒刑，再加髡鉗已是漢代徒刑中最重的一級。班固和仲長統所說「下死則得髡鉗」的髡鉗，其實是指「髡鉗城旦」。他們只說「髡者無傷於人」，不提四到六年的勞役，是有意強調其刑太輕，以便突出復肉刑之必要。此士人老吏弄文之慣技，無足為奇。

　　再說減死一等的處罰還可以有許多的不同，不一定「則得髡鉗」。例如，永始元年，酇侯蕭獲坐奴殺人，減死完為城旦（《漢書》卷十六〈高惠高后文功臣表〉）成帝時，劉輔減死罪一等，論為鬼薪（《漢書》卷七十七〈劉輔傳〉）順帝時，翟酺坐減死，歸家（《後漢書》卷四十八〈翟酺傳〉）史弼得減死罪一等，論輸左校（《後漢書》卷六十四〈史弼傳〉）延熹二年，大將軍梁冀誅，胡廣、韓縝、孫朗皆減死一等，奪爵土，免為庶人；韓稜則以減死論，遣歸本郡（《後漢書》卷四十四〈胡廣傳〉；卷四十五〈韓稜傳〉）這些處罰較髡鉗為城旦都要輕。也有更嚴重的，那就是下蠶室和徙邊戍。

　　減死下蠶室始於西漢初。景帝中四年秋，「赦徒作陽陵者死罪，欲腐者，許之。」（《漢書》卷五〈景帝紀〉）腐刑剝奪人有子嗣之權，其嚴重僅次於剝

---

❸　黃士斌，〈漢魏洛陽城刑徒墳場調查記〉，《考古通訊》，第六期 (1958)，頁 40～44；
張政烺，〈秦漢刑徒的考古資料〉，《北京大學學報》，第三期 (1958)，頁 179～184；
中科院考古所洛陽工作隊，〈東漢洛陽城南郊的刑徒墓地〉，《考古》，第四期 (1972)，
頁 2～19；吳榮曾，〈漢刑徒磚誌雜釋〉，《考古》，第三期 (1977)，頁 193～196。

奪生命。景帝中四年的赦令，似乎只及於陽陵的死罪徒。其餘可考的西漢例子，也都發生在特殊的情況下。《漢書》〈張湯傳〉：「安世兄賀幸於衛太子。太子敗，賓客皆誅。安世為賀上書，得下蠶室。」又〈外戚傳〉上，宣帝許皇后父廣漢，「吏劾從行而盜，當死。有詔募下蠶室。」張安世是昭、宣時代的重臣，為兄求情；而許廣漢是皇帝的岳父。張賀和許廣漢顯然都因特殊背景減死下蠶室。東漢以降，以死罪囚下蠶室成為通例，適用於所有的死罪繫囚。光武帝於建武二十八和三十一年曾兩度下詔，「詔令死罪繫囚皆一切募下蠶室，其女子宮。」（《後漢書》〈光武帝紀〉）這種情形到明帝永平八年曾有一次重要的改變。明帝不再將死罪繫囚一切募下蠶室，而只限於「其大逆無道殊死者」。其餘死囚減死一等，徙邊戍。和帝時，陳忠上言除蠶室刑。從和帝永元八年以後，即不再見以死罪繫囚下蠶室，從此徙邊戍就成為減死一等最主要的刑罰方式。上述變化可自下列各朝詔令清楚見之：

1. 建武二十八年冬十月癸酉，詔死罪繫囚皆一切募下蠶室，其女子宮。

2. 建武三十一年秋九月甲辰，詔令死罪繫囚皆一切募下蠶室，其女子宮。

3. 永平八年冬十月丙子，詔三公募郡國中都官死罪繫囚，減罪一等，勿笞，詣度遼將軍營，屯朔方、五原之邊縣，妻子自隨，便，占著邊縣，父母同產欲相代者，恣聽之。其大逆無道殊死者，一切募下蠶室，亡命者令贖罪各有差。凡徙者，賜弓弩衣糧。

4. 永平九年春三月辛丑，詔郡國死罪囚減罪，與妻子詣五原、朔方，占著所在；死者皆賜妻父若男同產一人復終身；其妻無父兄獨有母者，賜其母錢六萬，又復其口算。

5. 永平十六年九月丁卯，詔令郡國中都官死罪繫囚減死罪一等，勿笞，詣軍營，屯朔方、敦煌，妻子自隨，父母同產欲求從者，恣聽之；女子嫁為人妻，勿與俱。謀反大逆無道不用此書。

6. 建初七年九月辛卯，詔天下繫囚減死一等，勿笞，詣邊戍，妻子自

隨，占著所在，父母同產欲相從者，恣聽之，有不到者，皆以乏軍
興論。

7. 建初九年，郡國中都官繫囚減死一等，勿笞，詣邊縣，妻子自隨，
占著所在，其犯殊死，一切募下蠶室。

8. 章和元年夏四月丙子，令郡國中都官繫囚減死一等，詣金城戍。

9. 章和元年秋，死罪囚犯法在丙子赦前而後捕繫者，皆減死，勿笞，
詣金城戍。

10. 章和元年九月壬子，詔郡國中都官繫囚減死罪一等，詣金城戍；犯
殊死者，一切募下蠶室，其女子宮。

11. 永元八年八月辛酉，詔郡國中都官繫囚減死一等，詣敦煌戍。

12. 元初二年冬十月，詔郡國中都官繫囚減死一等，勿笞，詣馮翊、扶
風屯，妻子自隨，占著所在，女子勿輸，亡命死皋以下贖，各有差。

13. 延光三年九月乙巳，詔郡國中都官死皋繫囚減罪一等，詣敦煌、隴
西及度遼營，其右趾以下及亡命者贖，各有差。

14. 永建元年冬十月辛巳，詔減死罪以下徙邊。

15. 永建五年冬十月丙辰，詔郡國中都官死罪繫囚皆減罪一等，詣北地、
上郡、安定戍。

16. 漢安二年冬十月辛丑，令郡國中都官繫囚殊死以下出縑贖，各有差。
其不能入贖者，遣詣臨羌縣居作二歲。

17. 建康元年十一月己酉，令郡國中都官繫囚減死一等，徙邊。謀反大
逆，不用此令。

18. 建和元年十一月戊午，減天下死罪一等，戍邊。

19. 永興元年十一月丁丑，詔減天下死罪一等，徙邊戍。

20. 永興二年九月閏月，減天下死罪一等，徙邊戍。（以上見《後漢書》各
本紀）

以遷徙戍邊代死，嚴格言之，並不是懲中罪，而是懲重罪。只因天子「重人

命」（郭躬語，見《後漢書》卷四十六〈郭躬傳〉），雖罪重至死，但以遷徙代之罷了。

即使如此，遷徙刑確實擔負「懲中罪」的作用，懲罰所犯尚不及於死者。因此，文獻中每每死徙連言。《漢書》〈劉屈氂傳〉：「諸太子賓客嘗出入宮門，皆坐誅；其隨太子發兵，以反法族；吏士劫略者，皆徙敦煌郡。」《後漢書》〈樊宏傳〉：「先是河南縣亡失官錢，典負者坐死及罪徙者甚眾。」又明帝時，楚王英謀反，「所連及死徙者數千人。」（《後漢書》卷二〈明帝紀〉）〈光武十王傳〉「楚王英」條：「坐死徙者以千數。」非死即徙，可見以徙治罪之次於死者。此外，如「緹騎侯海等五百人毆傷市丞，（張）酺部吏楊章等窮竟，正海罪，徙朔方」（《後漢書》卷四十五〈張酺傳〉）；「太守廉范為州所考，遣（楊）鳳候終，終為范游說，坐徙北地」（《後漢書》卷四十八〈楊終傳〉）；「（馬）融有事忤大將軍梁冀旨。冀諷有司奏融在郡貪濁，免官，髡徙朔方。」（《後漢書》卷六十上〈馬融傳〉）毆傷市丞、請託游說、在郡貪濁都不是生死重罪，而以徙邊懲之，正是「懲中罪」之例證。

兩漢所見以徙邊懲中罪最多的例子是家屬因從坐而徙。桓帝建和三年四月詔赦歸因「妖惡」、「支親從坐」與「吏民減死」而徙邊者，支親從坐是其中一大類（《後漢書》卷七〈桓帝紀〉）這類例子兩漢書中極多，僅舉死罪家屬從坐徙邊的若干如下：

> 1. 京兆尹王章訟商忠直，言鳳顓權，鳳証章以大逆皋，下獄死，妻子徙合浦。（《漢書》卷二十七上〈五行志〉）
> 2. （息夫）躬……與巫同祝詛……死，黨友謀議相連下獄百餘人。躬母聖，坐祠竈祝詛上，大逆不道。聖棄市，妻充漢與家屬徙合浦，躬同族親屬素所厚者，皆免，廢錮。（《漢書》卷四十五〈蒯伍江息夫傳〉）
> 3. 廷尉當（楊）惲大逆無道，要斬，妻子徙酒泉郡。（《漢書》卷六十六〈楊敞傳〉）
> 4. 京房及博兄弟三人皆棄市，妻子徙邊。（《漢書》卷八十〈宣元六王傳〉）

「淮陽憲王」條)

5. (浩)商兄弟會賓客……殺義渠長妻子六人，亡……會浩商捕得，伏誅，家屬徙合浦。(《漢書》卷八十四〈翟方進傳〉)

6. (淳于長)死獄中，妻子當坐者徙合浦，母若歸故郡。(《漢書》卷九十三〈佞幸傳〉)

7. (董)賢與妻皆自殺……父恭、弟寬信與家屬徙合浦，母別歸故郡鉅鹿。(同上)

8. 建寧二年冬十月丁亥，中常侍侯覽諷有司奏前司空虞放、太僕杜密、長樂少府李膺、司隸校尉朱寓、潁川太守巴肅、沛相荀昱、河內太守魏朗、山陽太守翟超皆為鉤黨，下獄，死者百餘人，妻子徙邊。(《後漢書》卷八〈靈帝紀〉)

9. 永元初，(郭)璜為長樂少府，子舉為侍中，兼射聲校尉。及大將軍竇憲被誅，舉以憲女壻謀逆，故父子俱下獄死，家屬徙合浦，宗族為郎吏者，悉免官。(《後漢書》卷十上〈皇后紀〉「光武郭皇后」條)

10. (陰皇)后與朱共挾巫蠱道……大逆無道……帝使司徒魯恭持節賜后策，上璽綬，遷于桐宮，以憂死……父特進綱自殺，(后弟)軼、敞及朱家屬徙日南比景縣，宗親外內昆弟皆免官還田里。(《後漢書》卷十上〈皇后紀〉「和帝陰皇后」條)

11. 中黃門孫程合謀殺江京等，立濟陰王，是為順帝。(閻)顯、景、晏及黨與皆伏誅，遷太后於離宮，家屬徙比景。(《後漢書》卷十下〈皇后紀〉「安思閻皇后」條)

12. 時(竇)太后父大將軍武謀誅宦官，而中常侍曹節等矯詔殺武，遷太后於南宮雲臺，家屬徙比景。(《後漢書》卷十下〈皇后紀〉「桓思竇皇后」條)

13. 收捕疊、磊、璜、舉，皆下獄誅，家屬徙合浦。遣謁者僕射收(竇)憲大將軍印綬，更封為冠軍侯……憲、篤、景到國，皆迫令自殺。宗族、賓客以憲為官者，皆免歸本郡。(《後漢書》卷二十三〈竇憲傳〉)

14. （永平）四年冬，（梁松）乃縣飛書誹謗，下獄死，國除……竦後坐
兄松事，與弟恭俱徙九真。(《後漢書》卷三十四〈梁統傳〉)

15. （陳）蕃因與竇武謀之……及事泄，曹節等矯詔誅武等……遂令收
蕃……即日害之。徙其家屬於比景，宗族、門生、故吏皆斥免禁錮。
(《後漢書》卷六十六〈陳蕃傳〉)

16. 召詣詔獄，考死，妻子徙邊。門生、故吏及其父兄，並被禁錮。(《後
漢書》卷六十七〈黨錮傳〉「李膺」條)

17. 遂收球，送洛陽獄，誅死，妻子徙邊。(《後漢書》卷七十七〈酷吏傳〉
「陽球」條)

從這些例子可以很清楚地看出，死罪犯的家屬妻子父兄因受牽連，罪次一等
而徙邊；關係更遠的宗族、賓客、門生、故吏則或禁錮、或免歸，受更次一
級的懲處。徙刑懲「中罪」的作用，在這些例子裡看得再明白不過。

據前引桓帝建和三年詔，坐徙邊之罪還有「妖惡」一項。妖惡即妖言。
《漢書》〈楊敞傳〉載楊惲「為訞惡言，大逆不道」，將妖惡與妖言合語。又
《後漢書》〈章帝紀〉，元和元年十二月詔：「往者妖言大獄，所及廣遠，一人
犯罪，禁至三屬……諸以前妖惡禁錮者，一皆蠲除之。」此詔前稱妖言，後
言妖惡，可見妖言與妖惡實一罪異名。安帝永初四年二月詔「諸祆言它過坐
徙邊者，各歸本郡」(《後漢書》卷五〈安帝紀〉)這就是後來桓帝詔赦妖惡者
的張本。犯妖惡或妖言者，罪可至於死，兩漢皆不乏其例(《漢書》卷二十一
上〈律曆志〉；卷七十五〈眭弘傳〉；《後漢書》卷五十五〈章帝八王傳〉「清
河孝王慶」條；卷六十三〈李固傳〉)然而犯妖言者，非皆處死，亦依情節輕
重，刑罰不一。或禁錮，如前引章帝元和詔；或徙邊，如桓帝詔。又殤帝時，
鄧太后曾詔赦建武以來諸犯妖惡，「皆復之為平人。」(《後漢書》卷十上〈皇
后紀〉「和熹鄧皇后」條)從建武到殤帝延平已歷八十年，尚有未死，不得與
齊民之列的「妖惡」罪徒。他們受何懲罰，不得而知。不過，他們應是受妖
言牽連而從坐的人。妖言或妖惡罪之重者，死；次者徙邊；再次者或禁錮或

受其他懲罰。徙刑懲罪之中者，在這裡也很明白。

　　總之，自西漢初廢肉刑，至西漢末始見恢復之議。議復肉刑大抵非基於事實上的必要，而多因西漢中晚期以後，儒學漸盛，儒生好古，以為三王肉刑，如復三王之制，則盛世可再。復肉刑之議發生的原因儘管不止一端，隨儒學而興起的好古風氣當是十分重要的背景。漢代以後雖然時移勢異，仍不斷有人主肉刑，其中一大因由蓋在儒生對三代之憧憬從不曾中斷。這從後世議論總要提到肉刑乃聖王古制這一點可以概見❹。肉刑在漢代雖議而終不得復的原因當然也很多，主要在於漢代廣泛運用徒刑與遷徙刑，尤其是徙邊戍，實際上取代了肉刑懲中罪的作用。這使主肉刑者「死刑太重，生刑太輕」的立論失去了事實上的基礎。再者，遷徙之刑外無傷人肢體之名，內有實邊安內之效，統治者遂寧取徒與徙而不復肉刑。

---

❹　沈家本，《沈寄簃先生遺書甲編》，上冊，分考五，「議復肉刑」條，頁12上～26下。

漢代壁畫的發展和壁畫墓

一、漢代以前的壁畫發展

　　近來已有人將中國壁畫的開始追溯到殷商的晚期。1975 年，在河南安陽小屯村北兩座半地穴式房基的遺址中，發現一塊長 22，寬 13，厚 7 公分，塗有白灰面的牆皮。牆皮上繪製了帶有圖案意味的紅色花紋和黑圓點❶。可是殘塊不大，花紋又甚殘缺，所繪是否如報導中推測是壁畫「主題中的輔助花紋」，或僅僅是某種紋飾，而紋飾是否曾構成整面的壁畫，都並不能十分肯定。不論如何，即使殷晚期已有了壁畫，壁畫的發展似乎相當緩慢。

　　一直到西漢，除了宮室或宗廟，壁畫裝飾並未形成普遍的風氣。傳說中古代君王的宮室都極其樸素，所謂「采椽不斲，茅茨不翦」❷，一般平民的居室可能更簡單，以白堊粉牆即屬講究。白堊粉壁之俗已見於新石器時代的遺址❸，殷人承之。1973 年，在安陽小屯南地發現的房屋基址（編號 F4）中

---

❶ 中國社會科學院考古研究所（以下簡稱中科院考古所）安陽發掘隊，〈1975 年安陽殷墟的新發現〉，《考古》，第四期 (1976)，頁 267。

❷ 王利器，《鹽鐵論校注》（臺北，世界書局，民國 59 年）卷六〈散不足〉第二十九，頁 202；《漢書》（臺北，宏業，新校標點本）卷六十二〈司馬遷傳〉，頁 2712。

❸ 新石器時代居室遺址發現白粉塗牆的已經不少，較新的一次發現是在山東濰縣魯家口所獲龍山文化遺跡房基十一座。其中 F106 殘牆內外側均用白色礓石粉末塗抹一層厚約 0.5 公分的牆皮。參中科院考古所山東隊，山東省濰坊地區藝術館，〈濰縣魯家口新石器時代遺址〉，《考古學報》，第三期 (1985)，頁 324、346。

就有白灰面的牆壁殘片❹。前述殷代的壁畫也出現在白灰面的牆壁上。《韓非子》〈十過篇〉說殷人「四壁堊墀，茵席雕文，此彌侈矣」。殷、周以降，經濟生活不斷提昇，居室漸趨複雜，裝飾亦必更見講求。然而從古人的記述看來，建築修飾的重點似乎一直在於樑柱的雕飾，而不在壁畫。《漢書》〈貨殖傳〉說：「周室衰，禮法墮，諸侯刻桷丹楹，大夫山節藻梲。」周代貴賤有等，居室隨之而異。差異之一即在樑柱的雕鏤刻畫。山節藻梲據《禮記》〈明堂位〉乃「天子之廟飾」。因此，當魯大夫臧文仲僭用此飾，即遭孔子批評❺。楚靈王為章華之臺，伍舉進諫，以為不應以「土木之崇高，彤鏤為美（注：「彤，謂丹楹；鏤，謂刻桷」）」❻。由此可知，周禮未墮之時，諸侯、士大夫的屋飾都有一定分寸。他們既不能任意雕樑畫棟，更不可彩繪屋壁。目前所知西周時期的居室遺址，都沒有壁畫的痕跡，有些頂多像殷人的住屋一樣，或以細泥塗牆，再抹一層白灰面而已❼。

春秋以後，開始有了諸侯壁畫的記載。《左傳》宣公二年（西元前 607年）提到晉靈公「不君」，其中一項罪狀是「厚斂以彫牆」，杜預注：「彫，畫也」❽，楚國的葉公子高據說好龍，竟在屋牆和其他各處畫滿了龍❾。葉公畫龍顯然是出於一己之好。晉靈公不知為何而畫？畫了些什麼？他被斥為「不君」，可能是因為厚斂傷民，也可能是因為所繪不符合時人認可的題材和功

---

❹ 中科院考古所安陽工作隊，〈一九七三年安陽小屯南地發掘簡報〉，《考古》，第一期(1975)，頁 29。

❺ 《論語》（臺北，世界書局，《四書集註》本）卷三〈公冶長〉，頁 29。

❻ 《國語》（臺北，里仁書局，校注本）卷十七〈楚語〉上，頁 541～542。

❼ 中科院考古所編，《新中國的考古發現和研究》（北京，文物出版社，1984），頁 253～254。

❽ 也有注家以為彫非畫，而為刻鏤。參竹添光鴻，《左傳會箋》（新北，廣文書局，民國 52 年）卷十，頁 10。實則古人建築多土牆，適合彩繪而不適刻鏤。杜預以畫釋彫，應較合理。

❾ 《新序》（《四部叢刊》子部）卷五，頁 14 上、下；劉盼遂，《論衡集解》（臺北，世界書局，民國 65 年）卷十六〈亂龍〉，頁 329。

能。壁畫在中國大約從很早就成為為宗教或道德服務的工具。《孔子家語》
〈觀周篇〉有這樣一個故事：

> 孔子觀乎明堂，覩四門，墉有堯、舜之容，桀、紂之象，而各有善惡
> 之狀，興廢之誡焉。又有周公相成王，抱之負斧扆，南面以朝諸侯之
> 圖焉。孔子徘徊而望之，謂從者曰：「此周之所以盛也。夫明鏡所以察
> 形，往古者所以知今……。」

自從和《孔子家語》類似的殘篇在漢初墓中發現❿，證實今本《家語》實包
含有極多漢以前的傳聞軼事。不論孔子觀乎明堂的故事是否真實，最少在傳
說中，從周代之初已經利用壁畫作為道德教訓和政治宣傳的工具⓫。另一項
常為人引用的記載是《楚辭》〈天問〉王逸的《章句》。屈原遭放逐時，據說
曾「見楚有先王之廟及公卿祠堂，圖畫天地、山川、神靈，琦瑋僪佹，及古
賢聖怪物行事」，從壁畫的內容看，其目的顯然也在於宗教和道德教訓。儘管
今本《孔子家語》和王逸的《章句》都為時甚晚，卻不約而同揭示出古代中
國的壁畫，從一開始就不單純是賞心悅目的藝術，而是與宗教、政治或道德
的需要緊密結合在一起。再從以後的發展看，這些需要仍然是壁畫繼續存在
的基礎和發展的動力。

　　對壁畫藝術從殷晚期到戰國時代所經歷的發展，目前我們所知道的很少。

---

❿　參定縣漢墓竹簡整理組，〈定縣四〇號漢墓出土竹簡簡介〉，《文物》，第八期 (1981)，
　　頁 11～13；〈儒家者釋文〉，同上，頁 13～19；何直剛，〈儒家者言略說〉，同上，
　　頁 20～22；阜陽漢簡整理組，〈阜陽漢簡簡介〉，《文物》，第二期 (1983)，頁 21～
　　23。從河北定縣和安徽阜陽漢簡的發現，可證《孔子家語》的許多記載，最少已見
　　於西漢初年的典籍。

⓫　《淮南子注》（臺北，世界書局，民國 47 年）卷九〈主術訓〉曾提到：「文王、周公
　　觀得失，徧覽是非，堯、舜所以昌，桀、紂所以亡者，皆著於明堂（高誘注：「著，
　　猶圖也。」）」（頁 149），可見周初明堂有圖畫一事，漢人信之不疑。

1957 年 5 月，在洛陽小屯村東北，漢河南縣城東北城角外發現一座有彩繪的戰國墓葬。這座墓葬殉葬豐富，甚至出土一件墨書「天子」二字的石圭。墓葬形制龐大，墓坑長 10 公尺，寬 9 公尺，深 12 公尺餘，墓道長 40 公尺，是洛陽附近有墓道的戰國墓中最大的一座❷。報告者相信這即使不是天子的陵寢，墓主也必是個貴族。在墓壙四周牆壁和墓道兩壁上有紅、白、黃、黑四色繪製的圖案殘跡。據發掘報告的作者觀察，認為「這種彩繪應該是具有著帷幕和畫幔作用的壙壁裝飾」❸。在目前成千上萬的戰國墓葬中，這似乎是唯一一座有彩繪的，可說十分特殊。可惜有關的報導中，既未附照片，也無摹本。要討論它在壁畫發展上應有的意義和地位，還有待更進一步資料的發表。

另一項戰國壁畫的殘跡，是在秦都咸陽第一和第三號宮殿建築遺址發現❹。據碳十四和熱釋光年代測定，遺址年代應在距今 (1980) 2290±80 年或 2340 年左右，也就是最晚不晚於秦一統天下前夕，早則可早到秦統一六國以前一百七十年。一號建築營建的時間較早，其中發現壁畫殘塊四百四十餘，能辨視的可惜只有一些幾何紋的邊飾。三號遺址和一號相連。三號遺址的壁畫主要出於廊東和西坎牆的牆壁上。在建築倒塌的堆積中也有一些壁畫殘塊。壁畫的內容包括車馬、人物、麥穗、建築以及幾何圖案。由於壁畫殘破太甚，目前除了知道在夯土的牆上先以白粉（蛤粉）打底，再線描和設色以外，已無法看出壁畫可能的原貌。不論如何，這項發掘已毫無疑問證實秦咸陽宮有壁畫裝飾。戰國時代的秦在東方大國眼中是以質樸著稱❺，其宮室尚以壁畫

---

❷　〈新中國的考古發現和研究〉，頁 282。

❸　〈洛陽西郊一號戰國墓發掘記〉，《考古》，第十二期 (1959)，頁 653〜654。

❹　秦都咸陽考古工作站，〈秦都咸陽第一號宮殿建築遺址簡報〉，《文物》，第十一期 (1976)，頁 12〜24；陶復，〈秦咸陽宮第一號遺址復原問題的初步探討〉，同上，頁 31〜41；咸陽市文管會等，〈秦都咸陽第三號宮殿建築遺址發掘簡報〉，《考古與文物》，第二期 (1980)，頁 34〜41；劉慶柱，〈試談秦都咸陽第三號宮殿建築遺址壁畫藝術〉，同上，頁 98〜99；彩版貳，圖版捌。

❺　梁叔任，《荀子約注》（臺北，世界書局，民國 47 年）卷十六〈彊國〉篇提到荀子入

裝飾，當時東方六國宮室如何裝飾就不難想見了。

二、道德、宗教宣傳與漢代壁畫的發展

秦都咸陽的宮室多為項羽所毀，前述一號和三號宮殿遺牆都有明顯火焚的痕跡。漢繼秦而興，定都關中，其宮室亦如其他制度，承襲了秦代的規模。以壁畫而言，西漢宮殿就有不少是有壁畫可考的。從文獻上看，漢宮壁畫的內容很顯然不單純基於裝飾的需要，而是如同楚國的先王廟，基於宗教或道德教訓的目的。

先說未央宮的壁畫。未央宮的麒麟閣以圖畫功臣著名。甘露三年，宣帝詔令圖畫霍光等十一人於麒麟閣，「法其形貌，署其官爵姓名」 ❶，以彰功德。又《漢書》〈成帝紀〉謂漢成帝「生甲觀畫堂」。王先謙《補注》引周壽昌曰：「《漢宮殿疏》云：『未央宮有畫室、甲觀、非常室。』」此畫室不知是否即漢成帝出生的畫堂。畫室或畫堂中所繪為何，不得而知。不過，早在漢文帝時，未央宮中已有以道德教訓為目的的壁畫。《漢書》〈霍光傳〉王先謙《補注》引《文苑英華》盧碩〈畫諫〉曰：「漢文帝於未央宮承明殿畫屈軼草、進善旌、誹謗木、敢諫鼓、獬豸，益知漢宮殿皆有圖畫也。」王先謙的引文和盧碩〈畫諫〉原文小有出入。據《文苑英華》卷三六二〈畫諫〉原文謂：「漢文帝時，未央宮永明殿畫古者五物。（原注：「《兩漢故事》：『文帝三年于永明殿畫屈軼草、進善旌、誹謗木、敢諫鼓、獬豸，凡有五色物也。』」）成帝陽朔中嘗坐群臣于下，指之曰：『予慕堯、舜理，故目是以自況。』」按：未央宮無永明殿，應係承明殿之誤，先謙因以據改。《史記》〈孝文本紀〉二年，上曰：「古之治天下，朝有進善之旌，誹謗之木，所以通治道而來諫

秦，觀其風俗，有謂「入境，觀其風俗，其百姓樸，其聲樂不流汙，其服不挑，甚畏有司而順，古之民也。」（頁217）

❶ 《漢書》卷五十四〈李廣蘇建傳〉，頁2468。

者。」從《史記》的記載看來，文帝在殿中畫進善旌、誹謗木等物，如《兩漢故事》所說，應是可信的。

此外，北宮和桂宮也有壁畫可考。北宮有畫堂，據《三輔黃圖》，乃「宮殿中采畫之堂」，桂宮的明光殿，「殿以胡粉塗壁，畫古賢烈士」❶。以上不論圖畫古賢烈士、今之功臣或「五物」，目的都很明白在於道德教訓。

以宗教目的為主的壁畫見於武帝的甘泉宮。武帝為求仙，聽信齊人少翁之言，「作甘泉宮，中為臺室，畫天地太一諸鬼神」❶。除了臺室畫有天地鬼神之屬，據揚雄〈甘泉賦〉，甘泉宮及臨近的遊觀，「非木摩而不彫，牆塗而不畫。」辭賦之言，或不免誇張。較具體的說，有關甘泉宮的壁畫最少還有兩項記載。一是武帝寵妃李夫人的畫像。李夫人死，武帝思念不已，令「圖畫其形於甘泉宮」❶。另外可考的畫像是金日磾之母。其母教子有方，病死。武帝詔令圖畫其母於甘泉宮，署曰「休屠王閼氏」。金日磾見之，未嘗不哭❷。金日磾以降虜親信於武帝，後來他和母親的故事竟然成為道德「樣板」，出現在武梁祠石刻和和林格爾護烏桓校尉墓的壁畫中（詳後）。可惜甘泉宮的壁畫今已不可見。甘泉宮的遺址雖已發現，並有殘高三十至五十公分的牆壁三處，其上除了粉白的表面，已無彩畫的踪影❷。

漢宮壁畫當是朝廷中畫工的手筆❷。畫工或屬尚方，或屬黃門。東漢殤帝時，鄧太后曾「止畫工三十九種」❷。屬黃門者，稱黃門畫者。武帝臨終，

---

❶ 《宋書》（臺北，鼎文書局，新校標點本）卷三十九〈百官志〉上引《漢官》，頁1236。

❶ 《史記》（臺北，宏業，新校標點本）卷二十八〈封禪書〉，頁1388。

❶ 《漢書》卷九十七上〈外戚傳〉，頁3951。

❷ 《漢書》卷六十八〈金日磾傳〉，頁2960。

❷ 姚生民，〈漢甘泉宮遺址勘查記〉，《考古與文物》，第二期 (1980)，頁51～60。

❷ 參張彥遠，《歷代名畫記》（增補《津逮秘書》本）卷四，頁1～3。

❷ 《後漢書》（臺北，宏業，新校標點本）卷十上〈皇后紀〉「和熹鄧皇后」條，頁422。

曾令黃門畫者寫周公負成王朝諸侯圖賜霍光❷。武帝賜霍光者雖非壁畫，有一件相關的公案，或應附帶一說。據〈霍光傳〉，燕王旦、上官桀和桑弘羊諸人與霍光爭權，上書昭帝告霍光「專權自恣，疑有非常」。霍光聞之，明旦「止畫室中不入」❷。此畫室為何？說法不一。如淳曰：「近臣所止計畫之室也，或曰彫畫之室。」師古曰：「彫畫是也。」王先謙《補注》另提到幾家的說法：

> 何焯曰：「畫室即武帝畫周公負武王朝諸侯以賜光，光奉之於室中也。」沈欽韓曰：「時蓋已移光祿勳禁止也。《續志》少府屬有畫室署長，然則被告劾者待罪之所。」周壽昌曰：「畫室當是殿前西閣之室。〈楊敞傳〉：『上觀西閣上畫人，指桀、紂畫謂樂昌侯王武』云云。又云畫人有堯、舜、禹、湯，則知西閣畫古帝王像，故稱畫室。」蔡質《漢官典職》曰：「明光殿省中皆以胡粉塗殿，紫青界之，畫古烈士，重行書贊。」《文苑英華》：「盧碩〈畫諫〉曰：『漢文帝於未央宮承明殿畫屈軼草、進善旌、誹謗木、敢諫鼓、獬豸』，益知漢宮殿皆有圖畫也。時昭帝御殿內，光止西閣之室中以待命不入，言不入殿也。」先謙曰：「下文光不敢入，至殿前而不入也。如何說，則畫室乃光私室，固非。沈說移光祿勳禁止，此時無詔書，亦非桀等所敢出也。周說是。」

王先謙考量諸說，同意周壽昌，認為畫室是指西閣之室。個人以為此說還有斟酌的餘地。西閣固然有畫，但是否即霍光所止的畫室，並無證據。又既然有西閣之名，〈霍光傳〉為何稱之為「畫室」，而不曰「西閣」？再者，西閣中皆古帝王畫像，時有人告霍光專權，「疑有非常」，如果他逗留在有帝王畫像

---

❷ 　《漢書》卷六十八〈霍光傳〉，頁 2932。

❷ 　同上，頁 2935～2936。

的西閣中不出，豈不更貽人口實？要澄清這個問題，不能不注意西閣之室可能的位置。西閣位置，今已無確證可考。據〈楊敞傳〉裡楊惲的故事，西閣似為漢天子經常出入之地，應在未央宮中。〈楊敞傳〉說其時楊惲任諸吏光祿勳，為「親近用事」的內朝臣，「居殿中」。他在西閣觀畫時，對樂昌侯說：「天子過此，一二問其過，可以得師矣。」西閣所畫乃堯、舜、禹、湯、桀、紂，用意顯然在警惕天子見賢思齊，見不賢而內自省。這樣的畫最可能出現的地方自然是天子所在的未央宮。如果這個推測合理，霍光所止的畫室就不可能是西閣之室。因為霍光「止畫室中不入」，是說他逗留於畫室，而不入未央宮。如此，畫室必在宮外。〈霍光傳〉記載霍光進宮前後的情形甚為明白。霍光不入，昭帝問：「大將軍安在？」左將軍上官桀對曰：「以燕王告其罪，故不敢入。」有詔召大將軍，霍光這才入宮謁見。畫室如非宮內的西閣，那麼是那一處呢？何焯之說其實已得之，就是奉武帝所賜周公負成王朝諸侯圖之室。只是這一室不必如王先謙所說，在霍光私室中。此圖來自武帝，是霍光輔政大權的重要依據。武帝臨終，受遺詔輔政的雖有數人，但受命行周公之事的只有他。據〈霍光傳〉，武帝病危，霍光泣問：「如有不諱，誰當嗣者？」上曰：「君未諭前畫意邪？立少子，君行周公之事。」少子即昭帝。此畫對霍光權力的重要於此可以想見。或即因此，專以一室奉畫，名曰畫室。當有人向霍光的權力挑戰，他到畫室中去的用心十分明顯，因為畫室中的圖正是他權力的依據，也是他的護身符。

　　除了天子的宮殿，漢諸侯王的宮室也有壁畫。據《漢書》〈景十三王傳〉「廣川惠王」條，惠王的孫子劉去為廣川王，「其殿門有成慶畫，短衣大絝長劍。去好之，作七尺五寸劍，被服皆效焉。」師古曰：「成慶，古之勇士也，事見《淮南子》。」殿門圖畫勇士，或與門神風俗有關。又同條，劉去立昭信為后，幸姬陶望卿為脩靡夫人，昭信謂去曰：「前畫工畫望卿舍，望卿袒裼傅粉其傍」云云，可見后妃之室有畫。畫的內容可想而知不是為了道德教訓，甚至是違反道德的。同條即說劉去後人海陽嗣位，「坐畫屋為男女臝交接，置酒請諸父、姊妹飲，令仰視畫。」這一類的壁畫必不僅存在於廣川王家，只

是事涉淫穢，不見於記載而已。

　　有關諸侯王宮室壁畫的另一條重要記載是王延壽的〈魯靈光殿賦〉。據
《後漢書》〈光武十王傳〉，景帝程姬之子魯恭王好宮室，起靈光殿，甚壯麗，
至東漢猶存。王延壽因作〈魯靈光殿賦〉。賦中對宮殿的布局、雕刻、繪畫有
詳細的描述，資料十分可貴。其中關於壁畫的部分如下❷ ：

> 　　圖畫天地，品類群生，雜物奇怪，山神海靈，寫載其狀，託之丹青，
> 千變萬化，事各繆形，隨色象類，曲得其情。上紀開闢，遂古之初，
> 五龍比翼，人皇九頭，伏羲鱗身，女媧蛇軀，鴻荒朴略，厥狀睢盱，
> 煥炳可觀，黃帝唐虞，軒冕以庸，衣裳有殊，下及三后，婬妃亂主，
> 忠臣孝子，烈士貞女，賢愚成敗，靡不載敘，惡以誡世，善以示後。

魯靈光殿的壁畫內容和楚先王之廟所見可說一脈相承，不外天地、山海神靈，
傳說中的古聖先賢和神話人物，其作用在「惡以誡世，善以示後」。魯靈光殿
更多了忠臣孝子、烈士貞女的圖像。忠孝貞烈是漢代政府刻意提倡的典範道
德。提倡的一個方式就是將這方面的模範畫在宮牆上，加以表彰。武帝和宣
帝都曾致力於此。《論衡》〈須頌篇〉說：「宣帝之時，畫圖漢列士。或不在於
畫上者，子孫恥之。何則？父祖不賢，故不畫圖也。」《論衡》所記將壁畫宣
傳和道德教訓的功效表露無遺。

　　以道德宣傳為目的的壁畫藝術到東漢可以說愈演愈盛。明帝效法宣帝，
追感前世功臣，圖畫二十八將及王常、李通、竇融、卓茂共三十二人於洛陽
南宮雲臺❷。靈帝感念舊德，圖畫胡廣、黃瓊於省內❷。他又詔圖畫高彪於
東觀，「以勸學者❷」。靈帝還曾在他創立的鴻都門學內，畫孔子及七十二弟

---

❷　見《文選》（《四部備要》本）卷十一，頁 12 下～13 上。

❷　《後漢書》卷二十二，傳論，頁 789～791。

❷　《後漢書》卷四十四〈胡廣傳〉，頁 1511。

❷　《後漢書》卷八十下〈文苑傳〉，頁 2652。

子像❸。又為鴻都文學樂松、江覽等三十二人圖像立贊❸。此外據《太平御覽》卷七五〇引孫暢之《述畫》：「漢靈帝詔蔡邕圖赤泉侯楊喜五世將相形像於省中。又詔邕為讚，仍令自書之。」

壁畫風氣之盛除了見於京師宮省，更重要的遍見於地方郡國。這在《華陽國志》記載的最豐富。《華陽國志》備載蜀地忠臣孝子、貞女烈士，並指出他們不是被圖畫在地方郡縣府廷、學官，就是列畫東觀。列畫東觀者如：

1. 元和（顧廣圻校，「和」當作「初」）二年，羌復來……信等將其士卒，力奮討，大破之。信被八創，二十五人戰死……五年，天子下詔褒嘆信、崇等，賜其家穀各千斛；宗、展、摰等家穀各五百斛，列畫東觀❸。

2. 刺史張喬以竦勇猛，授從事，任平南中……南中清平，會被傷卒，喬舉州弔贈，列畫東觀❸。

3. （純）為益州西部都尉……純獨清廉，毫毛不犯……帝嘉之，乃改西部為永昌郡，以純為太守。在官十年卒，列畫頌東觀❸。

圖像郡縣府廷者如：

1. 廣柔、長郪，姚超二女……隨父在官。值九種夷反，殺超，獲二女，欲使牧羊。二女誓不辱，乃以衣連腰，自沈水中死……郡縣圖象府庭❸。

❸　《後漢書》卷六十下〈蔡邕傳〉，頁1998。

❸　《後漢書》卷七十七〈酷吏傳〉「陽球」條，頁2499。

❸　劉琳，《華陽國志校注》（成都，巴蜀書社，1984）卷二〈漢中志〉，頁113。

❸　同上，卷十上〈蜀郡士女〉，頁724，「楊竦」條。

❸　同上，卷十中〈廣漢士女〉，頁741，「鄭純」條。

❸　同上，卷十上〈蜀郡士女〉，頁736。

2. 廖伯妻也……伯早亡，以己有美色，慮人求己，作詩三章自誓心，而求者猶眾，父母將許，乃斷指明情，養子猛終義。太守薛鴻圖象府庭❸❻。

3. 楊文妻也……有一男一女而文沒……父欲改嫁，乃自沈水中。宗族救之，幾死得免。太守王方為之圖象❸❼。

4. 李餘，涪人，父早世，兄夷殺人亡命，母慎當死。餘年十三，問人曰：「兄弟相代，能免母不？」人曰：「趣得一人耳。」餘乃詣吏乞代母死。吏以餘年小，不許。餘因自死，吏以白令，令哀傷，言郡，郡上尚書出慎。太守與令以家財葬餘，圖畫府廷❸❽。

5. 敬楊，涪郭孟妻，楊文之女也。……父為盛所殺……適孟，孟與盛有舊……盛至孟家，敬楊以大杖打殺盛。將自殺……會赦得免。中平四年，涪令向遵為立圖表之❸❾。

列畫學官者如：

1. 祐天下高士，年四十二卒。……東觀郎李勝，文章士也，作誄方之顏子，列畫學官❹❶。

2. 邠為刺史郄儉從事，使在葭萌……為黃巾賊……所殺。邠聞故哀慟，說馥、胤赴難，二子不可。邠歎曰：「使君已死，用生何為？」獨死之。牧劉焉嘉之，為圖象學官❹❶。

---

❸❻ 同上，卷十中〈廣漢士女〉，頁769，「紀配」條。

❸❼ 同上，卷十中〈廣漢士女〉，頁769，「正流」條。

❸❽ 同上，卷十下〈梓潼士女〉，頁820，「李餘」條。

❸❾ 同上，卷十下〈梓潼士女〉，頁827，「敬楊」條。

❹❶ 同上，卷十中〈廣漢士女〉，頁742，「王祐」條。

❹❶ 同上，卷十下〈漢中士女〉，頁809，「燕邠」條。

壁畫從京師宮廷普遍到地方官府和學校，是西漢到東漢的一大發展。從一些記載看來，在地方學校中圖畫聖賢似乎始自景帝末蜀郡太守文翁。《太平御覽》卷五三四引任預《益州記》曾提到蜀郡太守高朕重修遭火焚的文翁學堂，「堂基六尺，夏屋三間，通皆圖畫聖賢古人之象及禮器瑞物。」據《隋書》〈經籍志〉一，任預是劉宋時太尉參軍。他說修復文翁學堂畫像，似乎意味畫像自文翁學堂始。《隋書》〈經籍志〉有〈蜀文翁學堂像題記〉二卷，不著撰人。可見文翁學堂頗以畫像知名。唯畫像之俗是否確自文翁始，卻在疑似之間。《史記》〈仲尼弟子列傳〉《索隱》曾提到〈文翁孔廟圖〉、〈文翁圖〉，瀧川龜太郎《考證》又曾引〈文翁禮殿圖〉，似文翁確曾作圖。實則文翁學堂至漢末屢經重建，其中圖畫是否自文翁始，並不可知。目前較確切的證據僅能追溯到東漢末獻帝的時代。《玉海》卷五十七「漢禮殿圖‧文翁學堂圖」條引《益州記》云：「成都學有周公禮殿。《舊記》云：『漢獻帝時立，高朕文翁石室在焉。（原注：朕再作石室，在文翁石室之東，又東即周公禮殿。益州太守高朕修周公禮殿記初平五年九月，始自文翁開建泮宮，至於甲午文君參增造吏事。）』益州刺史張收畫盤古、三皇、五帝、三代君臣與仲尼七十弟子於壁間。（原注：《史記》《索隱》〈仲尼弟子傳〉引《文翁圖》所記。）」從此可知，司馬貞引用的《文翁圖》，王應麟亦曾得見，其中明白記載文翁學堂壁畫是出自益州刺史張收，而高朕重修學堂是在獻帝時。不論高朕與張收是在學堂之夏屋、石室或禮殿作畫，基本上是和東漢以來的風氣相一致的。

　　東漢壁畫的流行當然不是出於偶然。這和東漢以後儒學的發達，儒生士大夫成為政治勢力的主流，士人崇尚名節，相互標榜的風氣以及世家大族政治、社會、經濟勢力的興起可能都有關係。由於可知的資料有限，要全面檢討流行的背景實不可能。不過，顯而易見一個推動圖畫人倫之表的力量是那群服膺儒教的地方官和士子儒生。他們透過畫像來表揚合乎儒教倫理的典型。前引《華陽國志》已可說明蜀地的情形。東漢其他各地也是如此。《後漢書》〈應劭傳〉云：「初，父奉為司隸時，並下諸官府郡國，各上前人像贊，劭乃連綴其名，錄為《狀人紀》。」圖像例有像贊，如《華陽國志》中所見者，是

知司隸所轄郡國官府也圖畫賢人烈士。一個更明白的證據是《續漢書》〈郡國志〉河南尹條李賢注引應劭《漢官》曰：「郡府聽事壁諸尹畫贊，肇自建武，訖于陽嘉，注其清濁進退，所謂不隱過，不虛譽，甚得述事之實。後人是瞻，足以勸懼，雖《春秋》采毫毛之善，罰纖釐之惡，不避王公，無以過此，尤著明也。」應劭這段話不但道出郡縣官府壁畫的內容與作用，更說明其事或始於東漢之初。桓帝時，朱穆為冀州刺史，徵詣廷尉。「冀州從事欲為畫像置聽事上。穆留板書曰：『勿畫吾形，以為重負。忠義之未顯，何形象之足紀也。』」❷可見地方州郡首長圖像官衙可能是東漢的習慣。此外，地方壁畫可考的，如豫州刺史嘉美陳寔子孝行，「表上尚書，圖象百城，以厲風俗」❸。從〈陳寔傳〉以及前引各條資料可知，圖畫忠孝節烈之士，通常由縣令、郡守、刺史為之，或上奏尚書，由天子明令褒揚。不過，漢末似乎也有地方人士私自為之的。例如，南陽延篤遭黨事禁錮，卒于家，「鄉里圖其形于屈原之廟」❹。又皇甫規妻立罵董卓，死於車下，「後人圖畫，號曰禮宗」❺。蔡邕死獄中，兗州、陳留聞，皆畫像而頌焉❻。由此可見，圖畫人物以表揚典型不單靠官方的力量。官方的圖畫不出宮室、宗廟、地方官衙和學校。圖像人物能深入鄉里，真正普遍開來，實有賴以儒教傳統為己任的地方士子儒生。延篤、皇甫規妻與蔡邕三例不但說明這點，而且還有一值得注意的共同點，亦即這三人都是現實政治下的犧牲者。延篤因黨禍受禁錮，皇甫規妻迫於董卓淫威而死，蔡邕因與董卓關係而為王允所殺。三人皆執著於儒教規範，或忠或節，不苟同於現實權勢。不苟同於政治權勢者反受到褒揚，可見東漢士人品鑑人物，畫像立贊，自有一以儒家倫理為核心的標準，而超乎現實政治之外。

❷　《後漢書》卷四十三〈朱穆傳〉注引《謝承書》，頁1471。

❸　《後漢書》卷六十二〈陳寔傳〉，頁2068。

❹　《後漢書》卷六十四〈延篤傳〉，頁2108。

❺　《後漢書》卷八十四〈列女傳〉，頁2798。

❻　《後漢書》卷六十下〈蔡邕傳〉，頁2006。

　　東漢壁畫的普遍曾經引起王充的注意和批評。他對壁畫的盛行頗不以為然。他在《論衡》〈別通〉篇說：「人好觀圖畫者，圖上所畫，古之列人也。見列人之面，孰與觀其言行？置之空壁，形容具存，人不激勸，不見言行也。古賢之遺文，竹帛之所載粲然，豈徒牆壁之畫哉？」❹他以為時人好觀圖畫，不如誦讀古賢遺文，更具激勸之效。這是十足迂儒之見。東漢時識字者能有幾人？這雖然不可能精確統計，但可以肯定只是人口中的少數。對絕大部分不識字的人來說，圖畫無疑是最有效的教育工具。不但東漢士人和政府加以利用，東漢的道教也極力運用圖畫於傳教。如果《太平經》可當作東漢的作品❹，這本經書裡就曾不斷提到如何利用圖畫以懲惡勸善❹。舉一個壁畫的例子來說，卷一百〈東壁圖〉云：

　　　　上古神人戒弟子後學者為善圖象，陰祐利人常吉，其功增倍……（頁
　　　　455）

卷一〇一〈西壁圖〉云：

　　　　上古神人、真人誡後學者為惡圖象，無為陰賊，不好順事……善者自
　　　　興，惡者自敗，觀此二象，思其利害……故前有害獄，後有惡鬼，皆
　　　　來趨鬥，欲止不得也，因以亡身。故畫象以示後來，賢明得之以為大
　　　　誡。（頁 457～458）

所謂「畫象以示後來，賢明得之以為大誡」和靈帝時尚書令陽球所說「圖象

❹　劉盼遂，《論衡集解》（臺北，世界書局，民國 65 年）卷十三〈別通〉，頁 275。

❹　參湯用彤，〈讀太平經書所見〉，收入《往日雜稿》（北京，中華書局，1962），頁
　　43～92。

❹　參王明，《太平經合校》（臺北，鼎文書局，民國 68 年）卷五十二、五十三、七十
　　二、一〇一、一〇二、一百五十四～一百七十。

之設，以昭勸戒」❺，都表現出漢人對壁畫功能一致的認定。漢代壁畫由京師流播地方，意味著勸戒的對象不再限於少數的官員、君王、儒生，而在廣大的庶民百姓。道教原是民間的信仰，對目不識丁的百姓來說，用圖畫傳教自然比文字更有效。

王充還曾批評當時作畫有尊古卑今的風氣。他在前引〈別通〉篇中說：「圖上所畫，古之列人」；〈齊世〉篇又說：「畫工好畫上代之人，秦、漢之士，功行譎奇，不肯圖。（劉盼遂案：不肯圖三字宜重書）今世之人者，尊古卑今也。」東漢壁畫是否尊古卑今？稍一回顧前引《華陽國志》等書的記載，就可以知道王充的批評不完全是實情。王充在《論衡》〈宣漢〉、〈恢國〉、〈驗符〉等篇一再認為漢世有不少超邁古代之處，今人不必不如古。他對當時畫風的指責實是基於同一觀點而來。有些學者認為王充吹捧當世是另有用心❺。不論如何，他尊古卑今的評論，與實情有些距離。下文將談到東漢壁畫實際的例子，從這些例子可以看出，壁畫上古代與當世的人物其實都有。

壁畫的功能應是多方面的，除了道德勸戒，也還為了一些與信仰相關或其他的目的，出現在別的場合。這方面的資料較少。合而簡述如下。《論衡》〈亂龍〉篇載：「今縣官斬桃為人，立之戶側；畫虎之形，著之門闌。」❺官府門闌畫虎，淵源頗早。《周禮》〈師氏〉：「居虎門之左，司王朝。」鄭玄注云：「虎門，路寢門也。王日視朝於路寢，門外畫虎焉，以明勇猛，於守宜也。」❺今見漢畫像磚或刻石上的建築，門上鋪首每作虎形或類似的猛獸，用意或同。漢代「縣官」有二義，一可指天子，也可指地方官府。從《論衡》及《周禮》鄭注可知，門闌畫虎的習慣，在漢代可能遍見於中央宮省和地方

---

❺　《後漢書》卷七十七〈酷吏傳〉「陽球」條，頁 2499。

❺　參徐復觀，〈王充論考〉，收入《兩漢思想史》（臺北，學生書局，民國 65 年），頁 569～574。

❺　類似記載又見《風俗通義》、《山海經》、《獨斷》。參王利器，《風俗通義校注》（臺北，明文書局，民國 71 年），頁 370，注十一。

❺　《周禮》（臺北，大化書局，《十三經注疏》本）卷十四，頁 92。

府廷。又畫虎的用意，除了守護，還為避邪。漢鏡銘文常見「左龍右虎辟不祥」❺❹，青龍和白虎的雕刻或繪畫更常見於漢墓和地上建築的裝飾上（如魯靈光殿即有龍虎雕畫）。漢人相信有趨吉避凶能力的靈獸當然不只是龍和虎，總之，壁畫中出現的怪獸每每與避邪的功能有關，這裡不擬一一去討論。

另一種功能有別的怪獸是觟䚦。《論衡》〈是應〉篇說：「今府廷畫皋陶、觟䚦也。儒者說云：觟䚦者，一角之羊也，性知有罪。皋陶治獄，其罪疑者，令羊觸之。」這裡所說的觟䚦，即文帝時未央宮承明殿所畫的獬豸。漢代自天子以至地方守令皆司獄訟，因此這種能辨疑罪的神獸圖像就在宮省和地方官衙出現了。漢人相信「皋陶造獄」❺❺，廷尉寺中即供奉皋陶❺❻。廷尉寺中所奉是圖象，還是人偶，不得而知。不過，從府廷畫像看來，廷尉寺裡的或許也是壁畫吧。

此外，據說官府壁畫還曾發揮威懼邊夷的作用。《後漢書》〈南蠻西南夷傳〉提到章帝時，益州刺史朱輔威懷遠夷，「是時郡尉府舍皆有雕飾，畫山神海靈，奇禽異獸，以眩耀之，夷人益畏憚焉。」又《太平御覽》引《華陽國志》曰：「漢嘉郡以禦雜夷，宜炫曜之。乃雕飾城牆，華畫府寺及諸門，作山神海靈，窮奇鑿齒。夷人初出入，恐，驟馬或憚之趑趄。」❺❼按漢靈帝始改蜀郡屬國之青衣縣為漢嘉郡，《華陽國志》所記當為漢末之事。從東漢早期至季世，益州郡尉府舍圖畫山神海靈和奇禽異獸似為西南地區的特制，不見於他處。這種特制可能和西南少數民族的信仰和風俗有關。漢為羈縻統治，遂因應其俗而作畫。《華陽國志》曾提到諸葛亮嘗「為夷作圖譜，先畫天地、日月、君長、城府；次畫神龍，龍生夷及牛、馬、羊；後畫部主吏乘馬幡蓋，

---

❺❹ 阮廷焯，〈羅振玉《漢兩京以來鏡銘集錄》摭遺再續〉，《大陸雜誌》，六十七卷四期（民國 72 年），頁 195～197。

❺❺ 《急就篇》（《古經解彙函》本）卷四，頁 24 上。

❺❻ 《後漢書集解》（臺北，藝文，王先謙《集解》）卷六十七〈黨錮傳〉集解惠棟曰引《摯虞集記》，頁 15 下。

❺❼ 《太平御覽》（商務印書館，《四部叢刊三編》）卷七五〇，頁 9 下。

巡行安恤；又畫夷牽牛負酒，齎金寶詣之之象，以賜夷，夷甚重之。」 **⑱**，
諸葛亮作圖譜的用意即在羈縻。

　　東漢時，除了宮省、官府和學校有壁畫，權門豪貴之家亦競以圖畫為飾。
私人宅第的壁畫應較著重裝飾，可惜這方面一無實物可考。《後漢書》〈梁統
傳〉謂：「(梁) 冀乃大起第宅，而壽亦對街為宅，殫極土木……柱壁雕鏤，
加以銅漆，窗牖皆有綺疏青瑣，圖以雲氣仙靈。」〈宦者傳〉，呂強曰：「又今
外戚四姓貴倖之家，及中官公族無功德者，造起館舍，凡有萬數，樓閣連接，
丹青素堊，雕刻之飾，不可單言。」所謂丹青素堊者，在素白牆上圖畫五采。
又同傳「侯覽」條：「起立第宅十有六區，皆有高樓池苑，堂閣相望，飾以綺
畫丹漆之屬，制度重深，僭類宮省。」前文曾說，自周以來，從天子以至庶
人，因身分地位的不同，居室的大小和裝飾都有一定的限制，所謂「大夫達
棱楹，士穎首，庶人斧成木構而已。」 **⑲**漢承古制，不斷有這方面的規定。
然而這些規定和限制發生了多少實際的作用，從西漢的詔令和時人的議論看
來，似乎頗成問題**⑳**。東漢社會僭奢更甚，非僅高宦貴戚，一般富人宅第大
概也滿是雕鏤彩畫。長安有諺語謂：「城中好高髻，四方高一尺；城中好廣
眉，四方且半額；城中好大袖，四方全匹帛。」 **㉑**梁冀妻孫壽作愁眉、墮馬
髻、折腰步，「京師翕然皆放效之。」 **㉒**從長安諺語及梁冀妻的故事可以顯
示，統治階層的愛好會成為時尚，影響到一般庶民。壁畫裝飾原可能只是統
治階層的特權，但隨著禁令鬆弛，僭越成風，壁畫也就和高髻、廣眉、大袖
一樣，成為眾庶爭相摹仿的時尚。

　　兩漢宮殿或居室建築壁畫，除了文獻，迄無遺跡可供考察。不過有壁畫

---

⑱　《華陽國志校注》卷四〈南中志〉，頁 364。

⑲　《鹽鐵論校注》卷六〈散不足〉第二十九，頁 202。

⑳　參《西漢會要》(臺北，九思出版公司，新校標點本) 卷十七「禁踰侈」條，頁
　　182～184；《漢書》〈賈誼傳〉、〈董仲舒傳〉及〈鹽鐵論〉中的議論。

㉑　《後漢書》卷二十四〈馬援傳〉，頁 853。

㉒　《後漢書》卷三十四〈梁統傳〉李賢注引《風俗通》，頁 1180。

的墓葬卻發現了不少。這些墓中壁畫和地上建築壁畫關係密切，因此成為我
們今天了解漢代壁畫發展的重要線索。在討論壁畫墓以前，必須指出一點，
即漢代裝飾牆壁的方式，除了日益普遍的壁畫以外，還有一種可能更早的方
式是在牆上張掛織錦文繡。我們說過，古來建築以土牆為主。土牆不美，則
敷以白堊，所謂「古者宮室有制……牆塗而不琱。(案：琱同彫，畫也。)」❻❸
可是據《說苑》引《墨子》，紂王築鹿臺，不僅「宮牆文畫」，還以「錦繡被
堂」❻❹。《墨子》的記載不知是否可靠。錦繡被堂實際上很可能是反映春秋戰
國以降的情況。《漢書》〈貨殖傳〉謂：「陵夷至乎桓、文之後……富者木土被
文錦。」以文錦飾牆在前述秦咸陽宮一號遺址中有痕跡可尋。遺址發掘編號
為「一室」的夯土臺上建築，據推測是最大的主體宮室所在。室內除門道有
壁畫外，其餘牆面素白，遺址中有環釘出土。研究遺址復原的陶復認為，這
可能就是用來張掛錦繡的❻❺。這種裝飾方式到漢代繼續流行。文帝時，賈誼
曾說：「白縠之表，薄紈之裡，緁以偏諸，美者黼繡，是古天子之服。今富人
大賈嘉會召客者以被牆……帝之身自衣皁綈，而富民牆屋被文繡。」❻❻以文
繡飾牆的方便處是可以隨時更換，也可以隨意張掛或取下。從賈誼的話看來，
富人似乎也只是在招待賓客時才張掛起來充濶。除了富人如此，據東方朔說，
武帝所建的建章宮，即是「木土衣綺繡」❻❼。成帝時，寵姬趙昭儀所居之昭
陽殿，據班固〈兩都賦〉形容：「屋不呈材，牆不露形，裹以藻繡，絡以綸
連。」李賢注引《說文》曰：「裹，纏也。綸，糾，青絲綬也。」❻❽可見也是
以絲織錦繡飾牆。到了東漢，仍然看到以「土木被緹繡」❻❾來形容屋室的奢

---

❻❸　《漢書》卷七十二〈貢禹傳〉，頁 3069。

❻❹　《說苑》(臺北，新興書局，《漢魏叢書》) 卷二十〈反質〉，頁 3 下。

❻❺　陶復，前引文，頁 36。

❻❻　《漢書》卷四十八〈賈誼傳〉，頁 2242。

❻❼　《漢書》卷六十五〈東方朔傳〉，頁 2858。

❻❽　《後漢書》卷四十上〈班彪傳〉，頁 1341。

❻❾　《後漢書》卷七十八〈宦者傳〉序，頁 2510。

侈。關於漢代以錦繡掛牆為飾的一個旁證就是馬王堆一號墓掛在北邊箱四周的帷幔。據該墓報告說帷幔「出土時掛在北邊箱四壁的周圍。全長約 7.3 米，寬約 1.45 米。用幅寬 48 厘米的三整幅單層的原色羅綺縫製而成。兩端和上側又加深絳紫色的絹緣。上側的緣邊，另加有幾個長 2.5 厘米，寬 1 厘米的襻，以便用竹釘將帷幔掛在邊箱的壁上。」❼。漢代墓槨結構本有模仿陽世居宅的用意（詳見下文），馬王堆漢墓墓槨邊箱上懸掛的絹綺，很可能就是模仿屋室以錦繡被牆的習俗而來。

不論以文繡或以壁畫裝飾屋室，在兩漢都屬極奢侈之事，一般能以白粉刷牆就已甚美。《鹽鐵論》〈散不足〉篇曾比較古今奢簡，當描述當世富人建築之奢華時，不過是「雕文檻楯，堊㘬壁飾」。㘬，摡也，摩也，以白堊摡壁為飾❼。這裡不但沒有提到壁畫，也沒有文繡。較早的宮殿也不是一律有壁畫，秦咸陽宮一號和三號遺址殘牆有很多即只是白堊素壁而已。西漢宮殿有特別名之為畫堂、畫室者，也意味壁畫非處處皆是。總體而言，壁畫雖然已可追溯到殷商晚期，然而由於經濟的條件、社會階級身分的限制和其他裝飾方式的偏好和選擇，真正發達和普遍起來應是西漢末和東漢時代的事。

三、壁畫墓的出現與意義

上述發展的一個旁證就是畫像石、畫像磚和壁畫墓都不約而同到西漢末以後才普遍出現。不論雕刻的畫像石或燒製的畫像磚，基本上和壁畫一樣，都是為了裝飾室壁。現在所知時代最早的壁畫墓是推定屬昭、宣時期，洛陽的卜千秋墓以及在洛陽市老城西北角發現，編號為 M61，屬元、成帝之間的一處墓葬❼。其餘已知的壁畫墓，少數屬西漢末、王莽時期，大部分都屬東

---

❼　《長沙馬王堆漢墓》上集（北京，文物出版社，1973），頁 73～74。又頁 75 有帷幔張掛情形展示圖可參。

❼　《鹽鐵論校注》卷六〈散不足〉第二十九，頁 213～214。

漢⓻。雕刻的畫像石墓發現的最多，分布也廣⓼。以時間而言，已知最早的一座是在南陽趙寨磚瓦廠發現，時代約在昭帝時期⓽。不過，已知的畫像石墓，絕大部分都是東漢的。燒製的畫像磚多集中於蜀地，據目前所知，絕大部分是東漢晚期的產物⓾。

　　墓葬能有壁畫的一個先決條件是墓中有室有壁。大約在西漢中期前後，墓葬形式曾發生重大的轉變⓭，這個轉變使得墓中壁畫的出現成為可能。西漢中期以前，墓葬形式多承先秦，以豎穴土坑木槨墓為主。漢初長沙馬王堆軟侯家族的墓群就屬這一類。這類墓葬的土穴空間在棺槨之外，完全由木炭、

⓻　洛陽博物館，〈洛陽西漢卜千秋壁畫墓發掘簡報〉，《文物》，第六期 (1977)，頁 1～12；河南省文化局文物工作隊，〈洛陽西漢壁畫墓發掘報告〉，《考古學報》，第二期 (1964)，頁 107～125。

⓽　目前已發表屬王莽時期以前的壁畫墓，除前註提到的兩墓以外，還有在山西平陸、內蒙古托克托所發現者。參羅福頤，〈內蒙古自治區托克托縣新發現的漢墓壁畫〉，《文物參考資料》，第九期 (1956)，頁 43；山西省文物管理委員會，〈山西平陸棗園村壁畫漢墓〉，《考古》，第九期 (1959)，頁 462～468；屬王莽時期的有陝西千陽發現的一座，參寶雞市博物館、千陽縣文化館，〈陝西省千陽縣漢墓發掘簡報〉，《考古》，第三期 (1975)，頁 178～181、177。其餘所知者俱屬東漢時期。

⓾　畫像石墓分布於山東、河南、四川、江蘇、陝西、安徽、山西、內蒙古、湖北、雲南、貴州、遼寧、河北等省。其中以山東、江蘇徐州、河南南陽、四川中部和陝西北部數量較多。參吳曾德，《漢代畫象石》(北京，文物出版社，1984)，頁 2。

⓿　南陽市博物館，〈南陽縣趙寨磚瓦廠漢畫象石墓〉，《中原文物》，第一期 (1982)。

㊀　馮漢驥，〈四川的畫像磚墓及畫像磚〉，《文物》，第十一期 (1961)，頁 35～42；劉志遠等，《四川漢代畫象磚與漢代社會》(北京，文物出版社，1983)，頁 1。

㊁　王仲殊，〈中國古代墓葬概說〉，《考古》，第五期 (1981)，頁 449～457；又參王氏 *Han Civilization* (New Haven, Yale University Press, 1982)，第八、九章。漢代墓葬和早期墓葬形制的關係，參俞偉超，〈漢代諸侯王與列侯墓葬的形制分析——兼論「周制」、「漢制」與「晉制」的三階段性〉，《中國考古學會第一次年會論文集》(1979)，頁 332～337。又參吳曾德、蕭元達，〈就大型漢代畫像石墓的形制論漢制——兼談我國墓葬的發展進程〉，《中原文物》，第三期 (1985)，頁 55～62。

白膏泥和泥土所填塞；層層的棺椁之內，除了屍身就是滿塞的隨葬物，其布局設計可以說全無壁畫用武之地。西漢中期以後，橫穴墓室出現。這一類墓葬最大的特色是不論用空心磚、石材或並用磚石，都將棺和隨葬物置於一有牆、有柱、有頂和有較椁廣大甚多的「室」內，而以室取代椁的作用。墓室的構築甚至有主室和耳室之分。這種構築設計使墓穴的空間大增，除了安放棺木和陪葬品，面積廣大的室壁就使雕刻或壁畫有了存在的餘地。

墓葬形式為何改變，我們並不確實知道，其中可能的原因很多。例如，或許由於厚葬的風氣愈演愈盛，陪葬品增加，迫使木椁墓放置陪葬物的「外藏椁」擴大，發展成為耳室。漢代墓葬的耳室，以目前所知，幾乎都是用來放置各類陪葬品的。此外，也可能在同樣的風氣下，事死如生的強烈要求使地下墓穴的布置愈來愈接近地上的居室。事實上，從商、周以來的木椁墓構造，就有象徵地上建築的用意❼⓼，只是磚室墓和石室墓出現以後，其格局就更像具有前堂、後寢、左右室的地上屋室。另一種或許相關的因素是壁畫的流行。為了使墓穴更像有壁畫的地上居室，而原有的墓葬方式又不適合壁畫，只好調整墓穴結構，創造出可供壁畫利用的牆壁來。當然這種壁畫和墓穴結構的關係並非如此單純，因為很多橫穴墓不一定有任何形式的圖畫壁飾，河北滿城中山靖王劉勝墓有墓室而無壁畫就是顯例❼⓽。有室有壁是壁畫能夠出現的先決條件。橫穴墓室的出現不必然為了壁畫的需要，但壁畫的需要對西漢中期以後，橫穴墓室普遍取代豎穴墓多少應有推波助瀾的作用。

墓中壁畫和地上宮殿或居室壁畫有什麼關係?欲了解漢代地上建築壁畫，墓中壁畫能提供多少幫助？要回答這些問題，不能不先考慮兩者是否相應？相應到什麼程度？實則墓中和地上建築壁畫無論在繪製技巧、藝術風格、內容、目的各方面的相應程度並不十分一致，因此墓葬壁畫在各方面能提供的幫助也不一樣，必須分別檢討。

---

❼⓼　俞偉超，前引文，頁 334。

❼⓽　中科院考古所、河北省文物管理處，〈滿城漢墓發掘報告〉（北京，文物出版社，1980）。

以繪製技巧和藝術風格而言，墓中壁畫和宮殿或居室壁畫可以說殊無二致。現在可以和墓中壁畫比較的地上壁畫只有秦咸陽宮遺址所見者。咸陽宮殘牆所繪是先以白粉打底，以赭色線條勾勒人物車馬等圖像的輪廓，再用朱砂、石綠、石黃、赭石為主的顏料設色。這種打底、線描、設色的繪製方法和表現出來的圖像風格，和漢墓中見到的可謂一脈相承。例如昭、宣時期的卜千秋墓，元、成時洛陽市老城西北的 M 61 墓，王莽或東漢初山西平陸棗園村壁畫墓，東漢晚期河南密縣打虎亭的壁畫墓❽，和林格爾護烏桓校尉墓❽，就都是以赭色或黑色勾勒線條，再以上述幾種主要的色彩著色。這些墓的壁畫即使是繪製在磚塊上，磚塊表面都先以白粉粉刷過。平陸棗園村墓的磚壁上甚至先塗一層麗和麥糠，約半公分至一公分厚的泥土，外刷白粉，再於其上作畫❽。這應是刻意模仿地上居室屋壁的情況，也為了牆面平整，便於作畫的結果。壁畫墓分布甚廣，壁畫繪製的技巧或有巧拙，藝術美感的成就容有不一，不過整體以紅、白、赭、黑為主的色彩以及隨筆輕重產生線條自然變化，具象又不完全寫實的造形風格卻極其相近。這種風格和漢人器皿上的漆畫或帛畫也相一致❽。漢代繪畫無論畫在墓壁、帛、器皿上既有一

---

❽ 安金槐、王與剛，〈密縣打虎亭漢代畫象石墓和壁畫墓〉，《文物》，第十期 (1972)，頁 49～62。

❽ 內蒙古自治區博物館文物工作隊，〈和林格爾漢墓壁畫〉（北京，文物出版社，1978)，頁 31。

❽ 這種模仿壁畫的情形亦見於畫像磚。畫像磚燒製完成，整塊畫面很可能先塗上一層白色，再另加彩繪，可惜畫像磚大部分的彩色都已脫落。參馮漢驥，前引文，頁 39。

❽ 關於漢代壁畫和漆器彩繪的比較，可參東亞考古學會，《營城子》(1934) 附錄：濱田耕作，〈漢代の繪畫に就いて〉，頁 39～44；駒井和愛，〈遼陽發見の漢代墳墓〉（東京大學，1950)，頁 22～26。如果以馬王堆漢墓帛畫為例，和漢墓壁畫比較，也可以發現人物造形、設色、線條基本上風格是一致的。勞貞一先生很早即已指出「從戰國到晉，繪畫完全是一個系統」，見氏著〈論魯西畫像刻石三種——朱鮪石室孝堂山武氏祠〉，《史語所集刊》，八本一分（民國 28 年），頁 97。這個看法到今天仍然十分正確。

致的風格，地上建築壁畫也不應例外。因此，在今天漢代宮室宅第杳不可見的情況下，我們要了解漢代建築壁畫的繪製方式和風格，墓中壁畫就成為最重要的參考資料。

　　從內容上說，墓中壁畫若干常見的主題和文獻記載中地上建築壁畫的題材頗多相同，不過因為墓葬裝飾有一定的格套和作用，因此和地上壁畫也必然有不同之處。根據前文所引文獻，漢代地上建築壁畫的內容最少可分為下列五類：⑴天地山海神靈；⑵奇禽異獸；⑶古聖先賢；⑷漢世忠臣孝子、貞女烈士；⑸車馬、建築等。這五類內容全可以在墓室壁畫上見到。可是墓葬壁畫中的某些題材，可能是專為紀念死者而設計，或專為死者身後享用，應不會出現於活人的居室中。例如，墓中常有顯示墓主一生作官經歷和功業的場面。通常表現的方式是圖畫墓主的屬官（如河北望都漢墓）或描繪墓主出行時，車馬儀杖的排場，或官署（如和林格爾護烏桓校尉墓）。這些畫面上常有文字榜題，標明畫中人物的職銜和官署名稱。這類畫很明白是專為紀念死者，活人在世，應不會在牆上如此作畫。其次，如墓中常見的庖廚圖、百戲圖和飲宴圖，畫面或有繁簡，但布局和內容有明顯一定的格套。這種格套不但見於壁畫，也見於畫像石和畫像磚。以百戲圖而言，跳丸、飛劍、繩技、魚龍曼衍、緣橦戴竿、戲車等場面，配上成排吹奏的樂伎，普遍出現於東北、內蒙古、山東、蘇北、河南、四川的墓葬中，這或許反映漢人對這些雜技的喜愛和雜技的流行。不過，個人懷疑這些百戲、庖廚、飲宴圖都是為死者身後享用設計的格套。即使活人居室也可以以百戲、飲宴之圖為裝飾，但布局和表現的方式似應有所不同。這就好像我們今天不會以殯儀館的裝飾用在一般建築上一樣。

　　墓室圖飾有格套，從不同的墓使用同樣的畫象磚可以看的最明白。馮漢驥在討論四川的畫像磚時曾指出❽：

---

❽　馮漢驥，前引文，頁 42。

從已發現的畫像磚來看——以成都區出土者為例——凡是同一題材的，都係一模所製，很少有不同模的，就是有，也不超過兩種模。由此可以證明在當時僅有一兩家製造此種畫像磚的場所，有如近代的「紙紮店」。喪家在建墓時，即可按照墓主的身分和社會地位，購買與其相合者砌在墓壁上，作為墓主在死後的享用。

畫像磚可大量燒製，有一定的格套，供喪家選購。我們相信，即使是不能大量複製的壁畫或畫像石雕，也必有一批專業的畫工和雕刻師，以一定的圖譜，供喪家訂製❸。漢代喪葬有人專業經營。例如，漢初周勃原是為人吹簫給喪事的❸。昭帝駕崩治喪，有富人以「數千萬積貯炭葦諸下里物」❸居奇。西漢末，原涉為人辦喪事，「削牘為疏，具記衣被棺木，下至飯含之物，分付諸客。諸客奔走市買，至日昳皆會……乃載棺物，從賓客往至喪家。」❸棺木、衣被、飯含等喪葬之具可於一日之內購備，可見有人專營供應。《洛陽伽藍記》卷四提到洛陽城西市北有慈孝、奉終二里，「里內之人以賣棺槨為業，賃輀車為事」❸。《伽藍記》所涉時代雖晚，里制亦不同於漢，但喪葬有專業確實由來已久。漢代墓室雕畫也確有專業工匠，有些甚至名噪一時。例如，山東嘉祥宋山出土永壽三年畫像石墓題記就曾記載，當時如何找來「名工」高平縣之王叔等五人，雕文刻畫，治作連月，付價二萬七千❾。又山東東阿薌

---

❸ 張朋川氏在〈河西出土的漢晉繪畫簡介〉一文的結語中曾經指出畫稿的存在。他的看法值得參考。他說：「在東漢繪畫中發現了畫稿。畫稿的使用，首先是裝飾美術品的大量生產的需要，有了現成的圖稿，則能畫得迅速而準確，同時這又是畫工師徒相傳繪畫技藝的一種方法。畫稿的使用亦使畫風趨向定型。」見《文物》，第六期 (1978)，頁 64。

❸ 《史記》卷五十七〈絳侯周勃世家〉，頁 2065。

❸ 《漢書》卷九十〈酷吏傳〉，頁 3665。

❸ 《漢書》卷九十二〈游俠傳〉，頁 3716。

❸ 范祥雍，《洛陽伽藍記校注》（臺北，華正書局，民國 69 年）卷四，頁 204。

他君石祠題記也說「使師操義、山陽瑕丘榮保、畫師高平代盛、邵強生等十餘人」，擔任雕畫，費時兩年，用錢二萬五千❾❶。用錢僱請，可見畫師雕工都是專業工匠。東阿在東郡，卻從山陽郡的瑕丘和高平僱請師傅；高平距今山東嘉祥也有五十公里，王叔等受僱到嘉祥去，可見他們必是頗富盛名的師傅，他們的名字也因此才被特別記錄下來。他們既是專業的工匠，所雕所畫必非隨興之所至，而是根據一定的規格和圖譜。

再說他們的圖譜是從那裡來的？這須依圖譜的性質而定。有些如前述的百戲圖、庖廚圖等只供喪葬之用，且因忌諱而不用於地上居室的，大概係職業相傳。在這方面，我們幾一無所知。有些如忠臣孝子、貞女烈士和歷史故事圖，這些有如陪葬的實用器皿，既可用於今世，也無須忌諱地用於地下，可能就和地上建築壁畫一樣，有共同的圖譜來源。其中一大來源是官方繪製的圖畫。西漢末，劉向曾撰《列女傳》、《孝子傳》，並將他們繪為圖畫❾❷。東漢明帝也曾詔班固、賈逵等人自經史取材，命尚方畫工繪製成圖❾❸。這些取諸經史的圖畫，從此成為圖譜，四方臨摹，既用於地上，也用於地下。東漢中葉，梁商之女，年幼時「常以列女圖畫置於左右，以自監戒」❾❹。她的列女圖所本為何不可知，不過有可能即源自劉向的列女圖。我們再以和林格爾墓的壁畫和武梁祠的石刻為例❾❺，兩者所刻畫的人物和劉向《列女傳》、《孝

---

❾❶ 李發林，《山東漢畫象石研究》（濟南，齊魯書社，1982），頁 101～102。

❾❶ 同上，圖版十七，又見長廣敏雄《漢代畫象の研究》（東京，中央公論美術出版，1965），頁 46。

❾❷ 《列女傳》有圖，見《後漢書》十下〈皇后紀〉「順烈梁皇后」條，李賢注：「劉向撰《列女傳》八篇，圖畫其象。」劉向作《孝子傳》見《法苑珠林》（《四部叢刊初編》本）卷六十二，頁 746 下引；又道光十四年，梅瑞軒藏板《古孝子傳》收馬驌《繹史》卷十注引劉向《孝子傳》一則。《太平御覽》卷四一一錄劉向《孝子圖》兩則。

❾❸ 張彥遠，《歷代名畫記》卷三「漢明帝畫宮圖」條：「五十卷，第一起庖義，五十雜畫贊。漢明帝雅好畫圖，別立畫宮。詔博洽之士班固、賈逵輩，取諸經史事，命尚方畫工圖畫，謂之畫贊。至陳思王曹植為贊傳。」

❾❹ 《後漢書》卷十下〈皇后紀〉「順烈梁皇后」條，頁 438。

子傳》有密切關係，其圖很可能即淵源自劉向的傳圖。首先可指出的是武梁祠所刻古賢人物和和林格爾墓壁畫中所見者頗多重複，例如：王慶忌、要离、魯秋胡（秋胡子妻）、京師節女、曾子（母子）、閔子騫、丁蘭、刑（邢）渠、休屠像騎都尉（休屠胡）、孝孫（孝孫父）。由於武梁祠石刻和和林格爾墓的榜題都有不少殘闕，如果完整，相信重複的還要更多。這些人物刻畫也普遍見於其他東漢墓葬，可證人物選擇確有一定格套。我們再以以上兩處的雕刻和壁畫人物與劉向《列女傳》作比較，發現以下這些人物故事都可以在《列女傳》中找到：棄母姜嫄、契母簡狄、周室三母、鄒孟軻母、齊田稷母、秦穆公姬、許穆夫人、曹僖氏妻、孫叔敖母、晉范氏母、魯漆室女、楚昭越姬、魯孝義保、周主忠妾、京師節女、代趙夫人（以上見和林格爾墓）、梁高行、義姑姊、楚昭貞姜、梁節姑姊、齊繼母、老萊子妻、無鹽醜女、鍾離春（以上見武梁祠）。劉向《列女傳》只載婦女，其他則見於劉向其他著作。例如，武梁祠的柏榆見《說苑》卷三，董永見《孝子傳》和孝子圖❾❻。和林格爾墓和武梁祠都有的丁蘭則見劉向《孝子傳》❾❼。時代在劉向以後的人物，如武梁祠所見的魏湯（魏陽）、三州孝子、李善等則可分別在晉蕭廣濟《孝子傳》❾❽和《後漢書》〈獨行傳〉中找到。忠臣孝子、貞女烈士的傳記和圖畫自劉向以後，在東漢統治者的大力提倡之下，必然曾繼續不斷編繪。即使如武梁祠中伏羲、女媧、堯、舜、黃帝、神農等古帝王與神話人物像，或專諸、要離、荊軻、豫讓、聶政、曹沫、藺相如等勇武之士的故事和畫像，也都有一定的圖譜，供官方或民間的畫工依樣畫葫蘆。只可惜明帝時以及後人陸續所繪都已失傳，否則更可證明東漢圖譜和壁畫、雕刻題材之間的關係。唐張彥遠《歷代名畫記》卷三漢明帝畫宮圖條謂有「五十卷，第一起庖羲」。既說

❾❺　武梁祠石刻參翟中溶〈漢武梁祠畫像考〉（吳興劉氏希古樓刊）。

❾❻　《太平御覽》卷四一一，頁8下～9上；《法苑珠林》卷六十二〈忠孝篇〉第四十九，頁747。

❾❼　《法苑珠林》卷六十二〈忠孝篇〉第四十九，頁746下。

❾❽　《太平御覽》卷三五二，頁8上；卷六十一，頁4下。

第一起庖義，可見還有一系列庖義以降的人物畫像。今本《曹植集》即錄有〈畫贊序〉、〈庖義〉、〈女媧〉、〈神農〉、〈黃帝〉、〈少昊〉、〈顓頊〉、〈帝嚳〉、〈帝堯〉、〈夏禹〉、〈殷湯〉、〈湯禱桑林〉、〈周文王〉、〈周武王〉、〈周公〉、〈周成王〉、〈漢高祖〉、〈漢文帝〉、〈漢景帝〉、〈漢武帝〉、〈姜嫄簡狄〉、〈班婕妤〉、〈許由巢父池主〉、〈卜隨〉、〈商山四皓〉、〈古冶子〉、〈三鼎〉、〈赤雀〉、〈吹雲贊〉的全文或殘文[99]。這一系列人物的畫贊始自庖義，實非偶然。這是壁畫根據一定圖譜而來的結果，而這些圖譜毫無疑問應是漢代的圖譜[100]。

　　墓葬壁飾有圖譜和格套存在，使我們不能不考慮墓中壁畫所反映的，到底是墓主生前真實的生活？還是死者和死者家屬所期望的理想生活？理想生活與真實生活之間的差距，對某些人而言，或許不大，可是對一些人來說，可能不小。不少考古報告以墓中壁飾所見，作為墓主生前生活的證據，是不一定可靠的[101]。漢代厚葬成風，所謂「虛地上以實地下」，整個喪葬活動都有濃厚炫耀的成分[102]。一方面炫耀死者的地位、成就、財富和家屬的孝行，一方面也寄託死者與家屬的夢想於來世。因為炫耀，一切不免誇大；由於寄託夢想，有些可能從不曾真實存在。對墓中圖畫之誇大，《太平經》卷三十六〈事死不得過生法〉曾直截地指出[103]：

　　　　生者，其本也；死者，其偽也。何故名為偽乎？實不見覩其人可欲，
　　　　而生人為作，知妄圖畫形容過其生時也，守虛不實核也。

---

[99] 趙幼文，《曹植集校注》（臺北，明文書局，民國 74 年），頁 67～92。

[100] 張彥遠以為曹植畫贊是為漢明帝畫宮圖而作（見注[93]引），恐非。參趙幼文《曹植集校注》，頁 69 按語。曹植畫贊應是為曹操在鄴所建的宮室壁畫而作。

[101] 例如〈和林格爾漢墓壁畫〉，頁 23～24，即以壁畫所見作為墓主生前生活的直接反映。其餘類似的例子很多，不贅舉。

[102] 楊樹達，《漢代婚喪禮俗考》（臺北，華世出版社，民國 22 年初版，65 年臺一版），頁 105、111～112、116～117、124～129。

[103] 《太平經合校》，頁 53。

《太平經》所說的「偽」是指圖寫死者容貌，虛偽不實，「過其生時」。東漢
大儒趙岐自造塚壙，「圖季札、子產、晏嬰、叔向四像居賓位，又自畫其像居
主位。」（《後漢書》卷六十四〈趙岐傳〉）趙岐的做法，也可為《太平經》之
說添註腳。這種圖像的炫耀誇大，其實和漢代以降，墓碑或墓志的浮誇出於
相同的心理❿。至於墓中所見的庖廚圖、百戲圖、飲宴圖、莊園圖等，也並
不意味墓主生前的生活即如圖中所示。其中可能有真實的部分，也必然有誇
大和夢想的成分。墓主升仙圖就十分明白是夢想的寄託。不論是寄託夢想或
為炫耀，墓室和地上壁畫在這些方面的目的是可以雷同的。例如，漢人求仙
和求長生的風氣極盛，無論生前死後，對此皆鍥而不捨⓯。武帝為了求仙，
在甘泉宮圖畫天地太一諸鬼神。生前求仙不得，則寄望死後與仙人為伍；求
長生不得，卻希望身後「壽如金石」。在馬王堆三號墓中發現的帛畫〈導引
圖〉，圖前有文字〈卻穀食氣〉篇⓰，都明白顯示墓主對長生繼續不斷的盼
望。這種盼望在蒼山元嘉元年畫像石墓以及嘉祥宋山祠堂永壽三年的畫象題
記裡也都表示的十分明白⓱。

　　墓葬雕刻或壁畫和文獻記載裡宮室、學校壁畫內容相同的一部分是忠臣
孝子、貞女烈士以及歷史故事圖。地上這類壁畫是為了道德宣傳和教訓，那
麼墓中這類壁畫或雕刻是否也是如此呢？我們不妨再以內容豐富，榜題較明
確的和林格爾護烏桓校尉墓為例，說明墓中歷史故事和人物圖的內容和目的。

---

❿　《洛陽伽藍記》卷二謂晉時「碑文墓志，莫不窮天地之大德，盡生民之能事，為君
　　共堯、舜連衡，為臣與伊、皋等跡。牧民之官，浮虎慕其清塵；執法之吏，埋輪謝
　　其梗直。所謂生為盜跖，死為夷齊，妄言傷正，華辭損實。」（頁 89）這種華辭損實
　　的情形自漢碑已然，只是愈演愈烈而已。

⓯　Ying-shih Yü, "Life and Immortality in the Mind of Han China", *Harvard Journal of
　　Asiatic Studies*, XXV (1964/65), pp. 80–122.

⓰　參中醫研究院醫史文獻研究室，〈馬王堆三號漢墓帛畫導引圖的初步研究〉，《文物》，
　　第六期 (1975)，頁 6～13、63；唐蘭，〈馬王堆帛書卻穀食氣篇考〉，同上，頁 14～15。

⓱　參李發林，前引書，頁 95～107。

此墓人物故事圖出現在中室南、北、西三面牆上。其中榜題尚可辨識的，南壁有「晏子」二桃殺三士，「五子胥」、「孟賁」、「王慶忌」、「要离」、「魯漆室女」；西壁有孔子問禮圖，圖像三人，榜題為「老子」、「孔子」，另一不可識。其側有孔門弟子二十八人，題名可識的依次是「顏淵」、「子張」、「子貢」、「子路」、「子游」、「子夏」、「閔子騫」、「曾子」、「仲弓」、「曾賜」、「公孫□」、「冉伯牛」、「宰我」等。西壁圖還有「曾參」母子、「后稷母姜嫄」、「契母簡狄」、周室三母「王季母大姜」、「文王母大任」、「武王母大姒」、「秋胡子妻」、「周主忠妾」、「許穆夫人」、「曹僖氏妻」、「孫叔敖母」、「晉楊□姬」、「晉范氏女」等；北壁有「丁蘭」、「刑渠」父子、「伯禽」母子、「鄒孟軻母」、「齊田稷母」、「魯之母」、「京師節女」、「秦穆姬」、「魯孝義保」、「楚昭越姬」、「蓋將之妻」、「代趙夫人」、「休屠胡」、「孝孫父」、「三老」、「慈父」、「孝子」、「弟者」、「賢婦」、「慈母」、「仁姑」。這些人物和故事在漢墓中十分普遍。賢婦、慈母、孝子之事在前文曾經提過。孔子問禮和弟子圖也很常見，《水經注》早有記載❿，1954 年在山東沂南、1977 年在山東嘉祥齊山、1978年在嘉祥宋山發現的畫象石墓，以及清初即為人知的武梁祠石刻中都有❿。這些圖反映墓主對儒家思想和倫理道德體系的服膺，其宣揚忠孝節義的目的，和地上宮室、學校的壁畫並無不同。問題是人死入地，難道還要向死人作道德宣傳嗎？這些畫是為死者而作？還是為活人而作？要回答這些問題，我們不能不注意漢人對死後世界的看法。

在漢代一般人的想像中，死後世界和今世並沒有什麼差別❿。雖然生死異路，大家對死後不確然知道，看法也不盡一致，甚至頗多矛盾，但一般相信人死後有知，會像今世一樣，繼續生活。死後生活在想像中幾乎就是今世

---

❿ 《水經注》（文淵閣《四庫全書》本）卷八，頁 27ab，記漢司隸校尉魯峻墓石祠刻石。

❿ 參南京博物館等，〈沂南古畫像石墓發掘報告〉(1956)，頁 41；蔣英炬等《山東漢畫象石選集》（濟南，齊魯書社，1982），頁 25，圖版七九；頁 26，圖版八二。

❿ 參吳榮曾，〈鎮墓文中所見到的東漢道巫關係〉，《文物》，第三期 (1981)，頁 56～63；余英時，〈中國古代死後世界觀的演變〉，《聯合月刊》，第二十六期 (1983)，頁 81～89。

的翻版。人死化為鬼，皆歸於地下。縱然神仙思想盛行，以為人能成仙則升天不死，絕大部分的人仍不能不面對殘酷的事實，承認死之必然性，不能不為死後的歲月作準備。因而，根據地上的居室構築墓室，以今世生活中的必需品陪葬。這些陪葬物不論是實用器或明器，用意都是在供身後享用。從考古所見漢墓陪葬之豐富以及文獻所記漢代厚葬的風行，都可以證明：即使儒家對死後世界採取不可知的態度，道家認為人與物無異，否認死後有知，絕大多數人對身後世界的態度顯然是寧信其有。他們根據今世想像身後。於是現實世界有統治者——漢天子，地下世界也有一位主宰——泰山府君，是謂「生屬長安，死屬太山」⓫。天子以下郡、縣、鄉、里有層層的組織和官僚，「下里」相應也有二千石、丞、令、亭長、游徼、獄史、卒史、父老等「地吏」。生時名列簿籍，為編戶之民；死則由地上丞行文，將死者爵里姓名財產轉知「地下丞」，納入「死人籍」，此之謂「死生異簿」⓬。在世會作奸犯科，進入地下同樣會犯罪，因此一樣有維持秩序的亭長、游徼和獄史。地上的世界是以忠孝等道德來維繫，地下世界自然不能例外。今世流行以忠臣孝子之圖供教訓，墓中有這類圖，發生類似的作用，也就是十分自然的事了。

墓中壁畫或雕刻的作用當然是多方面的。忠臣孝子之圖在地下固然繼續發生道德勸戒的作用，還有其他相當複雜的功能。壁畫或雕刻的一個好處是可以將死者與神仙或道德的典範在畫面上連繫在一起。使死者不曾實現的願望在畫面上實現。例如，和林格爾墓壁畫，死者夫婦的圖像與孔子、孔門弟子以及其他忠臣、賢婦、孝子等出現在中室同一面牆壁上。夫婦二人，正襟危坐，畫的比其他人物都要大，使其他人物在畫面上反而成為他們的陪襯。這就好像趙岐畫像自居主位，以古賢居賓位。如此，他們與歷史上古聖先賢同列的期望，在彷彿中可以得到滿足。而他們的親屬家人也藉圖畫誇示死者成為後人追思的典型。蒼山元嘉元年畫像石墓題記提到畫上有玉女、仙人、

⓫　參吳榮曾，前引文，頁 59～60。又見池田溫，〈中國歷代墓券略考〉，《創立四十周年紀念論集》I（東京，東京大學東洋文化研究所，1981），頁 220、223、224。

⓬　參陳直，〈關於江陵丞告地下丞〉，《文物》，第十二期 (1977)，頁 76。

各式神獸與死者相伴❸；嘉祥宋山永壽三年石刻題記則說死者「大興輿駕，上有雲氣與仙人，下有孝及賢仁，遵（尊）者儼然，從者肅侍」❹，藉著圖畫，不論死者的夢想、生人的期望，似乎都實現了。前述和林格爾墓的壁畫上有「孝子」、「弟者」、「賢婦」、「慈母」等榜題，未指明為何人，不知是否即墓主家屬的自我標榜？漢代喪葬一方面炫耀死者，一方面死者的家屬也藉機顯示自己的財富、德行和地位。這種情形和今日並無大不同。總之，墓中壁畫和雕刻的目的是多方面的，死者和家屬親人都藉此得到不同需求的滿足。也正因為如此，墓中壁畫有它相應於喪葬和死後信仰的特殊功能，其內容和目的也就不可能和地上居室壁畫完全一致了。

四、結　語

　　總結而言，壁畫在中國的發展雖然已經可能追溯到殷商的末期，不過根據有限的資料看來，由於經濟的條件、社會階級身分的限制、其他裝飾方式的偏好和選擇等種種因素，壁畫一直要到西漢末和東漢時代才真正發達和普遍起來。

　　壁畫在中國古代能夠存在和發展，並不完全由於它能滿足美或裝飾的需要，而在它和宗教、道德或政治的要求有密切的關係。不論依據文獻或考古的資料，較早的壁畫幾全出現在宮室和宗廟，而非私人的宅第。其內容不外天地神靈和古聖先賢，目的很清楚在於警懼和借鑑。兩漢大體繼承了這樣的傳統。從漢人的記載看來，漢代中央宮省、諸侯王宮殿或宗廟的壁畫同樣充滿了道德教訓或宗教信仰的意味。當然我們也看見與此不相干而以享樂為目的的。這一類型的壁畫必然存在，或許還不少，只可惜幾無記載可考。兩漢

---

❸　李發林，前引書，頁 95。

❹　同上，頁 102。

以政治宣傳為目的的壁畫最明顯的例證，就是西漢宣帝於麒麟閣，東漢明帝於南宮雲臺圖畫功臣。王充說：「宣帝之時，畫圖漢列士，或不在於畫上者，子孫恥之。」他的話頗能反映這種壁畫宣傳的功效。東漢以後，壁畫漸由中央普及到地方官府和學校。地方壁畫以人物之忠孝節烈事蹟為主。熱衷於此的是以儒教傳統為己任的地方官員和士子儒生。他們圖像人物的標準不在政治上之功罪，而在是否合乎他們服膺的儒教典型。從這一點來說，東漢壁畫的普遍發展和儒學流行的關係可能比和政治的關係更重要。

壁畫裝飾原先可能只是統治階層的特權，不過隨著社會財富的累積，禁令的鬆弛，一般平民居室也有了壁畫，尤其是東漢以後，更成為普遍的風氣。所謂普遍應也只限於有能力如此的富人。平民或私人宅第的壁畫當然不必為了政治或道德目的，或許較偏重裝飾，為了賞心悅目或趨吉避邪，內容和目的可能都更為複雜。奈何這方面的文獻與考古資料兩缺，只能如此猜測而已。

壁畫到西漢末和東漢成為風氣的一個旁證是畫像石、畫像磚和壁畫墓都不約而同到這個時期才普遍出現。在幾無地上建築和壁畫可考的情況下，墓中壁畫遂成為了解漢代壁畫藝術的主要資料。墓中壁畫最能幫助我們了解的是繪製技巧和藝術風格方面。在這方面，墓中和地上居室壁畫應是一致的。在內容上，墓中壁畫也頗能幫助我們印證文獻中地上建築壁畫偏重宗教信仰和道德教訓的特色。此外，由於墓葬特殊的功能和圖飾的格套，墓中壁畫的內容和表現的方式也必然有不同於地上居室壁畫之處。此外，由於格套和圖譜的存在以及漢人藉喪葬炫耀誇示和寄託理想的風氣，我們似乎不應不加分辨地，將壁畫中所見當作墓主生前生活真實的證據。本文僅就漢代壁畫的發展和特色作概括性的描述，諸多不及，則有待來日。

附記：本文多承陳槃庵先生、嚴歸田先生、楊蓮生先生、余英時先生、石守謙、蕭璠兄惠賜寶貴意見，謹此致謝。

附錄：秦漢壁畫資料文獻簡目

(一)河　南

1.河南省文化局文物工作隊	洛陽西漢壁畫墓發掘報告	考古學報二 (1964)
2.郭沫若	洛陽漢墓壁畫試探	考古學報二 (1964)
3.河南省文化局文物工作隊	河南襄城茨溝漢畫象石墓	考古學報一 (1964)
4.安金槐、王與剛	密縣打虎亭漢代畫象石墓和壁畫墓	文物十 (1972)
5.洛陽博物館	洛陽西漢卜千秋壁畫墓發掘簡報	文物六 (1977)
6.孫作雲	洛陽西漢卜千秋墓壁畫考釋	文物六 (1977)
7.陳少豐、宮大中	洛陽西漢卜千秋墓壁畫藝術	文物六 (1977)
8.本刊編輯部	關於西漢卜千秋墓壁畫中的一些問題	文物十一 (1979)
9.洛陽市文物工作隊	洛陽西工東漢壁畫墓	中原文物三 (1982)
10.蘇健	美國波士頓美術館藏洛陽漢墓壁畫考略	中原文物二 (1984)
11.中國社會科學院考古研究所河南第二工作隊	河南偃師杏園村東漢壁畫墓	考古一 (1985)
12.河南省文化局文物工作隊	河南密縣打虎亭發現大型漢代壁畫墓和畫象石墓	文物四 (1960)
13. Jonathan Chaves	A Han Painted Tomb at Loyang	Artibus Asiae 30 (1968)
14. Zuoyun Sun	An Analysis of the Western Han Murals in Luoyang Tomb of Bo Qianqiu (translated from Chinese by Suzanne Cahill)	Chinese Studies in Archaeology 1: 2 (1979)

㈡陝　西

1. 寶雞市博物館、千陽縣　陝西省千陽縣漢墓發掘簡報　考古三 (1975)
　文化館
2. 秦都咸陽考古工作站　　秦都咸陽第一號宮殿建築遺址　文物十一 (1976)
　　　　　　　　　　　　簡報
3. 陶復　　　　　　　　　秦咸陽宮第一號遺址復原問題　文物十一 (1976)
　　　　　　　　　　　　的初步探討
4. 咸陽市文管會、咸陽市　秦都咸陽第三號宮殿建築遺址　考古與文物二 (1980)
　博物館、咸陽地區文管　發掘簡報
　會
5. 劉慶柱　　　　　　　　試談秦都咸陽第三號宮殿建築　考古與文物二 (1980)
　　　　　　　　　　　　遺址壁畫藝術
6. 劉慶柱　　　　　　　　秦都咸陽第三號宮殿建築遺址　人文雜志六 (1980)
　　　　　　　　　　　　壁畫考釋

㈢山　西

1. 山西省文物管理委員會　山西平陸棗園村壁畫漢墓　　考古九 (1959)
2. 趙玉泉　　　　　　　　真實地描繪了農耕生活——山　中國美術二 (1981)
　　　　　　　　　　　　西省平陸漢墓壁畫

㈣甘　肅

1. 嘉峪關市文物清理小組　嘉峪關漢畫像磚墓　　　　　文物十二 (1972)
2. 甘肅省博物館、嘉峪關　嘉峪關魏晉墓室壁畫的題材和　文物九 (1974)
　文物保管所　　　　　　藝術價值
3. 張朋川　　　　　　　　河西出土的漢晉繪畫簡述　　文物六 (1978)
4. 甘肅省文物管理委員會　酒泉下河清第 1 號和第 18 號　文物十 (1959)
　　　　　　　　　　　　墓發掘簡報
5. 陳昌遠　　　　　　　　關於嘉峪關魏晉墓室壁畫的幾　河南文博通訊一 (1980)
　　　　　　　　　　　　個問題

㈤遼　寧

1.森修、內藤寬　　　　　　營城子——前牧城驛附近の漢　東亞考古學會，1934
　　　　　　　　　　　　　代壁畫甎墓
2.姚鑒　　　　　　　　　　營城子古墳の壁畫について　　考古學雜誌二十九——六
3.熊谷宣夫　　　　　　　　營城子古墳壁畫に關いて　　　畫說六十七 (1942)
4.熊谷宣夫　　　　　　　　營城子古墳壁畫補記（素描篇）畫說七十一 (1943)
5.熊谷宣夫　　　　　　　　南滿洲營城子古墳の漢代壁畫　畫說五十一
6.千葉真幸　　　　　　　　營城子古墳壁畫の人物につ　　東洋史會紀要四 (1944)
　　　　　　　　　　　　　いて
7.原田淑人　　　　　　　　遼陽南林子の壁畫古墳　　　　國華五十三——四 (1943)
8.駒井和愛　　　　　　　　最近發現にかかる遼陽の漢代　國華五十四——十 (1945)
　　　　　　　　　　　　　壁畫古墳
9.李文信　　　　　　　　　遼陽北園壁畫古墓志略　　　　國立瀋陽博物館籌備委員
　　　　　　　　　　　　　　　　　　　　　　　　　　　會彙刊一 (1947)
10.駒井和愛　　　　　　　　遼陽發見の漢代墳墓　　　　　東京大學，1950
11. Fairbank, Wilma &　　　Han Mural Paintings in the Pei-　Artibus Asiae XVII: 3/4
　　Masao Kitano　　　　　yuan Tomb at Liao-yang, South　(1954)
　　　　　　　　　　　　　Manchuria
12.李文信　　　　　　　　　遼陽發現的三座壁畫古墓　　　文物參考資料五 (1955)
13.王增新　　　　　　　　　遼寧遼陽縣南雪梅村壁畫墓及　考古一 (1960)
　　　　　　　　　　　　　石墓
14.王增新　　　　　　　　　遼陽市棒台子二號壁畫墓　　　考古一 (1960)
15.遼陽市文物管理所　　　　遼陽發現三座壁畫墓　　　　　考古一 (1980)
16.遼寧省博物館、遼陽博　　遼陽舊城東門里東漢壁畫墓發　文物六 (1985)
　　物館、馮永謙等　　　　掘報告
17.藤田國雄　　　　　　　　遼陽發見の三壁畫古墓　　　　Museum 59

㈥河　北

1.姚鑒　　　　　　　　　　河北望都縣漢畫的墓室結構和　文物參考資料十二 (1954)
　　　　　　　　　　　　　壁畫
2.北京歷史博物館、河北　　望都漢墓壁畫　　　　　　　　中國古典藝術出版社，1955
　　省文物管理委員會
3.林樹中　　　　　　　　　望都漢墓壁畫的年代　　　　　考古通訊四 (1958)

4.何直剛	望都漢墓年代及墓主人考訂	考古四 (1959)
5.安志敏	評「望都漢墓壁畫」	考古通訊二 (1957)
6.河北省文化局	望都二號漢墓	文物出版社，1959
7.河北省博物館文物管理處編	河北省文物選集	文物出版社，1980
8.河北省文化局文博組	安平彩色壁畫漢墓	光明日報，1972、6、22
9.李文信	對望都漢墓壁畫內容說明的兩點不同看法	文物參考資料二 (1956)

(七)江　蘇

| 1.葛治功 | 徐州黃山隴發現漢代壁畫墓 | 文物一 (1961) |

(八)山　東

1.關天相、冀剛	梁山漢墓	文物參考資料五 (1955)
2.茹士安	介紹我們處理古墓壁畫的一些經驗	文物參考資料五 (1955)
3.章毅然	談梁山漢墓壁畫的摹繪	文物參考資料五 (1955)

(九)內蒙古

1.羅福頤	內蒙古自治區托克托縣新發現的漢墓壁畫	文物參考資料九 (1956)
2.內蒙古文物工作隊、內蒙古博物館	和林格爾發現一座重要的東漢壁畫墓	文物一 (1974)
3.吳榮曾	和林格爾漢墓壁畫中反映的東漢社會生活	文物一 (1974)
4.羅哲文	和林格爾漢墓壁畫中所見的一些古建築	文物一 (1974)
5.黃盛璋	和林格爾漢墓壁畫與歷史地理問題	文物一 (1974)
6.金維諾	和林格爾東漢壁畫墓年代的探索	文物一 (1974)
7.內蒙古自治區博物館文物工作隊	和林格爾漢墓壁畫	文物出版社，1978

8.李逸友	略論和林格爾東漢墓壁畫中的烏桓和鮮卑	考古與文物二 (1980)
9.李逸友	和林格爾壁畫墓所反映的東漢定襄郡武成縣的地望	考古與文物一 (1985)
10.夏超雄	和林格爾漢墓壁畫莊園圖和屬吏圖探討	北京大學學報（哲學社會科學）二 (1980)
11.張郁	論和林漢墓壁畫藝術	內蒙古文物考古一 (1981)
12.宋治民	「和林格爾漢墓壁畫」的幾點我見	四川大學學報（哲學社會科學）一 (1980)
13.黃盛璋	再論和林格爾漢墓壁畫的地理與年代問題——兼評「和林格爾漢墓壁畫」	考古與文物一 (1982)
14.蓋山林	和林格爾漢墓壁畫	內蒙古人民出版社，1978
15. A. G. Bulling	The Eastern Han Tomb of Ho-lin-ko-erh	Archives of Asian Art 31 (1977/78)

㈩安　徽

1.安徽省亳縣博物館	亳縣曹操宗族墓葬	文物八 (1978)

（原載於中央研究院《歷史語言研究所集刊》五十七本一分，民國 75 年）

資料介紹與書評

雲夢秦簡簡介

——附：對〈為吏之道〉及墓主喜職務性質的臆測

1975 年 12 月，考古人員在湖北省雲夢縣城關西部的睡虎地曾發掘到十二座戰國末年至秦代的墓葬。其中十一號墓除出土銅、陶、漆器七十餘件外，更發現了一千一百餘支屬於秦始皇時代的竹簡，內容大部分是秦的法律和文書，由於這一批竹簡的出現，我們對秦代法律的認識，大大邁前了一步。這篇文章的目的即在介紹這批秦簡，並提出若干個人的看法。

睡虎地十一號墓是一個小型木槨墓。一千一百餘支竹簡原分置於棺內人骨架的頭部右側、足部和腹部。除少數因積水浮動而散亂、殘斷外，大部分保存完好。簡一般長 23.1～27.8 公分，寬 0.5～0.8 公分。簡文為墨書秦隸，字迹大部分清晰可辨，有些簡兩面皆書有文字。從簡上殘存的繩痕判斷，竹簡係以細繩分上、中、下三道將竹簡順序編組成冊。至於竹簡的內容，據初步整理有下列幾種：

一、秦始皇二十年〈南郡守騰文書〉
二、秦昭王元年至始皇三十年之〈編年大事記〉
三、秦法律三種
四、論〈為吏之道〉佚書一種
五、秦治獄案例
六、《日書》等卜筮之類書籍

目前已發表者只有前五種。茲分別簡介如下。

㈠〈南郡守騰文書〉

所謂〈南郡守騰文書〉是由十四支簡（一說八支）組成，發現於墓主腹

下部。據初步研究，南郡原是楚國之地，秦昭王廿九年（西元前 278 年）命白起率軍攻楚，佔楚北，南郡遂入秦人之手（《史記》〈秦本紀〉、〈白起王翦傳〉）。又據該文書起首一句：「廿年四月丙戌朔丁亥，南郡守騰謂縣、道嗇夫」推算，這篇文書應在秦始皇二十年（西元前 227 年）四月二日發布。現存全文近八百字，字裡行間充滿強烈以法為治的色彩，文書開始即指出：「凡法律令者，以教道（導）民，去其淫避（僻），除其惡俗，而使之之于為善殹（也）。今法律令已具矣，而吏民莫用……甚害于邦，不便于民。故騰為是而脩法律令，田令及為間私方而下之，令吏明布，令吏民皆明智（知）之，毋巨（距）于罪。」接著文章下半篇又對所謂「良吏」、「惡吏」做了一番區別。這對了解秦代政治的意識型態是一篇絕好的材料❶：

> 凡良吏明法律令，事无不殹（也）；有（又）廉潔（洁）敦愨而好佐上；以一曹事不足獨治殹（也），故有公心；有（又）能自端殹（也），而惡與人辨治，是以不爭書。惡吏不明法律令，不智（知）事，不廉潔（洁），毋以佐上。綸（偷）遀（惰）疾事，易口舌，不羞辱，輕惡言而易病人，毋公端之心，而有冒抵之治，是以善斥事，喜爭書。

㈡〈編年大事記〉

這一組竹簡發現於墓主頭部右側，共五十三支。逐年記載從秦昭王元年（西元前 306 年）至秦始皇卅年（西元前 217 年）間，秦統一六國的歷次戰爭以及墓主喜一生的重要經歷。儘管它記載簡略，每年所繫不過兩字至十餘字，但這是繼西元三世紀《竹書紀年》出土之後唯一的戰國編年。所記史實與司馬遷《史記》相同的約佔五分之三，另有五分之二或為《史記》所闕，

---

❶ 饒宗頤氏曾指出〈南郡守騰文書〉在筆調上、思想上與《韓非子》有極密切之關係。參饒氏，〈出土資料から見た秦代の文學〉，《東方學》，五十四輯 (1977)，頁 213、819。

或與《史記》有異。這些竹簡在性質上可能並不是秦國的史記，而是墓主的年譜。目前有關研究以黃盛璋氏〈雲夢秦簡編年記初步研究〉一文最重要。黃文除根據這批簡考訂《史記》所載秦攻佔城邑的缺漏、相異及名稱不一致之處，還有一些重要的結論，略舉若干如下：

1. 〈編年記〉證實秦在統一六國以前早已採用顓頊曆，即以十月為歲首，而其他各國皆不以十月為歲首。

2. 〈編年記〉年代部分與《史記》有出入，然皆只有一年之差，這種現象，可能因各國用曆不同之故。

3. 漢代民「二十三始傅，五十六而免」。杜佑《通典》認為二十三而傅是秦制。今據〈編年記〉〈今元年喜傅〉條證實秦制並非二十三而傅。所謂傅即附，謂附著名籍，一經傅籍，即有兵役、徭役及納稅的義務。喜生於秦昭王四十五年十二月，至始皇元年滿十六年，虛年十七歲，亦即秦制始傅年齡早於漢制。《史記》〈白起傳〉謂：「秦王……發年十五以上悉詣長平」，是秦人服兵役最早可到十五歲。

4. 據〈編年記〉所載喜之生平，喜曾三度從軍。服役長短隨戰爭需要而定。戰爭結束即解甲，喜於兩次解甲後，皆出任地方小吏。

5. 喜曾任：榆史──安陸□史──安陸令史──鄢令史──治獄鄢。所任皆在縣丞、尉以下，可補秦漢地方官制文獻之不足。

㈢論〈為吏之道〉佚書

這一批竹簡共五十支，發現於墓主腹前，經整理後初步題名為〈為吏之道〉，全文共兩千言左右。這兩千言除以教訓的口氣談為吏之道外，結尾處還附抄了兩則魏律──〈戶律〉及〈奔命律〉。

這篇〈為吏之道〉的性質，中國大陸上的學者一致認為是「認真貫澈執行法家政治路線」。實際上它在思想上和〈南郡守騰文書〉大不相同，據筆者淺見，這一篇佚書思想上的複雜性正反映秦始皇卅四年以前白黑未別，一尊未定的情況。而筆者尤其要強調的是它染有濃厚儒家的色彩。

當〈南郡守騰文書〉談到良吏、惡吏之別，首重是否「明法律令」。而〈為吏之道〉談吏有五善、五失，根本不提明法律令，有關原文如下：

> 吏有五善：一曰中（忠）信敬上，二曰精（清）廉毋謗，三曰舉事審當，四曰喜為善行，五曰龔（恭）敬多讓，五者畢至，必有大賞。
> 吏有五失：一曰夸以泄，二曰貴以大（泰），三曰擅裚割，四曰犯上弗智（知）害，五曰賤士而貴貨貝。一曰見民杲（倨）敖（傲），二曰不安其鼂（朝），三曰居官善取，四曰受令不僂，五曰安家室忘官府。一曰不察所親，不察所親則怨數至，二曰不智（知）所使，不智（知）所使，則以權衡求利，三曰興事不當，興事不當則民傷指，四曰善宮隋（惰）行，則士毋所比，五曰非上，身及于死。

這些戒律與信條包含的精神可以說習見於先秦諸子政論。其中主張忠信敬上、喜為善行、恭敬多讓以及告誡勿「賤士而貴貨貝」，勿「受令不僂」，更與孔、孟儒家精神相接近。這篇佚書中雖也有「審當賞罰」、「微密韱（纖）察」之類法家色彩的話，但整體而觀，通篇毫無疑問是以儒家哲學為基礎的，茲再引若干為證：

> 「茲（慈）下勿陵，敬上勿犯。聽閒（諫）勿塞，審智（知）民能，善度民力」。
> 「毋喜富，毋惡貧，正行脩身，過（禍）去福存」。
> 「以此為人君則鬼（懷），為人臣則忠，為人父則茲（慈），為人子則孝……君鬼（懷）臣忠，父茲（慈）子孝，政之本殹（也）。」
> 「除害興利，茲（慈）愛萬姓，毋辠（罪）毋辠（罪）。」
> 「施而喜之。敬而起之，惠而聚之，寬以治之，有嚴不治」。
> 「與民有期，安騶而步，毋使民懼」。
> 「民之既教，上亦毋驕，孰道毋治，發正亂昭。安而行之，使民望

之」。

「地脩城固，民心乃寧，百事既成，民心既寧，既毋后尤，從政之經」。

「凡戾人，表以身，民將望表以戾真。表若不正，民心將移乃難親」。

「邦之急，在體（本）級，掇民之欲，政乃立」。

這些話不能不令人想到孔子「君臣父子」之教，「政者正也」，「言忠信，行篤敬」之說以及孟子勿失民心，民為邦本，本固邦寧之旨。此外老子之義在〈為吏之道〉中，也可見到一二：

「怒能喜，樂能哀，智能愚，壯能衰，惥（勇）能屈，剛能柔，仁能忍」。

這些思想的存在，證明〈為吏之道〉一文絕不僅僅是走「法家的政治路線」一句話可以解釋的。

　　喜死於秦始皇卅年，距秦滅六國已有四年之久，但在秦始皇的宮廷裡還有擔任博士的儒生，先秦諸子之說也沒有遭到禁絕。喜在地方上當一個小小的縣吏，一方面固然須要遵令，推行以法為治的秦政（喜任職的安陸，隸屬南郡），但另一方面則如李斯所說「以私學相與非法教」，竟以宣揚孔、孟之義的簡冊隨葬。再以南郡來說，秦早在昭王廿九年即佔有了南郡，秦國的法治必隨之進入，但是過了五十多年，南郡的郡守騰還須在文書中大聲宣傳法治的好處，還須抱怨「法令已具而吏民莫用」，可見秦在推行以法為治的工作上，遭到頗大的阻力。因此筆者認為喜以一個秦治獄吏的身分，以〈為吏之道〉隨葬的重大意義在於具體反映始皇卅四年李斯議焚書以前，思想紛雜，人各異論，「人善其所私學，以非上之所建立」的情形。至於喜是否「認真貫澈執行法家政治路線」，則不是文化大革命期間中國大陸上學者所敢放言討論的問題。

㈣秦律三種

我國古代的法律，完整保存下來的以唐律為最早。唐以前的法律雖有輯錄，皆斷簡殘篇而已。秦以法治著稱，但基本上秦律早已無存，程樹德著《九朝律考》，始於漢律。孫楷編《秦會要》，徐復著《秦會要訂補》，皆列有刑法三卷，然真正律文不及什一。這次睡虎地發現的秦律竹簡，達六百餘支，三萬餘言，使我們真正能認識到秦律的面貌。

據季勛〈雲夢睡虎地秦簡概述〉及〈發掘簡報〉的分法，律簡可分為三類。第一類約兩百十餘支置於墓主頸部右側，內容不僅有律文，而且有關於律文的解釋。從律文的措詞用字推測，這些法律應成於商鞅以後，秦始皇廿六年稱「皇帝」以前。第二類竹簡共兩百支，發現於墓主軀幹右側。這一批法律和第一類不同之處是每條律文之後皆註所屬篇名。已見的篇名有〈田律〉、〈倉律〉、〈廄苑律〉、〈金布律〉、〈置吏律〉、〈軍爵律〉、〈傳食律〉、〈工律〉、〈徭律〉、〈關市〉、〈行書〉、〈效〉、〈均工〉、〈工人程〉、〈司空〉、〈內史雜〉、〈尉雜〉，和〈屬邦〉等十八篇。律文關係農業、貨幣、貿易、徭役、刑徒等方面。其中〈田律〉、〈倉律〉生動反映了秦朝對農業的重視，凡降雨、水、旱、蟲災，地方官吏皆須做成報告，農田播種也有詳細的規定。第三類律簡共約一百支，位於墓主腹下部，體例與第二類相似。律文之末尾也題上篇名，篇名有〈除吏律〉、〈除弟子律〉、〈效律〉、〈公車司馬獵律〉、〈藏律〉、〈中勞律〉、〈游士律〉、〈捕盜律〉、〈傅律〉、〈戍律〉、〈敦表律〉、〈牛羊課〉等。在第二、三類律文中令人注意的是有關「貲若干甲盾」的罰則，「貲」是謂以財自贖，如違反法令，常罰以若干甲或盾，這種懲罰方式曾見於《韓非子》〈外儲說〉右下，《國語》〈齊語〉和《管子》〈中匡篇〉、〈小匡篇〉。如今我們發現這是秦律常用的罰款方式。例如：「衡石不正，十六兩以上，貲官嗇夫一甲，不盈十六兩到八兩，貲一盾。甬（桶）不正，二升以上，貲一甲，不盈二升到一升，貲一盾」。據推測這種罰法是與秦實行兼併戰爭，需要大量甲盾有關。

以上三種秦律竹簡的分法是依據〈發掘簡報〉而做，其後雲夢秦墓竹簡整理小組發表秦簡釋文時，曾將一些問答體的簡文另別為一類，這類簡文皆以問答的方式，假設在某種犯罪情形下，應如何判決，其人名大部分以甲、乙、丙代替。例如：

> 「甲盜牛，盜牛時高六尺，毄（繫）一歲，復丈，高六尺七寸，問甲可（何）論？當完城旦」。
>
> 「父盜子，不為盜。今叚（假）父盜叚（假）子，可（何）論？當為盜」。
>
> 「甲謀遣乙盜殺人，受十分錢，問乙高未盈六尺，甲可（何）論？當磔」。

又以問答方式，解釋律文中若干用詞與用字的意義，例如：

> 「以梃賊傷人。可（何）謂梃？木可以伐者為梃」。
>
> 「可（何）謂州告？州告者，告皋（罪）人，其所告。且不審，有（又）以它事告之。勿聽，而論其不審」。
>
> 「論獄（何謂）不直？可（何）謂縱囚？皋（罪）當重而端輕之，當輕而端重之，是謂不直；當論而端弗論，及傷其獄，端令不致，論出之，是謂縱囚」。

關於這一類問答式簡文的意義，將於下文中進一步討論。

㈤秦治獄案例

這些案例與前一類不同之處在各條之前皆有一小標題，已知者有 「治獄」、「訊獄」、「封守」、「有鞫」、「覆」、「亡自出」、「盜自告」、「盜馬」、「爭牛」、「群盜」、「奪首」、「告臣」、「黥妾」、「遷子」、「告子」、「厲」、「賊死」、

「經死」、「穴盜」、「毒言」等二十餘。除治獄、訊獄等少數幾條外，每標題後又以「爰書」二字起首。「爰書」是記錄獄辭的文書。爰書之後，記錄實際的案例，唯人名、地名以「某」或甲、乙、丙代之。這一部分最可貴的是其中提到秦代司法的一些原則以及我國最早有關刑案調查及法醫學的記載。治獄條說：

> 治獄，能以書從（踪）迹其言，毋治（笞）諒（掠）而得人請（情）
> 為上，治（笞）諒（掠）為下，有恐為敗。

換言之，秦司法不以刑求為尚，能踪迹其言，探得真象為上策，恐嚇被認為是等而下之的手段。此外在審訊技術上也頗有一套合理的原則。「訊獄」條說：

> 凡訊獄，必先盡聽其言而書之，各展其辭。雖智（知）其訑，勿庸輒
> 詰。其辭已盡書而毋（無）解，乃以詰者詰之。詰之有（又）盡聽書
> 其解辭，有（又）視其它毋（無）解者以復詰。詰之極而數訑，更言
> 不服，其律當治（笞）諒（掠）者，乃治（笞）諒（掠）。治（笞）諒
> （掠）之必書曰：爰書：以某數更言，毋解辭，治（笞）訊某。

可見訟案各造或被告在司法官前皆有發言申辯的機會。然後「詰者」始就其所言，詰問疑點，如一再不以實對，始可進行笞訊。笞訊必須依律而行，從律文看來，似乎意味某些罪可笞掠，某些罪則否。而且笞訊還必須加以記錄，說明原因。從這兩條看，秦代司法實富於合理的精神，唯執行時，是否也如此，就不知道了。在刑案調查上，除口供外，還注意到現場調查。「穴盜」一條即記錄一件挖牆盜衣的竊案，曾偵查現場洞穴大小，竊犯留下的工具、手腳迹印的情形。此外，最具價值的莫過於「經死」條中有關法醫檢驗的記錄。例如對因鬥毆造成流產，規定由有生育經驗的婦女對傷婦進行檢查。對確定

是自殺或他殺，也有一套驗屍的方法。這比宋代宋慈的《洗冤錄》尚早一千五百年。與秦司法合理精神相關連的是從這六百餘支竹簡中，我們全找不到陰陽五行說的痕迹。

　　正如〈發掘簡報〉所說，這些法律竹簡和墓主喜生前的事業有密切的關係。喜曾任史、令史、治獄等職。史是辦事員，令史是令的辦事員，地位比史稍高，治獄又在令史之上。治獄是喜擔任過最高的職位，臨死以生前治獄所用的刑律隨葬，這一點並不難理解。其中值得我們進一步追問的是：喜只是一個單純的治獄吏嗎？他除治獄之外，是不是還負擔其他性質的工作？這個問題的答案將幫助我們了解為什麼他將一些性質不盡相同的文書置於墓中。在我們介紹過的竹簡中，嚴格而言，只有那些律文和他治獄的工作直接有關，其餘〈為吏之道〉、〈南郡守騰文書〉以及問答體之治獄案例的存在，使筆者懷疑喜可能還擔任類似法律教師或顧問的工作。因為欲學法令，以吏為師在秦並不始於李斯的建議，這是秦國一個悠久的傳統，商鞅就曾主張過以吏為師（《商君書》〈定分〉第二十六），其餘各國，也都如此❷。

　　〈為吏之道〉可以被假設為一冊訓練地方小吏的教材，其中充滿教誨的口吻，有不少「戒之戒之」、「謹之謹之」、「慎之慎之」之類的話，季勛更曾指出這篇佚書在竹簡的書寫方式上是前所未見的，其文句分上下五欄抄寫，而最下一欄有韻文八首。例如其中一首：「凡戾人，表以身，民將望表以戾真。表若不正，民心將移乃難親」。押韻是不是為了便於學習者記憶？筆者只敢如此假設，不敢穿鑿。至於這篇佚書是喜自著的教材，或是他習法時之教科書，或是一個流行的抄本，應是一個有趣，但非現在所能回答的問題❸。

　　〈為吏之道〉是編的教本，而〈南郡守騰文書〉則可能是利用實際的文

---

❷　參本書，〈秦漢的律令學〉一文。

❸　饒宗頤氏前引文認為〈南郡守騰文書〉，文字鏗鏘，恐非一介太守所能為（頁2）。至於〈為吏之道〉，1978 年 5 月 26 日與張春樹先生面談時，張先生認為不可能是喜自著，同年 6 月 12 日與余英時先生面談時，余先生也認為〈為吏之道〉不可能出自地方小吏之手，而可能是喜自己學法的教材。

書為教材。因為騰的這篇文書並非針對任何特定的行政事務，而是以宣揚法治，說明何為良吏、惡吏為目的，這正好可以用來做訓練公務員的教材，至於這兩種教材在精神上的歧異，已如前文所說，正反映李斯議焚書以前，秦帝國內思想紛雜的情形。它們同時被用來當教材在當時應是可能的，而且這兩種教材精神上容或有異，實並不相排斥。〈為吏之道〉顯示儒家為政柔厚寬和的精神，正足以濟〈南郡守騰文書〉徒法為治的剛嚴傾向。從新發現的《黃帝四經》看來，漢初的黃老之學，主要是以道濟法，復摻之以儒、陰陽，其後儒說蔚為大國，諸家附麗。喜的「教科書」對了解秦漢思想這一方向的發展，無疑是極有意義的。

喜除了司法、教法之外，還可能備顧問，回答吏民有關法律的詢問。《商君書》〈定分〉第二十六說：「諸官吏及民有問法令之所謂也于主法令之吏，皆各以其故所欲問之法令明告之。」那些問答體的案例及解釋也許就是他平日回答的記錄。

當然以上所說都是一些推測，唯衡之以當時的環境似不無可能。總之，這批約三萬言的秦簡，有太豐富政治、法律、社會、經濟、科學、思想史的資料，有待我們從不同的角度，做更進一步的研究。

附記：本文除若干評論及推斷出於筆者己意，其餘介紹主要根據下列各文：

〈長沙馬王堆漢墓出土《老子》乙本卷前古佚書釋文〉，《文物》，1974，第十期，頁 30～42。

〈黃帝四經初探〉，《文物》，1974，第十期，頁 48～52。

〈湖北雲夢睡虎地十一號秦墓發掘簡報〉，《文物》，1976 年，第六期，頁 1～10。

〈雲夢睡虎地秦簡概述〉，《文物》，1976 年，第五期，頁 1～6。

〈雲夢秦簡釋文〉（一）（二）（三），《文物》，1976 年，第六期，頁 11～14；第七期，頁 1～10；第八期，頁 27～37。

〈雲夢秦簡編年記初步研究〉，《考古學報》，1977 年，第一期，頁 1～22。

（原載於《食貨月刊》復刊第 9 卷第 4 期，民國 68 年）

王著《漢代文明》簡介

書名：*Han Civilization*
作者：王仲殊
譯者：張光直等
出版：Yale University Press, 1982
頁數：261 頁，圖版 320 幅

　　漢代和漢以後的時代比較起來，有關的史料要少得多。過去治漢史，所用不外四史，再加上極有限的一些金石、文集和政書資料。許多問題因文獻有闕，不得其解。自本世紀初，漢簡大量發現以後，漢史研究立刻增添了一批極豐富的新材料。而這幾十年來，考古工作大規模地進行，使得漢史材料的增加，已經到了目不暇給的程度。大體而言，這些新材料的作用有三：一是證實文獻記載、二是訂補文獻的闕訛、三是在已有的文獻之外，開創幾乎全新的研究領域，揭開漢代文明一些未為人知的新面目。

　　王仲殊的《漢代文明》可以說是最新、最具權威性，也是第一次最有系統，較完整地將漢代文明的新材料介紹到英語世界去的書。說它最新，因為出版不久；說它最具權威，因為作者曾實際參加新材料的發現和研究；說它第一次，是因為過去似還不曾有這樣性質的書。1979 年 10 月，王仲殊氏以漢代考古為題，在哈佛大學人類學系、藝術系以及東亞語文與文明系一連發表了九次演講。他原以中文演講，講稿也是中文的。後來由張光直先生主持，集數人之力，將之譯為英文並出版。

　　本書共有九章，分別是：1.長安：西漢的都城、2.洛陽：東漢的都城、3.漢代農業、4.漆器、5.銅器、6.鐵器、7.陶器、8.墓葬 (I)、9.墓葬 (II)。

每章根據考古發掘，將新的材料和初步研究的結果，作一大綱式的介紹。附
註中有更進一步的文獻資料，而最精彩的是每章之後，附有豐富的圖片，共
達三百二十幅之多。以下將各章略為介紹。

　　第一章是報導漢代長安城的考古發掘。漢長安城遺址在今陝西西安市西
北十公里，渭水南岸兩公里處。王仲殊氏在 1950 年代和 60 年代初曾主持這
個遺址的發掘工作。在這一章裡，他分別報導了城牆、城門、街道、排水溝、
宮殿、武庫和市、宣平門的興廢，城外上林苑以及城南安門外的禮制建築遺
址。長安城基本上是方形，但是城西北因河道，城南因長樂、未央二宮完成
於築城之前，而呈不規則狀。城牆為土造，東牆 6000 公尺，南牆 7600 公尺，
西牆 4900 公尺，北牆 7200 公尺。城高 12 公尺，城牆底寬 12 至 16 公尺。面
積約 36 平方公里。城外有 8 公尺寬、3 公尺深之護城河，河上建有木橋以供
出入。根據遺址實測，證明《三輔黃圖》「城南為南斗形，北為北斗形」的說
法不過是後人的想像。城一邊三門，共十二門。1957 年曾發掘了宣平門、霸
城門、西安門和直城門。這些城門證明張衡〈西京賦〉所說「三塗夷庭，方
軌十二」一點不假。城門有三塗，一塗 6 公尺寬，剛好是四輛馬車的寬度。
1961 至 62 年對街道的發掘和測量，證實《漢舊儀》和《三輔舊事》所載長
安有十二門，卻只有八街的說法。街南北向四條，東西向四條，街長不一，
寬度皆約 45 公尺。每街由兩條約 90 公分寬、45 公分深的排水溝劃分為三線
道，此班固〈西都賦〉所謂「披三條之廣路」。中為馳道，最寬有 20 公尺，
為皇帝專用；兩側道各約 12 公尺，為一般人所行。街寬一致以及一定的排水
系統說明城市建築曾經規劃。1961 至 62 年對長樂和未央宮遺址曾加探測，
發現兩宮間距離應為漢里二里餘，而非《元和郡縣志》所說的一里。1975 年
曾對兩宮之間的武庫遺址加以發掘。武庫長方形，寬 320 公尺，長 800 公尺。
遺址中發現很多鐵甲、戟、矛、刀、劍、戈以及銅製箭簇等武器。其餘宮殿，
有些曾試掘，但有待進一步工作。長安之市應在城之西北。在這一區域曾發
掘到陶俑和錢范等物，顯示此區為作坊所在。就整個漢代長安城、街、宮、
市的規劃而言，作者認為大體符合《周禮》〈考工記〉所描述周代理想中的城

市藍圖。城外上林苑有不少銅器出土。1956年發現正方形,邊長各235公尺的禮制建築。這個建築有人認為是靈臺或辟雍,但現在考古工作者相信是王莽時的九廟。

第二章關於東漢都城洛陽。漢洛陽遺址在今河南洛陽東約十五公里處。1962年,考古工作者探察城址時,漢洛陽城東、西、北三面城牆尚有遺跡可見,有些高達七公尺。南牆因洛水改道而無跡可尋。洛陽城大致為長方形,與長安不同。城牆為土造,東牆約3900公尺、西牆3400公尺、北牆2700公尺,南牆估計約2460公尺。牆基寬14至25公尺。面積約九平方公里。城南為洛水,北有邙山,形成天然屏障。城有十二門。1962年曾發現了東、西、北三邊的八門遺跡,但進一步的發掘工作尚未進行。城門分配並不像長安一邊各有三門,而是北邊兩門,東西各三門,南邊四門。從城北保存良好的夏門遺跡看來,像長安城門一樣,也是一門三塗,符合《洛陽記》等文獻記載。漢洛陽城的街道,據《續漢書》引《漢儀》謂有二十四街。現在所能見到的是北魏時期洛陽城街的遺跡。大部分街道寬40公尺,有些小街寬只有20公尺。漢代洛陽宮殿以南、北宮為主,但發掘工作尚未澈底進行,也沒有遺址發現。洛陽有南市、馬市、金市。除金市在城中,其餘二市都在城外。洛陽城在魏、晉、北魏時期曾不斷重修,宮殿、城門、街道的位置都或多或少發生變動。北魏時因擴建變化最大。城內劃分為整齊,各有牆垣的二百二十坊。北魏洛陽城制為隋大興、唐代長安與洛陽城制之先河。洛陽的辟雍、明堂和靈臺遺址都已在洛水南岸發現。這些禮制建築在魏、晉、北魏時期曾繼續使用或重修。太學遺址有兩處,各在辟雍之北和東北,這一帶不斷有石經殘片發現。

第三章〈漢代農業〉就農產物、農業工具、灌溉、收穫和碾穀過程、家畜、蠶絲、人口和經濟幾方面作了報導。根據在各地墓葬中發現的食品,知道漢代主食以稻米、小麥、小米、大麥、豆類為主。黃河流域以小米和小麥為主,長江流域以稻米為主,大麥在兩個區域都有。其他食物還有芋、筍、蓮子、薑、棗、梨、梅、杏、栗等。紡織作物有麻。關於這些食物,余英時

在張光直所編 《中國文化中的食》 (*Food in Chinese Culture*, Yale University Press, 1978, pp. 55–83) 一書中曾有很好的討論。鐵製農業工具的普遍使用可以說是漢代農業的一項重要特色。從內蒙古到遼寧，從雲南到江蘇以及南方的廣東、廣西、福建都普遍發現鐵製的犁、鏟、鎬、鎌、耙、鋤等工具。牛耕也非常普遍，通常在畫像磚或壁畫上所見為二牛一犁的耦耕。播種則有三足耬。1973 年曾在陝西涇陽縣發現鄭國渠和白渠的遺跡。1974 年在都江堰發現東漢紀念李冰的石像。從陶井模型的發現可以知道井水灌溉在黃河流域甚為普遍。長江以及江南之地灌溉除用江水，也多利用塘陂。漢代普遍使用鐵製鎌刀收割穀物。打穀、簸穀和碾穀的製穀過程和工具可以從畫像磚、壁畫以及陶製模型中清楚地看出來。動物性副食以家畜之雞、鴨、鵝、牛、羊、豬、狗等為主，還有魚、鱉、野兔、鹿等。農村重要的副業是蠶桑。桑樹的品種有喬木和灌木兩種，桑樹的栽培可以北到內蒙古的和林格爾。1973 年在湖北江陵鳳凰山發現的十號東漢墓為我們提供了了解東漢農村經濟重要的線索。墓中有鄭里二十五戶的貸穀冊，冊中對每一戶人口、能田人數、土地畝數以及貸穀多少都有清楚紀錄。這幫助我們知道漢代家庭大小、擁有土地多寡以及生產力的大小。此墓中亦見賦役的紀錄。此外，1972 年在內蒙古和林格爾發現的東漢壁畫墓為東漢官僚地主莊園的經濟生活提供了最生動的說明。在甘肅嘉峪關發現的魏晉時期的壁畫墓則為邊區的軍屯生活留下了珍貴的紀錄。 根據考古和文獻材料， 對漢代農業有更詳細討論者應推許倬雲師的《漢代農業》一書 (*Han Agriculture*, University of Washington Press, 1980)，可補王書討論之不足。

第四章敘述漆器和漆器工業。漢代漆器的大量發現，使我們對漢代手工業的成就有了許多新的認識。漆器在中國發展甚早，可推到商代，甚至更早。漢代漆器製造是繼承戰國而來，但是無論在形制、製造技術和種類上都有進步。漢代漆器已出土的不計其數，在長沙馬王堆、江陵鳳凰山、雲夢大墳頭漢墓中發現的數目尤其龐大。漢漆器有木胎、苧麻胎或竹胎的。西漢初以木胎為主，西漢中期以後麻胎漸多，竹胎較少見。漆器花紋有用漆繪、雕鏤或

以金、銀鑲嵌或以金、銀片平脫。紋飾則以龍、鳥、卷雲、花形、幾何形紋為主，也有以寫實之鳥、獸、魚為圖案的。一般而言，西漢初的紋飾較繁富，東漢者較簡樸。由於漆器製作，費工甚多，價值不菲，擁有漆器的達官貴人常在漆器上銘記家族之名或官名。這些銘文也有單純指器物的功用的，如「君幸酒」、「君幸食」之類。此外漆器的銘記不但透露了器物的製作單位有工官、有私人作坊；製作者有工，也有罪犯充役的徒；製造的步驟複雜到須要極精細的分工，甚至透露了某地產品行銷的範圍。漆器曾是工官的重要產品。蜀和廣漢工官有長、丞、掾、令史、護工卒史之職。東漢中期以後，官府作坊的漆製品地位逐漸被私人作坊取代。總括而言，漆器製造從戰國到漢代發展到最高峰。東漢晚期以及魏晉以後，漆器因青磁日漸普遍而趨於沒落。

　　第五章綜述新發現的漢代銅器以及銅器工業。本章作者從 1968 年河北滿城劉勝及其妻竇綰墓中發現的精美銅器——楚大官糟鍾、博山爐、長信宮燈及長樂飲官鍾談起。這些銅器代表了漢代銅器工藝發展的顛峰。大致而言，戰國銅器比古典、堅實厚重的商周銅器要精緻、生動和富於變化，而戰國時期鍍金、銀和以金、銀鑲嵌銅器的技術也使得戰國銅器更富色彩和吸引力。從滿城漢墓的銅器看來，漢代的成就更勝戰國一籌。紋飾不但更富麗，形式也更符合實用的需要。不過這種銅器乃宮中珍品，非尋常之物。一般來說，西漢中期以後，即使是宮中使用的銅器也逐漸變得樸實無華。1961 年在西安三橋鎮發現的二十二件上林苑銅器，除了銘文，皆少紋飾。作者以為這種變化一方面可能是因為風尚，也可能是因為統治階級漸偏好精美實用的漆器。漢代的銅器工業十分發達。根據上林苑銅器上的銘文，我們知道這批銅器大部分在長安製造，也有從泰山、東郡、潁川、九江來的。銘文中銅工一個月製造銅器的數量可從數十件到上百件。從銅製食器的種類來說，周代流行的簠、段、敦、豆不再出現。漢代銅製食器以鼎、鍾、壺、鈁為主。其餘還有洗、鍪、樽、盤、卮、杯、釜、甑、鐎斗等器物。漢代以後才常見或才開始有的有銅燈、香鑪、熨斗、銅鑑等。另外一項重要的銅器是銅鏡。漢鏡的特色之一是開始有銘文。在紋飾上，東漢末至三國時期，長江南北製造的銅鏡

已有風格的不同。會稽是東漢末銅鏡製造的一個中心。1953 年在河北興隆曾發現一西漢銅礦遺址。1955 年在漢代長安附近出土十塊銅錠，每塊重三十四公斤，都曾編號和刻注重量。這些都是認識漢代銅冶工業的重要材料。最後，作者又根據銅器銘文和文獻，略述漢代銅器的官私作坊。作者在本章中介紹了漢代銅器製造的各方面，但似乎遺漏了出土甚多，又很重要的錢幣一項。

　　第六章介紹漢代的鐵製工具和冶鐵工業。根據考古資料，中國的冶鐵可上推到春秋晚期。到漢代，鐵器的製造和使用已極為普遍。鐵製工具堅實銳利，使得農業、建築、造船、石器打造以及日常生活的各方面都因工具更有效率而進步。家用鐵製器皿發現的很多，大的有如在河南南陽瓦房莊發現，直徑兩公尺的大鐵鍋，小的有河北江陵鳳凰山漢墓出土的繡花針。其餘有菜刀、剪刀、爐、燈、鏡、鑷子、帶鉤之類。除此之外，很重要的一項鐵製品是武器。鐵製長劍在西漢之初已完全取代了戰國時代的青銅短劍。出土的鐵製武器還有矛、戟、甲冑、鐵刺、箭頭等。滿城中山靖王劉勝墓中發現的魚鱗甲是由二千八百片以上的鐵片綴成。漢代鐵工業的重要可以從四十餘鐵官和私人冶鐵的發達看出來。考古出土的鐵製品上常見「河一」、「河二」、「河三」或「東二」、「東三」一類字號，代表這些是河南或河東某一作坊的產品。漢代冶鐵遺址發現的單在河南就有十餘處，在河北、山東、江蘇也有發現。曾作大規模考古發掘的以河南鞏縣鐵生溝和南陽瓦房莊遺址最具代表性。鐵生溝遺址曾發掘兩千平方公尺，可知此處從採礦、冶鐵到鑄造成品一貫作業。瓦房莊遺址曾試掘三千平方公尺。因當地無礦源，生鐵來自他處。工廠以鍛鑄鼎、鍋、盆以及斧、犁、鋤、錘、鑿、鏟等農具和車輛零件為主。由於知道使用煤為燃料以及冶鐵高爐、鼓風器、鑄范等設計的改良，漢代冶鐵、鍛鑄和製鋼的技術都比戰國時期進步。戰國晚期已知將鑄鐵脫炭成鋼，漢代更進而以生鐵為原料，炒鐵成鋼。為了增加銳利和堅硬的程度，滿城劉勝墓中的一柄劍甚至經過表面炭化以及邊緣淬火處理。從武帝到東漢初，冶鐵和鐵器製造由政府獨佔。各地的鐵官除了特殊的技術工人，大部分採礦和冶鐵的人力來自服勞役的平民和刑徒。東漢和帝以後，不再禁止私人經營冶鐵。從

山東滕縣宏道院出土的冶鐵作坊畫像石上，可以看見十餘工人分別以皮橐鼓風和打鐵的情形。

第七章〈陶器〉分成灰陶、硬陶、釉陶、青磁、陶器形制、陶器工業、磚、瓦幾部分敘述。漢代灰陶製造遠邁前代。1956 年在河北武安午汲古城遺址發現二十座從戰國到東漢的陶窯。相比之下，漢窯較大，設計也較進步。從紋飾上說，從新石器時代以來一直流行的繩紋飾至漢初而沒落，素陶或彩繪陶代之而起。在臨沂銀雀山和雲夢大墳頭等漢墓曾出土外有一層厚厚棕或黑色漆，以仿真正漆器的灰陶。從器形上說，曾經流行的鬲在漢初即消失，豆在漢初以後也不見了。鈁流行於西漢，進入東漢即甚少見。總之灰陶種類極多，功用不一，一直是兩漢各地陶器的主流。在江南則別有硬陶，以幾何紋飾，質地堅硬為特色。漢代新發明的是加棕或青色釉的釉陶。這種釉陶在西漢中晚期出現在河南洛陽及關中地區，東漢已傳遍黃河和長江流域。青釉陶出現稍晚，又稱軟釉陶，幾全用於明器製造。過去認為青磁出現於三國時期，現在在浙江上虞和紹興已發現了東漢末期的青磁器。1977 年在安徽亳縣曹操宗族墓中也出土了大量青磁質地的四系罐。漢陶特色之一是種類極多，大致可分仿銅器形制的陶器、日用陶器和明器等類。明器之陶倉、陶釜已見於西漢初，西漢中期以後陶俑、陶馬、陶羊、陶狗、陶雞、陶井以及陶製磨坊、豬圈、魚塘、水田模型等大為流行。陶器是漢代使用最多的日用器皿。官私作坊皆有。官有作坊的產品常有某某市或某某亭的印記。漢陶的另一大項是磚和瓦。從戰國末以來中原一帶流行以長達一公尺的巨型空心磚造墓。這種磚上有幾何紋或動、植物、人物、馬、車等紋飾。但東漢以後，空心磚很快被放棄以致消失。兩漢真正建築用的小磚為長方或正方形，20 至 30 公分長，10 至 15 公分寬，2 至 4 公分厚。除此之外，還有楔形磚和子母磚。東漢還有描繪日常生活的畫像磚。中國使用瓦比磚早，西周時期之西安客省莊遺址已有大量瓦出土。漢代瓦製作極為進步，瓦當以多紋飾和「長樂未央」、「長生無極」等銘文著名。

第八、九章都是敘述漢墓，這裡一併介紹。漢人厚葬的風俗使得他們的

墓室成為今天考古學家最感興趣的寶庫。這三十多年來，至少已有上萬座的漢墓被發掘。漢墓構造與漢以前者相比，有兩點特色：一為墓穴用橫穴，二為以磚或石構築墓室。這兩點特色都是想要模仿活人居室的結果。西漢初若干統治階層的墓仍然繼承戰國豎穴的習慣，長沙馬王堆軑侯墓即可為豎穴木槨墓的代表，而西漢中期河北滿城中山靖王墓可為橫穴墓之典型。漢墓構造的新發展還有西漢初出現在中原地區的橫穴空心磚墓，西漢中期以後以小磚砌成的磚室墓以及東漢初以降的石室墓。這些橫穴墓室有前堂、後室、側室，就像活人的居室一般。墓壁有描繪日常生活、歷史故事、星象、神靈信仰等之彩色壁畫。1972 年在內蒙古和林格爾發現一規模宏大，東漢某護烏桓校尉的磚室墓，其中壁畫極為豐富。1954 年在山東沂南發現的畫像石墓可為東漢石室墓的代表。畫像磚墓又為四川地區漢墓的特色。從戰國以來已有在墓上修祠堂的情形，漢代以後更為普遍。山東肥城孝堂山郭氏祠、嘉祥武氏祠及闕皆為著例。東漢人又常在墓前立石碑，例有銘文紀頌墓主名爵生卒及事蹟。第八章末又簡略提到漢代棺槨、金縷玉衣、幡和遣策之制。

第九章介紹陪葬品，又依墓主不同，分別討論了家族墓、帝陵、刑徒和窮人的墓葬。漢代墓葬制度的一個核心觀念是「事死如生」，因此不僅墓室模仿真正居室的形式，墓中一切生活的必需品莫不俱備。這些包括衣、食、器皿、錢幣、車、馬等，不勝枚舉。長沙馬王堆、臨沂銀雀山、武威磨咀子和旱灘坡等墓曾出土大批帛書和竹木簡，尤其珍貴。這些殉葬物的多少好壞要看墓主及墓主家族的財富和地位而定。大致西漢中期以前多以實物陪葬，中期以後明器逐漸增多。但是陶俑和木俑的使用甚早。屬於漢初文景時期，咸陽楊家灣的四、五號墓側穴中曾出土大量陶俑，其中步兵俑一千八百餘，騎兵俑五百八十餘。甘肅武威雷臺東漢墓則以精美的銅車、銅馬和銅僕俑出名。江陵鳳凰山一六七號西漢墓所出絳絲包裹的「簿土」，以及東漢墓中常見的田地模型以及買地券都反映了土地在生活中的重要性。東漢中晚期墓中還常見鎮墓瓶，以保死者和死者家屬都能平安富貴，逢凶化吉。這可能和道教信仰有關。從西漢中期以後有夫妻合葬的習慣。東漢又有家族墓群。1959 年在陝

西華陰發掘的弘農楊氏墓群即為一例。兩漢帝陵分在長安和洛陽，但目前對這些帝陵都還沒有進行考古發掘。 1972 年在陝西咸陽景帝陵西北一公里半處，於八萬平方公尺的面積內發現葬有上萬刑徒的墓穴。1964 年在漢洛陽城南郊，於兩千平方公尺內掘出五百座以上的刑徒墓。1955 年在洛陽發掘到東漢末的窮人墓群。其墓簡陋，陪葬物亦極粗少。這和王公、貴人、地主的墓葬形成強烈的對比。

本書基本上是考古成果綜合報導的性質，間亦配合文獻，作了一些討論。大體而言，近幾十年來漢代考古的新發現都已經扼要的包括在書中。對無緣接觸原始材料，和對新材料有接應不暇之感的人來說，這本書提供了相當大的方便。但是新的發現實在太多。作者可能受到演講題目的限制，有些重要的東西顯然被割捨了。以帛書與竹木簡而言，演講中對帛書只點到為止，對 1972 至 76 年間在居延破城子發現的兩萬餘枚木簡一字不提，似乎都值得補充。從九次演講的題目看，內容偏重器物。如果將漆器、銅器、鐵器和陶器各講稍加合併，挪出時間為漢代的壁畫藝術、宗教信仰、帛書與竹木簡等作專題介紹，似乎更能呈現「漢代文明」的各個方面。

以下根據本書附註，將一些重要文獻摘要列舉，以供國內留心漢史者參考。

文獻舉要

一、長　安

⑴王仲殊，〈漢長安城考古工作的初步收穫〉，《考古通訊》，1957 第五期。

⑵〈漢長安城武庫遺址發掘的初步收穫〉，《考古》，1978 第四期。

⑶俞偉超，〈漢長安城西北部勘查記〉，《考古通訊》，1966 第五期。

⑷唐金裕，〈西安西郊漢代建築遺址發掘報告〉，《考古學報》，1959 第二期。

⑸黃展岳，〈漢長安城南郊禮制建築的位置及其有關問題〉，《考古》，1960 第九期。

二、洛　陽

⑴〈漢魏洛陽城初步勘查〉,《考古》, 1973 第四期。

⑵〈漢魏洛陽城一號房址和出土的瓦文〉,《考古》, 1973 第四期。

⑶閻文儒,〈洛陽漢魏隋唐城址勘查記〉,《考古學報》, 1955 第九期。

⑷〈漢魏洛陽城南郊的靈臺遺址〉,《考古》, 1978 第一期。

三、農　業

⑴〈米脂東漢畫像石墓發掘簡報〉,《文物》, 1972 第三期。

⑵中尾佐助,〈河南省洛陽漢墓出土的稻米〉,《考古學報》, 1957 第四期。

⑶《長沙馬王堆一號漢墓出土動植物標本的研究》, 1978, 文物出版社。

⑷〈遼陽三道壕西漢村落遺址〉,《考古學報》, 1957 第一期。

⑸張振新,〈漢代的牛耕〉,《文物》, 1977 第八期。

⑹《和林格爾漢墓壁畫》, 1978, 文物出版社。

⑺夏鼐,〈我國古代蠶桑絲綢的歷史〉,《考古》, 1972 第二期。

⑻裘錫圭,〈湖北江陵鳳凰山十號墓出土簡牘考釋〉,《文物》, 1974 第七期。

⑼莊冬明,〈滕縣長城村發現漢代鐵農具十餘件〉,《文物參考資料》, 1958 第三期。

⑽〈陝西省發現的漢代鐵鏵和鏵土〉,《文物》, 1966 第一期。

四、漆　器

⑴王世襄,〈中國古代漆工雜述〉,《文物》, 1979 第三期。

⑵商承祚,《長沙出土漆器圖錄》, 1955, 上海出版社。

⑶《長沙馬王堆一號漢墓》, 1973, 文物出版社。

⑷《湖南漢代漆器圖錄》, 1965, 湖南人民出版社。

五、銅　器

⑴《滿城漢墓》, 1978, 文物出版社。

⑵〈西安三橋鎮高窯村出土的西漢銅器群〉，《考古》，1963 第二期。

⑶賀梓城，〈西安漢城遺址附近發現漢代銅錠十塊〉，《文物參考資料》，1956 第三期。

⑷《浙江省出土銅鏡選集》，1957，中國古代藝術出版社。

六、鐵　器

⑴〈河南漢代冶鐵技術初探〉，《考古學報》，1978 第一期。

⑵《鞏縣鐵生溝》，1962，文物出版社。

⑶李京華，〈漢代鐵農器銘文試釋〉，《考古》，1974 第一期。

⑷〈呼和浩特二十家子古城出土的西漢鐵甲〉，《考古》，1975 第四期。

⑸〈南陽漢代鐵工廠發掘簡報〉，《文物》，1960 第一期。

七、陶　器

⑴〈河北武安縣午汲古城中的窯址〉，《考古》，1959 第七期。

⑵葉宏明，〈關於我國瓷器起源的看法〉，《文物》，1978 第十期。

⑶陳直，〈秦漢瓦當概述〉，《文物》，1963 第十一期。

⑷俞偉超，〈漢代的亭、市陶文〉，《文物》，1963 第二期。

八、墓　葬

⑴史為，〈長沙馬王堆一號漢墓的棺槨制度〉，《考古》，1972 第六期。

⑵《滿城漢墓》，1978，文物出版社。

⑶《洛陽燒溝漢墓》，1959，科學出版社。

⑷《沂南古畫像石墓發掘報告》，1956，文化部文物管理局。

⑸〈亳縣曹操宗族墓葬〉，《文物》，1978 第八期。

⑹《和林格爾漢墓壁畫》，1978，文物出版社。

⑺《馬王堆漢墓帛書》，1974，文物出版社。

⑻秦中行，〈漢陽陵附近鉗徒墓的發現〉，《文物》，1972 第七期。

⑼展力，〈試談楊家灣漢墓騎兵俑〉，《文物》，1977 第十期。

⑽史為，〈關於金鏤玉衣的資料簡介〉，《考古》，1972 第二期。

（原載於《食貨月刊》復刊第十三卷第三、四期合刊，民國 72 年）

畢漢思《漢代官僚制度》評介

書名：*The Bureaucracy of Han Times*
作者：Hans Bielenstein
出版：Cambridge University Press, 1980
頁數：262 頁

　　秦漢官僚制度的重要性是無須多說的。從中國史言之，秦漢官僚制度奠下中國二千年政治組織的基礎；自世界史言之，秦漢官僚體系的龐大與細密，在近代以前，真可謂舉世無匹。可是這樣重要的一套制度，研究起來卻非易事。第一，可供研究的史料遠不如我們所期望的完備。這幾十年來雖有不少簡帛和碑銘一類資料出土，但所能補充的仍屬有限。第二，兩漢官僚制度研究的困難，除了史料有關以外，另一個大問題是制度隨人而轉。許多職位的名稱和祿秩即使不變，可是因為任職者身分或受到親信程度的不同，其權力和擔任的工作可以有頗大的差異。因此，如果不先弄清楚兩漢政治人物（皇帝、外戚、宦官、軍人、士大夫……）的實際活動和分合興衰，即不易了解他們的權力關係及從而引發的制度變化。換言之，從實際的政治活動才比較能夠看出活生生的制度史，否則一部制度史極易流於職官名號與職務的死板敘述。畢漢思的《漢代官僚制度》大體而言是將《漢書》〈百官公卿表〉和《續漢書》〈百官志〉的材料加以剪貼組合。

　　全書共分八章，另有九個附表。八章分別是〈史料〉、〈中央行政〉、〈地方行政〉、〈軍隊〉、〈官員的俸祿〉、〈官吏的選用〉、〈政府中的權力〉和〈結論〉。這八章共有一百五十七頁。篇幅雖短，作者的野心卻不小。作者在序中說：「過去還沒有人以任何文字對整個漢代官制作全盤的研究，我嘗試彌補這

一缺憾。」(vii) 他在結論中更明白的說：「本書企圖顯示漢代的官僚體系是如何組織的，官員如何任命，權力又是如何地運作。」（頁 156）以下我們看看作者如何安排討論，來達成他的目的。

第一章共三頁，討論有關的史料並回顧過去學者的研究。對於史料，他於碑傳簡帛一字未提。重要的看法只有一點：即《續漢書》〈百官志〉非司馬彪所著。根據他的考證，〈百官志〉寫成於西元 141 年 9 月 28 日至 142 年 8、9 月之間，亦即順帝永和、漢安年間。他的理由是《續漢書》〈百官志〉的本注既沒有提到順帝以後的皇帝，也不曾列入順帝以後才出現的職官。如果《續志》確為司馬彪（西元 240～306 年）所作，對順帝以後的職官不應無一語及之。因此，司馬彪充其量只是編者，而非作者。畢氏的說法十分新穎。過去的學者大概都承認《續漢書》為司馬彪所撰。司馬彪於《晉書》有傳。傳中記載其撰《續漢書》事甚詳，應無疑問。我們只要略檢傳文，即可知道畢氏新說恐難成立。《晉書》卷八十二〈司馬彪傳〉云：

> 司馬彪……泰始中，為祕書郎，轉丞。注《莊子》，作《九州春秋》。以為……漢氏中興，訖于建安，忠臣義士亦以昭著，而時無良史，記述煩雜，譙周雖已刪除，然猶未盡，安順以下，亡缺者多。彪乃討論眾書，綴其所聞，起于世祖，終于孝獻……為紀、志、傳凡八十篇，號曰《續漢書》。

根據這一段，有兩點可以注意：第一，傳中說的很清楚，司馬彪寫《續漢書》，乃是「討論眾書，綴其所聞」，古人著述，方法大抵都是如此。司馬彪撰〈百官志〉，勢必以前代遺文為據。此謂之「編」，固可；謂之「撰」，亦非大繆。班固「撰」《漢書》，大量抄編《史記》原文，固無礙於班史之為撰著也。第二，如果以為〈百官志〉不載順帝以後職官，此志即成於順帝之世。這在邏輯上是說不通的。順帝以後的人寫史，只及順帝以前事有何不可？更何況「安順以下，亡缺者多」，司馬彪因無可依憑，闕而不錄，非不可理解之

事。漢代典籍於東京之末，幾全毀於兵亂。《後漢書》〈儒林傳〉序謂：

> 初，光武遷還洛陽，其經牒秘書載之二千餘兩，自此以後，參倍於前。
> 及董卓移都之際，吏民擾亂，自辟雍、東觀、蘭臺、石室、宣明、鴻
> 都諸藏典策文章，競共剖散，其縑帛圖書，大則連為帷蓋，小乃制為
> 滕囊，及王允所收而西者，裁七十餘乘，道路艱遠，復棄其半矣。後
> 長安之亂，一時焚蕩，莫不泯盡焉。

漢代典策遭此劫數，《晉書》所說「安順以下，亡缺者多」並非虛語。司馬彪
不記順帝以後職官，也就不足為奇了。

第二章〈中央行政〉共有八十六頁（頁4～89），佔全書正文之半，可以
說是全書最主要的一部分。這一部分大體依照《漢書》〈百官公卿表〉及《續
漢書》〈百官志〉原有的順序，將〈公卿表〉及〈百官志〉的內容，用英文敘
述出來。作者這一章最大的貢獻，或者說全書最大的貢獻，是在將漢代大小
職官的名號與職務介紹給不諳中文或不能直接閱讀原典的西方讀者。職官制
度極為枯燥和瑣碎，英文著作中一直沒有一部較詳盡的介紹。畢氏之書可謂
第一部。

漢代的中央官制是一個大題目，以八十六頁的篇幅實不易談得完備。能
夠將中央政府組織的特色、關鍵性職官的性質、各職位之間的關係以及它們
的重要性交代出來，即屬不易。作者的用意卻似乎在力求完備而不在後者，
所謂完備是將《漢書》〈百官公卿表〉及《續漢書》〈百官志〉所列三公九卿
等府屬吏，從大到小，一一列舉出來。本章一開始即從太傅、三公、丞相、
御史大夫一路敘述下去，對這些職官的淵源、組織的原則與特色都未作綜合
性的討論。羅列敘述各職官，既未能分其輕重，亦未顧及它們之間的關係。
這從各職官所佔的篇幅即可看出來。漢代中央官最重要的莫過於丞相、御史
大夫、太尉或大司馬大將軍。但是此書丞相只佔一頁（頁7下～8上）、御史
大夫佔二頁（頁8下～10上）、太尉或大司馬共佔五頁（頁10～11，12～

14)。其餘如太常有七頁（頁 17～23）、光祿勳有九頁（頁 23～31）、少府有二十三頁（頁 47～69）。這種分配，無論如何都是值得再斟酌的。至於作為權力核心的皇帝，在中央行政中扮演什麼角色，這一章並無一語交代。

細節上值得商榷之處極多。只舉一二例子，以概其餘。書中將「掾史」都當作一個人，譯為 Division Head，例如頁 8 ："Each Bureau was under a Division Head (yüan-shih, e. g. *HS* 81: 10b) who ranked 400 *shih*, and whose subordinates consisted of Junior Division Heads (shao-[yüan] shih at 300 *shih*)..."。實際上，諸曹掾是諸曹掾，諸曹史是諸曹史。史為掾之副，嚴耕望氏對此曾有詳細考論，無可置疑（參《中國地方行政制度史》上編，頁 112～113）。畢氏視「掾史」為一人，以「少史」為「少掾史」之省，皆誤甚。又查《漢書》卷八十一，頁 10 下：「主簿陸賜故居奏曹，習事，曉知國界，署集曹掾……」也只提到曹以掾為首，而非掾史。此外，據《漢舊儀》（《四部備要》本，《漢官六種》）卷上，頁 5 上下，少史秩有四百石、三百石之不同，畢氏只說三百石，於四百石者未作解釋。

又頁 13，畢氏敘及太尉府最少有十三曹，其中："The two most important Bureaus were the *Bureau of the East* (Tung ts'ao) *and the Bureau of the West* (Hsi ts'ao). The first was in charge of expenditures in the ministry, the second of the appointment, promotion or demotion of officials up to the rank of 2000 *shih*"。據《續漢書》〈百官志〉：「西曹主府史署用，東曹主二千石長吏遷除及軍吏。」這裡畢氏不但將東西曹職掌弄顛倒，而且誤會「府史署用」的意義為「太尉府的用度」(expenditures in the ministry)！這種錯誤誠令人吃驚。

畢書頁 8 至頁 9 談到御史大夫，畢氏謂："Since the Grandee Sec-retary ranked below the Chancellor (*Han Kuan yi* A: 6a), he may at first have been his chief assistant and under his ultimate control"（頁 8～9）。按：御史大夫位次丞相，無疑。《漢書》〈百官公卿表〉載之甚明。又〈公卿表〉謂御史大夫「掌副丞相」，以御史大夫為丞相之副。此畢氏認為御史大夫為丞相主要助手的根據。可是，是否「最初」(at first) 即如此，並在丞相的控制之下？則有待商

權。以御史大夫為丞相之副似為較晚的發展，西漢之初並非如此。嚴耕望氏對此曾有考證。今據嚴氏《中國地方行政制度史》，頁270～271，轉述如下。嚴氏據西漢詔書下達之次第，證御史大夫非丞相之副：

1. 《漢書》〈高帝紀〉，十一年求賢詔下行次第為：「御史大夫昌下相國，相國酇侯下諸侯王。……」

2. 《史記》〈三王世家〉，褚先生補元狩六年四月癸卯制書，其下行次第為：「御史大夫湯下丞相，丞相下中二千石，二千石下（此下字衍）郡太守、諸侯相、丞書從事下當用者，如律令。」

3. 《居延漢簡考釋》：「□大夫廣明下丞相，承書從事下當用者，如詔書……」(no. 513, 65.18)

詔書既由御史大夫下丞相，御史大夫何得為丞相之副？又從《史記》〈張蒼傳〉載，御史大夫周昌不奉高帝廢太子詔事，可知御史府為詔書之發文機構。御史大夫寺在宮中（《漢舊儀》，卷上），可知御史大夫原為皇帝親近之宮官，則其原非丞相之副甚明。御史大夫變成丞相副貳，乃是西漢中期，御史大夫從內朝轉移出來以後的現象。

畢氏注意到西漢太尉常懸缺，因此以為所謂三公，實指丞相和御史大夫，他稱之為「雙人內閣」(two-partite cabinet)（頁7）。西漢太尉不常置，御史大夫亦非「公」。〈公卿表〉明言御史大夫「位上卿」，不是「公」。漢初原無所謂「三公」，也沒有所謂「九卿」。這些都是到西漢末才漸形成的。畢氏曾發現除了《續漢書》〈百官志〉所列太常、光祿勳、衛尉、太僕、廷尉、大鴻臚、宗正、大司農、少府為九卿外，執金吾等亦在「卿」列（頁78）。但是他對三公九卿的問題沒有進一步討論，似亦未參考近人如勞榦諸人的研究（其引用書目未列）。

第三章〈地方行政〉有二十三頁。是依照州、郡、縣、王國、侯國以及郡縣以外的屬國、都護、校尉等分節敘述。第四章〈軍隊〉，僅十頁。提到漢

代地方、中央軍隊的種類、功能、軍隊的徵募以及軍隊的組織。第五章談〈官員的俸祿〉，共七頁。主要在討論官員能否依賴俸祿維生。他的結論是除了最低級的吏，漢代官俸應足以維持生活（頁 127）。此外，他還比較了《續漢志》所載光武二十六年（西元 50 年）和《續志注》引荀綽《晉百官表注》所記漢殤帝延平元年（西元 106 年）百官受奉表。他認為兩表所列俸祿實相一致（頁 131）。第六章〈官吏的選用〉，共十頁。談到詔舉、任子、薦舉、孝廉、太學、鴻都門學以及貲選等。第七章談〈政府中的權力〉，共十二頁。他認為漢代政府自皇帝以下，沒有人有絕對的權力。整個政府是建立在一制衡的體制 (a system of checks and balances) 上。在這一體制中，各種利益相互爭衡，沒有任何一種力量，包括皇帝在內，可以取得完全的控制（頁 143）。接著他談到廷議、官員與皇帝在權力上的衝突磨擦、宦官以及尚書的權力。最後〈結論〉，只有兩頁。他認為漢代官僚組織在七國之亂以後，武帝及東漢光武帝時期經過三次主要的變化。接著簡單提到漢代官僚的總人數以及總結他在書中表達的一些觀點。最後他推崇漢代官僚政府是世界所曾有過最了不起的政府組織。

從以上各章所用的篇幅即可知道，作者不可能在這本書裡對「整個漢代官制作全盤的研究」。作者忙於將〈公卿表〉及〈百官志〉中的資料羅列出來，真正的研究並不多。對近代學者研究的問題及成果，也極少利用。舉例來說，漢制的淵源問題、三公九卿的問題、內朝與外朝的問題、中央與地方郡縣關係的問題、鄉亭里制的問題、官吏選用的問題等。對這些問題，中外學者討論的不知凡幾。從書後所列書目看來，作者參考的極少。例如，他很可能忽略了嚴耕望先生的〈秦漢郎吏制度考〉（不見於書目），因此錯誤地以為後漢的郎官仍同於前漢，是皇帝的侍衛（頁 135）。也因而未能適當地注意到郎官制度在漢代人才訓練與選用上的重要性。再如鄉亭里制，中日學者討論的極為熱烈。王毓銓、勞榦、嚴耕望、楊樹藩、日比野丈夫、池田雄一、好並隆司、越智重明、古賀登、宮崎市定皆有論述。作者除了在註中反駁宮崎市定，對鄉亭里的問題並未真正觸及。此外，全書未予漢代皇帝一章一節

之地位，亦難以想像。討論官員選用，提到太學，卻不提地方郡國學校，也不談私人教授。談政府中的權力衝突，竟未論及外戚。這方面，Michael Loewe 的 *Crisis and Conflict in Han China* (1974) 要詳細深入的多。〈軍隊〉一章簡陋更甚，亦不如 Michael Loewe 的 *Records of Han Administration* (1967) 對漢代軍制的介紹。畢氏曾注意到東漢有許多制度，實際上是沿襲王莽時代的制度而來（頁 30），但是他對王莽之制略而不提（序言 vii）。在序言中，畢氏也明白表示，他不談邊防，不談秦末和王莽末年戰亂期間特殊的制度。因此，這本書在內容上，很難說是對漢代官制完整的研究。

不但在內容上不夠完整，在材料上，作者似亦未盡可能利用已知的材料。作者幾乎完全依賴文獻，置考古材料於不顧。前文雖曾提到考古資料十分有限，但是對彌補文獻之不足，仍是極其重要的。以新發表的部分居延簡冊為例。〈甘露二年丞相御史律令〉簡是漢宣帝時，追查燕王、蓋主及廣陵王「大逆無道」集團逃犯的通緝令。從這份文件可以看見中央政令如何下達地方的縣和鄉。從文件的日期可以看出公文傳送的效率。當然這更是討論宣帝時期宮廷政爭的第一手史料，可以大大補充《漢書》中的記載。又如〈建武三年候粟君所責寇恩事〉冊，是相當完整的地方司法文書，包括口供記錄（爰書），都鄉嗇夫的報告和居延縣廷所下的文書。這是極其珍貴，了解漢代地方司法制度的材料。此外，從有關大司農的簡冊遺文，可以看見漢中央與邊郡錢穀供輸的關係；從器物銘文可以窺見漢代工官制度的細節等等，不一而足。至於碑傳資料，嚴耕望氏在秦漢地方行政制度史的研究上，已立下極成功的應用範例。畢氏除了轉引自嚴書，於碑傳幾全然忽略。

在內容的細節上，畢書間亦有可取之處。例如，他根據《續漢書》卷二（汪文臺輯本），注意到北海靜王興遷弘農太守，「分遣文學循行屬縣，理冤獄」的事，懷疑郡文學是否如嚴耕望氏所說「職在教授」（見畢書頁 183，注二十五對嚴說的質疑）。文學在地方學校教授經書是不成問題的事。不過，的確也擔任教授以外的工作。《太平御覽》卷六百三十八引《會稽典錄》曰：

「董昆字文通，餘姚人也。少遊學，師事穎川荀季卿，受《春秋》，治律令，明達法理，又才能撥煩，縣長潘松署功曹史。刺史盧孟行部，垂念冤結。松以孟明察於法令，轉署昆為獄史。孟到，昆斷正刑法，甚得其平。孟問昆本學律令，所師為誰？昆對事荀季卿。孟曰史與刺史同師。孟又問昆從何職為獄史？松具以實對。孟歎曰刺史學律，猶不及昆，召之署文學。」（頁 6b～7a，《四部叢刊》本）

董昆因明律令，被召署文學，可與弘農太守遣文學，理冤獄事合而觀之，證明文學除明經教授之外，或亦曉律而司獄。

以下再提提細節上一些可再商榷之處。頁 116 以為漢代北邊任屯田者為「職業軍人」(professionals)。職業軍人一詞用的十分鬆懈。職業軍人和徵兵相對而言，前者除了有長期服役的特色以外，通常也意味較具專業的性質。例如羅馬帝國的軍人，長期服役（16～25 年），專司戰鬥，而不事生產，是相當標準以軍為業的軍人。漢代屯邊的戍卒和弛刑，雖然有長期留守邊地的，但是幾無不兼事農墾生產，如此是否適合稱之為「職業軍人」，不無可商。

頁 121，以「外刺刺姦」為一職官名，譯為 Inspector of Treachery for Outside Inspection，恐不妥。據《續漢書》〈百官志〉一，將軍之下，「又置外刺刺姦主罪法」。點校本此處將「外刺」與「刺姦」別為二，作「又置外刺、刺姦，主罪法。」（頁 3564）按刺姦一職為王莽所置。《漢書》〈王莽傳〉下：「置執法左右刺姦，選用能吏侯霸等分督六尉、六隊，如漢刺史。」《後漢書》〈侯霸傳〉：「王莽初……再遷為執法刺姦，糾案執位者，無所疑憚。」又〈金鄉長侯成碑〉也記道：「玄孫霸為臨淮太守，擁兵從光武平定天下，轉拜執法右刺姦，五威司命。」是知光武之初從王莽之制，亦置刺姦，且置於光武稱帝以前。據《後漢書》〈朱祐傳〉，「世祖為大司馬，討河北，復以祐為護軍……祐侍讌，從容曰：『長安政亂，公有日角之相，此天命也。』世祖曰：『召刺姦收護軍。』祐乃不敢復言。」又有所謂刺姦大將軍或刺姦將軍。《後漢書》〈岑彭傳〉：「於是拜彭為刺姦大將軍，使督察眾營。」李賢注引《續漢

書》曰：「時更始尚書令……屯鄴，兵橫暴……上先遣吳漢往收之，故拜彭為刺姦將軍。」王先謙《集解》引沈欽韓曰：「『案文當為「大將軍刺姦」。時光武為大將軍，彭為其刺姦耳。』今按：沈說是。亦如光武以破虜將軍行大司馬事，而署賈復為破虜將軍督盜賊掾也。」沈說在大將軍之下有刺姦，與《續漢書》〈百官志〉所記相合。然刺姦將軍亦有可考。光武時，祭遵即曾任刺姦將軍，參《後漢書》〈祭遵傳〉。如此，則岑彭為刺姦大將軍也有可能，非必是大將軍刺姦。不論如何，刺姦一職於王莽和東漢初頗多證據，未見有以「外刺刺姦」為一職官名者。

頁 127～130，作者花了很多力氣，企圖證明漢代的官俸是足以讓官員維生的。他主要在反駁 W. Eberhard 所持相反的看法。實則這個問題牽涉的極多（官員的收入除了俸祿，有無其他？一個官員所支持的，是多少人的生活？漢朝各時代，各地的物價如何？……），以現有的資料而言，我相信不可能得到任何肯定的答案。作者也未嘗不知道他所依據的資料極不完整（頁 129），所作的推斷是基於一些並沒有實證的假設（頁 130），如此，任何結論的意義都十分有限了。

頁 133 提到西漢薦舉人才常限於內郡，東漢同樣的限制僅一見。畢氏以為這是因為東漢移民南方，南方人口增加，有較多的人才可供選用。我們知道漢代有內郡、邊郡或外郡之說。可是那些郡屬於內郡，那些又屬邊郡，今天並沒有明確的資料可以知道。畢氏之說意味著西漢的內郡不包括南方（畢氏並未說明「南方」確實指那些地區），實則荊、揚兩州有些地方開發甚早，不得全以邊郡目之。其說亦意含兩漢政府有意單從內郡登舉人才，東漢因南方人口多，人才多，才少見限制。其實，兩漢政府是從邊、內郡吸收不同的人才，例如以北邊六郡良家子為羽林郎，成帝元延元年詔：「內郡國舉方正能直言極諫者各一人、北邊二十二郡舉勇猛知兵法者各一人。」都是顯例。又東漢薦舉以孝廉為主。孝廉選舉形式上以人口為準。東漢對人口少的邊郡還放寬人口標準，鼓勵邊郡人才的出頭呢。

頁 136 提到順帝時，黃瓊主孝廉課試之法，"He also proposed that *Filially*

Pious and Fraternally Respectful (hsiao-ti) should become a courtesy title additionally to Filially Pious and Incorrupt"。此處容易使人誤會「孝悌」是如同「孝廉」的另一種名銜 (courtesy title)。實則，黃瓊是在諸生（或稱儒學）與文吏兩種孝廉候選人的資格之外，再增加「孝悌」和「能從政」兩科。亦即凡夠格為孝悌或能從政者，亦可為孝廉。此處，畢氏略去「能從政」一科不提，以為「孝悌」是孝廉之外的另一頭銜，都是須要補正的。

　　頁 156 提到西漢官僚的總人數時說 ："The total size of the bureaucracy, from the Chancellor down to the Accessory Clerks, is recorded as being 130, 285 men in 5 B. C."。按《漢書》〈百官公卿表〉上：「綏和元年（西元前 8 年），長、相皆黑綬，哀帝建平二年（西元前 5 年），復黃綬。吏員自佐史至丞相十三（二）萬二百八十五人。」此處，哀帝建平二年的記事是承上句而說，指其時改換印綬顏色。下句提到吏員人數，乃是〈公卿表〉上篇的最末一句，有總結全表的意味，與前句並無直接關連。因此，吏員人數的時間並不能以為是指建平二年。確實的時間，表中並未記載。其次，《潛夫論》也提到西漢官員的人數。〈本政〉第九謂：「自成帝以降至王莽，公卿列侯下訖令尉，大小之官且十萬人。」這一記載，畢氏未提，似亦應揭出，作為參考。

　　總之，《漢代官僚制度》是英文著作中難得一見的制度史研究。它將漢代官僚制度的細節第一次介紹給西方讀者，對不識中文的西方學生是有用的。可是，這本書在結構上，不能清楚呈現漢代官僚制的關鍵和特色；在敘述上，失於機械呆板；在材料上，對新近的考古發現和近代的研究成果都未能作較週全的利用；在內容上，並不如作者聲稱的完備；在許多的細節上，更有可商之處。因此，我們希望繼這本書之後，能有更理想的作品出現。

（原載於《漢學研究》第二卷第二期，民國 73 年）

漢代中國與羅馬關係的再省察
——拉西克著〈羅馬東方貿易新探〉讀記

　　大約在西元前 200 年至西元後 200 年之間，歐亞大陸的東西兩端，曾出現了兩個前所未有的大帝國——漢代中國與羅馬。西元前 206 年劉邦入關中，秦亡。204 年，羅馬名將斯基皮歐 (Scipio Africanus) 進攻非洲，敗迦太基；188 年，羅馬敗錫露西得王安提厄克斯第三 (Antiochus III of Seleucid Kingdom)，征服東地中海。180 年，漢外戚諸呂被殺，文帝即位。154 年，七國之亂失敗，漢諸侯王勢力削弱。146 年，羅馬夷平迦太基城，成為整個地中海世界的主人。五年以後，漢武帝即位，漢帝國邁入改革與擴張的新世紀。此後大約有三百年之久，漢與羅馬遙遙相對，分據古代文明最重要的兩大區域。這兩大帝國的人民曾經往來嗎？彼此有什麼樣的經濟、政治或文化上的關係？當漢帝國在內憂外患中崩潰，羅馬帝國也在類似的壓力下，步上衰途。歐亞草原上的游牧民族曾扮演什麼樣的角色？壓迫日耳曼蠻族的匈人 (the Huns) 就是自漢邊西遷的匈奴嗎？游牧民族是否阻隔了兩帝國的來往？還是曾構成兩帝國往還的媒介？這些問題十分有趣，也曾引起中外史家極其熱烈的討論。

　　這一類討論，大體上說，只是清末民初以來，中西交通史研究的一環。自十九世紀中國門戶大開以後，在中西接觸的刺激下，中外學者都不免對中國與西方接觸的歷史發生了追溯的興趣。清代學者本有研究西北地理和蒙古史的風氣。民國學者承之，又受西方及日本學者的影響，研究中西交通史為之盛行一時。他們曾翻譯和介紹了不少東西洋學者有關的論著和學說❶。西

❶　請參張星烺，《中西交通史料彙編》，第一冊，自序（臺北，世界書局，民國 51 年），

方學者則在文化傳播論的影響下，興致勃勃地從考古和文獻上，追尋古代中西交通的痕跡。他們也繼承了過去西方傳教士對中國文化淵源的關切，唱出中國文化西來說❷。東西交往的痕跡，在遠古實屬渺茫難稽。大約到了漢和羅馬時代，東西雙方的文獻裡才有了較為可靠的線索❸。漢人記載中欲赴大秦的使者，西遁的匈奴，羅馬人筆下「上帝的鞭子」──匈人阿提拉 (Attila) 的出現，絲織品的流行與禁令等等，都誘使學者去馳騁他們的想像。而清末以來的考古發掘，尤其是在新疆、中亞及歐陸出土的織錦、漢鏡、漆器、銅幣，為漢與西方的往還憑添了證據。相關的討論隨之益為熱烈。

　　經過幾十年的努力，中外學者留下的論述極為豐富。其中學說爭議，不可勝數。概括地說，他們在方法上、態度上都有類似的特點。就方法而言，他們多少都受到近代初期歷史語言學的影響，大量依賴對音的方式，企圖找出不同文獻裡人名、地名、國名、種族名之間的關係❹。再配合若干考古證據，作出一些看似十分「科學」的解釋。在態度上，他們則顯得相當一廂情願和浪漫。他們「不願」看見古代這樣偉大的兩大帝國，竟然不能有一點歷史的關聯，也不忍割捨任何一點難以證明、卻似有關的證據❺。於是在許多

頁 1～9；顧頡剛，《當代中國史學》（翻印本），〈元史與西北地理的研究〉、〈元史蒙古史中外交通史的研究〉兩章；方師杰人，《中西交通史》㈠（臺北，中華文化出版事業委員會，民國 44 年再版）第一章第二節，〈中西交通史研究之興起〉，頁 3～28。

❷ 參方師杰人，前引書，頁 10～21；Edwin J. van Kley 著，邢義田譯，〈中國對十七、八世紀歐洲人寫作世界史的影響〉，《食貨》，十一卷七期（民國 70 年），頁 22～44。

❸ 關於羅馬文獻中的 「中國」，參 Sir Henry Yule, *Cathay and the Way Thither* (London, 1915)，其譯文見張星烺，前引書，頁 26～61；邢義田，〈古羅馬文獻中的 「中國」──張星烺「中西交通史料彙編」所錄羅馬記載「中國」譯文訂補──〉，《食貨》，十四卷十一、十二期（民國 74 年），頁 79～90。

❹ 對以 「對音」 方式研究的批評，可參齊思和，《中國史探研》（北京，中華書局，1981），頁 278。

❺ 這可以張星烺的《中西交通史料彙編》為代表。書中大量收集了《神異經》、《海內十洲記》、《博物志》、《西京雜記》、《拾遺記》這一類內容難以確定的材料，並附會

可靠和不可靠證據的堆砌和附會下，羅織起一片漢與羅馬關係的圖像。

在這個圖像裡，有不少炫人耳目的論斷。有人以為遭漢朝驅逐西遁，不知所終的匈奴，就是後來在歐洲出現的匈人，或最少與匈人有關。匈人壓迫日耳曼蠻族，日耳曼蠻族又壓迫羅馬帝國，最後導致羅馬的衰亡。草原游牧民族或以和平，或以戰爭的手段，取得中國絲及其他貨品，成為東西間貿易的掮客。中國的絲經由「絲路」，大量流入羅馬帝國。由於羅馬貴族嗜好絲織物，不但使得羅馬的風氣日益奢靡，更造成羅馬金銀外流和經濟衰竭❻。一世紀時的羅馬名人老蒲林尼（Pliny the Elder，西元 23～79 年）曾說過，羅馬和東方貿易，「使每年流入印度、阿拉伯和賽里斯（Seres，一般以為即指中國）的金錢達一萬萬色斯特銀幣 (sesterces)。」羅馬皇帝曾經下令禁止穿著絲織品。於是有人推論：兩漢政府對匈奴等外族軍事和經濟政策的改變，曾引起連鎖反應，最後影響到羅馬帝國的滅亡❼。漢朝之所以要通西域，建立「絲路」，是為了絲和其他商品尋求海外市場❽。除了貿易，還有學者相信，漢代中國與羅馬在二世紀時可能也有了「外交」關係。證據是《後漢書》〈西域傳〉所說「大秦王安敦遣使來獻」。大秦何指？眾說紛紜。有的以為是埃及的

為說。參該書第一冊，〈兩漢時代〉，頁 13～25。

❻ 近來仍採這些說法的學者如齊思和，〈匈奴西遷及其在歐洲的活動〉，《歷史研究》，第三期 (1977)，收入《中國史探研》，頁 270～287。姚大中，《古代北西中國》（臺北，志成出版社，民國 60 年），頁 380～383。按姚書的觀點主要參照、綜合日本學者的看法，參護雅夫編，《漢とローマ》（東京，平凡社，1970），第七、八章，頁 323～416。

❼ 如：F. J. Teggart, *Rome and China: A Study of Correlation in Historical Events* (Berkeley, University of California Press, 1939)；龔駿，〈漢代國力膨脹關係羅馬滅亡考〉，《文史雜誌》，二卷九、十期（民國 31 年），頁 45～54。

❽ 認為漢通西域與經濟動機有關的如：錢穆，《秦漢史》（自印本，民國 58 年），頁 130～136；張維華，〈論漢武帝〉，收入《漢史論集》（濟南，齊魯書社，1980），頁 59、176～181；頁 59，張氏謂：「當時國內發展著的商業和貿易在客觀上也要求打通西域這條商路。」

亞歷山卓城 (Alexandria)，或是敘利亞的安提亞克 (Antioch)，也可能是羅馬城，也有說是指全羅馬帝國，或僅指帝國東部的敘利亞地區。不論如何，頗多人相信「安敦」即羅馬皇帝 Marcus Aurelius Antoninus（西元 138 至 161 年在位）！更有趣的是，有一位西方學者甚且以為，漢元帝時，陳湯追郅支單于至康居，曾俘虜了一百四十五名羅馬士兵。這些羅馬俘虜後來在漢帝國竟建了一座亞歷山卓城，也就是張掖郡的驪靬縣。「驪靬」據說即「亞歷山卓」的對音 ❾。如此說來，漢與羅馬不但有貿易、外交的關係，甚至曾在戰場上交過手。

以上這些說法，雖然並不是人人同意，但有不少已被廣為引述，視為的論。由於探討漢與羅馬的關係，牽涉的文獻與考古資料太過廣泛和複雜，近代的學者通常只能就某一部分論點進行檢討或商榷。能真正以嚴謹的方法，冷靜的態度，掌握較完整的資料，進行較全面性的考察的，則是六年前拉西克 (Manfred G. Raschke) 所寫的〈羅馬東方貿易新探〉(New Studies in Roman Commerce with the East) 一文。此文載於 1978 年，德國柏林出版的羅馬史論叢——《羅馬世界的興亡：羅馬歷史與文化新探》 第九本第二分 (*Aufstieg und Niedergang der Römischen Welt, Geschichte und Kultur Roms in der neueren Forschung*, II Principat, Vol. 9, pt. 2)。由於這套論叢的執筆者都是羅馬史的學者，讀者對象也以研究羅馬史的為主，因此拉西克的文章很少為漢學家所注意。一直到 1982 年，才有歐洲學者何四維 (A. F. P. Hulsewé) 在《亞洲學報》(*Journal of Asian Studies*, Vol. 41, no. 2, 1982, pp. 342–343) 上作了簡單的介紹。儘管如此，這篇極具意義的文章對國內的讀者來說，也許仍然陌生，因此值得再介紹並作些討論。

基本上，拉西克是站在羅馬史的立場，省察羅馬帝國和東方印度及中國的貿易關係。文章正文除了序言、結論，計有〈絲貿易的興起〉、〈絲與不平衡的貿易〉、〈貿易掮客〉和〈香料貿易〉四節。〈香料貿易〉一節談的是與印

---

❾　H. H. Dubs, *A Roman City in Ancient China* (London, China Society, 1957).

度之間的貿易，其餘各節都與中國有關。正文只有短短七十五頁，卻附有一千七百九十一個極其詳盡的附註，佔三百九十五頁。另有一個多達一百三十七頁的參考書目，收錄東西方語文所寫的論著、考古報告等，粗略估計在九千種左右。其完備程度，相信尚無能出其右者。再加上附錄、補遺、索引和地圖，全文共長達七百五十八頁！姑不論本文作者在正文中表達的意見為何，單憑這份書目及附註中各種細節的討論，相信以後所有討論漢與羅馬關係的學者，都不能不加參考。以下僅就與中國相關的部分作些介紹。

本文雖名為〈羅馬東方貿易新探〉，以討論貿易為主，實際上政治、文化關係亦皆在討論之列。它全面檢討了中國與羅馬相關的文獻以及根據這些文獻提出的各種說法。對考古證據也作了相當澈底和廣泛的檢討，並重新評估它們的意義。最後，作者提出了若干自己的看法。這些看法雖不是最後的結論，但的確較為嚴謹，足以廓清過去許多幻想多於實證的虛說。

〈絲貿易的興起〉一節主要指出漢代絲品的輸出，並不是因為中國有過剩的絲須要海外市場，也不是為了供應羅馬帝國對絲的需求。中國絲的流出境外，初期主要是由於草原游牧社會經濟變化的結果。為了說明這些論點，作者首先討論草原社會經濟變遷的種種理論。他認為西元前九、八世紀，當真正的游牧經濟興起以後，游牧成為草原社會最經濟有效的生活方式。與游牧化相關的社會現象是財富分配的不均和軍事貴族的崛起。新興富有的貴族利用中國的絲、銅鏡、漆器或波斯、黑海旁希臘城市生產的金、銀器皿和飾物等奢侈品，當作地位的象徵。他們透過戰爭、掠奪、徵貢、禮物交換、婚姻、部族間交易等方式，取得這些奢侈品。在西伯利亞、南俄、中亞各地墓葬中發現的這些東西，作者相信較可能是貢品、禮物或戰利品的輾轉流布，而很難證明是長距離貿易的結果。此外，他指出草原部族交易大部分是沿內陸河流進行，是南北向，而非東西向。因此，有人認為匈奴等游牧民族是東西間貿易的掮客，並無可靠的證據。過去幾十年，學者企圖從語言、考古和文獻上證明匈奴和匈人的關係，事實上只是浪漫的聯想，一無可信的依據。漢代政府通西域的目的，文獻上說的很清楚，是出於「斷匈奴右臂」的軍事

和政治動機，絕不是像斯坦因 (Sir. A. Stein) 等人所說為了「工業產品」——絲尋市場。近人受到商業資本主義的影響，遂以為古人亦如今人，一以經濟利益為第一要義，商人的利益亦足以影響政府的政策。

　　作者接著在〈絲與不平衡的貿易〉一節中反駁各種有關漢與羅馬絲貿易的說法。他指出漢代絲的流出境外，大部分是政府將絲當作禮物，賞賜給外族，而不是當作商品出售。中國也絕不像若干人想像有意保守蠶絲技術的秘密，以求獨佔絲的市場。有人以為絲貿易曾損及羅馬帝國的經濟，這種說法也是無根之譚。他根據文獻和考古資料，說明古代中國無意獨佔蠶桑技術的秘密。漢代養蠶絲織的技術毫無疑問已傳入塔里木盆地，甚至更西的區域。野蠶絲在印度、中亞、兩河流域都曾發現。而在羅馬帝國東境，幼發拉底河中游杜拉‧尤羅普斯 (Dura-Europos) 出土的絲織物中，就有源自印度的。根據碑銘，我們知道在帝國的東部和義大利有一些絲織和絲貿易的中心，不過在共和末期和帝國初期羅馬所流行的絲織物，是以小亞細亞西南海外，科斯島 (Cos) 上所生產的一種野蠶絲製成。後來，可能由於中國絲的輸入，導致科斯島絲織工業的消失。目前在羅馬帝國境內發現的絲織遺物，幾乎全屬於三、四世紀或更晚期的；換言之，已晚於漢代。十九世紀末，曾有西方人報導在山西靈石發現羅馬古幣十六枚。於是有人配合前引老蒲林尼的記載，推論羅馬與漢之間的絲貿易是一種不平衡的貿易，引起羅馬貨幣的外流，甚而更造成羅馬經濟的危機。現在我們已經知道，這十六枚古幣並不是地下發掘所得，而是近代人的收藏品。目前在中國境內已發現不少四至七世紀波斯薩珊朝的銀幣和六世紀拜占庭帝國的金幣，但三世紀以前的羅馬錢幣連一枚也不曾發現。老蒲林尼的金錢外流數字，據作者分析，亦毫無信靠的價值。換言之，羅馬與漢代中國即使曾有商業往還，大概不會是直接交易；即使有絲進入羅馬，數量必甚有限。因為據近人研究，羅馬帝國的對外貿易在整個經濟中十分微末。絲貿易絕不可能造成帝國經濟的危機。

　　在第三節中，作者接著檢討貿易掮客的問題。主要有中亞的粟特人 (the Sogdians)、大月氏或貴霜王國的人 (the Kusānas)、安息人 (the Parthians)、以

及羅馬治下東方帕米拉城 (Palmyra) 的商人、兩河流域和敘利亞的猶太人、希臘人，和埃及亞歷山卓、寇布多斯 (Coptos) 的商人。許多治中西交通史的學者，都徵引《後漢書》〈西域傳〉大秦國條的記載：「其王常欲通使於漢，而安息欲以漢繒綵與之交市，故遮閡不得自達」，證明安息為了獨佔絲貿易的利益，曾阻止漢代中國與羅馬的直接交通。作者指出西元一、二世紀時，安息實際上並不是一個組織嚴密的帝國，而是由在外交事務上形同獨立的許多小封國所組成。安息王並不能有力的控制全帝國，執行一定和統一的商業政策。他們更不曾阻止羅馬帝國的商人入境經商。因此，安息有意獨佔絲貿易的說法是難以成立的。到西元三世紀初，也就是東漢亡後，波斯薩珊王朝 (Sasanian dynasty) 興起，代安息成為羅馬東方強而有力的敵人，才真正阻斷了羅馬與東方的交通。因此，作者相信《後漢書》的記載可能是一時代錯誤 (anachronism)，將薩珊王朝時代的事記在安息人的賬上。這一節裡，作者還提到了所謂羅馬使者由南海到中國來的問題。他指出《後漢書》中的「大秦」究竟何指，還不能有較可信的答案，大秦的使者是不是羅馬的使者就更難肯定了。西元三、四世紀以後，由於羅馬帝國本身的動亂，商業衰落，與東方的貿易幾乎全控制在薩珊朝波斯人的手中。在南北朝到隋朝的墓葬中，不斷發現波斯的器皿和薩珊銀幣，似乎正反映出這一點。

最後，作者在附錄中對德效騫 (H. H. Dubs) 所說羅馬士兵俘虜曾在漢代張掖建亞歷山卓城一事加以檢討，指為「天方夜譚」(fantasy)。由於德氏之說余英時先生早曾反駁❿，這裡就不再贅述。

拉西克在這篇文章和附註裡討論的問題還有很多，我們無法一一介紹。總之，從他的檢討，我們可以知道，討論漢與羅馬的關係，還有太多史料上的問題。第一，真正明確可靠的文獻和考古資料在數量上極其有限。認真分析起來，羅馬人筆下的「絲國」十分含糊曖昧；而漢人記載中的海西大秦也

---

❿ Ying-Sih Yü, *Trade and Expansion in Han China* (Berkeley, University of California Press, 1967), pp. 89～91.

是一片混沌。因此，中外學者幾十年來雖作了無數文獻比對的努力，仍不能得出令人一致接受的結論。有關的考古文物雖然日益豐富，但是它們所能透露的消息往往小於我們所期望的。適當地解釋尤為困難。過去學者對文獻和考古資料的解釋，往往有意摻雜了太多自己的「期望」。第二，有限的史料又有年代確定的困難。許多文獻和出土文物難以考定年代。過去的學者往往忽略史料年代上的關係，強為堆砌附會。第三，史料牽涉的語文和範圍過於廣泛，很少學者能夠真正全面地掌握。即以拉西克而言，他所能確實掌握的仍然只是他本行內以羅馬史為中心的史料，與中亞或中國有關的部分，不能不大量依賴他人的研究成果。這個困難，今後恐怕也很難有人能真正克服。各圍地的學者各自努力，分工合作仍是必然的道路。大體而言，拉西克對研究成果的綜合運用已表現了驚人的能力，縱然偶有可商之處（例如：他以為匈奴是重裝騎兵，攜長劍，披甲，用弩，頁 612；絲是中國一般平民主要的衣料，頁 624；中國一向輕賤商人，因此在漢代對外貿易中，非官方的商人並不扮演顯著的角色，頁 637～638）也是可以諒解的。

　　拉西克一反過去學者不惜附會的浪漫態度，基本上傾向否定羅馬帝國曾與漢代中國有密切的過從，貿易也是偶然、間接和小規模的。他的看法實反映近年來羅馬史學界對羅馬經濟史最典型的一種意見。這種典型的意見以為整個古代希臘和羅馬的經濟，基本上是一農業經濟；工商業扮演的角色不像羅斯托夫茲夫 (M. Rostovtzeff) 等人所說的那樣重要，對外貿易更是微乎其微。這派看法以英國史家芬尼 (M. I. Finley) 為首，贊同者極多，修正者亦有之❶。拉西克在本文中曾提到芬尼的觀點，並以羅馬與東方的貿易為例，略

---

❶　參 M. I. Finley, *The Ancient Economy* (Berkeley, University of California Press, 1973); P. Garnsey, K. Hopkins and C. R. Whittaker eds., *Trade in the Ancient Economy* (Berkeley, Univ. of California Press, 1983). 對 Finley 觀點加以批評、修正者如 M. W. Frederiksen, "Theory, Evidence and the Ancient Economy", *Journal of Roman Studies*, no. LXV (1975), pp. 164～171; J. H. D'Arms, "M. I. Rostovtzeff and M. I. Finley: The Status of Traders in the Roman World" in J. H. D'Arms & J. W. Eadie eds., *Ancient & Modern:*

提了一些修正。不過,拉西克明確的表示,他基本上是贊同芬尼的(頁645~646)。從此,我們可以知道,拉西克對羅馬與東方貿易關係的研究,是有一個更廣泛的羅馬史的學派觀點基礎。近十年來,西洋古代史學家不斷重新檢討希臘、羅馬商人或工商業在古代社會、政治經濟上的地位和角色。他們基本上認為,過去的學者在近代工商資本主義的影響下,不免太過強調商人和工商業在古代史中的分量。西洋古代史學界的這種反省,個人以為對研究傳統中國的商人與工商業頗有啓示的意義。近幾十年來,中國社會經濟史的研究蔚為風氣,很多人也探討商人與工商業的問題。以戰國、秦漢一段而言,工商業發展到什麼程度?在整個經濟活動中佔據什麼樣的地位?真的有了以市場為目的的專業生產嗎?全國性的市場網形成了嗎?工商業和戰國的變動相關到什麼程度?工商業者在人口比例上,在社會和政治權勢上,究竟佔什麼地位?在當時所可能的生產與分配的技術條件下,工商業發展的極限如何?以這時中國和地中海世界的情況相比,我們應如何評估中國古代史上的商人或工商業?如果對這些問題再作思考,相信許多流行的意見就不無商榷的餘地。

拉西克的貢獻,總結而言,在研究文獻上的蒐集、綜合以及意見上的檢討和評估。個人以為這是以後討論漢代與羅馬帝國關係不可不參考的作品。當然,他的意見不是全無可商之處。作者掌握最弱的部分畢竟是中國方面的文獻。其文發表至今已有七年,七年來也有新的研究和發現,使我們可以作一些商榷和補充。

頁612,作者引述俄國羅馬史家羅斯托夫茲夫 (Rostovtzeff) 甚早的一個意見,以為匈奴的武器裝備方式是從中亞的沙瑪西人 (Sarmatians) 借取而來。他們是配備長劍、矛、弩和冑甲的重裝騎兵。作者認為在黑龍江扎賚諾爾以及遼寧 Tung-shan-hsiang (?) 發現的匈奴,或臣屬匈奴的部落的墓葬可以證實這種看法。作者在註一〇四引證的文獻是鄭隆在《文物》1961年第九期裡的

Essays in Honor of Gerald F. Else (Ann Arbor, The Univ. of Michigan, 1977), pp. 159~179; J. H. D'Arms, *Commerce and Social Standing in Ancient Rome* (Cambridge, Harvard Univ. Press, 1981).

文章——〈內蒙古扎賚諾爾古墓群調查記〉。經查鄭隆原文，發現全文唯一提及的武器是四十五件骨製箭頭，與拉西克想要證明的完全無關。而扎賚諾爾古墓群的族屬一直不能證實⓬，作者遽而以證匈奴，有失嚴謹。作者在正文及註一〇四中提到的遼寧 Tung-shan-hsiang 墓葬，完全不見於鄭隆文，不知何所出。作者在正文中更將滿洲 (Manchuria) 和鄂爾多斯 (Ordos) 誤以為是同一地區。這如果不是作者本人的問題，就是他的中文助手犯了錯誤。這些年來，在內蒙古及東北發掘了不少草原游牧民族的墓葬，其時代從商晚期一直到漢代，陪葬的兵器以青銅短劍為最大的特色⓭。戰國中晚期以後，受中原的影響也有了鐵製短劍，甚至鐵製長劍。但長劍的數目，從報告中看來，並不佔主要的地位⓮。此外，據考古報告，亦不見有以甲冑、弩弓隨葬的。在

⓬　參安志敏，〈關於內蒙古扎賚諾爾古墓群的族屬問題〉，《文物》，第五期 (1964)，頁 41～45；潘其風、韓康信，〈東漢北方草原游牧民族人骨的研究〉，《考古學報》，第一期 (1981)，頁 117～136。

⓭　參靳楓毅，〈論中國東北地區含曲刃青銅短劍的文化遺存〉（上）（下），《考古學報》，第四期 (1982)，頁 387～426；第一期 (1983)，頁 39～54；烏恩，〈關於我國北方的青銅短劍〉，《考古》，第五期 (1978)，頁 324～333。

⓮　近來在判斷為匈奴的墓葬中也偶然發現鐵製的刀劍。可惜這些鐵劍大部分銹蝕殘斷，難以判定原有長度。例如桃紅巴拉匈奴墓有鐵刀二件，一件長 22.5 厘米，一件殘長 6.5 厘米（田廣金，〈桃紅巴拉的匈奴墓〉，《考古學報》，第一期 (1976)，頁 139）。內蒙古察右後旗趙家房村的匈奴墓有鐵刀、劍、矛隨葬，但鐵劍長度未見報導（蓋山林，〈內蒙古察右後旗趙家房村發現匈奴墓群〉，《考古》，第二期 (1977)，頁 139～141）；伊克昭盟補洞溝匈奴墓出鐵刀四件，長度分別為 14.1, 17.5, 17.5, 22.5 厘米（伊盟文物工作站，〈伊克昭盟補洞溝匈奴墓清理簡報〉，《內蒙古文物考古》，創刊號 (1981)，頁 28～29）；陝西神木出鐵劍劍柄一件，劍身不存（戴應新、孫嘉祥，〈陝西神木縣出土匈奴文物〉，《文物》，第十二期 (1983)，頁 24）；真正明確的鐵製長劍只見於西溝畔的匈奴墓。鐵劍一柄，殘長 51.2 厘米（伊克昭盟文物工作站，內蒙古文物工作隊，〈西溝畔匈奴墓〉，《文物》，第七期 (1980)，頁 5）。總體而言，鐵製長劍只見於戰國晚期，鐵製短劍出現較早，但整個數量上，仍以青銅短劍為主。參：郭素新，〈試論漢代匈奴文化的特徵〉，《內蒙古文物考古》，創刊號 (1981)，頁 34～37；

漢代人的記載中，游牧民似有木楯、皮鎧、弩弓，但其裝備品質一般皆劣於漢代軍隊。《漢書》〈晁錯〉、〈陳湯〉和〈馮奉世傳〉都言之甚明。因此，從考古和文獻看，拉西克對匈奴武裝的認識並不合乎事實。不過，他指出匈奴早有鐵器，無待自漢輸入，是正確的。

　　頁 627 至 629，作者討論在新疆及中國本土發現的羅馬製玻璃器的問題。儘管有不少學者以為這些玻璃在形式和成分上，都顯示是源自羅馬的產品，拉西克卻以為玻璃不易長程運輸，中國此時已知製玻璃，這些玻璃器應是當地的仿製品，而不是真正羅馬的原產。因此不能以玻璃證明漢與羅馬的貿易關係。不過，據最近對中國早期玻璃的器形、製作和裝飾方式、化學成分等方面的比較研究❶，證實江蘇邗江甘泉二號漢墓所出玻璃殘片三塊和英國一世紀遺址中出土的羅馬玻璃器相似。又廣州橫枝岡西漢中期墓 (M2061) 出土的三件玻璃碗，廣西貴縣東漢墓中的玻璃碗，其色澤、製作方法，以鈉、鈣為主的成分都與羅馬玻璃相似，而不同於中國早期所產的鉛玻璃。例如，河北滿城劉勝墓所出的玻璃耳杯，在器形上是仿自傳統的漆耳杯，在成分上則以矽、鉛為主。這與從外地傳入的玻璃完全不同。以上這些可能的羅馬玻璃器全出土自廣西、廣東、江蘇的東南沿海地帶，似乎意味自海路而來的可能性較大。同一研究中，也曾分析了樓蘭所出的玻璃殘片，證實與南京東晉墓所出玻璃以及三、四世紀羅馬玻璃的成分幾乎完全相同。換言之，我們也不能排除羅馬玻璃自陸路入中國的可能性。如果新的研究是可靠的，拉西克的否定就需要重新考慮。

　　頁 637，作者以為中國商人在對外貿易中並未扮演重要的角色。他的理由有傳統儒家輕視商人，〈貨殖傳〉中人物多營國內的工商業，漢代中國缺少信用制度以及對外物資的交流主要被政府控制等等。今天我們討論漢代的對外貿易問題，事實上有許多不能解決的基本困難。我們不可能得知任何的貿

　　田廣金，〈近年來內蒙古地區的匈奴考古〉，《考古學報》，第一期 (1983)，頁 7～24。

❶　本節資料皆根據安家瑤，〈中國的早期玻璃器皿〉，《考古學報》，第四期 (1984)，頁 413～448；建築材料研究院等，〈中國早期玻璃器檢驗報告〉，同上，頁 449～457。

易統計數字；我們不知道當時有多少貿易是透過政府，有多少是私人經營。
政府在對外貿易中似乎扮演了極重要的角色，另一方面，遠赴西域或其他地
方的中國商人也不乏記載。章帝時，班超擊焉耆，除動員龜茲等西域八國兵
七萬人，還有「吏士、賈客千四百人」(《後漢書》卷四十七〈班超傳〉)，這
裡的吏士賈客可能都是中國人。雖然不知其中賈客有多少，但必然有一定的
數目，使班超覺得有動員的價值。斯坦因在尼雅發現的佉盧文 (Kharosthi) 文
書中，曾多次提到中國人，並提到如何應付中國商人追討絲債 ❶。這批文書
的時代雖然不能絕對確定，不過包括拉西克、斯坦因在內，一般認為這批文
書不可能晚於三世紀 ❶。從這些蛛絲馬跡看來，漢代中國商人確曾活躍於西
域，只是我們現在所能知道的太少了。又拉西克也提到在西元前後，西域「漢
佉二體錢」的存在，似亦可輔證使用漢字的人口在當地經濟活動中的重要性。

　　總之，由於史料的缺乏和解釋的困難，我們現在還很難正確評估漢與羅
馬關係的緊密程度。過去的學者誇說絲貿易關係到羅馬帝國的滅亡或羅馬士

---

❶ T. Burrow, *A Translation of the Kharosthi Documents from Chinese Turkestan* (London,
The Royal Asiatic Society, 1940). 提到中國人的有頁 47，255 號；頁 60，324 號；頁
75，375 號；頁 82～83，403 號；頁 139，686 AB 號。提到中國商人討絲債的見頁
9，35 號。

❶ 關於這一批文書年代的討論，參長澤和俊，〈オアシス路をつうずる東西交涉〉，收
入護雅夫編，《漢とローマ》，第六章，頁 289～291。趙儷生則認為其時代在西元
440 年前後，其理由是文書不斷提到的 Supi 人，其音讀與《隋書》和兩《唐書》中
「女國」或「東女國」國王的姓氏「蘇毗」十分接近。參趙儷生，〈新疆出土佉盧文
簡書內容的考釋和分析〉，收入《寄隴居論文集》(齊魯書社，1981)，頁 220～229。
按《隋書》卷八十三謂：「女國在葱嶺之南。其國代以女為王，王姓蘇毗。」《舊唐
書》卷一九七謂：「東女國西羌之別種，以西海中復有女國，故稱東女焉。」《新唐
書》卷二二一上謂：「東女亦曰蘇伐剌拏瞿羅，羌別種也。西海亦有女自王，故稱東
別之。」可見兩《唐書》的「東女國」與《隋書》中的「女國」並非一事。又趙氏
以書中見十二生肖，以證文書年代必晚於東漢。今雲夢秦簡已見十二生肖。趙氏的
論證實出附會，不足信。

兵在中國建立了城鎮，固然不對，拉西克過分否定的觀點也未必盡合事實。從以上的討論看來，漢代中國與羅馬大概確曾有某種程度的來往，除了物質如絲、玻璃等物的交流，或許羅馬的臣民，如傳說中的大秦幻人和使者，曾經來到中國，而中國人也曾輾轉得知羅馬的一鱗半爪。不過，相逢何必曾相識？如果來往只是偶然、間接和間斷的，如果雙方都不曾在對方的歷史和文化中造成真正的影響，這種來往即使能夠證實，其意義畢竟有限。拉西克的論述大大幫助了治中西交通史者，從浪漫的情懷中清醒過來。至於其所論是否可靠，相信日增的考古資料將可幫助我們作更為正確的判斷。

（原載於《漢學研究》第三卷第一期，民國 74 年）

對近代簡牘著錄方式的回顧和期望

自二十世紀初，漢簡大量發現以後，漢史研究立刻增加了一批豐富的新材料。根據這些材料，許多文獻上闕失和譌誤的地方都得到了補充或修正。可惜這批新材料的價值在過去幾十年裡，還不能說已經充分發揮出來。其原因有些是因為中國近代的動亂影響到研究工作的進行。對此，這一園地的學者完全無可奈何。還有些原因，早先的學者也許可以控制，不過現在已經難以彌補，例如：部分簡牘出土地點不明，許多殘簡因此無法復原。為使漢簡充分發揮價值，現在尚有努力餘地者即釋讀和著錄方式的改進。釋讀和著錄除了保存史料之外，最主要的任務應該是將原件一切有關的消息，真實、完整和客觀地傳遞給讀者，讓沒有機會接近原件的人也能方便地利用它們。遺憾的是現有的漢簡著錄，嚴格而言，有太多不能達成這樣的任務。近幾年來，又有成千上萬的新簡和帛書出土，有些已經發表，有些正在整理之中，為了提高新舊漢簡和新發現的帛書資料的利用價值，我們實有必要在這個時候，做一些方法上的檢討，擬出一套較為精確一致的著釋方法。如果能夠精確一致地釋讀和著錄，將新舊材料整理編排，統一出版，漢簡和其他漢代地下文字材料價值的提高將是難以估計的。

本文主要的目的是將過去漢簡著錄出版的情形❶，大致以時間為序，做一回顧和檢討，至於如何改進，除略陳拙見，猶待先進領導，共同努力。

近代漢簡最早的著錄出版是沙畹 (E. Chavannes) 的 *Les Documents Chinois découverts par Aurel Stein dans les Sable du Turkestan Oriental* (Oxford,

---

❶ 參見本文所附 1914～1978 年，中、日、西文有關漢簡出版及研究目錄。按：此附錄在本書中已修改為〈秦漢簡牘與帛書研究文獻目錄〉(1905～1985)。

1913)。該書收錄 1906 至 1908 年間，斯坦因 (M. A. Stein) 所獲之七百餘枚漢簡以及若干晉、唐時期的簡冊、遺文。除釋文和考證之外，書後附有原簡照片及索引。在著錄方式上，沙氏將各簡編號，編號之後附記原簡長寬，有些未記。接著是中文釋文及考證。釋文用新式楷書鉛字橫排，部分加上標點斷句。如簡文意義可辨，則附法文翻譯。沙畹對釋文態度十分審慎，如有疑義，即缺而未釋。沙氏釋文從缺之處，有不少其後由王國維、羅振玉補出。此外，沙氏曾用一些符號表示原簡殘斷漫漶之處，例如：「〇」圓圈表示字數可辨之闕字，「……」刪節號表示字數不詳的闕文。又以「*」星號置於釋文右上角，表示雖經釋出，但不能完全肯定者。原簡字跡只有部分可識時，不可識的部分也用圓圈表示，例如：黑〇、至〇等。書後所附簡影次序和釋文不一定相合，有些有釋文而無簡影。沙氏在各簡影之上以透明紙標示各簡編號及比例尺，但未做原件摹本。沙書簡影和以後發表的其他漢簡照片比較起來是最清晰的，據勞貞一先生說「這是由於沙畹氏照像的時期，不清晰的木簡，就根本不照」❷。

　　沙畹的著釋方式是自出心裁，或別有所本，不得而知。要之沙氏首發其端，功不可沒。如果求全責備，則沙書已顯露出一些著錄上的問題：為了傳達原簡全貌，簡牘上除文字以外的一些圖記，是不是也應該出現在釋文之中？鉛字字體與簡牘所用隸書或草書字時有出入，又照片往往無法反映原字跡不清或過淡之處，為彌補這些缺憾，是不是應用摹本？釋文是否適宜橫排？如果使用符號，什麼才是適合的符號？例如沙氏用圓圈表示缺字，中國傳統金石著錄則習用方框。在著錄之前，似應有體例符號說明，闡明用例，沙畹用了符號，但沒有解釋符號的用法。這些問題在以後的漢簡出版中都不斷出現，下文將一一述及。

　　沙書出版以後，羅振玉因其書以「歐文撰述，東方人士不能盡窺」，「因與同好王君靜安分端考訂，析為三類，寫以邦文」❸，成《流沙墜簡》一書，

---

❷　勞榦，《居延漢簡圖版之部》，〈序〉，頁 3～4。

1914 年在日本京都，由東山學社出版。1916 年，附加〈補正〉，收入《學術叢編》，在天津出版，這是近代漢簡第一次在中國刊布。《流沙墜簡》包括羅振玉的〈小學術數方技書考釋〉、〈簡牘遺文考釋〉，王國維的〈屯戍叢殘考釋〉和〈流沙墜簡補遺考釋〉等篇。各篇資料和簡影完全得自沙書，但釋文及考證，由羅、王重做。在著錄方式上，羅、王二氏據簡牘內容粗加分類（沙畹書未分），小學術數方技歸為一類，屯戍另成專篇。屯戍中又分簿書、烽燧、戍役、稟給、器物和雜事六類。簡影經過翻照，清晰不及原書。唯其次序曾重加安排，以與新釋文相應。沙書編號全被去掉，羅、王釋文一部分有新的編號，簡影則全無編號。釋文方面也採逐簡著錄考證方式，考證與釋文以楷書抄寫影印。釋文書寫排列盡可能依照原簡行次，字體有與今字不同者，亦依原字摹畫，各簡前皆注有出土地及長寬、竹木質地，唯沙書未附者，羅、王書亦從缺。在使用符號上，羅、王未依沙畹，而循中國傳統金石著錄之例，用「上缺」、「下缺」或「上缺若干字」、「下缺若干字」表示闕字或闕文，全不可識者稱「以下」或「以上漫滅」；部分可識時，摹寫可識部分，不可識之缺字用「□」方框表示。羅、王俱為金石巨擘，其捨沙畹之法，循中國之舊，十分自然。然而羅、王二氏並非完全墨守成規。例如他們採用了照片，這是前所未有的，又如沙畹書未附地圖，《流沙墜簡》曾據斯坦因書增補〈敦煌烽燧圖〉，並列表注明各隧所出木簡在該書中的編號，都是創新之處。

　　或因羅、王二氏並未打算讓讀者比對《流沙墜簡》與沙畹原書，因此將沙書原編號取消，其釋文或另編新號，或不加（如羅振玉〈小學術數方技書考釋〉之術數類和方技類即未編號），其簡影則完全無號，造成查考上極大的不便。沙畹書後原附有索引。索引的方法羅、王並沒有吸收利用，若將兩書簡影核對，可以發現《流沙墜簡》或為排印方便，在毫無注記說明的情況下，將許多原簡照片一截為二，如不查沙書，極易誤認一簡為二簡。更令人驚異的是釋文上的差異。茲以沙書編號 No. 151–T. vi. b. i. 125 簡為例，沙畹釋文

---

❸　羅振玉、王國維，《流沙墜簡考釋補正》，〈序〉。

如下：

　　　（正面）元年五月辛未
　　　　　　　罷＊軍○
　　　　　　　○○○陳卻適者賜黃金十斤
　　　（背面）罷＊軍伏地再拜請

王國維〈屯戍叢殘考釋〉簿書類第二，釋文如下：

　　　上缺陳卻適者賜黃金十斤
　　　□□元年五月幸未下

後來勞榦做〈敦煌漢簡校文〉時，亦著錄此簡，其釋如下：

　　　元年五月辛未
　　　罷軍□
　　　□□□陳卻適者賜黃金十斤
　　　罷軍伏地再拜請（反面）

此簡兩面皆有文字，王國維釋文僅及一面，遺漏另一面。又據簡影，在「五月辛（幸？）未」行下有一清楚的「下」字，王國維補出，勞榦校文未補，不知何故。同為一簡，在釋文排列上，沙畹置「元年五月辛未」一行在前，王置這一行在後，其原因是原簡上「陳卻適者賜黃金十斤」一行在簡之右下端，「元年五月辛未下」一行在左上端，沙釋以上下為序，王釋則以左右為序。釋文排列對了解文義關係重大。以此簡為例，如果根據簡影，可知沙畹的排列是錯誤的。原簡右上部有明顯的斷缺，「陳卻適者賜黃金十斤」是在簡文第一行的下半部，上部有多少缺文，從簡影上無法看出（王國維以「上缺」

表示，勞榦認為闕三字），「元年五月辛未下」另起一行，在簡的左上部，字
體與第一行同。根據漢簡書寫的習慣，一般都是從上而下，由右而左，一行
畢則另起一行，如此沙畹不分左右，從上而下排列釋文，剛好顛倒了原文的
次序。在簡的中段另有較大的字跡，沙釋為「罷＊軍○」，勞榦從沙釋，王國
維未釋亦不注明。此外，在簡的另一面「罷＊軍伏地再拜請」下最少還有字
體較大四個字之部分字跡，沙畹、王國維、勞榦皆未著錄，亦無一語及之（參
見文後所附簡影）。從此一例即可見著錄之不易，亦可見現有釋文與原簡文出
入之大。如何使釋文完整、精確，如何使讀者在引用釋文的時候，有相當的
信心，將是今後簡牘著錄工作者最大的考驗。

　　沙畹書收簡牘遺文共九九一件。《流沙墜簡》並未全錄。而沙畹所收又僅
是斯坦因所發現簡牘的一部分。斯坦因將沙畹未發表的簡牘交給馬伯樂
(Herni Maspero) 校釋。馬氏校釋遲遲未出，他的中國學生張鳳根據照片，搶
先於 1931 年在上海出版《漢晉西陲木簡彙編》。彙編有初編和二編。初編與
沙畹、羅、王書同，張書只收簡影，未收釋文。二編則為張鳳得自馬伯樂者，
共收二五一簡，除最後兩簡外，餘皆附有簡影。簡影與釋文皆未編號，唯釋
文前皆附有簡影頁碼，尚不難檢索。據張鳳釋文凡例，「此編影本，皆從木簡
直接影印」，「簡樣大小，一如原簡」 ❹。二編釋文是張鳳在馬伯樂處隨筆記
錄成初稿，回中國後再加校讀而成。釋文用鉛字直排，行次略依原簡。張氏
未做詳細考證，僅於每條釋文之下以小號字略加注記。釋文仍以「上闕」、
「下闕」、「以下漫滅」等文字表示闕文，用方框表示闕字。張鳳釋文體例較
特殊之處是依簡的性質及各簡明確可識之二、三字為每簡擬一名，如：「正月
簡」、「仙師簡」、「都督署檢」、「須女歷表」、「急就姓氏兒笘」等。又文字以
外的一些圖記，張氏亦嘗試表示出來，如：「仙師符簡」、「憲叩頭簡」、「嚴寒
簡」、「鼓表簡」上的不同記號。此外張氏曾用不同號數鉛字排印釋文，以顯
示原字大小之不同，如「永光簡」、「十八日歷表」、「張翟闕簡」。為簡擬名，

---

❹　張鳳，《漢晉西陲木簡彙編》，釋文凡例。

乃襲傳統金石學之故技，簡名本身並無意義，如今簡牘出土以萬數，一一擬名，亦不可能。今後簡牘著錄，毫無疑問，仍以編號為便。但張氏嘗試著錄文字以外的圖記，用不同號鉛字顯示原字大小，都是盡可能真實反映原簡的正確做法。用不同號字排印釋文，除了可以讓讀者知道原字跡的相對大小外，更可以幫助讀者警覺字跡之不同可能是因為由不同的人所寫，或寫於不同的時間，或該字有不同的作用。例如「張翟闞簡」有一比其他簡文字體都大的「同」字。這個「同」字顯然不能和其他簡文連在一起讀。如果釋文都以同大小鉛字排印，解讀的困擾將大為增加。張氏此法曾為後來的一些著錄所採取。

1899 年，瑞典地理學家斯文海定 (Sven Hedin) 在塔里木河下游古樓蘭遺址發現木簡一百二十餘枚以及少數縑帛文書。這是近代最早發現的木簡。其著錄刊布見 1920 年，孔拉第 (August Conardy) 的 *Die Chinesischen Handschriftenund Sonstigen Kleinfunde Sven Hedin in Lou-Lan*。1931 年，《國立北平圖書館館刊》五卷四號轉載孔拉第書的釋文部分：〈斯文海定樓蘭所獲縑素簡牘遺文抄〉，並附一頁簡影。館刊編者附識謂「所錄諸文，率依孔氏釋文，間取影本對照，加以勘正，殘缺及不可辨者，識以方圍，所有數字，俱依原書次序具錄，以便查對原書云。」，館刊未言轉載釋文及勘正為何人所做，據顧頡剛《當代中國史學》，作者應是向達❺。

孔書所錄縑帛有三十六件，木簡一百二十一件。時代可考者皆屬泰始、咸熙或永嘉時期，簡牘發現同時雖有五銖錢出土，但木簡中是否有漢簡不易斷定。

孔拉第書除序論外，以釋文及影本兩部分為主。中文釋文用正楷鉛字直排，行次排列依原簡文。中文釋文之後為德文譯文，譯文之後為考釋。釋文次序編號與書後簡影相應。簡影大致上十分清晰，有些原件本身已十分模糊，攝影再佳亦無可如何。縑素類如：一六‧一，一六‧二，二五‧二；木簡類如：二、十一、四五、四六、八三、一〇三、一〇四、一〇八、一一三、一

---

❺　顧頡剛，《當代中國史學》，頁 72。

一五等之簡影皆模糊不可辨。簡影未附摹本，收錄也不完全。原件常有兩面皆有文字者，影本只錄其中一面，或全缺，如：五‧二影本全缺，七、十、十七‧一缺背面等。因此釋文是否正確，讀者無法完全查對。孔氏釋文，比較而言，十分大膽。有時原件上只殘餘字跡極小的一部分，亦以己意度之，做出釋文。向達轉錄時，態度遠為審慎，做了較多的保留和修正，孔氏在釋文中用了一些符號，可惜未說明符號用法。大致上缺字字數可推知者，用方框表示，原件殘缺不明之文句，如《戰國策》〈楚策〉，可據今本補入者，用方括號〔 〕表示，不確定的釋文旁邊加問號「？」。有些符號，意義不明，如「(」、「)」、「[」、「]」，還有些字加圓括號「( )」，雖查考影本，亦無法確知它們的用法。

　　1930 年西北科學考查團的貝格曼 (F. Bergman) 氏在額濟納河流域的黑城附近發現漢簡一萬餘枚，這是 1976 年以前所發現最龐大、最重要的一批。馬衡、向達、賀昌群、余遜和勞榦諸氏皆曾做校釋。但因戰亂，最後能將這萬餘簡整理出版的是勞榦。勞氏《居延漢簡考釋》於 1943、44 年在物質條件極為困難的情況下出版。全書以楷書手抄，石印在十分粗劣的紙上。除釋文、考證之外，沒有照片，但卷三，頁 30 有「廣地兵物冊最前部分」的摹本；考證卷末附有〈河西漢郡假定圖〉及〈居延附近草圖〉。在著錄安排上，勞書有幾點不同於前人。第一、他沒有逐簡著錄並加考證，而將釋文與考證完全分開；第二、勞氏根據簡文內容，做了較《流沙墜簡》更為細密的分類，分成文書、簿錄、信札、經籍、雜簡五大項，除信札外，每項又分成二至八類；第三、該書出版雖未附簡影，但每條釋文都附有照片頁碼及原簡編號；第四、勞氏創用許多新的符號，表示原簡上文字以外的記號，並在序文中說明用法。例如：「□」為不可識之字，「☑」為缺文不能判別字數者，「回」為封泥孔，「▨」為有花紋之簡頭，「■」為黑色簡頭，「▼」為釋文一行字數未畢另接下行之記號。

　　《居延漢簡考釋》出版正值八年抗日戰爭最艱苦的時期。當時出版條件之惡劣，今天的讀者可從該書序言中得知一二，更可以從該書所用的粗糙土

紙和石印方法去想像。為此我們願對勞氏表示最大的敬意。由於該書只印三百部，流傳不多，再加上未附簡影，並不能滿足研究上的需要。因此抗戰勝利以後，勞氏又重新整理，將舊版釋文根據照片重新核對，校改，加上簡號索引，於 1949 年在上海出版。由於未見該書，此處不能詳述。關於上海版的介紹可參看馬先醒〈居延漢簡之版本與編號〉一文❻。據該文所述，上海版唯一不同處是改手抄石印為鉛字排印。

1957 年，勞氏《居延漢簡圖版之部》在臺灣出版。這是一萬餘枚居延簡影第一次公諸於世。簡影有很多不很清晰，勞氏認為「縱然不清晰，總比去掉好些」❼。緊接著 1959 年，中國科學院考古研究所出版了《居延漢簡甲編》收有二千五百餘條釋文及簡影。這個數量只及居延簡數的四分之一。其簡影不夠清晰的情形和《居延漢簡圖版之部》相若。不過《甲編》釋文與簡影完全重新編號，分開排印。其釋文部分未依內容分類，各簡文用正楷鉛字直排，釋文排列依照原簡行次。較改善之處是原簡上大小不同的字，釋文亦用不同號鉛字排印。在符號上除因襲勞氏所創者外，又增加改變了一些，例如：勞書之「▼」號改為「‖」，增加者有「＜」、「∨」、「■」、「⊙」、「○」、「｜」、「▲」等符號，對這些符號，書中並沒有說明意義，但根據簡影，應是表示簡上原有之圖記，此外，《甲編》附有額濟納河流域略圖，有關簡牘參考書目，簡冊索引及部分簡牘之出土地點。

1960 年，勞榦的《居延漢簡考釋之部》終於問世。於是居延漢簡的照片和釋文有了最完整的出版。《考釋之部》的釋文與先前出版的《圖版之部》的簡影次序相應，尚便檢索。著錄上，釋文與考證仍然分開。釋文未按內容分類，各簡用正楷鉛字，依原簡行次直排，但未用不同號鉛字排印原簡上不同大小的字。各簡除了原簡編號，又加上各簡在該書出現之順序編號，這是1943 年石印本所沒有的。在釋文符號上，據 1943 年本小有增減。「▼」號未

❻ 馬先醒，〈居延漢簡之版本與編號〉，《勞貞一先生七秩榮慶論文集》（臺北，簡牘學會，1977），頁 138～139。

❼ 勞榦，《居延漢簡圖版之部》，〈序〉，頁 4。

再使用,增加了「○」、「﹕」、「×」、「｜」、「•」等號。對這些符號,勞氏未解釋其用法。他曾計劃出簡號索引,亦未見出版。

居延漢簡前前後後雖然出版了幾次,或因戰禍,或因局勢,出版的條件都不理想。《居延漢簡甲編》編輯時只能七拼八湊獲得一小部分照片,中國科學院預告續出乙編,以成完璧,但未見流傳❽。《居延漢簡圖版之部》簡影搜羅甚全,可惜根據的是民國 29 年所攝的舊照片,勞氏序文說:「這些照片大致說來還未完全變壞,但仍不免有一部分走樣的地方。」❾ 在釋文方面,勞榦只有在北平工作時期得見原簡;1943、1949 和 1960 年三度出版釋文,所根據的都是反體照片,釋文的準確性自然不易全如理想。對於勞釋文的修正已多,這裡不再多舉❿。

目前這萬餘居延簡仍藏南港中央研究院。1972 年,中央研究院曾與日本教育書道連盟合作,在日本出版《居延木簡》一書。書中收有根據原簡,重新攝影之木簡照片九十餘頁,十分清晰。部分且為彩色或局部放大,效果極佳。不過該簡影集是從欣賞書法立場出發,而非完整之歷史材料集。過去勞氏出版《釋文之部》及《甲編》出版時,皆未及參考索馬士通 (B. Sommarström) 所編有關貝格曼發現居延簡之考古報告 *Archaeological Researches in the Edsen-gol Region: Inner Mongolia*, Stockholm, 1956–1958, 2 vols。1963、64 年,陳夢家曾根據這份報告,對漢簡所見之居延障塞組織做了極有價值之整理復原工作⓫。現在如果能根據原簡,用最新的技術,重新攝影,再利用新近的考古報告及研究,校正舊釋文,出版一種更完善可靠的

❽　乙編似已成稿。1963 年,陳夢家,〈漢簡考述〉,《考古學報》,第一期 (1963),文後附參考資料,列有:《居延漢簡乙編》、《居延漢簡甲乙編釋文》兩種,時在「編印中」。按:《居延漢簡甲乙編》已在 1980 年出版。

❾　勞榦,《居延漢簡圖版之部》,〈序〉,頁 3。

❿　參見本文所附目錄。

⓫　陳夢家,〈漢簡考述〉,《考古學報》,第一期 (1963),頁 77～110。〈漢簡所見居延邊塞與防禦組織〉,《考古學報》,第一期 (1964),頁 55～109。

版本，則居延漢簡對漢史研究的貢獻必然增加。從 1978 年 12 月中央研究院管東貴先生賜函得知，管先生目前正在做釋文新校、集校的工作。我們虔誠祝福他早日完工。

在居延漢簡陸續刊布前後，其他較重要的漢簡出版尚有 1948 年黃文弼的《羅布淖爾考古記》❷。書中所收是黃氏於 1930、34 年隨西北科學考察團在羅布淖爾考古發掘的結果。除器物、紡織品等外，有漢簡七十餘枚。由於這是一份較為完整的考古報告，黃氏又曾親自參加發掘工作，對簡牘出土的情形有較詳細的交待。在著錄上，黃氏採逐簡釋文，隨附考證的方式。各簡附記有出土地點、簡長寬厚。釋文用正楷鉛字依原簡行次直排。缺字用方框表示，缺文不知字數者用「缺」字表示。考證中對各簡的外形、書法及殘缺情形皆有說明。本書著錄最大的特色是除附有簡影之外，並有描在透明紙上與簡影對照之摹本。黃氏於自序中說：「簡文書寫，多屬草隸，且多漫漶，頗難讀識，故此七十餘簡，雖經多人審校，刪增削改至十數次之多，然未釋出者，仍不在少數……現影本、摹本均已付印，載之本篇，讀者自可按原本研討……因原簡黝暗，製版後，更不清晰，乃根據原簡臨摹，附於照片印行，藉以增加讀者研究之興趣也。」❸摹本之重要不只在於增加讀者的興趣，更重要是彌補影本之不足。勞榦在《圖版之部》的序言裡曾提起他閱讀原簡的經驗：「原簡有許多是非常不清晰的。有的字跡已大部分脫落，有的字跡很小，再加上原簡色彩深暗，要用放大鏡才能看見。」❹原簡如此，經過照像、製版、印刷以後，影本的清晰度必更打折扣。陳槃氏在研讀漢簡時即曾因影本不可據，頻頻詢問勞氏原底片是否可辨，以為定奪❺。詢問原著錄人可濟一時之窮，終非長遠之計。因此如果著錄人能夠根據原簡，將只有目睹才能辨識的

---

❷　其他還有夏鼐，〈新獲之敦煌漢簡〉(1948)；蘇瑩輝，〈中央圖書館所藏漢簡中的新史料〉(1951) 等。

❸　黃文弼，《羅布淖爾考古記》，〈序〉，頁 4。

❹　勞榦，《居延漢簡圖版之部》，〈序〉，頁 1。

❺　陳槃，《漢晉遺簡識小七種》，下冊，頁 91a，107b，123b。

細微之處，臨摹出來，做成摹本，其可靠性必高於讀者根據影本，自做揣度。將上萬的漢簡做成摹本是一件費時費力的大工程，但我們以為是值得一試的。

斯坦因氏在中亞曾三度考古探險，最初兩次考古所得由沙畹在 1913 年著錄出版；第三次所獲交由沙畹的學生馬伯樂整理校釋。校釋工作至 1936 年完成，惜因歐戰，其稿未能及時出版。戰後不久（1945 年），馬氏逝世，又經八年蹉跎，其書 *Les Documents Chinois de la Troisiéme Expédition de Sir Aurel Stein en Asie Centrale* 始由大英博物館於 1953 年在倫敦出版。書中共收各種簡牘、佛經殘卷、買賣文契、公文六百零七件。簡牘有兩百一十九件，其中有漢簡一百六十六件（出於古敦煌、酒泉）。在著錄方式上，馬伯樂大致追隨沙畹，然亦有不同。第一、馬書未將釋文的照片完全附出。六○七件中有三六八件沒有影本可據。還有些原件兩面有字，影本只錄其中一面；第二、中文從西文之便，大部分橫排，但也有部分直排（如：5, 213, 276, 284, 367, 376……），這是沙書沒有的；第三、馬書用不同大小的中文鉛字排印原件上大小不同的字，最多一簡曾用三種大小的鉛字（如：376, 377）；第四、符號使用不同。沙畹使用符號不多，對符號之意義也未說明。馬書大量使用符號，馬氏並曾在序文及「符號縮寫表」中交待符號的用法，聲言其符號是借自西方「金石學與草紙文書學」(aux épigraphistes et aux papyrologues) 的訓練 ❻。這也許是第一次有學者嘗試以西洋碑石和古文書著錄的經驗應用在中國的材料上。根據書前的符號表，馬氏說明符號用法如下：

1. ○ 表缺字或不可辨不可識的字
2. ⋯ 表字數不可知之缺文
3. ✕ 表原件字跡不完整、漫漶、書寫不明或釋讀難以確定者（✕ 號置於該字左上角）

---

❻ H. Maspero, *Les Documents Chinois de la Troisiéme Expédition de Sir Aurel Stein en Asie Centrale*, p. viii.

4. 〔〕　表根據其他資料補入的字句。如釋文為橫排，用 〔〕 號，如為
直排用⬚號。

5. ⎾⏋　表與同件其他部分筆跡不同的字。

6. （）　表紅筆所寫的字。

7. ｜　表原件一行終了，但釋文未從原件另起一行之中隔線。

8. ＋　表屬於同一文書分別之兩塊殘簡。

這些符號，一部分（…、〔〕、｜）見於西方古碑或文書著錄，一部分為馬氏
所創，以適合中文的需要。不知是原稿不明或是出版者的錯誤，有些表中的
符號在書中從沒有出現過，例如：⎾⏋、＋。另有許多釋文中頻頻出現的符號
又未見解釋，例如：＝、／等，這些似應是原件上原有的記號，還有些顯然
是馬氏加上去的，但沒有說明其意義，例如：

〈　〉——1、137、263、484、492

（?）——8、12

‖——195

⋮——275、331

^——226、470

‖‖——214、216

○——260

⊐——169〜173、194

（＝）——275、331

如果釋文不能肯定，據書前符號表，應用×號表示，但馬氏又頻用（?）；如
根據其他資料補入字句，應用 〔〕 或⬚，但這兩個符號只見用於漢簡部分，
其餘部分一概用 ⊐ 表示。其他一些符號因無影本可查，不能斷定其作用。
也許因為馬書成稿時間太久，出版時又不能親自校讀，以致用例不一。馬伯

樂用了最多的符號，也造成了最大的混亂，這是十分遺憾的事。符號是幫助讀者了解釋文必要的工具，如何建立一套有效而統一的符號，供今後所有的簡牘、帛書或其他古文字材料著錄之用，應是值得大家進一步討論的問題。

1950 年代以後，中國大陸的考古工作進入了一個新的階段❼。在這個階段內，不同時期的文物大量出土，其中極重要的一部分即秦漢時期的簡牘和帛書。這些簡、帛的著錄通常先見於考古期刊，部分再以專書形式出版。由於它們數量太多，不可能在此逐件討論❽，現在只擬指出期刊著錄的一些共通特點，至於專書則以《武威漢簡》為代表。

1950 年以後較大宗的秦漢簡牘及帛書主要發現於長沙馬王堆、武威磨咀子、臨沂銀雀山、居延破城子以及雲夢睡虎地等處。這些簡帛由各處之考古工作小組整理，做出釋文之後，通常在考古期刊《文物》上發表。已發表的釋文，在方式上有以下若干共通之處：

1. 釋文一概以目前中國大陸通行的簡體字橫排，排印時大部分沒有依照原件行次，但有些注明行次編號。

2. 注釋、通假和錯別字之注記夾雜於釋文之中。

3. 釋文一概加上標點符號。

4. 除居延簡〈建武三年候粟君所責寇恩事〉釋文附全部之原簡照片外，其餘釋文皆未附刊完整的簡影。

5. 釋文雖由不同的整理小組做成，但在符號應用上，除小部分出入，大體上頗為一致。例如：( )、〔 〕、〈 〉、□、○等號的用法，都已統一。唯缺字數目不明時，有的用……刪節號，有的用▨表示。

若將這些著錄的特點和舊有的著錄比較，可謂優劣互見。通假和錯別字的校注工作，過去的著錄十分忽略。在符號使用上，從沙畹、羅振玉以降，中外學者各行其是，並無定規，現在則大致趨於一致。但新發表的著錄也有不如

---

❼ Chang Kuang-Chih, "Chinese Archaeology Since 1949", *Journal of Asian Studies*, 36: 4 (1977), p. 1.

❽ 參〈秦漢簡牘與帛書研究文獻目錄〉(1905～1985)。

過去之處。以前出版的釋文除沙畹、馬伯樂書從西文之便，用橫排之外，其餘一概為直排，這和原簡的書寫形式一致。過去的著錄如用手抄，雖未摹寫原簡字體，遇特殊字時，仍盡可能臨摹原字字形，鉛印則用與隸書較接近的正楷鉛字。新發表的釋文用簡體字，與隸書相去甚遠。此外，過去的釋文無論手抄或排印皆大體根據原簡行次分段，讀者從釋文可以知道原簡文字排列的情形，新的釋文對原件行次較不注意，中間再夾雜通假、錯別字的注記以及標點符號，使讀者較無法想像原件可能有的面貌。更遺憾的是不附完整的原件照片，讀者無法查證釋文的可靠性。嚴格而言，這樣的釋文只能作為參考，不能當作研究的依據。再者，也許因為事先沒有很好的計畫，有時候釋文和照片發表在不同的地方。例如馬王堆出土帛書《戰國策》釋文刊於 1975 年《文物》第四期，其部分影本卻分別出現在該刊 1974 年第七期、1975 年第二、三期以及《考古》1975 年第一期。這種現象在初發表時也許是難免的。為求盡善盡美，其他還有些地方也不無改進的餘地。例如影本最好附加比例尺，現在沒有這樣做。釋文方面，同一釋文之內，注記的方法應力求一致，現在做的並不夠理想。例如：〈建武三年候粟君所責寇恩事〉釋文，補字或加方括號（如第 19、31 簡），或不加（如第 23 簡），又第十九、二十三簡補字曾注出其根據，第三十一、三十四簡補字則未。此外，釋文對原件字跡清晰，可確實釋出者以及原字跡殘缺或不清，由推測而釋出者，似應有一定的方法加以區別。現在將殘字當完整字處理的方式，值得再加考慮。

　　期刊著錄只是初步發表，形式上較為粗陋。以專書形式出版的著錄要嚴謹得多。1964 年出版的《武威漢簡》就是一個很好的例子，它在著錄方式上可謂立下了一個新的里程碑。

　　所謂《武威漢簡》是 1959 年在甘肅武威磨咀子漢墓中發現的一批竹木簡。共有四百六十九枚，內容以九篇《儀禮》為主。其著錄共分敘論、釋文、校記、後記、摹本、圖版六大部分。敘論中清楚敘述了簡冊出土的情況，整理的經過以及這批材料對了解漢代簡冊制度和經學的價值。校記以簡本與今本對照，見其異同。本書可貴之處在除釋文和照片之外，還有完整的摹本，

並且對釋文、摹本和照片的體例有詳盡的交待。由於所用體例很有參考價值，特節錄其大要如下❶：

一、釋文部分

1. 釋文依原簡行次，每簡排印為一行。字多者轉入第二行，低二格。每簡頂格寫，簡中原有標號及穿編留空處空一格。除原有標號外，不附加任何標點。

2. 簡文為漢隸，用較接近的正楷鉛字排印。少數文字結構不同於今字的，依原字摹錄。

3. 凡缺失之字，依今補入，上下加方括號〔〕，凡簡存而文字漫漶不能辨認或摹本上未能臨摹出來的，亦依今本或簡的上下文補足，上下加圓括弧（），凡簡文遺寫之字，加方框□。凡字殘存一部分而仍可認出的，當作一完整字釋寫。

4. 釋文依各篇原有頁數編次。其原無頁數的，為之依序補列而加圓括弧。其原有頁數而殘缺者，為之補上而加方括弧。

5. 凡整簡缺失的，用今本補寫，並於頁號下標明「缺」字。

6. 凡釋文以外有須說明的，見於校記。

二、摹本部分

1. 據原簡形式臨摹，其漫漶殘泐過甚者，留空未摹。

2. 凡不完整之簡，不能綴成全簡，分段臨摹而酌空相當缺失的字數。

3. 摹本編次同於釋文。

三、照片部分

1. 編次同於摹本和釋文。

2. 除少數背面有字的另照外，其他一律照正面。

3. 竹簡出土後變形變黑，不能重攝，用最初若干殘片原照，作為參考資料。

4. 本簡有少數殘壞未能照全或未照者，可參看摹本。

---

❶ 體例說明全文見《武威漢簡》，頁 196～197。

從上述體例可以看出《武威漢簡》的著錄幾乎完全避免了期刊著錄的缺點。首先，釋文用正楷鉛字直排，除原簡上的符號，不加標點，又依照原簡段落和行次排印，釋文說明另置於校記之中，都是盡可能使釋文外觀接近原件形貌的正確做法。釋文除有照片，更有摹本可供查對。摹本的重要性在體例說明中解釋得很清楚。有些簡在出土後會變形變黑，無法製成清晰的照片，就必須靠摹本彌補。黃文弼即曾遇到相同的困難，因此他們都用摹本的方式來解決。此外，釋文、照片和摹本以相同的次序排列，便於翻查，也是比以前進步的地方。

1964年《武威漢簡》的出版為古代文書著錄立下了一個良好的典範。文化大革命期間的著錄未能師法，是極為遺憾的事。如今文化大革命已成過去，考古與歷史工作者如何檢討過去，再做出發，是大家所關心的事情。

大體而言，初期中國學者對漢代文書的著錄方式，無論在觀念上、方法上都受到傳統金石學的影響。這些影響可從正負兩面來看。從正面看，雖然西方的探險家和考古家首先發現了漢簡，由於中國學者傳統上對金石的修養與興趣，他們很快即認識到這些斷簡殘冊的價值，而加以研究。從羅振玉、王國維以後，著錄考釋工作幾乎全出自中國學者之手，也由於這種認識，才沒有讓這些寶貴的文化遺產不斷地流出中國（貝格曼發現的上萬居延簡未被帶走即為一例）。這種情形如果和十九世紀末、二十世紀初的埃及和兩河流域比較，更能顯出其意義。近代初期，埃及和兩河流域的考古發掘和研究幾乎完全掌握在非埃及、非中東的西歐學者手中，而這些地區古文明的遺物更大量地被英、美、法、德等國洗劫而去。這當然和近代初期的帝國主義有關，但當地缺少對古物適當的認識和研究傳統也不無關係。其次，中國傳統的金石學在方法上也為初期的簡牘著錄提供了基礎，傳統金石學者雖不免以金石為古玩，但他們很早即認識到金石對考訂史事的價值；在方法上，金石家很早就懂得將金石文字與文獻材料相比勘，並且省察到著錄存真的重要性。十九世紀初，王昶刊《金石萃編》，曾希望做到「使讀者一展卷而宛見古物焉」[20]的境界。一百年後，羅振玉對王昶的著錄方法仍不滿意，批評他於「原

石漫漶缺泐之處」,「以意增損」,有失原形。羅振玉和王國維都是本世紀初的
金石大家,深受金石學傳統的薰陶。漢簡研究著錄從他們開始,並不是偶然
的。但他們沉潛於傳統金石之學,亦不免受其局限,對古文字著錄,王國維
最推崇的是宋代呂與叔的〈考古圖〉和王黼的〈宣和博古圖〉,認為「後世著
錄家,當奉為準則」**㉑**。羅振玉《漢晉石刻墨影》序言中有一段話也可以表
現他批評傳統金石學,然而在觀念上仍受其局限的情形:

> 古石刻文字之著錄昉於宋洪丞相《隸釋》。然洪氏之書易隸以楷,字形
> 已失。王少寇《金石萃編》於漢魏諸碑乃各如其書體錄之,形差得矣。
> 而原石漫漶缺泐之處,又不免以意增損。至張氏《金石聚》始用雙鈎
> 以存原形,又視王氏為勝。而鈎勒未善,加以粗工拙刻,筆意全失,
> 譌誤滋生,仍不能無遺憾。……予早歲嘗欲取傳世漢魏石刻求明代及
> 國初善拓,手自勾勒,以傳其真……去年冬,予撿晚出之漢魏諸刻咸
> 同諸家所未得見者二十餘種,付諸裝池。今年長夏矢志影模,舍漫漶
> 已甚及細書非吾目力所能勝者,日模二、三紙,逾月遂得十有五種……
> 顏之曰《漢晉石刻墨影》,取校原刻,自謂筆法具存,臨池家可取以臨
> 寫,僅下墨本一等**㉒**。

㉒ 王昶,《金石萃編》(嘉慶十年,經訓堂藏板),〈序〉:

於是因吏牘之暇盡取而甄錄之,缺其漫漶剝剖不可辨識者,其文間見於他書則為旁
注以記其全,秦漢三國六朝篆隸之書多有古文別體,摹其點畫,加以訓釋,自唐以
後,隸體無足異者,仍以楷書寫定。凡額之題字,陰之題名,兩側之題識者,胥詳
載而不敢以遺,碑制之長短寬博,則取漢建初慮傂尺度其分寸並志其行字之數,使
讀者一展卷而宛見古物焉。

從趙明誠《金石錄》跋尾;歐陽修《六一題跋》等可見傳統金石學者藏石之旨趣。

㉑ 王國維,〈宋代金文著錄表〉,《王觀堂先生全集》卷十。

㉒ 羅振玉,《漢晉石刻墨影》,〈序〉(上虞羅氏 1915 年景印本)。

從此可見，羅振玉批評傳統著錄失真是從一個欣賞書法的角度出發，他手自勾勒的目的是在「臨池家可取以臨寫」，其精神與宋代洪适《隸釋》〈序〉所說「使學隸者藉書以讀碑，則歷歷在目而咀味菁華亦翰墨之一助」❷，並無不同。很可惜羅、王二人在《流沙墜簡》各卷的序文中並沒有留下任何方法上的自白。王國維曾指出「古來新學問起大都由於新發見」❷，漢晉遺簡即是近代的新發現，羅振玉、王國維用什麼樣的態度和方法去研究這些新發現？這個問題對了解近代這兩位大師至為重要。然而要解答這個問題，不能單看他們對簡牘的研究，還須要將他們對殷虛甲骨、敦煌卷子、內閣大庫書等「新發見」所做的研究，合而觀之，始克明白。這個問題太大，不是這篇小文所能談的。

　　羅、王之後，漢簡的著錄和研究逐漸脫離金石學的影響，大概再沒有學者將漢簡看成古董。勞榦等人研究漢簡是在一股新的史學思潮影響之下。這個新史學的精神即傅斯年等人所倡之「史料即史學」❷。他們研究漢簡是將漢簡當成完完全全的史料，希望從這些「直接史料」考訂漢史。其精神與傳統金石之學有異，方法亦多創新。本此以往，漢簡和其他許多本世紀所發現的新史料，應可為中國近代史學研究帶來蓬勃嶄新的氣象。奈何近代中國動亂不休，八年抗戰剛剛結束，戡亂又起，學術研究飽受挫折。居延漢簡出版過程之波折艱苦，正是動亂影響學術的最佳例證。其後漢簡一再出版，皆不理想，研究雖有，亦甚零落❷，此非學者無心，而是環境杌隉，志業難免為衣食所累。過去二十餘年，兵氣稍歇，簡牘復出。1959 年的《武威漢簡》表現出可喜的成績與進步。奈何典範初立，即遭摧殘。文化大革命將考古和歷

---

❷　洪适，《隸釋》，〈序〉（《石刻史料叢書》）。

❷　王國維，〈最近二三十年中國新發見之學問〉，《學衡》，第四十五期 (1925)，頁 1～13。

❷　杜維運，〈西方史學輸入中國考〉，《國立臺灣大學歷史學系學報》，第三期 (1976)，頁 428～431。

❷　1950 年代，中國學者有關漢簡的研究，在數量上不及日本學者。日本學者以森鹿三領導之居延漢簡研究班最有成績。參見本書所附目錄。

史研究帶回低潮。簡帛雖不斷發現出版,可惜著錄品質,大不如前。今後如能在安定中求進步,則蒙利者何止簡牘研究一端而已。

　　如前所述,新史料的釋讀和著錄除了保存史料之外,最大的功能應是將原件有關的消息完整、精確、客觀地傳達給讀者,讓沒有機會接近原件的人也能方便地利用它們。所謂原件的消息包括在考古上和出土有關的資料,以及出土物本身所包含文字與非文字的消息。過去的簡牘著錄,多詳於文字著釋,疏於出土與非文字消息的提供。其實非文字的部分亦極重要,例如陳槃廠先生對木簡上所繪木偶、符籙的研究,都很有趣。所謂完整、精確、客觀的傳達,是指在著錄上應利用那些技術將原件復現出來。照片雖已利用,但照片是否能完全代替摹本是一大問題。近代西方的一些碑石著錄寧用摹本而不附照片❷,這個問題值得專家學者再進一步研究。過去的著錄,簡影部分常常不完全,甚或只附少數,作為點綴,讀者無法據簡影覆按釋文,即影響到釋文的客觀和可靠。勞榦出版《居延漢簡圖版之部》時,不論照片清晰與否,全部收錄的做法是值得效法的。釋文本身的字體、符號和排列,雖不可能與原件全同,似亦應力求接近。在這方面《武威漢簡》做得十分成功。著釋出版還須要方便讀者。簡、帛資料成千上萬,讀者如何能省時省力,查到需要的資料,是一項值得我們多多努力的工作。過去的漢簡著錄大部分沒有索引,甚至沒有編號,檢索引用都十分不便❷。為這麼多簡牘做詳盡的索引是極費力的事,利用近代的電腦技術編製,似為一條可行的途徑❷。再者,

---

❷　例如有關羅馬史之《拉丁碑銘彙編》(*Corpus Inscriptionum Latinarum*) 自 1863 年出版迄今,各卷皆逐碑附摹本,未用照片。1965 年,R. G. Collingwood & R. P. Wright 合編之 *The Roman Inscriptions of Britain* 更於序論中討論到他們寧用摹本不用照片的原因,p. xiv。

❷　1953 年,森鹿三寫〈居延漢簡研究序說〉時,曾提到有計畫編纂居延漢簡人名、地名、官職名、成語之索引,但到 1975 年,森先生結集他有關漢簡研究成《東洋學研究漢簡篇》時,前文原封未動收入,索引並未見出版。

❷　前引《拉丁碑銘彙編》第六卷已利用電腦,以字母為序編出一套極為詳盡的索引。

過去著錄既多，體例和符號皆未劃一，編號方式亦各行其是。如果能建立一套統一的體例，將所有已知的簡牘和帛書統一出版，今後新發現的材料亦依例續出，則漢簡帛書學必成為一門更有系統，更有貢獻的學問。以上所談都是一些技術性問題。著釋精確最根本的關鍵當然還是在著錄人本身的訓練。訓練關係到許多專門性的知識和實際的經驗，對此，個人甚為外行，無可置喙。不過以現在簡帛數量之多，今後的著錄工作顯非一、二人所能承擔，個人希望見到有更多更有訓練的專業人員從事這項工作。

　　以上是一位希望利用簡牘、帛書做研究的學生，對前輩學者表示敬意之餘所提出的一些感想和期望。如果能引起先進碩學的指正，就喜出望外了。

附記：1976 年夏，隨施培德 (Michael P. Speidel) 教授習羅馬古碑，得識西洋碑銘著錄之體，因而靈機觸動，回顧漢簡得失。因緣如此，謹向施教授致謝。本文撰寫期間，曾承陳芳明、胡平生、黃進興、康樂諸兄代尋資料，亦一併敬謝。

補記：管東貴先生 1979 年 9 月 8 日函云：

　　「居延漢簡原物是民國 56 年由美國歸還中國的，現存史語所考古組保險櫃中。據說簡的數量少了很多，這真是無法彌補的損失，前年勞先生回臺時曾翻查過一次，保存狀況尚佳。目前無重攝的計劃。」

（原刊《史學評論》第二期，民國 69 年）

　　中文電腦已在發展。用電腦編中文索引應非不可能之事。

É. Chavannes, No. 151-T. vi. b. i. 125 影本

筆者摹本

秦漢簡牘與帛書研究文獻目錄
(1905～1985)

說　明

1. 本目錄所收為 1905 至 1985 年有關秦漢簡牘與帛書之專書與論文。有關帛畫者暫未收入。

2. 本目錄中、日文 1974 年以前部分，西文 1967 年以前部分主要根據日人早苗良雄所編〈簡牘研究文獻目錄〉（見森鹿三，《東洋學研究漢簡篇》，頁 15～43）。唯曾刪除不屬秦漢時代範圍之日文論文兩篇，中文十篇，此外曾改正其目錄中一些明顯的錯誤。

3. 凡早苗良雄目錄未收者，則根據下列資料增補：

   A. 邢義田〈漢簡研究文獻目錄〉（1905～1979）（《史學評論》第二期，1980）

   B. 張傳璽等編《戰國秦漢史論文索引》(1900～1980)（北京大學出版社，1983）

   C. 曹延尊、徐元邦〈簡牘資料論著目錄〉（《考古學集刊》第二期，1982）

   D. 《臺灣地區漢學論著選目》（民國 71～74 年度）（漢學研究資料及服務中心編印）

   E. *Early China*: Annual Bibliography, no. 1 (1975)～no. 8 (1982～1983)

   F. 大庭脩〈中國出土簡牘研究文獻目錄〉（《關西大學文學論集》二十八卷四號，1979）

   G. 早苗良雄《漢代研究文獻目錄——邦文篇》（朋友書店，1981）

   H. 《東洋學文獻類目》（1978～1982 年度）（京都大學人文科學研究所）

I.《外文期刊漢學論評彙目》一卷一期～三卷二期 (1984～1986)（漢學研
　　究資料及服務中心編印）

4.目錄中「中央研究院歷史語言研究所集刊」一律簡稱為「集刊」。

5.西文部分曾獲哈佛大學教授葉山 (Robin D. S. Yates) 先生協助，謹此致謝。

6.由於資料不全，許多資料未能複查，闕漏與錯誤必多，尚祈指正。

中文部分

1914 年

0001	羅振玉		
0002	王國維	流沙墜簡　考釋 3 卷	東山學社印行（京都）
0003	王國維	簡牘檢署考	雲窗叢刻

1916 年

0004	王國維	流沙墜簡　考釋補正	學術叢編 1

1917 年

0005	王國維	蒼頡篇殘簡跋	學術叢編 23
0006	王國維	流沙墜簡　序	學術叢編 24
0007	王國維	流沙墜簡　後序	學術叢編 24
0008	王國維	流沙墜簡考釋補正序	觀堂別集後編

1923 年

0009	王國維	流沙墜簡　序	觀堂集林　卷 14
0010	王國維	胡服考	觀堂集林　卷 18
0011	王國維	流沙墜簡　後序	觀堂集林　卷 14
0012	王國維	敦煌所出漢簡跋十四首	觀堂集林　卷 14

1926 年

0013	馬　衡	中國書籍制度變遷研究	圖書館學季刊 1–2

1927 年

| 0014 | 王國維 | 簡牘檢署考 | 海寧王忠愨公遺書第 2 集 |

1929 年

| 0015 | 容肇祖 | 簡書發現考 | 中山大學語言歷史研究所週刊 9–100 |

1930 年

| 0016 | —— | 西北科學考查團所獲古物展覽會 | 北平圖書館館刊 4–6 |
| 0017 | 黃文弼 | 西北科學考查團在新疆考古情形報告（在北大歡迎會席上演說） | 女師大學術季刊 1–4 |

1931 年

0018	張　鳳	漢晉西陲木簡彙編初二編	上海有正書局
0019	沙晼著	紙未發明前之中國書	圖書館學季刊 5–1
0020	馮承鈞譯		
0021	黃文弼	新疆古物概要	東方雜誌 28–5
0022	向　達	斯文海定樓蘭所獲縑素簡牘書影	國立北平圖書館館刊 5–4
0023	向　達	斯文海定樓蘭所獲縑素簡牘遺文抄	國立北平圖書館館刊 5–4
0024	——	新書介紹《漢晉西陲木簡彙編》	國立北平圖書館館刊 5–4
0025	——	漢晉時代之木簡（附影片）	河北第一博物院半月刊 7

1932 年

0026	馬　衡	記漢居延筆——西北科學考查團短篇論文之一	國學季刊 3–1
0027	容肇祖	西陲木簡中的田章	嶺南學報 2–3
0028	賀昌群	近年西北考古的成績	燕京學報 12

1933 年

| 0029 | 容肇祖 | 田章故事考補（附西陲木簡中所記的田章） | 民俗 113 |
| 0030 | 夏定棫 | 評賀昌群著〈近年西北考古的成績〉 | 浙江省圖書館館刊 2–4 |

1934 年

| 0031 | 陳　直 | 漢晉木簡考略 | 自印本 |
| 0032 | 賀昌群 | 流沙墜簡　校補 | 北平圖書館館刊 8-5 |

1935 年

0033	賀昌群	流沙墜簡　補正	圖書季刊 2-1
0034	黃文弼	釋居廬訾倉——羅布淖爾漢簡考釋之一	國學季刊 5-2
0035	勞　榦	漢代奴隸制度輯略	集刊 5

1937 年

| 0036 | 傅振倫 | 簡策說 | 考古社刊 6 |
| 0037 | 傅振倫 | 漢武年號延和說 | 考古社刊 6 |

1939 年

| 0038 | 勞　榦 | 從漢簡所見之邊郡制度 | 集刊 8-2 |

1940 年

| 0039 | 賀昌群 | 烽燧考 | 國學季刊 6-3（國立北京大學四十周年紀念論文集乙編上） |
| 0040 | 張維華 | 漢置邊塞考略 | 齊魯學報 1 |

1941 年

| 0041 | 孔令穀 | 漢章草木簡發見於宋 | 說文月刊 2-10 |
| 0042 | 潘　菽 | 簡冊雜記 | 青年中國季刊 2-2 |

1942 年

0043	嚴耕望	兩漢郡縣屬吏考	中國文化研究彙刊 2
0044	張維華	漢河西四郡建置年代考疑	中國文化研究彙刊 2
0045	屈萬里	我國古代的圖書——竹帛	讀書通訊 48

1943 年

0046	勞　榦	居延漢簡考釋　釋文之部	四川省南溪　石印本
0047	勞　榦	居延漢簡考釋　考證之部	四川省南溪　石印本
0048	嚴耕望	兩漢郡縣屬吏考　補正	中國文化研究彙刊 3

| 0049 | 金毓黻 | 勞榦著《居延漢簡考釋——釋文之部》 | 圖書季刊新 4-3.4 |

1944 年

0050	勞　榦	漢簡中之武帝詔	圖書季刊新 5-2.3
0051	勞　榦	兩漢刺史制度考	集刊 11
0052	勞　榦	漢代社祀的源流	集刊 11
0053	勞　榦	漢簡中的河西經濟生活	集刊 11
0054	勞　榦	兩關遺址考	集刊 11

1945 年

| 0055 | 劉國鈞 | 跋裘善元舊藏漢簡 | 書學 1-4 |
| 0056 | 北平圖書館 | 勞榦著《居延漢簡考釋——考證之部》 | 圖書季刊新 6-1.2 |

1947 年

0057	方詩銘	《漢簡》與《晉簡》——西北地下的寶藏	西北通訊 1-3
0058	方詩銘	障塞釋名	西北通訊 1-6
0059	董作賓	漢簡永元六年曆譜考	現代學報 1-1
0060	安志敏	書評《居延漢簡考釋——考證之部》	燕京學報 32
0061	周　桓	書評《居延漢簡考釋——釋文之部》	燕京學報 33

1948 年

0062	黃文弼	羅布淖爾考古記	中國西北科學考察團叢刊之一
0063	陳　槃	漢晉遺簡偶述	集刊 16
0064	勞　榦	論漢代之陸運與水運	集刊 16
0065	勞　榦	漢武後元不立年號考	集刊 10
0066	勞　榦	漢代兵制及漢簡中的兵制	集刊 10
0067	勞　榦	居延漢簡考釋　序目	集刊 10
0068	勞　榦	漢代察舉制度考	集刊 17
0069	勞　榦	論漢代的內朝與外朝	集刊 13
0070	勞　榦	釋漢代之亭障與烽燧	集刊 19
0071	勞　榦	論中國造紙術之原始	集刊 19

| 0072 | 夏　鼐 | 新獲之敦煌漢簡 | 集刊 19 |

1949 年

0073	勞　榦	居延漢簡考釋　釋文之部	商務印書館刊 鉛印本
0074	勞　榦	敦煌漢簡校文（居延漢簡考釋釋文 之部所收）	商務印書館刊 鉛印本
0075	勞　榦	居延漢簡考證　補正	集刊 14
0076	陳　槃	漢晉遺簡偶述續稿	嶺南學報 10–1
0077	賀昌群	烽燧考	國立北京大學四十周年紀 念論文集乙編上

1950 年

0078	勞　榦	漢代的亭制	集刊 22
0079	楊聯陞	漢代丁中、廩給、米粟、大小石 之制	國學季刊 7–1
0080	嚴耕望	漢代之亭制	公論報史地週刊 28
0081	勞　榦	敦煌及敦煌的新史料	大陸雜誌 1–3
0082	勞　榦	史記項羽本紀「學書」與「學劍」 的解釋	集刊 30
0083	勞　榦	龍岡雜記——大石與小石	大陸雜誌 1–11

1951 年

0084	趙萬里	從簡牘文化說到雕板文化——記 載文字的工具發展簡史	文物參考資料 2–2
0085	陳　槃	由漢簡中之軍吏名籍說起	大陸雜誌 2–8
0086	趙榮琅	漢簡曆譜	大陸雜誌 2–10
0087	施之勉	河西四郡建置考	大陸雜誌 3–5
0088	勞　榦	關於漢代官俸的幾個推測	臺灣大學文史哲 學報 3
0089	勞　榦	漢代的雇傭制度	集刊 23 上
0090	蘇瑩輝	中央圖書館所藏漢簡中的新史料	大陸雜誌 3–1

1952 年

| 0091 | 考古研究所湖
南調查發掘團 | 長沙近郊古墓發掘記略 | 文物參考資料 2 |

（夏鼐）

0092	陳　槃	漢晉遺簡偶述之續	集刊 23 下
0093	嚴耕望	漢代郡都尉制度	大陸雜誌特刊 1 下
0094	勞　榦	簡牘中所見的布帛	學術季刊 1–1
0095	勞　榦	漢代郡制及其對於簡牘的參證	臺灣大學傅故校長斯年先生紀念論文集

1953 年

0096	陳　槃	先秦兩漢簡牘考 ——「篇」「卷」附考——	學術季刊 1–4
0097	勞　榦	漢代常服述略	集刊 24
0098	高平子	漢簡式日曆釋義	大陸雜誌 7–12
0099	向　達	新疆考古概況	文物參考資料 12
0100	陳　槃	古竹簡在文書方面之使用	大陸雜誌 6–4
0101	閻文儒	河西考古雜記	文物參考資料 12

1954 年

0102	饒宗頤	長沙出土戰國楚簡　初釋	油印
0103	高平子	流沙墜簡中一組漢曆年期考定	大陸雜誌 8–1
0104	——	長沙仰天湖戰國墓發現大批竹簡及彩繪木俑彫刻花板	文物參考資料 3
0105	王毓銓	漢代「亭」與「鄉」「里」不同性質不同行政系統說	歷史研究 2
0106	勞　榦	漢朝的縣制	國立中央研究院院刊 1
0107	嚴耕望	漢代地方行政制度	集刊 25
0108	羅福頤	談長沙發現的戰國竹簡	文物參考資料 9
0109	李書華	紙發明以前中國文字之流傳工具	大陸雜誌 9–6
0110	楊　鐸	長沙楊家灣 M006 號墓清理簡報	文物參考資料 12

1955 年

0111	安作璋	漢史初探	學習生活出版社
0112	馬　衡	冊書考（永元器物簿）	西北文物展覽會特刊
0113	王　明	簡與帛	考古通訊 2
0114	賀昌群	論西漢的土地佔有形態	歷史研究 2

| 0115 | 陳　直 | 從秦漢史料中看屯田採礦錢三種制度 | 歷史研究 6 |

1956 年

0116	賀昌群	論兩漢土地占有形態的發展	上海人民出版社
0117	李學勤	談近年新發現的幾種戰國文字資料	文物 1
0118	傅振倫	記長沙左家公山發現的古筆	文史哲 （山東大學文史哲編輯委員會） 2
0119	勞　榦	玉佩與剛卯	集刊 27
0120	羅福頤	祖國最古的醫方	文物 9
0121	饒宗頤	居延漢簡術數耳鳴目瞤解	大陸雜誌 13–12
0122	劉壽山	介紹漢代獸醫處方的木簡	畜牧與獸醫 11

1957 年

0123	勞　榦	居延漢簡　圖版之部	歷史語言研究所專刊 21
0124	中國科學院考古研究所	長沙發掘報告	科學出版社
0125	陳竺同	西漢和西域等地的經濟文化交流	上海
0126	馬　衡	居延漢簡考釋兩種	考古通訊 1
0127	黃河水庫考古工作隊	一九五六年河南陝縣劉家渠漢唐墓葬發掘簡報	考古通訊 4
0128	湖南省文物管理委員會 （載亞東）	長沙仰天湖第 25 號木槨墓	考古學報 2
0129	陳　槃	漢簡碎義	大陸雜誌 15–4
0130	亨利馬斯柏羅著 丁德風譯	敦煌出土文件	大陸雜誌 15–11
0131	黃　烈	釋漢簡中有關漢代社會性質諸例	歷史研究 6
0132	饒宗頤	居延零簡	金匱論古綜合刊 1

1958 年

0133	陳　直	兩漢經濟史料論叢	陝西人民出版社
0134	陳　直	璽印木簡中發現的古代醫學史料	科學史集刊 1
0135	陳　直	璽印木簡中發現的古代醫學史料	醫學史與保健組織 2–2

（摘錄）

0136	賀昌群	升斗辨	歷史研究 6
0137	勞 榦	說簡牘	幼獅學報 1–1

1959 年

0138	中國科學院考古研究所	居延漢簡　甲編	考古學專刊乙 8
0139	陳 直	漢書新證	天津人民出版社
0140	勞 榦	居延漢簡考證	集刊 30 上
0141	賀昌群	秦漢間個體小農的形成和發展	歷史研究 12

1960 年

0142	勞 榦	居延漢簡　考釋之部	歷史語言研究所專刊 40
0143	勞 榦	敦煌漢簡校文	居延漢簡考釋釋文之部
0144	勞 榦	漢代的「史書」與「尺牘」	大陸雜誌 21–1, 2
0145	陳公柔	關于居延漢簡的發現和研究	考古 1
0146	徐蘋芳		
0147	陳 直	居延漢簡甲編　釋文校正	考古 4
0148	陳 直	居延漢簡甲編　釋文校正（續）	考古 10
0149	陳 直	〈關于居延漢簡的發現和研究〉一文的商榷	考古 8
0150	陳 直	甘肅武威磨咀子漢墓出土王杖十簡通考	考古 3
0151	陳 直	武威漢簡文學弟子題字的解釋	考古 10
0152	甘肅省博物館	甘肅武威磨咀子六號漢墓	考古 5
0153	甘肅省博物館	武威漢簡在學術上的貢獻	考古 8
0154	甘肅省博物館（陳賢儒）	甘肅武威磨咀子漢墓發掘	考古 9
0155	甘肅省博物館考古研究所編集室	武威磨咀子漢墓出土王杖十簡釋文	考古 9
0156	陳 槃	漢簡賸義	清華學報新 2–2
0157	陳 槃	漢簡賸義之續	集刊外篇 4 上
0158	陳邦懷	居延漢簡甲編　校語	考古 10

| 0159 | 陳邦懷 | 居延漢簡甲編　校語增補 | 考古 8 |
| 0160 | 作　銘 | 漢簡中關於食糧計量的「大」「少」二字釋義 | 考古 10 |

1961 年

0161	嚴耕望	中國地方行政制度史　上編	歷史語言研究所專刊 45
0162	——	武威漢簡	光明日報 1 月 18 日
0163	——	武威漢簡（摹本）	光明日報 3 月 15 日
0164	武伯綸	關于馬鐙問題及武威漢代鳩仗詔令木簡	考古 3
0165	禮　堂	王杖十簡補釋	考古 5
0166	錢存訓	漢代書刀考	集刊外篇 4 下
0167	于豪亮	居延漢簡甲編　補釋	考古 8
0168	夏　鼐	新獲之敦煌漢簡	考古學論文集　（考古學專刊甲種第 4 號）

1962 年

0169	邵友誠	居延漢簡札記	考古 1
0170	高自強	漢代大小斛（石）問題	考古 2
0171	馬國權	居延漢簡的價值	藝林叢錄 2
0172	沈　元	居延漢簡牛籍校釋	考古 8
0173	陳　直	居延漢簡概述	歷史教學 4

1963 年

0174	樓祖詒	漢簡郵驛資料釋例	文史 3
0175	陳　直	古器物文字叢考	考古 2
0176	陳　直	論居延漢簡八事	北京大學學報 4
0177	陳　直	漢書趙充國傳與居延漢簡的關係	西北大學二十五屆校慶學術論文集
0178	陳公柔	大灣出土的漢田卒簿籍	考古 3
0179	徐蘋芳		
0180	陳夢家	漢簡所見奉例	文物 5
0181	陳夢家	漢簡考述	考古學報 1
0182	陳邦懷	居延漢簡偶談	考古 10

0183	于豪亮	居延漢簡中的「省卒」	文物 11
0184	史樹青	信陽長臺關出土竹書考	北京師範大學學報 4
0185	南京博物院	江蘇連雲港市海州網疃莊漢木槨墓	考古 6
0186	金少英	漢簡臆談㈠㈡㈢	甘肅師範大學學報 3，㈡㈢收入漢簡臆談及其它

1964 年

0187	中國科學院考古研究所		
		武威漢簡	文物出版社
0188	甘肅省博物館編		
0189	賀昌群	漢唐間封建土地所有制形式研究	上海人民出版社
0190	費海璣	居延「新」簡述略	大陸雜誌 28-4
0191	陳邦懷	居延漢簡考略	歷史教學 2
0192	于豪亮	居延簡校釋	考古 3
0193	陳夢家	漢簡所見居延邊塞與防禦組織	考古學報 1
0194	許倬雲	西漢政權與社會勢力的交互作用	集刊 35
0195	李書華	近代出土的竹木簡	大陸雜誌 29-10, 11
0196	江蘇省文物管理委員會	江蘇鹽城三羊墩漢墓清理報告	考古 8
0197	南京博物院		

1965 年

0198	郭沫若	武威「王杖十簡」商兌	考古學報 2
0199	陳夢家	漢簡年曆表敘	考古學報 2
0200	張春樹	居延漢簡中所見的牧士——漢簡集論之一	大陸雜誌 30-9
0201	陳夢家	玉門關與玉門縣	考古 9
0202	陳邦懷	讀武威漢簡	考古 11
0203	李書華	竹木簡的起源與古今出土的竹木簡	慶祝李濟先生七十歲論文集上

1966 年

| 0204 | 張春樹 | 漢代邊地上鄉和里的結構——居延漢簡集論之二 | 大陸雜誌 32-3 |

1967 年

0205	張春樹	居延漢簡中所見的漢代人的身型與膚色——居延漢簡集論之三（附陳槃跋）	慶祝李濟先生七十歲論文集下
0206	勞　榦著	從木簡到紙的應用	國立中央圖書館館刊新編
0207	喬衍琯譯		1–1
0208	也　珍	居延漢簡算書	新天地 6–8
0209	王關仕	儀禮漢簡本考證	臺灣省立師範大學國文研究所集刊 11 上
0210	侯志漢	關于漢簡中縣里資料之研究	幼獅學志 6–1

1968 年

| 0211 | 王夢鷗 | 讀「簡」志疑瑣綴 | 國立政治大學學報 13 |

1970 年

0212	李維棻	武威漢簡文字考辨	人文學報 1
0213	劉衍淮	額濟納河居延城與黑城的考察	師大學報 15
0214	陳　槃	漢晉遺簡識小七種	歷史語言研究所專刊 63

1971 年

| 0215 | 張春樹 | 漢代邊塞上吏卒的日常工作——漢簡集論之四 | 食貨月刊復刊 1–2 |
| 0216 | 陳　槃 | 漢簡賸義再續 | 集刊 43–4 |

1972 年

0217	湖南省博物館		
0218	中國科學院考古研究所	長沙馬王堆一號漢墓發掘簡報	文物出版社
0219	新疆維吾爾自治區博物館	吐魯番縣阿斯塔那——哈拉和卓古墓群清理簡報	文物 1
0220	陳　直	長沙馬王堆漢墓的若干問題考述	文物 9
0221	唐　蘭	關于遺冊（「座談長沙馬王堆一號漢墓」中）	文物 9
0222	陳　槃	敦煌木簡符籙試釋	中央研究院民族學研究所集刊 32
0223	陳　槃	漢晉遺簡綴小	食貨月刊復刊 2–9

0224	金祥恆	長沙漢簡零釋	中國文字 46
0225	朱德熙	戰國文字研究（六種）	考古學報 1
0226	裘錫圭		

1973 年

0227	湖南省博物館		
0228	中國科學院考古研究所	長沙馬王堆一號漢墓（上、下）	文物出版社
0229	錢存訓	中國古代的簡牘制度	香港中文大學文化研究所學報 6–1
0230	周寧森譯		
0231	眾　建	長沙馬王堆漢墓の發掘	「中國文化大革命期間の出土文物」外交出版社（日譯）
0232	王夢鷗	漢簡文字類編	藝文印書館
0233	金祥恆	長沙漢簡零釋(2)	中國文字 47
0234	周鳳五	讀馬王堆漢簡	中國文字 48
0235	荊州地區博物館	湖北江陵藤店一號墓發掘簡報	文物 9
0236	湖北省博物館		
0237	孝感地區文教局	湖北雲夢西漢墓發掘簡報	文物 9
0238	雲夢縣文化館漢墓發掘組		
0239	陳振裕	雲夢西漢墓出土木方初釋	文物 9
0240	甘肅省博物館	武威旱灘坡漢墓發掘簡報——出土大批醫藥簡牘——	文物 12
0241	甘肅省武威縣文化館		
0242	中醫研究院醫史文獻研究室	武威漢代醫藥簡牘在醫學史上的重要意義	文物 12
0243	羅福頤	對武威漢醫藥簡的一點認識	文物 12

1974 年

0244	裘錫圭	從馬王堆一號漢墓「遣冊」談關于古隸的一些問題	考古 1
0245	山東省博物館臨沂文物組	山東臨沂西漢墓發現《孫子兵法》和《孫臏兵法》等竹簡的簡報	文物 2

0272	遵 信	《孫子兵法》的作者及其時代——談談臨沂銀雀山一號漢墓《孫子兵法》竹簡的出土	文物 12
0273	洪 樓	長沙馬王堆三號漢墓出土帛書簡介	歷史研究 1
0274	楊 泓	一部貫澈法家路線的古代軍事著作——讀竹簡本《孫臏兵法》	考古 6
0275	路 安	從臨沂出土漢簡〈晏子〉殘章看《晏子春秋》中的批孔材料	文物 6
0276	南京博物院		
0277	連雲港市博物館	海州西漢霍賀墓清理簡報	考古 3
0278	金祥恆	長沙漢簡零釋(3)(4)	中國文字 51
0279	洪 樓	長沙馬王堆三號漢墓出土帛書簡介	歷史研究 1
0280	董作賓	漢晉永元六年曆譜考	現代學報 1–1
0281	馬先醒	漢簡略說	簡牘學報 1
0282	馬先醒	余讓之漢簡學	簡牘學報 1
0283	馬先醒	簡牘文學中七、十、三、四、卅、卌等問題	簡牘學報 1
0284	馬先醒	簡牘堂隨筆	簡牘學報 1
0285	啓 眾	漢簡文獻提要	簡牘學報 1

1975 年

0286	銀雀山漢墓竹簡整理小組	銀雀山漢墓竹簡	文物出版社
0287	——	帛書老子	河洛出版社
0288	——	竹簡兵法	河洛出版社
0289	王關仕	儀禮漢簡本考證	學生書局
0290	銀雀山漢墓竹簡整理小組	孫臏兵法	文物出版社
0291	甘肅省博物館		
0292	甘肅省武威縣文化館	武威漢代醫簡	文物出版社
0293	馬王堆漢墓帛書整理小組	馬王堆漢墓帛書	文物出版社

0294	銀雀山漢墓竹簡整理小組	臨沂銀雀山漢墓出土《孫臏兵法》釋文	文物 1
0295	馬王堆漢墓帛書整理小組	長沙馬王堆三號漢墓出土地圖的整理	文物 2
0296	譚其驤	二千一百多年前的一幅地圖	文物 2
0297	楊 寬	馬王堆帛書《戰國策》的史料價值	文物 2
0298	楊伯峻	孫臏和《孫臏兵法》雜考	文物 3
0299	楊 寬	戰國中期的合從連橫戰爭和政治路線鬥爭——再談馬王堆帛書《戰國策》	文物 3
0300	馬王堆漢墓帛書整理小組	馬王堆漢墓出土帛書《戰國策》釋文	文物 4
0301	馬 雍	帛書《別本戰國策》各篇的年代和歷史背景	文物 4
0302	吳樹平	從臨沂漢墓竹簡吳問看孫武的法家思想	文物 4
0303	曾 鳴	關於帛書《戰國策》中蘇秦書信若干年代問題的商榷	文物 8
0304	唐 蘭	馬王堆出土《老子》乙本卷前古佚書的研究	考古學報 1
0305	龍 晦	馬王堆出土《老子》乙本前古佚書探原	考古學報 2
0306	徐復觀	帛書老子所反映出的若干問題	明報 10–6
0307	波多野太郎	讀馬王堆出土的《老子》	明報 10–4
0308	梁國豪譯		
0309	馬王堆漢墓帛書整理小組	馬王堆漢墓出土醫書釋文⑴⑵	文物 6, 9
0310	唐 蘭	馬王堆帛書〈卻穀食氣篇〉考	文物 6
0311	湯 新	法家對黃老之學的吸收和改造——讀馬王堆帛書〈經法〉等篇	文物 8
0312	中醫研究院醫史文獻研究室	馬王堆帛書四種古醫學佚書簡介	文物 6
0313	譚其驤	馬王堆漢墓出土地圖所說明的幾個歷史地理問題	文物 6
0314	常 弘	讀臨沂漢簡中《孫武傳》	考古 4
0315	魏汝霖	大陸漢墓出土《孫子兵法》殘簡釋文之研究	東方雜誌復刊 9–3

0316	馬王堆漢墓帛書整理小組	長沙馬王堆三號漢墓出土地圖整理情況	測繪通報 2
0317	中醫研究院醫史研究室	一九七二年和一九七三年我國出土的最古醫方	新醫藥學雜志 9
0318	南 波	江蘇連雲港市海州侍其繇墓	考古 3
0319	歷史系「中國古代史稿」編寫組	從江陵鳳凰山出土的漢簡看文景時期的賦役政策	武漢大學學報 （哲學社會科學）5
0320	康 立等	法家路線和黃老思想──讀帛書〈經法〉	紅旗 7
0321	康 立	〈十大經〉的思想和時代	歷史研究 3
0322	馬先醒	關於〈曬藍本漢簡釋文〉及其研究專號	簡牘學報 2
0323	馬先醒	居延漢簡專刊本、曬藍本、甲編本並錄諸簡釋文試斠⑴	簡牘學報 2
0324	馬先醒	勞貞一先生著曬藍本漢簡釋文集鈔	簡牘學報 2
0325	馬先醒	勞貞一先生著曬藍本漢簡釋文中所保存之簡牘形制資料	簡牘學報 2
0326	馬先醒	曬藍本漢簡釋文中之複出簡及其有關諸問題	簡牘學報 2
0327	馬先醒	裘善元舊藏漢簡之形制、內容及其有關諸問題	簡牘學報 3
0328	陳祚龍	關於湖北雲夢、江陵漢墓出土的兩種木牘	簡牘學報 3
0329	馬先醒	居延漢簡之原編號及其奪佚簡號表	簡牘學報 2
0330	陳茂進		
0331	馬先醒	簡牘堂隨筆	簡牘學報 2, 3
0332	啓 眾	漢簡文獻提要	簡牘學報 2, 3

1976 年

0333	勞 榦	勞榦學術論文集甲編	藝文印書館
0334	嚴一萍	帛書竹簡	藝文印書館
0335	馬王堆漢墓帛書整理小組	馬王堆漢墓帛書戰國縱橫家書	文物出版社
0336	馬先醒	漢簡與漢代城市	簡牘社

0337	馬王堆漢墓帛書整理小組編	馬王堆漢墓帛書經法	文物出版社
0338	銀雀山漢墓竹簡整理小組編	銀雀山漢墓竹簡孫臏兵法	文物出版社
0339	睡虎地秦墓竹簡整理小組	睡虎地秦墓竹簡	文物出版社
0340	銀雀山漢墓竹簡整理小組	銀雀山漢墓竹簡孫子兵法	文物出版社
0341	馬王堆漢墓帛書整理小組	馬王堆漢墓帛書老子	文物出版社
0342	季　勛	雲夢睡虎地秦簡概述	文物 5
0343	雲夢秦簡整理小組	雲夢秦簡釋文(1)(2)(3)	文物 6, 7, 8
0344	林甘泉	秦律與秦朝的法家路線 —— 讀雲夢出土的秦簡	文物 7
0345	湖北省博物館實驗室	古代竹簡的脫水處理 —— 關於用乙醇－乙醚法脫水處理古代竹簡的試驗及應用	考古 4
0346	石　言	〈南郡守騰文書〉與秦的法治路線	歷史研究 3
0347	邱錫昉	《老子》在戰國時可能只有一種道家傳本	文物 11
0348	礪　冰	「法令滋彰」還是「法物滋彰」——讀帛書本《老子》札記	歷史研究 2
0349	金　立	江陵鳳凰山八號漢墓竹簡試釋	文物 6
0350	吉林大學歷史系考古專業赴紀南城開門辦學小分隊	鳳凰山一六七號漢墓遺策考釋	文物 10
0351	趙振鎧	《孫臏兵法·擒龐涓》中幾個城邑問題的探討	文物 10
0352	銀雀山漢墓竹簡整理小組	臨沂銀雀山漢墓出土〈王兵〉篇釋文	文物 12
0353	魏汝霖	對大陸漢墓出土《孫臏兵法》之研究	東方雜誌復刊 9–10
0354	馬先醒	簡牘通考	簡牘學報 4
0355	袁宙宗	大陸出土帛書《老子》蠡測	黃埔月刊 294
0356	湖北省博物館	光化五座墳西漢墓	考古學報 2

0357	鳳凰山一六七號漢墓發掘整理小組	江陵鳳凰山一六七號漢墓發掘簡報	文物 10
0358	鄭良樹	論銀雀山出土孫子佚文	書目季刊 10-2
0359	鄭良樹	論帛書本戰國策的分批及命名	珠海學報 9

1977 年

0360	張春樹	漢代邊疆史論集	食貨出版社
0361	湖南省博物館	長沙馬王堆一號漢墓發掘簡報	文物出版社
0364	馬王堆漢墓帛書整理小組	馬王堆漢墓帛書古地圖	文物出版社
0365	張政烺	《春秋事語》解題	文物 1
0366	馬王堆漢墓帛書整理小組	馬王堆漢墓出土帛書《春秋事語》釋文	文物 1
0367	何法周	《尉繚子》初探	文物 2
0368	黃盛璋	《孫臏兵法·擒龐涓》篇釋地	文物 2
0369	銀雀山漢墓竹簡整理小組	銀雀山簡本《尉繚子》釋文（附校註）	文物 2, 3
0370	高 恆	秦律中「隸臣妾」問題的探討	文物 7
0371	吳樹平	秦代社會的階級和階級關係——讀雲夢秦簡札記之一	文物 7
0372	謝成俠	關於馬王堆漢墓帛書《相馬經》的探討	文物 8
0373	馬王堆漢墓帛書整理小組	馬王堆漢墓帛書《相馬經》釋文	文物 8
0374	龐 朴	馬王堆帛書解開了思孟五行說之謎——帛書《老子》甲本卷後古佚書之一的初步研究	文物 10
0375	臨沂金雀山漢墓發掘組	山東臨沂金雀山九號漢墓發掘簡報	文物 11
0376	黃盛璋	雲夢秦簡〈編年記〉初步研究	考古學報 1
0377	陳 直	略論雲夢秦簡	西北大學學報（哲學社會科學）1
0378	陳 直	關于「江陵丞」告「地下丞」	文物 12
0379	黃盛璋	關于江陵鳳凰山一六八號漢墓的幾個問題	考古 1

0380	吳榮曾	論秦律的階級本質——讀雲夢秦律札記	歷史研究 5
0381	唐贊功	從雲夢秦簡看秦代社會的主要矛盾	歷史研究 5
0382	張壽仁	居延漢簡中之昌邑王國簡及其有關問題	簡牘學報 5
0383	朱 楠	漢簡中之河西物價資料	簡牘學報 5
0384	吳昌廉	居延漢簡中甲渠障塞所屬的序數燧	簡牘學報 5
0385	馬先醒	居延漢簡之版本與編號	簡牘學報 5

1978 年

0386	睡虎地秦墓竹簡整理小組	睡虎地秦墓竹簡	文物出版社
0387	馬王堆漢墓帛書整理小組	馬王堆漢墓帛書	文物出版社
0388	高 敏	雲夢秦簡初探	河南人民出版社
0389	——	長沙馬王堆漢墓	湖南人民出版社
0390	徐蘋芳	居延考古發掘的新收穫	文物 1
0391	蕭亢達	《粟君所責寇恩事》簡冊略考	文物 1
0392	甘肅居延考古隊	居延漢代遺址的發掘和新出土的簡冊文物	文物 1
0393	俞偉超	略釋漢代獄辭文例——一份治獄材料初探	文物 1
0394	甘肅居延考古隊簡冊整理小組	〈建武三年候粟君所責寇恩事〉釋文	文物 1
0395	李學勤	談「張掖都尉棨信」	文物 1
0396	舒 學	我國古代竹木簡發現、出土情況	文物 1
0397	顧鐵符	馬王堆帛書《天文氣象雜占》簡述	文物 2
0398	鐘肇鵬	黃老帛書的哲學思想	文物 2
0399	劉海年	秦漢「士伍」的身份與階級地位	文物 2
0400	鄭 實	嗇夫考——讀雲夢秦簡札記	文物 2
0401	吳白匋	從出土秦簡帛書看秦漢早期隸書	文物 2
0402	席澤宗	馬王堆帛書中的彗星圖	文物 2
0403	鐘兆華	關於《尉繚子》某些問題的商榷	文物 5

0424	馬先醒	居延漢簡補編	簡牘學報 6
0425	馬先醒	關于一四八‧一〇號《居延漢簡》	簡牘學報 6
0426	吳昌廉	居延漢簡「標號」與出土地點關係探微	簡牘學報 6
0427	林振東	《居延漢簡》吏卒籍貫地名索引	簡牘學報 6
0428	張壽仁	簡牘文字之藝術觀 —— 居延漢簡	簡牘學報 6
0429	張壽仁	居延漢簡、敦煌漢簡中所見之病例與藥方值	簡牘學報 6
0430	張壽仁	居延漢簡中昌邑王國簡之斷代	簡牘學報 6
0431	張松如	《老子》校讀㈠㈡	社會科學戰線 1, 2

1979 年

0432	陳 直	漢書新證	天津人民出版社（第二版）
0433	馬王堆漢墓帛書整理小組	馬王堆漢墓帛書五十二病方	文物出版社
0434	馬王堆漢墓帛書整理小組	馬王堆漢墓帛書導引圖	文物出版社
0435	——	馬王堆漢墓研究	湖南人民出版社
0436	甘肅居延漢簡整理小組	居延漢簡〈侯史廣德坐罪行罰檄〉	文物 1
0437	高 敏	「有秩」非「嗇夫」辨 —— 讀雲夢秦簡札記兼與鄭實同志商榷	文物 3
0438	沈 壽	談西漢帛畫〈導引圖〉中的「引胠枳」	文物 3
0439	胡繼高	銀雀山和馬王堆出土竹簡脫水試驗報告 —— 兼論醇－醚連浸法原理	文物 4
0440	李學勤	記在美國舉行的馬王堆帛書工作會議	文物 11
0441	靈臺縣文化館	陝西咸陽馬泉西漢墓發掘簡報	考古 2
0442	徐元邦	居延出土的〈侯史廣德坐不循行部〉檄	考古 2
0443	曹延尊		
0444	肖 兵	馬王堆「帛畫」與《楚辭》	考古 2
0445	王伯敏	馬王堆一號漢墓帛畫並無「嫦娥奔月」	考古 3
0446	甘肅省居延考	《塞上烽火品約》釋文	考古 4

	古隊簡冊整理 小組		
0447	薛英群	居延《塞上烽火品約》冊	考古 4
0448	南京博物院	江蘇盱眙東陽漢墓	考古 5
0449	徐蘋芳	居延、敦煌發現的《塞上蓬火品約》兼釋漢代的蓬火制度	考古 5
0450	朱桂昌	關於帛書〈駐軍圖〉的幾個問題	考古 6
0451	黃盛璋	雲夢秦簡辨正	考古學報 1
0452	席澤宗	一份關於彗星形態的珍貴資料——馬王堆漢墓帛書中的彗星圖	科技史文集　第一輯
0453	高　敏	論秦律中的「嗇夫」一官	社會科學戰線 1
0454	熊　克	「吏誰從軍」解——讀秦簡〈編年記〉札記	中國史研究 3
0455	熊鐵基	釋〈南郡守騰文書〉——讀雲夢秦簡札記	中國史研究 3
0456	陳　直	談談秦漢史和秦漢考古的研究	中國史研究 3
0457	陳　直	居延第一批漢簡與漢史的關係	西北大學學報（哲學社會科學）1
0458	裘錫圭	新發現的居延漢簡的幾個問題	中國史研究 4
0459	方詩銘	釋「秦胡」——讀新出居延漢簡〈甲渠言部吏毋作使屬國秦胡盧水士民書〉札記	中國歷史博物館館刊 1
0460	李　零	關於銀雀山簡本《孫子》研究的商榷——《孫子》著作時代和作者的重議	文史 7
0461	陳仲安	關於〈粟君責寇恩簡〉的一處釋文	文史 7
0462	郭元興	讀《經法》	中華文史論叢 2
0463	龐　樸	帛書《五行篇》校注	中華文史論叢 4
0464	何幼琦	試論《五星占》的時代和內容	學術研究 1
0465	熊鐵基	秦代的郵傳制度	學術研究 3
0466	溫公翊	《經法》等古佚書四種釋文校補	中國語文 5
0467	伍德煦	居延出土〈甘露二年丞相御史律令〉簡牘考釋	甘肅師大學報（哲學社會科學）4
0468	張震澤	《孫臏兵法·陳忌問壘》校理	遼寧大學學報（哲學社會科學）1
0469	張震澤	《孫臏兵法·威王問》篇校理	遼寧大學學報（哲學社會

科學）4

0470	黃賢俊	從雲夢秦簡看秦代刑律及其階級本質	西南政法學院學報 2
0471	黎 泉	西北漢簡淺說	書法 5
0472	鄭良樹	《春秋事語》校釋	香港中文大學中國文化研究所學報 10（上）
0473	鄭良樹	論雲夢大事記之史料價值	故宮季刊 12–3
0474	鄭良樹	論帛書本《老子》	書目季刊 13–2
0475	管東貴	從漢簡看漢代邊塞的倭廩制	陶希聖先生八秩榮慶論文集
0476	許倬雲	跋居延出土的恩愛書	陶希聖先生八秩榮慶論文集
0477	邢義田	雲夢秦簡簡介——附：對〈為吏之道〉及墓主喜職務性質的臆測	食貨月刊 9–4

1980 年

0478	國家文物局古文獻研究室	馬王堆漢墓帛書(1)	文物出版社
0479	龐 樸	帛書五行篇研究	齊魯書社
0480	中科院考古所	居延漢簡甲乙編	中華書局
0481	陳夢家	漢簡綴述	中華書局
0482	黃展岳	雲夢秦律簡論	考古學報 1
0483	初師賓	居延簡冊〈甘露二年丞相御史律令〉考述	考古 2
0484	高 恆	秦律中的徭、戍問題——讀雲夢秦簡札記	考古 6
0485	傅振倫	東漢建武塞上烽火品約考釋	考古與文物 2
0486	徐元邦	居延新出土的甘露二年〈詔所逐驗〉簡考釋	考古與文物 3
0487	曹延尊		
0488	黃展岳	關於秦漢人的食糧計量問題	考古與文物 4
0489	于豪亮	秦律叢考	文物集刊 2
0490	于豪亮	雲夢秦簡所見職官述略	文史 8
0491	傅振倫	西漢始元七年出入六寸符券	文史 10
0492	朱德熙	馬王堆一號漢墓遣策考釋補正	文史 10
0493	裘錫圭		

0494	唐　蘭	長沙馬王堆漢軑侯妻辛追墓出土隨葬遣策考釋	文史 10
0495	商慶夫	睡虎地秦簡〈編年記〉的作者及其思想傾向	文史哲 4
0496	駢宇騫	江陵鳳凰山 168 號漢墓天平衡杆文字釋讀	社會科學戰線 4
0497	裘錫圭	考古發現的秦漢文字資料對於校讀古籍的重要性	中國社會科學 5
0498	錢　玄	秦漢帛書簡牘中的通借字	南京師院學報（社會科學）3
0499	宋　敏	雲夢秦簡——奴隸制社會的新證	東北師大學報（社會科學）4
0500	晁福林	「南郡備警」說質疑	江漢論壇 6
0501	陳邦懷	居延漢簡考略	中華文史論叢 2
0502	邢義田	對近代漢簡著錄方式的回顧和期望——附錄：漢簡研究文獻目錄（1905～1979）	史學評論 2
0503	陳抗生	《睡簡》雜辨	中國歷史文獻研究集刊 1
0504	馬明達	漢代居延邊塞的醫藥制度	甘肅師大學報 4
0505	崔春華	戰國時期秦封建法制的發展——讀《睡虎地秦墓竹簡》札記	遼寧大學學報 5
0506	林劍鳴	秦國封建社會各階級分析——讀《睡虎地雲夢秦簡》札記	西北大學學報 2
0507	華鐘彥	評有關帛書《老子》的論述	河南師大學報 1
0508	趙德馨	關于布幣的三個問題——讀雲夢出土秦簡〈金布律〉札記	社會科學戰線 4
0509	周秀鸞		
0510	劉海年	從雲夢出土的竹簡看秦代的法律制度	學習與探索 2
0511	劉海年	秦漢訴訟中的「爰書」	法學研究 1
0512	陳　直	《墨子‧備城門》等篇與居延漢簡	中國史研究 1
0513	高　恆	「嗇夫」辨正——讀雲夢秦簡札記	法學研究 3
0514	王北辰	古代居延道路	歷史研究 3
0515	王　煜	《睡虎地秦墓竹簡》的法家思想	中華文化復興月刊 13–1
0516	陳玉璟	略論雲夢〈秦律〉的性質	江淮論壇 1
0517	馬先醒	簡牘形制研究	中央研究院國際漢學會議論文集：歷史與考古
0518	裘錫圭	馬王堆《老子》甲乙本卷前後佚書與「道法家」——兼論「心術上」、	中國哲學 2

		「白心」為慎到、田駢學派作品	
0519	魏啓鵬	《黃帝四經》思想探原	中國哲學 4
0520	陳仲安	關于〈粟君責寇恩簡〉的一處釋文	文史 7
0521	張 烈	關於《尉繚子》的著錄和成書	文史 8
0522	張政烺	秦律「葆子」釋義	文史 9
0523	馬 雍	《孫臏兵法》禽龐涓解	文史 9
0524	馬先醒	筆削與汗青	簡牘學報 7
0525	馬先醒	簡牘質材	簡牘學報 7
0526	馬先醒	簡牘形制	簡牘學報 7
0527	馬先醒	篇卷與竹帛	簡牘學報 7
0528	馬先醒	簡牘文書之版式與標點符號	簡牘學報 7
0529	馬先醒	簡牘之編寫次第與編卷典藏	簡牘學報 7
0530	馬先醒	簡牘時代	簡牘學報 7
0531	馬先醒	簡牘踪跡	簡牘學報 7
0532	馬先醒	簡牘初現朝野傾動	簡牘學報 7
0533	馬先醒	符牘釋義	簡牘學報 7
0534	馬先醒	歐洲學人與漢晉簡牘	簡牘學報 7
0535	馬先醒	舉世笑談《睡虎地秦墓竹簡》──大庭脩、胡四維二博士竹書秦律論文書後	簡牘學報 7
0536	何智霖	符傳述略	簡牘學報 7
0537	王聿府	《簡牘檢署考》校注㈠	簡牘學報 7
0538	大庭脩著	雲夢出土竹簡秦律之研究	簡牘學報 7
0539	林錦生譯		
0540	A. F. P. Hulsewe 著	一九七五年湖北發現之秦文物	簡牘學報 7
0541	詹泓隆 譯		
0542	詹益熙		
0543	謝素珍	大灣出土之漢代「奉用錢簿」	簡牘學報 7
0544	耿慧玲	由居延漢簡看大男大女使男使女未使男未使女小男小女的問題	簡牘學報 7
0545	蔡慧瑛	釋居延漢簡之「署」	簡牘學報 7
0546	邱玉蟾	居延漢簡標號一六二號之整理及有關問題淺探	簡牘學報 7
0547	于寶倩		
0548	羅玉珍	地灣出土之漢武帝詔書	簡牘學報 7

0549	勞　榦著	早期中國符契的使用	簡牘學報 7
0550	鄭志民譯		
0551	吳昌廉	恢復居延漢簡之舊觀——居延漢簡復原工作報告序	簡牘學報 7
0552	吳昌廉	居延漢簡所見之「簿」、「籍」述略	簡牘學報 7
0553	吳昌廉	居延漢簡所見郡國縣邑鄉里統屬表	簡牘學報 7
0554	張壽仁	漢代米與粟及大石與小石之換算與秦數用六關係之推測	簡牘學報 7
0555	張壽仁	《居延漢簡補編》志疑	簡牘學報 7
0556	劉　歆	《居延漢簡補編》勘正	簡牘學報 7
0557	劉　歆	讀史隨筆四則——居延漢簡中之糧倉	簡牘學報 7
0558	何家英	瓦因托尼出土之漢代食簿㈠、㈡、㈢	簡牘學報 7
0559	夏自華		
0560	賴惠蘭		
0561	永田英正著	試論居延漢簡中的「候官」——以破城子出土的「甲渠官」簿為中心	簡牘學報 7
0562	陳鴻琦譯		
0563	陳鴻琦	尚志齋隨筆——永田氏〈試論居延漢簡中的「候官」質疑〉、居延漢簡中的郵書、略論中國上古的「弩」	簡牘學報 7
0564	許倬雲	由新出簡牘所見秦漢社會	集刊 51–2
0565	黃盛璋	雲夢秦墓兩封家信中有關歷史地理的問題	文物 8
0566	林劍鳴	「隸臣妾」辨	中國史研究 2
0567	錢劍夫	秦漢嗇夫考	中國史研究 1
0568	張　烈	關於《尉繚子》的著錄和成書	文史 8
0569	楊文衡	試論長沙馬王堆三號漢墓中出土地圖的數理基礎	科技史文集 3
0570	周世榮	馬王堆漢墓出土的帛書與竹（木）書	書法研究 4
0571	許莊叔	論馬王堆一號墓遣冊之書法	書法研究 4

1981 年

| 0572 | 雲夢睡虎地秦 | 雲夢睡虎地秦墓 | 文物出版社 |

墓編寫組

0573	中華書局編輯部	雲夢秦簡研究	中華書局
0574	馬先醒	居延漢簡新編	簡牘學會
0575	國家文物局文獻研究室		
0576	大通上孫家寨漢簡整理小組	大通上孫家寨漢簡釋文	文物 2
0577	朱國炤	上孫家寨木簡初探	文物 2
0578	國家文物局古文獻研究室		
0579	河北省博物館	定縣 40 號漢墓出土竹簡簡介	文物 8
0580	河北省文物研究所定縣漢墓竹簡整理組		
0581	何直剛	《儒家者言》略說	文物 8
0582	國家文物局古文獻研究室	《儒家者言》釋文	文物 8
0583	定縣漢墓竹簡整理組		
0584	甘肅省博物館	敦煌馬圈灣漢代烽燧遺址發掘簡報	文物 10
0585	敦煌縣文化館		
0586	張銘新	關于「秦律」中的「居」——《睡虎地秦墓竹簡》注釋質疑	考古 1
0587	裘錫圭	關於新出甘露二年御史書	考古與文物 1
0588	初師賓	居延新簡〈責寇恩事〉的幾個問題	考古與文物 3
0589	蕭亢達		
0590	李裕民	馬王堆漢墓帛書抄寫年代考	考古與文物 4
0591	韓連琪	睡虎地秦簡〈編年記〉考證	中華文史論叢 1
0592	徐揚杰	漢簡中所見物價考釋	中華文史論叢 3
0593	裘錫圭	漢簡零拾	文史 12
0594	李均明	《流沙墜簡》釋文校正	文史 12
0595	于豪亮	居延漢簡釋叢	文史 12
0596	唐贊功	雲夢秦簡官私奴隸問題試探	中華文史論叢 3

0597	余　堯	甘肅漢簡概述	甘肅師大學報（哲學社會科學）2
0598	初　聞	漫談簡牘	文物天地 4
0599	黃賢俊	對雲夢秦簡中訴訟制度的探索	法學研究 5
0600	鄭良樹	七十年代出土竹簡帛書對古籍之影響（上）（下）	故宮季刊 15-3, 4
0601	高　敏	雲夢秦簡初探（增訂本）	河南人民出版社
0602	許寶馴	漢簡隸書選	上海書畫出版社
0603	王狀弘		
0604	方詩銘	敦煌漢簡校文補正	秦漢史論叢第一輯，陝西人民出版社
0605	河北省文物研究所	河北定縣 40 號漢墓發掘簡報	文物 8
0606	吳礽驤	玉門關與玉門關候	文物 10
0607	揚州博物館	江蘇邗江胡場五號漢墓	文物 11
0608	邗江縣圖書館		
0609	裘錫圭	〈關于新出甘露二年御史書〉一文的更正信	考古與文物 3
0610	曹懷玉	「大石」、「小石」考辨 —— 兼論「大」、「小」二字之含義	寧夏大學學報（哲學社會科學）1
0611	羅開玉	秦國「什伍」、「伍人」考——讀雲夢秦簡札記	四川大學學報（哲學社會科學）2
0612	宋治民	居延漢簡中所見西漢屯田二、三事	四川大學學報 2
0613	何宗禹	馬王堆醫書考證譯釋問題探討	中華醫史雜誌 2
0614	曾仲珊	《睡虎地秦墓竹簡》中的數詞和量詞	求索 2
0615	高明士	雲夢秦簡與秦漢史研究——以日本的研究成果為中心	食貨月刊 11-3
0616	管東貴	漢代邊塞眷廩的範圍與分級	中國的民族、社會與文化 —— 芮逸夫教授八秩壽慶論文集
0617	于豪亮	居延漢簡釋地	考古與文物 4
0618	趙有臣	《五十二病方》中「隋」字的考釋	文物 3
0619	陳克明	略論《孫臏兵法》	社會科學輯刊 6
0620	李　零	銀雀山簡本《孫子》校讀舉例	中華文史論叢 4
0621	黃留珠	略談秦的法官法吏制	西北大學學報（哲學社會

科學）1

| 0622 | 王瑞明 | 雲夢秦簡〈金布律〉試釋 | 中國歷史文獻研究集刊 2 |

1982 年

0623	鄭良樹	竹簡帛書論文集	中華書局
0624	許抗生	帛書老子注釋與研究	浙江人民出版社
0625	饒宗頤	雲夢秦簡日書研究	香港中文大學
0626	四川省博物館	青川縣出土秦更修田律木牘	文物 1
0627	青川縣文化館		
0628	李昭和	青川出土木牘文字簡考	文物 1
0629	于豪亮	釋青川秦墓木牘	文物 1
0630	黃盛璋	青川新出秦田律木牘及其相關問題	文物 9
0631	李學勤	青州郝家坪木牘研究	文物 10
0632	李洪甫	江蘇連雲港市花果山出土的漢代簡牘	考古 5
0633	彭　浩	鳳凰山漢墓遣策補釋	考古與文物 5
0634	林劍鳴	青川秦墓木牘內容探討	考古與文物 6
0635	曹延尊	簡牘資料論著目錄	考古學集刊 2
0636	徐元邦		
0637	裘錫圭	《睡虎地秦墓竹簡》注釋商榷⑴⑵	文史 13
0638	陳公柔	瓦因托尼出土廩食簡的整理與研究	文史 13
0639	徐蘋芳		
0640	李均明	居延漢簡「南北嗇夫」解	文史 14
0641	李均明	居延漢簡甲編七一四號漢簡 「主吏」解	文史 15
0642	謝桂華	《居延漢簡甲乙編》釋文補正舉隅	歷史研究 5
0643	李均明		
0644	劉海年	雲夢秦簡的發現與秦律研究	法學研究 1
0645	楊巨中	從雲夢秦簡看秦的生產關係	人文雜誌（專刊）
0646	裘錫圭	《居延漢簡甲乙編》釋文商榷㈠、續一、續二、續三	人文雜誌 2, 3, 4, 5
0647	張銘新	「秦律」中的經濟制裁——兼談秦的贖刑	武漢大學學報 （社會科學版）4
0648	朱紹侯	對〈居延簡冊甘露二年丞相御史律	河南師大學報（社會科學）4

〈令考述〉的商榷

0649	陳連慶	居延漢簡札記	東北師大學報 （哲學社會科學）3
0650	宮長為	淺談秦代經濟管理中對官吏的幾種規定——讀《睡虎地秦墓竹簡》的一點看法	東北師大學報 （哲學社會科學）6
0651	薛英群	談幾條簡文的詮釋——與趙儷生先生商榷	西北師院學報（社會科學）4
0652	陳振裕	從鳳凰山簡牘看文景時期的農業生產	農業考古 1
0653	呂名中	秦律貲罰制述論	中南民族學院學報 （哲學社會科學）3
0654	宮長為	「隸臣妾」是秦的官奴婢	中國史研究 1
0655	宋　敏		
0656	蘇誠鑑	秦「隸臣妾」為官奴隸說——兼論我國歷史上「歲刑」制的起源	江淮論壇 1
0657	劉海年	秦代法吏體系考略	學習與探索 2
0658	黎子耀	馬王堆漢墓帛書《易經》卦序釋義	中國哲學史研究 1
0659	姜廣輝	試論漢初黃老思想——兼論馬王堆漢墓出土四篇古佚書為漢代作品	中國哲學史研究集刊 2
0660	昌懷辛	馬王堆漢墓帛書《易經》與邵雍先天易學	哲學研究 10
0661	饒宗頤	略論馬王堆《易經》寫本	古文字研究 7
0662	鄭良樹	從帛書《老子》論嚴遵「道德指歸」之真偽	古文字研究 7
0663	劉殿爵	馬王堆漢墓帛書 《老子》 初探（上）（下）	明報 17-8, 9
0664	方　克	〈經法〉等篇中的樸素辯證法思想	學術論壇 4
0665	董英哲	《經法》等佚書是田駢的遺著	人文雜誌 1
0666	金景芳	《孫子》十三篇略說	社會科學戰線 3
0667	王東明	新出土秦漢簡牘書法	中國書法 1
0668	羅　揚		

1983 年

| 0669 | 鍾兆華 | 尉繚子校注 | 鄭州中州書畫社 |

0670	何介鈞		
0671	張維明	馬王堆漢墓	文物出版社
0672	阜陽漢簡整理組	阜陽漢簡簡介	文物 2
0673	文物局古文獻研究室		
0674	阜陽漢簡整理組等	阜陽漢簡《蒼頡篇》	文物 2
0675	胡平生	《蒼頡篇》的初步研究	文物 2
0676	韓自強		
0677	田宜超	秦田律考釋	考古 6
0678	劉　釗		
0679	楊劍虹	「隸臣妾」簡論	考古與文物 2
0680	謝桂華		
0681	李均明	《居延漢簡甲乙編》釋文質疑	中國史研究 1
0682	何雙全		
0683	楊　寬	雲夢秦簡所反映的土地制度和農業政策	上海博物館集刊 2
0684	潘世憲	從竹簡「秦律」看秦代的經濟立法	內蒙古大學學報 1
0685	費海璣	秦墓簡書之研究	東方雜誌 16,-11
0686	勞　榦	從漢簡論「使君」之稱及東西堂之制	大陸雜誌 66-1
0687	楊丙安	《孫子》書兩大傳本系統源流考	文史 17
0688	陳　彭		
0689	李　零	《孫子》篇題木牘初論	文史 17
0690	薛英群	漢代符信考述（上）（下）──居延漢簡研究	西北史地 3, 4
0691	李孝林	世界會計史上的珍貴資料──江陵鳳凰山十號漢墓簡牘新探	江漢考古 2
0692	初師賓	秦人、秦胡蠡測	考古 3
0693	初師賓	《居延漢簡甲乙編》甲編釋文校疑	古文字論集㈠
0694	胡澱咸	四川青川秦墓為田律木牘考釋──並略論我國古代田畝制度	安徽師大學報 3
0695	李學勤	馬王堆帛書與《鶡冠子》	江漢考古 2
0696	陸倫章	我國兩千年前的一批青少年法規簡篇──雲夢秦墓出土竹簡初探	青少年犯罪問題 1

0697	吳永章	從雲夢秦簡看秦的民族政策	江漢考古 2
0698	饒宗頤	秦簡日書中「夕」（夵）字含義的商榷	中國語言學報 1
0699	汪慶柏	睡簡〈為吏之道〉與墨學	陝西師大學報 4
0700	鍾鳴天	從雲夢秦簡看秦隸	書法 3
0701	左德承		
0702	謝　巍	睡虎地秦簡〈編年記〉為年譜說	江漢論壇 5
0703	黃留珠	「史子」、「學室」與「喜揄史」——讀雲夢秦簡札記	人文雜誌 2
0704	伍德煦	新發現的一份西漢詔書——永始三年詔書簡冊考釋和有關問題	西北師院學報 4
0705	甘肅省博物館漢簡整理組	〈永始三年詔書〉簡冊釋文	西北師院學報 4
0706	葉程義	帛書老子校劉師培《老子斠補》疏證	國立政治大學學報 47
0707	葉程義	帛書老子校劉師培《老子斠補》疏證拾遺	國立政治大學學報 48
0708	陳　槃	三訂先秦兩漢簡牘考	集刊 54–2
0709	初師賓	建武三年居延都尉吏奉例略考	敦煌學輯刊 3
0710	任步雲		
0711	馬明達	居延漢簡〈相劍刀〉冊初探	敦煌學輯刊 3
0712	甘肅省博物館漢簡整理組	居延漢簡〈相劍刀〉冊釋文	敦煌學輯刊 3
0713	中科院歷史所戰國秦漢史研究室編	簡牘研究譯叢第一輯	中國社會科學出版社
0714	林劍鳴	秦漢時代的丞相和御史——居延漢簡解讀筆記	蘭州大學學報（社會科學報）3
0715	吳哲夫	中華五千年文物集刊簡牘篇一	中華五千年文物集刊編輯委員會
0716	吳昌廉		

1984 年

0717	林梅村	疏勒河流域出土漢簡	文物出版社
0718	李均明		
0719	馬王堆漢墓帛書整理小組	馬王堆帛書〈六十四卦〉釋文	文物 3

0720	張政烺	帛書〈六十四卦〉跋	文物 3
0721	于豪亮	帛書《周易》	文物 3
0722	文物局古文獻研究室		
0723	阜陽漢簡整理組	阜陽漢簡《詩經》	文物 8
0724	胡平生		
0725	韓自強	阜陽漢簡《詩經》簡論	文物 8
0726	李均明	漢簡所見出入符、傳與出入名籍	文史 19
0727	胡平生	青川秦墓木牘〈為田律〉所反映的田畝制度	文史 19
0728	高　敏	從江陵鳳凰山十號漢墓出土簡牘看漢代的口錢、算賦制度	文史 20
0729	李均明	漢簡「辟火」解	文史 20
0730	饒宗頤	馬王堆醫書所見《陵陽子明經》佚說——廣雅補證之一	文史 20
0731	石子政	秦律貲罰甲盾與統一戰爭	中國史研究 2
0732	馮春田	《睡虎地秦墓竹簡》某些語法現象研究	中國語文 4
0733	楊劍虹	從居延漢簡看西漢在西北的屯田	西北史地 2
0734	塗又光	論帛書本《老子》的哲學結構	哲學研究 7
0735	李孝林	從雲夢秦簡看秦朝的會計管理	江漢考古 3
0736	楊劍虹	睡虎地秦簡〈編年記〉作者及其政治態度	江漢考古 3
0737	施偉青	「隸臣妾」的身份復議	中國社會經濟史研究 1
0738	王占通	「隸臣妾」是帶有奴隸殘餘屬性的刑徒	吉林大學社會科學學報 2
0739	栗　勁		
0740	栗　勁	《睡虎地秦墓竹簡》譯注斠補	吉林大學社會科學學報 5
0741	吳九龍	銀雀山漢簡齊國法律考析	史學集刊 4
0742	薛英群	漢簡史籍參證舉例	文獻 16
0743	勞　榦	再論漢代的亭制	集刊 53-1
0744	嚴靈峰	馬王堆帛書易經《六十四卦》的重掛和卦序問題（上）（下）	東方雜誌 18-8, 9
0745	林劍鳴	簡牘概述	陝西人民出版社
0746	初師賓	居延簡中所見漢代「囚律」佚文考	考古與文物 2

0747	蕭亢達		
0748	初師賓	居延甘露二年御史書冊考述補	考古與文物 4
0749	伍德煦		
0750	吳礽驤	居延新獲建武秦胡冊再析	西北師院學報 4
0751	余 堯		
0752	蕭 璠	從漢初局勢看馬王堆文物	故宮文物月刊 10
0753	徐樂堯	漢簡所見信符辨析	敦煌學輯刊 6
0754	甘肅省文物工作隊居延簡整理組	居延簡〈永始三年詔書〉冊釋文	敦煌學輯刊 6
0755	大庭脩著	論肩水金關出土的〈永始三年詔書〉簡冊	敦煌學輯刊 6
0756	姜鎮慶譯		
0757	謝桂華	《居延漢簡甲乙編》釋文評議	敦煌學輯刊 6
0758	李均明		
0759	甘肅省文物工作隊	漢簡研究文集	甘肅人民出版社
0760	甘肅省博物館		

1985 年

0761	張家山漢墓竹簡整理小組	江陵張家山漢簡概述	文物 1
0762	荊州地區博物館	江陵張家山三座漢墓出土大批竹簡	文物 1
0763	銀雀山漢墓竹簡整理小組	銀雀山竹書〈守法〉、〈守令〉等十三篇	文物 4
0764	張金光	關於秦刑徒的幾個問題	中華文史論叢 1
0765	陳雍	《居延漢簡甲乙編》釋文校字	史學集刊 1
0766	邢義田	「秦胡」小議——讀新出居延漢簡札記	傅樂成教授紀念論文集
0767	楊劍虹	居延漢簡所見的「佐史」	西北史地 1
0768	李學勤	雲夢秦簡〈日書〉與楚、秦社會	江漢考古 4
0769	何雙全	《塞上烽火品約》詮釋	考古 9
0770	陳耀鈞	江陵張家山漢墓的年代及相關問題	考古 12
0771	閻頻		
0772	高敏	秦漢郵傳制度考略	歷史研究 3

0773	黃沛榮	論馬王堆帛書易經之卦序	書目季刊 18–4
0774	吳昌廉	漢代邊郡障隧制度之真相	傅樂成教授紀念論文集
0775	吳福助	秦簡《語書》校釋	東海中文學報 5
0776	陳祚龍	關於居延甲渠候粟發與「客民」寇恩之辯訟及其「具獄」文書	簡牘學報 11
0777	張壽仁	西陲漢代醫簡方名考	簡牘學報 11
0778	張壽仁	武威漢代醫簡隨筆	簡牘學報 11
0779	陳鴻琦	前漢典理兵器的職官考述	簡牘學報 11
0780	陳鴻琦	前漢邊郡障塞兵器探微	簡牘學報 11
0781	勞 榦	漢代的軍用車騎和非軍用車騎	簡牘學報 11
0782	吳昌廉	漢代塞上隧卒之職責	簡牘學報 11
0783	吳昌廉	漢代邊塞「部」之組織	簡牘學報 11
0784	吳昌廉	秋射——兼論秋射與都試之異同	簡牘學報 11
0785	吳昌廉	漢簡所見之候官組織	簡牘學報 11
0785a	吳九龍	銀雀山漢簡釋文	文物出版社
0785b	徐祖蕃	漢簡書法選	甘肅人民出版社

日文部分

1912 年

| 0786 | 王國維著 | | |
| 0787 | 鈴木虎雄譯 | 簡牘檢署攷 | 藝文 3–4, 5, 6 |

1914 年

| 0788 | 松田南溟 | 晚翠軒放大本 | 釋文 |
| 0789 | 欽 堂 | 漢代簡策類の書に付きて | 書苑 3–8 |

1915 年

| 0790 | —— | 西域考古圖譜二卷 | 國華社 |

1917 年

| 0791 | 後藤朝太郎 | 中亞發掘の漢代の木簡について | 書畫之研究 1–5 |

1919 年

| 0792 | 後藤朝太郎 | 中央亞細亞發掘の漢代木簡に就いて上下 | 書畫骨董雜誌 129, 130 |

1931 年

| 0793 | —— | 書道全集(3) | 平凡社 |

1934 年

| 0794 | —— | 樂浪彩篋塚 | 朝鮮古蹟研究會 |
| 0795 | 馬衡著譯文 | 漢の「居延筆」について | 書藝 4–2 |

1936 年

0796	原田淑人	支那古代簡札の編綴法に就いて	東方學報（東京）6
0797	羽田 明	天田辨疑	東洋史研究 1–6
0798	高田桂下	スタインと木簡	書道 5–11
0799	馬衡著譯文	漢の居延筆を記す	書道 5–11
0800	西川 寧	漢人の墨跡について	書道 5–11
0801	羽田 亨	「觚」の形式一卷頭 19 頁左端の急就篇に關して——	書道 5–11

1937 年

| 0802 | 石田幹之助 | 支那の西陲に發見された漢晉間の木簡について | 書苑 1–1 |

1939 年

| 0803 | 藤原楚水 | 圖解書道史——流沙墜簡の文字—— | 書苑 3–9 |

1940 年

| 0804 | 原田淑人 | 支那古代札の編綴法に就いて | 東亞古文化研究 |

1941 年

| 0805 | 瀧川政次郎 | 流沙墜簡に見える漢代法制の研究 | 滿洲學報 6 |

1943 年

| 0806 | 埜本白雲 | 中央アジヤ探險の齎した漢晉間の木簡に就て | 蒙古 10-6 |

1947 年

| 0807 | 森　鹿三 | 最近における中國學界の動向 | 東光 2 |

1948 年

| 0808 | 石田幹之助 | 支那の西陲に發見された漢晉間の木簡について | 唐史叢鈔 |

1949 年

| 0809 | 西嶋定生 | 漢代の土地所有制——特に名田と占田について—— | 史學雜誌 58-1 |

1951 年

| 0810 | 森　鹿三 | 「居延漢簡考釋」を手に思う | 學園新聞 3 月 26 日 |

1952 年

0811	大庭　脩	材官攷——漢代兵制の一斑——	龍谷史壇 36
0812	松本善海	秦漢時代における亭の變遷	東洋文化研究所紀要3
0813	瀧川政次郎	上代烽燧考	史學雜誌 51-10
0814	中田　薫	律令法體系の發達について補考	法制史研究 3
0815	西川　寧	中國人の墨蹟	ミユージアム 21

1953 年

0816	森　鹿三	居延漢簡研究序說	東洋史研究 12-3
0817	森　鹿三	長沙出土の竹簡	東洋史研究 12-3
0818	森　鹿三	簡牘研究文獻目錄	東洋史研究 12-3
0819	森　鹿三	闕嗇夫王光	東洋史研究 12-3
0820	大庭　脩	漢代における功次による昇進について	東洋史研究 12-3
0821	大庭　脩	挈令について	東洋史研究 12-3
0822	日比野丈夫	漢簡所見地名考	東洋史研究 12-3

0823	米田賢次郎	漢代の邊境組織——隧の配置について——	東洋史研究 12-3
0824	伊藤道治	漢代居延戰線の展開（付居延燧隧表）	東洋史研究 12-3
0825	岡崎　敬	漢代邊境兵士の被服について	東洋史研究 12-3
0826	吉田光邦	弓と弩	東洋史研究 12-3
0827	川勝義雄	居延漢簡年表	東洋史研究 12-3
0828	米田賢次郎	居延漢簡とその研究成果　上	古代學 2-3
0829	平中苓次	居延漢簡と漢代財産税	立命館大人文科學研究所紀要 1
0830	仁井田　陞	中國賣買法の沿革	法制史研究 1
0831	西村元佑	漢代の徭役制度	東洋史研究 12-5
0832	森鹿三（等）	カラホト附近出土漢代文書整理ならびにそれよる漢代史の總合的研究	總合研究報告集錄（昭和27.8 年度）人文篇

1954 年

0833	神田喜一郎編	書道全集(1)	平凡社
0834	尾上八郎等編	定本書道全集(3)——西域出土木簡その他の書蹟	河出書房
0835	大庭　脩	漢代官吏の勤務規定——休暇を中心として	聖心女子大學論叢 4
0836	米田賢次郎	居延漢簡とその研究成果　下	古代學 3-2
0837	原田淑人	急就篇——二千年前の速成教科書	讀書春秋 5-9
0838	石田幹之助	支那西陲出土の簡牘	定本書道全集 3
0839	尾上八郎等	西域出土木簡　その他の書蹟	定本書道全集 3
0840	野本白雲	本簡編の凡例とその書道的考察	定本書道全集 3
0841	岩井大慧	オーレル・スタイン卿第三次中亞探險將來文書考釋	學燈 51-10
0842	藤枝　晃	漢簡職官表	東方學報（京都）25
0843	米田賢次郎	漢代邊境兵士の給與について	東方學報（京都）25
0844	日比野丈夫	河西四郡の成立について	東方學報（京都）25
0845	大庭　脩	漢代の關所とパスポート	關西大學東西學術研究所論叢 16（石濱先生還曆記念論集）

| 0846 | 松田壽男 | 東西交通史における居延についての考 | 東方學論集 1 |

1955 年

0847	平中苓次編	居延漢簡考證細目上	油印
0848	藤枝 晃	長城のまもり──河西地方出土の漢代木簡の內容の概觀	自然と文化別編 2
0849	仁井田 陞	スタイン第三次中亞探險將來の中國文書とマスペロの研究──法律經濟史料を中心として	史學雜誌 64-6
0850	森 鹿三	令史弘に關する文書	東洋史研究 14-1.2
0851	大島利一	屯田と代田	東洋史研究 14-1.2
0852	日比野丈夫	鄉亭里についての研究	東洋史研究 14-1.2
0853	米田賢次郎	帳簿より見たる漢代の官僚組織について	東洋史研究 14-1.2
0854	守屋美都雄	父老	東洋史研究 14-1.2
0855	大庭 脩	漢の嗇夫	東洋史研究 14-1.2
0856	吉田光邦	漢簡二題	東洋史研究 14-1.2
0857	藤枝 晃	釋「見署用穀」ほか──「長城のまもり」訂誤	東洋史研究 14-1.2
0858	森 鹿三	簡牘研究文獻目錄 補遺	東洋史研究 14-1.2
0859	木村重信	ニジェリアの繪畫と木簡──その心性と觸覺性	墨美 46
0860	勞 榦講	漢簡について	東方學 11
0861	藤堂明保譯		
0862	內野熊一郎	漢碑漢簡の資料性	中國文化研究會會報 5-1

1956 年

0863	森 鹿三	長沙出土の竹簡	墨美 55
0864	日比野丈夫	スタイン第三回中亞探險採集木簡	墨美 57
0865	松井如流	木簡の書法	書品 68

1957 年

| 0866 | 森 鹿三 | 居延簡にみえる馬について | 東方學報（京都）27 |
| 0867 | 森 鹿三 | 居延出土の木簡 | 墨美 67 |

| 0868 | 大庭　脩 | 漢代官吏の兼任について | 聖心女子大學論叢 9 |

1958 年

0869	神田喜一郎編	書道全集(2)	平凡社
0870	瀧川政次郎	短尺考——拂田柵址出土の木札について	古代學 7–2
0871	大庭　脩	爰書考	聖心女子大學論叢 12
0872	森　鹿三	居延出土の一冊書について	石濱先生古稀記念東洋學論叢
0873	森　鹿三	漢晉の木簡	書道全集 2
0874	米田賢次郎	敦煌・居延出土漢簡（圖版解說）	書道全集 2
0875	大庭　脩		
0876	米澤嘉圃	漢代における書と畫との關係	書道全集月報 19 號

1959 年

0877	神田喜一郎編	書道全集 3	平凡社
0878	森　鹿三	居延漢簡の集成——とくに第二亭食簿について	東方學報（京都）29
0879	森　鹿三	西域出土の書蹟	書道全集 3
0880	森　鹿三	居延の早期簡	墨美 92
0881	藤枝　晃	木簡の字すがた	墨美 92
0882	大庭　脩	漢代官吏の辭令について	關西大學文學論集 10–1

1960 年

0883	伏見冲敬	書の歷史——中國篇	二玄社
0884	森　鹿三	新刊「居延漢簡甲編」によせて上、下	極東書店「書報」1. 2（通號 22. 23）
0885	森　鹿三	居延出土の卒家屬廩名籍について	立命館文學 180

1961 年

0886	西嶋定生	中國古代帝國の形成と構造	東大出版會
0887	平中苓次	中國古代の田制と稅法——秦漢經濟史研究	油印
0888	平中苓次	居延漢簡と漢代の財產稅	中國古代の田制と稅法——秦漢經濟史研究

0889	森　鹿三	居延漢簡とくにウラン・ドルベルジン出土簡について	史林 44–3
0890	田中　有	有紀年漢簡資料年表	漢文學會會報 20
0891	田中　有	簡牘研究史年表	漢魏文化 2
0892	大庭　脩	簡牘研究文獻目錄	史泉 22
0893	森　鹿三	敦煌・居延出土の漢曆について	史泉 22
0894	大庭　脩	居延出土の詔書冊と詔書斷簡について	關西大學東西學術研究所論叢 52

1962 年

0895	平山觀月	新中國書道史	有朋堂
0896	大庭　脩	史記三王世家に就て ── 漢代公文書の樣式よりみた研究覺書	史泉 23. 24
0897	田中　有	民俗思想に關する漢簡資料	漢魏文化 3
0898	米田賢次郎	秦漢帝國の軍事組織	古代史講座 5（學生社）

1963 年

0899	伏見冲敬	漢晉木簡殘紙集 1（書跡名品叢刊第 108）	二玄社
0900	大庭　脩	漢代詔書の形態について	史泉 26
0901	森　鹿三	居延出土の王莽簡	東方學報（京都）33
0902	尾形　勇	漢代屯田制の一考察	史學雜誌 72–4
0903	藤原高男	居延漢簡攷	漢魏文化 4
0904	田中　有	有紀年簡を中心とする無紀年漢簡資料(1)	漢魏文化 4
0905	米田賢次郎	中國古代の肥料について ── 二年三毛作成立の一側面	滋賀大學藝學部紀要 ── 社會科學 13
0906	市川任三	漢代における居延甲渠戰線の展開	大東文化大學漢學會誌 6

1964 年

0907	永田英正	漢簡研究文獻目錄	油印
0908	市川任三	居延簡印章考	無窮會東洋文化研究所紀要 5
0909	尾形　勇	漢代に於ける「姓」と身分 ── 中	歷史學研究 298

國古代奴婢制に關する一考察

| 0910 | 永田英正 | 居延漢簡燧隊考——とくに甲渠候官を中心として | 東方學報（京都）36 |
| 0911 | 田中　有 | 漢簡隸書考——八分の完成 | 內野博士還曆記念東洋學論文集 |

1965 年

0912	廣島大學文學部中國哲學科研究室編	儀禮國譯　第四集	創元社
0913	市川任三	前漢に於ける張掖郡の都尉に就いて	無窮會東洋文化研究所紀要 6
0914	池田末利	紹介《武威漢簡》	極東書店「書報」4
0915	池田末利	新刊紹介《武威漢簡》	史學雜誌 74-6

1966 年

0916	伏見冲敬	漢晉木簡殘紙集 2（書跡名品叢刊）	二玄社
0917	原田淑人	東と西（九）——中國古代木簡書の一樣式，觚について	聖心女子大學論叢 27
0918	市川任三	漢牘曆譜考	都立武藏丘高校研究紀要 1

1967 年

0919	平中苓次	中國古代の田制と稅法——秦漢經濟史研究	東洋史研究叢刊 16
0920	真田但馬	中國書道史　上	木耳社
0921	廣島大學文學部中國哲學科研究室	儀禮國譯　第五集	創元社
0922	森田子龍	木簡集英　上下	墨美社
0923	市川任三	漢牘改元考	無窮會東洋文化研究所紀要 7
0924	尾形　勇	漢代における「臣某」形式——古代帝國の君臣關係について	史學雜誌 76-8
0925	森　鹿三	新出竹木簡・石刻について	書道全集 26
0926	林　巳奈夫	圖版解說　信陽出土竹簡，武威出土木簡	書道全集 26
0927	稻葉一郎		

0928	大庭　脩		
0929	田中利明	儀禮の「記」の問題——武威漢簡をめぐって	日本中國學會報 19
0930	市川任三	兩漢亭名拾遺	立正大學教養部紀要 1
0931	米田賢次郎	漢代田租査定法管見	滋賀大學教育學部紀要 17

1968 年

0932	榊　莫山	臨書のための書道名作選集 2 木簡	創元社
0933	米田賢次郎	良家子雜感	東洋史研究 26-4
0934	市川任三	前漢邊郡都尉考	立正大學教養部紀要 2

1969 年

| 0935 | 永田英正 | 禮忠簡と徐宗簡について——平中苓次氏の算賦申告書稅の再檢討 | 東洋史研究 28-2.3 |
| 0936 | 市川任三 | 漢牘紀年譜 | 立正大學教養部紀要 3 |

1970 年

0937	飯島稻太郎	西域出土木簡（展大）	書藝文化新社
0938	榊　莫山	書の歷史——中國と日本	創元社
0939	上修信山編	現代書道全集第 4 卷	尚學圖書

1971 年

0940	藤原楚水	圖解書道史 1	省心書房
0941	飛雲會	簡牘精萃	飛雲會創立 30 周年紀念出版會
0942	藤原楚水	圖解書道史 2	省心書房
0943	藤枝　晃	文字の文化史	岩波書店
0944	エドワール・シャヴァンス	スタインによって東トルキスタン沙磧中より發見されたるシナ語文書	書品 217
0945	竹中誠子譯		

1972 年

| 0946 | 青山杉雨編 | 書道技法講座(19)——木簡，隸書 | 二玄社 |
| 0947 | 小山天舟編 | 居延木簡（中華民國國立中央研究 | 日本教育書道連盟 |

院藏）

0948	赤井清美編	武威漢簡（圖版と釋文）	赤井清美氏
0949	湖南省博物館中國科學院考古研究所著	長沙馬王堆一號漢墓發掘簡報（改訂版）全譯	週刊朝日增刊 9–10
0950	土居淑子譯		
0951	永田英正	漢代の結婚の生態	週刊朝日增刊 9–10
0952	西川　寧	すいすいと輕い筆勢	週刊朝日增刊 9–10
0953	小川環樹	書評「文字の文化史」	東洋史研究 31–3

1973 年

0954	池田末利	儀禮 I	東海大學出版會
0955	春名好重	書の話──隸書	德間書店
0956	梅　舒適	入門書道全集──隸書篆書	實業之日本社
0957	大庭　脩	大英博物館の敦煌漢簡	古代史講座月報 7（學生社）
0958	森　鹿三	漢晉の簡牘	書道藝術別卷 3（中央公論社）
0959	好並隆司	漢代下層庶人の存在形態	史學雜誌 82–1. 2
0960	藤枝　晃	竹簡，木簡の作り方	アサヒグラフ臨時增刊 6 月
0961	永田英正	居延漢簡にみる候官についての一試論──破城子出土の〈詣官〉簿を中心として	史林 56–5
0962	大庭　脩	書評「居延木簡」	史泉 47
0963	大庭　脩	敦煌漢簡釋文私考	關西大學文學論集 23–1
0964	林　巳奈夫	楚の竹簡と竹簡用青銅工具	中華人民共和國出土文物展圖錄

1974 年

0965	池田末利	儀禮 II	東海大學出版會
0966	大東文化大學書道文化センター編	〔改訂〕書道の古典(1)	二玄社
0967	西川寧編	書道講座　第七卷──隸書	二玄社
0968	松井如流	隸書の歷史──名品解說	二玄社

0969	永田英正	居延漢簡の集成 1, 2――破城子（ム・ドルベルジン）出土の定期文書 1, 2	東方學報（京都）46, 47
0970	貝塚茂樹	「孫子」出土の學問的意義	朝日新聞 4 月 22 日夕刊
0971	大庭　脩	「臨沂漢簡」の歴史的背景	毎日新聞 5 月 1 日夕刊

1975 年

0972	森　鹿三	東洋學研究――居延漢簡篇	同朋社
0973	今枝二郎	馬王堆出土「老子」古寫本について	大正大學研究紀要（文學部・佛教學部）61
0974	大庭　脩	漢代の決事比――玉杖十簡配列の一案	關西大學文學論集 25
0975	高橋東次郎	居延木簡選集一～五，釋文・文字類編	自刊
0976	赤井清美編	漢簡(1)(2)――居延漢簡(1)(2)	東京堂
0977	金谷　治	新出土の竹簡「孫子」について	圖書 75–4

1976 年

0978	好並隆司	湖北江陵鳳凰山西漢墓出土の十號墓竹木簡牘について	歴史學研究 436
0979	波多野太郎	馬王堆出土老子考	東方宗教 47
0980	島　邦男	馬王堆老子からみた河上公本	集刊東洋學 36
0981	上原淳道	長沙馬王堆一號漢墓出土の帛畫に關する――考察	中國古代史研究㈣雄山閣
0982	赤井清美編	漢簡(3)～(8)――居延漢簡(3)～(8)	東京堂
0983	木村英一	馬王堆出土の帛書老子について	追手門學院大學創立十周年記念論集（文學部篇）
0984	金谷　治	帛書「老子」について――その資料性の初歩的吟味	中國哲學史の展望と模索
0985	池田雄一	馬王堆出土古地圖と漢代の村	歴史地理 242
0986	關野雄等譯	長沙馬王堆一號漢墓（上）（下）	平凡社
0987	赤井清美編	漢簡(3)～(8)	東京堂
0988	村山孚譯	孫臏兵法	德間書店
0989	金谷治譯	孫臏兵法	東方書店

1977 年

0990	饒宗頤	出土資料から見た秦代の文學	東方學 54
0991	堀　毅	雲夢出土の秦簡の基礎的研究	史觀 97
0992	永田英正	江陵鳳凰山十號漢墓出土の簡牘 ——とくに算錢を中心として	鷹陵史學 3–4
0993	古賀　登	中國古代史の時代區分問題と雲 夢出土の秦簡	史觀 97
0994	大庭　脩	臨沂竹簡兵書と兵家	咿啞 8
0995	大庭　脩	木簡のはなし㈠〜㈯	日本美術工藝 460–472
0996	大庭　脩	雲夢出土竹書秦律の研究	關西大學文學論集 27–1
0997	赤井清美編	漢簡(9)〜(12)	東京堂

1978 年

0998	島森哲男	馬王堆出土儒家古佚書考	東方學 56
0999	內山俊彥	馬王堆帛書「經法」,「十大經」, 「稱」,「道原」小考	東方學 56
1000	町田三郎	秦の思想統制について——雲夢 秦簡ノート	九州大學中國哲學論集 4
1001	堀　毅	秦漢刑名考——主として雲夢出 土秦簡による	早稻田大學大學院大學研 究科紀要，別冊 4
1002	大庭　脩	木簡のはなし㈷〜㈹	日本美術工藝 473–479
1003	古賀　登	盡地力說・阡陌制補論——主と して雲夢出土秦簡による	早稻田大學院文學研究科 紀要 23
1004	赤堀　昭	武威漢代醫簡について	東方學報（京都）50
1005	小池一郎	帛書老子文體考	中國文學報 29
1006	秦簡講論會	「湖北睡虎地秦墓竹簡」譯註初稿	中央大學大學院論究 10–1 （文學研究科篇）

1979 年

1007	大庭　脩	木簡	東京　學生社
1008	古賀　登	雲夢睡虎地某喜墓の秦律等法律 文書副葬事情をめぐって	史觀 100
1009	飯島和俊	「文無害」考——「睡虎地秦墓竹 簡」を手がかりとして見た秦漢期 の官吏登用法	中央大アジア史研究 3
1010	海野一隆	地圖學的見地よりする馬王堆出 土地圖の檢討	東方學報（京都）51

1011	大庭　脩	中國出土簡牘研究文獻目錄	關西大學文學論集 28:4
1012	永田英正	居延漢簡の集成三——地灣，博羅松治，瓦因托尼，大灣出土簡	東方學報（京都）51
1013	町田三郎	雲夢秦簡編年記について	九州中國學會報 22
1014	杉木憲司	漢墓出土の文書について——特に湖北江陵鳳凰山漢墓について	橿原考古學研論集 5
1015	金谷　治	古佚書「經法」等四篇について	加賀博士退官記念中國文史哲學論集
1016	武藤博久		
1017	大川俊隆	銀雀山漢墓竹簡「孫子」校訂	懷德 49
1018	野間和則		
1019	曾布川寬	崑崙山と昇仙圖	東方學報 51

1980 年

1020	永田英正	新居延漢簡中の若干の冊書について	富山大學人文學部紀要 3
1021	永田英正	中國における雲夢秦簡研究の現狀	木簡研究 2
1022	永田英正	簡牘よりみたる漢代邊郡の統治制度	講座敦煌 3
1023	浦野俊則	秦・漢初の簡牘帛書の書體と隸書の成立	二松學舍大學論集
1024	太田幸男	商鞅變法の再檢討・補正	歷史學研究 483
1025	佐竹靖彥	秦國の家族と商鞅の分異令	史林 63-1
1026	若江賢三	秦漢時代の「完」刑について——漢書刑法志解說への一試論	愛媛大學法文學部論集文學科篇 13
1027	若江賢三	秦漢時代の勞役刑——ことに隸臣妾の刑期について	東洋史論 1
1028	太田幸男	湖北睡虎地出土秦律の倉律をめぐって	東京學藝大學紀要第 3 部門 31
1029	松崎つね子	睡虎地十一號秦墓竹簡「編年記」よりみた墓主「喜」について	東洋學報 61-3.4
1030	秦簡講讀會	「雲夢睡虎地秦墓竹簡」譯註初稿（承前）	中央大學大學院論究（文學研究科篇）11-1
1031	秦簡講讀會	「睡虎地秦墓竹簡」譯註初稿(3)	中央大學大學院論究（文學研究科篇）12-1

1981 年

1032	大庭　脩	居延新出「候粟君所責寇恩事」冊書——爰書考補	東洋史研究 40-1
1033	大庭　脩	中國簡牘稱呼についての提言	木簡研究 3
1034	好並隆司	商鞅「分異の法」と秦朝權力	歷史學研究 494
1035	森村謙一	新出土醫藥資料における自然品目の探究	東方學報 53
1036	池田　溫	中國における簡牘研究の位相	木簡研究 3
1037	湯淺幸孫	地券徵存考釋	中國思想史研究 4
1038	堀　毅	秦漢時代の嗇夫について——漢書百官表と雲夢秦簡による一考察	史滴 2
1039	村上嘉實	漢墓新發現の醫書と抱朴子	東方學報（京都）53
1040	池田雄一	湖北雲夢睡虎地秦墓管見	中央大學文學部紀要 26
1041	片山智士	馬王堆一號漢墓出土の文字資料の研究	福岡教育大學紀要 30
1042	片山智士	長沙馬王堆一號漢墓出土の文字資料	書論 18
1043	江村治樹	雲夢睡虎地出土秦律の性格をめぐって	東洋史研究 40-1
1044	江村治樹	戰國秦漢簡牘文字の變遷	東方學報（京都）53
1045	工藤元男	秦の內史——主として睡虎地秦墓竹簡による	史學雜誌 90-3
1046	工藤元男	睡虎地秦墓竹簡にみえる大內と小內——秦の少府の成立をめぐって	史觀 105
1047	工藤元男	戰國秦の都官——主として睡虎地秦墓竹簡による	東方學 63
1048	山田勝芳	鳳凰山十號墓文書と漢初の商業	東北大學教養部紀要 53
1049	秦簡講讀會	「雲夢睡虎地秦墓竹簡」釋註初稿（承前 4）	中央大學大學院論究（文學研究科篇）13-1
1050	西川靖二	漢初における黃老思想の一側面	東方學 62
1051	島森哲男	黃老思想の構造と位置——「經法」等四編を讀んで考える	集刊東洋學 45
1052	赤堀　昭	新出土醫學資料——馬王堆醫帛と武威醫簡	書論 18

| 1053 | 赤堀　昭 | 「陰陽十一脈灸經」の研究 | 東方學報（京都）53 |

1982 年

1054	大庭　脩	「居延漢簡甲乙編」の出版と居延漢簡研究	關西大學文學論集 32-1
1055	秦簡講讀會	「雲夢睡虎地秦墓竹簡」釋註初稿（承前 5）	中央大學大學院論究（文學研究科篇）14-1
1056	大庭　脩	秦漢法制史の研究	東京，創文社
1057	籾山　明	秦の隷屬身分とその起源——隷臣妾問題に寄せて	史林 65-6
1058	松崎つね子	睡虎地秦簡よりみた秦の家族と國家	中國古代史研究(5)

1983 年

1059	藪內　清	馬王堆三號漢墓出土の「五星占」について	小野勝年博士頌壽記念東方學論集
1060	富谷　至	謀反——秦漢刑罰思想の展開	東洋史研究 42-1
1061	富谷　至	秦漢の勞役刑	東方學報（京都）55
1062	高橋　均	「春秋事語」と戰國策士	漢文學會會報 41
1063	森田邦博	雲夢秦簡と韓非子	中國哲學論集 9

1984 年

1064	閒瀨收芳	秦帝國形成過程の一考察——四川省青川戰國墓の檢討による	史林 67-1
1065	若江賢三	睡虎地秦墓竹簡にみられる誣告反坐を通して見た貲財に關する一考察	アジア諸民族における社會と文化——岡本敬二先生退官記念論集
1066	太田幸男	睡虎地秦墓竹簡にみえる「室」「戶」「同居」をめぐって	西嶋定生博士還曆記念——東アジア史における國家と農民
1067	鵜飼昌男	居延漢簡にみえる文書の遞傳について	史泉 60
1068	工藤元男	睡虎地秦墓竹簡の屬邦律をめぐって	東洋史研究 43-1
1069	福宿孝夫	馬王堆漢墓の總合研究——その 2：補正譯の再揭と書法に關する考察	宮崎大學教育學部紀要（人文科學）56

1070	湯淺邦弘	秦の法と法思想——雲夢秦簡を中心として	日本中國學會報 36
1071	淺野裕一	黃老道の政治思想——法術思想との對比	日本中國學會報 36
1072	近藤則之	戰國より漢初に至る春秋說話傳承の一側面——讀馬王堆漢墓帛書「春秋事語」	中國哲學論集 10
1072a	大庭　脩	木簡學入門	講談社

1985 年

1073	齋木哲郎	馬王堆帛書より見た道家思想の一側面——「經法」等四篇の古佚書を中心として	東方學 69
1074	若江賢三	秦律における贖刑制度（上）——秦律の體系的把握への試論	愛媛大學法文學部論集文學科篇 18
1075	湯淺邦弘	「尉繚子」の富國強兵思想	東方學 69
1076	大櫛敦弘	漢代の「中家の產」に關する一考察——居延漢簡所見の「賈・直」をめぐょて	史學雜誌 94–7
1077	藤田勝久	「史記」穰侯列傳に關する一考察——馬王堆帛書「戰國縱橫家書」を手がかりとして	東方學 71

西文部分

1903 年

1078　Sir Aurel Stein　　*Sand-Buried Ruins of Khotan*, London

1905 年

1079　Édouard Chavannes　　Les livers chinois avant l'invention du papier, *Journal Asiatique*, Series 10, vol. 5

1907 年

1080　Sir Aurel Stein　　*Ancient Khotan, Detailed Report of Archaeological Explorations in*

Chinese Turkestan, 2 vols. Oxford

1912 年

1081　Sir Aurel Stein　*Ruins of Desert Cathay*, New York

1913 年

1082　Édouard Chavannes　*Les documents chinois découverts par Aurel Stein dans les sable du Turkestan oriental*, Oxford

1920 年

1083　August Conrady　*Die chinesishen Handschriften und sonstigen Kleinfunde Sven Hedins in Lou-lan*. 1 vol. Stockholm

1921 年

1084　Sir Aurel Stein　*Serindia, Detailed Report of Explorations in Central Asia and Western-most China*. 5 vols. Oxford

1922 年

1085　Édouard Chavannes　Notes on Ancient Chinese Documents, reprinted from *New China Review*, vol. IV

1928 年

1086　Sir Aurel Stein　*Innermost Asia, Detailed Report of Explorations in Central Asia, Kan-su and Eastern Iran*. 4 vols. Oxford

1935 年

1087　F. Bergman　*Lou-lan Wood Carvings and Small Finds discovered by Sven Hedin. The Museum of Far Eastern Antiquities*. (Ostasiatica Samlingarua) Stockholm, Bulletin, no. 7.

1938 年

1088　Sven A. Hedin　*The Silk Road*, trans. by F. H. Lyon, New York.

1945 年

1089　Folke Bergman　*Travels and Archaeological Field-Work in Mongolia and Sin Kiang. A Diary of the Years 1927–1934*.

History of the expedition in Asia 1927–35 by Sven Hedin in collaboration with Folke Bergman, IV.

(Reports from the scientific expedition to the north-western region of China under the leadership of Dr. Sven Hedin) Stockholm.

1949 年

1090　Bruno Schindler　Preliminary Account of the work of Henri Mas-pero Concerning the Chinese Documents on Wood and Paper Discovered by Sir Aurel Stein on His Third Expedition to Central Asia. *Asia Major*, N. S. I.

1091　Lien-sheng Yang　Numbers and Units in Chinese Economic History. *HJAS*. vol. XII.

1092　Vivi Sylwan　*Investigation of silk from Edsen-gol and Lop-nor*, Stockholm.

1953 年

1093　Henri Maspero　*Les documents chinois de la troisième expédition de Sir Aurel Stein en Asie centrale*. 1 vol. British Museum. London

1954 年

1094　Nakamura Seiji　On Recording Wooden Pegs Unearthed at Touen-Houang by Aurel Stein. (Proceedings of Japan Academy) vol. 30, no. 10

1955 年

1095　A. F. P. Hulsewé　*Remnants of Han Law*, 1 vol. Leiden

1096　Lien-sheng Yang　Notes on Maspero's Les documents chinois de la troisième expédition de Sir Aurel Stein en Asie centrale, *HJAS*. XVIII.

1956 年

1097　Bo Sommarström　*Archaeological Researches in the Edsen-Gol Region, Inner Mongolia*. 2 vols. Stockholm

1957 年

1098　A. F. P. Hulsewé　Han-Time Documents. A survey of recent studies occasioned by the finding of Han-Time documents in Central Asia. *T'oung Pao*, 45: 1–3 Leiden

1959 年

1099　Michael Loewe　　Some notes on Han-Time documents from Chü Yen. *T'oung Pao*, 47: 3–5 Leiden

1960 年

1100　Michael Loewe　　The orders of aristocratic rank of Han China. *T'oung Pao*, 48: 1–3 Leiden

1961 年

1101　Michael Loewe　　The measurement of grain during the Han period. *T'oung Pao*, 49. 1–2

1102　Michael Loewe　　Military Operations in the Han Period. *China Society Occasional Papers*, No. 12

1962 年

1103　Mori Shikazō　　Han-Time Documents from Chü Yen with Part-icular Reference to Those discovered at Ulan-Durbeljin. *Acta Asiatica Bulletin of the Institute of Eastern Culture*. 3 (The Tōhōgakkai, Tokyo)

1104　Tsuen-Hsuin Tsien　　*Written on Bamboo and Silk*. Univ. of Chicago.

1963 年

1105　Chun-shu Chang　　*The Colonization of the Ho-hsi Region—A Study of the Han Frontier System*, unpublished Ph. D. thesis, Harvard University.

1106　Michael Loewe　　Some notes on Han-time documents from Tun-Huang. *T'oung Pao*, 50: 1–3 Leiden

1964 年

1107　Michael Loewe　　Some Military Despatches of the Han Period. *T'oung Pao*, 51: 4–5 Leiden

1965 年

1108　Michael Loewe　　The Wooden and Bamboo Strips Found at Mochü-Tzu (Kansu). *The Journal of the Royal Asiatic Society*.

1966 年

1109　Chun-shu Chang　　The Han Colonists and Their Settlements on the Chü-yen Frontier, *Tsing Hua Journal of Chinese Studies*, n. s. 11.

1967 年

1110　Kan Lao　　From Wooden Slip to Paper, *Chinese Culture*, vol. VIII.

1111　Michael Loewe　　*Records of Han Administration*. 2 vols. The Cam-bridge University Press.

1970 年

1112　Michael Loewe　　Records of Han Administration, supplementary notes, *T'oung Pao*, 56

1973 年

1113　Fong Chow　　Ma-wang-tui, A treasure-trove from the Western Han Dynasty, *Artibus Asiae*, XXXV, 1–2

1974 年

1114　A. Gutkind Bulling　　The Guide of the Soul Picture in the Western Han Tombs in Ma-wang-tui near Ch'ang-sha, *Oriental Art*, 20: 2

1975 年

1115　J. K. Riegel　　A Summary of Some Recent Wenwu and Kaogu Articles: Mawangdui Tombs Two and Three. *Early China*, 1

1116　Chun-shu Chang　　The Chinese Family in Han Times. *Early China*, 1

1117　J. I. Crump, Jr.　　A Summary of Recent Articles on the *Chan-Kuo ts'e*, *Early China*, 1

1976 年

1118, 1119　D. J. Harper & J. K. Riegel　　Mawandui Tomb Three: Do-cuments I. The Medical Texts and II The Maps. *Early China*, 2

1120　Yü-hua Jan　　Short Bibliography of the Silk Manuscripts, *Society for the Study of Chinese Religion Newsletter*, no. 1

1977 年

1121　Michael Loewe　　Manuscripts Found Recently in China, a prelim-inary survey,

T'oung Pao LXIII

1122 Kwang-chih Chang   Chinese Archaeology Since 1949, *Journal of Asian Studies*, 36: 4

1123 Jeannette Mirsky   Sir Aurel Stein: Archaeological Explorer, University of Chicago Press

1978 年

1124 A. F. P. Hulsewé   The Ch'in Documents Discovered in Hupei in 1975, *T'oung Pao*, 64: 4–5

1125 Yün-hua Jan   The Silk Manuscripts on Taoism, *T'oung Pao*, 63.

1126 A. G. Bulling   Ancient Chinese Maps, *Expedition*, 20: 2.

1127 Noel Barnard   The Nature of the Ch'in "Reform of Script" as Re-flected in Archaeological Documents Excavated under Conditions of Control, in D. T. Roy & T. H. Tsien eds., *Ancient China: Studies in Early Civilization*, The Chinese University Press, Hong Kong.

1128 Michael Loewe   Man and Beast: The Hybrid in Early Chinese Art and Literature, *Numen*, 25: 2

1129 A. F. P. Hulsewé   "Contracts" of the Han Period, in L. Lanciotti ed., *Il diritto in Cina* (Firenze: Olschki)

1130 L. Vandermeersch   Le statut des terres à l'époque des Han, in L. Lanciotti ed., *Il diritto in Cina*

1979 年

1131, 1132 T'ieh-fu Ku, tr. by D. J. Harper   A Summary of the Contents of Ma-Wang-Tui Silk-Scroll Book, Assorted Astronomical and Meteorological Prognostications, *Chinese Studies in Archeology*, vol. 1, no. 1.

1133 R. G. Henricks   A Note on the Question of Chapter Divisions in, the Ma-wang-tui Manuscripts of the Lao-tzu, *Early China*, 4

1134 Wei-ming Tu   The "Thought of Huang-Lao": A Reflection on the Lao Tzu and

Huang-Ti Texts in the Silk Manuscripts of Ma-Wang-Tui, *Journal of Asian Studies*, XXXIX, I.

1135　Cho-yun Hsu　　Early Chinese History: The State of the Field, *Journal of Asian Studies*, XXXVIII: 3.

1136　M. Loewe　　*Ways to Paradise*, London.

1137　Robert G. Henricks　　Examining the Ma-Wang-Tui Silk Texts of the Lao-Tzu. With Special Note of their Differences from the Wang Pi Text, *T'oung Pao*, 65: 4, 5

1138　A. F. P. Hulsewé　　A Lawsuit of A. D. 28 in W. Bauer ed., *Studia Sino-mongolica: Festschrift für Herbert Franke* (Wiesbaden, Franz Steiner Verlag)

1139　K. Yamada　　The Formation of the Huang-ti Nei-ching, *Acta Asiatica*, 36

1980 年

1140　M. Loewe　　Wooden Documents from China and Japan: Recent Finds and Their Value, *Modern Asian Studies*, XIV: 1

1981 年

1141, 1142　Katrina C. D. McLeod & Robin D. S. Yates　　Forms of Ch'in Law: An Annotated Translation of the Feng-chen Shih, *Harvard Journal of Asiatic Studies*, 41:1

1143　Robert G. Henricks　　The Philosophy of Lao-Tzu Based on the Ma-Wang-Tui Texts: Some Preliminary Observations, *Bulletin of the Society for the Study of Chinese Religion*, 9

1144　A. F. P. Hulsewé　　Supplementary Note on *Li Ch'en Ch'ieh, T'oung Pao*, 67

1145　M. Loewe　　The Manuscripts from Tomb Number Three Ma-Wang-Tui, in *Proceedings of the International Conference on Sinology: History & Archaeology* (Taipei, Academia Sinica)

1146　Ying-shih Yü　　New Evidence on the Early Chinese Conception of After-Life, *Journal of Asian Studies*, 41.

1147　L. Vandermeersch　　Le développement de la procédure écrite dans l'administration chinoise à l'époque ancienne, in D. Eikemeier & H. Franke eds., *State and Law in East Asia* (Wiesbaden, Harrassowitz)

1148　A. F. P. Hulsewé　　Weights and Measures in Ch'in Law, in D. Eikemeier & H. Franke eds., *State and Law in East Asia*

1149　A. F. P. Hulsewé　　The Legalists and the Laws of Ch'in, in W. L. Idema ed., *Leyden Studies in Sinology* (Leiden, E. J. Brill)

1982 年

1150　Robert G. Henricks　　A Complete List of the Character Variants in the Mawangdui Texts of Lao Zi, *Journal of Chinese Linguistics*, 10.

1151　Robert G. Henricks　　On the Chapter Division in the Lao-Tzu, *BSOAS*, 45.

1152　Paul U. Unschuld　　Ma-Wang-tui Materia Medica—A Comparative Analysis of Early Chinese Pharmaceutical Knowledge, *Zinbun*, 18.

1153　W. G. Boltz　　The Religions and Philosophical Significance of the "Hsiang erh" Lao tzu 相爾老子 in the Light of the Ma Wang tui Silk Manuscripts, *BSOAS*, 45: 1

1983 年

1154　Jerome Silbergeld　　Mawangdui, Excavated Materials, and Trans-mitted Texts: A Cautionary Note, *Early China*, 8.

1984 年

1155　W. G. Boltz　　Textual Criticism and the Ma Wang tui Lao tzu, *Harvard Journal of Asiatic Studies*, 44: 1

1985 年

1156　Donald Harper　　A Chinese Demonography of the Third Century B. C., *Harvard Journal of Asiatic Studies*, 45: 2.

1157　W. G. Boltz　　The Lao-Tzu Text That Wang Pi and Ho-shang Kung Never Saw, *Bulletin of the School of Oriental and African Studies*, XLVIII: 3.

1158　A. F. P. Hulsewé　　The Influence of the "Legalist" Government of Qin on the Economy as Reflected in the Texts Discovered in Yunmeng County, in S. R. Schram ed., *The Scope of State Power in China* (London, University of London)

1159　A. F. P. Hulsewé　　*Remnants of Ch'in Law* (Leiden, E. J. Brill)

作者索引

Y

畫外之意：
漢代孔子見老子畫像研究

邢義田／著

傳統歷史研究依靠文字多過圖像，但透過圖像資料，卻往往能從中發現更多在文字中得不到的答案，邢義田教授透過解讀漢代畫像石、畫像磚與墓室壁畫的意義，並結合文獻，試圖透析漢代人的所思、所想與所信。

本書收錄豐富的圖像，與邢義田教授自90年代以來走訪中國、世界各地探查畫像石原石的記錄，途中點點滴滴與各界盛情幫助，都使本書在知性之外更增添了幾分溫暖與趣味。

立體的歷史：
從圖像看古代中國與域外文化

邢義田／著

上帝為何要給我們兩隻眼睛？因為上帝要我們用一隻眼睛看文字，另一隻眼睛看圖畫。前人為我們留下的歷史材料浩如煙海，除了平面的文字資料外，更有琳瑯滿目、豐富多樣的圖畫資料，如果用兩隻眼睛同時考察歷史留下的文獻與圖畫，我們就能跳脫平面的歷史，進入「立體的歷史」。希望讀者們閱讀本書時，能夠看到不同於過去、富於縱深的歷史畫面，盡情遨遊於「立體的歷史」中。

明清中琉關係論集

陳捷先／著

位於日本最南端的沖繩，曾是一個獨立的「琉球王國」。作為明清時期中國的藩屬國，琉球與中國有著密不可分的關係。長久以來，我們對於中琉關係的認識大多止於「琉球是中國的藩屬」，究竟琉球歷史還有那些精彩之處？中國對琉球的食衣住行造成那些深遠影響？琉球使節來到中國又有什麼樣的行程與活動？讓我們透過明清史大家陳捷先教授的文字，一同探索中琉之間關係的發展，進而深入認識這個與臺灣相距不遠的鄰居。

與西方史家論中國史學

杜維運／著

在二十世紀，西方史學已有其世界性的影響力，其成就與價值為舉世所公認。持基督教與近代科學文化背景的西方史家，近數十年來，對中國史學屢有論述，其中肯處，應拜受其言，然誣罔之論，偏頗之說，有不能不據實以辯者。

本書首先羅列西方史家的言論，鉅細畢載，次則就其待商榷處，與之一一詳論之。真理以反覆辯難而始明；借西哲之言，發國史之蘊，比較史學的大路，亦可期暢通。中西史學的各自獨立發展及其交流，本書亦涉及之。

古代中國文化講義

葛兆光／著

本書首先要討論古代中國的天下觀，接著來認識古代的婚禮和喪禮，要通過它看看古代中國的家族生活與倫理，孔子和儒家又是怎樣從這種倫理基礎上，拓展並形成政治學說。還要介紹佛教的傳入、認識道家與本土道教，在討論道家的人生態度與生命觀念之外，也介紹道教追求永生和幸福的知識。本書也關注古代中國民眾的知識、行為和信仰，並討論深刻反映古代中國思維的風水知識。我們希望讀者透過古代中國文化傳統在現代中國的延續，理解當下中國的文化世界。

民族主義與近代中國思想

羅志田／著

本書作者羅志田教授，以深厚的學術涵養、嚴密的史學考證為基礎，由思想史與社會學的角度切入，用流暢富邏輯性的敘事筆法，深入淺出地追溯民族主義在中國的發展過程、著眼於民族主義與近代中國思想的互動，梳理夷夏之辨這一近代中國民族主義的本土思想資源，論證中西文化競爭造成的思想與社會權勢轉移，分析中外民族主義的異同，揭示近代中國民族主義以激烈反傳統和嚮往「超人超國」為特徵的一些特殊表現形式，特別是中國民族主義與世界主義和社會主義之間複雜曲折的關聯。

族譜學論集 　　　　　　　　　　　陳捷先／著

自古以來，中國就非常重視家族，《堯典》、《周禮》中已對維繫家族精神提出了一些主張。秦漢以後，因歷代世變的影響，中國族譜隨之有了精進發展，特別是在唐宋時期考試制度的嚴格實行與新儒學的建立，中國族譜學有了新內容與新體例，並且漸次傳播到了韓國、日本、琉球、越南等東亞文化圈的國家。清代更是中國族譜學在廣度與深度上有著更新發展的時代，值得探討研究。本書為作者多年來對中國，乃至韓國、琉球族譜深入研究的成果，書中並收集了許多散失在海外的古中國族譜資料，對中國及東亞的譜學研究深具影響，亦希冀在闡揚倫理、安定社會等方面有所貢獻。

國家圖書館出版品預行編目資料

秦漢史論稿／邢義田著.—二版二刷.——臺北市：三
民，2022
　　面；　　公分.——（歷史新視界）

　　ISBN 978-957-14-6730-6 （平裝）
　　1. 秦漢史

621.9　　　　　　　　　　　　　　　108016829

秦漢史論稿

作　　　者	邢義田
發 行 人	劉振強
出 版 者	三民書局股份有限公司
地　　　址	臺北市復興北路 386 號 (復北門市) 臺北市重慶南路一段 61 號 (重南門市)
電　　　話	(02)25006600
網　　　址	三民網路書店 https://www.sanmin.com.tw
出版日期	初版一刷 1987 年 6 月 二版一刷 2019 年 11 月 二版二刷 2022 年 7 月
書籍編號	S620030
I S B N	978-957-14-6730-6

三民書局